国内外经典教材辅导系列·艺术类

王次炤《艺术学基础知识》笔记和典型题(含考研真题)详解

(修订版)

主编：圣才考研网
www.100xuexi.com

中国石化出版社

内 容 提 要

本书是全国艺术硕士专业学位教育指导委员会推荐用书《艺术学基础知识》(王次炤主编)的学习辅导书。本书遵循该教材的章目编排，共分为8编39章，每章由两部分组成：第一部分为复习笔记，剖析本章核心考点，并进行拓展延伸；第二部分为典型题(含考研真题)详解，精选详析了部分名校近年的考研真题，并针对该教材的重难点相应整理了典型题，以巩固和强化知识难点。

圣才考研网(www.100xuexi.com)提供王次炤《艺术学基础知识》配套电子书、题库。购书即可享受大礼包增值服务【本书电子书+336艺术基础考研题库】。手机扫码(本书封底)领取本书大礼包。

图书在版编目(CIP)数据

王次炤《艺术学基础知识》笔记和典型题(含考研真题)详解/圣才考研网主编．—修订版．—北京：中国石化出版社，2022.7
国内外经典教材辅导系列·艺术类
ISBN 978-7-5114-6782-9

Ⅰ．①王… Ⅱ．①圣… Ⅲ．①艺术学-研究生-入学考试-自学参考资料 Ⅳ．①J0

中国版本图书馆CIP数据核字(2022)第120266号

中国石化出版社出版发行
地址：北京市东城区安定门外大街58号
邮编：100011　电话：(010)57512500
发行部电话：(010)57512575
http://www.sinopec-press.com
E-mail：press@sinopec.com
武汉市盛宏源印务有限公司印刷
全国各地新华书店经销

*

787×1092毫米16开本25.75印张648千字
2022年8月第2版　2022年8月第1次印刷
定价：68.00元

序 言

我国各大院校一般都把国内外通用的权威教科书作为本科生和研究生学习专业课程的参考教材，这些教材甚至被很多考试（特别是硕士和博士研究生入学考试）和培训项目作为指定参考书。为了帮助读者更好地学习专业课，我们有针对性地编写了一套与国内外教材配套的复习资料，并提供配套的名师讲堂和题库。

王次炤主编的《艺术学基础知识》是我国高校采用较多的艺术学权威教材之一。作为该教材的学习辅导书，本书具有以下几个方面的特点：

1. 框架图表体系，通俗易懂易记

本书每编的知识梳理框图，在全方位把握重要考点的同时，提纲挈领地以知识框架思维导图形式，呈现重要考点、难点，脉络清晰，一目了然，更容易记忆。

2. 下划线＋星级标记＋拓展延伸，透彻剖析核心考点

本书每章的核心考点均按重要程度分为一星（一般了解）至五星（熟练掌握），并对相关重要知识点进行了延伸，对关键词用下划线进行了标记，方便考生更有针对性地复习。

3. 精选考研真题，补充典型习题

本书精选了部分名校近年的艺术学考研真题，并补充了典型习题。所选习题涵盖知识点全面，特别注重理论联系实际，凸显当前热点。

要深深牢记：考研不同一般考试，概念题（名词解释）要当作简答题来回答，简答题要当作论述题来解答，而论述题的答案要像是论文，多答不扣分。有的论述题的答案简直就是一份优秀的论文（其实很多考研真题就是选自一篇专题论文，完全需要当作论文来回答）！

购买本书即可享受大礼包增值服务！手机扫码（本书封底）领取本书大礼包。具体包括：①本书电子书；②336 艺术基础考研题库。

圣才考研网（www.100xuexi.com）是圣才学习网旗下的考研考博专业网站，提供考研公共课和全国各高校艺术类专业考研考博辅导班【一对一辅导（面授/网授）、网授精讲班等】、电子书、题库、全套资料（历年真题及答案、笔记讲义等）、国内外经典教材名师讲堂、考研教辅图书等。

考研辅导：kaoyan.100xuexi.com（圣才考研网）

资格考试：www.100xuexi.com（圣才学习网）

圣才考研网编辑部

目 录

第一编 音 乐

第二编 戏 剧

第三编 戏 曲

第四编 电 影

第五编 广播电视艺术

第六编 舞 蹈

第七编 美 术

第八编　艺术设计

第一编 音 乐

【知识框架(庖丁解牛)】

- 音乐
  - 概述
    - 音乐的定义及特征
    - 人类社会发展进程中的音乐
    - 音乐的社会功能：认识、教育、美育、实用
    - 音乐与其他艺术门类(语言艺术、舞蹈、戏剧)的联系
  - 音乐构成的物质材料和形式要素
    - 音乐的声音材料：嗓音、器乐
    - 节奏、速度与旋律
    - 复调音乐与主调音乐
    - 曲式
  - 音乐发展的历史线索
    - 中国音乐
      - 远古(距今约9000年)
      - 中古(秦汉至隋唐)
      - 近古(宋元明清)
      - 近代
      - 现代(新中国成立后)
    - 西方音乐
      - 古代与中世纪
      - 文艺复兴时期
      - 巴罗克时期
      - 古典主义与浪漫主义时期
      - 现当代
  - 音乐体裁
    - 中国传统音乐：民间歌曲、民间歌舞、说唱音乐、民间器乐、文人音乐等
    - 西方音乐：歌剧、音乐剧、清唱剧、康塔塔、交响曲、奏鸣曲、协奏曲、室内乐等
  - 中外音乐名家名作
    - 中国音乐名曲及作曲家：古典歌曲《满江红》、民间歌曲《走西口》、民族器乐独奏曲《梅花三弄》、声乐作品《义勇军进行曲》、歌剧《白毛女》、器乐曲《梁山伯与祝英台》等
    - 外国音乐名家名作：J. S. 巴赫《布兰登堡协奏曲》、亨德尔《弥赛亚》、海顿《伦敦交响曲》、莫扎特《第四十交响曲》、贝多芬《第三“英雄”交响曲》、舒伯特《冬之旅》等

第1章 概 述

1.1.1 复习笔记

【通关提要(提纲挈领)】

本章主要讲述了音乐的特性、人类社会发展中的音乐、音乐的社会功能及其与其他艺术门类的联系。本章考点以简答题和论述题为主，在学习时，要完整把握音乐基本概念和本质特征，掌握其基本内容；同时，要了解音乐的社会功能在应用时的不同情况以及同其他艺术相结合的形式与内容，以便答题时举例。

【考点难点归纳(厚积薄发)】

考点一：音乐的定义、特性和社会功能(见表1－1－1) ★★★

表1－1－1 音乐的定义、特性和社会功能

要点			具体内容
定义			指凭借声波振动而存在、在时间中展现、通过人类的听觉器官而引起各种情绪反应和情感体验的艺术门类
特性			①音乐是声音的艺术，它运用的声音材料与口头语言艺术不同，具有非语义性的特征。 ②音乐作为一门非描绘性[不具备描述性]的艺术，是通过时间展开其音响所需的要素，来直接引起并召唤听者的情绪、情感和意志。 ③音乐是一门形式的艺术。相较于文学和绘画等艺术，音乐更加注重形式和结构上的严谨
社会功能	认识功能		①音乐是一种客观存在的音响运动，通过音乐可以了解其鲜明的民族特征和时代风貌，感受作者在艺术创作中所展现的丰富的思想情感。聆听者可以通过音乐传达的内容与情感，联想到与现实生活相关、相似的事物。 ②音乐作为一种非语义性和非造型性的艺术，只能以象征、抽象、模拟、概括和暗示等表现手法间接地刻画客观世界，相较于其他艺术类别，其认识功能较弱。但音乐在与其他艺术类别相结合时，会大大增强其认识功能，使表现对象更加具体和确定
	教育功能	实现方式	一般通过听者受到所听乐曲情感的影响而间接实现，由于题材、形式的不同，其教育功能的强弱也不同
		类型	根据音乐的形式不同，分为侧重于形式的无标题音乐以及教育功能更为明显、内容更为确定的标题音乐
	美育功能	表现	聆听音乐能够令人心神舒畅，身心愉悦，从而陶冶情操，提高人们的艺术鉴赏力
		重要性	听音乐的主要目的是使人快乐与满足，获得美的享受，长此以往，起到审美教育的作用

续表

要点	具体内容			
社会功能	实用功能	应用	应用范围广，包括集体劳动[劳动号子]、工业、商业和医疗等	
		前提	以听者能通过音乐感受到心理变化和生理变化为前提	
		作用	生理学角度	不同的音乐内容和风格可以达到使人兴奋或者平静的效果
			商业角度	音乐在商业的宣传活动中应用广泛，有一定的推广作用

【考点拓展】音乐社会功能之间是既独立又相互联系的关系

音乐的社会功能是以审美作用为核心的。如果音乐失去了美学品格，其他各种功能也就不复存在了。音乐的存在价值主要在于多种社会作用的全面完整体现，音乐的功能不能分割，不能把这些功能一一地孤立理解。以教育作用为例：如果一首作品只是耳提面命地向欣赏者进行“教育”，而不是给人以艺术享受，那么，哪怕内容再好、再正确，也不能达到教育的目的，它的教育功能就无法发挥。因此，音乐功能无论有多少种，它们都是相互交融、整体地发生作用的。艺术的力量，在于它必须通过感性的艺术形象，激发欣赏者的共鸣和想象，给欣赏者以艺术享受的愉快，从而使欣赏者领悟到其中的乐趣，感到精神上的满足，并领悟到什么是崇高，什么是卑劣，促使欣赏者奋发向上，那才是音乐功能发生作用的全过程。它的功能不是说教，而是通过对艺术的审美感受，在艺术欣赏中潜移默化地达到教育、认识、娱乐的目的。

考点二：音乐的发展进程(见表1－1－2) ★★★

表1－1－2 音乐的发展进程

要点		具体内容
原始社会	发展概况	音乐早在原始社会就已产生[萌芽状态]，并具有相对固定的音高和或长或短的节奏
	特点	①实用性多于审美性。 ②因人类多种需求而产生，早期音乐具有混生性[如混合舞蹈、诗歌、美术、音乐等因素]
奴隶社会阶段	发展概况	音乐的社会功能出现了根本性的改变，音乐开始为奴隶主阶级的等级制度[即“礼”]进行服务
	特点	加强了音乐的娱乐性功能和道德教化功能，提升了音乐演奏的职业化程度
封建时期	发展概况	社会阶层开始细化，分工更加明确，这一时期的音乐类型和功能有了多种呈现方式
	发展原因	①统治者不仅追求物质上的满足，也寻求精神层面的娱乐与消遣。因此以贵族和统治阶级为中心，收集了其统治区域内部各民族的音乐文化，推动了各民族音乐之间的相互交流融合。这是音乐发展最主要的原因。 ②贸易往来频繁使得音乐表演的场地逐渐增加，城镇从事专业音乐活动的人增多，乡村的音乐人也逐渐向城市迁徙，推动了音乐的发展与多样化音乐体裁的形成
	特点	音乐生活更为丰富，作品题材更为广泛。宗教音乐的传入使得寺庙和教堂开始成为传播宗教音乐的场所
工业文明时期	发展概况	这一时期音乐的表现形式、乐器的制作和音乐理论的系统化研究都更加细致精准，在音乐的记录和传播上更加完整和多样化
	发展原因及特征	①生产力的发展促进经济的繁荣，进而推动了音乐的发展。这一时期工业发展迅速，思想上摆脱了神权的束缚，以推崇个性解放与摆脱神权为艺术创作的主要特征。 ②市民阶层兴起，推动了民间音乐[如乐器制作、音乐理论]的发展

续表

要点		具体内容
现当代音乐的发展	发展原因	发展迅速的工业文明推动了音乐的发展，并且其他艺术门类推动音乐形式更加多元化
	特点	①音乐出现了异化现象，一些新作品运用了新技术和新实验，打破了音乐创作的基本规律，并颠覆了人类传统的审美思维。 ②音乐发展的全球化和形式上的多元化

考点三：音乐与其他艺术门类(语言艺术、舞蹈、戏剧)的联系(见表1-1-3) ★★★★

表1-1-3 音乐与其他艺术门类(语言艺术、舞蹈、戏剧)的联系

要点		具体内容	
音乐与语言艺术	联系	语言艺术与音乐中的声乐艺术都是以声带作为发声手段的艺术	
	意义	当音乐同语言艺术以不同的结合方式交融合一后，会形成不同的音乐体裁。例如，与诗歌交融合一就形成了歌曲形式的音乐，与叙事性的文章交融合一就形成了说唱或长歌形式的音乐	
音乐与舞蹈	概况	音乐与舞蹈的关系是相辅相成、共生共伴的。传统的音乐常常与舞蹈相结合、边舞边唱，连接音乐与舞蹈之间的桥梁是节奏	
	联系	音乐对舞蹈的影响	①民间舞蹈中旋律的节奏性很强，大多用节奏型乐器伴奏。 ②抒情性和戏剧性的舞蹈常用相同风格的音乐加以配合
		舞蹈对音乐的影响	音乐通过舞蹈的外部动作将难以用音响表达的内容变得可视化
音乐与戏剧	概况	戏剧和音乐都具有多样性。同为时间艺术，二者的结合方式是多维的	
	联系	①中国戏曲的表演形式和西方的歌剧相同，均通过音乐与人物舞蹈性动作的配合展现剧情内容的发展。 ②这两种艺术方式中的配乐都具有渲染气氛和增强艺术感染力的作用	
总结	音乐在与其他艺术结合的过程中是相互补充的关系，即抽象性的音乐往往需要与具象性的艺术相结合		

1.1.2 典型题(含考研真题)详解

一、单项选择题

1. 无论是中国的孔子还是古希腊的柏拉图都极力强调音乐的(　　)功能。

A. 审美　　B. 道德教化　　C. 认识　　D. 娱乐

【答案】B

【解析】音乐具有认识、教育、美育、实用的功能。音乐的教育功能一般通过听者受到所听乐曲情感的影响而实现。古今中外的哲学家们都十分重视音乐的教育功能，例如中国的孔子以及古希腊的柏拉图都极力推崇音乐的道德教化功能，强调在欣赏音乐的过程中，人们耳濡目染，会逐渐对道德情操产生积极的教化作用。

2. 音乐与语言的不同结合方式造就了众多的音乐体裁，如与诗歌相结合形成了(　　)。

A. 歌曲　　B. 长歌　　C. 叙事歌　　D. 说唱性音乐

【答案】A

【解析】当音乐同语言艺术以不同的结合方式交融合一后，会形成不同的音乐体裁。例如，音乐与诗歌交融合一就形成了歌曲形式的音乐，与叙事性的文章交融合一就形成了说唱或长歌形式的音乐。

二、简答题

简述音乐表现形式的精神内涵。(南艺2010年研)

答：音乐是人们对事物所感受到的内心世界活动的活跃情感的表达，这一表达需要表现形式，音乐的众多表现形式归根到底就是用来表现作者的情感和内心世界。音乐的表现形式在当今是必不可少的，人类有史以来进化的过程显示了我们对物质与精神层面的理解和更高的追求，音乐作为我们情绪和心理感受的表达工具是不可或缺的。所以音乐很重要，音乐的表现形式更重要。诸多的音乐形式都是表现音乐的工具。

(1)在音乐审美原理上，通过通感原理或格式塔“异质同构”原理，以乐音形式为传达媒介来表现人的内涵，即通过音色、速度、旋律、节奏、音区以及和声曲式等元素形式的有机组合而表达精神内涵。其中旋律、节奏与音色元素起着重要作用。

①不同的乐器音色表现不同的精神内涵，小提琴之所以被冠以“乐器皇后”的美名就在其表现力极强，演奏技巧形式复杂高超与完备，音色层次变化丰富，擅长表达极细腻的情感与呈现丰富的精神世界。钢琴被称为“乐器之王”，是因其担当了乐队的功能，音域宽广，和声丰富，音响华丽而辉煌，技巧艰深，表现力自然强大，精神内涵亦更是丰富。音色暗淡一些的乐器特别适合表达有一定深度的体验感受，激发人的思考，如黑管、巴松管与圆号等。

②徐缓的音乐速度擅长表达精神内涵，旋律在中低音区进行，较低沉。另外，各种结构的和弦、和声音型及节奏型的变换以及较大型的曲式结构，皆是表达较丰富而深刻的精神内涵的有效手段。之所以说交响乐是音乐的最高形式，是因为它可以承载丰富而深厚的精神内涵。

③旋律是音乐的灵魂，是音乐精神内涵表达的主要手段，甚至可说是决定性的方式，旋律之所以有如此强大的功能，是因为它融合了音高、节奏、节拍、强弱、速度及调性等诸多元素，因而具有突出而强大的表现力。

(2)有精神内涵的作品是指有一定内在思想深度和哲理性，能激发主体对社会人生诸多方面进行深入思考与体悟的音乐作品。所谓精神内涵尤指思想内涵，以及相伴随的情感体验。

①受文艺复兴人文主义思潮的影响推动，19世纪的浪漫主义出现了大量内涵性作品，标题音乐、交响诗以及以肖邦的作品为代表的各种新器乐体裁的诞生，便是音乐与生活的完美结合。以贝多芬为代表的交响乐则更是挖掘了人类深刻的精神内涵，展现出对社会人生的重大哲理思考，代表人物还有理查·施特劳斯、马勒、布里顿等。此时的音乐发生了轰轰烈烈的历史性大转向，由古典理性均衡的形式美转向了关注人文思想与人文情怀的内涵美。

②民族乐派更是将浪漫主义做了进一步的推进，将民族精神与民族情怀融入音乐创作里，产生了包括芬兰西贝柳斯的交响诗《芬兰颂》、西班牙罗德里格的吉他协奏曲《阿兰胡埃斯》以及捷克斯美塔纳的《我的祖国》等在内的一大批优秀内涵性作品。印象派作品尽管也是对生活现象的表达，但它是倾向于对景物的自然美的描摹刻画与赞颂，其精神内涵显然不如浪漫主义丰富与深刻。之后勋伯格的表现主义则抛弃了对外在事物的描绘，转向内在心理的自我表达，直接表现心灵世界和内在深处的精神世界，而这种心灵世界和内在精神又是和疯狂、绝望、恐惧与焦灼不安等病态感情以及“人类的不可思议的命运”等结合在一起的。此时大小调式体系已完全不能胜任现代人精神内涵的传达，逐步崩塌瓦解，被十二音体系取代乃成为音乐发展之必然，成就了音乐史上的又一次革命。这些作品在技术上的特点是对“不协和音”的解放，旋律与和声的音程关系不再依附于调性系统；织体更趋向于对位式，而不是和声式；节奏趋于复杂。勋伯格的自由无调性时期的作品，充分体现了表现主义的扭曲与强烈、大胆的特色。自由无调性时期是调性崩溃的逻辑延伸，同时也是“十二音作曲法”诞生前的酝酿和探索阶段。由此可见，表现主义比之浪漫主义又更加

向精神内涵深处迈进了一步。

③另有一类纯形式美而并无生活性描绘也无思想性内容的音乐，一般而言它们只有形式美而没有什么内容美（指生活性思想性内容），如巴罗克技术性复调器乐曲、古典主义音乐、帕格尼尼的24首随想曲及6首协奏曲等，充分展示音乐自律的形式美。

(3)音乐表现形式的精神内涵虽能以文字语言作大致描述，但在根本上却是一种“此中有真意，欲辨已忘言”的境界，只有通过对艺术作品的深层次领悟和体味才能把握。精神内涵的丰富性、抽象性及情感特征等使得人们虽能够在一定程度上诠释它，却无以穷尽，尤其奇妙的是甚至于对同一件音乐作品在每一次的审美过程中其感悟的精神涵义都会不同，都会有新的体验与感受。严格讲音乐是作曲、演奏与欣赏的三度创作艺术，音乐在作者聆听之前只是一件尚未完成的半成品，只有在被欣赏接受之后才算是真正完整的音乐作品。精神内涵由音乐表现形式引发，音乐表现形式与精神内涵的综合才构成音乐作品及音乐形象。

三、论述题

试论音乐与其他艺术门类的联系。

相关试题：结合实例，论述音乐与其他艺术的内在联系。（成都学院2016年研）

答：参见本章考点难点归纳相关内容。

第2章　音乐构成的物质材料和形式要素

1.2.1　复习笔记

【通关提要(提纲挈领)】

本章主要论述了构成音乐的各个物质材料和形式要素，包括节奏、速度、旋律、曲式等。本章考点以简答题为主，在学习时，要掌握曲式的含义、分类以及应用，了解音乐的艺术语言和主要表现手段。

【考点难点归纳(厚积薄发)】

考点一：音乐的声音材料(见表1-2-1)　★★

表1-2-1　音乐的声音材料

要点	具体内容
嗓音	指人自然发出的声音。人在歌唱时会展现出十分丰富的音色变化，可细分为男声、女声和童声三种。在同一类声音中，还可以根据音域将其细分为高、中、低音三个声部，如女中音、男高音等
器乐	指完全使用乐器演奏而不用人声或者人声处于附属地位的音乐。器乐具有多种多样丰富的类型，不同的民族和地区所使用的乐器不同，例如琴、筝、二胡、琵琶等是中国的传统乐器；钢琴、各种提琴、小号、长号等是西方的乐器。各个乐器都有其特点、音色和发声原理，如拉、弹、拨、吹等等，丰富的乐器和不同的音色共同构成了多姿多彩的音响世界

【考点拓展】八音分类法

“八音”一词常用于指称中国古代乐器分类。《周礼·春官·大司乐》载：“大师掌六律六同，以合阴阳之声……皆文之以五声，宫、商、角、徵、羽；皆播之以八音，金、石、土、革、丝、木、匏、竹。”八音指代八种类型的乐器，其分类以乐器的制作材料为标准，将乐器分为八类：金类，如钟；石类，如磬；土类，如缶；革类，如鼓；丝类，如琴；木类，如柷敔；匏类，如笙；竹类，如笛。

考点二：节奏、速度与旋律(见表1-2-2)　★★★

表1-2-2　节奏、速度与旋律

要点		具体内容
节奏	地位	音乐是一种以节奏和旋律为基础的时间艺术，音乐的生命是节奏。所有音乐都是以节奏为基础的，包括宏大的交响乐、肃穆的宗教音乐、简单纯朴的民歌等等
	特点	节奏最突出的特点为有规律的周期性延续，不同的音乐风格通过强拍和弱拍的不同形式的交替反复而构成

续表

要点		具体内容
速度		节奏和速度是相互联系、相互并存的关系，音乐的个性由节奏变化速度决定，不同的速度所演奏的曲调带给人的感受也是不同的
旋律	含义	在音乐中，旋律这种音乐形式虽然简单，但其内在却具有非常丰富的生命力，由多个不同音高的乐音和不同样式的节奏组合构成
	重要性	传统音乐观念中，音乐的根本是旋律，音乐常常通过旋律将具有感染力的情绪、情感呈现出来

考点三：复调与主调音乐(见表1－2－3) ★★★

表1－2－3 复调与主调音乐

要点	具体内容
概况	发源于欧洲，是多声部音乐中的两种不同的形式，也是艺术音乐中最重要的形式，广泛运用于音乐创作中
复调音乐	指一种多线条的音乐，含有两条及以上的独立旋律，通过对不同声部的变化处理，最终结合在一起
主调音乐	指一种多声思维，是构成多声部音乐的另一种织体形态。与复调音乐不同的是，主调音乐作品中以其中一个声部的旋律为主线，其他声部作为和声背景进行伴奏

考点四：曲式(见表1－2－4) ★★★

表1－2－4 曲 式

要点			具体内容
概念			曲式作为一种结构形式，是音乐在时间过程中形成的组织结构。乐段是曲式中最小的完整单位，也是音乐作品中表现的完整乐思陈述，一个乐段内部包含若干乐句，类似文字表述中句号与逗号间的包含关系
主要类型	二部曲式		由A B两个乐段组成的曲式结构
	三部曲式	概况	是A B A结构的三乐段曲式
		地位	又称三段式，是音乐作品中最常见的曲式，是歌曲创作中比较常见的曲式结构，更符合大众的审美需求
	变奏曲式		指同一主题在音乐中进行不同的变化反复，每次反复的变化形式也不同，体现了变化与统一相结合的艺术审美原则
	回旋曲式		基本结构特点是乐曲中的主要主题材料周而复始地循环往复，在主题反复中插入对比性段落(插部)
	奏鸣曲式	概况	奏鸣曲式作为三部性的结构，是最复杂的曲式结构，由呈示部、展开部和再现部构成
		结构	三部性结构，每个部分都具有不同的内部构成。例如呈示部由“主部主题”和“副部主题”构成；展开部为呈示部主题的变化发展
		应用	其形式复杂，通常用于表现内涵丰富并具有戏剧性冲突的题材，一般交响曲、奏鸣曲和协奏曲的第一乐章以奏鸣曲式为基础进行创作

1.2.2 典型题(含考研真题)详解

一、单项选择题

1. 三部曲式是音乐中最常见的曲式，它形成一种(　　)的结构样式。

A. B B D　　B. A A B　　C. A B A　　D. A B B

【答案】C

【解析】三部曲式是音乐曲式中最常见的一种曲式，由三个乐部组成，是A B A结构，中间乐部与前后乐部形成对比，体现曲式结构的再现原则，如勃拉姆斯的《匈牙利舞曲》就是典型的三部曲式结构。

2. 曲式的最小完整单位被称作(　　)。

A. 乐段　　B. 乐章　　C. 乐句　　D. 声段

【答案】A

【解析】乐段是曲式的最小完整单位。乐段可以由一个乐句、两个乐句、三个及三个以上的乐句组成。一般有比较明显的终止式，能够表达一个完整或相对完整的乐思。

二、名词解释

复调音乐与主调音乐

相关试题：简述主调音乐与复调音乐的区别。(简答题，成都学院2016年研)

答：复调音乐与主调音乐是多声部音乐中的两种不同的形式，也是艺术音乐中最重要的形式，在音乐创作中广泛运用，发源于欧洲。复调音乐是指一种多线条的音乐，含有两条及以上的独立旋律，通过对不同声部的变化处理，最终结合在一起，是作曲家通过严谨的构思以及清晰的思维逻辑创作而成的音乐。主调音乐是指一种多声思维，是构成多声部音乐的另一种织体形态。与复调音乐不同的是，主调音乐作品中以其中一个声部的旋律为主线，其他声部作为和声背景进行伴奏。

三、简答题

简述音乐的艺术语言和主要表现手段。

答：音乐的艺术语言和表现手段非常丰富，主要包括：

(1)旋律，又称曲调，它是由一系列高低、长短和强弱不同的乐音按照一定的节奏、节拍、调式、调性关系等组成的音的线条。旋律堪称音乐的灵魂，是塑造音乐形象最主要的手段，旋律的不同走向可以表现特定的内容和情感。旋律具有很强的艺术表现力，它可以表现出音乐的内容、风格、体裁，甚至还可以体现出音乐的民族特色和地域特征。

(2)节奏，是指长短相同或不同的音按一定规律组织起来。它是音乐最基本的表现手段，是旋律的骨干，也是乐曲结构的主要因素。它能够使旋律具有鲜明的表情意义和性格特征，从而将音乐形象塑造得更加生动。

(3)和声，指多声部音乐按照一定关系构成重叠复合的音响现象。它是音乐最基本的表现手段之一，使音乐具有结构感、色彩感和立体感。当我们欣赏音乐时，尤其是在欣赏气势磅礴的交响乐或大合唱时，不同的音乐交织进行，不同的乐器同时奏响，它们和谐而又千变万化，这就是和声的力量。

(4)复调，是指具有相对独立性的若干旋律在进行过程中组成的相互关联的有机整体。这种多声部音乐就称为复调音乐。复调音乐中声部的组合形式有两种：对比复调和模仿复调。对比复调指同时组合的各个声部，其旋律与节奏各具特色，声部对比鲜明。模仿复调指同一旋律在各个声部中先后出现，并在相同或不同的高度中，按一定的间隔依次对前一声部进行有规则地模仿。

(5)曲式，是指乐曲的结构形式。曲调在发展过程中形成各种段落，根据这些段落形成的规律性，而找出具有共性的格式便是曲式。乐段通常由两个乐句或四个乐句构成，由两个各有四小节(或八小节)的乐句组成的“乐段”(专称为“方整性的乐段”)在器乐曲中最为常见，其特点是平衡、匀称感强。一个乐段构成的一首乐曲称为“一部曲式”。

(6)调式，是指若干高低不同的乐音，围绕某一有稳定感的中心音，按一定的音程关系组织在一起，成为一个有机的体系。调式是人类在长期的音乐实践中创立的乐音组织结构形式。调式是按音阶形成排列的，包括大调与小调两种音阶。无论是大调还是小调，第一个音都是最有权威、地位最稳定的，被称为主音或中心音。比它次要些的，是由主音向上数五度的“属音”，还有从主音向上数四度的“下属音”(称作下属是因为若从主音向下方向数，它位于下方五度上)。属音和下属音就如同主音的两个大臣，对主音起到支持的作用，剩下的那几个音则处于更加次要的地位。

(7)调性，是调式类别与主音高度的总称。如以C为主音的大调式叫C大调；以A为主音的小调式叫a小调；以G为主音的调式叫徵调式等。现代音乐常采用多调性。多调性(包括双调性)是从20世纪初开始流行的一种新的调性类型，是传统调性的一种特殊变体。它的每一个调性层次大都建立在传统调性的基础上，或具有传统调性的某些特点(如自然调式)，或具有明确的中心音等。但它又是调性思维复合化的表现，产生复杂的和声效果。重叠的调性之间关系愈远，则音响愈尖锐。由于多调性是源自传统而又打破传统的一种特殊手法，为许多现代作曲家所常用。

四、论述题

结合实例论述音乐的节奏、速度与旋律。

答：音乐是时间的艺术，音乐的时间通过节奏、速度和旋律方面体现，进而赋予了音乐艺术生命。在古今中外任何音乐中，包括宏大的交响乐、肃穆的宗教音乐、简单纯朴的民歌等等，三者都必不可少。

(1)音乐的节奏与速度。节奏最突出的特点为有规律的周期性延续，不同的音乐风格通过强拍和弱拍不同形式的交替反复而构成。节奏和速度是相互联系、相互并存的关系，音乐的个性由节奏变化速度决定，不同的速度所演奏的曲调带给人的感受也是不同的。

《第三“英雄”交响曲》是德国著名音乐家贝多芬于1803年创作的，可以看作是贝多芬音乐风格成熟的标志。这部交响曲从内容到形式都大大打破了维也纳古典交响曲的局限，完全确立了贝多芬自己的创作风格，是一部西方音乐史上的不朽巨著。《第三“英雄”交响曲》标志着贝多芬音乐创作的成熟时期，它既是贝多芬本人创作道路上的一个里程碑，也是西方交响乐发展史上的一个里程碑。《第三“英雄”交响曲》的节奏与速度是：

①第一乐章为快板乐章，奏鸣曲式，主部主题坚毅雄壮，副部主题深情含蓄，从不同侧面多角度地描绘了英雄的性格特征。

②第二乐章是一首慢板的葬礼进行曲，贝多芬是把哀悼英雄这样深刻的主题思想融入交响乐的第一位作曲家，整个乐章深沉肃穆、庄严悲壮。

③第三乐章是充满活力的谐谑曲。

④第四乐章是终曲，变奏曲式，作者将传说中的神话英雄与理想中的人间英雄结合起来，歌颂这种为全人类的幸福而献身的英雄精神。

(2)音乐的旋律。在音乐中，旋律这种音乐形式虽然简单，但其内在却具有非常丰富的生命力，由多个不同音高的乐音和不同样式的节奏组合构成。传统音乐观念中，音乐的根本是旋律，音乐常常通过旋律将具有感染力的情绪、情感呈现出来。古今中外的音乐发展历史进程中，因单声部旋律的线条略显单薄，于是产生了多声部的音乐艺术，即有一个以上的不同声部在音乐中同时出现进行。旋律是音乐的灵魂，称得上是音乐最主要的表现手段，它是把高低、长短不同的乐音按照一定的节奏、节拍、调式、调性关系等组织起来，塑造音乐形象，表现特定的内容和情感的一种音乐表现手段。旋律具有很强的艺术表现力，它可以表现出音乐的内容、风格、体裁，甚至还可以体现出音乐的民族特色和地域特征。

第3章　音乐艺术发展的历史线索

1.3.1　复习笔记

【通关提要(提纲挈领)】

本章主要论述了中国音乐和西方音乐的历史概况。本章考点以名词解释、简答题和论述题为主，在学习时，要整体把握中西方音乐发展的时间路线和关系，掌握中国音乐的发展进程，了解重要时期的音乐发展特点以及代表艺术作品，以便答题时举例。

【考点难点归纳(厚积薄发)】

考点一：中国音乐的历史发展简况　★★★

1. 原始时代

(1)中国是世界历史长河的泱泱大国，至少有9000年的音乐发展历史。

(2)中国在原始时代已经积累了相当丰富的音乐文明，在河南舞阳县贾湖遗址的考古发现，证实了我国的祖先早在9000年前就已经拥有了系统的乐律学知识和精良的旋律性乐器制作工艺。

(3)我国的文化及音乐文明主要产生于黄河流域和长江以南的地区。

(4)这一时期的音乐通常与生产劳动、巫术相联系。

2. 夏商周时期(见表1－3－1)

表1－3－1　夏商周时期

要点		具体内容
夏代		乐舞《大夏》，其内容主要彰显统治者功德
商代	代表作品	《大濩》
	发展原因	商代巫风文化盛行，并且与音乐的联系密切。祭祀的女巫男巫能歌善舞，拥有高人一等的社会地位，巫师不仅是神权的掌控者，也是职业音乐舞蹈家。在重大祭祀仪式中常会上演巫乐，如《雩舞》[求雨]、《魃舞》[驱鬼逐疫]、《桑林》[祭祀祖先和社交活动]
周代	礼乐等级制度	周朝建立初期就制定了系统的礼乐等级制度，按照等级运用相应的乐舞
	音乐教育制度	周代已经出现了音乐的教育制度，宫廷设立了相关的音乐机构“大司乐”，主要承担贵族子弟和学士音乐教育的任务，鼎盛时期乐工多达千余人

3. 春秋战国时期(见表1-3-2)

表1-3-2　春秋战国时期

要点		具体内容
春秋		《诗经》是我国最早的诗歌总集，收集了从西周开始500多年的音乐作品
战国	《楚辞》	收集楚国的音乐作品，以屈原的作品为主，大部分诗赋是可以歌唱的
	曾侯乙编钟	湖北省随县出土的曾侯乙编钟，共有64枚钟，音域宽度可达5个八度，每个八度内有12个半音，而且一个钟可发双音，展现了战国时期精良的乐器制作工艺，是先秦时期音乐文化成就的重要代表

4. 秦汉至隋唐(见表1-3-3)

表1-3-3　秦汉至隋唐

要点		具体内容
秦汉	乐府	指秦朝朝廷设立的管理音乐的官署，在汉武帝时用于训练乐工、制定乐谱和采集歌词，极大地推动了音乐文化的发展
	代表音乐	鼓吹乐、相和歌和歌舞百戏
南北朝	清商乐	又称清商曲，是南北朝占主导地位的一种汉族传统音乐，也是该时期各种音乐类型的总称。其中吴歌和西曲内容以爱情故事为主，风格委婉自然，隋唐时期成为宫廷音乐的重要组成部分
	古琴音乐	南北朝时期古琴音乐发展迅速，著名琴家有嵇康、阮籍等，他们创作改编的琴曲对后世音乐创作产生了重要影响
隋唐	宫廷燕乐	又称宴乐，是宫廷音乐的主要组成部分。燕乐的主要表演形式是歌舞大曲，燕乐音乐将中原和少数民族的音乐元素交融合一，形成了独特的音乐风格。燕乐的音乐结构复杂多变、精致细腻，最具有代表性的作品为《霓裳羽衣》，为后世的音乐文学作品提供了参考内容
	音乐管理机构	隋唐时期宫廷设立了多种音乐管理机构，如梨园。梨园聚集了唐代艺术水平最高的音乐家和舞蹈家，皇帝通常亲自审核梨园内的表演曲目

5. 宋元明清(见表1-3-4)

表1-3-4　宋元明清

要点			具体内容
宋元	概况		宋元时期戏曲艺术兴起并得到了长足的发展，这是一种将音乐与戏剧相结合的音乐艺术
	特点		①宋代开始，音乐的发展中心从宫廷逐渐转向民间。 ②音乐与戏剧相结合形成了戏曲，取代了歌舞大曲，在这个阶段获得了大发展并趋于成熟。这一时期各种形式的民间音乐如说唱、戏曲[南戏]和小型器乐等也得到了迅猛发展
	音乐形式的发展	曲子	兴起于隋唐时期，繁荣发展于宋代，现今称为宋词。曲子是一种广泛流传的歌曲形式
		说唱体裁	宋元时期最有代表性的说唱形式为鼓子词和诸宫调，并成为后来大多说唱音乐形式的参考。诸宫调的形成和发展为戏曲音乐奠定了坚实的基础
		器乐乐曲	代表作为古琴曲《潇湘水云》[宋代，郭沔]、《海青拿天鹅》[元代]，内容多以反映少数民族的狩猎场景为主

续表

要点		具体内容
明清	地方剧种发展	这一时期地方剧种开始发展，魏良辅改良了昆山腔，并创造了"水磨调"，唱腔委婉清丽，使昆山腔在众多地方剧种中崭露头角，直到明末清初逐渐衰落
	地方戏曲发展	清初昆山腔衰落后，各地方戏曲兴起，其中最具代表性的戏曲则是"梆子腔"和"皮黄腔"。18世纪末，四大徽班进京，推动了京剧的形成与发展，而"皮黄腔"是京剧的主要声腔
	民歌小曲发展	这一时期民歌小曲创作空前繁荣并在全国流传。有一部分的民歌小曲流传到今天，歌舞、说唱和器乐之中也融入了民歌小曲，为近代中国音乐的发展奠定了基础

6. 近代(见表1-3-5)

表1-3-5　近　代

要点		具体内容
19世纪40年代至19世纪末		①受新时代改革的影响，传统音乐跟随时代发展走向变革，新音乐在人民的音乐生活中占据重要地位。 ②西方音乐传入国内，促进了中国近代新音乐的发展，梁启超主张通过借鉴西洋音乐进而创造中国的"新乐"。学堂乐歌兴起于戊戌变法，以《送别》等填词歌曲为代表
20世纪20年代	概况	这一时期是中国新音乐的起步阶段，以萧友梅为首的留学生在北京成立了专业音乐教育机构，并在上海成立了我国第一所独立设置的高等音乐学府——国立音乐学院
	代表作品	①《教我如何不想他》[赵元任]、《问》[萧友梅]等艺术歌曲。 ②黎锦晖的《可怜的秋香》等儿童歌舞曲。 ③刘天华的民乐作品《光明行》等，尝试在技巧方面借鉴西方音乐
20世纪30年代初至40年代末	抗日救亡歌曲的创作	"九一八"事变后，音乐创作的主题大多与抗日救亡运动相联系。代表作品有左翼音乐家聂耳的《义勇军进行曲》、黄自的《旗正飘飘》等
	艺术音乐创作	此阶段艺术音乐创作迅猛发展，代表作品有贺绿汀的《牧童短笛》，这首作品具有鲜明的民族特点，是中国钢琴音乐发展历史中具有里程碑意义的作品
	抗日民主根据地音乐的创作	1939年冼星海创作的《黄河大合唱》、1945年鲁迅艺术学院的革命艺术家们创作的歌剧《白毛女》。这一部分作品在近代中国音乐发展中具有重要意义

【考点拓展】大型合唱声乐套曲《黄河大合唱》

《黄河大合唱》是冼星海创作的一部具有杰出影响的大型合唱声乐套曲。以黄河为背景，热情地歌颂了中国人民坚强不屈的战斗意志，歌颂了具有悠久历史的伟大祖国，描述了在抗日战争前后黄河两岸人民生活的巨大变化，痛诉了日寇的残暴和人民所遭受的灾难。最后又勾画出一幅幅中国人民保卫祖国、反抗日寇侵略的壮丽情景，充满了激动人心的情感力量和雄伟浑厚的气魄，成功地反映和歌颂了中国人民的爱国热情，是中国音乐史上一部里程碑式的大合唱作品。

7. 现代

(1)20世纪40~60年代，具体见表1-3-6。

表 1-3-6 20 世纪 40~60 年代

要点	具体内容	
对民间音乐的调查	①1950 年，一批音乐工作者采集并整理了华彦钧创作和演奏的乐曲，包括《二泉映月》等优秀音乐作品。 ②在古琴音乐的调查中，以打谱和录音的方式使得《碣石调幽兰》与《广陵散》等千年名曲再次重现。 ③在少数民族音乐的调查中，发现并整理出维吾尔族的"十二木卡姆"和"侗族大歌"等非物质文化遗产音乐作品	
音乐创作	歌剧	《洪湖赤卫队》《刘三姐》《江姐》等
	舞剧	《红色娘子军》《鱼美人》等
	大型声乐套曲	《红军不怕远征难》
	管弦乐	《瑶族舞曲》
	交响诗	《嘎达梅林》《长征交响乐》等
	小提琴协奏曲	《梁山伯与祝英台》
	大型音乐舞蹈史诗	1964 年由众多专业艺术家集体创作的音乐舞蹈史诗《东方红》，展现出新中国成立以来我国在歌舞音乐方面的卓越成绩

(2)改革开放后，具体见表 1-3-7。

表 1-3-7 改革开放后

要点	具体内容	
通俗音乐的发展	80~90 年代兴起了流行全国的通俗音乐：《太阳岛上》《小草》《军港之夜》《青藏高原》《让世界充满爱》等	
摇滚乐的发展	《一无所有》标志着中国摇滚乐的兴起	
影视歌曲的发展	电影歌曲	《妈妈留给我一首歌》《大海啊，故乡》《驼铃》《牧羊曲》等
	电视歌曲	《枉凝眉》《敢问路在何方》《重整河山待后生》《少年壮志不言愁》等
民族器乐	代表作品有：笛子独奏曲《秋湖月夜》、筝独奏曲《秦桑曲》、二胡协奏曲《红梅赞》和《长城随想》、大型民乐合奏曲《蜀宫夜宴》《达勃河随想曲》以及加入新技法的民乐曲《双阙》《空谷流水》《厚土》《愁空山》和小型民族室内乐作品《戏》《魂》等	
西洋器乐	80 年代初	近代西洋音乐发展的第一个高峰，代表作品有《青年交响乐》、交响叙事曲《十面埋伏》和交响音画《云岭写生》等
	80 年代中后期	新青年在大型作品创作领域崭露头角，促进了大型作品的创作技法和音乐特点的繁荣发展，诞生了《地平线》《蜀道难》、朱践耳的《第一交响曲》等优秀作品，并在国际音乐界产生了巨大的影响
歌剧和舞剧创作	歌剧	新时期的歌剧作品以《伤逝》为代表，随后出现了《原野》《马可波罗》《苍原》等，90 年代诞生的《夜宴》和《狂人日记》等得到了海外的积极反响
	舞剧	80 年代的舞剧以《丝路花雨》为代表，该时期出现了集歌舞乐为一体的舞台艺术，风格独特，代表作有《仿唐乐舞》《编钟乐舞》《唐风宋韵》等

考点二：西方音乐的历史发展简况 ★★

1. 古希腊罗马与中世纪（见表1-3-8）

表1-3-8 古希腊罗马与中世纪

要点		具体内容
古希腊罗马	概况	音乐理论十分发达，对后世产生了深远影响
	特点	音乐形式简单，以单声部音乐为主，风格属于民间音乐艺术
中世纪［公元5世纪至公元14世纪］	内容	重视基督教的宗教礼拜音乐，民间音乐被忽视。教堂活动中用于礼拜的格里高利圣咏、赞美诗等是主要的音乐形式
	影响	为西方音乐的发展奠定了重要基础，是西方音乐发展的出发点和动力
	发展	在中世纪后期，音乐迅速发展。复调音乐广泛流传，音乐理论方面的记谱法、唱名法以及调式体系趋于科学系统化，音乐逐渐脱离了宗教的束缚而变得更加艺术化

2. 文艺复兴时期（15至16世纪，见表1-3-9）

表1-3-9 文艺复兴时期（15至16世纪）

要点				具体内容
概述	兴起地区			文艺复兴时期的音乐改革主战场是英国和欧洲大陆偏北地区
	特点			音乐形式主要为声乐复调，即无伴奏的多声部歌唱
文艺复兴早期	主要流派	布艮第乐派		15世纪上半叶的布艮第地区［现在的荷兰、比利时和法国东北部地区］集历代宫廷音乐之大成
		佛兰德乐派	主要成员	音乐家大多来自尼德兰地区和法国北部，代表人物有J. 奥克冈、约斯堪等
			成就	弥撒曲、经文歌和世俗复调歌曲，佛兰德乐派以精湛的复调音乐技巧闻名欧洲
	发展			文艺复兴音乐发展的顶峰是16世纪，宗教音乐和世俗音乐得到了长足的发展，其中法国尚松和意大利牧歌是世俗音乐中最具代表性的音乐艺术形式，音乐创作常运用复调写作技巧
文艺复兴晚期	概况			文艺复兴晚期，音乐发展的中心逐渐转向意大利
	发展	罗马乐派		宗教音乐的巅峰代表作品为帕勒斯特里那的无伴奏声乐复调
		合唱音乐		威尼斯地区，以圣马可教堂为中心的宗教音乐发展迅速，音乐形式为有器乐伴奏的合唱音乐，它代表了欧洲音乐的发展趋势

3. 巴罗克时期（17世纪初至18世纪中期，见表1-3-10）

表1-3-10 巴罗克时期（17世纪初至18世纪中期）

要点		具体内容
概述	概况	巴罗克时期大约是从17世纪初期到18世纪中期，“巴罗克”起初来自工艺、建筑行业，原意为形状不规则的珍珠，音乐风格华丽宏伟

续表

要点			具体内容
概述	发展背景		这一时期的欧洲音乐理论系统完全成熟，记谱法和调性体系形成并趋于成熟，印刷术也逐步改造完善，为音乐的传播活动提供了便利
	意义		巴罗克时期是音乐史上的一大转折点，复调音乐的创作发展达到顶峰，新兴的主调音乐兴起并形成了各种音乐体裁，对西方音乐以后的发展产生了重要影响
成就	声乐体裁方面	大型声乐体裁	巴罗克时期的音乐艺术以大型歌曲体裁为主，如歌剧、清唱剧和康塔塔，它们都属于巴罗克风格的标志
		意大利歌剧	18 世纪，意大利歌剧兴起并得到广泛流传，早期歌剧创作的代表人物是蒙特威尔第，意大利歌剧发展成型后成为欧洲音乐界最具代表性的艺术体裁
	器乐方面	地位的提高	18 世纪以来，器乐逐渐受到音乐家的关注和重视，并产生了众多器乐体裁，例如奏鸣曲、协奏曲、组曲等
		乐器的改进	文艺复兴时期的主要器乐是弹拨乐器，而巴罗克时期的主要器乐是拉弦乐器。键盘器乐如管风琴、古钢琴等在这一时期也得到了长足的发展
		弦乐的发展	弦乐艺术的中心是意大利，奏鸣曲、协奏曲是这一时期的重要音乐体裁，旋律以弦乐为主，运用键盘乐器的"数字低音"作为伴奏，代表人物有科莱里、维瓦尔第
		键盘乐	键盘乐中最具代表性的是德国的管风琴和法国的古钢琴
音乐大师			巴罗克晚期，音乐中心由意大利转向德奥，此时期的德国作曲家巴赫和亨德尔是西方音乐史上巴罗克音乐的标志，他们的离世也标志着一个时代的落幕

4. 古典主义与浪漫主义时期(18 世纪下半叶至 19 世纪末，见表 1－3－11)

表 1－3－11 古典主义与浪漫主义时期(18 世纪下半叶至 19 世纪末)

要点			具体内容
古典主义时期	概况		古典主义时期的音乐成就对后世影响深远。这一时期的音乐风格、内容和特点比较客观、含蓄、有节制和分寸，得到当时社会的广泛赞誉
	代表人物	莫扎特、海顿时期	莫扎特的歌剧和海顿的清唱剧是古典主义时期声乐作品中最成功、最有影响力的作品。古典主义音乐风格庄重高雅，内容取材于世俗生活，海顿、莫扎特是最典型的古典主义风格作品的代表人物
		贝多芬时期	这一时期音乐风格改变，贝多芬对古典主义时期音乐的固有框架做了突破，使音乐风格向新的方向发展
	成就		交响曲、奏鸣曲、室内乐等音乐形式是古典主义最突出的成就，大多为主调风格的大型多乐章器乐套曲，奏鸣曲式在这一时期达到了巅峰
浪漫主义时期	概况		浪漫主义音乐诞生于德国和奥地利，是 19 世纪的代表性音乐风格。这一时期音乐家和作品繁多，并将音乐与文学、美术、戏剧等艺术，甚至哲学、宗教相结合
	代表人物		19 世纪浪漫主义的代表人物有德奥作曲家舒伯特、韦伯、门德尔松、舒曼，法国作曲家柏辽兹，波兰的肖邦，匈牙利的李斯特，意大利著名歌剧大师威尔第，德国的布拉姆斯和瓦格纳

续表

要点	具体内容			
浪漫主义时期	发展历程	民族乐派兴起	概况	19 世纪下半叶兴起于欧洲，音乐家大多来自俄罗斯、捷克、挪威等地区
			代表人物	穆索尔斯基［俄国］、里姆斯基－科萨科夫［俄国］、柴可夫斯基［俄国］、德沃夏克［捷克］、格里格［挪威］等音乐家的音乐创作为欧洲音乐带来了新鲜血液
		晚期浪漫主义	特点	追求强烈的音响效果，作品内容复杂，篇幅大。改变了和声原有的创作风格
			代表人物	德奥作曲家中以马勒、理查·施特劳斯为代表；俄国的斯克里亚宾、拉赫玛尼诺夫；芬兰的西贝柳斯等

5. 20 世纪以来（见表 1－3－12）

表 1－3－12　20 世纪以来

要点	具体内容		
概述	20 世纪，西方社会思潮转变，19 世纪旧的音乐成了被批评的对象，西方音乐逐渐步入现代音乐时代		
两个阶段	前期	法国印象主义、德奥表现主义、欧洲新古典主义和新民族主义	
	后期	西欧地区的发展	产生了非常激进极端的音乐类型，如先锋派音乐、序列音乐、偶然音乐、电子音乐和简约派音乐，这些极具前卫风格的音乐表现出十分强烈的试验性特征
		英美和俄罗斯地区	音乐类型和风格较传统，音乐道路平和前进

1.3.2　典型题（含考研真题）详解

一、填空题

（　　）是我国最早的音乐管理及教育机构。

【答案】春官

【解析】周王朝为实施礼乐制度，设置了我国历史上第一个礼乐机构——春官。春官中有大司乐、乐师、大师等乐官、乐工 1400 多人，分别负责音乐教育、传授乐艺、表演和其他音乐事务。乐官大都是受过严格专业训练的音乐家，有明细分工，各司其职。

二、单项选择题

《大濩》是（　　）的乐舞。

A. 夏朝　　B. 商朝　　C. 周朝　　D. 西汉

【答案】B

【解析】《大濩》是商朝初期创作，歌颂商汤伐桀的乐舞作品。夏商周时期创作的《大夏》《大濩》《大武》与原始时期的乐舞《云门》《咸池》《箫韶》一起合称为“六代乐舞”。

三、名词解释

格里高利圣咏(青岛大学 2010 年研)

答：格里高利圣咏是西方基督教单声圣歌的主要传统，是一种单声部、无伴奏的罗马天主教宗教音乐。格里高利圣咏主要是在公元 9 世纪和 10 世纪，法兰克人到达西欧和中欧期间发展起来的，后来继续有所增加和编写。通常人们认为是教皇葛雷哥利一世发明了格里高利圣咏，但学者们认为格里高利圣咏是在后来的加洛林王朝时期，综合了罗马圣咏和高卢圣咏而形成的。格里高利圣咏共有 8 种调式。传统形式中，格里高利圣咏由男人或男孩组成的唱诗班在教堂中演唱。

四、简答题

1. 简述欧洲古典主义音乐的特点和成就。

相关试题：简述古典主义时期的音乐特征。(中国音乐学院 2020 年研；成都学院 2016 年研)

答：欧洲古典主义时期的音乐成就对后世影响深远。这一时期的音乐风格、内容和特点比较客观、含蓄、有节制和分寸，得到当时社会的广泛赞誉。维也纳古典乐派三位音乐巨匠海顿、莫扎特和贝多芬是古典主义时期音乐的代表人物。

(1)特点。

①在音乐内容上，音乐作品受到当时启蒙运动思潮的影响，以讴歌人的精神和反映自然界的美为主旨。

②在音乐织体上，确立了主调音乐形式的主导地位，和声织体清晰，曲式结构分明。

③在音乐体裁上，发展了交响曲、四重奏、协奏曲、奏鸣曲等体裁形式，使之更完善、更规范。

④欧洲古典主义音乐承袭了德奥音乐文化传统，以强烈的艺术感染力和高超的作曲技法，使古典主义音乐达到顶峰，对后世音乐产生了深远影响。

(2)成就。交响曲、奏鸣曲、室内乐等音乐形式是古典主义最突出的成就，大多为主调风格的大型多乐章器乐套曲，奏鸣曲式在这一时期达到了巅峰。

①莫扎特的歌剧和海顿的清唱剧是古典主义时期声乐作品中最成功、最有影响力的作品。古典主义音乐风格庄重高雅，内容取材于世俗生活，海顿、莫扎特是最典型的古典主义风格作品的代表人物。

②贝多芬时期的音乐风格发生了改变，他对古典主义时期音乐的固有框架做了突破，使音乐风格向浪漫主义音乐风格的方向发展。

总之，古典主义音乐继承巴罗克音乐的发展，是欧洲音乐史上的一种音乐风格。古典主义时期出现了多乐章的交响曲、独奏协奏曲、弦乐四重奏、多乐章奏鸣曲等体裁。奏鸣曲式和回旋曲式成为古典时期和浪漫时期最常见的曲式，影响之深远直至 20 世纪。乐团编制比巴罗克时期增大，乐团由指挥带领逐渐变成一种常规。现代钢琴在古典时期出现，逐渐取代了大键琴的地位。

2. 简述民族乐派(nationalism)及其代表人物。

相关试题：

(1)请阐述 19 世纪民族乐派的主要风格及其代表人物。(首都师大 2011 年研)

(2)简述俄罗斯民族乐派形成的主要原因，并说出主要代表人物。(南航 2014 年研)

(3)19 世纪俄罗斯民族乐派的发展。(华南理工 2013 年研)

答：西方音乐史上，19 世纪下半叶，在浪漫主义音乐深入发展的同时，在俄罗斯、捷克、挪威等地纷纷出现了本国的“民族乐派”。这是这些国家的音乐家针对德、奥在浪漫主义音乐发展中的主导地位而做出的反应。他们把浪漫主义对音乐的民族性的强调作为自己的首要特征，通过多种多样的手段，力图在作曲家的作品中体现其民族性。他们利用民歌，运用有民族特点的旋律或节奏，以民族的文学或爱国主义的主题作为音乐创作的基础。同时，他们也把浪漫主义的音乐手法与这些民族音乐的因素有机地结合起来，从而创作出了令人耳目一新的音乐作品。19世纪的民族乐派实际上是浪漫乐派的一个分支。

(1)俄罗斯的民族乐派。

①格林卡(1804—1857)，俄罗斯民族乐派的奠基人。从他开始，俄国的专业艺术音乐才真正进入了成熟的时期。同时，他也是第一位取得国际声誉的俄国作曲家。格林卡的音乐创作既从俄罗斯民间音乐吸取营养，又从俄国城市音乐文化中得到启迪，同时还大量地借鉴了西欧各国古典和浪漫主义时期的音乐成果，从而把俄国的音乐提高到一个新的水平。

②强力集团。由五位俄国作曲家组成的创作小组，又称“五人团”，其中包括巴拉基列夫、包罗丁、居伊、穆索尔斯基和里姆斯基－科萨科夫。他们都生活在俄国废除农奴制前后的社会运动高涨时期，受到车尔尼雪夫斯基等人的革命民主主义思想的影响，决心继承格林卡的道路，继续推进俄国音乐的发展。他们主张利用俄国民间音乐中的旋律、音阶、复调等各种独特的因素，创作出一种具有明确的俄罗斯风格的音乐作品。强力集团中艺术成就最大的是两个年纪最轻的成员：穆索尔斯基和里姆斯基－科萨科夫。

(2)挪威的民族乐派。

格里格(1843—1907)，19世纪挪威民族乐派的杰出代表。1875年，他为挪威戏剧家易卜生的诗剧《培尔·京特》配乐而获得了世界声誉。虽然格里格的音乐受到德国浪漫主义作曲家，特别是舒曼等人的很大影响，但是他的旋律却带有鲜明的挪威民间音乐的风格，他的和声也由于挪威民间音乐因素与浪漫派和声语言的结合而变得非常富有独创性。

(3)捷克的民族乐派。

斯美塔纳(1824—1884)，捷克民族乐派的奠基人。他用了七年的时间完成了一部庞大的器乐作品，这就是由六首交响诗组成的套曲《我的祖国》，其中第二首《沃尔塔瓦河》成为斯美塔纳最流行的作品。

德沃夏克(1841—1904)，捷克民族乐派的又一位杰出的代表。他继承了斯美塔纳的道路，使捷克的音乐进一步走向世界。19世纪90年代，他的创作达到高峰，特别是在应邀去美国纽约担任音乐学院院长的几年中，创作了大量优秀的作品，其中有第九交响曲《自新世界》、大提琴协奏曲和歌剧《水仙女》等。

五、论述题

1. 试论欧洲浪漫主义音乐的特征。

相关试题：论述浪漫主义的音乐特征，举例说明标题交响音乐创作所取得的成就。(首都师大2020年研)

答：浪漫主义是19世纪先后出现在文学、戏剧、美术和音乐等领域中的艺术运动。西方音乐史上的浪漫主义在贝多芬的晚期创作中初显端倪，后经德、奥等国众多音乐家之手，成长为席卷整个欧洲的时代风潮，其时限大致包括1820～1910年近一个世纪的时间。

(1)浪漫主义音乐的诞生受到文学思潮的影响，发展过程中，形成了自身特点：①浪漫主义一反古典主义崇尚理性的做法，强调个人的内心感受；②浪漫主义反对客观反映现实生活，推崇对生活和世界的主观表现；③浪漫主义作曲家高扬个性，热衷于情感浓郁的表现题材，音乐常带有突出的自传性特色和极强的抒情性；④浪漫主义发展中期兴起的民族乐派，将浪漫主义风格与民族风格二者结合起来，为浪漫主义的发展注入新的动力。

(2)浪漫主义将音乐与文学、美术、戏剧等艺术，甚至哲学、宗教相结合，使得标题音乐深受当时作曲家们的欢迎与喜爱。浪漫主义音乐追求个性和主观情感的充分表达，充满了夸张的激情，富于幻想。浪漫主义音乐的风格与技术变化可以从三个方面体现出来：①和声、变化音迅速发展；②乐队所表现出的戏剧性和诗意非常突出；③乐器演奏技巧有了极大的提高。

(3)“民族乐派”兴起，代表人物有俄国的柴可夫斯基、里姆斯基－科萨科夫、穆索尔斯基，捷克的德沃夏克，挪威的格里格等。浪漫主义晚期，作曲家追求强烈的音响效果，作品内容结构复杂，篇幅长，在和声风格的运用上相较以往有很大改变。浪漫主义晚期具有代表性的音乐家有德奥作曲家马勒、理查·施特劳斯，俄国作曲家斯克里亚宾、拉赫玛尼诺夫以及芬兰作曲家西贝柳斯。

2. 印象主义的特征与代表人物。（河南师大 2018 年研）

相关试题：

（1）简论印象主义音乐有哪些主要基本特征。（南航 2017 年研）

（2）简述印象主义音乐的概况。（简答题，华侨大学 2015 年研）

（3）印象主义的音乐特征。（简答题，吉林大学 2020 年研）

（4）法国印象派作曲家及代表作。（简答题，河北大学 2020 年研）

答：印象乐派，是指 19 世纪末随着各种新文艺思想的活跃而在巴黎产生的一种新的音乐艺术流派。这种统称为"印象主义"的艺术首先在绘画方面兴起，以马奈（1832—1883）、莫奈（1840—1918）和雷诺阿（1841—1919）为代表。1874 年，这些年轻的画家举办了一次画展，其中有一幅风景画是莫奈的《日出·印象》。这次画展由于它的反传统性，遭到了很多的非议和攻击。一些人根据莫奈的这幅画，把这些年轻画家贬为"印象主义者"，而这些年轻艺术家对此毫不介意。而这些原本在艺术志向、风格和目标上并不统一的艺术家，在这种敌意的攻击下，不仅发展了他们的艺术，而且形成了一种新的艺术流派——印象派。严格来说，在音乐上，标准的印象派的代表人物只有德彪西。通常所说的印象派的风格特征就是指德彪西作品的风格特征。

（1）印象乐派音乐的艺术特征：

①强调直觉和通感，印象主义认为艺术中的印象是最高境界。

②现象就是本质，导致题材就是内容，手段就是目的。

③对艺术持非功利主义态度，他们所反对的是狭义的功利主义，即政治思想教育意义上的功利主义，强调艺术的任务是创造形式美，印象乐派的美学观就可以概括为"形式美学"。

④以反传统的姿态，追求新的创造。他们认为艺术创造必须求新，印象派以"沙龙文化"反对"学院派"的"守旧"，在音乐技法上创造了许多新东西，特别是在和声技法方面做出了较大贡献。印象乐派从调性、和声等音乐语言到句法结构，都具有不清晰的特点，在色彩性的和声与配器方面都进行了积极的开拓。

（2）代表性艺术家。在德彪西的音乐作品中，体现了印象主义的重要特色——充分调动味觉和视觉。《牧神午后前奏曲》、交响音画《夜曲三首》、交响素描《大海》，是德彪西最重要的管弦乐作品，这些管弦乐曲在乐队的配器方面，运用得非常独到精细，使得德彪西的管弦乐作品充满了音响上的美感。《牧神午后前奏曲》这部作品被公认为是印象派音乐第一个范例，其创作思路十分清晰，德彪西采用了精美的雾状网织体，所造成的音响很好地表现了马拉美的诗篇。他不同于浪漫主义的交响思维，为 20 世纪管弦乐音乐的发展开拓了新的思路。

第4章　音乐体裁

1.4.1　复习笔记

【通关提要(提纲挈领)】

本章是本编的重要章节之一，主要论述了中国和西方的传统音乐体裁。其中，中国传统音乐大致可以分为宫廷音乐、文人音乐、宗教音乐和民间音乐四大类别；西方音乐类型有歌剧、音乐剧、清唱剧等。本章考点以名词解释、简答题及论述题为主，在学习时，应整体把握我国传统音乐中不同体裁的特点以及代表作，了解西方音乐的创作体裁的含义及特点。

【考点难点归纳(厚积薄发)】

考点一：中国传统音乐的体裁　★★★

1. 概述

(1)中国传统音乐是指在清代基本成型的音乐类别的总称。根据音乐的特点，可以划分为宫廷音乐、文人音乐、宗教音乐和民间音乐四大类别。

(2)中国的民间音乐的概况。我国的民间音乐主要由五类组成，分别为民间歌曲、歌舞、说唱、戏曲和器乐，不同类别还能继续细分出许多小类别。我国民间音乐是传统音乐的基础，历史悠久，在音乐发展的历史进程中占有极大的比重，在广大人民群众的生活中也具有广泛且深远的影响。

2. 民间歌曲

(1)汉族民歌，见表1－4－1。

表1－4－1　汉族民歌

要点		具体内容
劳动号子	应用	用于劳作之中，具有协调指挥、统一节奏、减轻疲劳的作用，能够激发劳动者的劳动热情，具有实用功能
	特点	风格豪迈粗犷，音乐句幅短小，旋律律动性强，节奏固定且反复出现，歌唱形式一般是一领众和。音乐灵活自由，曲调和唱词具有即兴性
	类型	包括工程号子、搬运号子、农事号子、船渔号子、作坊号子
山歌	特点	歌声高亢嘹亮、自由悠扬，音乐风格爽朗坦直、直抒胸臆，并伴有复杂丰富的装饰音以及自由的拖腔

续表

要点	具体内容			
山歌	类型	信天游		主要流行于西北地区，如陕北、宁夏和甘肃，以及山西和内蒙地区。音乐结构为上下两句体，有多种基本曲调，内容多为情歌和诉苦歌
		山曲		流行于山西西北部和陕西榆林，音乐结构为上下句
		花儿		流行区域为甘肃、宁夏、青海地区，包括汉族和少数民族音乐风格，其音域宽广，旋律跨度大，结构为上下两句体
		客家山歌		客家指闽、粤、赣山区居住的人群，音乐内容以当地风土人情和语言习惯为基础，其音域窄，旋律起伏较为平缓
		西南山歌		主要发展于四川、云南、贵州一带，但各地区的山歌又各具特色，其中，云南山歌最为丰富多彩，四川山歌最为刚劲愉悦，贵州山歌则深沉质朴
小调	概况			又称小曲，一般在生活闲暇时演唱
	特点			作品叙事与抒情相结合，音乐委婉细腻，情绪含蓄节制，节拍固定规整，旋律起伏弯绕曲折
	类型			分为吟唱调、谣曲和时调
	时调	概况		在小调中，发展得最为规范和成熟
		特点		音乐结构严谨，节奏形式丰富多变，流传广泛，具有弹性，易被其他艺术形式吸收。在流传过程中，经常会产生多种变体，进而通过变奏逐渐形成多种新曲
		现今流行类型	孟姜女调	民歌多用此曲调填词，因此孟姜女调流传得比较广泛。内容多为离情别怨的故事，如《月儿弯弯照九州》《尼姑思凡》《盼情人》《送情郎》《白娘子》等。在电影《马路天使》中，贺绿汀创作的插曲《四季歌》就取材于孟姜女调
			剪靛花调	又称"剪剪花"。民歌常用此曲调填词，如《放风筝》《丢戒指》《回娘家》等，曲调欢快喜悦，北方许多戏曲和说唱也常运用这一曲调作为主要的曲牌
			鲜花调	即"茉莉花"。自清代形成后流传至今，甚至在19世纪西方作曲家的作品中也运用了鲜花调。曲调变体较多，填入其他内容较少
			绣荷包调	主要流传于西北、华北地区，音乐风格缠绵哀婉，如《走西口》、革命历史民歌《绣金匾》

（2）少数民族的主要民歌，具体见表1-4-2。

表1-4-2 少数民族的主要民歌

要点	具体内容	
蒙古族长调	概况	蒙古民歌的一种形式，是蒙古族最具代表性的音乐风格
	特点	长调为抒情歌曲，用大量的颤音和丰富的装饰音修饰旋律。歌声高亢广阔，具有草原牧歌的风格。音乐句幅长，旋律起伏大，节奏较为自由

续表

要点	具体内容	
藏族箭歌	概况	一般流行于西藏东部和南部，是猎人炫耀自己箭术时所唱的歌曲
	特点	歌唱时伴有简易的舞蹈
	代表作品	藏族民歌《北京的金山上》
朝鲜族的抒情谣	特点	题材广泛，多以描写有关爱情的题材为主要内容，旋律自然流畅，节奏以朝鲜族独特的三拍子为主
	代表作品	《道拉基》《阿里郎》
苗族飞歌	概况	苗族山歌，主要在山间或田野歌唱
	特点	曲调高亢悠长，节奏较为自由，常运用滑音和甩音技巧

3. 民间歌舞

(1)汉族民间歌舞，具体见表1－4－3。

表1－4－3 汉族民间歌舞

要点	具体内容	
秧歌	概况	主要流传在北方地区，是集歌、舞、戏为一体的民间歌舞形式
	类型	分地秧歌和高跷秧歌两种类型，演唱形式为小场演唱，伴奏常以打击乐和唢呐为主
采茶	发展于南方茶园地区。一般为一男一女或一男两女进行表演，发展经历了茶歌、茶舞、茶戏的三个阶段，过门音乐常用唢呐进行演奏	
花鼓	概况	流行于安徽、湖南等地的民间歌舞形式
	特点	表演形式为一人执锣，一人击鼓，锣鼓伴奏，边唱边跳
	代表类型	凤阳花鼓、湖南花鼓
花灯	概况	流行于云、贵、川等地区的汉族和部分少数民族中
	特点	素材来自各地的山歌小调、明清小曲和其他民族的民歌

(2)少数民族的歌舞，具体见表1－4－4。

表1－4－4 少数民族的歌舞

要点	具体内容	
维吾尔族的赛乃姆	概况	赛乃姆是新疆维吾尔自治区的音乐表演形式，不同地区的赛乃姆各具特色。维吾尔族木卡姆中的舞蹈也是赛乃姆的组成部分
	特点	表演时多人围成圆圈，有独舞、对舞和多人同舞的形式。伴奏乐器以手鼓、萨巴依和弹拨尔等乐器为主
朝鲜族的象帽舞	一种具有民族特色的农乐舞。表演者需戴斗笠，在上边系两根飘带，并快速转动使飘带舞动。伴奏乐曲以朝鲜族本民族的民谣为主，并加以长鼓、笛子等进行伴奏	
彝族的阿细跳月	由来	阿细是指云南部分地区的彝族人，表演形式为在月下通过模仿踩熄燃烧的火苗的动作进行舞蹈
	特点	表演时，男子分别演奏三弦和笛子，女子围成圈，跟随节拍击掌舞蹈，节拍以本民族独特的5/4拍为主

4. 说唱音乐(见表1－4－5)

表1－4－5 说唱音乐

要点			具体内容
含义			指表现历史故事、神话传说的艺术体裁，是集音乐、文学和表演于一体的综合性的艺术形式。它与语言的关系十分密切，唱腔以“按字行腔”为主。至今依然流行的汉族说唱音乐可分为鼓词、弹词、牌子曲、道情和琴书五大类
代表类型	京韵大鼓	概况	由木板大鼓演变而成，主要流传于河北地区，形成于京津地区
		代表人物	著名唱家有清末民初的刘宝全、近代的骆玉笙等，以抒情为主的“骆派”就是骆玉笙创立的流派
		特点	表演形式为演唱者自击鼓板来决定演唱节奏，并伴有三弦、四胡、琵琶等乐器
	苏州弹词	代表人物	陈遇乾、俞秀山、马如飞等
		发展	早期说唱音乐家为苏州弹词打下了坚实的基础，之后出现的以蒋月泉为代表的“蒋调”和以徐丽仙为代表的“丽调”，进一步推动了苏州弹词的发展
		伴奏乐器	琵琶、三弦等

5. 民间器乐(见表1－4－6)

表1－4－6 民间器乐

要点	具体内容
江南丝竹	丝竹乐是指以丝弦乐器和竹管乐器为主要演奏乐器的音乐形式，主要流传于南方江浙一带，音乐优雅婉转，旋律平缓细腻。代表作有《行街》《三六》《四合如意》等
广东音乐	汉族音乐种类，具有鲜明的地方性和独特性，流行于珠江三角洲地区。最初为戏曲过场音乐，主奏乐器以高胡和扬琴为主。代表曲目有《步步高》《下山虎》《雨打芭蕉》《平湖秋月》《赛龙夺锦》等
山东鼓吹	汉族传统音乐种类中吹打乐的一种，流行于山东省西南地区。主要采用的乐器有吹管乐器和打击乐器。吹管乐器有笛子、管子、笙、唢呐等；打击乐器有镲、钹、锣、梆子、鼓等
十番锣鼓	兴盛于江浙地区，属于汉族传统吹打乐种。明代流行于江南一带，尤其是无锡、苏州和宜兴地区。演奏者为专业艺人或道士。演奏形式分为荤素锣鼓，“荤”是乐队中加入了管弦乐器，“素”为纯粹的锣鼓乐

6. 文人音乐(见表1－4－7)

表1－4－7 文人音乐

要点		具体内容
古琴	重要性	又称七弦琴，是古代“琴棋书画”四大修养之首，在中国古典文化中具有十分重要的作用和地位，古琴艺术体现了文人的审美和情感追求，表现了道家的“大音希声”“物我同一”“情景相即”的艺术境界
	发展	众多历史文献都将古琴誉为中国古典音乐文化之首，琴论著作的数量最多，琴曲的传谱多达千余首
	代表作品	《流水》《潇湘水云》《广陵散》《梅花三弄》《阳关三叠》等，至今还改用于影视配乐
词调音乐		宋代文人相互之间唱和的一种演唱形式，但目前很多词调音乐只留下了词

考点二：西方音乐的重要体裁 ★★★

1. 歌剧（见表1－4－8）

表1－4－8　歌　剧

要点			具体内容
简介			指西方舞台表演艺术，用歌唱和音乐来表达剧情的戏剧形式，是结合了音乐和舞蹈等其他艺术的一种综合性艺术体裁。歌剧的音乐形式十分丰富，除器乐之外，还加入了独唱、重唱、合唱等声乐表演形式。歌剧分为朗诵形式的宣叙调和歌唱形式的咏叹调，这也是歌剧最突出的特点
主要形式	宣叙调		叙述故事进展，用来推动剧情发展
	咏叹调		旋律优美，用于抒发主角的内心情感发展，既推动了剧情的发展，又升华了作品的内涵。即使脱离故事主线，仍可以展示音乐的巨大能量，从而进一步升华戏剧内涵
发展历程	产生时期	概况	歌剧最早出现在17世纪的意大利，然后传播到欧洲各国，题材以古希腊神话故事为主，表现形式较为简单
		代表作品	第一部歌剧为意大利作曲家蒙特威尔第创作的《奥菲欧》
	发展时期	概况	18世纪上半叶发展得更为成熟，称为意大利正歌剧，这一时期在歌剧发展中具有突出成就的代表是以斯卡拉蒂为主要代表的那坡里歌剧乐派
		特点	戏剧题材和形式有固定的程序，结构一般为三幕，采用快—慢—快顺序的意大利序曲形式，运用美声的声乐唱法
	收获时期	概况	19世纪是歌剧发展最鼎盛的时期，这一时期诞生了很多歌剧名作，如《黎恩济》《奥赛罗》等
		代表人物	意大利的威尔第、罗西尼、普契尼，德国的冯·韦伯和瓦格纳，俄国的柴可夫斯基
		发展	歌剧在这一时期出现了多种新的形式，如法国的大歌剧、抒情歌剧、谐趣歌剧，德国的乐剧，意大利的真实主义歌剧

2. 音乐剧（见表1－4－9）

表1－4－9　音乐剧

要点	具体内容
定义	指集音乐、舞蹈、戏剧为一体的现代舞台剧，起源于英美地区
特点	①综合性。集音乐、舞蹈和舞台表演艺术为一体，加入了声乐与器乐。整合了传统歌剧和轻歌剧形式，还结合了近代的流行音乐。 ②音乐剧带有浓烈的都市和时代气息。题材丰富，生动地刻画了都市生活的景象。 ③音乐剧具有通俗性。音乐创作吸取了现代的流行音乐的语言风格，吸收了通俗风格的音乐素材，爵士乐、摇滚乐等歌曲在音乐剧中占有重要地位
在中国的发展历程	①20世纪80年代中期开始，中国引进了国外的优秀音乐剧，如美国音乐剧作品《音乐人》《魔棍》。 ②90年代在中国演出了著名音乐剧作品《想变成人的猫》《西区故事》。 ③创作了一系列中国风音乐剧，代表作品有《香格里那》《日出》

3. 清唱剧(见表 1–4–10)

表 1–4–10 清唱剧

要点		具体内容
定义		指一种在声乐演唱中加入了“剧”的艺术体裁，将独唱、合唱和乐队结合为一体的艺术形式。清唱剧形式简单，无舞台布景、服装和表演动作
特点	早期	多讲述圣经中与神灵相关的故事，又称“神剧”
	近代	脱离了宗教局限性，选择了更为严肃的题材
发展历程	巴罗克时期	巴罗克音乐最具代表性的人物是亨德尔和巴赫，他们对清唱剧的发展作出了突出贡献
	古典时期	代表作品为海顿的《创世纪》和《四季》
	浪漫时期	代表作品为门德尔松创作的《以利亚》《圣保罗》和柏辽兹创作的《基督的童年》
	20 世纪	代表作品为斯特拉文斯基的《俄狄浦斯王》和奥涅格创作的《火刑堆上的贞德》等

4. 康塔塔(见表 1–4–11)

表 1–4–11 康塔塔

要点		具体内容
概况		指 17 世纪与歌剧、清唱剧同时形成的音乐体裁。不同历史时期和不同地区的康塔塔各具特色
巴罗克时期	特点	由独唱、合唱和乐队相结合而成的表演形式，作品具有叙事性，篇幅较小
	代表人物	巴赫[德国]，运用合唱是康塔塔作品最为突出的特点
20 世纪	概况	康塔塔创作重新发展，创作了许多作品
	代表作品	普罗科菲耶夫的《亚历山大·涅夫斯基》、巴托克的《世俗康塔塔》、斯特拉文斯基的《康塔塔》

5. 艺术歌曲(见表 1–4–12)

表 1–4–12 艺术歌曲

要点		具体内容
含义		由诗歌与音乐结合并共同完成艺术表现任务的一种音乐体裁，在歌词、旋律或伴奏方面与其他音乐体裁不同，在西方音乐的发展过程中代表了高阶层知识群体的审美。一般指 19 世纪浪漫主义音乐的歌曲形式
特点		①具有历史阶级性，它的出现与新兴阶层的关系密切。 ②形式为独唱曲，伴奏乐器是钢琴，歌词内容取材广泛，一般具有抒情性，旋律及和声的运用具有浪漫主义特征
发展历程	产生	发源于德奥地区，是艺术歌曲发展的中心
	发展	19 世纪，艺术歌曲广泛流传于新兴的中产阶级中，是中产阶级最喜爱的音乐艺术形式
代表人物		德奥作曲家舒伯特、舒曼、布拉姆斯、马勒；法国作曲家柏辽兹、福莱；东欧的柴可夫斯基、德沃夏克等

6. 交响曲(见表1-4-13)

表1-4-13 交响曲

要点		具体内容
含义		指18世纪下半叶出现的一种大型管弦乐体裁，音乐结构是四个乐章的套曲结构。交响曲的形成与管弦乐队发展息息相关。近代的管弦乐队由多种乐器组成，分为弦乐组、铜管组、木管组和打击乐器组四组
特点	第一乐章	快板乐章，为奏鸣曲式，也是整个交响曲的核心
	第二乐章	慢板乐章，采用抒情性的民间素材，与第一乐章形成对比
	第三、第四乐章	第三乐章一般采用小步舞曲形式，而第四乐章则常运用回旋曲式、奏鸣曲式或变奏曲式，并以热烈的气氛作为全曲的尾声

7. 奏鸣曲(见表1-4-14)

表1-4-14 奏鸣曲

要点		具体内容
简介		指钢琴独奏形式，或钢琴与如小提琴、长笛等乐器合奏的演奏形式，一般是三或四乐章的套曲结构
特点		①它是巴罗克时期和古典主义时期的重要器乐体裁。 ②巴罗克奏鸣曲以弦乐为主，演奏类型多为重奏形式
发展历程	17世纪	巴罗克时期的重要音乐体裁，演奏乐器以弦乐为主，兴起于意大利
	18世纪中叶	键盘类乐器的地位越来越高，逐渐代替弦乐器成为奏鸣曲中的主要乐器，慢慢发展为近代古典奏鸣曲
	19世纪	浪漫主义时期，作曲家的创作方向转变为小型音乐体裁

8. 协奏曲(见表1-4-15)

表1-4-15 协奏曲

要点		具体内容
含义		指由一件或几件独奏乐器，与大型管弦乐队合作的器乐套曲，18世纪以后发展成熟
特点		①在表现方式上以独奏乐器为主。 ②听众范围广泛。协奏曲较为容易被观众所接受。 ③要求展示个人能力。协奏曲一般为三个乐章，其中加入了“华彩”段落，是演奏者展示超高技巧的段落，这一段为演奏者的乐器独奏，让演奏者尽情自由即兴发挥
发展历程	产生	协奏曲源自意大利，起初是指有乐器伴奏的合唱曲，18世纪发展为大协奏曲、独奏协奏曲。“大协奏曲”是由多种乐器与乐队合作，并在演奏中形成对比性的音响效果
	发展	意大利作曲家托莱里被称为近代协奏曲之父，在协奏曲发展逐渐成熟后，意大利音乐大师安东尼奥·维瓦尔第和德国作曲家巴赫创作了多首经典的协奏曲，如《意大利协奏曲》，将协奏曲这一艺术体裁发展到了巅峰

9. 室内乐(见表 1－4－16)

表 1－4－16 室内乐

要点	具体内容
含义	一般为乐器合奏，每个乐器为一个独立声部，所有的声部地位相同，音乐结构常为大型套曲结构
特点	①具有古典主义音乐风格。运用古典主义室内乐的固定模式，如乐曲结构和乐器组合，以二重奏鸣曲、三重奏、四重奏或五重奏为主导，结构为奏鸣曲式的套曲。古典乐派的代表人物海顿和莫扎特，推动了室内乐的形成和发展。 ②室内乐有固定组合形式。至今依然沿用的常规样式包括弦乐四重奏，用两把小提琴、一把中提琴和大提琴

10. 交响诗(见表 1－4－17)

表 1－4－17 交响诗

要点		具体内容
含义		指一种产生于19世纪的新的管弦乐体裁，强调诗意和哲理的表现，并与浪漫主义音乐思潮有密切的关系
特点	性质上	为标题音乐，内容通常取材于小说、诗歌、戏剧和绘画
	形式上	单乐章标题交响乐
发展历程	产生	匈牙利作曲家李斯特开创了交响诗，创作了13首交响诗作品
	发展	在19世纪发展到了黄金阶段，并出现了许多交响诗作者，其中较为著名的有捷克民族乐派的作曲家斯美塔纳、芬兰作曲家西贝柳斯以及德国的理查·施特劳斯
	衰落	于20世纪开始衰落

11. 组曲(见表 1－4－18)

表 1－4－18 组 曲

要点			具体内容
含义			指一种结构自由的多段并置器乐体裁，可分为多个段落，在不同的时期和不同的地区表现形态各具特色
代表人物	法国组曲		代表人物是弗朗索瓦·库泊兰，其主要贡献是将16世纪的朴素舞曲改编成巴罗克风格的舞曲形式，音乐风格展现出优雅的宫廷贵族气质
	德国组曲		代表人物为巴赫。其代表作品中著名的是《法国组曲》《英国组曲》
发展历程	18世纪		法国和德国组曲的代表人物分别为弗朗索瓦·库泊兰和巴赫
	巴罗克时期		巴罗克时期除了键盘类组曲之外，也流行着其他的组曲形式，比较著名的组曲作品有巴赫的四首《管弦乐组曲》和六首《大提琴组曲》，以及亨德尔的《水上音乐》组曲和《烟火音乐》组曲
	19世纪	钢琴组曲	钢琴组曲在19世纪较为兴盛，代表作品有舒曼的钢琴套曲《蝴蝶》和《狂欢节》；穆索尔斯基的《图画展览会》；柴可夫斯基的《四季》等等
		管弦组曲	管弦乐组曲逐渐发展，代表作品有格里格改编的《培尔·金特组曲》、比才的歌剧卡门改编而成的《卡门组曲》、柴可夫斯基的《天鹅湖组曲》

12. 序曲(见表1-4-19)

表1-4-19 序 曲

要点	具体内容	
概况	一种管弦乐形式的器乐体裁，是歌剧、清唱剧等声乐体裁中的器乐引入段落。19世纪公众音乐会增多，优秀的序曲作品开始在音乐会中作为独奏乐曲演奏	
特点	易于传播	相较于歌剧，将序曲单独演奏更容易传播，如冯·韦伯的《魔弹射手序曲》比歌剧本身流传得更加广泛
	独立的音乐会序曲的产生	独立器乐演奏序曲的形式激发了作曲家创作独立器乐序曲的热情，推动了新的管弦乐体裁[独立的音乐会序曲]的产生。浪漫主义时期的作曲家创作了许多著名的独立音乐会序曲，如门德尔松的《芬格尔山洞》，柏辽兹的《罗马狂欢节》，布拉姆斯《学院庆典序曲》等

13. 狂想曲(见表1-4-20)

表1-4-20 狂想曲

要点	具体内容
概况	始于19世纪初的一种史诗性器乐曲。富有民族特色，直接采用民间曲调创作而成，体现了斯拉夫民族的性格
特点	①具有英雄史诗般的气概和鲜明的民族特征。 ②情绪较狂野自由，没有固定的形式结构
代表作品	李斯特创作的19首《匈牙利狂想曲》，表达了从沉郁抒情到热烈激动大跨度的情绪发展，刻画了一幅丰富多彩的民族风情画卷

14. 即兴曲(见表1-4-21)

表1-4-21 即兴曲

要点	具体内容	
含义	指盛行于19世纪的一种抒情特性曲。是一种小型器乐独奏的体裁，多用于钢琴，浪漫主义时期最为盛行。即兴曲有时会具有自由的即兴特征，有时也不一定具有即兴特点	
代表人物	舒伯特	1827年舒伯特创作了8首即兴曲，其中只有第一首是真正即兴创作的，其他都属于严谨结构的即兴曲
	肖邦	创作了四首即兴曲，其中第四首《即兴幻想曲》最为著名

15. 小夜曲(见表1-4-22)

表1-4-22 小夜曲

要点	具体内容	
概述	起初称为夜歌，一般指中古骑士在情人窗下唱的情歌。16世纪下半叶被用作声乐作品的标题	
发展历程	16世纪下半叶	用作声乐作品的标题，著名的小夜曲作曲家和作品有古诺、托塞利和舒伯特的《小夜曲》

续表

要点	具体内容	
发展历程	18 世纪下半叶	指一种乐队合奏形式，这种形式下的演奏乐队规模较小，一般是弦乐队，其中还可以融合几种木管乐器，大多在晚间作为娱乐表演
	19 世纪	以弦乐或管弦乐队形式创作
代表作品	莫扎特的器乐小夜曲是古典主义小夜曲作品的代表，著名作品有《月下小夜曲》和《哈夫纳小夜曲》	

16. 谐谑曲(见表 1－4－23)

表 1－4－23　谐谑曲

要点	具体内容	
概述	谐谑意为戏谑、玩笑，是一种古典乐派中常用的乐章形式。其主要特征为快速、轻巧，并且一般为三拍子。这个词在 17 世纪初首次出现在意大利，用来描述芭蕾舞剧中声乐演唱的一种情歌，于是人们便凭空想象而得此名	
发展历程	古典时期以来	一般用于大型套曲中某一乐章。贝多芬改变了谐谑曲在交响曲中的风格，他所创作的谐谑曲风格豪放激烈、出人意料，带有戏剧性和幽默性的特点
	19 世纪	此时期谐谑曲发展为钢琴谐谑曲，肖邦创作的四首独立的钢琴谐谑曲，都是单乐章结构。他结合了戏谑和严肃的古典风格，形成了新的谐谑曲风格，为这一时期谐谑曲的发展做出了突出贡献

17. 前奏曲(见表 1－4－24)

表 1－4－24　前奏曲

要点	具体内容	
概述	起初为其他乐曲的序曲，有引入主题的作用	
发展历程	18 世纪	通常用在组曲之前，或者同赋格配对，如巴赫的 48 首平均律钢琴曲集中，“前奏曲与赋格”配对的各 24 首，与“托卡塔与赋格”基本相同
	19 世纪	前奏曲脱离赋格发展成为独立的小型器乐体裁，乐曲精致小巧，具有浪漫主义音乐的审美风格
代表作品	肖邦的 24 首钢琴前奏曲、德彪西的《24 首钢琴前奏曲》	

考点三：世界音乐的多元性 ★★★

1. 亚洲(见表 1－4－25)

表 1－4－25　亚　洲

要点	具体内容
歌舞伎	指日本于 17 世纪形成的一种古典民族音乐艺术形式，集歌、舞、乐和戏剧四部分为一体的综合性艺术形式，被纳为“无形文化财产”并给予保护
日本民谣	又称日本民歌，一般采用由都节调式音阶作为旋律的基调，代表作品为《樱花》

续表

要点	具体内容
盘索里	指一种朝鲜族传统说唱体裁，表演时将唱、说白和形体相结合，声音粗犷，取材于传统的长篇故事，代表作品有《沈清传》《春香传》等
甘美兰	指以锣为核心、打击乐器为主体的多声部音乐，流行发展于印度尼西亚，演奏这类音乐的乐队也称为甘美兰。对世界音乐艺术的发展产生重要影响
印度古典音乐	北印度音乐，是来源于古波斯的音乐形式。作品中以印度传统调式音阶“拉格”为核心，以声乐为主。其音乐体裁包括克亚尔、格扎尔等
阿拉伯马卡姆音乐	指流行于阿拉伯地区的一种调式音阶，运用于当地的古典和民间音乐作品中。其中以伊拉克马卡姆声乐套曲和突尼斯、阿尔及利亚、摩洛哥三国的努白声乐和器乐套曲最为著名

2. 拉丁美洲(见表1-4-26)

表1-4-26 拉丁美洲

要点		具体内容
特点		①由于战争时期的交流融合，美洲大陆文化具有多样性。美洲的音乐风格多具有西班牙、葡萄牙、非洲与印第安人混合文化的特点。 ②人口构成的成分不同，产生了不同的音乐风格与体裁，多为歌舞曲
类型	墨西哥的“松”	组成部分有前奏、歌唱段和尾声，不仅可以作为独立作品演出，也可以运用到歌舞套曲“哈拉贝”(帽子舞)中
	伦巴	指古巴的一种舞蹈类型，主体为黑人音乐，是流行于全球的歌舞体裁，其创作基础为“古巴松”，最常出现的节奏型是长短长短长，重音位置灵活多变。20世纪20年代后在欧美演变为舞厅舞蹈，现在也代表黑人的歌舞聚会
	探戈	一种双人舞，主要流行于阿根廷，并在世界享有盛誉。常运用多种多样的切分节奏，男女对舞、突出顿步、即兴性强、风格多样是现代探戈最主要的特征
	桑巴	巴西的“国舞”，运用了巴西的黑人音乐与舞蹈。桑巴分为群众性与表演性两类，其共同特点是女性突出扭胯动作，男性除扭胯外脚下还伴以多变的舞步。桑巴具有强烈的节奏性，经常使用切分音

1.4.2 典型题(含考研真题)详解

一、填空题

1. (　　)是蒙古族音乐风格的典型代表，气息宽广，句幅较长，并带有颤音等装饰音。

【答案】长调

【解析】蒙古族的长调是蒙古民歌的一种形式，是蒙古族最具代表性的音乐风格。长调为抒情歌曲，用大量的颤音和丰富的装饰音修饰旋律，歌声高亢广阔，具有草原牧歌的风格。音乐句幅长，旋律起伏大，节奏较为自由，呈现出一种历史的沧桑感。

2. 凤阳花鼓是一种流行于我国(　　)省的民间歌舞形式。

【答案】安徽

【解析】凤阳花鼓是流传于安徽省的一种民间舞歌，又称“花鼓”“打花鼓”“花鼓小锣”“双条鼓”等，是我国首批非物质文化遗产项目。凤阳花鼓起源于凤阳府临淮县，是集歌、舞、器乐演奏、表演为一体的民间艺术。它的艺术特点突出体现在音乐体裁的综合性。凤阳花鼓的鼓小而精致，独一无二，敲击技法也独具特色。其艺术表现形态呈现综合性的特点，综合了戏曲、曲艺、舞蹈等多种艺术门类。凤阳花鼓的前奏是4小节的锣鼓点，全曲由两个乐段构成，但段落之间有4小节的间奏，乐曲后半部分以变化反复为主。

二、单项选择题

1. 王惠然创作的《彝族舞曲》属于彝族民歌四大腔中的(　　)。

A. 四腔　　B. 莎莜腔　　C. 五山腔　　D. 海菜腔

【答案】D

【解析】《彝族舞曲》是琵琶著名独奏曲，是著名琵琶演奏家、音乐家王惠然以彝族民歌四大腔中的“海菜腔”为音乐素材，加以改编创作而成的优秀音乐作品。这首乐曲通过优美悠扬的旋律，激烈粗犷的节奏，生动地刻画出了人们在彝族山寨夜景下欢乐起舞的迷人场景。由于乐曲具有鲜明的民族特点和强烈的时代气息，深受众多音乐家喜爱，因此被改编为多种民族乐器的独奏曲和西洋管弦乐曲。

2. 美声唱法是17世纪产生于(　　)的一种演唱风格。

A. 美国　　B. 英国　　C. 意大利　　D. 法国

【答案】C

【解析】美声唱法是17世纪产生于意大利的一种演唱风格，要求演员通过对发音位置、共鸣以及气息的掌握来形成良好的歌唱状态，同时形成不同声部的音色特点。美声区别于其他唱法的最主要的特点，用一句话来概括就是美声唱法是混合声区唱法。美声唱法不仅影响着中国的声乐艺术，同样也影响着其他国家的声乐艺术。

三、名词解释

1. 宣叙调(河北大学2017、2014年研)

答：宣叙调是大型声乐戏剧中的一种歌唱方式，音调和节奏都与语言紧密结合，又称“朗诵调”，16世纪末起源于佛罗伦萨作曲家佩里的歌剧，17世纪以后广泛用于歌剧、清唱剧、康塔塔和其他教堂声乐中。18世纪后，宣叙调分为“清宣叙调”和“有伴奏宣叙调”两种，前者节奏自由快速，以键盘乐器简单伴奏，后者富于表情，用管弦乐队伴奏。

2. 咏叹调(河北大学2014年研)

相关试题：返始咏叹调(华南理工2009年研)

答：咏叹调是指歌唱性很强、有完整结构的声乐曲，为一个或几个声部写作。17世纪以后，咏叹调专指独唱曲，广泛用于歌剧、清唱剧和康塔塔等体裁中。相对朗诵性质的宣叙调，咏叹调受到极大的欢迎，以至于18世纪初，咏叹调在声乐戏剧中占据主导地位。除了结构逐渐程式化、产生“返始咏叹调”外，成为充分发挥演唱者声乐技巧的段落。

四、简答题

1. 简述古代文人音乐的载体。(南艺2016年研)

答：古代文人音乐包括古琴和词调音乐。

(1)古琴又称七弦琴，是古代“琴棋书画”四大修养之首，在中国古典文化中具有十分重要的作用和地位，古琴艺术体现了文人的审美和情感追求，表现了道家的“大音希声”“物我同一”“情景相即”的艺术境界。在众多历史文献中，古琴被誉为中国古典音乐文化之首，而且还有许多琴论著作，琴曲的传谱也多达千余首，《流水》《潇湘水云》《广陵散》《梅花三弄》《阳关三叠》等都是人们所熟知的古琴音乐，如今还改用于影视配乐中。

(2)词调音乐是指宋代文人相互之间唱和的一种演唱形式，但目前很多词调音乐只留下了词。词调音乐有其特定的艺术规律和流传特点，即“倚声填词”。词调最常见的体裁是令、引、近、慢，流传的宋代词调有 1000 多个，全宋词则有两万多首。词调音乐的特点和规律主要有以下三个方面：

①宫调。词调音乐的宫调沿袭了唐宋燕乐二十八调的体系，北宋沈括《补笔谈》有清晰的记载，至南宋张炎《词源》和陈元靓《事林广记》中又稍有变化。

②乐谱字符。乐谱字符和宫调是相吻合的，《补笔谈》中有清楚的记载。杨荫浏的译谱将《琴律说》、姜白石乐谱、《词源》以及《事林广记》等进行了对比，并分成俗字和应字两种字谱。

③体裁与结构。张炎《词源》中以“均”划分界限，宋代沈义父《乐府指迷》言“词腔谓之均，均即韵也”，是说押韵的地方即词腔的末尾。张炎所云令曲四均、近曲六均、慢曲八均，在姜夔的 14 首自度曲中可以得到验证。“均”中又有拍，即词腔乐句中的乐节，在张炎《词源》和王灼《碧鸡漫志》中均有述。

2. 简述音乐体裁康塔塔。

相关试题：

(1)比较巴罗克时期清唱剧和康塔塔的异同。(燕山大学 2012 年研)

(2)康塔塔是十七世纪初产生于哪里的一种声乐体裁？(问答题，南航 2018 年研)

(3)康塔塔(名词解释，河北大学 2020 年研)

答：康塔塔是指一种包括独唱、重唱、合唱及表演剧情的声乐套曲，一般包含一个以上的乐章，大都有管弦乐伴奏，与中国的大合唱体裁特点十分相近，因而一度被误译为大合唱。康塔塔是 17 世纪与歌剧、清唱剧同时形成的音乐体裁。不同历史时期和不同地区的康塔塔各具特色。

(1)巴罗克时期的康塔塔。康塔塔是巴罗克时期一种重要的音乐体裁。它通常由一系列的宣叙调、咏叹调、咏叙调、二重唱和合唱组成。体裁有宗教的，也有世俗的。既可以是抒情性的，也可以是戏剧性的。它还分为两类：一类是小型的、独唱的，又称为室内康塔塔，在私人社交场合演出；另一类是大型的，除了独唱者之外，还有合唱和管弦乐的伴奏，为某一特定的重要场合而作。巴罗克时期的康塔塔，表演形式是以独唱、合唱和乐队相结合为主，作品具有叙事性，整体篇幅较小。巴罗克时期的德国著名作曲家巴赫，创作了 200 多首教堂康塔塔，是巴罗克时期最具代表性的康塔塔作曲家。巴赫创作的康塔塔作品，常常运用合唱这一歌唱形式。

(2)近现代的康塔塔。17 世纪 40 年代起，康塔塔在格兰迪的基础上迅速形成了独唱康塔塔的体裁，成为由朗诵调和返始咏叹调交替构成的 4 个乐章的叙事性世俗独唱套曲，由哈普西科德或再加一件弦乐器伴奏。后来这一体裁从抒情性的独唱曲逐渐演变为接近于小型室内歌剧或相当于歌剧中一场的规模，并从室内类型向合唱类型过渡。德国的 J. S. 巴赫的大量世俗康塔塔和教堂康塔塔，对康塔塔的发展具有重要意义。20 世纪康塔塔相较于古典浪漫时期，作曲家创作的作品逐渐增多，如普罗科菲耶夫的《亚历山大·涅夫斯基》、巴托克的《世俗康塔塔》、斯特拉文斯基的《康塔塔》等。

五、论述题

试论述亚洲音乐对世界的影响。(南艺 2016 年研)

答：亚洲是人类古代文明最发达的地区之一。亚洲传统音乐具有悠久的历史，亚洲灿烂的音乐文化是人类音乐遗产的重要组成部分，它对其他大陆音乐的发展产生过巨大的影响。亚洲可分为五个音乐文化区：东亚、南亚、东南亚、中亚和西亚。

(1)东亚音乐旋律十分丰富，多采用五声音阶，乐器种类繁多，并有多种民歌、戏曲、说唱和舞蹈等。如吸收中国传统音乐后被民族化了的日本的雅乐、琴、筝、三味弦音乐，朝鲜的唐乐和乡乐，当然还包括丰富多彩的中国民族音乐，这些都是亚洲音乐艺术的瑰宝。

(2)东南亚音乐代表有印尼音乐。印尼音乐中历史最悠久、最具特色，并在世界上影响最大的是甘美兰。甘美兰音乐大都采用有半音和无半音的两种五声音阶，但它的律制(即音与音之间的距离)与十二平均律不同，有点接近五平均律。演奏甘美兰时还要遵循一种称为帕台特的调式，它与印度的拉格相类似，表现不同的情绪要采用不同的帕台特。甘美兰乐队中还有少量的歌唱家。甘美兰音乐甚至是西方人眼中亚洲音乐的代表，大型的敲击乐队也是东南亚音乐的特点之一。

(3)南亚古老音乐传统延续至今。印度古典音乐中的旋律、节奏体系得到高度的发展，有着多样的音节调式和独特的装饰音体系。

(4)中亚和西亚属于伊斯兰文化，采用齐声音阶，中亚的阿拉伯古典音乐用二十四平均律的音阶，风格柔和、持重。阿拉伯音乐在形成过程中，受到了古埃及、古波斯和古希腊罗马文化的巨大影响。阿拉伯音乐文化也曾对印度北部和我国西部的音乐产生影响。

第5章　中外音乐名家名作

1.5.1　复习笔记

【通关提要（提纲挈领）】

本章是本编的重要章节，主要论述了中国音乐名曲及作曲家，其中包括古典歌曲、民间歌曲、民族器乐独奏曲、声乐作品、歌剧、器乐曲等，还论述了外国音乐的名家名作。本章考点以名词解释、简答题、论述题为主，在学习时，要整体把握音乐名曲的代表性人物及相对应的作品，以便答题时举例。

【考点难点归纳（厚积薄发）】

考点一：中国音乐名曲及作曲家　★★★★

1. 古典歌曲（见表1-5-1）

表1-5-1　古典歌曲

要点	具体内容
《阳关三叠》	琴歌，歌词取材于唐代诗人王维的《送元二使安西》一诗，与唐大曲有联系。全曲分三段，在同一曲调基础上进行不同的变化反复，并叠唱三次。曲调前段朴实深沉，后段慷慨激昂，形成鲜明的对比
《扬州慢》	南宋词人姜夔的自度曲作品。作品通过刻画出一幅残垣断壁的悲惨场面，来反映民间百姓的困苦。音乐采用宫调式，既古朴又充满慨叹之情，结构严谨有序，旋律平缓，是宋代留存下来的词调之一
《满江红》	词牌名，流传最为广泛的是岳飞的《满江红·怒发冲冠》。该词与元代古曲相配，音调深沉、节奏均匀规律、情感激昂悲壮。上下两部分曲调类似，下阙开头不同，是词调音乐的典型结构

2. 民间歌曲（见表1-5-2）

表1-5-2　民间歌曲

要点	具体内容
《小白菜》	是一首河北汉族民歌，讲述了一个失去母亲的小女孩的悲惨生活，以清末四大奇案之杨乃武案中的女主角"毕秀姑"的遭遇为创作背景，在晋察冀地区广为流传。音乐材料运用简单，乐曲仅有12小节，曲调运用了哭腔和逐级下行的表现手法
《绣荷包》	作品展现出一个少女绣荷包送情人时急切、兴奋、热烈的内心活动和追求幸福、向往爱情的迫切情感。音乐结构为上下两句体，曲调轻快明朗，旋律起伏大。以山西的《绣荷包》最为著名，四川和云南地区的《绣荷包》具有当地独特的音乐风格
《蓝花花》	是一首陕北民歌。采用分节歌的形式，讲述年轻姑娘蓝花花被迫嫁给地主却不屈服，并不惜牺牲生命反抗封建压迫的感人故事，具有鲜明的陕北特色

续表

要点	具体内容
《走西口》	流行于山西、陕西、内蒙古一带，展现出一对新婚夫妇中的丈夫出外谋生，两人依依不舍的离别情感。音乐结构多为四句体，带有强烈的地域性，曾被吸收到“二人台”中，是民间小戏的基本音调
《康定情歌》	又称《跑马溜溜的山》，流行于西南地区，表演形式为男女对唱情歌，旋律有三个乐句，中间加入多个衬词
《小河淌水》	是云南弥渡山歌。歌词质朴自然，富于想象，感情真挚。音区较高，音域较宽。内容描绘了月夜下小河流淌的优美画面以及青年男女之间纯真的爱情。由五个乐句组成，曲调甜美悠长。曾被改编为钢琴曲和混声合唱曲
《孟姜女》	又称《十二月花名》，为民间时调类型作品。主要讲述了孟姜女历尽磨难为被抓去做苦力修长城的丈夫送棉衣的故事。旋律主要由四句组成，每句之间有起承转合的关系
《茉莉花》	民间小调。歌词内容反映出青年男女第一次接触爱情的青涩、欲言又止的场景。在国外被誉为中国民间音乐的代表，曾被意大利作曲家普契尼融入歌剧《图兰朵》的创作中
《凤阳花鼓》	流传于安徽一带的民间舞歌。内容表现了明代淮河流域的百姓遭遇水患，只能带着花鼓在异乡卖唱的情景。音乐以抒情与叙事相结合的形式创作
《嘎达梅林》	蒙古族长篇叙事歌。这首作品歌颂了蒙古族英雄嘎达梅林，他带领人民反抗封建王爷与军阀的统治。作品为短调民歌，音乐结构是上下句结构，调式采用传统五声羽调式，节奏平稳规整，风格严肃深沉

3. 民族器乐独奏曲（见表1－5－3）

表1－5－3 民族器乐独奏曲

要点	具体内容
《梅花三弄》	又称《梅花引》《玉妃引》《梅花曲》，三弄是指清透明亮的泛音主题旋律，在不同段落再现了三次。此曲共分十段，生动地刻画出梅花的静态美和动态美，音乐风格呈现出超凡脱俗的感觉
《流水》	著名古琴曲。乐曲包含了俞伯牙与钟子期“高山流水觅知音”的故事。曲中采用了滚、拂的手法，描述了河流波涛汹涌的奔流之势
《广陵散》	又称《广陵止息》。中国古代大型琴曲作品，也是汉族音乐历史上的名作，中国十大古琴曲之一。乐曲结构宏大并分为45段。旋律风格气势磅礴，贯穿了一种愤慨不屈的浩然之气
《潇湘水云》	郭沔为南宋古琴演奏家、作曲家、教育家及江浙派的创始人，《潇湘水云》是他创作的琴曲中最具有代表性的作品，采用无射均（紧五弦）定弦。全曲共18段，分别运用了吟、揉、滚、拂等演奏手法，其中有按音、散音、泛音等音色的对比，抒发了忧国忧民的家国情怀
《喜相逢》	指冯子存所创作的笛子独奏曲，曲式为变奏结构，变奏主要在技巧方面，运用大量的北派笛子技巧中的花舌音，使音乐更为欢快热烈。后被改编成多种乐器的独奏曲
《百鸟朝凤》	指著名的唢呐独奏曲。乐曲的旋律体现了多层次的、百鸟齐鸣的画面，运用双吐技巧，使音乐具有超高的技巧性。其热情欢快的旋律，与百鸟和鸣的大自然景象相辅相成
《二泉映月》	华彦钧（阿炳）所创作的二胡独奏曲。乐曲讲述了作者沿街乞讨时的艰辛，乐曲的主题在一开始呈现出来，后将主题进行了五次变奏，音乐由深沉的情绪逐渐发展成为激昂的风格

续表

要点	具体内容
《光明行》	指1931年刘天华创作的二胡独奏曲。此曲具有进行曲风格，音调如进军号般朝气蓬勃。曲式结构为复三部曲式，结构严谨。洋溢着积极向上的精神
《十面埋伏》	琵琶独奏曲。记载在清代华秋苹所撰写的《琵琶谱》中，内容以楚汉相争、刘邦与项羽决战的故事为题材。全曲通过运用不同的音调、节奏和演奏技法，生动地展现了战前、战中和战后的场景
《彝族舞曲》	指王惠然创作的琵琶独奏曲，被后世音乐家改编并用其他乐器演奏。音乐素材为彝族民歌的“海菜腔”，展现了彝族山寨美丽的夜景和男女舞姿之优美
《渔舟唱晚》	古筝独奏曲，娄树华以古曲为基础改编而成。也曾改编为小提琴独奏乐曲。此曲旋律典雅、节奏舒缓，给人刻画了一副夕阳西下、渔人归舟的场景，极具诗意
《中花六板》	指“江南丝竹”八大名曲之一。它是民间器乐曲牌“老六板”的变奏之一，将原曲主题的速度放慢，利用加花丰富音乐情感，使音乐更加悠扬，更具有江南水乡的风情特点
《雨打芭蕉》	记录在丘鹤俦的《弦歌必读》，是广东著名乐曲。开头旋律欢快明亮，紧接着一段短句演奏，仿佛雨点落在芭蕉叶上，充满着浓郁的南国特点与风情
《春江花月夜》	是一首民族管弦乐作品。原为著名琵琶曲《夕阳箫鼓》，柳尧章和其他作曲家在1925年将乐曲改编为民乐合奏曲。乐曲配器精细，旋律淡雅清丽。因其独特的音乐风格，被众多音乐家喜爱，多次被改编为钢琴曲、木管五重奏和交响音画

4. 声乐作品(见表1-5-4)

表1-5-4 声乐作品

要点	具体内容
《问》	是一首由易韦斋作词，萧友梅作曲的独唱歌曲作品。萧友梅被称为“中国近代音乐教育的宗师”，其代表作《问》的内容包含了对当时社会内忧外患、国家沉沦的感慨之情
《教我如何不想他》	指由刘半农作词，赵元任作曲的独唱作品。歌曲内容表达了当时想要摆脱封建控制、追求个性自由和解放的思想感情。音乐色彩丰富，具有感染力
《毕业歌》	是电影《桃李劫》的主题曲，此歌创作于1934年，田汉作词，聂耳作曲。影片讲述了毕业的青年学生由于坚持自己的本性与原则，在社会上失意、反抗、挣扎最终被彻底吞噬的悲剧故事。而《毕业歌》充满爱国激情，对青年具有激励作用。曲调激昂有力，气势宏大
《义勇军进行曲》	创作于1935年，由田汉作词，聂耳作曲，是电影《风云儿女》的主题歌，被称为中华民族解放的号角。歌曲加入了号角式的音调，主音持续重复，并在结束时瞬间停止，其创作手法富有创造性。1982年被正式定为中华人民共和国的国歌
《铁蹄下的歌女》	由许幸之作词，聂耳作曲。是电影《风云儿女》中的插曲，作品由三段构成，第一段气息悠长，旋律平缓；第二段具有深沉的控诉性；第三段综合前两段，运用了突弱处理方式，使得音乐的感染力大大增加
《松花江上》	张寒晖于1936年作词、作曲的歌曲。作者引用了家乡妇女哭坟的曲调，旋律催人泪下。此作品在民族危急关头具有特殊的感染力和震撼力

续表

要点	具体内容
《大刀进行曲》	又称《大刀向鬼子们的头上砍去!》，是作曲家麦新创作的一首抗日救亡主题的歌曲。乐曲开头的切分节奏，突出了冲锋号的感觉。全曲运用了自由乐段的结构，尾声加入了呐喊声，使乐曲更具战斗性和感染力
《在太行山上》	是一首由桂涛声作词，冼星海作曲的抗战老歌。全曲分为两部分，第一部分旋律具有抒情开阔的音乐风格特征，第二部分为进行曲性质的曲调，节奏富有弹性，并将音乐推到了高潮
《南泥湾》	是1943年创作的歌曲作品，贺敬之作词，马可作曲。作品讲述了陕北塞外江南的美丽景象，是秧歌舞《挑花篮》的插曲，第一段以抒情旋律为主，第二段活跃欢快，与第一段产生了对比，具有浓郁的民歌特征
《歌唱祖国》	指由王莘于1950年创作的一首爱国歌曲。音乐发展豪迈、充满激情，描绘了新中国创立初期中国人民朝气蓬勃的精神面貌
《我的祖国》	影片《上甘岭》的插曲，乔羽作词，刘炽作曲。乐曲的前部分主要是女高音独唱的抒情段落，后一部分为混声合唱段落，乐曲具有颂歌的风格特点
《我们走在大路上》	1963年由李劫夫作词作曲的一首红色歌曲，表现了中国人民经历经济困难后，坚韧不拔、努力奋斗、奋发图强的精神。歌曲采用主歌和副歌相结合的形式，运用了进行曲风格，是60年代群众歌曲中传唱最广的歌曲
《红星照我去战斗》	电影《闪闪的红星》中的插曲，创作于1973年，由邬大为作词，傅庚辰作曲。歌曲引用了江西山歌的民间曲调，具有浓厚的乡土特色，旋律跌宕起伏，与影片主角潘冬子在江中漂流的画面相互辉映，是优秀的抒情歌曲
《祝酒歌》	由韩伟作词，施光南作曲，创作于1976年。该歌表达了国家在粉碎“四人帮”之后，全国人民喜悦的心情。歌中运用了汉族的锣鼓鼓点，结合了新疆手鼓的节奏型，二者交替使用，丰富了乐曲情感
《我爱你，中国》	电影《海外赤子》中的插曲，瞿琮作词，郑秋枫作曲。音乐节奏自由平缓、旋律起伏大；中间节奏渐快推进；尾声运用“啊”作为歌曲的衬词，将乐曲带向高潮，饱含爱国之情
《长恨歌》	是由黄自作曲的第一部清唱剧，并由韦瀚章作词，乐曲内容取材于白居易的同名长诗，是黄自创作的唯一一首大型作品，也是我国浪漫主义风格的经典之作
《黄河大合唱》	冼星海作曲，光未然作词的合唱作品，作品吸收了民间曲调与西方复调音乐的技法，具有鲜明的时代特征和民族特点，对后世的合唱创作产生了深远的影响
《长征组歌》	根据肖华上将创作的长诗改编的声乐组曲，内容分为10首诗谱曲，描述了长征路上十个战斗的场面，将民间音调与红军的传统歌曲相结合，塑造了人民军队的英雄形象，成为近代独树一帜的大型声乐作品

5. 歌剧(见表1-5-5)

表1-5-5 歌 剧

要点	具体内容
《白毛女》	该剧故事取材于晋察冀边区白毛仙姑的民间传说。音乐为民间音调，注重对人物的刻画，运用了西方歌剧的创作手法，音乐中穿插了独唱、伴唱、重唱与合唱，融合了歌唱、器乐、说白和表演等形式，是我国歌剧发展史上最具代表性的优秀作品

续表

要点	具体内容
《洪湖赤卫队》	该剧讲述了发生在 1930 年第二次国内革命战争时期，地方革命武装洪湖赤卫队在韩英和刘闯的带领下，利用洪湖湖区与敌人巧妙周旋，沉痛打击敌人的故事。音乐素材运用了花鼓戏和民歌，不同人物具有不同的音乐主题
《刘三姐》	取材于壮族姑娘刘三姐运用对歌的方式与地主进行斗争的民间传说，全剧围绕"歌"展开，以民歌曲调为基础，音乐风格具有斗争性、讽刺性、歌颂性和抒情性，作品具有浓厚的壮族民族特色
《江姐》	改编自小说《红岩》。以四川民歌为基调，结合了戏曲与说唱。作品主题歌为"红梅赞"，体现了江姐英勇斗争的巾帼英雄形象，旋律既抒情又坚定，充满着革命性的浪漫主义色彩

6. 器乐曲(见表 1 –5 –6)

表 1 –5 –6　器乐曲

要点	具体内容
《牧童短笛》	原名《牧童之笛》，是贺绿汀创作于 1934 年的钢琴曲。此曲共有三段，第一段用了复调的创作手法，第二段用了主调手法，第三段对主题进行了变化并且再现第一段主题。作品具有中国风格特征，开辟了中国钢琴音乐作品创作的新篇章
《阳光照耀着塔什库尔干》	取材于新疆塔吉克民族的音乐曲调，具有浓厚的民族风情。作品融入了歌曲《美丽的塔什库尔干》和笛子作品《帕米尔的春天》的素材。乐曲具有歌唱性和舞蹈性，并加入了炫技的华彩段落，是经典的小提琴必演曲目之一
《梁山伯与祝英台》	是 1959 年由何占豪、陈钢完成的小提琴作品。内容取材于家喻户晓的民间爱情故事，以越剧曲调作为音乐素材。分别把三个情节"草桥结拜""英台抗婚"和"坟前化蝶"作为乐曲的呈示部、展开部和再现部。作品采用了交响乐和民间戏曲音乐表现手法，按照剧情发展构思布局。结构上采用奏鸣曲式，其艺术上具有鲜明的民族特色，被誉为"民族化的交响乐"，国外称它为"'蝴蝶的爱情'协奏曲"
《草原小姐妹》	作品取材于蒙古族小英雄龙梅和玉荣勇敢保护羊群的故事，乐曲分为 5 个段落。具有鲜明的蒙古族民间音乐风格，琵琶与管弦乐队相结合，生动形象地描绘了小英雄与风暴搏斗的场景
《春节组曲》	作曲家李焕之创作的管弦乐作品。乐曲分为四个乐章，第一乐章为"春节序曲"，其余三个乐章表达的是节日喜庆的不同方面。作品具有鲜明的舞蹈性与民族风情

考点二：外国音乐名家名作 ★★★

1. J. S. 巴赫(1685—1750，见表 1 –5 –7)

表 1 –5 –7　J. S. 巴赫(1685—1750)

要点	具体内容
作家简介	巴赫是巴罗克时期的德国作曲家，杰出的管风琴、小提琴、大键琴演奏家，被认为是音乐史上最重要的作曲家之一，并被尊称为"西方近代音乐之父"。其创作范围广泛，涉及的音乐领域极其广泛，包括管风琴、古钢琴和奏鸣曲等

续表

要点	具体内容	
代表作品	《布兰登堡协奏曲》	全曲由六首协奏曲组成，为献给布兰登堡侯爵而得名。此曲从意大利协奏曲中汲取经验，并与德国的音乐思维相结合，创作出了具有轻快喜悦风格的优秀音乐作品，生动地展示了当时人们对幸福生活的渴望与追求，而这套作品精巧的创作技法与完美和谐的结构又成为欧洲管弦乐史上的一个重要的里程碑
	《马太受难乐》	取材于圣经中耶稣受难的故事，表演形式以独唱、合唱和乐队相结合为主，作品展现了深刻的人类精神

2. 亨德尔(1685—1759，见表1-5-8)

表1-5-8 亨德尔(1685—1759)

要点	具体内容	
作家简介	亨德尔是巴罗克晚期的德国作曲家。他在歌剧、清唱剧和器乐领域都有较大建树。前期主要是创作歌剧，后期转向清唱剧，并在清唱剧领域取得极大成功	
《弥赛亚》	含义	《弥赛亚》是亨德尔最成功、被全世界演唱最多的清唱剧之一。“弥赛亚”即上帝派到人间的使者，这是一部歌颂上帝耶稣的作品，作品内容讲述了基督的诞生、受难、复活，没有故事情节，而用一种间接的象征性的方式叙述
	内容	作品内容参考了圣经，共分为三部分，叙述耶稣降生、受难到复活。作为一部宗教作品，其内容和情感积极向上，体现了18世纪英国资产阶级的精神风貌

3. 海顿(1732—1809，见表1-5-9)

表1-5-9 海顿(1732—1809)

要点	具体内容
作家简介	约瑟夫·海顿创作范围丰富多样，但器乐作品是其主要创作类型。他是世界音乐史上影响巨大的重要作曲家，也是维也纳古典乐派的第一位代表人物，其作品具有创造精神。他的创作体现了古典主义乐观、质朴和愉悦的精神气质。创作了许多交响曲和弦乐四重奏，被称为“交响乐之父”
《伦敦交响曲》	海顿创作的第93~104交响曲的总称，为扎诺蒙所创作的乐曲，又称《扎诺蒙交响曲》，因在伦敦创作故称为《伦敦交响曲》，是古典主义风格交响曲的经典作品

4. 莫扎特(1756—1791，见表1-5-10)

表1-5-10 莫扎特(1756—1791)

要点	具体内容
作家简介	奥地利作曲家，维也纳古典主义乐派的代表人物。在声乐和器乐领域都有突出贡献。共创作了19部歌剧作品，其中《费加罗的婚礼》《魔笛》和《唐璜》是古典主义歌剧之中最经典、最具代表性的优秀作品。莫扎特创作的歌剧风格细腻优雅，塑造的人物生动形象并充满了一定的思想内涵，对西方的音乐文化具有重要影响

续表

要点	具体内容	
《第四十交响曲》	概况	《第四十交响曲》是上演率极高的作品，莫扎特共创作了41部交响曲作品，他仅仅用了两个月便完成了最后三部作品
	特点	具有典型的古典主义布局。作品调性以g小调为主，乐曲旋律在温柔抒情中还带有一些悲伤。作品共分为四个乐章：第一乐章：快板，风格为典型的莫扎特式的抒情性；第二乐章：慢板，与第一乐章形成对比；第三乐章：小步舞曲；第四乐章：幽默的快板

5. 贝多芬(1770—1827，见表1-5-11)

表1-5-11　贝多芬(1770—1827)

要点	具体内容		
作家简介	古典主义时期德国著名的音乐家，维也纳古典乐派代表人物之一。他的作品对世界音乐的发展有着非常深远的影响，因此被尊称为“乐圣”。他作有9部交响曲、32首钢琴奏鸣曲、1部小提琴协奏曲、5部钢琴协奏曲以及众多的室内乐，这些作品都是古典主义器乐的巅峰之作，并拉开了浪漫主义的序幕，对西方音乐的发展产生了深远的影响		
代表作品	《第三“英雄”交响曲》	概况	此曲原是为拿破仑而作，但具有民主思想的贝多芬听闻拿破仑称帝后，十分愤慨，遂改名为《英雄交响曲——为纪念一位伟人而作》。乐曲规模宏大、充沛有力、情感丰富、结合了诗意和力量，在音乐发展的历史进程中具有里程碑式的意义
		结构	第一乐章：规模宏大，充满力量。 第二乐章：用葬礼进行曲悼念英雄。 第三乐章：由舒缓的小步舞曲改为谐谑曲，全曲的尾声以热烈的情感与气氛结束
	《第九“合唱”交响曲》	概况	贝多芬创作的最后一部交响曲作品，在终章中加入了合唱部分，所以又称《合唱交响曲》
		特点	①作品中运用了独唱、四重唱和合唱的歌唱形式。 ②歌词以德国诗人席勒的诗作《欢乐颂》为主要内容，展现出“人人平等”的思想
		影响	打破了古典时期纯器乐的交响曲创作，影响了19世纪的交响曲创作

6. 舒伯特(1797—1828，见表1-5-12)

表1-5-12　舒伯特(1797—1828)

要点	具体内容
作家简介	奥地利作曲家，是早期浪漫主义音乐的代表人物，同样是浪漫主义艺术歌曲的缔造者，也被认为是古典主义音乐的最后一位巨匠。创作了600多首歌曲，代表作有《魔王》《鳟鱼》《野玫瑰》《美丽的磨坊女》，钢琴小品类乐曲有《即兴曲》《音乐瞬间》，音乐风格极具浪漫主义特征。舒伯特的传统器乐作品中，《第八“未完成”交响曲》最为著名

续表

要点		具体内容
《冬之旅》	概述	代表作品声乐套曲《冬之旅》，由24首主题相同的歌曲组合形成，其中有16首歌曲的调性以小调为主，具有浓郁的深沉忧伤的情感色彩，还有8首歌曲的调性虽采用了大调，但舒伯特通过运用和声大调以及向关系小调或者同主音小调的转换等创作手法来减弱大调的明快色彩，突出歌曲悲伤的气氛
	特点	《冬之旅》歌词取材于德国诗人缪勒的同名诗，主要内容刻画了一个失恋者冬日的旅行。其中包含了许多名曲，如《春梦》《菩提树》等

7. 门德尔松(1809—1847，见表1-5-13)

表1-5-13 门德尔松(1809—1847)

要点		具体内容
作家简介		门德尔松是德国作曲家，早期浪漫主义的音乐代表人物，钢琴演奏家、指挥家。他的音乐包含古典主义的严谨性和浪漫主义的抒情性。他的作品创作包含交响曲、协奏曲、管弦乐、清唱剧、室内乐、钢琴独奏曲、艺术歌曲及合唱。著名交响曲作品《苏格兰交响曲》《意大利交响曲》、管弦乐《仲夏夜之梦》《芬格尔山洞》和钢琴小品集《无词歌》得到广泛传播。他也是德国莱比锡音乐学院的创始人
《e小调小提琴协奏曲》	概况	《e小调小提琴协奏曲》是门德尔松于1838年创作的小提琴协奏曲
	特点	乐曲结构采用了传统的三乐章的形式，乐曲在开始时加入了小提琴的独奏旋律，并且将华彩乐段安排在主题再现前，起到了起承转合作用，自然地引出再现部

8. 舒曼(1810—1856，见表1-5-14)

表1-5-14 舒曼(1810—1856)

要点		具体内容
作家简介		舒曼是德国作曲家、音乐评论家，是19世纪上半叶浪漫主义音乐家的突出人物。他的艺术创作深刻地反映出德国浪漫主义的优点和弱点，涵盖了交响曲、协奏曲、室内乐等音乐形式，其中钢琴、艺术歌曲的成就最为突出。钢琴套曲作品有《童年情景》《蝴蝶》《狂欢节》《大卫同盟舞曲》等。艺术歌曲代表作有声乐套曲《桃金娘》《诗人之恋》《妇女的爱情与生活》等。舒曼还创办了音乐评论刊物《新音乐杂志》并任主编
《狂欢节》	概况	《狂欢节》是舒曼所创作的钢琴组曲，其中包含21首乐曲，内容特指舒曼脑中虚构的组织“大卫同盟”，在与庸俗音乐家的斗争中取得了最后的胜利。最后一首乐曲名为《大卫同盟向凡夫俗子开战》
	人物	①舒曼轻视低俗音乐家：在作品中低俗音乐家以小丑、妓女的反面形象出现。 ②舒曼脑中虚构的“大卫同盟”的音乐家，如肖邦、帕格尼尼、克拉拉·舒曼等

9. 柏辽兹(1803—1869，见表1-5-15)

表1-5-15 柏辽兹(1803—1869)

要点	具体内容
作家简介	法国作曲家，浪漫乐派的主要代表人物，也是浪漫主义标题交响曲的代表人物，柏辽兹创作的交响曲《哈罗尔德在意大利》《罗密欧与朱丽叶》《浮士德的责罚》等作品，都是与文学类的艺术形式相结合创作而成的

续表

要点		具体内容
《幻想交响曲》	概况	这部交响曲的副标题为“一个青年艺术家的生活插曲”，内容讲述了作者自己的爱情经历。乐曲五个乐章的标题分别为“梦幻与激情”“舞会”“田野情景”“赴断头台”“妖魔夜宴”
	特点	改变了传统的四乐章结构，改用了五乐章，并使用了“固定乐思”的手段创作全曲

10. 李斯特(1811—1886，见表1-5-16)

表1-5-16　李斯特(1811—1886)

要点		具体内容
作家简介		匈牙利著名作曲家、钢琴家、指挥家，伟大的浪漫主义大师，是浪漫主义前期最杰出的代表人物之一。他的创作主要是钢琴和管弦乐领域，并首创了交响诗这种管弦乐体裁，他创作的交响诗《前奏曲》《塔索》《玛捷帕》等都是经常演出的作品。还有两部交响诗性质的交响曲《但丁》和《浮士德》。其创作多为宗教体裁的声乐合唱作品
《前奏曲》	概况	乐曲取材于法国诗人拉马丁的诗歌《新沉思集》中的第十五首同名作品
	特点	作品的开始提出了有关生与死的问题，作为乐曲的主导动机，随后音乐风格慷慨激昂，又温馨柔和，体现了作者积极的人生态度

11. 肖邦(1810—1849，见表1-5-17)

表1-5-17　肖邦(1810—1849)

要点		具体内容
作家简介		波兰作曲家，欧洲19世纪浪漫主义音乐的代表人物，是历史上最具影响力和最受欢迎的钢琴作曲家之一，波兰音乐史上最重要的人物之一，被誉为“浪漫主义钢琴诗人”。其独特“肖邦风格”拓宽了钢琴音乐的表现领域，在和声、织体、节奏和钢琴踏板的运用上，推动钢琴音乐的发展
《c小调“革命”练习曲》	概况	又称《华沙陷落》，肖邦著名的钢琴作品，是一首极具艺术性的乐曲，不是一般意义上用于练习演奏技巧的曲目
	创作背景	创作于1831年，肖邦听闻故乡华沙起义失败，波兰也被俄国人占领，怀着愤慨和悲伤的情感，创作了这首气势磅礴的钢琴名曲

12. 瓦格纳(1813—1883，见表1-5-18)

表1-5-18　瓦格纳(1813—1883)

要点		具体内容
作家简介		德国歌剧作曲家，著名的古典音乐大师、指挥家、音乐理论家、文学家，被称为“19世纪音乐界奇才”。歌剧《黎恩济》是瓦格纳的成名作，1842年后创作了《漂泊的荷兰人》《唐豪塞》和《罗恩格林》三部极具浪漫主义风格的优秀歌剧。他在歌剧改革上的成就对20世纪西方现代音乐产生了深远影响
《尼伯龙根的指环》	概况	是德国音乐家瓦格纳作曲及编剧的一部大型歌剧，历时近20年
	内容	作品分为四个歌剧作品：《莱茵的黄金》《女武神》《齐格弗里德》和《众神的黄昏》。选材自德国中世纪民间神话故事及人物，主要围绕主角争夺指环的故事

续表

要点		具体内容
《尼伯龙根的指环》	特点	瓦格纳在创作作品时采用了“整体艺术观”“无终旋律”以及“主导动机”的手法，音乐语言复杂，交响乐队和歌唱在这首作品中的作用都很重要，是瓦格纳“整体艺术观”的完美体现

13. 布拉姆斯(1833—1897，见表1－5－19)

表1－5－19　布拉姆斯(1833—1897)

要点		具体内容
作家简介		布拉姆斯是德国古典主义最后的作曲家，浪漫主义中期作曲家和钢琴演奏家。他反对标题音乐，创作走纯粹路线，坚持古典音乐的风格观念，又称“反潮流”。他的作品涵盖交响曲、协奏曲、室内乐等传统体裁。布拉姆斯所创作的艺术歌曲在19世纪占有重要地位，合唱曲《德意志安魂曲》是布拉姆斯最伟大的声乐作品，标志着他的音乐创作达到了一个顶峰
《c小调第一交响曲》	概况	于1876年完成，被誉为“贝多芬第十交响曲”
	结构	该作仍然使用了传统的四乐章结构，调性、总的结构安排以及精神气质方面与贝多芬的《第五(命运)交响曲》有许多相似之处

14. 威尔第(1813—1901，见表1－5－20)

表1－5－20　威尔第(1813—1901)

要点		具体内容
作家简介		意大利作曲家。创作了歌剧《纳布科》《茶花女》《弄臣》和《游吟诗人》，确定了他在歌剧领域中的重要地位，中期创作有《唐卡洛斯》《命运的力量》等歌剧。在他创作的巅峰时期创作了《阿伊达》，晚期创作了喜歌剧《法尔斯塔夫》。他一生创作了29部歌剧，并推动了意大利歌剧的发展，被人们称为“意大利革命的音乐大师”
《弄臣》	概况	又称《利哥莱托》，是威尔第最著名的作品之一
	内容	剧情改编自雨果的小说，故事讲述了16世纪意大利曼图阿大公以玩弄女人为乐，而他的弄臣戈莱托有一个漂亮又善良的女儿，大公妄图得到她，而弄臣反对并派人刺杀大公，但却误杀了自己的女儿
	特点	戏剧性强，作品内有很多唱段非常优美，其中大公所唱的咏叹调《女人善变》、吉尔达的咏叹调《让人爱恋的名字》以及终场的四重唱都是广为流传的曲调

15. 穆索尔斯基(1839—1881，见表1－5－21)

表1－5－21　穆索尔斯基(1839—1881)

要点	具体内容
作家简介	俄国著名作曲家，也是俄国近代音乐现实主义的奠基人，19世纪俄罗斯民族乐派的代表人物，在音乐创作方面具有超高的创新能力，是“强力集团”中最主要的作曲家。其作品风格极具民族特色和俄罗斯音乐风格。代表作品有钢琴组曲《图画展览会》、歌剧《鲍里斯·戈都诺夫》和《跳蚤之歌》、交响诗《荒山之夜》

续表

要点		具体内容
《图画展览会》	概况	穆索尔斯基的代表作品是钢琴组曲《图画展览会》，是他为纪念去世的好友而创作的。它以鲜明的音乐语言将视觉形象复活，同时又抒发了作者的真切感情。在和声手法、曲式结构和钢琴织体方面有新的探索，深受众多音乐家的喜爱，并将其改编成管弦乐曲
	结构	全曲由十音乐曲构成，分别代表十幅画，并在各乐曲间加入"漫步"的间奏段，表现了一名观画者在画廊看画，被画作吸引的场景

16. 柴可夫斯基(1840—1893，见表 1－5－22)

表 1－5－22　柴可夫斯基(1840—1893)

要点	具体内容
作家简介	19 世纪伟大的俄罗斯作曲家、音乐教育家，被誉为伟大的"俄罗斯音乐大师"和"旋律大师"。音乐中充满了浓郁的俄罗斯风格和学院派特征。他前期的创作比较倾向于表现对光明欢乐的追求和信心，而后期则更倾向于表现深刻的悲剧性，共作有六部交响曲，他的钢琴组曲也是脍炙人口的作品。柴可夫斯基著名歌剧作品有《黑桃皇后》《奥涅金》，舞剧《天鹅湖》《胡桃夹子》
舞剧《天鹅湖》	柴可夫斯基创作于 1876 年的芭蕾舞剧《天鹅湖》，是俄罗斯芭蕾舞剧中的经典作品。内容表现了公主与王子的神话爱情故事，后期柴可夫斯基将作品中优美的段落总结起来，改编成管弦乐《天鹅湖组曲》

17. 马勒(1860—1911，见表 1－5－23)

表 1－5－23　马勒(1860—1911)

要点		具体内容
作家简介		奥地利作曲家、指挥家，当代最伟大的指挥之一，是现代音乐会演出模式的缔造者。他在交响曲创作方面具有重要意义，又被称为是最后一位德奥浪漫主义交响曲作曲家。其音乐创作风格具有浪漫主义晚期风格特征，在器乐作品中加入声乐的歌唱形式。他创作的艺术歌曲的特点是将管弦乐队代替钢琴作为歌曲的伴奏，所以他的艺术歌曲更靠近交响曲的风格特点，代表作品有声乐套曲《亡儿之歌》和歌曲集《青年魔角》
《大地之歌》	概况	一部交响性套曲，是马勒创作于 1908 年的一部非常重要的作品，表演形式为人声与管弦乐队相结合，又称为交响曲
	特点	《大地之歌》中运用了多篇中国唐代诗人的诗作，其中包括李白的《悲歌行》《采莲谣》，孟浩然的《宿业师山房待丁大不至》和王维的《送别》等七首唐诗。歌词虽然运用了中国诗篇，但音乐风格依然具有欧洲音乐的特点
	结构	六个乐章的交响乐套曲，总体风格基调充满悲切伤感之情

18. 理查・施特劳斯(1864—1949，见表 1－5－24)

表 1－5－24　理查・施特劳斯(1864—1949)

要点	具体内容
作家简介	德国作曲家、著名指挥家。德国浪漫主义晚期最后的一位伟大的作曲家，同时又是交响诗及标题音乐领域中成就最突出的作曲家。创作出多首优秀的管弦乐与歌剧作品，并在 20 世纪歌剧文献中占有重要地位，是德奥现代歌剧的先行者。主要代表作有《莎乐美》《埃勒克特拉》和《玫瑰骑士》

续表

要点	具体内容
歌剧《莎乐美》	独幕歌剧《莎乐美》是施特劳斯的代表作，乐曲取材于英国作家王尔德的同名戏剧。内容讲述了莎乐美因爱慕约翰，后被拒绝而心怀怨恨，并拥有了报复心理，杀了约翰，最后被斩首的故事。这部歌剧在艺术方面意义重大，对德奥20世纪初期表现主义歌剧产生了深远的影响

19. 德彪西(1862—1918，见表1－5－25)

表1－5－25 德彪西(1862—1918)

要点		具体内容
作家简介		①德彪西是19世纪末～20世纪初欧洲音乐界颇具影响力的作曲家、革新家，同时也是近代印象主义音乐的鼻祖，是法国印象主义作曲家。他的音乐创作形式打破了传统的创作原则，音乐风格偏向于印象主义风格，与浪漫主义的音乐风格不同，并且对后世音乐发展产生了深远影响。 ②创作的代表作品主要有管弦乐《牧神午后前奏曲》《夜曲三首》《大海》，钢琴作品《版画集》《意象集》《24首钢琴前奏曲》和歌剧《佩里亚斯与梅丽桑德》
交响诗《牧神午后》	概况	德彪西创作的交响诗，是德彪西第一部具有代表性的印象主义作品，乐曲内容取材于罗马的神话故事，也被后世人们称作印象主义音乐的开山之作
	内容	内容源于法国诗人马拉美的诗，并且改编创作的内容描写了夏日午后的森林中，牧神被突然出现的嬉戏打闹的女神惊醒。牧神捧着女神遗下的纱巾，绮思无限，整个画面就好似一幅印象主义绘画的佳作
	特点	作品中用管弦乐演绎诗歌中所传达的意境，音乐色彩浓郁，风格独特

20. 勋伯格(1874—1951，见表1－5－26)

表1－5－26 勋伯格(1874—1951)

要点		具体内容
作家简介		奥地利作曲家、音乐教育家和音乐理论家，西方现代主义音乐的代表人物，他的创作分为三个时期。早期属于德国晚期浪漫主义风格，首创了无调性的作曲原则，即"十二音体系"作曲法。后创立了"新维也纳乐派"，是德奥表现主义音乐的代表人物，对当时音乐文化产生了深远影响。勋伯格的代表作品有独幕歌剧《期待》《月光下的皮埃罗》，十二音作品《乐队变奏曲》《华沙幸存者》及歌剧《摩西与亚伦》
《华沙幸存者》	概况	是一首集朗诵、男声合唱及乐队表演为一体的乐曲，该作品是在勋伯格了解到一个犹太人从纳粹集中营中逃脱出来叙述的法西斯屠杀行为而创作的政治风格作品
	特点	用"十二音体系"的手法创作的管弦乐作品，表现了法西斯的残暴，揭露了法西斯残酷无情的本质。用英语朗诵，内容描述了法西斯屠杀犹太人的经过，其中加入了德语的嘶吼。乐曲最后是犹太人濒临死亡时用希伯来语演唱的合唱。整首乐曲震撼人心，极具艺术感染力

21. 斯特拉文斯基(1882—1971，见表 1-5-27)

表 1-5-27　斯特拉文斯基(1882—1971)

<table>
<tr><th>要点</th><th colspan="2">具体内容</th></tr>
<tr><td>作家简介</td><td colspan="2">俄国作曲家、指挥家和钢琴家，是西方现代派音乐的重要人物，20 世纪现代音乐大师级作曲家之一。其创作领域主要是芭蕾舞剧，风格多变，具有原始主义倾向。一战后开始追求质朴的现代风格，作品中运用了巴罗克时期的音乐要素。主要代表作有清唱剧《俄狄浦斯王》、歌剧《浪子的历程》、合唱与乐队《诗篇交响曲》</td></tr>
<tr><td rowspan="3">舞剧《春之祭》</td><td>概况</td><td>斯特拉文斯基的芭蕾舞剧《春之祭》是他最突出的作品，1913 年在巴黎首演。内容叙述了俄罗斯古代时在春天举行的用少女祭献神灵的仪式</td></tr>
<tr><td>结构</td><td>分为两部分：①崇敬大地；②祭献少女</td></tr>
<tr><td>特点</td><td>该作品表演场景原始野蛮，运用了尖锐的和声、不规则的节奏、复杂的管弦乐织体。随着时代发展，人们已经渐渐接受了这个作品，并将其改编成管弦乐组曲，多次演奏</td></tr>
</table>

22. 肖斯塔科维奇(1906—1975，见表 1-5-28)

表 1-5-28　肖斯塔科维奇(1906—1975)

<table>
<tr><th>要点</th><th colspan="2">具体内容</th></tr>
<tr><td>作家简介</td><td colspan="2">20 世纪前苏联最重要的俄罗斯作曲家，生于圣彼得堡。毕业作品《第一交响曲》引起了乐坛广泛关注。其创作领域和风格非常广泛，音乐作品融合了后浪漫主义和新古典主义风格，涉及交响曲(15 部)、弦乐四重奏(15 首)和歌剧、舞剧、电影配乐以及各类声乐作品</td></tr>
<tr><td rowspan="3">《列宁格勒交响曲》</td><td>概况</td><td>是肖斯塔科维奇最突出的交响曲创作，又称《第七交响曲》</td></tr>
<tr><td>结构内容</td><td>作品包含四个乐章：第一乐章表现人民形象的坚毅有力，展开部体现了德国法西斯入侵列宁格勒的音乐形象；第二乐章是抒情慢板；第三乐章风格旋律干脆果敢；最后一个乐章又回到斗争的内容，全曲以高潮部分为结束</td></tr>
<tr><td>意义</td><td>1941 年肖斯塔科维奇参加了保卫列宁格勒的志愿消防队，在硝烟弥漫的列宁格勒创作了《列宁格勒交响曲》，这部交响乐作品在列宁格勒演出时，极大地鼓舞了士气，激发了苏联人民保卫祖国、战胜法西斯的斗志和决心</td></tr>
</table>

1.5.2　典型题(含考研真题)详解

一、填空题

1. 战国琴曲(　　)可谓中国音乐史上的千古绝唱。

【答案】《高山流水》

【解析】《高山流水》，中国古琴曲，最先出自战国时期的《列子·汤问》，属于中国十大古曲之一。“高山流水”比喻知己或知音，也比喻乐曲高妙。后世分为《高山》《流水》二曲；在人们的用典实践中，这一典故逐渐发展出七十余个典形和乐曲高妙、相知可贵、知音难觅、痛失知音、闲适情趣等典义，还存在典故反用现象，描述了伯牙与钟子期的知音之情，在钟子期去世之后伯牙摔琴绝弦，再不奏《高山流水》，成为音乐史上的千古绝唱。

2. 我国第一部清唱剧《长恨歌》的曲作者是(　　)。

【答案】黄自

【解析】《长恨歌》是黄自创作于1932年的我国第一部清唱剧，韦瀚章作词。乐曲内容取材于白居易的同名长诗，是黄自创作的唯一一首大型作品，也是我国浪漫主义风格的经典之作。乐曲第八乐章采用了复调的创作手法，运用弦乐和竖琴为女声三部合唱加以伴奏，呈现出一幅美轮美奂的仙境画面，十分符合“山在虚无缥缈间”的主题。

3. 交响诗的创始人是匈牙利作曲家(　　)，他在19世纪下半叶先后创作了十三首交响诗。

【答案】李斯特

【解析】交响诗是指一种由管弦乐队演奏的单乐章的标题交响曲，其音乐结构以奏鸣曲式为主，但并不固定，主要应用于音乐会序曲中。音乐内容以文学、绘画、历史故事和民间传说等素材为主，音乐的矛盾冲突效果明显，极具戏剧性和抒情性，是浪漫主义时期标题音乐的主要体裁之一。交响诗是由浪漫主义时期的匈牙利著名作曲家，被誉为“钢琴之王”的李斯特首创的艺术体裁。李斯特共写有13部交响诗，这些作品为“交响诗”这一新的音乐体裁的确立奠定了基石。在李斯特的交响诗作品中，《前奏曲》是最具代表性的作品，作品在作曲技法上，特别在和声技术上所表现出的风格特征，具有浪漫主义音乐风格的代表意义。除《前奏曲》外，他创作的交响诗作品还有《塔索》《玛捷帕》等。

二、名词解释

1. 秧歌剧(杭州师大2018年研；江西师大2018年研；广西民大2018年研；安徽师大2017年研；河北大学2015年研；浙江师大2013年研；青岛大学2012年研；西南大学2012年研)

答：秧歌剧是一种在民间秧歌基础上产生的新型小歌剧，产生于20世纪40年代，熔戏剧、音乐、舞蹈于一炉。秧歌剧吸收了戏曲音乐成分和陕北民歌因素，内容多反映边区人民生产、参军、学文化、减租斗争。以过场音乐、齐唱、对口唱及合唱等形式来表现剧情，其语言和音乐具有浓厚的地方特色。乐队以民族乐器为主，根据需要适当加入西洋乐器。代表作有《兄妹开荒》《牛永贵负伤》《周子山》等。秧歌剧的出现为新歌剧的产生积累了宝贵的创作经验。

2. 大同乐会(华东师大2020年研；首都师大2020年研；中传2014年研；华南理工2014年研；山东师大2013年研；赣南师大2012年研)

相关试题：上海大同乐会(华南理工2014年研)

答：大同乐会是1920年由郑觐文等人发起、成立于上海的音乐社团，前身是“琴瑟乐社”。其宗旨是“专门研究中西音乐，筹备演作大同音乐，促进世界文化运动”。活动内容主要包括：演奏古代雅乐、仿制古乐器、传授各种民族乐器演奏技艺、整理改编传统乐曲、搜集已经散失的寺庙和失传的古代宫廷和民间乐器并请工匠绘图试制乐器，积极组织演出活动等。该会是活跃在20世纪20～40年代的规模最大、历史最长的民族音乐社团，对我国民族音乐的继承与发展做出了重要贡献。

3. 李叔同(四川轻化工2017年研；杭州师大2016年研；聊城大学2015年研；河南师大2014年研；山东师大2010年研)

答：李叔同是艺术教育家，学堂乐歌代表人物之一。在音乐方面的成就主要体现为乐歌创作、音乐教育和创办期刊。留存的乐歌作品70余首，编作的乐歌继承了中国古典诗词的优良传统，加上他具有较为全面的中西音乐文化修养，选用的多为欧美各国的通俗名曲，曲调优美动人，清新流畅，词曲的结合贴切顺达，达到了很高的艺术水平。代表作品有《春游》《送别》等。晚年出版有《清凉歌集》。李叔同培养了一批优秀艺术人才，并独立编辑出版了我国最早的音乐刊物《音乐小杂志》。

4. 黄自(安徽师大2018年研；青岛大学2014年研；中传2013年研)

答：黄自是作曲家、音乐教育家。其贡献主要表现在音乐教育、音乐创作和音乐理论三个方面。音乐教育方面，他的许多音乐理论课程在中国属第一次开设，培养出了一批专业作曲人才；音乐创作成果丰硕，体裁、题材广泛，代表作品有歌曲《旗正飘飘》《玫瑰三愿》，清唱剧《长恨歌》以及器乐作品《怀旧》等，风格典雅精致、旋律简洁流畅、结构工整严谨；音乐理论方面有论著《和声学》、论文《怎样才可产生吾国民族音乐》以及多部音乐教材留世。

5. 刘天华(绍兴文理学院2020年研；青岛大学2017年研；山东大学2016年研；杭州师大2013年研；温州大学2013年研；南航2012年研)

答：刘天华是中国近代作曲家、演奏家、音乐教育家，与诗人刘半农、音乐家刘北茂是兄弟。刘天华的音乐创作成就主要在民族乐曲方面，作品有二胡独奏曲《病中吟》《光明行》等10首及二胡练习曲47首，琵琶独奏曲《歌舞引》《改进操》《虚籁》及琵琶练习曲15首，民族器乐合奏曲《变体新水令》，记录《梅兰芳歌曲谱》，搜集《安次县吵子会乐谱》《佛曲谱》。刘天华是近代二胡音乐的奠基人，对近代中国民族音乐的发展做出了重要贡献。

6. 萧友梅的《问》(沈阳师大2014年研)

答：参见本章考点难点归纳相关内容。

7. 《教我如何不想他》(湖南师大2019年研；杭州师大2018、2014年研；聊城大学2015、2014年研)

答：参见本章考点难点归纳相关内容。

8. 《南泥湾》(华南理工2015年研)

答：参见本章考点难点归纳相关内容。

9. 《黄河大合唱》(中传2020年研；绍兴文理学院2020年研；南艺2016年研；杭州师大2012年研)

答：《黄河大合唱》是由光未然作词，冼星海作曲的大型声乐套曲，是近代大型合唱音乐取得较高艺术成就、享誉中外的里程碑式的杰作。《黄河大合唱》创作于中国抗日战争时期的1939年春天，同年4月13日首演于延安陕北公学大礼堂，引起了巨大反响，迅速唱响全国。《黄河大合唱》全曲由序曲和八个乐章共同组成，各乐章之间既相互独立又相互联系，使得音乐在发展的过程中具有一种内在的统一性。作品中还加入了朗诵和乐队伴奏的表演形式，丰富了乐曲的艺术感染力。乐曲以民间音调为基本素材，在创作上又借鉴了西方多声部音乐的创作手法，既增加了乐曲的民族特性，又使得作品具有鲜明的时代特征，为之后的合唱创作奠定了坚实的基础。

10. 贺绿汀(山东大学2016年研；南航2014、2012年研)

答：贺绿汀是当代著名作曲家、音乐教育家。1927年创作的《暴动歌》是我国最早的工农群众歌曲。1934年以《牧童短笛》一曲获得了齐尔品“征求中国风味的钢琴曲”比赛的头奖，开中国风格钢琴曲之先河。他共创作了3部大合唱，24首合唱曲，6首钢琴曲，6首管弦乐曲，10多部电影音乐等众多音乐作品，出版有《贺绿汀音乐论文选集》。抗日战争爆发后，创作的《游击队歌》《嘉陵江上》等抗日题材歌曲广为流传。

11. 钢琴曲《牧童短笛》

相关试题：牧童短笛(湖南师大2019年研；四川轻化工2018年研；浙江师大2012年研)

答：参见本章考点难点归纳相关内容。

12. 国际歌(南艺2014年研)

答：《国际歌》是由欧仁·鲍狄埃在1871年作词，皮埃尔·狄盖特于1888年谱曲而成的歌曲。《国际歌》曾是第一国际和第二国际的会歌，20世纪20年代，苏联以《国际歌》为国歌，并在1944年把《国际歌》

作为联共(布)(1952 年改名苏联共产党)党歌。1920 年中国首次出现由瞿秋白译成的中文版《国际歌》。1923 年由萧三在莫斯科根据俄文转译、由陈乔年配唱的《国际歌》开始在中国传唱。

13. 《马太受难乐》(宁夏大学 2017 年研)

相关试题：马太受难曲(首都师大 2017 年研；四川师大 2010 年研)

答：参见本章考点难点归纳相关内容。

14. 莫扎特(人大 2025 年研；青岛大学 2010 年研)

答：参见本章考点难点归纳相关内容。

15. 舒伯特(中传 2020 年研；湖南师大 2019 年研)

答：参见本章考点难点归纳相关内容。

16. 《弄臣》(华南理工 2014 年研)

答：参见本章考点难点归纳相关内容。

17. 柴可夫斯基(中传 2020 年研；安徽师大 2018 年研；四川师大 2016 年研；杭州师大 2014 年研)

答：参见本章考点难点归纳相关内容。

18. 肖斯塔科维奇(扬州大学 2017 年研；青岛大学 2014 年研)

答：参见本章考点难点归纳相关内容。

19. 《幻想交响曲》(青岛大学 2016 年研；华南理工 2015 年研)

答：参见本章考点难点归纳相关内容。

20. 舒曼(聊城大学 2017 年研)

答：参见本章考点难点归纳相关内容。

21. 强力集团(上海师大 2021 年研；广西民大 2017 年研；南航 2016 年研；赣南师大 2014 年研；温州大学 2014 年研；山东师大 2012 年研)

答：“强力集团”的名称来源于文艺评论家、艺术史家符·瓦·斯塔索夫的一篇题为《巴拉基列夫先生的斯拉夫音乐会》的文章，其中称以巴拉基列夫为首的作曲家小组为“强有力的小团体”。这五个不同职业、不同年龄的人除在思想和创作上有共性外，每个人又有各自的个性和独特的贡献。“强力集团”成员们的创作突出历史题材和神话传说，更注重采用农村民歌素材，同时喜欢吸取“异族情调”来丰富俄国音乐。他们的音乐风格较为纯朴粗犷。

三、简答题

1. 试论冼星海的音乐创作。(山东师大 2013 年研)

相关试题：

(1)简要介绍冼星海的创作领域及音乐作品。(河南师大 2010 年研)

(2)简述冼星海声乐创作的艺术成就及其历史意义。(温州大学 2013 年研)

答：(1)冼星海是我国近代音乐史上一位多产的作曲家，他一生创作了二百多首群众歌曲，四部大合唱，两部歌剧(其中一部未完成)，两部交响乐，四部交响组曲，一部交响诗(钢琴谱)，一部大型管弦乐曲，以及许多器乐独奏、重奏和声乐独唱曲。他完成了有关《黄河大合唱》的修订和《民族解放交响乐》(即《第一交响乐》)、《神圣之战》(即《第二交响乐》)，管弦乐组曲《后方》《牧马词》《敕勒歌》《满江红》，交响诗《阿曼该尔达》，管弦乐《中国狂想曲》等作品的创作。

(2)音乐创作。

①代表作品。

a. 群众歌曲。富于号召性的、雄伟的群众歌曲有《救国军歌》《青年进行曲》《到敌人后方去》等，节奏鲜明有力，旋律宽阔而富有棱角，表现了人民群众坚决果敢的气势和激昂慷慨的情绪；抒情性与战斗性相结合的群众歌曲有《茫茫的西伯利亚》《在太行山上》等，通过抒情性的音乐，生动地反映了群众战斗生活的一些侧面以及他们丰富的内心世界。

b. 抒情性独唱曲。抒情性独唱曲有《夜半歌声》《黄河之恋》《战时催眠曲》《江南三月》等。最为鲜明地显露出冼星海的艺术创作才能，也真挚地表达了他对人民的热爱、对革命斗争的关切，以及对生活、时代的深刻感受。这些作品大多数是为舞台剧或电影所写的插曲，形式结构较复杂，并且富于悠长宽广、热情奔放的旋律和舒展和缓的节奏。

c. 套曲。以《生产运动大合唱》和《黄河大合唱》为代表。

d. 器乐作品。将创作题材的现实性和思想感情的革命性、形象塑造的标题性和形象性、作品音乐风格的民族性和群众性紧密结合，体现了冼星海在这一领域的积极探索。

②音乐理论主张。

a. 将重振中国作为音乐学习与音乐教育的目的，并提出“普遍音乐”的主张。

b. 高度评价聂耳等人所开辟的革命音乐道路的重大意义。

c. 强调学习民族音乐的重大意义。

(3)艺术成就。冼星海被誉为“人民音乐家”。一生创作了数百首歌曲，多部大合唱，歌剧，交响乐、管弦乐曲，以及多首小提琴、钢琴等乐器、重奏作品。他是中国近代音乐史上有重大影响的、多产的作曲家，而且在声乐创作中也是成功率较高的作曲家。他善于运用多种表现手法，广泛的体裁形式，具有号召性的旋律，鲜明而有力的节奏及简练的音乐结构来塑造各样的音乐形象，从而形成他独特的艺术风格。《黄河大合唱》是冼星海音乐创作中最突出、影响最广泛的一部代表作，以朗诵词和乐队音乐加以贯串，各个乐章在内容、形象、主题、表演形式等方面既相对独立又相互联系，整个套曲音乐的发展具有非常严密的内在统一性。它的音乐吸收了民间劳动号子、民间对唱的音调和形式特点，又借鉴了西方近代多声部合唱技术，使音乐既有中国传统音乐的风韵，又有新时代特征，同时还具有史诗性和交响性，这种具有民族风格、中国气派和时代特征的大合唱形式，对后来的中国大型合唱创作产生了深远的影响。

2. 简述舒伯特的音乐创作史。(南艺2016年研)

答：舒伯特的音乐创作史可分为以下三个阶段：

(1)探索时期(1815～1818)。舒伯特早期的作品，受到了古典时期奏鸣曲风格的影响，节奏简洁、旋律线条清晰明亮，没有使用过于复杂的音乐织体，音乐表达中也没有较为明显的力度变化。如果将古典时期的奏鸣曲看作是一位思维清晰明朗的“哲学家”，那舒伯特的奏鸣曲则是一位具有幻想抒情气质的“诗人”。

(2)成熟时期(1823～1826)。这一时期，舒伯特的创作趋于成熟，专注于器乐、大型交响曲及钢琴奏鸣曲的创作。就其钢琴奏鸣曲这一体裁而言，在这一时期的创作中，无论从规模上还是奏鸣曲本身的创作风格上，都和他早期作品截然不同。这一时期的作品拥有更加完整的结构，在整体创作手法上也趋于成熟，旋律刚柔并济，形成了他所特有的作品风格。

(3)巅峰时期(1828)。在舒伯特巅峰时期的创作中，他的创作思想显示出了更加成熟的一面。这种成熟无论从作品的内容还是艺术表现上都有所体现。就钢琴作品而言，无论从技巧还是情感表达方面，比起早期的创作都有了重大、突出的发展。也是从这时开始，在舒伯特创作中最早出现了浪漫主义音乐所特有的音乐元素、音乐形象和音乐风格。在情感表现上，自由地展现了其独特的艺术抒情的特点；音乐节奏上，较之前的作品节奏变化更加丰富，节奏的运用也更加巧妙；旋律上突出抒情优美的特点，作品充满无限韵味。

3. 简述舒曼(1810—1856)与音乐创作。

相关试题:

(1)简要回答舒曼音乐评论的基本特点。(湖南师大 2017 年研)

(2)舒曼的音乐评论。(燕山大学 2015 年研)

答:舒曼是德国作曲家、音乐评论家，是19世纪上半叶浪漫主义音乐家的突出人物。他的艺术创作深刻地反映出德国浪漫主义的优点和弱点，涵盖了交响曲、协奏曲、室内乐等音乐形式，其中钢琴、艺术歌曲的成就最为突出。在舒曼的钢琴音乐中，钢琴套曲具有十分重要的地位。

(1)钢琴套曲。有《童年情景》《狂欢节》《蝴蝶》等。舒曼最著名的钢琴作品《狂欢节》和《童年情景》，充满了激情的旋律，以及在当时很长一段时间内无人超越的“新颖的和声和有力的节奏”。《狂欢节》是舒曼所创作的钢琴组曲，其中包含21首乐曲，内容特指舒曼脑中虚构的组织“大卫同盟”，在与庸俗音乐家的斗争中取得了最后的胜利。最后一首乐曲名为《大卫同盟向凡夫俗子开战》。本曲具有相当重要的历史意义，它的问世，在当时不仅仅标志着一种崭新的“浪漫主义钢琴曲”的出现，更表现出作者在艺术方面勇于革新的批判精神。

(2)艺术歌曲。舒曼是一个重要的艺术歌曲作者，他的艺术歌曲较之舒伯特显得内在含蓄，注重心理刻画，代表作有声乐套曲《桃金娘》《诗人之恋》等。除了创作以外，舒曼还是一个重要的音乐批评家，他自己创办了刊物《新音乐杂志》用以发表评论文章，对当时历史背景下的庸俗音乐风气进行了大力批判，并对肖邦、布拉姆斯、柏辽兹等进步音乐家进行了赞扬。

4. 简述李斯特(1811—1886)与音乐创作。

相关试题:

(1)李斯特的音乐创作简述。(湖南师大 2018 年研)

(2)李斯特的交响诗创作。(首都师大 2017 年研)

(3)肖邦和李斯特对19世纪浪漫主义钢琴音乐做出的贡献。(论述题，河北大学 2020 年研)

答:李斯特是匈牙利著名作曲家、钢琴家、指挥家，伟大的浪漫主义大师，是浪漫主义前期最杰出的代表人物之一。李斯特自幼便已展现出他的音乐天赋，贝多芬对他也十分赞赏。李斯特在19世纪50年代之前，常以钢琴演奏家的身份在欧洲各大城市进行巡演，他的演奏技巧高超，情感丰富，深受听者的欢迎与喜爱。19世纪末在魏玛定居后，李斯特开始专注于音乐创作。

(1)器乐作品。李斯特的创作以钢琴和管弦乐作品为主，他创作的《钢琴超级练习曲》《帕格尼尼练习曲》《匈牙利狂想曲》等作品都具有华丽的艺术效果，并能够充分展示出钢琴演奏者的超高技巧。此外，李斯特还首创了交响诗这一管弦乐体裁，并创作了多首交响诗作品，如《前奏曲》《塔索》《玛捷帕》等都是经常演出的作品。还有两部交响诗性质的交响曲《但丁》和《浮士德》。19世纪50年代李斯特开始信仰宗教，这对他的音乐创作也产生了很大的影响，开始转为宗教题材的声乐合唱作品。

(2)作曲方面。李斯特主张标题音乐，创造了交响诗体裁，发展了自由转调的手法，为无调性音乐的诞生揭开了序幕，树立了与学院风气、市民风气相对立的浪漫主义原则。李斯特追求的是一种令人眩晕的、具有炫技特技的钢琴演奏风格：极快的速度、响亮的音量、辉煌的技巧、狂放的气势。这种辉煌浪漫、极富个性的钢琴演奏风格，令当时的人们为之陶醉，最终确立起欧洲钢琴演奏艺术史上影响最大的一个流派。李斯特将原来背朝听众的演奏位置变为侧面，使演奏家的情感与听众更易沟通，他与同在巴黎的肖邦一起将钢琴艺术推向前所未有的高度。

5. 简述瓦格纳(1813—1883)与音乐创作。

相关试题：

(1)瓦格纳的歌剧观点和他的音乐特点(主导动机、无终旋律、和声风格、歌剧结构、整体艺术五个方面)及其代表作(列举三部作品)。(燕山大学2015年研)

(2)瓦格纳歌剧改革措施及历史意义。(华南理工2014年研)

(3)瓦格纳的艺术贡献。(河南师大2018年研)

答：瓦格纳是德国歌剧作曲家，著名的古典音乐大师、指挥家、音乐理论家、文学家，被称为“19世纪音乐界奇才”。瓦格纳并未系统学习过音乐，早期创作的几首音乐作品也一直没有受到众人的关注。瓦格纳26岁创作的歌剧《黎恩济》是其成名作。1842年之后又创作了《漂泊的荷兰人》《唐豪塞》和《罗恩格林》三部极具浪漫主义风格的优秀歌剧。

(1)乐剧。

瓦格纳对传统歌剧的改革，在音乐发展的历史进程中具有十分重要的作用。瓦格纳将改革后的歌剧称为“乐剧”，强调在进行歌剧创作时，以戏剧为主，音乐为辅，主张歌剧应当是像具有综合性艺术性质的古希腊戏剧一样。《特里斯坦与依索尔德》《尼伯龙根的指环》等乐剧就是瓦格纳经过改革后创作的优秀作品。瓦格纳提出的歌剧改革理论，在音乐发展的历史进程中具有十分深远的影响。瓦格纳的戏剧取材于古代神话传统，把英雄人物当作象征，作为哲学的体现。他用音乐来表现被文明所压制的人类本性。他不写人物性格的戏，他试图以原始形式的观点来看待神话，把它看作一种观念、一种哲学、一种象征，这种抽象的象征是脱离人物性格的。

(2)音乐特征。

①通谱体。瓦格纳采用逻辑严密的通谱体方式写作，每一幕由常见的A A B或A B A式乐段构成，放弃传统以歌曲为单位的编号式写法，并采用“无终旋律”技巧，造成段落之间悬而未解的过渡，强化歌剧的交响化展开，力图使作品成为一个连续而严密有序的整体。

②无终旋律。瓦格纳本人在1860年写的《未来音乐》一文中提到：“音乐家使沉默变有声的可靠形式是‘无终旋律’，亦即‘旋律始终保持在必须不间断的潮流中’。”“旋律”在此也不同于一般概念，是指交响乐队产生的“音响流”，它与剧情的进展紧密结合，不断如“潮流”般涌出，而剧情就在“无终旋律”的潮流中推进，歌唱与交响乐、声乐与器乐形成“复调”，此起彼伏，音乐与戏剧融为一体。“无终旋律”的特征就是不间断性，为此音乐结构要始终保持开放和展开性，避免歌曲形式的封闭结构或段落感。瓦格纳经常使用的术语“不间断的旋律”就是此意。

③主导动机，是瓦格纳写作中的一个重要手法，即运用一系列短小的动机或主题代表特定的人物、事件、物体、地方、情感等，大都短小而凝练，贯穿在作品中。它可以根据剧情变化、发展和变形，以起到提示即将出现的事情或人物、建立联想、统一全曲等作用。在“乐剧”中，主导动机是“总体艺术作品”思想的产物，并为“总体艺术作品”服务，是“总体艺术”不可分割的要素。

④调性。瓦格纳发展了大小调体系，要求自由、脱离调性约束、脱离声部进行，脱离古典终止式及调性的决定曲式的诸要素。

四、论述题

1. 分析歌剧《白毛女》的艺术成就。

相关试题：

(1)论述歌剧《白毛女》的主要艺术成就及其历史影响。(山东师大2011年研)

(2)从中国现代音乐发展历程看新歌剧《白毛女》的诞生。(简答题，西南大学2012年研)

(3)论述新歌剧《白毛女》创作上的艺术成就。(华侨大学2015年研)

(4)论歌剧《白毛女》对中国民族歌剧创作的影响。(广西民大2016年研)

(5)歌剧《白毛女》讲述了一个什么故事?(河北大学2017年研)

(6)请分析作品《白毛女》和《红色娘子军》的时代背景与创作特点。(上戏2021年研)

答:《白毛女》为延安鲁迅艺术学院集体创作,1945年4月首演。该剧故事取材于晋察冀边区白毛仙姑的民间传说。音乐以民间音调为主,注重对人物的刻画,运用了西方歌剧的创作手法,音乐中穿插了独唱、伴唱、重唱与合唱,融合了歌唱、器乐、说白和表演等形式,是我国歌剧发展史上最具代表性的优秀作品。《白毛女》是我国的民族新歌剧的奠基石,它在群众艺术实践的基础上,继承了民间歌舞的传统,同时也借鉴我国古典戏曲和西洋歌剧,在秧歌剧基础上创造了新的民族形式,为创造新歌剧开辟了一条富有生命力的道路。

(1)音乐作品。《白毛女》运用了民歌、小调和地方戏曲的曲调,但它既不是民间小戏的扩大,也不是传统的板腔戏或宫调戏。它借鉴了西洋歌剧注重表现人物性格的处理方法,利用富有民族风味的音乐曲调来表现剧中人的性格特征。河北民歌《小白菜》原是封建社会中受后娘欺压的儿童歌谣,作者利用它表现喜儿在黄家受黄母压迫的情绪。由于调子比较幽怨,不适于表现喜儿在杨白劳抚爱下天真活泼的性格,作者们就选用河北民歌《青阳传》的比较欢快轻扬的曲调,谱写了"北风吹,雪花飘"。到了喜儿进山和在奶奶庙与黄世仁相遇时,为了表现她阶级仇恨的大爆发,采用了高亢激越的山西梆子的曲调。因此,《白毛女》的音乐既对表现人物性格起到重要作用,又为广大群众所熟悉、喜爱。

(2)歌剧表演。借鉴了古典戏曲的歌唱、吟诵、道白三者结合的传统。喜儿的出场就是用歌唱叙述了戏剧发生的特定情景:"爹出门去躲账整七天,三十晚上还没回还。"然后用独白向观众介绍了身世和家庭。其他人物,如杨白劳、黄世仁、穆仁智也都在出场时,通过歌唱作自我介绍,不少地方也用独白叙述事件过程。人物对话采用话剧的表现方法,同时注意学习戏曲中的道白。

在道白与歌唱的关系上,则运用歌唱来叙述事件、回忆历史、介绍人物、衬托气氛,并在感情需要爆发时,用来揭示人物的内心世界。由于转折比较自然,并不给人以话剧加唱的感觉。唱词有许多就是诗,而且颇有民歌特色。

2. 论述莫扎特的创作和艺术成就。

相关试题:

(1)莫扎特的歌剧创作。(扬州大学2017年研)

(2)简述莫扎特的艺术贡献。(聊城大学2016年研)

答:(1)莫扎特(Wolfgang Amadeus Mozart,1756—1791),奥地利作曲家。他是脱离教堂、宫廷,走入"自由音乐家"行列的先行者。

(2)代表作品。

莫扎特的创作几乎涉及音乐的所有领域:四十一首交响曲,二十多部歌剧,二十七首钢琴协奏曲,七首小提琴协奏曲,各种器乐协奏曲、奏鸣曲以及二十六首弦乐四重奏等。代表作分别为:

①歌剧:德语歌唱剧有《后宫诱逃》《魔笛》;意大利喜歌剧有《费加罗的婚礼》《唐璜》(或译《唐乔瓦尼》)《女人心》;意大利正歌剧有《伊多梅纽》等。

②交响曲:最后三部最突出,它们是《降E大调交响曲》(K. 543)、《g小调交响曲》(K. 550)和《C大调交响曲》(K. 551)。

③协奏曲:钢琴协奏曲中的《d小调协奏曲》(K. 466)、《c小调协奏曲》(K. 491);小提琴协奏曲中的《G大调协奏曲》(K. 216)、《D大调协奏曲》(K. 218)、《A大调协奏曲》(K. 219)以及《A大调单簧管协奏曲》(K. 622,1791年)等。

④室内乐:在二十六首弦乐四重奏中,最著名的是献给海顿的六首(K. 387,K. 421,K. 428,K. 458,K. 464,K. 465,1782~1785年);另外,《"哈夫纳"小夜曲》(K. 250)和《G大调弦乐小夜曲》也是著名作品。

⑤其他作品：较著名的有《A大调钢琴奏鸣曲》(K. 331)、《c小调弥撒》(K. 427)和他临终前创作的《安魂曲》。

(3)艺术成就。

①莫扎特对音乐的最大贡献体现在歌剧领域，他继承了格鲁克歌剧改革的思想，但又与格鲁克不同，主张“诗必须服从音乐”，以音乐至上的原则创造了一部部世人为之震撼的作品。他的《魔笛》为德国歌唱剧的发展奠定了坚实的基础，《费加罗的婚礼》成为喜歌剧史上具有里程碑意义的作品。

②协奏曲是莫扎特在歌剧以外成就最突出的一方面。他确立了18世纪古典协奏曲的结构范式，确定了第一乐章中“双呈示部”和“华彩段”的形式，并为当时几乎所有的乐器创作了杰出的协奏曲，为近代协奏曲的发展做出了重要贡献。

③完善了维也纳古典乐派奏鸣曲三个乐章的套曲形式。

④在交响乐中，强调奏鸣曲式中主、副部之间的强烈对比，加强展开部的不稳定因素，预示了后世交响乐发展的思路。

⑤创造了极富个性的音乐风格特征。他的音乐是自然的流露，从不矫揉造作，具有孩童般天真烂漫的性格，同时又表现出复杂多变的戏剧性特征，其晚期作品还加入了悲剧因素。他的音乐中所蕴含的特质，使他成为维也纳古典乐派三杰之一。

第二编　戏　剧

【知识框架（庖丁解牛）】

- 戏剧
  - 概述
    - 戏剧的定义、本质与由来
    - 戏剧的功能：审美、娱乐、教育、交流
    - 电影与其他艺术门类的联系
  - 戏剧的特性
    - “动作本质论”
    - 戏剧冲突
    - 戏剧情境
  - 戏剧的审美特征
    - 剧场性
    - 假定性
    - 戏剧性
    - 综合性
    - 作为综合艺术中心的表演艺术
  - 戏剧的体裁与戏剧创作的基本技巧
    - 戏剧体裁的演变
    - 悲剧：起源、人物与审美特点
    - 喜剧：起源、人物、笑与喜剧
    - 正剧：由来、特点
    - 戏剧创作的基本技巧：情节、戏剧结构与戏剧情境
  - 戏剧的发展历史
    - 欧美戏剧：古希腊戏剧、中世纪宗教戏剧、文艺复兴戏剧、古典主义戏剧、启蒙主义戏剧、浪漫主义戏剧、现实主义戏剧、现代派戏剧、美国戏剧、现代西方演剧学派
    - 中国话剧：发展历程、近现代戏剧、当代戏剧、经典作家作品

第1章　概　述

2.1.1　复习笔记

【通关提要（提纲挈领）】

本章主要论述了戏剧的定义以及戏剧的功能。本章考点以简答题为主，在学习时，需重点把握戏剧的含义以及特点，掌握戏剧的四种功能，了解戏剧与其他艺术的关系。

【考点难点归纳(厚积薄发)】

考点一：戏剧的定义、本质与魅力(见表2-1-1) ★★★

表2-1-1 戏剧的定义、本质与魅力

要点	具体内容
定义	指以语言、动作、舞蹈、音乐、木偶等形式达到叙事目的的舞台表演艺术的总称。文学上的戏剧概念是指为戏剧表演所创作的脚本，即剧本。戏剧的表演形式多种多样，常见的包括话剧、歌剧、舞剧、音乐剧、木偶戏、皮影戏等。戏剧是由演员扮演角色在舞台上当众表演故事的一种综合艺术
本质	戏剧是用动作模仿人的行动，亚里士多德将戏剧本质概括为： ①“用动作来表达”，指演员的表演艺术，它已涉及戏剧艺术的本体。 ②把“人的行动”作为模仿的对象，指明了戏剧作品内容的特点。 ③戏剧用“动作”模仿人的行动，这是从表现手段这一角度界定戏剧的特性
“话剧”的定名	20世纪20年代末，戏剧家洪深将传入中国的西方戏剧命名为“话剧”，并将话剧与中国注重程式化表达的戏曲作区分
戏剧艺术的魅力	戏剧不变的性质是演员与观众共同处在剧场中，通过演员的肢体动作、语言、表情等手段来扮演人物和故事中的角色，由此演员与观众之间、观众与观众之间形成的独特的情感交流方式，这就是戏剧艺术的魅力，也使戏剧成为不可替代的艺术

考点二：戏剧的功能(见表2-1-2) ★★★★

表2-1-2 戏剧的功能

要点	具体内容
审美功能	原始戏剧从宗教活动、战争及劳动中诞生，其“戏剧”表演的形式为侍奉神、取悦神以及表现出对神的尊敬，具有“娱神”的实用功能。戏剧表演包括舞蹈、歌唱、吟诵、表演、对称的形式美，以及用故事的形式来表现神的命运和仪式感等。发展到后期，戏剧的宗教功能逐步减弱，最终成为一门独立的艺术，具有更纯粹的美感
娱乐功能	中世纪晚期，资产阶级人文主义的兴起，导致了压抑人性的说教性戏剧的衰弱。受人文主义的影响，戏剧的视觉性和娱乐性变得越来越重要。文艺复兴时期的莎士比亚戏剧充斥着如复仇、三角恋、篡位等戏剧噱头，情节生动丰富，跌宕起伏，扣人心弦，增强了戏剧的娱乐性
教育功能	戏剧成为一种独立的艺术形式后，仍然保留着教化或教育的功能。戏剧通过对历史生活或人类复杂命运特性的模拟，给人们带来审美愉悦、启迪和教化
交流功能	戏剧交流的效果比任何语言和抽象的说教都更有效。由于其独特的艺术形象和深刻的表达，莎士比亚的戏剧已经超越了民族与时代，引发了人类的思想和情感共鸣
关系	戏剧的四种功能相互作用、相互渗透

【考点拓展】佛教戏剧

佛教戏剧是表演佛教内容、叙述佛教故事并展现人物冲突的一种宗教艺术形式。起源于天竺，主要吸收了古典梵剧的体例，又借鉴了古希腊戏剧的因素，形成了以佛教为内容，集歌、舞、宾白等表演形式于一体的综合性戏剧艺术。佛教十分重视戏剧表演的作用，如唐一行《大日经义释》卷六云："一一歌咏，皆是真言；一一舞戏，无非密印。"佛教戏剧著录于佛典的甚少，今之所见者，多散记于游记、笔记及中国戏剧作品。汉文典籍中最早记载天竺佛教戏剧情况的是东晋名僧法显所著的长篇游记《佛国记》。据载，法显于天竺摩头罗国"安居"一月后的大法会上，观看了表演舍利弗、大目连、大迦叶等"诣佛求出家"故事的三个佛教戏剧。唐义净《南海寄归内法传》卷四载有"戒日王取乘云菩萨以身代龙之事"的戏剧《龙喜记》。天竺、西域佛教戏剧在中国史书中多归入"杂戏"。《隋书·音乐志上》谓："大抵散乐、杂戏多幻术，皆出西域。"郑樵《通志》著录《梵竺四曲》为：《舍利弗》《摩多楼子(目犍连)》《法寿乐》《阿那瑰》。《舍利弗》中有李白词，《摩多楼子》中有李白、李贺词。

考点三：戏剧与其他艺术的区别(见表2-1-3) ★★★

表2-1-3 戏剧与其他艺术的区别

要点	具体内容
是艺术把握世界的一种独特形式	戏剧是把握世界的一种独特的艺术形式，在史前时代也是对人与神并存世界的反映。它的本质是反映世界的形象和生命的运动，通过视听感官刺激来引起人们情感与思想波动
身临其境的仪式感	戏剧脱胎于宗教，至今仍保留着一种集体欣赏的仪式感。仪式感为戏剧带来神圣感，这是戏剧交流的重要方式，其他艺术难以拥有。在灯光的明暗互动、观众的反应、表演的神秘感下，剧场氛围产生了戏剧的独特魅力，并具有梦幻般的奇妙效果，这在其他艺术中也是罕见的美感

2.1.2 典型题(含考研真题)详解

一、填空题

戏剧表演艺术是在剧作家创造出来的(　　)的基础上而创造出(　　)与活生生的舞台人物形象艺术。

【答案】文学形象；有血有肉

【解析】戏剧表演艺术是演员在剧作家塑造的文学形象的基础上创造出有血有肉、鲜活的舞台人物形象的艺术。这种舞台人物形象，是由演员在塑造角色的舞台行动的过程中完成的。这个阶段的舞台人物形象的创造是否能被称为艺术，不仅在于他(她)是否为有血有肉、活生生的角色，还取决于演员所塑造出来的人物形象是否有审美价值，因为演员塑造舞台人物形象的目的不是为创造而创造，而是要通过自己所创造出来的舞台角色来反映生活、评价生活，尽可能地揭示生活的意义和哲理，动之以情、晓之以理，使观众从中领悟到生命的真谛，并且也要使其呈现出优美的艺术形象。戏剧表演艺术让观众从演员所创作出来的人物形象中获得对生活有益的启发，提高艺术修养，最终能获得审美满足。

二、简答题

简述戏剧的内涵和本质。

相关试题：简述为什么说戏剧学是古老又年轻的学科。(广州大学2022年研)

答：戏剧是舞台表演艺术的总称，也是由演员在舞台上扮演角色、当众表演故事的一种综合艺术。

(1)内涵。戏剧，指以语言、动作、舞蹈、音乐、木偶等形式达到叙事目的的舞台表演艺术的总称。文学上的戏剧概念是指为戏剧表演所创作的脚本，即剧本。戏剧的表演形式多种多样，常见的包括话剧、歌剧、舞剧、音乐剧、木偶戏、皮影戏等。

(2)本质。戏剧的本质是模仿表演，即戏剧是用动作模仿人的行动。亚里士多德将戏剧本质概括为：

①“用动作来表达”，指演员的表演艺术，它已涉及戏剧艺术的本体。在古代祭祀性的歌舞中，已包含着演员的摹拟性表演，而戏剧本身的形成过程，也是演员表演艺术逐步成熟并居于主导地位的过程。

②把“人的行动”作为模仿的对象，指明了戏剧作品内容的特点。《诗学》中的这一观点也被后世所接受，并列出一条定义：“戏剧是行动的艺术。”但这只是对戏剧作品对象的一种解释。戏剧与小说、抒情诗的不同在于：它是小说的客观性与抒情诗的主观性的调和，它的基本对象是主人公内心生活外现为行为的过程。现代戏剧的明显趋向是：作品内容的内心化，即人物内心生活深层的直接外现。

③戏剧用“动作”模仿人的行动，这是从表现手段这一角度界定戏剧的特性。按照亚里士多德的原意，“动作”主要是指演员的形体动作(外部动作)，它正是戏剧形成的基础。可是，即使在古希腊悲剧和喜剧中，形体动作也并不是唯一的手段，它还包含着大量的诗体对话。据此，有人又把戏剧的表现手段归之为动作与对话。中国戏曲中的唱段，往往也是辞藻华美、韵律铿锵的诗词歌赋。

三、论述题

结合实际，谈谈戏剧与其他艺术的关系。

答：戏剧是在舞台上由演员以对话和动作为主要表现手段，为观众当场表演的一门综合艺术，于20世纪初传入中国，由演员按照逼真的审美观念，在舞台上以说话和扮演人物故事表现人类生活的一种艺术形式。因此戏剧与其他艺术之间有着千丝万缕的关系，具体可分为：

(1)戏剧艺术与电影艺术。电影和戏剧都是具有综合性的艺术门类。它们同时具有时间和空间的特点与属性，可以在特定的时间内展示空间，也可以在空间的变换中表现时间。同时，二者都融合了绘画、雕塑、音乐等诸多传统艺术元素于一身，形成了自身的全新属性。但二者又存在一定的区别，主要表现为：

①基本元素不同：电影的基本元素是活动的影像；戏剧的基本元素是演员、舞台等实体。

②性质不同：电影是现代化产物；戏剧是古老艺术。电影是现代化科技催生的大众文化，艺术表现更加自由，传播更加快捷，受众面广，可以通过拷贝在各大影院发行放映。戏剧则是古老的现场表演艺术，表现能力和传播均受到一定限制，受众面小。

③关注点不同：电影关注的核心是导演和影像；戏剧依赖演员的语言动作。电影中导演的工作是第一位的，其关注的核心仍然是影像，他要保证观众看到的整个视觉要素的组合是其希望达到的影像效果。演员只是造就影像的重要手段，但不是核心，其表演必须自然真实，而场景、场面同样非常重要，因此，电影观众的注意力会因影片的种类不同而有所转移。戏剧则主要依赖演员的语言动作表现。演员的语言、形体动作成为观众欣赏戏剧的主要审美对象，表演是有固定的假定性和风格化色彩的。随着现代科技的发展进步，戏剧舞台上也出现了以画面、音响作为媒介的影像的电影艺术和多媒体技术，这也是戏剧和影视相互影响、相互渗透的趋势现象之一。

(2)戏剧艺术与戏曲艺术。戏剧与戏曲都是通过演员表演故事来反映历史或社会生活中的各种矛盾冲突的艺术。戏曲是中国传统的戏剧形式的总称。中国戏曲艺术，作为戏剧艺术的一个组成部分，既具有戏剧的共同特征，又因其独特的表现手段和独有的审美特征，而区别于其他戏剧形式。尤其是戏曲艺术深深植根于中华民族传统文化，具有鲜明的民族特色。它将表现审美意境作为最高的艺术追求，属于一种表现性的综合艺术，以其特有的艺术风格在世界戏剧艺术中独树一帜。二者的区别主要有：

①戏剧注重再现生活，舞台大多是写实和具象的，包括布景、化妆、灯光、效果、道具等都力求真实，创造出使观众仿佛身临其境的舞台气氛，在舞台上形象地展现出社会生活环境；戏曲则注重表现生活，戏曲的舞台美术基本上是写意和抽象的，戏曲的布景和道具都很简单，全凭演员的虚拟表演来表现，演员手中的一根马鞭，可以让观众想象到剧中人物正扬鞭策马，疾飞如奔，演员手中的一只船桨，仿佛使观众看到了大江中一叶扁舟正破浪前行。

②戏剧注重写实，戏曲注重写意。话剧艺术是一种建立在体验基础上的舞台表演艺术，演员对于角色

必须有深切的体验，不管是本色表演还是性格化表演，话剧演员都必须从客观现实生活中找到创造角色的依据，塑造出真实、生动的人物形象。戏曲艺术作为一种表现性艺术，将生活中的动作加以变形和夸张，形成戏曲表演艺术特有的唱、念、做、打的程式和手、眼、身、步的身段。

③戏剧的戏剧性冲突在特定的场景中表现，而且是用对话来表现行动；戏曲则要凭借剧中人物的唱、念、做、打等表现自己的感情和内心世界。戏剧动作带有更强的外在实体性，而戏曲在完成内心动作向外部动作转化的过程中，则更多地流连徘徊于内心活动之中，侧重于内在情感的尽情抒发，戏剧冲突多在内心活动中展开，并不过多地强调外在的面对面地进行，很多戏都在内心冲突最激烈的场合、情感抒发最浓烈的地方形成高潮。

(3)戏剧艺术与音乐艺术。音乐进入戏剧以后，成为戏剧这个综合艺术的一个有机部分，是一种新的音乐体裁。它在突出人物的感情、加强故事的戏剧性、渲染舞台的气氛方面起着特殊的作用。但另一方面，在融入戏剧以后，音乐的表现形式也发生了较大的变化。

当音乐融入戏剧作品后，地位便不仅仅服从于剧本，有时可以成为戏剧的主宰，因为在情感表达层面，音乐可以拓宽戏剧的表现力，具有超越语言表达的优势。根据情节需要，确定音乐的风格主题、音乐的性格特征、音乐布局和高潮的设置、音乐和戏剧语言音响等声音的有机结合和安排、每段音乐的起止情绪气氛以及舞台画面的关系。音乐作曲往往需要用大量音乐资料加以剪辑来改编成背景音乐，这需要熟悉和善用音乐资料，对把握音乐的长度和速度、协调舞台画面和配音的能力的要求也很高。在音乐进入电子化时代后，戏剧人需要对各种新颖乐器和电声乐队驾轻就熟，掌握其音响特点和表现特征。

第 2 章　戏剧的特性

2.2.1　复习笔记

【通关提要(提纲挈领)】

本章主要论述了戏剧的本质与戏剧的特性，重点强调了戏剧冲突和戏剧情境。本章考点以名词解释为主，在学习时，需要整体把握“动作本质论”的内涵，掌握戏剧冲突与戏剧情境的特点与地位。

【考点难点归纳(厚积薄发)】

考点一：“动作本质论”(见表 2－2－1)　★★★

表 2－2－1　“动作本质论”

要点	具体内容
内涵	戏剧通过演员在舞台上表演动作来塑造人物，展现真实的生活，动作是戏剧的本质，没有动作就没有戏剧
动作的分类	戏剧动作具有丰富的含义，包括台词、表演、内心动作与外部形体动作等，正如斯坦尼斯拉夫斯基所说：“连停顿都是一种动作，因为在舞台停顿的时候，人物的内心活动往往是最丰富的。”因此，在理解戏剧动作时，决不能片面化
特征	戏剧以动作为模仿人类命运的手段[其复杂性、丰富性需要容纳在具体的时空向度之中]，也涉及结构、情节、事件、矛盾纠葛等具体的时空载体。戏剧性的动作必须丰富多彩、千姿百态

考点二：戏剧冲突与戏剧情境(见表 2－2－2)　★★★★

表 2－2－2　戏剧冲突与戏剧情境

要点		具体内容
戏剧冲突	戏剧是对生活的提炼	戏剧和其他艺术一样，使生活变得高雅，而不是机械地复制生活。正如希区柯克所说：“戏剧是去掉了枯燥无味的时刻的生活。”在戏剧发展成熟的过程中，冲突被认为是表现人类命运的重要手段
	冲突与人物命运	戏剧冲突是表现人类命运、社会生活的重要手段。冲突是不可避免的结果，一系列戏剧矛盾酝酿发展可以逆转主角的命运，给观众极大的情感冲击，并最大程度地引起观众对舞台人物的喜好或憎恶，甚至与其同呼吸共命运
戏剧情境	人物关系与情境	情境是戏剧的重要特征，指几个人因利益、目的、性格等冲突形成的复杂关系，并由此形成的关系网。戏剧通过表现人物之间的各种关系来寻求人类命运的本质，人物的命运在这一过程中变得具体化和形象化。戏剧情境是对矛盾的人物关系及其在戏剧中的作用的概括性描述

续表

要点	具体内容	
戏剧情境	外来事件、矛盾冲突与情境	戏剧情境的变化需要借助外部事件来进行推动或催化

【考点拓展】戏剧冲突的表现方式

戏剧冲突在作品中的表现方式是多种多样的。可能表现为某一人物与其他人物之间的冲突，有人把这种方式称为外部冲突；也可能表现为人物自身的内心冲突，有人把它称为内部冲突。戏剧冲突的这两种方式，有时各自单独展开，有时则交错在一起，相互作用，互为因果；还可能表现为人同自然环境或社会环境之间的冲突，这种冲突也需要戏剧化。

有些剧本在表现主人公同社会环境的冲突时，往往把环境"人化"，即把社会环境戏剧化为主人公与其他人物之间的冲突。如《哈姆雷特》中主人公面对的社会环境是一座"牢狱"，而克劳迪斯及其周围的朝臣恰恰是社会环境的人化。另外在有些剧作中，社会环境往往成为对人物发生影响的背景，给主人公造成一种外在的压迫感。

2.2.2 典型题(含考研真题)详解

一、填空题

1. 戏剧的三要素是(　　)；四要素是(　　)。

【答案】演员、剧本、观众；演员、剧本、观众、剧场

【解析】戏剧，指以语言、动作、舞蹈、音乐、木偶等形式达到叙事目的的舞台表演艺术的总称。文学上的戏剧概念是指为戏剧表演所创作的脚本，即剧本。戏剧的表演形式多种多样，常见的包括话剧、歌剧、舞剧、音乐剧、木偶戏、皮影戏等。戏剧是由演员扮演角色在舞台上当众表演故事的一种综合艺术。戏剧的三要素是演员、剧本、观众；四要素是演员、剧本、观众、剧场。

2. 戏剧的本质是(　　)。

【答案】动作

【解析】动作是戏剧的本质，没有动作就没有戏剧。亚里士多德在《诗学》中把动作作为戏剧的特殊表现手段。他指出：戏剧模仿的对象是行动，而模仿的方式则是动作。从表现的内容来说，戏剧是行动的艺术；从表现手段来说，戏剧是动作的艺术。正如亚里士多德所说，动作是支配戏剧的法律。

3. 黑格尔认为，(　　)是指若干人在一起因为性格、目的、利益的矛盾而发生这样那样的矛盾与冲突，并由此形成错综复杂的关系网。

【答案】情境

【解析】戏剧情境是戏剧作品的构成要素之一，是戏剧中用以表现主题的情节及境况。18 世纪法国的美学家、戏剧理论家 D. 狄德罗在提倡严肃剧时指出，在过去的喜剧中，性格是主要的对象。在严肃剧中，情境却应该成为主要的对象；黑格尔在其《美学》中对情境做了这样的定义：情境是指若干人在一起因为性格、目的、利益的矛盾而发生这样那样的矛盾与冲突，并由此形成错综复杂的关系网。

4. 关于"戏剧性"的学说包括：(　　)等。

【答案】动作说、冲突说、激变说、情境说

【解析】戏剧性指能够使观众在观赏戏剧时产生情感反应的戏剧技巧，如紧张、同情、担心、兴奋、愤怒、害怕、恐怖等。关于"戏剧性"的学说包括：动作说、冲突说、激变说、情境说等。

二、单项选择题

1. 戏剧人物有多种，处于全剧中心，代表冲突的主要方面，体现作者创作意图的是(　　)。

A. 线索人物　　B. 关系人物　　C. 冲突人物　　D. 正面人物

【答案】C

【解析】戏剧中有许多类型的人物，其中，冲突人物处于全剧中心，代表冲突的主要方面，人物冲突使人物的形象更加立体，情节更加跌宕起伏、引人入胜，促进了人物的刻画、戏剧主题的表达。

2. (　　)是戏剧冲突的主要形式。

A. 正面冲突　　B. 侧面冲突　　C. 心理冲突　　D. 矛盾冲突

【答案】A

【解析】戏剧冲突是一种表现人与人之间矛盾关系和人的内在矛盾的特殊艺术形式。其中，正面冲突是戏剧冲突的主要形式，它可以直接表现人与人之间的矛盾关系，向观众传递新的信息，促进故事情节的变化和发展。

三、名词解释

1. 创作素质

答：创作素质是指演员所具有的、能够去适应表演艺术创作需要的内部心理素质和外部形体(包括声音)可塑力的专业素质，从心理学与生理学的角度来看，实际上就是要求演员在心理与生理上能够适应表演艺术所提出的创作任务与表演艺术所具有的特点。斯坦尼斯拉夫斯基所说的“演员创作的有机天性”，从实质上说就是演员在创作时所应该具备的心理和形体素质。

2. 舞台调度

相关试题：场面调度(北师大2023年研；浙传2023年研；重庆大学2022年研；暨南大学2022年研；福建师大2022年研；武大2021年研；陕西师大2021年研)

答：舞台调度是指舞台行动的外部造型形式，又称场面调度，它是导演把各种戏剧动作及环境因素按照一定的审美原则组织起来，表现二度创作的立意构思，塑造舞台形象的艺术创作活动。它通过演员的体态、演员与演员以及演员与舞台景物之间的组合，通过演员在舞台上活动位置的安排与转换，或通过一组形体动作过程，构成艺术语汇，使舞台生活形体化、视觉化。舞台调度是剧本台词和舞台语言在视觉形象上的体现，是导演艺术的重要表现手段。

四、简答题

简述戏剧情境。

答：18世纪，法国戏剧家狄德罗在提倡正剧时指出：在过去的喜剧中，性格是主要的对象；在正剧中，情境却应该成为主要的对象。他认为，“人物性格要取决于情境”，情境比人物性格更重要。由此可见情境在戏剧创作中的重要性。黑格尔在他的《美学》一书中，也把“情境”作为艺术创作中的一个重要问题，并说：“发现情境是一项重要工作，对于艺术家往往也是一件难事。”戏剧情境是促成戏剧冲突爆发并向前推进的契机，是戏剧人物产生特有动作、完成性格自我表现的客观条件，是戏剧情节的基础。戏剧情境包括人物活动的具体环境、突发事件以及特定的人物关系等。一般来说，在诸种因素中，最重要的、最有活力的因素是人物关系。

(1)人物关系与情境。戏剧情境是对矛盾的人物关系及其在戏剧中的作用的概括描述。黑格尔曾对戏剧情境做过这样的界定：情境是指若干人在一起因为性格、目的、利益的矛盾而发生这样那样的矛盾与冲突，并由此形成错综复杂的关系网。这是戏剧的一种极其重要的特点。事实上，任何剧作家都在矛盾的人物关系之中来寻求人的命运本质，而人物的命运在这样的关系变化中具体化、形象化了。

(2)外来事件、矛盾冲突与情境。戏剧情境的变化通常是由外部事件驱动或催化的。例如，在《玩偶之家》中，柯洛克斯泰手中握有一张多年前娜拉的借款字据，使娜拉面临夫妻关系破裂的考验，最后，她的丈夫海尔茂暴露了自己冷酷无情的嘴脸，这导致冲突的爆发，娜拉出走。《雷雨》中周萍与繁漪的矛盾存在很长一段时间，但并不成为冲突，直到周萍为了摆脱繁漪决定离家去矿上，一向隐忍的繁漪也做出了阻止的决定，这导致两人之间的冲突。随着动作的强度越来越大，冲突变得更加尖锐。周萍要离家去矿上的情境是这场冲突的导火索，导致了紧张而尖锐的局势，迅速有力地推动人物动作的产生。多变的戏剧情境导致矛盾的接连发生直至爆发冲突。

五、论述题

试论戏剧动作的构成。

相关试题：戏剧动作(名词解释，武汉大学 2021 年研)

答：戏剧对于作家来说是语言的艺术，但对于导演和演员来说，是动作的艺术。构成戏剧动作的要素最主要地体现为形体动作、言语动作、心理动作甚至静止动作等。

(1)形体动作，是一种最普遍、最直接的动作，也最容易被观众所认知、接受和理解。戏剧的表现必然要依赖于形体动作，所以，无论是舞台剧还是影视剧，都离不开那些既富于形体动作又充满着精神内涵的场面。只有在富于动作性的场面中，演员的表演才华才能更好地得到发挥。

(2)语言动作，又称台词，是体现人物内心动作的形式，也是戏剧动作的基本形式。言语在戏剧中主要表现为台词，又称念白，包括对白、独白和旁白。念白作为戏剧的基本表现形式之一，本身就是戏剧动作的一部分。在剧本中，对话的作用，绝不只是向观众交代已经发生的事情，叙述已经发展了的情节，它是人与人之间相互的动作，是内心相互的交锋。语言作为戏剧动作的一部分，具有戏剧性的同时还必须具备以下要求：①无论是对白、独白还是旁白，都必须蕴含丰富的心理内容，即要有“潜台词”；②言语需要推动剧情的发展，展示人物关系的变化。

(3)静止动作。静止之所以能成为戏剧动作的一个重要方面，而且在现代戏剧中越来越为人们所关注，原因就在于戏剧经常通过人物沉思默想和对话的“停顿”等静态来体现人物丰富、复杂的内心世界。

(4)内心动作，包括人物的思想活动、感情活动以及其他心理活动的内容。其本身并不具有直观性，如果不赋予它以某种直观的外现方式，观众将难以领会。因此形体动作、语言动作、静止动作等都是内心动作的外现方式，而思想、感情及其他心理活动，正是这些动作成分的心理内涵。缺少心理内涵的直观动作不具有戏剧性。

在上述戏剧动作的表现中，除了包括对话、独白、旁白及解说之类的语言之外，各种非语言的自然音响、人声以及音乐等，也在各类戏剧中得到广泛应用，成为戏剧艺术表现的重要因素之一。现代戏剧提供了一些新的动作成分，其中最有表现力的是音响。音响在戏剧中是动作的辅助成分，或用以再现动作的环境，或用以烘托人物的内心情绪。西方现代戏剧从梅特林克到契诃夫、奥尼尔以至荒诞派，中国现代话剧如曹禺、老舍的剧作中都擅长运用一些无言的音响来强化戏剧动作的表现，甚至使其成为戏剧动作的一部分。

第3章　戏剧的审美特征

2.3.1　复习笔记

【通关提要(提纲挈领)】

本章为本编重点章节之一，主要论述了戏剧的四个审美特征，即剧场性、假定性、戏剧性和综合性，还讲述了作为综合艺术中心的表演艺术。本章考点以名词解释及简答题为主，在学习时，需重点掌握戏剧的审美特征以及每个审美特征的具体表现。

【考点难点归纳(厚积薄发)】

考点：戏剧的审美特征(见表2－3－1)　★★★★

表2－3－1　戏剧的审美特征

要点	具体内容	
剧场性	物理时空的直观性	剧场性是戏剧中重要的审美规定性，假定性和戏剧性是在此基础上产生的。剧场性，即观演空间，由舞台和观众席共同构成，主要体现在戏剧的叙事规律上，形成了戏剧赖以生存的交流关系，制约着戏剧的审美表现
	心理时空的无限性	戏剧的演出时间不应超过观众的心理和生理承受范围，因此，戏剧家利用假定性为前提，展现戏剧世界中无限的人生，避免观众在观演过程中产生心理及生理上的极限的挑战
	戏剧性维持观演关系	戏剧技巧可以巧妙地将戏剧的时空局限转变为假定性和戏剧性的审美原则，提高戏剧性的技巧是对舞台表现深入探索的结果
假定性	观演之间的互相暗示与默契	①戏剧的剧场性决定其假定性。在剧场性中，观演双方互为彼此的主体和客体，而假定性使演员和观众沉浸在表演中。这种观众与表演之间的微妙的观演关系体现出，戏剧是一种对现实的模仿，而不是真的现实。 ②假定舞台是通过演员与舞台综合元素的共同作用和观众的假定性认知，使具体剧情可以暗示一定的时间地点。在观众和演员的共同创作中展示一个完整的世界
	变局限为优势	假定性既能使戏剧克服时间和空间的限制，又能营造一种舞台的真实感，使观演双方都能充分发挥艺术想象力，为他们提供一个无限的展示舞台
	假定——想象与真实	假定性美学原则和戏剧性技巧的运用使戏剧家们的戏剧演出能够通过观和演之间的一致性，达到一种默契
戏剧性	戏剧性与戏剧技巧	戏剧性指通过一系列技巧与手段，诱导和促使观众产生各种情感反应和效果。其根本目的是通过增加戏剧的吸引力和趣味性，使观众感受到戏剧的魅力，激发观众的理性思考

续表

要点	具体内容	
戏剧性	技巧应为内容服务	在戏剧中，要注意戏剧技巧，但不能为技巧而技巧。戏剧技巧应该服务于内容，而不是为了技巧而刻意炫耀
综合性	时空——视听综合	戏剧是时空——视听综合艺术。它需要在相应时空的综合运行过程中，通过戏剧动作、情节及故事的方式来表现人的命运发展及结局
	审美手段与表现元素的综合	戏剧审美表现的手段是综合性的，包含文学、表演、服装、化妆、音乐、布景等各种审美要素
	直观与想象的综合	戏剧演出是一门无法复制的艺术，即便是相同的剧目，演员在不同的时段演出也会有差异，这就增加了戏剧的神秘性。戏剧这种直观性的视听艺术，往往在舞台上有着梦幻色彩，结合想象，创造无穷的想象空间
作为综合艺术中心的表演艺术	鲜明的综合艺术特点	剧本是文学，结合舞台美术、服装、化妆、道具、灯光、音乐等就变成了一门迷人而丰富多彩的艺术
	作为综合艺术中心的演员艺术	演员的表演是戏剧艺术的中心，演员用各种动作及其系列性来模拟和再现人类的生活和命运。戏剧是综合艺术，也是辩证的统一体，其核心是表演艺术。只要有观演，戏剧就可以存在

【考点拓展】幻觉与幻觉性

幻觉与幻觉性是两个不同层面上的极易忽视的概念范畴。幻觉的行为主体是观众，是观众在欣赏戏剧中形成的一种特殊形态的艺术心理活动；而戏剧幻觉性的行为主体是整个戏剧活动，它是指戏剧演出的一种效果。与剧场性类似，可将幻觉性分为积极性幻觉性和消极性幻觉性。

2.3.2 典型题（含考研真题）详解

一、填空题

形体性动作和言语动作都是为完成（ ）的（ ）服务的。

【答案】人物；心理任务

【解析】演员在进行心理行动时，依靠的手段是形体性动作（表情性的动作）和言语动作，因此，人们往往说形体性动作和言语动作是演员表演时的两个支柱。形体性动作和言语动作都是为完成人物的心理任务服务的。当你要责备一个人时，你可以用谴责的目光去注视他，同时摇摇头来表示你的不满；也可以说："你不该这样做！"前者就是形体动作或表情性的动作，而后者则是言语动作。有时可以同时运用这两种动作来完成一个心理任务。

二、名词解释

1. 本色表演

答：本色表演是电影表演的一种类型，与性格表演相对应。一个演员不论扮演何种性格的角色，都按他（她）本人的个性、条件、素质、特点来进行表演，也可以说是演员自我的直白体现。在不同的影片中，扮演的银幕形象大致都接近于演员本人的生活，比较真实和自然，符合电影特性的要求并为观众所接受，但往往只能表现单一的银幕形象，难以通过表演去创造不同的性格。类似表达还有"本色妆""英雄本色"等。

2. 性格表演

答：性格表演是指着重体现角色性格特征的表演。演员根据人物进行各不相似的形象创造，在创造中抑制或改变自己，甚至在人物身上难以看到演员自身的个性、气质、体态等，呈现出各种不似演员自己的、性格各异的形象，很好地展现了形象是"演员——角色"的矛盾统一体，这种表演称为性格表演。

3. 内心独白（中传 2015 年研）

答：内心独白是指演员的自思、自语等内心活动，是戏剧、电影表演的技巧术语。演员在角色沉默、思考及同对手交流时，通过内心表白揭示人物隐秘的内心世界，充分地展示演员的思想、性格，使观众更深刻地理解演员的思想感情和精神面貌内部无声言语的过程。

三、简答题

简述三一律动的创作法则。（南艺 2014 年研）

相关试题：三一律（名词解释，上海大学 2022 年研；北师大 2021 年研；中国电影资料馆 2021 年研；河南师大 2013 年研）

答："三一律"是西方戏剧结构理论之一，又称"三整一律"。它是一种关于戏剧结构的规则，先由文艺复兴时期意大利戏剧理论家琴提奥约于 1554 年提出，后由法国新古典主义戏剧家确定和推行。

(1) 创作要求。"三一律"要求戏剧创作在时间、地点和情节三者之间保持一致性，即要求一出戏所叙述的故事发生在一天（一昼夜）之内，地点在一个场景，情节服从于一个主题。"三一律"作为古典主义戏剧的一条固定法则，对剧本创作是一种严重的束缚，它最终被打破是势在必行。作为戏剧结构的一种形式，它可以使剧本结构更趋集中、严谨，一些剧作家运用它曾写出成功之作。

(2) 代表性作品。18 世纪后，特别是浪漫主义剧作家，一再攻击这一法规，其创作实践也已突破了这一法规。"三一律"是 17 世纪古典主义的产物，它是当时法国宫廷中的文人学者根据路易十四的政治意图而制订出来的，最后总结性地反映在古典主义理论家布瓦洛的《诗艺》中。

(3)"三一律"的实践。古典主义戏剧艺术的实践表明，"三一律"在政治上符合君主专制政体的要求，在艺术上既体现了时间和空间方面高度简练、紧凑、集中等优点，但又存在人物性格单一化、类型化，戏剧结构上绝对化、程式化等弱点，最终束缚了西方戏剧艺术的发展，为后人所摒弃。

四、论述题

小剧场戏剧的审美特点有哪些？

答：对于"何谓小剧场戏剧"这一戏剧本体论的争论，从小剧场戏剧在中国诞生的那一刻起就没有停止过。小剧场戏剧的特质是形式上的还是内容上的，或者二者兼而有之，直到如今，人们还未能达成共识。在以往的研究中，很多人都认为小剧场戏剧演出空间的"小"是其得以深入人心和达成与观众交流的关键因素，而对它是何以达到这种效果的原因却没有很好的解释。

(1) 物理空间。小剧场的"小"是相较于大剧场的"大"而言的，最早的定称是根据这个剧场的物理空间量度上进行区分的。小剧场戏剧把舞台和观众截然分隔的两个空间变成同一空间，打破了传统的观演关系，建立了一种具有交流性和对话性的新型平等观演关系。

"小剧场"的物理空间的特点，有助于戏剧对人的心灵世界的揭示。莱因哈特曾经说："我需要两个剧场：一个是小的室内剧场，专门排演隐秘的心理剧和现代剧作家的作品；另一个是大剧场，供演出古典剧目用。"英国导演彼得·布鲁克在解释波兰戏剧家格鲁托夫斯基进行小剧场戏剧实验时说："他追求最大限度地在最小的舞台空间凝视人的心灵生活。于是意识到，观众也应尽可能少一点。这样，他逐渐地得出结论：在众多的远离表演区坐着的观众面前，是不可能准确地展示人的情感的。"

(2) 在内容上，小剧场戏剧往往具有多义性和模糊性的特征。它不像传统的大剧场戏剧那样有清晰的故事线索、完整的故事情节、相对明白清楚的主题意义，而往往是以人的心理发展为线索，带有很强的跳跃性和多义的主题。这正是小剧场戏剧的魅力所在。艺术的“意义”是一个相当宽泛的概念。在特定意义上说，凡是“形式”之外的东西，都属于“意义”的范畴。“意义”分为许多层次和等级，人们通常说的“内容”属于意义，其余如“题材”“主题”“情感表现”“时代精神”等等，也都属于意义。

从客观方面或从多义性产生的先决条件看，小剧场戏剧本身具有能够唤起多种不同意义的特定刺激物。与以现实主义创作为鲜明特征的大剧场戏剧相比，它在舞台布景、服装、道具等方面都具有简约模糊、创新等特点，这种形式上的不明性和不确定性留给观众更为宽广的发挥想象的空间。不仅如此，题材选择上，与以讲故事为主要目的的传统大剧场戏剧不同，小剧场戏剧的创作者更乐于选择一些包含多种涵义的情节或题材。不可否认，有些情节和题材经过特定文化和社会环境的反复使用和雕琢而具有一种特有的能力，他们往往能唤起更多种类的含义。例如，历尽艰险困阻寻找某种根源的情节；克服重重障碍获得美满爱情的情节；类似灰姑娘的故事情节等。

此外，除了上述因素外，欣赏者所具有的对“多义性”的知觉概括和体验能力，在艺术欣赏过程中也不容忽视。这种能力表现在观赏者能否灵活地转变自己的观察点、能否从一种参照构架迅速转移到另一种参照构架，从而对当下观赏的戏剧的主题和意义做出中肯而又合乎实际的体味。

第4章　戏剧的体裁与戏剧创作的基本技巧

2.4.1　复习笔记

【通关提要(提纲挈领)】

本章主要论述了戏剧的体裁与戏剧创作的基本技巧，并详细讲述了戏剧的三种基本类型，即悲剧、喜剧和正剧。本章考点以名词解释为主。在学习时，需重点掌握戏剧的三种基本类型，特别是三种戏剧类型的含义、特点、代表人物与作品。

【考点难点归纳(厚积薄发)】

考点一：戏剧体裁的演变历程(见表2-4-1)　★★★

表2-4-1　戏剧体裁的演变历程

要点			具体内容
戏剧体裁的多样性	古代戏剧		体裁指不同类型的戏剧风格，它的概念产生于古希腊戏剧时期。亚里士多德将戏剧体裁分为悲剧和喜剧，并将悲剧划分为：复杂剧、苦难剧、性格剧、情景剧
	近现代戏剧		近现代戏剧热衷于在一出戏中混合多种类型的元素。例如，结合了爱情喜剧与悲剧因素的情节剧中，会将小丑与英雄放在一起，且英雄通常都需要小丑的帮助
戏剧体裁分类的复杂性	概述		自文艺复兴以来，传统的体裁分类界定方法已不再适用于戏剧的多样性，于是人们开始从流派或表演形式特点来命名除三分法[传统悲剧、喜剧、正剧]之外的其他风格类型
	常见分类	风格	悲剧、喜剧、正剧
		时期和流派	古典主义戏剧、荒诞主义戏剧、象征主义戏剧、存在主义戏剧和表现主义戏剧等近十种
		题材和表现内容	儿童剧、农村剧、历史剧、传记剧、军事剧等
		演出方式	广场剧、教堂戏剧、咖啡馆戏剧、环境戏剧等

【考点拓展】情景剧

情景剧，来自美国的一种轻喜剧。一般是室内戏，不用外景。早期一个人、几个人，在一个小戏园子里演，很多人坐那儿看，边看边演边笑，后来发明了电视，把笑声作为后期添上去，观摩笑声。《我爱我家》是情景剧在中国最初的实践，《家有儿女》系列则是情景剧的发展。随后情景剧逐渐发展壮大。

考点二：悲剧(见表2-4-2)　★★★★★

表2-4-2　悲　剧

要点	具体内容
起源	悲剧体裁起源于古希腊的宗教庆典，是由古希腊人创立的一种以艺术方式临摹现实悲剧的体裁形式之一。它是古老的，但又具有永恒的生命力

续表

要点	具体内容	
体裁类型学特征	①深刻的戏剧冲突。 ②主人公在历经磨难后理应得到善报，最终却毁灭或牺牲。 ③情节发展顺序是不可逆的。 ④悲剧的发展虽然给主人公造成了悲剧性的结果，但它肯定了崇高的人道主义的伦理审美价值和理想	
人物	概况	悲剧是人本性和社会认识的戏剧性体现，古典悲剧描述的是由于自身的错误判断或疏忽而造成悲剧后果的高尚人物
	在悲剧的英雄方面	对人为的破坏行为承担部分责任，断然否认这是英雄忍受和认识的一种品质
	在悲剧的反讽方面	悲剧强调的是罪恶的专断，而不是描述其与人类行为的不相称
审美特点	引发观众的怜悯之情是悲剧的目的，同时借此唤起人们高尚的情感，例如莎士比亚的《李尔王》	

考点三：喜剧(见表2－4－3) ★★★★

表2－4－3 喜 剧

要点	具体内容
概述	大众一般解作笑剧或笑片，以夸张的手法、巧妙的结构、诙谐的台词及对喜剧性格的刻画，从而引起人们对丑的、滑稽的嘲笑，对正常的人生和美好的理想予以肯定。基于描写对象和手法的不同，可分为讽刺喜剧、即兴喜剧、抒情喜剧、荒诞喜剧和闹剧等样式。内容可为带有讽刺及政治机智或才智的社会批判，或为纯粹的闹剧、喜剧或滑稽剧。喜剧冲突的解决一般比较轻快，往往以代表进步力量的主人公获得胜利或如愿以偿为结局
起源	喜剧大约在公元前6世纪至前5世纪出现，晚于悲剧，起源于古希腊祭祀酒神狄奥尼索斯时的表演[狂欢歌舞和民间滑稽戏]
人物	喜剧倾向于刻画比普通人更低的人物角色，他们身上通常集中普通人的性格缺陷或人格缺陷
笑与喜剧	喜剧的审美机理来源于笑，可以激发共鸣从而取悦观众。喜剧在其漫长的发展过程中出现了多种多样的形式，如讽刺喜剧、抒情喜剧、轻喜剧、意大利假面喜剧、黑色喜剧等

考点四：正剧(见表2－4－4) ★★★★

表2－4－4 正 剧

要点	具体内容	
由来	正剧出现于悲剧和喜剧之后，由狄德罗[法国启蒙思想家]提出，称它为“严肃的戏剧”“严肃喜剧”。由于正剧“介乎喜剧和悲剧之间”，又称“悲喜剧”	
特点	贴近普通人的日常生活	以往的悲剧通常只表现帝王将相，选取的题材与日常生活相距甚远，喜剧则表现地位卑贱的平民。而正剧的表现对象更为广泛
	表现更复杂丰富的性格与情感	包含悲剧的崇高和喜剧的滑稽，可以表现出更微妙、更复杂的情感
	具有道德的目的	正剧的要求与现实主义戏剧一致。在剧情和戏剧动作正常发展的前提下，要以情动人

考点五：戏剧创作的基本技巧(见表2－4－5)　★★★

表2－4－5　戏剧创作的基本技巧

<table>
<tr><th>要点</th><th colspan="2">具体内容</th></tr>
<tr><td>概述</td><td colspan="2">指运用戏剧的适当情节结构，按照戏剧的规律结合题材、组织事件、构建情境、结构场面、运用细节、安排冲突及刻画人物等</td></tr>
<tr><td rowspan="3">基本技巧</td><td>情节</td><td>①亚里士多德在谈及悲剧的六要素“情节、性格、思想、言语、唱段和戏景”时，将情节排在首位，他强调情节是对行动的模仿，是对日常生活和人物动作的表现和重构。
②情节可以增强剧情的戏剧性，并以符合人物刻画为原则，所有相关的有形元素都是按照特定的时空结构整合起来的。情节的发展过程是人物命运形成、变化、完成的过程，也是人物性格成长史。
③情节是对生活的高度浓缩和总结，情节的特点还有：a. 情节必须是有形的；b. 情节必须有一定的时空顺序和规模；c. 情节必须包括发展心理学</td></tr>
<tr><td>戏剧结构</td><td>指剧本题材的处理、组织和设置安排。一般包括：
①对事件的处理，如分幕分场。
②戏剧冲突的组织设置，如戏的开端、进展、高潮、结局。
③人物关系及人物行为发展的合理安排等</td></tr>
<tr><td>戏剧情境</td><td>戏剧情境是戏剧作品的构成要素之一，是戏剧作品的基础。戏剧中用以表现主题的情节及境况。18世纪法国的美学家、戏剧理论家D. 狄德罗在提倡严肃剧时指出，在过去的喜剧中，性格是主要的对象。在严肃剧中，情境却应该成为主要的对象</td></tr>
</table>

2.4.2　典型题(含考研真题)详解

一、填空题

1. 戏剧的审美类型从舞台呈现的不同样式角度看，可分为(　　)。

【答案】话剧、歌剧、舞剧、木偶剧、哑剧

【解析】戏剧的审美类型从舞台呈现的不同样式角度看，可分为：①话剧，指以对话方式为主的戏剧形式，于19世纪末20世纪初来到中国。②歌剧，是一门西方舞台艺术，是主要或完全以歌唱和音乐来交代和表达剧情的戏剧(唱出来而不是说出来的戏剧)。③舞剧，是舞台剧的一种，是以舞蹈作为主要表达手段的舞台艺术。④木偶剧，是由演员操纵木偶以表演故事的戏剧，又名傀儡戏。⑤哑剧，是以动作和表情表达剧情的戏剧。

2. 近代悲喜剧有三种类型：(　　)，如契诃夫的《海鸥》《万尼亚舅舅》《樱桃园》《三姐妹》等；(　　)，如古希腊悲剧《美狄亚》、迪伦马特《贵妇还乡》；(　　)，如贝克特《等待戈多》、尤内斯库《秃头歌女》等，寓悲于喜、以喜写悲。

【答案】抒情悲喜剧；黑色幽默悲喜剧；荒诞悲喜剧

【解析】近代悲喜剧有三种类型：①抒情悲喜剧，又称歌颂喜剧，是指内容与形式、动机与效果不一致，而又不造成悲剧结局的悲喜剧类型。主要代表作有契诃夫的《海鸥》《万尼亚舅舅》《樱桃园》《三姐妹》等。②黑色幽默悲喜剧，指带有嘲讽的意味在里面，通常会引人深思的悲喜剧类型。主要代表作有古希腊悲剧《美狄亚》、迪伦马特《贵妇还乡》等。③荒诞悲喜剧，指故事情节虚伪而不可信，全剧充满着荒诞的谣言和情节的戏剧类型。主要代表作有贝克特《等待戈多》、尤内斯库《秃头歌女》等。

二、单项选择题

(　　)是由主人公荒谬的行为或错误所引起的戏剧冲突。

A. 讽刺喜剧　　B. 夸张喜剧　　C. 幽默喜剧　　D. 诙谐喜剧

【答案】A

【解析】讽刺喜剧是喜剧的一种，是由主人公荒谬的行为或错误所引起的戏剧冲突，常以尖锐泼辣的讽刺、嘲笑揭露和抨击现实生活中的反面事物。

三、名词解释

1. 体裁

答：体裁在戏剧作品中是指戏剧的不同风格类别。体裁分类的概念在古希腊戏剧时期即已出现。古希腊作家在反映现实生活时，总是从现实生活中选取他们所感兴趣的素材，并以一种相应的方式来处理这些素材，在他们所要选取的素材和处理这些素材的方式中，就表现出其对待现实生活的态度，而这种态度也会使这一剧本形成它自身的特定的性质或者特定的构造。

2. 诗剧(南京师大 2012 年研)

答：诗剧是指用诗体对话写成的剧本，意为只供阅读而不适合演出的戏剧，其中场景和对话都是用诗写成，甚至一些幕前幕后的介绍都使用诗意的语言。这种诗剧在与史诗、抒情诗并称时，又称“剧诗”。著名的诗剧作品有弥尔顿的《力士参孙》、雪莱的《钦契一家》、布朗宁的《皮帕走过了》、拜伦的《曼费瑞德》等。德国伟大诗人歌德的《浮士德》更是“诗剧中的太阳”。

3. 写实戏剧

答：写实戏剧是在欧洲文化土壤上发展繁衍起来的戏剧样式，“再现”是其关照现实生活的主要方式。写实戏剧截取较为完整的生活片段，通过加工使日常矛盾更集中、更突出，使单个的场景获得普遍的意义，从而艺术地重现特定时代社会风云的变幻、世态人情的冷暖。亚里士多德对戏剧模仿特点的阐释是写实戏剧的最初理论基础，代表性作品有果戈理的《钦差大臣》、易卜生的《玩偶之家》、老舍的《茶馆》等。

4. 喜剧(中传 2014 年研)

答：参见本章考点难点归纳相关内容。

四、简答题

简述正剧的由来及特点。

答：正剧是在悲剧与喜剧之后形成的第三种体裁，其叙述手段以文字为主。正剧是出现较晚的戏剧类型，起初遭到古典主义者的否定。

(1)正剧的由来。16 世纪意大利剧作家巴蒂隆·仙里尼为推动正剧发展，做出了很大努力。正剧不拘泥于悲剧和喜剧的划分，灵活利用了两者的有利因素，加强了表现生活的能力，适应了戏剧发展的要求。18 世纪，法国思想家狄德罗和剧作家博马舍称这种戏剧为“严肃剧”，进行大力倡导。

从古代希腊到古典主义时期，悲剧与喜剧作为两种戏剧体裁界分严格，不能混淆。但是，在这期间出现的某些戏剧作品，特别是莎士比亚的传奇剧，却很难归属于悲剧或喜剧。18 世纪，启蒙运动时期的哲学家、美学家狄德罗写了剧本《私生子》，并阐明建立严肃剧的主张，指出严肃剧界于“两个极端类型的戏剧种类之间”，这类作品“题材必须是重要的；剧情要简单和带有家庭性质，而且一定要和现实生活很接近”。他所说的“严肃剧”，也就是后世的正剧。黑格尔把这种戏剧体裁界定为“把悲剧的掌握方式和喜剧的掌握方式调解成为一个新的整体的较深刻的方式”。但是，所谓“调解”并非指两者相加。在正剧中，生活的肯定方面和否定方面往往同时作为表现的对象，正剧主人公也像悲剧人物那样把历史的必然要求作为自己的目的，具有明确的自觉意识，但都可以通过自己的行动使这种要求有实现的可能性，喜剧人物把失去合理性和意义的要求作为现实的目的去追求，在正剧中，这种要求则要被否定。正因为如此，人物的命运、事件的结局在正剧中具有完满性。正剧主人公的自觉意识不仅表现在为实现目的而付出的行动，也表现在对自身的审视和反思，因而往往经历着内在精神世界的斗争。

(2)正剧的特点。正剧的外部表现特征，主要在于人物命运、事件结局的完满性。它既指完美的收场、幸福的结局，又指生活的肯定方面或生活的否定方面。主人公也像悲剧人物那样追求着历史的必然要求，所不同的是，这种要求在悲剧中不可能实现，而在正剧中则具备了实现的可能性。在喜剧中，不合乎历史潮流的要求被当作现实的目的而被追求着，而在正剧中，不合乎历史潮流的要求则被否定掉。

正剧人物既具有悲剧人物那种严肃的旨意、真诚的信念、深刻的思想情绪、为所追求的目的而献身的精神，又具有喜剧人物那种自信自足的性格。正剧人物也可能有他的局限性和缺陷，但他们不像喜剧人物那样对自己毫无所知，而是把自己置于自觉意识的对立面加以审视，加以批判，在不断的自我否定中前进着。

五、论述题

如何理解戏剧结构?

答: 戏剧结构又称“布局”，它不仅涉及一出戏中具体情节的安排，还包括戏剧场面的具体设置。

(1)它既体现在完整的情节构造与展开中，又与戏剧场面的铺排与处理有着直接的关联。它不仅属于编剧的职责，而且更是为戏剧演出整体负责的导演的任务。

(2)戏剧结构既有着外显的方面，即形之于外的情节、场面的构造；又有着内蕴的方面，与戏剧的主题立意乃至情境、意象的创设都有着密切的关联。

(3)戏剧结构的创造大体上包括“立主脑”“组织人物关系”“安排戏剧冲突”“提炼情节线索”“组织戏剧场面”等主要内容。具体地说，戏剧结构的创造是以总的主题立意来统领布局；进而以人物及各种人物关系为中心，在戏剧冲突的构造中来组织剧情线索，安排戏剧场面。其中，首要的任务“立主脑”并不是简单地设置一个抽象的主题，而是以感性鲜明的立意来构造一种情势。

(4)戏剧结构的主体任务还体现在情节和场面的布局中，其中包括：纵的方面，可以设计出贯穿性或段落性的一条或数条情节线索；横的方面，则可以安排成几幕几场中的场面布局。点线结合，纵横交错，以情节线索引领场面，同时以场面的开掘来展示剧情。只有这样，才能建构出一部完整的戏剧作品。

第5章　戏剧发展的历史线索

2.5.1　复习笔记

【通关提要(提纲挈领)】

本章主要论述了戏剧发展的历史线索，主要分为欧美戏剧和中国戏剧两大类，其中详细论述了欧美戏剧的发展历程。本章考点以填空题、单项选择题、名词解释、简答题及论述题为主，在学习时，需全面掌握戏剧的三个发展阶段，同时要宏观理解西方戏剧及其对中国戏剧的影响，并熟悉理解相关的重点人物和作品。

【考点难点归纳(厚积薄发)】

考点一：欧美戏剧　★★★

1. 发展历程(见表2-5-1)

表2-5-1　发展历程

要点	具体内容		
第一个高峰期	概况	古希腊戏剧分为悲剧和喜剧两大类。其演出形式在歌、舞、对白结合这一点上类似东方戏剧，是在与农业相关的祭祀活动——酒神祭祀中产生的。古希腊戏剧是人类戏剧的第一个高峰，亚里士多德的《诗学》是戏剧史上第一部戏剧理论经典著作	
	衰落	公元5世纪到15世纪的中世纪，宗教戏剧由于宗教思想的禁锢而成为戏剧的主流，独霸剧坛。与此同时，民间戏剧也逐渐发展成为讽刺和批判宗教黑暗的笑剧	
第二个高峰期	文艺复兴时期	随着人文主义思想的出现，西方戏剧迎来第二个高峰。这一时期的代表人物是洛卜·德·维迦[西班牙]和威廉·莎士比亚[英国]	
	古典主义时期	法国艺术在17世纪进入古典主义时期。古典主义戏剧以笛卡尔的唯理论哲学为基础，崇尚理性。这一时期的代表是高乃依、拉辛、莫里哀	
多元化时代	18世纪下半叶	启蒙运动的兴起在欧洲营造了一种自由和民主的氛围	
	19世纪初	雨果的《欧那尼》标志着浪漫主义戏剧的出现以及古典主义戏剧的衰落。19世纪是现代西方戏剧的开端	
	20世纪	戏剧家斯坦尼斯拉夫斯基和布莱希特创立了两大演剧学派	
	代表人物	浪漫主义	雨果
		现代主义诸流派	易卜生、萧伯纳、契诃夫、布莱希特

2. 古希腊戏剧

(1)戏剧诞生于公元前7世纪，它起源于古代的宗教仪式、模拟战争的舞蹈及劳动，古希腊人在酒神祭祀活动中扮演的酒神的恋爱及游历活动，是西方戏剧的原始形式。古希腊哲学家亚里士多德认为戏剧在本质上起源于对生活的模仿，其特征是“模仿行动中的人”。他还指出，戏剧的本质是行动，目的是情节。古希腊戏剧的繁荣是因为雅典民主政治的出现。悲剧比喜剧早出现。其中，悲剧大多是根据神话故事改编的。伯里克利时期，雅典的文化事业取得了辉煌的成就，伯里克利十分重视戏剧创作和表演活动，为古希腊戏剧的繁荣奠定了基础。

(2)代表人物，见表 2 –5 –2。

表 2 –5 –2 代表人物

<table>
<tr><th>要点</th><th colspan="3">具体内容</th></tr>
<tr><td rowspan="2">埃斯库罗斯
（公元前 525—公元前 456）</td><td>概况</td><td colspan="2">古希腊悲剧诗人，也是古希腊最伟大的悲剧作家之一，有“悲剧之父”的美誉。他创造性地缩减了合唱队的抒情成分，提升了戏剧对话的地位，推动了“戏剧冲突”的出现</td></tr>
<tr><td>代表作</td><td colspan="2">《被缚的普罗米修斯》《阿伽门农》《善好者》等</td></tr>
<tr><td rowspan="3">索福克勒斯
（公元前 496？—公元前 406）</td><td>概况</td><td colspan="2">雅典三大悲剧作家之一，他既相信神和命运的无上威力，又要求人们具有独立自主的精神，并对自己的行为负责，这是雅典民主政治繁荣时期思想意识的特征</td></tr>
<tr><td rowspan="2">代表作</td><td>《俄狄浦斯王》</td><td>索福克勒斯的剧作中最具震撼力的一部。希腊人笃信命运，这在悲剧中也有所反映。《俄狄浦斯王》是命运剧的代表</td></tr>
<tr><td>《安提戈涅》</td><td>该剧反映了国法与神律、人情之间的冲突。后来的柏克、黑格尔等人都将其归结为不同类型正义准则的冲突。不过在索福克勒斯的笔下，克瑞翁是个僭主，以自己的意志为城邦的意志，把城邦的法律置于神律之上，刚愎自用，残暴凶狠，最后落得一个孤家寡人的下场</td></tr>
<tr><td rowspan="4">欧里庇得斯
（公元前 485？—公元前 406）</td><td>概况</td><td colspan="2">希腊悲剧大师，一生共创作了 90 多部作品，有“舞台上的哲学家”之称</td></tr>
<tr><td>特点</td><td colspan="2">欧里庇得斯将悲剧进行了一次革新。他取材自日常生活，剧中出现了平民、奴隶、农民等人物形象，而剧中所采用的语言也平民化了，很通俗易懂，但这显然大大违背了希腊传统的审美观，当然也不合当局者的口味，因此，伴随着欧里庇得斯的作品的常常是质疑和责难</td></tr>
<tr><td rowspan="2">代表作</td><td>《美狄亚》</td><td>古希腊三大悲剧之一。讲述了远古时期英雄时代，曾盗取“金羊毛”的英雄伊阿宋抛弃妻儿后，妻子美狄亚对他实施残酷报复的悲剧故事。作者以日常生活为题材，使悲剧接近现实</td></tr>
<tr><td>《埃勒克特拉》</td><td>埃勒克特拉是迈锡尼王阿伽门农的女儿，被表弟埃吉斯托斯强迫嫁给一个正直善良的农民。剧中的奥瑞斯忒斯说：“富人的身上有着饿瘦的心灵，穷人身上却存在着伟大的精神。”欧里庇得斯所描写的富人十分贪婪、残暴</td></tr>
<tr><td rowspan="3">阿里斯托芬
（公元前 445？—公元前 385？）</td><td>概况</td><td colspan="2">古希腊早期喜剧代表作家，同哲学家苏格拉底、柏拉图有交往。相传写有四十四部喜剧，现存《阿卡奈人》《骑士》《和平》《鸟》《蛙》等十一部。有“喜剧之父”之称</td></tr>
<tr><td rowspan="2">代表作</td><td>《鸟》</td><td>阿里斯托芬的杰作之一，也是现存的唯一以神话幻想为题材的喜剧。剧中有两个雅典人和一群鸟一起在天和地之间建立了一个“云中鹁鸪国”。这个国家是一个理想的社会，其中没有贫富之分，没有剥削，劳动是生存的唯一条件。这部喜剧讽刺雅典城市中的寄生生活，是欧洲文学史上最早描写理想社会的作品</td></tr>
<tr><td>《阿卡奈人》</td><td>是阿里斯托芬第一部成功的喜剧。通过漫画式的夸张手法和表面上讪笑打诨的场面来反映生活，很像闹剧。《阿卡奈人》的政治作用在于扫除雅典公民中的主战心理，号召订立和约</td></tr>
</table>

3. 中世纪宗教戏剧

(1)西罗马帝国灭亡后[公元5世纪],欧洲开始长达千年的中世纪。在这一时期,宗教不仅是封建统治的思想基础,也是政治权力的基础,戏剧成为教化、禁锢封建宗教道德思想的重要手段。

(2)发展,具体见表2-5-3。

表2-5-3 发 展

要点		具体内容
奇迹剧	产生背景	礼拜剧在发展过程中逐步世俗化,从13世纪起,由市民代替教士,由拉丁语改用方言,并转移到教堂外演出,情节也日益复杂,增加了市俗的喜剧成分,成为独立的戏剧形式。但内容仍以搬演圣经故事和圣徒事迹为主,即奇迹剧
	代表作	法国作家博德尔的《圣尼古拉剧》、罗特波夫的《德奥菲勒的奇迹》、威克菲尔德组剧中的《建造方舟》《牧羊人剧二》
神秘剧	产生背景	中产阶级想摆脱封建教会的束缚,又不能完全抛弃抽象的宗教道德,这种矛盾促使神秘剧取代了奇迹剧,但却遭到教会及上层中产阶级的反对
	概况	神秘剧专门表现上帝复活、传播教义、信徒们的奇异经历。15世纪在西欧戏剧界占主导地位,其中法国的神秘剧最著名
	代表作	著名作品《奥尔良之围》讲述了圣女贞德的英雄事迹,歌颂了法国人的爱国精神,批判了贵族的卑劣行径
道德剧	产生背景	为满足资产阶级的成长及其对自身价值体系的宣传需求,道德剧孕育而生
	特征	指一种以寓意的手法,宣扬宗教道德或世俗道德的戏剧,剧中人往往是某种概念的化身,是演绎道德教条的工具。法国的道德剧《坚忍堡》演出时,法王亨利四世就曾指示:"仁慈"穿白衣,"残忍"穿红衣,"真理"穿绿衣,"和平"穿黑衣,用明显的颜色对比来区分人物,引发象征性寓意。在西班牙流行的劝世短剧,实际上也是道德剧的一种表现形式
	代表作	《忍耐的堡垒》
笑剧	概况	道德剧后期的转型催生了笑剧的诞生,具有民主意识和战斗性,以及现实主义和乐观主义的精神,还具备生动活泼和滑稽笑闹的艺术特征,对后来的欧洲戏剧产生了深远的影响
	代表作	代表作《巴特林的笑剧》讲述了生活贫困的巴特林运用诡计欺骗布商,为自己赢得利益。这表明中世纪以后,人们试图摆脱封建教会统治、反宗教的情绪高涨

4. 文艺复兴戏剧

(1)文艺复兴时期人文主义思想兴起,许多人文主义艺术家创办学校和学院,研究古代戏剧、翻译戏剧和演出,戏剧知识得以广泛传播。

(2)代表人物,具体见表2-5-4。

表2-5-4 代表人物

要点		具体内容
德·维迦	概况	西班牙戏剧家,文艺复兴时期西班牙成就最大的戏剧家,也是西班牙民族戏剧的奠基者,被西班牙人民誉为"西班牙的凤凰"。他的戏剧作品,题材广泛,内容丰富。爱情、婚姻、政治是三大主题,人民、贵族、国王三者是矛盾冲突的主角

续表

要点	具体内容		
德·维迦	代表作	《狗占马槽》	讲述了贵妇人德安娜在足智多谋的仆人的帮助下终于追求到真爱的故事，剧中的丑角体现出作者的民主思想
		《羊泉村》	维迦的代表作，作品取材于 1476 年富恩提·奥维纳村的村民武装抗暴的历史，表现了西班牙人民除恶抗暴的集体英雄主义，歌颂剧中的主角——羊泉村全体人民的斗争精神。维迦在剧本中运用“丑角”的职能，创造了西班牙的新型民族戏剧，博得了从宫廷到广场的观众欢迎
	理论观点	维迦的《今日新的编剧艺术》指出，戏剧应该符合大众的趣味，肯定了古代戏剧理论中的模仿说以及悲剧和喜剧所代表的对象的区别。他认为悲剧和喜剧共存于一个剧本[正剧诞生的理论预言]，否定三一律	
威廉·莎士比亚	概况	英国文艺复兴时期剧作家、诗人，共留存 37 部戏剧作品，他的戏剧使得艺术、科学、哲学领域或者整个社会都焕然一新。代表作品有四大悲剧《哈姆雷特》《麦克白》《李尔王》《奥赛罗》，喜剧《温莎的风流娘儿们》《维洛那二绅士》等	
	创作分期	①早期作品：主要是历史剧和喜剧。②中期作品：主要是悲剧。③晚期作品：主要是传奇剧	
	创作主题	在创作的初期，莎士比亚对现实社会中人文主义理想和信念的前途充满信心，作品的主题和内容皆为积极明快的风格，洋溢着乐观明朗的色彩；在莎士比亚的创作后期，主题与早期创作有些相似之处，又再次体现和解、和谐和宽恕的人文主义精神	

5. 古典主义戏剧

(1)兴盛于文艺复兴后至 17 世纪末。古典主义戏剧强调为君主政治服务，反对封建主义和分裂主义倾向，维护国家统一。古典主义戏剧的主要特征[作品主题]是塑造理性人物、强调理性对情感的服从、维护国家民族统一。

(2)代表人物，具体见表 2－5－5。

表 2－5－5　代表人物

要点	具体内容	
高乃依	17 世纪上半叶法国古典主义悲剧的代表作家，被认为是法国古典主义戏剧的奠基人。1629 年，他的第一部喜剧《梅丽特》问世；1635 年完成了第一部悲剧《梅德》；1636 年，他推出了轰动整个巴黎的悲剧《熙德》，创立了法兰西民族戏剧的光辉典范，但该剧也在法国文坛引起了一场轩然大波，遭到了一些贵族文人的诋毁攻击	
拉辛	法国剧作家，与高乃依和莫里哀合称 17 世纪最伟大的三位法国剧作家。代表作品有《昂朵马格》《讼棍》《布里塔尼居斯》《蓓蕾尼丝》等	
莫里哀	简介	法国喜剧作家、演员、戏剧活动家。法国芭蕾舞喜剧的创始人。代表作品有《无病呻吟》《伪君子》《悭吝人》等

续表

要点	具体内容		
莫里哀	代表作	《伪君子》	该戏剧讲述伪装圣洁的教会骗子答丢夫混进富商奥尔恭家中，企图勾引其妻子，夺取其家财，最后真相败露，答丢夫锒铛入狱，奥尔恭幡然醒悟，一家人皆大欢喜的故事。《伪君子》不仅是戏剧史上的巅峰之作，同时也开启了莫里哀以手中之笔批判社会现实问题、反封建反宗教统治的全盛时期
		《悭吝人》	5幕喜剧，与《欧也妮葛朗台》《死魂灵》《威尼斯商人》中的主角同为世界上最著名的四大吝啬鬼形象

6. 启蒙主义戏剧

(1)启蒙主义戏剧诞生于17世纪的欧洲启蒙运动，18世纪下半叶起发展迅猛。代表人物有法国的博马舍、意大利喜剧家哥尔多尼、德国的莱辛与席勒。

(2)代表人物，具体见表2-5-6。

表2-5-6 代表人物

要点	具体内容		
博马舍	概况	法国思想家、戏剧家，积极响应狄德罗提出的严肃戏剧，要求人们打破偏见，尊重这一新的戏剧体裁	
	代表作	严肃戏剧[政治喜剧]《塞维利亚的理发师》《费加罗的婚礼》，讲述了费加罗为赢得幸福而与贵族斗争的故事	
哥尔多尼	概况	意大利剧作家，现代喜剧创始人，自幼接触戏剧，早年参加流浪剧团。哥尔多尼认为戏剧应该在娱乐观众的同时教育观众	
	代表作	《女店主》	创作于1753年，讲述了聪明狡黠的旅店女主人为住在店中的侯爵、伯爵和骑士所纠缠，她捉弄、嘲笑了他们的丑行后，同店中的一个仆役结婚。剧作揭露没落贵族的虚伪和愚蠢，肯定和赞扬青年男女的自由结合和诚挚爱情，是意大利即兴喜剧最优秀的作品
		《一仆二主》	作于1745年，描写仆人特鲁法尔金鲁为两家主人效力，在其中游刃有余并最终获得幸福的人生况味
莱辛	概况	德国启蒙戏剧的重要代表人物，在理论和创作上都为德国戏剧作出了重要贡献	
	代表作	《汉堡剧评》	戏剧评论集《汉堡剧评》是作者对汉堡民族剧院的实践进行批评和理论探讨的成果，是对德国资产阶级民族戏剧发展的科学原则最早、最成功的描述
		《艾米莉·迦绿蒂》	讲述了迦绿蒂在未婚夫被追求她的意大利王子杀死后，为了维护个人的纯洁宁愿死也不愿苟活，充分反映莱辛对道德观念的强调和对封建贵族无耻行为的批判
席勒	概况	德国启蒙文学的代表人物之一，是知名剧作家、哲学家。其戏剧创作充满现实主义精神，体现出对黑暗社会现实的反抗	

续表

要点	具体内容		
席勒	代表作	《强盗》	创作于 1780 年，该剧的主人公卡尔是一个典型的狂飙突进青年形象。他不满于贵族专制的社会现状，却又无力改变。他追求自由，对当时的社会提出挑战，是典型的叛逆者，最后却只能悲剧收场
		《阴谋与爱情》	该作品主要描述的是平民琴师的女儿露伊丝和宰相的儿子斐迪南的悲剧爱情故事

7. 浪漫主义戏剧

19 世纪初，浪漫主义戏剧在欧洲兴起。浪漫主义反对传统古典主义的创作规则，要求创作自由，强调个人感情的重要性，用历史传说题材来反映社会现实。浪漫主义作家尽其所能在作品中反映各种感情与情绪，建立想象和虚构的“诗的王国”，从而阐发他们对现实生活的抗拒和对理想社会的向往。代表人物是雨果，具体见表 2－5－7。

表 2－5－7　雨　果

要点	具体内容
简介	法国 19 世纪前期积极浪漫主义文学的代表作家，人道主义的代表人物，法国文学史上卓越的资产阶级民主作家，被人们称为“法兰西的莎士比亚”
作品	《欧那尼》写的是 16 世纪西班牙一个贵族出身的强盗欧那尼反抗国王的故事，雨果赞美了强盗的侠义和高尚，表现了强烈的反封建倾向。《欧那尼》以反暴君为主题，反映了七月革命前夕人民反对复辟王朝斗争的迫切性和尖锐性，在艺术上一反古典主义的陈规陋习，充满浪漫主义自由奇异的构思
意义	雨果的浪漫主义戏剧《欧那尼》的上演标志着浪漫主义战胜古典主义

8. 现实主义戏剧

(1)西方的现实主义戏剧一直存在，从中世纪的笑剧，文艺复兴时期莎士比亚戏剧，古典主义时期莫里哀的喜剧，再到启蒙运动的市民戏剧等，都是对现实生活的深刻反映和批判。恩格斯对现实主义戏剧有许多经典的解释，他认为现实主义的特点有：①在场面与情节的发展过程中自然地呈现出鲜明的倾向性；②真实与逼真地再现现实的手法；③除了注重细节的真实之外，还要刻画典型环境中的典型人物。

(2)代表人物：易卜生，具体见表 2－5－8。

表 2－5－8　易卜生

要点	具体内容	
概况	19 世纪末，挪威戏剧家易卜生通过《玩偶之家》《人民公敌》和《社会支柱》等作品集中刻画和批判资本主义社会矛盾，并以“社会问题剧”的形式，进一步发展现实主义戏剧。易卜生之后，还有英国的萧伯纳、俄国的果戈理、奥斯特洛夫斯基、契诃夫等作家	
代表作	《玩偶之家》	通过女主人公娜拉与丈夫海尔茂之间由相亲相爱转为决裂的过程，探讨了资产阶级的婚姻问题，暴露了男权社会与妇女解放之间的矛盾冲突，进而向资产阶级社会的宗教、法律、道德提出挑战，激励人们尤其是妇女为挣脱传统观念的束缚，为争取自由而斗争

续表

要点		具体内容
代表作	《人民公敌》	易卜生于1882年创作的剧散文。由话剧改编，讲述的是一个温泉浴场的污染调查事件，当市长的哥哥和当医生的弟弟站在各自的立场，对于良知、欲望和民意展开博弈

9. 现代派戏剧

现代派戏剧又称现代主义戏剧，是指以西方现代派的各种哲学思想为基础，与现实主义戏剧相对立的戏剧流派。两次世界大战后，世界各地的人们经历了毁灭性的灾难，无论是物质上，还是精神上、肉体上都付出了沉重的代价。在对世界的怀疑和对人类未来的猜测和判断中，出现了各种哲学和文化思潮，主要包括象征主义戏剧、表现主义戏剧、唯美主义戏剧、超现实主义戏剧、存在主义戏剧和荒诞派戏剧等。

(1)象征主义戏剧，是西方现代主义戏剧流派之一。其艺术思潮最早产生于19世纪中叶法国的诗歌界，通常以法国诗人波特莱尔的诗集《恶之花》的问世为其起点。1886年，莫雷亚斯庄《费加罗报》上发表《象征主义宣言》，标志着这一流派的正式形成。随后其影响扩展到英、美、德、俄、意以及北欧诸国。经典作家作品见表2-5-9。

表2-5-9 象征主义戏剧的经典作家作品

要点	具体内容
梅特林克	被誉为“比利时的莎士比亚”。梅特林克的剧本充满诗意，被称为诗剧。1908年发表的六幕梦幻剧《青鸟》，是梅特林克戏剧的代表作，也是欧洲戏剧史上一部融神奇、梦幻、象征于一炉的杰作。梅特林克的主要作品还有《佩莱亚斯与梅丽桑德》《阿亚业娜与蓝酬子》等
霍普特曼	德国剧作家，曾写过包括现实主义戏剧在内的40多部剧本。《沉钟》讲述了一个铸钟人成功和失败的故事，他以非现实化的手法，将现实的人与林妖、水怪等放在同一个舞台上表演，营造一个神秘的世界。这部剧是在19世纪90年代末德国工人运动处于低潮时创作的
约翰·沁孤	爱尔兰戏剧家、诗人。代表作有：《狭谷的阴影》《补锅匠的婚礼》《圣泉》《骑马下海的人》等优秀作品。沁孤认为生活是戏剧的唯一源泉，他把真实地反映爱尔兰农民的生活作为他戏剧创作的主要任务。在短暂的一生中，他融诗情、乐感和科学精神于戏剧创作中，终于成为爱尔兰伟大的戏剧家之一
安德烈耶夫	俄国小说家、剧作家，俄罗斯白银时代具有承前启后意义的伟大作家。代表作有小说《七个被绞死的人》《红笑》《墙》，剧作《人的一生》《饥饿国王》等。鲁迅最为看重的俄国作家就有安德烈耶夫，并给出“其文神秘幽深，自成一家”的评价

(2)表现主义戏剧：

①概况：

a. 产生与发展。表现主义戏剧出现于20世纪初，“表现主义”的概念最早在1901年的巴黎画展上提出。代表剧作有斯特林堡的《去大马士革》三部曲、《鬼魂奏鸣曲》，代表作家有德国的凯撒、托勒与捷克的卡佩克。

b. 观点。西方的资本主义进入帝国主义阶段，战争频发、道德沦丧、丛林法则等丑恶现象，使艺术家对现实绝望，从而寻求新的创作方法。表现主义戏剧反对印象主义对自然表象的模仿，要求突破表象，寻找本质。它否定了纯粹的主观描写，采取噩梦、幻觉等荒诞扭曲的形式来表达内心的现实，对资本主义现实进行尖锐的批判。

②经典作家作品见表2-5-10。

表2-5-10 表现主义戏剧的经典作家作品

要点	具体内容
斯特林堡	《鬼魂奏鸣曲》的成就在于用一种与现实主义截然不同的手法，通过离奇突兀的情节来穿插，来彻底撕下资产阶级伪善的面纱，解释它利欲熏心、嗜血成性的本质，使读者感到耳目一新。这种手法后来为表现主义所沿用。1912年这种表现主义流派在德国曾经盛行一时，出现了一些表现主义剧作家。当代剧作家如奥凯西、奥尼尔等，也都受到斯特林堡的影响
凯撒	《从清晨到午夜》通过一个银行出纳员偷钱逃跑的过程，深刻揭露了西方社会金钱统治的本质
托勒	托勒是一位左翼剧作家，在揭露资本主义社会的罪恶的同时，也带有反军国主义、反法西斯的色彩，同时也表现出追求乌托邦幻想的局限

(3)超现实主义戏剧，是西方现代戏剧流派之一。这一名称源于法国诗人、剧作家阿波利奈尔1917年创作的剧本《蒂雷西亚的乳房》，剧作家在此剧剧名下标明：这是一部“两幕及一序幕”的“超现实主义戏剧”。作为一个有理论纲领的独立流派，它正式形成于1924年，以诗人、剧作家勃勒东于当年发表的《超现实主义宣言》为标志。超现实主义戏剧将表现主义戏剧的非理性倾向推到了极限，主张在创作中完全打乱人的常规思维方式，而采取一种所谓的“自动书写方法”。此方法要求剧作家采用“纯粹的精神自动主义”，“把白日做梦作为一种可能的艺术创作方法而加以诱导”，使剧作家在下意识状态中，“不假思索地、拼命地写下去”，而“完全不考虑文字的任何效果”，然而在事后，却能发现这样的写作方法具有“行文流畅的幻觉，过分的情绪的迷惘，有一般写作方法所从未获得的特殊意象，有别具风格的画意，还夹杂着一些荒唐透顶的趣语”。超现实主义戏剧认为，采用这种写作方法是它与其他戏剧流派的根本区别所在。经典作家作品见表2-5-11。

表2-5-11 超现实主义戏剧的经典作家作品

要点	具体内容	
蒂塞尼	《刀子的眼泪》	讲述了一个少女爱上了一具死尸后的绝望
	《黄莺》	黄莺是个不会吭声的哑巴，却以优美的歌声闻名于世
科克托	《奥尔菲》是科克托的超现实主义名剧，“对古希腊神话的创造性改写”，“剧作立体性主题的完满铸就”，“剧作彻底的象征化”及其对自动写作式的“绝妙的僵尸”手法的成功运用，不仅集中体现了超现实主义戏剧独特的艺术质地，而且也较为充分地体现了让·科克托对现代西方戏剧的特殊贡献	

(4)存在主义戏剧。法国存在主义哲学诞生于20世纪30年代的经济危机和第二次世界大战后，存在主义戏剧在20世纪40年代达到顶峰。存在主义认为：①人的存在先于人的本质；②人有绝对的选择自由，但是他们没有理性的基础；③世界是荒谬的，生活是孤独而没有意义的。剧作内容的哲理性是存在主义戏剧的重要特点。经典作家作品见表2-5-12。

表 2－5－12 存在主义戏剧的经典作家作品

<table>
<tr><th>要点</th><th colspan="2">具体内容</th></tr>
<tr><td rowspan="4">萨特
（1905—1980）</td><td>概述</td><td colspan="2">萨特是优秀的哲学家、文学家、戏剧家、评论家和社会活动家，其笔下的人物面临着多种选择，因此不得不重新审视其人生观，以创造一种新的行为准则。萨特想让人们对自己的行为负责任，把个人道德置于对社会和政治的忠诚之上</td></tr>
<tr><td rowspan="3">代表作</td><td>《苍蝇》</td><td>是萨特根据古希腊神话故事改编的一部存在主义悲剧。作者借用这出具有浓郁古代神话色彩的悲剧，艺术地破除了人对自然之谜的惶惑感，传递出人能战胜“上帝”，自由选择生活道路的现代意识</td></tr>
<tr><td>《死无葬身之地》</td><td>是萨特于 1946 年创作的话剧，也是萨特的第一个剧本。萨特在其洋溢现实主义气息的剧作《死无葬身之地》中，成功地注入了他的存在主义哲学思想。这种现实主义和存在主义的交融赋予了人生价值、自由选择、对行动负责等核心命题以新的意义，给存在主义文学带来了生机</td></tr>
<tr><td>《可尊敬的妓女》</td><td>讲述的是舞女被涉入一件白人杀害黑人的案件之中，随着法官、国会议员及各种人物的出现，一系列贿赂、胁迫、引诱的丑恶戏剧不断上演，但善良的舞者拒绝加入这个迫害黑人的交易，作品揭示了美国种族主义的黑暗现实，充满现实主义的色彩</td></tr>
<tr><td rowspan="3">加缪
（1916—1960）</td><td>代表作</td><td colspan="2">《误会》《卡利古拉》《戒严》《正义者》等。其中《正义者》是根据俄国 1905 年革命期间的一次暗杀事件改编的，革命者卡利亚耶夫因为两个孩子在现场而放弃刺杀行动，受到组织的责难，进而对正义与清白的问题展开了激烈的争论</td></tr>
<tr><td>特点</td><td colspan="2">加缪在他的小说、戏剧、随笔和论著中，深刻地揭示出人在异己的世界中的孤独、个人与自身的日益异化，以及罪恶和死亡的不可避免。但他在揭示出世界的荒诞的同时却并不绝望和颓丧，他主张要在荒诞中奋起反抗，在绝望中坚持真理和正义，他为世人指出了一条基督教和马克思主义以外的自由人道主义道路</td></tr>
<tr><td>评价</td><td colspan="2">①萨特和加缪认为世界是荒谬和非理性的，但他们的戏剧保持了传统的形式，有相对完整的人物和情节，并使用理性的手法来表现非理性的内容。
②存在主义戏剧自 20 世纪 60 年代逐渐衰落，但萨特和加缪的存在主义戏剧作品仍有广泛的观众</td></tr>
</table>

（5）荒诞派戏剧，见表 2－5－13。

表 2－5－13 荒诞派戏剧

<table>
<tr><th>要点</th><th colspan="2">具体内容</th></tr>
<tr><td rowspan="2">概况</td><td>产生</td><td>于 20 世纪 50 年代兴起于法国的反传统戏剧流派。1950 年法国剧作家尤奈斯库的《秃头歌女》问世，1953 年贝克特又以剧作《等待戈多》轰动法国舞台，1960 年英国批评家艾思林写了《荒诞派戏剧》一书，将这类作品作了理论上的概括</td></tr>
<tr><td>观点</td><td>荒诞派戏剧家提倡纯粹戏剧性、通过直喻把握世界，他们放弃了形象塑造与戏剧冲突，运用支离破碎的舞台直观场景、奇特怪异的道具、颠三倒四的对话、混乱不堪的思维，表现现实的丑恶与恐怖、人生的痛苦与绝望，达到一种抽象的荒诞效果。荒诞派戏剧作品呈现在舞台上的形象是光怪陆离、荒诞不经的</td></tr>
</table>

续表

<table>
<tr><th>要点</th><th colspan="3">具体内容</th></tr>
<tr><td>概况</td><td>特点</td><td colspan="2">其最大特点是剧作内容的荒诞性。荒诞派戏剧借助于舞台上出现的场景去表现存在的荒诞性，最大限度地调动一切舞台手段把人类的惶惑不安呈现在观众面前。为了揭示人生现实的不合理性，机械可笑的动作、幻象的显现、灯光和音响的作用都发挥到最大程度。尤其突出的一个特点在于夸大物体的地位，让大量的物体占领舞台空间，用来说明反理性的世界倒过来压迫人的理性世界，反映了物质文明的高度发达与人的精神空虚的矛盾</td></tr>
<tr><td rowspan="5">经典作家作品</td><td rowspan="2">贝克特</td><td>《等待戈多》</td><td>该剧表现的是一个“什么也没有发生，谁也没有来，谁也没有去”的悲剧。作品着重表现人的心态、心理活动过程以及人的心理活动障碍。作品中的人物没有鲜明的性格，作品没有连贯的故事情节。《等待戈多》是戏剧史上真正的革新，也是第一部演出成功的荒诞派戏剧</td></tr>
<tr><td>《美好的日子》</td><td>该剧故事发生在一个荒芜之地，女主人公在一个无法行动的状态下借助生活必需品乐观生活，在精神摇摆之时举起手枪却选择快乐地继续下去；在这长日无尽的世界里，只有闹铃帮她来划清睡觉与苏醒的界限。该剧揭示了人们深陷在重复单调的生活琐事中，变得麻木空虚，内心向往“美好的日子”</td></tr>
<tr><td rowspan="2">尤金·尤奈斯库</td><td>《秃头歌女》</td><td>该剧中角色们坐着闲聊，反复地说着大白话，听起来废话连篇。作者以此说明口头交流的苍白无力。可笑而无意义的举止和交谈有时使剧作表面上呈现相当的喜剧色彩，但它隐晦地表述了严肃的形而上的苦恼。由此我们可以看出喜剧传统对荒诞派戏剧的影响，这种影响源于即兴喜剧、轻歌舞剧和杂耍歌舞，并同笑剧、杂技等戏剧艺术结合在一起</td></tr>
<tr><td>《椅子》</td><td>演讲者对着空无一人的椅子们进行激昂的演讲</td></tr>
<tr><td>其他作品</td><td colspan="2">热奈《女仆》(1951)、爱德华·阿尔比《动物园的故事》、品特《生日晚会》等</td></tr>
</table>

10. 美国戏剧

尤金·奥尼尔和阿瑟·密勒是美国最著名的两位戏剧家。奥尼尔被称为美国现代戏剧之父，也是迄今为止唯一获得诺贝尔文学奖的美国戏剧家。在奥尼尔后，美国戏剧的民族化过程走到了尽头。代表作家作品见表2-5-14。

表2-5-14 美国戏剧的代表作家作品

<table>
<tr><th>要点</th><th colspan="2">具体内容</th></tr>
<tr><td rowspan="2">尤金·奥尼尔</td><td>《天边外》
(1918)</td><td>描写了20世纪初美国乡村三个青年人追求梦想以及梦想最终破灭的悲剧，揭示出人生梦想和客观现实的矛盾</td></tr>
<tr><td>《琼斯皇帝》
(1920)</td><td>是一部表现主义的剧作，描写一个岛上的黑人首领琼斯的悲剧故事。这个剧本不分幕，只分场，许多场面只是描写琼斯一个人在森林里的活动，他的紧张的心情，恐惧的心理，精神恍惚和下意识的行动以及在这种情况下出现的种种幻象等，都是表现主义的创作特征</td></tr>
</table>

续表

要点	具体内容	
尤金·奥尼尔	《安娜·克里斯蒂》（1920）	船长的女儿安娜与水手布克相爱而船长不允。当安娜沦为妓女是因为父亲这一事实暴露时，布克依然要与安娜结婚，船长却提出婚礼必须等他们返航后才能举行。但他们能否生还？剧本留下了一个希腊悲剧式的、“社会问题剧”式的结尾
	《榆树下的欲望》（1920）	奥尼尔的代表作之一，在世界范围内久演不衰，被誉为“美国第一部伟大的悲剧”。该剧以19世纪新英格兰的田庄为背景，用现实主义的手法生动描绘了一对父子与一个女人之间发生的强烈冲突。深刻而生动地揭示了剧作家对弗洛伊德心理学的探讨，以及对人类所共有的关于物欲、情欲的人性悲剧的诠释
	《毛猿》（1921）	奥尼尔1921年创作的一部兼有现实主义、表现主义和象征主义的经典戏剧。该剧极为细致地刻画了处在社会底层的小人物从乐天知命、盲目乐观到认识自己在社会中的可悲地位的心理过程，反映了工业高速发展的现代社会里劳动者失去归属找不到出路的迷惘和痛苦。广泛运用了表现主义戏剧技巧，大量使用现代小说的表现手法、“意识流”、独白、人物内心活动的舞台外化、非台词的导演说明等，是美国现代戏剧的奠基作
阿瑟·密勒	《推销员之死》（1949）	作品描写的主人公是有30余年推销经历的威利，一直被美国商业文化虚幻的光晕所笼罩，盲目估计自己的能力，幻想通过商品推销得到名望这一并不现实的美好前景，以致他常处于吹嘘、夸耀、谎言连篇的心态，直到临死都以为一定能达到功成名就，而对自身毁灭的原因却浑然不知。该书刻画了一个小人物悲剧性的一生，揭露了美国富有神话的欺骗性
	《考验》	这部剧体现了密勒的正义感和社会责任感，以北美殖民地时代一桩“逐巫案”造成的思想迫害和肉体毁灭的悲剧，影射20世纪50年代美国臭名昭著的“麦卡锡主义”以非美活动调查委员会的名义进行的范围广泛的政治迫害事件

11．现代西方演剧学派

在20世纪的西方戏剧中，有两个非常重要的演剧学派，即以前苏联戏剧家斯坦尼斯拉夫斯基的名字命名的“斯坦尼斯拉夫斯基体系”和德国戏剧家布莱希特创立的“史诗剧理论”［“叙事体戏剧”理论］。两种演剧学派见表2－5－15。

表2－5－15 两种演剧学派

要点	具体内容	
斯坦尼斯拉夫斯基体系	概况	是包括表演、导演、戏剧教学和方法等系统专业知识的演剧体系。体系的戏剧美学思想——真实反映生活、强调戏剧的社会使命和教育作用，继承了19世纪俄罗斯革命民主派朴素唯物主义的美学观点
	影响	出现于20世纪俄国无产阶级革命运动日趋高涨之时，不仅反映了社会进步阶层对舞台艺术所提出的具有深刻思想内容与生活真实的要求，而且体现了俄罗斯艺术的民族特性及对现实主义与民主主义的热切追求。它在导演工作方面所作的大胆革新，完善了俄罗斯导演艺术流派，使导演发展成为整个演出的思想解释者、组织者、剧院集体的教育者

续表

<table>
<tr><th>要点</th><th colspan="2">具体内容</th></tr>
<tr><td rowspan="4">布莱希特的“叙事体戏剧”理论</td><td>概况</td><td>20世纪20年代，在德国出现了叙事体戏剧，被认为是一种新型的戏剧形式，结合了表现主义和新现实主义的特点，具有客观的纪实文学风格。叙事体戏剧起初是由业余演员组成的剧团在大街上表演讽刺政局的滑稽短剧。皮斯卡托和布莱希特后来成为这一领域的代表人物，“陌生化效果”“辩证戏剧”“历史化”等词汇开始成为叙事体戏剧新的表达理念。与此同时，“重估一切价值”的包豪斯学派开始影响世界的艺术发展，其衍生出来的剧场、戏剧、舞蹈，都与叙事体戏剧有着密切的联系，两者对1919年之后的戏剧发展带来了极大影响</td></tr>
<tr><td>代表作</td><td>《三毛钱歌剧》《伽利略传》《四川好人》《大胆妈妈和她的孩子们》《高加索灰栏记》等</td></tr>
<tr><td>特点</td><td>它结合了表现主义和新现实主义的特点，具有客观的纪实文学风格。陌生化效果、辩证戏剧、戏剧历史化等词汇开始成为叙事体戏剧新的表达理念</td></tr>
<tr><td>“间离效果”或“陌生化效果”</td><td>劳顿指出：“演员在舞台上有双重形象，既是劳顿，又是伽利略，表演者的劳顿并未在被表演的伽利略中消失。”观众一面在欣赏他，一面自然并未忘记劳顿，即使他试图完全彻底转化为角色，但他并未丢掉完全从角色中产生的他的看法和感受</td></tr>
</table>

考点二：中国戏剧 ★★★★

1. 西方戏剧的传入与话剧的产生

20世纪初西方戏剧传入中国，为了与中国传统戏曲相区别，20世纪20年代末定名为“话剧”。

2. 近代中国戏剧

中国话剧开始于1907年的《黑奴吁天录》。最早将易卜生介绍给中国人民的文章是鲁迅于1907年发表的《文化偏至论》和《摩罗诗力说》。1914年陆镜若在《俳优杂志》创刊号上发表了《易卜生之剧》，文章介绍了易卜生的11部戏剧，同年，春柳社在上海上演了易卜生的《玩偶之家》。

3. 现代中国戏剧(见表2-5-16)

表2-5-16 现代中国戏剧

<table>
<tr><th>要点</th><th colspan="3">具体内容</th></tr>
<tr><td>五四运动后~20年代末的戏剧</td><td colspan="3">五四运动后，契诃夫的作品开始在中国流传，如他的短剧《天鹅哀歌》《蠢货》《求婚》等。20世纪20年代末，中国话剧以演出翻译剧和外国剧本的改译剧为主</td></tr>
<tr><td>1927年~30年代的戏剧</td><td colspan="3">1927年起，中国戏剧界的田汉、欧阳予倩、洪深等人一直致力于本土作品的创作和表演。田汉、欧阳予倩在上海联合举办了为期一周的话剧演出，即著名“南国社”里的“鱼龙会”。田汉的《名优之死》是20世纪20年代中国最优秀的话剧作品，也是中国探索话剧民族化的一次成功的尝试</td></tr>
<tr><td rowspan="3">30年代后的戏剧</td><td>艺术家方面</td><td colspan="2">20世纪30年代左翼戏剧运动后，田汉等话剧艺术家开始探索中国话剧的现实主义道路</td></tr>
<tr><td rowspan="2">学生剧团方面</td><td>产生背景</td><td>随着爱国热情高涨，以政治宣传为目的的学生剧团活动开始盛行</td></tr>
<tr><td>发展</td><td>戏剧运动的发展点燃了爱美剧运动的导火线，几个有组织、有力量的剧团兴起，戏剧开始从业余转向专业</td></tr>
</table>

4. 当代中国戏剧(见表 2－5－17)

表 2－5－17 当代中国戏剧

要点	具体内容
新中国成立后到改革开放前的戏剧	新中国成立后，中国话剧由中共领导，所有的先进艺术家都主动向苏联学习，研究斯坦尼斯拉夫斯基体系，并运用到艺术实践中去
改革开放后的戏剧	随着中国改革开放，中国戏剧也大胆突破“幻觉性”的方式，在舞台美术、导演艺术等方面出现了新的氛围。从思想上、观念上以至语汇、手段、方法上都进行了全面的革新
电视产业崛起后的戏剧	电视的普及使得人们的娱乐生活变得多样化，受到冲击的戏剧产业开始衰落，但戏剧创作却在逆向发展。1982 年，林兆华的小剧场话剧《绝对信号》标志着中国小剧场话剧运动的开端。除此之外，还有胡雪桦导演的《中国梦》、林兆华导演的《绝对信号》、王贵导演的《WM. 我们》等

5. 经典作家作品

20 世纪初至 30 年代初为中国话剧的探索时期，田汉的《名优之死》是当时最具代表性的现实主义作品。曹禺《雷雨》的出世标志着中国现代话剧的成熟，随后又有《日出》《北京人》《原野》和《家》等一系列经典作品问世。夏衍的《上海屋檐下》也是这一时期值得关注的杰作。抗战期间，郭沫若的历史剧如《屈原》等充分鼓舞了人民的战斗精神。解放后，老舍以老北京为背景创作了话剧《茶馆》，反映小老百姓的命运，而《茶馆》也成为“京味”话剧的奠基石。中国话剧在短短 100 年的时间中硕果累累，出现了像田汉、夏衍、曹禺、郭沫若、老舍等优秀的作家，留下了精彩的作品。经典作家作品见表 2－5－18。

表 2－5－18 中国话剧的经典作家作品

要点	具体内容
《雷雨》(1934)	是剧作家曹禺创作的一部话剧，此剧以 1925 年前后的中国社会为背景，描写了一个带有浓厚封建色彩的资产阶级家庭的悲剧。剧中以两个家庭、八个人物、三十年的恩怨为主线，伪善的资本家大家长周朴园，受新思想影响的单纯的少年周冲，被冷漠的家庭逼疯了和被爱情伤得体无完肤的女人繁漪，对过去所作所为充满了罪恶感、企图逃离的周萍，还有意外归来的鲁妈，单纯享受着爱与被爱的四凤，受压迫的工人鲁大海，贪得无厌的管家等，不论是家庭秘密还是身世秘密，所有的矛盾都在雷雨之夜爆发，在叙述家庭矛盾纠葛、怒斥封建家庭腐朽顽固的同时，反映了更为深层的社会及时代问题。该剧情节扣人心弦、语言精炼含蓄、人物各具特色，是“中国话剧现实主义的基石”，中国现代话剧成熟的里程碑
《日出》(1936)	是近代剧作家曹禺创作的戏剧，以抗战前的天津社会为背景，以交际花陈白露为中心人物，以陈白露住的某大旅馆华丽的休息室和三等妓院为活动地点，写了黎明、黄昏、午夜、日出四幕，描写了20 世纪 30 年代初期受到资本主义世界经济恐慌影响下的半封建半殖民地的都市里，日出之前，代表腐朽势力的上层社会在黑暗中“损不足以奉有余”的种种活动，以及下层社会的悲惨生活。该剧表达了作者对现实生活强烈的爱憎和迫切期待东方红日的心情
《北京人》	标志曹禺的戏剧创作艺术在 20 世纪 40 年代达到新的高度，也是曹禺在抗日战争时期继《蜕变》后写成的另一部力作。该剧以一个典型的没落士大夫曾家的经济衰落为全剧矛盾冲突，并描述了线索与戏剧冲突发生的具体背景，以曾家三代人为主人公，展开家庭中善良与丑恶，新生与腐朽，光明与黑暗的冲突

续表

要点	具体内容
《上海屋檐下》	夏衍创作的话剧。该剧讲述了生活在同一屋檐下的五户人家的凡人琐事，是上海“孤岛时期”的小人物的苦痛与挣扎。在日复一日的凡常景象里，夏衍潜心挖掘着人生内在的悲剧与喜剧
《茶馆》(1956)	现代文学家老舍创作的话剧，剧作展示了戊戌变法、军阀混战和新中国成立前夕三个时代近半个世纪的社会风云变化。一个叫裕泰的茶馆揭示了近半个世纪中国社会的黑暗腐败、光怪陆离，以及在这个社会中的芸芸众生

2.5.2　典型题(含考研真题)详解

一、填空题

1. 古希腊著名的思想家亚里士多德关于戏剧理论的著作是(　　)。(南航 2011 年研)

【答案】《诗学》

【解析】古希腊戏剧创造了人类戏剧的第一个高峰，古希腊思想家亚里士多德的《诗学》是戏剧史上第一部戏剧理论经典。亚里士多德在西方文化史上首次构建了系统的美学理论，即他的《诗学》。他从哲学高度提炼魅力永恒的希腊艺术精神，铸成了西方美学的开山杰作。

2. 《榆树下的欲望》的作者是美国著名剧作家(　　)。(中传 2010 年研)

【答案】尤金・奥尼尔

【解析】尤金・奥尼尔(1888—1953)，美国剧作家，表现主义文学的代表作家，美国民族戏剧的奠基人，主要作品有《琼斯皇帝》《毛猿》《天边外》《悲悼》《榆树下的欲望》等。尤金・奥尼尔体现了传统悲剧概念的剧作者具有的魅力、真挚和深沉的激情。奥尼尔同贝尔托・布莱希特、路伊吉・皮兰德娄和约翰・米林顿・辛格并称为 20 世纪四大剧作家。

3. 新启蒙时代具有探索意义的现代主义话剧代表作有锦云的(　　)、高行健的(　　)、刘树纲的(　　)。(四川大学 2012 年研)

【答案】《狗儿爷涅槃》；《车站》；《一个死者对生者的访问》

【解析】新启蒙时代是新启蒙运动发起的时期，新启蒙运动是 20 世纪 30 年代为适应抗日民族斗争而开展的思想文化运动，也是五四启蒙运动的继续和发展。新启蒙运动号召一切爱国分子发动一个反对异族奴役，反对旧礼教、复古、武断、盲从、迷信以及一切愚民政策的大规模的运动，唤起广大人民的抗战和民主意识的觉醒。现代主义戏剧便是当时在话剧领域探索发展的成果之一，现代主义也是戏剧主要流派之一。它强调在舞台上客观地、精细地再现生活，塑造典型环境中的典型人物。代表作有锦云的《狗儿爷涅槃》、高行健的《车站》、刘树纲的《一个死者对生者的访问》等等。

4. 春柳社的第一部话剧是(　　)。(人大 2014 年研)

【答案】《茶花女》

【解析】中国话剧的发展有一个孕育过程，而它诞生的标志，则是春柳社——欧阳予倩等人组成的戏剧团体，于 1907 年在日本东京演出的《黑奴吁天录》。然而，这个戏的演出与日本新派剧的影响有着直接的关系。春柳社的第一部话剧是《茶花女》，时间是 1907 年 2 月 11 日，地点在东京市神田区美土代町的东京基督教青年会馆讲堂，当晚只演出《茶花女》的第三幕，李叔同饰茶花女，曾孝谷饰亚猛的父亲，唐肯饰亚猛，孙宗文饰配唐。《茶花女》的演出形式完全学着日本新派剧的方法，日本新派剧艺术家藤泽浅二郎为此次演出的顾问，亲临剧场指导。每个演员都做了充分的准备，李叔同为了扮演茶花女，剃掉了蓄了多年的胡须，还特地花一百多块大洋新制了漂亮的连衣裙。尽管是第一次演出，又是作为游艺会的一个节目，但他们都非常认真，演出取得了比较好的效果。

二、单项选择题

中世纪戏剧不包括(　　)。(青岛大学 2012 年研)

A. 奇迹剧　　B. 神秘剧　　C. 道德剧　　D. 广场剧

【答案】D

【解析】奇迹剧、神秘剧、道德剧都是由宗教戏剧演变而生的，诞生并流行于中世纪，多反映现实生活和社会矛盾，宣扬城市中产阶级的理念，因而受到了教会的打压。广场剧主要是从演出方式的角度出发进行的划分，用于区分教堂剧、咖啡馆戏剧等。

三、名词解释

1. 阿里斯托芬(南艺 2014 年研)

答：阿里斯托芬(约公元前 445—前 385)，古希腊早期喜剧代表作家，相传写了 44 部喜剧，现存《阿卡奈人》等 11 部。他对后世的喜剧影响甚大，被称为“喜剧之父”。阿里斯托芬拥护民主制，也揭露民主制危机所造成的社会问题和伦理道德的沦落，谴责上层统治者的虚伪残暴和社会上的不公正现象。其次，他还主张对财产作一次再分配，以消灭贫困，恢复公正，发扬道德。倡导和平，厌恶战争，肯定诚实善良等美德。阿里斯托芬反对智者的道德观，认为他们用极端的个人主义为强权的寡头专制辩护，毁坏了雅典民主制的道德基本原则和传统。他的思想反映了动荡时代雅典的自由农民和中产者希望恢复旧日安宁生活的愿望。

2. 莎士比亚“四大悲剧”(上海师大 2020 年研；南艺 2015 年研；中传 2005 年研)

答：莎士比亚“四大悲剧”包括《哈姆雷特》《奥赛罗》《李尔王》和《麦克白》，表现了人文主义理想与现实社会恶势力之间的悲剧性冲突及理想的破灭。《哈姆雷特》剧讲述的是丹麦王子哈姆雷特回国奔丧，父王鬼魂诉冤，嘱其报仇。王子装疯，安排“戏中戏”，证实了新王杀兄的罪行，最后母后也误饮毒酒而死，三人同归于尽。《奥赛罗》剧讲述的是威尼斯大将、摩尔人奥赛罗与元老之女苔丝狄蒙娜倾心相爱，冲破家庭阻力结为夫妻并一同出征。奥赛罗轻信苔丝狄蒙娜有私情，亲手将妻子掐死，最后真相大白，奥赛罗悔恨交加，拔剑自刎。《李尔王》剧叙述不列颠王李尔将国土全分给了花言巧语的两个大女儿，而将秉性耿直的小女儿远嫁法国。最终李尔遭到长女次女百般虐待，流落荒野，疯癫而死。《麦克白》剧讲述了苏格兰大将麦克白受女巫诱惑，在野心和夫人的驱使下，杀君自立，后终日被噩梦纠缠，神思恍惚，最后王子率兵讨伐，麦克白兵败而死。

3. 《奥赛罗》(上戏 2021 年研)

答：《奥赛罗》是威廉·莎士比亚四大悲剧之一。奥赛罗是威尼斯公国的一员勇将，他与元老的女儿苔丝狄梦娜相爱，但由于他是黑人，婚事未被允许，两人只好私下成婚。奥赛罗手下有一个阴险的旗官伊阿古，一心想除掉奥赛罗，他先是向元老告密，不料却促成了两人的婚事；他又挑拨奥赛罗与苔丝狄梦娜的感情，说另一名副将凯西奥与苔丝狄梦娜关系不同寻常，并伪造了所谓的定情信物等。奥赛罗信以为真，在愤怒中掐死了自己的妻子。当他得知真相后，悔恨之余拔剑自刎，倒在了苔丝狄梦娜身边。《奥赛罗》展示了摩尔人奥赛罗、高贵的苔丝狄蒙娜、奸人伊阿古、天性善良的凯西奥、思量的罗多维科等一系列鲜明的人物形象。他们的性格各异，即便不去想象他们的行动和情感，他们的容貌仍然能够显示在读者眼前。

4. 社会问题剧(中传 2014 年研)

答：社会问题剧是指易卜生创作的揭露社会问题的戏剧。通过人物的论争，这些戏剧提出了资本主义社会中的政治、婚姻、道德、法律、妇女、教育等一系列社会问题，批判了资产阶级虚伪的道德法律、自私自利的丑恶本性以及婚姻的不合理现象。虽然剧作家没有在结尾提供恰当的解决方法，但因为所涉及问题的重大，剧中人物思想的尖锐对立，这些戏剧呈现出浓厚的探索精神和犀利的批判色彩。通过社会问题剧，易卜生将戏剧舞台用作讨论社会问题的讲坛，把现实主义创作原则和方法扩展到戏剧领域，冲击了当时西方舞台上流行的虚幻庸俗的戏剧，指明了戏剧发展的新方向，推进了现代戏剧的革新。社会问题剧的代表作品有《社会支柱》《玩偶之家》《群魔》和《人民公敌》等。

5.《玩偶之家》（中传 2015 年研）

答：《玩偶之家》是易卜生的社会问题剧作，被认为是最经典的现实主义作品，又译为《娜拉》《傀儡家庭》，1879 年首演。易卜生通过女主人公娜拉与丈夫海尔茂之间由相亲相爱转为决裂的过程，探讨了资产阶级的婚姻问题，暴露了男权社会与妇女解放之间的矛盾冲突，进而向资产阶级社会的宗教、法律、道德提出挑战，激励人们尤其是妇女为挣脱传统观念的束缚，为争取自由平等而斗争。剧作尖锐地触及当时的妇女地位问题，也撕下了资本主义关于家庭神圣的道德说教的虚伪面纱。易卜生及其戏剧被介绍到中国，时逢五四运动，《玩偶之家》以其揭露社会现实、追求个性解放、女性解放，契合了五四思潮，引起巨大反响。

6. 熊佛西（首都师大 2012 年研）

答：熊佛西是中国话剧的拓荒者和奠基人之一。他一生创作了 27 部多幕剧和 16 部独幕剧，代表剧作有《赛金花》《上海滩的春天》等。对于戏剧教育，他一贯主张“教育民主”“学术自由”，坚持“戏剧教学不能拘束于课堂，必须通过舞台实践”。此外，熊佛西提倡戏剧大众化，立足于农村，聚焦于农民。为此，他进行了戏剧大众化实验，取得了一定成效。

7.《原野》（首都师大 2012 年研）

答：《原野》是曹禺于 1937 年创作的三幕剧，是曹禺唯一一部以农村生活为题材的作品。《原野》通过仇虎复仇的悲剧反映了受尽地主焦阎王压迫的农民的挣扎和反抗。仇虎受了旧传统道德观念的影响，认为父债子还是天经地义的事。这种非理性的复仇观念，使他的复仇行为具有一定的盲目性。《原野》通过一个复仇的命运悲剧故事，深刻地展示出作家对“人生困境”的困惑以及对神秘宇宙的哲学思考。作品渲染仇虎内心的恐惧与谴责，多运用现代主义手法，带有浓厚的神秘色彩。

四、简答题

1. 埃斯库罗斯在戏剧艺术上的贡献。（南艺 2015 年研）

相关试题：埃斯库罗斯（名词解释，安徽大学 2022 年研；中传 2017 年研）

答：埃斯库罗斯在戏剧艺术上的贡献主要表现为：

（1）他的悲剧风格崇高，语言优美，富于抒情气氛，使悲剧戏剧具有完备的形式。他注意形象的塑造，他笔下所创造的人物都有坚强的意志，他们的性格是刚毅的。埃斯库罗斯赞扬雅典民主，反对暴政，在新旧思想斗争中略带保守。他的悲剧大部分取材于神话，喜欢用三联剧形式创作，衔接严谨。剧本情节不复杂，但矛盾冲突激烈，抒情色彩浓厚，风格庄严、崇高，人物形象雄伟、高大。

（2）他创作的悲剧绝大部分是三部曲。三部曲采用神话中连续发展的三个故事为题材。在他的戏剧创作实践和演出实践中，逐渐减少了合唱队的抒情成分，削减了独唱的长度，并增加了第二个演员，从而给戏剧对话和人物表演留出了时间和空间。正是在这个基础上，戏剧的一切要素——冲突、矛盾、人物性格和情节的展开等，才得以健全地发展起来。

（3）埃斯库罗斯生活在希腊文化两个时代的交替时期。其对戏剧的独特贡献还在于，他不仅总结了前几代人全部的思想和艺术经验，而且对自己的同时代人提出了新的精神命题，并开始寻求新的艺术表现手法。正是在这层意义上，埃斯库罗斯的悲剧创作是当时的希腊民族精神的真实记录。他的剧作所洋溢着的英雄崇拜热情和启蒙意识，他笔下的命运主题，都带有当时整个社会意识形态的鲜明特征。

2. 简述索福克勒斯及其代表作。

相关试题：索福克勒斯对古希腊悲剧的发展。（福建师大 2013 年研）

答：参见本章考点难点归纳相关内容。

3. 简述文艺复兴戏剧。

相关试题：简析文艺复兴戏剧的内容特点和艺术特色。（河南师大 2015 年研）

答：参见本章考点难点归纳相关内容。

4. 简述《哈姆雷特》的艺术成就。

相关试题：简述莎士比亚的名剧《哈姆雷特》的思想内涵。（南航 2013 年研）

答：《哈姆雷特》（又名《王子复仇记》）创作于 1601 年，是英国文艺复兴时期文学创作的巅峰，代表了莎士比亚戏剧的最高成就。

（1）性格悲剧。哈姆雷特既有文艺复兴时期人文主义者反封建、崇尚人的特征，又有宫廷贵族后代悲观、忧郁的消极一面。莎士比亚集中揭示了他的人文主义理性和他对现实的悲观认识的冲突。莎士比亚通过这个人物的悲愤与失望、苦闷与彷徨，批判了丑恶的现实，也揭示出哈姆雷特悲剧的必然性。

（2）情节结构。在复仇情节之外，莎士比亚还写了哈姆雷特和奥菲丽亚之间的爱情、哈姆雷特和霍拉旭之间的真诚友谊，与背叛自己父王的母亲之间复杂的关系等。莎士比亚善于描写几条相互平行的线索，促进生动复杂的情节发展。写作技巧上则表现出一种奇妙的戏剧紧迫感，逐渐加快情节发展的节奏，往往有一气呵成的神来之笔，令观众惊叹不已。

《哈姆雷特》在突出悲剧的阴郁、灰暗、紧张氛围的同时，又穿插进嘲讽的诗句和插科打诨的幽默场面，使得戏剧中崇高和卑下、可怕和可笑、英雄和丑角相互映衬，显示出丰富的人物性格和形形色色的社会画面。

5. 简述古典主义戏剧。

相关试题：

（1）古典主义戏剧有哪些主要特征？法国古典主义悲剧冲突是什么？（福建师大 2007 年研）

（2）法国古典主义戏剧。（中传 2009 年研）

答：参见本章考点难点归纳相关内容。

6. 简述启蒙主义戏剧。

相关试题：启蒙主义戏剧（名词解释，河南师大 2014 年研）

答：启蒙主义运动是继文艺复兴以后欧洲资产阶级的第二次伟大的思想解放运动。启蒙思想家高举“理性”的旗帜，以先进的思想教育群众，从社会科学、自然科学的各个领域对封建社会的一切观念形态展开了全面的清理与批判，为 1789 年法国资产阶级革命准备了思想和理论条件，因而有“启蒙”之名。启蒙运动是文艺复兴反封建、反教会斗争的继续和发展，它继承了人文主义者的理想，要求从教会束缚下解放个性，而且比人文主义者更进一步把斗争矛头直接指向封建社会的全部上层建筑，其目的是推翻封建政权，建立资产阶级政权。因此这一思想文化运动也是政治革命运动。

（1）发展历程。启蒙主义戏剧始于 17 世纪的欧洲启蒙运动，18 世纪下半叶蓬勃发展。18 世纪的启蒙主义时期，启蒙主义戏剧家利用古典戏剧的形式引入新的革命内容，进行社会革命。随着贵族的消亡，古典主义不复存在，市民戏剧真正繁荣起来。因此，启蒙主义戏剧是这一历史时期资产阶级领导的人民群众在政治、经济、社会生活和意识形态领域里反封建、反教会的强烈反响，为资产阶级夺取政治统治权作了广泛的舆论宣扬。在启蒙运动文艺思潮的影响下，启蒙文学应运而生，并日益繁荣。启蒙文学在争取人们的思想解放、促进资产阶级革命的斗争中发挥了不可磨灭的作用。从 17 世纪开始，科学取得了巨大的进步，人类开始理解宇宙法则的奥秘，在“启蒙”的著作中，大自然具有了重要地位。哲学家们认为人只能服从“自然”法则，并广泛批评了欧洲国家的政治和宗教制度，因为它限制了人们的自由。经过启蒙主义运动之后，“自由”与“民主”的思想已深入人心。

(2) 代表人物。欧洲启蒙运动时期戏剧的代表人物分别有：

①法国的博马舍，其代表作有《塞维利亚的理发师》《费加罗的婚礼》。

②意大利喜剧家哥尔多尼，其代表作有《女店主》和《一仆二主》。

③德国的莱辛，代表作有《艾米莉·迦绿蒂》。

④德国剧作家席勒，代表作有《强盗》和《阴谋与爱情》。

7. 简述浪漫主义戏剧。

相关试题：

(1) 结合具体的作家作品，谈谈十九世纪欧洲浪漫主义戏剧的特征。（中传 2011 年研）

(2) 法国浪漫主义戏剧的艺术特征和代表作品。（南航 2017 年研）

答：参见本章考点难点归纳相关内容。

8. 简述易卜生的戏剧创作成就。

相关试题：

(1) 简述易卜生的“社会问题剧”。（福建师大 2007 年研）

(2) 以《玩偶之家》为例，说明易卜生“社会问题剧”的主要特征。（论述题，福建师大 2010 年研）

(3) 易卜生的社会问题剧对中国社会思潮影响很大，主要表现为哪几个方面？（南航 2015 年研）

(4) 论述易卜生的社会问题剧与中国现代戏剧的发生。（论述题，南航 2013 年研）

(5) 论述易卜生戏剧创作的几个阶段和艺术风格。（论述题，南航 2017 年研）

答：参见本章考点难点归纳相关内容。

9. 简述表现主义戏剧。（南京大学 2022 年研；福建师大 2008 年研）

相关试题：具体举例表现主义舞台审美特性。（上戏 2020 年研）

答：参见本章考点难点归纳相关内容。

10. 谈谈你对斯坦尼斯拉夫斯基表演体系的认识。（央戏 2022 年研）

相关试题：

(1) 比较“斯坦尼斯拉夫斯基表演体系”与“布莱希特表演体系”。（北京大学 2013 年研）

(2) 斯坦尼斯拉夫斯基体系的主要观点有哪些，请结合体系的发展历史进行分析。（南航 2015 年研）

答：参见本章考点难点归纳相关内容。

11. 评析布莱希特的“叙述体戏剧”。（中传 2009 年研）

相关试题：布莱希特戏剧理论的核心观点。（上戏 2012 年研）

答：参见本章考点难点归纳相关内容。

12. 简述自然主义戏剧特色。（南艺 2014 年研）

答：德国自然主义运动开始于 19 世纪 80 年代后期，结束于第一次世界大战爆发前，这一时期是自然主义文学运动最活跃的时期。一方面德国自然主义文学受到了法国自然主义的影响，另一方面又根植于本国的现实。1871 年德国的统一带来的政治变化加快了德国工业化的进程，工业的发展促进了科学的繁荣，自然科学取得巨大的发展；工业、外贸的兴旺繁荣使得无产阶级队伍不断地发展壮大，工人运动蓬勃发展，但是这些变化并没有反映在文学上，在这一时期德国文学仍然处于一个低潮时期，盛行一味模仿古典文学作品，脱离了现实。文学上的这种状况引起了许多作家的不满，他们开始学习和接受法国的自然主义理论，发起了在内容和形式上进行一场革命的自然主义宣言。在德国，自然主义文学流派取得的最大成就表现在戏剧方面，可以说自然主义戏剧导致了对传统戏剧的重大革命，在题材、人物以及舞台提示等方面各有特色，具体为：

（1）题材。德国自然主义戏剧创作最活跃的时期是19世纪80年代后期，特别是90年代，当时的德国正处于工业化时期。工业的发展促使大城市的崛起和工人阶级的发展壮大，但是在大城市繁荣的背后隐藏的是工人阶级和劳动者工作条件的恶劣和生活的困苦。德国自然主义戏剧正好反映了社会的这种状况，在题材上常常与描写工人阶级相联系。豪普特曼是德国最伟大的自然主义戏剧家，他所创作的许多戏剧可以说是自然主义戏剧的典范。《日出之前》和《织工》是他的代表作，也是德国自然主义戏剧中最经典的两部作品。这两部戏剧都选用了与工人阶级相关的题材。

（2）人物。自然主义理论的缔造者左拉在《戏剧中的自然主义》中提出了他对自然主义戏剧的期望："我们等待着人们把有血有肉的，取自现实并经过科学分析的，没有半点虚假的人物搬到舞台上去。"在德国自然主义戏剧中，左拉的这一期望得到了完美的实现。在德国自然主义戏剧中，对人物形象的塑造力求真实而具体，这一特点在《织工》中表现得淋漓尽致。在《织工》剧中先后共出现了四五十个人物，但是个个人物都极富个性，作者在舞台提示中几乎对每一个人物形象都作了刻画，而对某一些人物形象的刻画更是细致入微，不仅描写了他们的外貌，甚至有提到他们的过去和性格，除了通过舞台提示刻画人物形象之外，还通过符合人物身份的语言来展示人物的性格特征，众多个性鲜明的人物跃然纸上。自然主义戏剧家之所以能刻画出如此真实的人物形象是同他们的考证工作分不开的。豪普特曼就曾两次实地考察过西里西亚织工的状况，并大量阅读了历史文献资料，剧中的许多人物都是来源于现实生活，例如织工安索格和小贩霍尼希就确有过其人，连名字都沿用了真实名字，而织布厂老板也只是将历史上的"茨旺齐格"变成了"德赖西格"。

（3）舞台提示。与以往的戏剧相比，自然主义剧作的舞台提示在剧本中的比例大大增加，而且内容也更加详尽，例如在豪普特曼的《织工》剧中开始就是长达一页的舞台提示，介绍了第一幕的具体环境，作者详细地描述了织工们上交布匹的场所及其室内的布置，同时描写了外面的天气状况，非常详细地刻画了人物的外貌、表情、心理、细小的动作和反应，还揭示了人物的内在动机，性格爱好，甚至过去的历史。类似长度的舞台提示也同样出现在各幕的开头，比如在发货员普法伊弗尔第一次说话时，舞台提示描写了他的模样、声调，还告诉人们他从前是个织工还是个烟鬼。这种详细的舞台提示不仅为演员表演提供了指导，且起到了描写环境、刻画人物、渲染气氛的作用，服务于再现历史真实的目的，而且这种舞台提示或多或少地带有叙事化倾向，为以后布莱希特创立叙事戏剧理论体系奠定了基础，布莱希特曾说过："自然主义在欧洲的兴起就意味着叙事剧的出现。"

正因为在自然主义戏剧的剧本中有了详细的舞台提示，所以在戏剧演出时，舞台布景忠实地按照剧本的舞台提示，精确地再现了一个客观的舞台世界，消除掉任何人为的色彩；除舞台布景之外，演员也要求按照舞台提示去演绎角色，他们的表演就好像是一幅幅真实图景，观众看到的是一个个真实的人，仿佛是从生活中直接走上了舞台；无数鲜活的场面，仿佛发生在自己的身边。

13. "爱美剧"出现的背景、特点及历史意义。（北师大2012年研）

相关试题：爱美剧（名词解释，上戏2021年研；安徽师大2018、2016年研；中传2016年研；河南师大2013年研；福建师大2011年研；苏州大学2010年研）

答："爱美"一词来源于英语"amateur"的音译，在汉语中则是一个音形兼备的词语，准确地体现了爱美剧的双重属性：业余＋艺术。"普通字典所规定的意义"即业余、非职业的意思，而"欧美戏剧艺术者，劳动努力了，所赠与这个字的意义和威权"即是指爱美剧在艺术上的追求。因而爱美剧一词就有了两个层面的意义，一是业余的、非职业的演剧；二是强调爱美的“美”字，即艺术性。

(1)产生的背景。爱美剧产生的基础是五四运动前后颇为盛行的学生演剧活动。五四运动之后，“因爱国运动的热烈，学生组织化妆宣讲队，宣传日本的侵略行为、中国的亡国危险和朝鲜亡国的惨痛。当时风靡一时，各处组织新剧团”。同时，在新文化运动中，“新的思想和新的观念，已深入青年的脑海，所以戏剧的演出，至少被当作一个表现新思想与新观念的工具看待，极受一般青年的拥护与爱戴”，因此，学生戏剧运动普遍发展。不过它们的目的是宣传，以戏剧为工具，无暇顾及艺术的价值。因此，运动风潮过去后，这戏剧运动也就烟消云散。不过，戏剧运动的残烬点燃了爱美剧运动的导火线，所以接着就有几个有组织有力量的剧团兴起。复旦剧社是 20 世纪 20 年代学生剧社中的典范，在它身上，就体现了从业余性向专业艺术性过渡的特点。

(2)特点。对小剧场的倡导。学校戏剧由于只是业余演出，经费没有保证且多在校内演出，因而多数采取了小剧场的形式，由于学校戏剧在爱美剧中占有极大的比重，这就导致了爱美剧小剧场的风行，然而尽管游艺会的热闹气氛比较浓厚，影响却比较有限，往往只能局限在学校内部，为一小部分知识分子所参与。如复旦剧社早期在游艺会活动中进行演出，就主要采取小剧场的形式，颇适合师生同乐的气氛，但在洪深的要求下，复旦剧社在逐步突破游艺会性质的同时，也在逐步突破小剧场的限制，推进社会性公演的次数，力争扩大话剧艺术在市民阶层中的影响，否则学校剧社的小剧场，只能局限在知识分子的狭小范围内。

(3)历史意义。爱美剧运动从兴起到趋于衰落经历了相当长的时间，其影响遍及全国各地，在话剧史上起到了关键作用，是中国话剧在第一阶段文明戏的彻底堕落后所必然经历的恢复元气的阶段，它为话剧向成熟期过渡做了重要的准备。正是在爱美剧运动的大潮中，戏剧理论和演出实践得到了进一步的发展。

五、论述题

1. 简论荒诞派戏剧及其特点。

相关试题：简述荒诞派戏剧的代表剧作及其哲学基础。(简答题，福建师大 2011 年研)

答：荒诞派戏剧是第二次世界大战以后西方戏剧界最有影响的流派之一。

(1)发展历程。荒诞派戏剧兴起于 20 世纪 50 年代，其创始人和主要代表人物有塞缪尔·贝克特、尤金·尤奈斯库等，其代表作有尤奈斯库的《秃头歌女》《椅子》，贝克特的《等待戈多》等。其中《等待戈多》是荒诞派戏剧中最早的成功之作。它自 1953 年在巴黎上演以来，轰动西方剧坛，先后被译成数十种语言，在 20 多个国家演出；1969 年，贝克特还因此剧而获得诺贝尔文学奖。1960 年，英国戏剧理论家马丁·艾思林将他们的这些剧作编辑成书，根据其思想和艺术特点，将其定名为“荒诞派戏剧”，简称“荒诞剧”。

(2)风格特征。荒诞派戏剧家对人生的荒诞性表示强烈的反感和深刻的讽刺，为了揭示世界的不合理性，存在的无依据、无理由，人命贱如蝼蚁、微不足道，他们不仅借助语言，而且借助各种舞台手段去表现，使荒诞性本身戏剧化。为表现人生的荒诞不经，他们任意破坏、支解、割裂传统的戏剧结构，把戏剧的所有传统要素如动作、语言、人物，一一去掉。荒诞派戏剧一般没有具体的情节，没有符合客观现实的人物形象，整个舞台无非是突出世界的荒唐性的一种象征。

荒诞派戏剧借助于舞台上出现的场景去表现存在的荒诞性，最大限度地调动一切舞台手段把人类的惶惑不安呈现在观众面前。为了揭示人生现实的不合理性，机械可笑的动作，幻象的显现，灯光和音响的作用都发挥到最大程度。尤其突出的一个特点在于夸大物体的地位，让大量的物体占领舞台空间，用来说明反理性的世界倒过来压迫人的理性世界，反映了物质文明的高度发达与人的精神空虚的矛盾。

(3)代表作品。在《等待戈多》中的情境设置看起来非常不合乎常理、逻辑。剧中人物就是两个衣衫褴褛、浑身发臭的流浪汉爱斯特拉冈和弗拉季米尔。他们在乡间小道的一棵枯树下焦急地等待戈多。戈多是谁？等他干什么？这两个流浪汉也不清楚。他们就这样莫名其妙地等着，靠梦呓般的对白和无聊的动作消磨时光。最后，戈多没来，于是他们又在第二天晚上等待，但第二天戈多仍没来，他们只好继续等待。这样的设置在常规的戏剧中是十分少见的。

2. 论述《雷雨》剧本中的描绘并分析其意向。

相关试题：

（1）简要分析《雷雨》的主题。（简答题，上戏2021年研）

（2）试比较《雷雨》《日出》中的繁漪和陈白露两位女性形象。（杭州师大2017年研）

（3）分析《雷雨》中的周朴园形象。（河南师大2017年研）

（4）曹禺曾说他在《雷雨》中技巧用得过分，你能从中发现哪些技巧？这些技巧在戏剧史上的哪些作品中也可以看到？（中传2013年研）

（5）简述曹禺的戏剧创作与艺术风格。（南航2016年研）

（6）剧本《雷雨》奠定了曹禺先生在中国话剧史上杰出的现实主义作家的地位，请结合剧情进行分析。（简答题，南航2015年研）

答：曹禺的《雷雨》具有浓厚的希腊悲剧色彩。但其题材内容和人物塑造完全是民族化的。《雷雨》描写了一个带有浓厚封建色彩的资产阶级家庭的悲剧。剧中以两个家庭、八个人物、三十年的恩怨为主线，伪善的资本家大家长周朴园，受新思想影响的单纯的少年周冲，被冷漠的家庭逼疯了和被爱情伤得体无完肤的女人繁漪，对过去所作所为充满了罪恶感、企图逃离的周萍，还有意外归来的鲁侍萍，单纯享受着爱与被爱的鲁四凤，受压迫的工人鲁大海，贪得无厌的管家等，不论是家庭秘密还是身世秘密，所有的矛盾都在雷雨之夜爆发，在叙述家庭矛盾纠葛、怒斥封建家庭腐朽顽固的同时，反映了更为深层的社会及时代问题。

从总体上看，《雷雨》对雷雨意象的描绘与塑造主要通过以下几方面体现出来：

（1）多方面展示了雷雨到来之前的特有氛围。有时是对天气的直接刻画，有时则是以人物的动作、行为、语言来侧面表现这种氛围。在《雷雨》的第一幕，雷雨虽然没有出现，但到处弥漫着雷雨前的特有气息——郁热潮湿，没有一丝风。“屋中很气闷，郁热逼人，空气低压着。外面没有阳光，天空灰暗，是将要落雨的神气。”在这样的自然环境里，人人都感到郁热、烦躁，焦灼不安：四凤为母亲的到来而焦虑不安，鲁贵为还赌债唠叨着向四凤要钱，周萍因为繁漪的纠缠而心绪不宁。第二幕的结尾是一场雷雨的降临，但此前依然是比第一幕更加压抑的雷雨前的景象：“午饭后，天气很阴沉，更郁热，湿潮的空气，低压着在屋内的人，使人成为烦躁的了。”鲁贵身上的白汗衫已经湿透了，四凤一边摇着扇一边微微叹着气，许多日没有下楼的繁漪也下了楼，并亲自打开了窗户透气，在恳求周萍留下来不要走而遭到拒绝后，她一语双关地对周萍说：“风暴就要起来了。”连平日不动声色的周朴园也从郁热的氛围中感受到了雷雨即将到来的信息：“大概是暴雨就要下来了。”第三幕的开始依然是更加郁热的气氛：“天气还是郁热难堪，天空黑漆漆地布满了恶相的云，人们都像晒在太阳下的小草，虽然半夜里沾了点露水，心里还是热燥的，期望着再来一次的雷雨。”至此，雷雨意象已经“未见其人，先闻其声”。

（2）从光与声两方面描绘雷雨的强大声势，强化雷雨意象的特征。雷雨在剧中真正出现是在第二幕的结尾，曹禺以传神的手法通过对雷雨光与声的描绘展示它的威势和神韵。雷雨开始远距离出现是在当周冲哭着跑出去后，此时外面风雷大作，连周朴园都被惊动了，他喊周萍差下人来关窗，自己则站在窗前“望着外面的闪电”。第三幕的开始，雷雨开始声色俱厉地近距离出现在人们面前：“无星的天空时而打着没有雷的闪电，蓝森森地一晃，闪露出来池塘边的垂柳在水面颤动着。闪光过去，还是黑黝黝的一片。”接着“雷又隐隐地响着”，“以后闪电更亮得蓝森森地可怕，雷也更凶恶似的隆隆地滚着。”在这些闪电和雷声之中，“青蛙象是吓得不敢多叫”，“野狗寂寞地狂吠着”。此后，曹禺不断进行着几乎相同的描述：“雷声轰轰滚过去”“外面的雷声”“雷声轰轰滚过去”“雷声大作”“雷声大作，一声霹雳”“雷声轰轰，大雨下”“窗外蓝森森的闪电”直到第三幕结束，暴风雨的声音压倒了一切。而进入第四幕，“外面还隐隐滚着雷，雨声淅沥可闻”，“除了偶尔天空闪过一片耀目的电光，蓝森森的看见树同电线杆，一瞬又是黑漆漆的”。接下来，仆人、繁漪、四凤、侍萍接连从外面的雨地里走来，以浑身雨水淋漓的形象显示了外面大雨滂沱的情形。

(3)随着剧情的逐渐推进，写出了雷雨由远及近、由弱到强、渐行渐进的到来过程。在第一幕里，渲染的只是雷雨前的闷热气氛：天空灰暗，热气逼人，没有一丝风，几乎叫人喘不过气。此时雷雨正在酝酿之中。第二幕，闷热加剧，风声骤起，闪电出现，结尾后悄然降下一场热雨。第三幕，空气依然郁热逼人，更大的一场雨正在酝酿中，在青蛙断断续续的鸣叫和野狗惊恐的狂吠声中，闪电不时地划破天空，其后雷声渐起，愈来愈强，直至幕落，风雨裹着闪电雷声铺天盖地而来。第四幕，闪电雷声不断，大雨倾泻如注，冲倒了厂房，淹没了河沟。在此过程中，三死两疯的悲剧达到了高潮。

3. 结合具体作品，分析戏剧语言的抒情性。（四川师大 2018 年研）

答：曹禺以其戏剧语言的抒情性构筑着他剧作诗的大厦。在心理语言和抒情独白中渗透人物的所思所感；在意境的营造之中渲染抒情气氛；调动多重语言技法增强剧作的诗意之美。曹禺剧作深得莎士比亚、契诃夫戏剧艺术之精妙，也颇具中国传统戏曲及古典诗词长于抒情的风格，有着浓郁的诗意。这诗意从根本上源于他清丽含蓄、色彩鲜明的戏剧语言以及由这语言所营造的深邃意境和诗情氛围。

(1)曹禺戏剧语言的抒情性在塑造舞台形象时起主导作用。《雷雨》是当作诗来写的，其中许多台词准确地展现了人物的性格，抒发了人物的内心情感。繁漪在第二幕中那段著名的独白，简直就是一首贮满愤懑与渴望的抒情诗："热极了，闷极了，这里真是再也不能住的。我希望我今天变成火山的口、热烈烈地冒一次，什么我都烧个干净，当时我就再掉在冰川里，冻成死灰，一生只热热地烧一次，也就算够了。我过去的是完了，希望大概也是死了的。哼，什么我都预备好了，来吧，恨我的人，来吧，叫我失望的人，叫我忌妒的人，都来吧，我在等候着你们。"繁漪在"宇宙残酷的井里"拼死攀援的艰辛与焦灼、压抑与烦闷，"爱起你来像一团火"，"恨起你来也像一团火"的炽烈阴鸷的个性也都熔铸在这诗般的语言里。

(2)曹禺戏剧语言的抒情性体现在戏剧冲突与对白中。《日出》重在对陈白露性格悲剧的揭示。从这个堕落女性的内心矛盾和人性冲突中，作家依然用抒情的语言传达出她不乏诗意的精神内质。她喜爱阳光，对着朝阳，从心灵深处涌出热情的欢呼："你看，天多蓝，喂，你听，麻雀！春天来了。哦，我喜欢太阳，我喜欢年轻，我喜欢我自己。哦，我喜欢！"总以玩世不恭掩盖着内心痛苦，在享乐之中排遣寂寞、消磨时光的她，当青梅竹马的情人方达生到来的时候，禁不住流露出不可掩饰的娇态和柔情。

(3)曹禺剧作语言的诗化升华了其剧作的抒情性。别林斯基说，戏剧应是"最高一类的诗"。曹禺恰以其语言的抒情性构筑着他剧作诗的大厦，也可以说，正是因为一些诗的语言技法如比喻、象征、含蓄等的综合运用，才使他的戏剧语言具有了抒情性。曹禺一再宣称自己写的是"诗"。据曹禺 1981 年和田本相的谈话，写作《日出》之前萦绕在作者心头的，剧中人物诵读的几句诗："太阳升起来了。黑暗留在后面。但是太阳不是我们的，我们要睡了。"其后才逐渐酝酿演化为具体的人物形象。这几句诗在《日出》一剧中至为重要。

第三编　戏　曲

【知识框架(庖丁解牛)】

- 戏曲
  - 一种独特的戏剧文化
    - “戏曲”的含义
    - 基本特征：综合性、虚拟性、程式性、节奏性、技术性
    - 活动方式：庙会、宴会和剧场演出、自娱演唱活动
    - 演出队伍：江湖班、家班、业余班社
  - 中国戏曲史
    - 戏曲的起源与形成
    - 发展历程：宋辽金杂剧、宋元南戏、元杂剧、明清传奇与杂剧、清代地方戏、近现代戏曲
  - 戏曲声腔剧种
    - 类别：弋阳腔、余姚腔、海盐腔、昆山腔、梆子腔、皮黄腔、昆曲
    - 剧种：昆剧、京剧、秦腔、豫剧、越剧、黄梅戏、评剧、川剧等
  - 戏曲文学
    - 定义与特点
    - 戏曲作家与作品
      - 宋元南戏：《张协状元》、四大南戏、《琵琶记》等
      - 元杂剧：关汉卿、白朴、马致远、王实甫、康进之、纪君祥等
      - 明清传奇与杂剧：朱有炖、徐渭、梁辰鱼、沈璟、汤显祖、南洪北孔等
      - 清代地方戏：《梵王宫》《反五关》《龙虎斗》《四郎探母》《玉堂春》等
      - 近现代戏曲名家：黄吉安、范紫东、马健翎、樊粹庭、陈墨香、田汉等
    - 戏曲文学术语：总讲与单头、关目、凤头、猪肚、豹尾、科诨、本色、家门等
  - 戏曲音乐
    - 音乐术语：诸宫调、南北曲、宫调、套数、南北合套音、集曲、曲牌、欢音、苦音等
    - 声腔分类：高腔腔系、昆腔腔系、梆子腔系、皮黄腔系、民间歌舞类诸腔、民间说唱类诸腔、少数民族戏曲音乐等
  - 戏曲表演
    - 表演程式：唱做念打、四功五法、科介、上下场势、搭架子、亮相、龙套等
    - 脚色行当：生、旦、净、末、丑、杂、外、贴、参军、苍鹘、五花爨弄、江湖十二脚色等
    - 戏曲基本功：毯子功、把子功、翎子功、甩发功、髯口功、扇子功、手绢功、特技等
    - 戏曲表演艺术家：珠帘秀、陈明智、京腔十三绝、同光十三绝、俞粟庐、程长庚、谭鑫培、卢胜奎、四大名旦、四大须生、盖叫天、田际云、袁雪芬等
  - 戏曲舞台美术
    - 人物造型：行头、戏衣、戏鞋、面具、脸谱、俊扮、变脸、髯口、假发、梳水头等
    - 景物造型：门帘台帐、守旧、一桌二椅、桌帏椅帔、砌末、检场、二道幕、火彩、机关布景
    - 戏曲传统剧场：草台、露台、庙台、氍毹、勾栏、鬼门道、戏房

第 1 章　一种独特的戏剧文化

3.1.1　复习笔记

【通关提要(提纲挈领)】

本章主要论述了戏曲的定义以及戏曲的基本特征。本章考点以简答题为主，在学习时，需要着重对戏曲的五个特征，即综合性、虚拟性、程式性、节奏性、技术性加以把握，大致了解戏曲的活动方式及其演出队伍。

【考点难点归纳(厚积薄发)】

考点一："戏曲"的概念界定及基本特征(见表 3－1－1)　★★★★

表 3－1－1　"戏曲"的概念界定及基本特征

要点			具体内容
概念界定	产生		"戏曲"是中国传统文化的代表性艺术品种，指中国传统演剧体系。它最早出现在宋元时期刘埙的《水云村稿》卷四《词人吴用章传》中。戏曲艺术的起源可以追溯到原始社会的歌舞，但直到宋代戏曲才成为一种独立的戏剧形式
	发展	近代	在《宋元戏曲考》[王国维]中才将"戏曲"一词作为中国传统戏剧的总称
		现今地位	如今，"戏曲"专指中国传统演剧体系。在世界三大古代戏剧[古希腊的悲剧与喜剧、古代印度梵剧和中国戏曲]中，中国戏曲是最具活力的，它代表着中华民族的传统文化，至今仍活跃在人们的生活中
基本特征	综合性		戏曲是一门综合性的艺术，包括时间艺术[如音乐、文学、曲艺]和空间艺术[如绘画、工艺美术、摄影艺术、建筑艺术]。唱、做、念、打是中国戏曲的核心。同时，它还融合了多种艺术因素，包括文学、音乐、舞蹈、美术、工艺、武术、杂技等，这些因素都能与表演艺术紧密结合，成为加强表演、塑造人物的有机手段
	虚拟性		传统戏曲主要通过表演把表演场所变成情节发生的场所。通过演员言语和虚拟动作来提示时间和空间，借助道具营造舞台的幻觉。演员的表演和观众的想象将时间、空间和地点虚拟化，这种方法拓展了艺术家的艺术表现自由，开拓了生活的表现领域
	程式性		中国戏曲艺术在剧本结构、表演身段、音乐设计、服装造型等方面都需要遵循一定的程式[规范]。表演程式是美化、规范化和节奏化的生活动作，它相对稳定，但也在舞台实践中不断创新和发展
	节奏性		戏曲通过音乐和舞蹈来表现故事，讲究舞台的节奏性
	技术性		传统戏曲的表演和欣赏注重技术技巧，传统戏曲演员需要经过严格的技术训练。中国传统戏曲结合了许多艺术因素，对技术、演员能力等方面的要求都很高

考点二：戏曲的活动方式与演出队伍(见表3－1－2) ★★★

表3－1－2 戏曲的活动方式与演出队伍

要点	具体内容	
活动方式	庙会演出	庙会是一种集祭祀、贸易和娱乐等多种因素为一体的群众活动，庙会表演是中国古代延续至今的一种文化习俗
	宴会演出	在节日、婚丧、文人雅集等活动中，往往都有宴会表演的习俗，是古代维持社会公共关系和家庭友谊的手段
	剧场演出	宋元时期的瓦舍勾栏、明清时期的戏馆和茶馆以及现代的城市剧院都是戏曲活动的主要场所。商业表演是戏曲艺术家赖以为生的主要手段
	自娱自乐的演唱活动	群众性戏曲演唱活动的组织包括曲社、票房、围鼓堂等
演出队伍	江湖班	“路歧人”、勾栏艺人出现在宋元时期，江湖班社、现代剧团出现在明清时期，这些都是戏曲的专业队伍和骨干力量
	家班	民间戏曲教育的一种形式。由私家蓄养童伶，延师教习，专为私人家中演戏之用。家班多为昆曲班，是明清时昆曲演出的主要形式
	业余班社	一种年轻的非专业戏剧团体，由业余戏曲演唱者组成，班社的成员来自社会各行，其中有一定成就的叫曲友、票友、串客。“票友下海”是指他们中的一些人参加专业的戏曲班社后成为专业演员

3.1.2 典型题(含考研真题)详解

一、填空题

世界上三种古老的戏剧分别是：古希腊悲剧与喜剧、古印度梵剧和(　　)。

【答案】中国戏曲

【解析】并称为“世界三大古老戏剧文化”的分别是：①古希腊悲剧与喜剧。古希腊戏剧是世界上最古老的戏剧，产生于公元前6世纪，于公元前5世纪达到鼎盛时期。雅典最早的戏剧传统起源于祭奠酒神狄奥尼索斯的宗教活动。②印度梵剧。印度梵剧大多数取材于史诗、传说故事和现实生活，以刻画都市世态人情为主，如《小泥车》等。此外还有一些以宗教宣传为宗旨的作品，如《马鸣戏剧残卷》。梵剧在悲、喜、正三种戏剧审美品类中，与藏戏基本一致，同属于悲喜参和的正剧式审美品格。③中国戏曲。中国戏曲主要是由民间歌舞、说唱和滑稽戏三种不同艺术形式综合而成。它起源于原始歌舞，是一种历史悠久的综合舞台艺术样式。经过汉、唐，直到宋代才成为一种独立生存与发展的戏剧形态，它由文学、音乐、舞蹈、美术、武术、杂技以及表演艺术综合而成，约有三百六十多个种类。中国戏曲可将众多艺术形式以一种标准聚合在一起，在共性中体现其各自的个性。

二、单项选择题

戏剧艺术直到(　　)才成为一种独立生存与发展的戏剧形态。

A. 唐代　　B. 宋代　　C. 元代　　D. 明代

【答案】B

【解析】中国戏曲是多源的，其源头主要是民间歌舞、民间说唱和滑稽表演。戏曲艺术的源头可以追溯到原始社会的歌舞，但直到宋代才成为一种独立生存与发展的戏剧形态。

三、简答题

1. 戏曲艺术的基本特征。（南艺 2012 年研）

相关试题：戏曲的主要艺术特征有哪些？（西安工程 2017、2016 年研）

答：中国戏曲具有自身的审美特征，包括综合性、虚拟性、程式性、节奏性、技术性等，具体参见本章考点难点归纳相关内容。

2. 简述戏曲的活动方式和演出队伍。

答：参见本章考点难点归纳相关内容。

四、论述题

试论中国戏曲艺术的民间性特点。

答：戏曲源于民间，流传于民间，戏曲的民间性特征在戏曲诞生的那一刻就被深深刻在戏曲的基因里，之后无论戏曲如何嬗变和发展，其民间性永远都无法摆脱。

(1) 戏曲缘起于民间，发展于民间，其本质上是一种描绘、反映、戏说现实世俗生活的民间文艺，并与中国古代民间自给自足的小农经济结合在一起，演化成为一种具有普遍性的大众娱乐。因此，戏曲与中国传统民间社会文化的各方面都有着紧密的联系，比如时代背景下的礼仪伦理、政治制度、时代潮流，比如社会的生产力水平、审美认同、民风民俗，等等。传统戏曲在其千年的传承和发展过程中，绝大多数剧种始终没有脱离民间与民间艺术，而是不断包容地吸收、借鉴其他各种民间艺术的可取之处，始终保持着民间性的特征。

(2) 戏曲与民间语言密不可分。戏曲缘起于民间，其创作者、表演者和观赏者都来自民间，民间语言作为一种集体普遍使用的语言形式，是民间日常生活中最为基本的交流工具，是古代人民在日常生产、生活中进行表情达意、双向传递信息、表达精神信仰的主要方式。民间语言中蕴含着古代人民的基本生活状况与民风民俗变迁，是后世探究古代社会发展尤其是民间生活变化的具体依据之一。

(3) 戏曲由民众集体创作。历史上的任何一段传统戏曲的诞生，都具有明显的集体创作痕迹。中国传统戏曲是由曲艺说唱、民间歌舞、滑稽戏等嬗变而来，代代相传，代代进化，无法考证作者是谁，也没有关于其创作成形的具体时间的记载。一代又一代的演员和艺人不仅是表演者，而且还是参与集体创作的创作者。

(4) 戏曲满足民众的审美追求、反映人民的精神面貌。戏曲是由民众集体创作的，在一定的时间范围内流传，能够突出地反映特定时代民众的审美情趣与艺术偏好，从而能够反映那个时代典型的精神面貌。作为推广和弘扬中华优秀传统文化重要载体的传统戏曲，是表达和反映古代民众对贤良方正、惩恶扬善、正直清廉的向往的最直接、最朴素的形式之一。

第2章　中国戏曲史

3.2.1　复习笔记

【通关提要(提纲挈领)】

本章主要论述了中国戏曲的起源与发展历史，还详细介绍了每个朝代的戏曲类型与代表作品。本章考点以单项选择题、名词解释、简答题为主，在学习时，需要着重了解具有代表性的名家名作，可对部分作品重点记忆，以便答题时举例。

【考点难点归纳(厚积薄发)】

考点一：戏曲的起源与形成(见表3－2－1)　★★★

表3－2－1　戏曲的起源与形成

要点		具体内容
概况		戏曲起源于原始社会的歌舞。经过长期的发展和演变，到了宋代形成一种完整的戏曲艺术形式
源头	民间歌舞	从原始社会开始，戏剧因素就出现在民间娱乐和祀神歌舞中。各种民族祭祀活动都有歌舞娱神的表演。例如，秦汉时的《东海黄公》，初步整合了戏曲表演的几个因素，为戏曲的形成奠定了初步基础。南北朝和隋唐时期，出现了著名歌舞戏，如《大面》《钵头》《踏摇娘》
	民间说唱	韵散相间的叙事性说唱艺术的发展促进了戏曲风格和音乐戏腔的形成。汉魏乐府诗《孔雀东南飞》《木兰辞》都极具故事性。唐代，说唱艺术得到了极大的发展。宋代产生了鼓子词、诸宫调等说唱的艺术形式，民间说唱艺术为戏曲的形成奠定了文学和音乐基础
	滑稽表演	在奴隶社会，有一种奴隶[优]会用滑稽的表演来取悦主人。相传戏曲的雏形是春秋时期楚国优孟装扮孙叔敖的出色表演。唐代，宫廷中出现了“参军戏”[以滑稽表演为特色]
	傩戏与傩舞	傩是汉族最古老的一种祭神跳鬼、驱瘟避疫、表示安庆的娱神舞蹈。在周朝，由女巫假扮“方相氏”，佩戴道具来驱魔祈福；宋代以后，有一定情节的傩舞出现了，在一些地方傩舞演变成傩戏[以面具为其艺术造型的重要手段]
发展		到了宋代，汴梁、临安等城市出现了称为“瓦子”的娱乐场所，在瓦子里还出现了一个名为“勾栏”的表演场所。瓦子勾栏拥有丰富的娱乐节目和稳定的观众，并形成了一支专业的戏曲表演团队。因此，戏曲艺术便以“杂剧”为名，成为一种可以独立存在和发展的艺术门类
古代戏曲形式与节目	优孟	指春秋时期楚庄王的乐人。根据司马迁的《史记·滑稽列传》，优孟化妆模仿孙叔敖，实际上是借此讽谏以帮助孙叔敖之子摆脱贫困。后人以“优孟衣冠”比喻假装古人或模仿他人。但优孟的表演是一次性的，不是真正意义上的戏剧

续表

要点	具体内容	
古代戏曲形式与节目	《东海黄公》	是汉代最为著名的角抵戏，指西汉角抵戏中的一个取材于民间故事的节目，主要表现的是人虎搏斗，但它会根据特定的人物故事演出一段情节。戏里人物的造型、冲突的情境、胜负的结局都是预先规定好的，其间还有举刀祝祷、人虎相搏等舞蹈化的动作。它首先突破古代倡优即兴随意的逗乐与讽刺，把戏曲表演的几种因素初步融合起来，为戏曲的形成奠定了初步基础，因而带有一定的戏剧因素
	《踏摇娘》	是唐代歌舞戏，又作"踏谣娘"，取材于民间故事。据《教坊记》《乐府杂录》记载：北齐时，河朔苏某，烂鼻貌丑，不曾作官却自称郎中，嗜酒，常在醉后殴打他的妻子。苏妻貌美善歌，将满怀悲怨谱为词曲，倾诉自己的不幸。这些词曲在传唱中又得到丰富和发展，并增加伴奏音乐，逐渐形成歌舞表演
	《大面》	唐代歌舞戏，起源于北齐，又名"代面"。此舞歌颂了北齐兰陵王高长恭。他勇猛善战，而面貌秀丽如同女人，因为担心不够威武，不足以震慑敌人，所以打仗时就戴上假面。在一次与北周的战斗中，本来处于危机的北齐军由于高长恭的出现，大获全胜。军士们为歌颂他的英勇，编制了《兰陵王入阵曲》，依此曲发展而成表现"指挥刺击"作战动作的面具舞
	《钵头》	唐代歌舞戏，又作"拨头"，传自西域。主要情节是人虎相斗，和《东海黄公》以角抵戏敷演故事异曲同工。但它已加进了歌舞，其服装、表情也有了规定，这表明它在由歌舞向戏曲艺术发展的道路上，比《东海黄公》又迈进了一步
	参军戏	中国古代戏曲形式，由优伶演变而成。五胡十六国时，后赵石勒的一个参军官员贪污，就令其穿上官服，扮作参军，让别的优伶从旁戏弄，参军戏由此得名。内容以滑稽调笑为主。至晚唐，参军戏发展为多人演出，戏剧情节也比较复杂，除男角色外，还有女角色出场。参军戏对宋金杂剧的形成有着直接影响
	梨园	中国唐代训练乐工的机构。梨园子弟分为坐部、立部、小部和男部、女部。除了请专门的人士来教习，还请当时有名的文人雅士为他们编撰节目，如唐朝著名的诗人李白、贺知章等人都为梨园编写过节目。这里成了历史上有名的集歌、舞、戏于一体的练习场所。因此，在"梨园"这个地方培训过表演行当的都叫"梨园行"，在这里学习过的都叫"梨园弟子"

考点二：宋辽金杂剧(见表3-2-2)　★★★

表3-2-2　宋辽金杂剧

要点	具体内容	
概述	发展概况	中国戏曲在宋代已成为一门独立的艺术。北宋、南宋、辽朝及金朝的宫廷与民间，戏曲表演都较为活跃
	特点	宋人称当时的戏曲艺术为"杂剧"，金人称之为"院本"。内容多为讽刺性的短小戏剧，常伴有歌舞
	脚色	宋杂剧和金院本的脚色包括引戏、末泥、副末、副净、装孤，又称"五花爨(cuàn)弄"

续表

要点		具体内容
概述	演出内容	北宋杂剧由艳段和正杂剧组成，南宋则改为艳段、正杂剧、杂扮三段。先表演艳段[寻常熟事]，再演一段正杂剧，再加一段"杂扮"
	流传情况	宋杂剧和金院本没有剧本流传，仅流传下来两张剧目单《官本杂剧段数》《院本名目》，包含当时戏曲演出情况
宋金戏曲	官本杂剧	指宋代流行的戏曲，指经政府审查后可以表演的杂剧，不包括一些政治色彩浓厚的戏曲，如《三十六髻》《二胜环》。宋末元初人周密《武林旧事》卷十载有《官本杂剧段数》，即宋杂剧280目的剧名。官本疑是承应官府时所用的剧本
	院本	指金代戏曲的代表样式，是"戏"向"戏曲"飞跃的基础，在中国戏剧发展史上具有重要意义。近代王国维《宋元戏曲考》释云："院本者，行院之本也。""行院者，大抵金元人谓倡伎所居。其所演唱之本，即谓之院本云尔"

考点三：宋元南戏(见表3－2－3) ★★★★

表3－2－3 宋元南戏

要点		具体内容
概述	含义	又称"永嘉杂剧""温州杂剧""永嘉戏曲""戏文"等，是温州戏曲艺术家在南北宋更迭之际，为上演大规模故事而开创的一种戏曲样式。故事以民间说唱为基础，曲调包括唐宋词曲调和村坊小曲、里巷歌谣。最初的剧目是《赵贞女》《王魁》
	发展	南宋末年，温州杂剧传入临安、福建、江西等地。南宋至元代流行于南方，有《荆钗记》《白兔记》《拜月记》《杀狗记》等著名剧作。元末，瑞安人高则诚以民间戏文《赵贞女》为基础，创作了南戏的代表作《琵琶记》
	流传	已知的南杂剧剧目有二百多种，其中大多都已失传。现存的明代手稿《永乐大典戏文三种》、明宣德手稿《刘希必金钗记》、明成化本《白兔记》、清陆贻典抄本《琵琶记》等与原稿较为接近
书会	概况	指宋元时期为艺术家创作剧本、曲本的民间创作组织，是下层文人和艺人的组织，主要从事剧本和话本的编撰。《武林旧事》卷六把书会组织列入"诸色伎艺人"之中，其成员被称为"书会先生""书会才人"。著名的书会有九山书会、敬先书会、古杭书会、玉京书会等
	九山书会	南宋时浙江温州的书会组织，系以其所在地而命名。温州是南戏发源和盛行的地方。宋代著名南戏《张协状元》，就是九山书会才人编写的；南戏《董秀英花月东墙记》，出自九山书会中一位名叫史九敬先的才人的手笔。可见，九山书会在南戏发展过程中，曾起过重要的作用

考点四：元杂剧(见表3－2－4) ★★★★★

表3－2－4 元杂剧

要点	具体内容
含义	又称"北杂剧"，是元代用北曲演唱的传统戏曲形式。形成于宋代，繁盛于元大德年间。其内容主要以揭露社会黑暗，反映人民疾苦为主，现实主义与浪漫主义相结合，主线明确，人物鲜明。其结构上最显著的特色是"四折一楔子"和"一人主唱"

续表

要点		具体内容
代表作家与作品	关汉卿	《窦娥冤》《望江亭》《单刀会》《救风尘》
	王实甫	《西厢记》
	郑光祖	《倩女离魂》
	纪君祥	《赵氏孤儿》
	马致远	《汉宫秋》
	白朴	《梧桐雨》《墙头马上》
发展		元末南北戏交流加速。随着南曲的加入，北曲杂剧的体制开始变化，出现“南北合套”现象。元代以后，北曲逐渐衰落
组织与结构	玉京书会	是元杂剧作家在大都建立的一个创作组织。书会里的作家称为“才人”，他们大都是沦落都市，谋生无路，才为勾栏、瓦舍的各种演唱技艺写作唱词、话本或杂剧。他们社会地位不高，比较熟悉下层人民的生活，同情他们的遭遇。玉京书会的成员有关汉卿、白朴、杨显之等
	四折一楔子	是元杂剧剧本体制。元杂剧剧本一般都安排唱北曲四大套，每套各有若干支曲子，少则3支，多则20余支，同属一个宫调，一韵到底；每套曲子都由正末或正旦一个脚色主唱
	旦本、末本	元杂剧中男主角称为“末”，女主角称为“旦”，根据主唱者角色的不同，分为旦本、末本，由正旦所唱的本子叫“旦本”，由正末所唱的本子叫“末本”。一本戏只能由一人主唱，其他人一般只能说白

考点五：明清传奇与杂剧（见表3－2－5）★★★★

表3－2－5　明清传奇与杂剧

要点		具体内容
传奇	含义	指在宋元南戏的基础上吸收北杂剧的优点而发展起来的、盛行于明代的中国戏曲形式，包括海盐腔、余姚腔、弋阳腔、昆山腔和由它们流变而成的各声腔剧种。李渔在《闲情偶寄》中说：“古人呼剧本为‘传奇’者，因其事甚奇特，未经人见而传之，是以得名。可见非奇不传”
	特点	明代传奇不限出数，一般都是三五十出的长篇；相似于早期南戏的“题目开场”。南戏或传奇第一出，由副末脚色登场，先念一首词，如【西江月】【蝶恋花】【水调歌头】之类，劝人及时行乐或行忠孝节义，然后向后台询问今日演何戏，由后台作答，副末再用一首曲子和四句诗，概括地介绍剧中主要人物和剧情
	代表作	包括汤显祖的《牡丹亭》、洪昇的《长生殿》、孔尚任的《桃花扇》等
杂剧	含义	是古代戏剧样式。它是在前代戏曲艺术、说唱艺术尤其是在宋官本杂剧和金院本的基础上发展起来的，大约在金末元初之际，经历了逐渐完备的过程而趋于成熟，到元朝统一全国之后，杂剧进入了繁荣时期
	新发展	在明清时期，仍有写杂剧的人，但杂剧的风格正在发生变化。有些杂剧不受“四折一楔子”的限制，甚至出现了用南方戏曲创作的“南杂剧”

续表

<table>
<tr><th>要点</th><th colspan="2">具体内容</th></tr>
<tr><td rowspan="2">杂剧</td><td>体裁</td><td>一本四折的形式，受宋杂剧演出时分为四段的影响，四折之外又可以加一两个“楔子”。“折”相当于一场戏，但在一折中，场景却可有所变换。“楔子”的篇幅比较短小，通常放在第一折前，起类似序幕的作用；是“四折一楔子”形式的重要补充部分</td></tr>
<tr><td>角色</td><td>杂剧角色分为三大类：末、旦、净。每类中又可根据人物身份分为正末、外末、小末；正旦、外旦、搽旦等等。杂剧采用一人主唱方式，由正旦或正末为主角，全部唱词都由主角一人唱到底，其他角色一般没有唱词</td></tr>
</table>

考点六：清代地方戏(见表 3－2－6) ★★★

表 3－2－6 清代地方戏

<table>
<tr><th>要点</th><th colspan="3">具体内容</th></tr>
<tr><td>背景</td><td colspan="3">清代新兴的多种民族、民间戏曲的统称。其盛行之后，具有浓厚乡土色彩的地方戏在全国各地蓬勃兴起，剧种众多，各具特色，为古老的中国戏曲注入了新鲜血液，显示了旺盛的生命力。在清代地方戏中，占主导地位的是乾隆年间被称为“乱弹”戏的梆子腔、弦索腔、皮黄等新兴剧种和以藏剧、白族吹吹腔为代表的少数民族戏曲。其次，也包括了由前代延续下来而有新的变化的昆腔、弋腔戏和其他古老剧种</td></tr>
<tr><td>特点</td><td colspan="3">清代地方戏在戏曲艺术形式上有一个突出的贡献，即在梆子、皮黄剧种中创造了一种以板式变化为特征的音乐结构形式，并由此引起了戏曲文学、舞台艺术以及整个演出形式的一系列变革，为中国戏曲创立了一种新的艺术体制，即板式变化体</td></tr>
<tr><td rowspan="8">戏曲声腔与戏班</td><td>雅部、花部</td><td colspan="2">中国清代乾隆年间区分戏曲剧种的两个名称。源于乾隆南巡时两淮盐务为接驾而准备的供奉演出，其中包括了多种戏曲剧种和戏班。为了便于管理和随时应召，当地官绅将各种戏班集中到扬州，分列为花、雅两部，原来只是对两个不同演出部门的称谓，后来就演变成了对剧种的代称。雅指昆山腔，即奉昆曲为雅乐正声。花即杂，言其声腔花杂不纯，多为野调俗曲，故花部诸腔，又有“乱弹”之称谓，指京腔、秦腔、弋阳腔、梆子腔、罗罗腔、二黄调等，说明清代地方戏已蓬勃发展，形成了可与雅乐昆曲对峙的局面。在客观上促进了各种戏曲声腔、剧种的相互交流和竞争</td></tr>
<tr><td rowspan="4">南昆、北弋、东柳、西梆</td><td>“南昆”</td><td>即起源于苏州昆山、盛行于南方的昆腔</td></tr>
<tr><td>“北弋”</td><td>即发源于江西弋阳，原属南曲；后传入北京，演变为京腔</td></tr>
<tr><td>“东柳”</td><td>即清初流行于冀鲁豫各省及苏北、皖北等地，以唱俗曲曲牌为特色的弦索调</td></tr>
<tr><td>“西梆”</td><td>即流行于安徽的地方戏，除山西、陕西两地的梆子外，还有清代中叶已见于文字记载的安庆梆子</td></tr>
<tr><td>乱弹</td><td colspan="2">戏曲名词。出现于清代花部戏曲声腔兴起时期，泛指昆山腔以外的各种戏曲声腔，诸如京腔、秦腔、弋阳腔等，统谓之“乱弹”。此说见于清代李斗《扬州画舫录》，实因它们与具有严格规范的昆曲的区别而得名</td></tr>
<tr><td>四大徽班</td><td colspan="2">清代乾隆年间活跃于北京剧坛的四个著名徽班：三庆、四喜、和春、春台的合称</td></tr>
<tr><td>两小戏、三小戏</td><td colspan="2">小戏原是一种俗称，是相对于昆腔、高腔以及梆子、皮黄之类“大戏”而言的。题材方面，小戏多以老百姓的日常生活为题材，一般只有小丑和小旦两个角色，或增加一小生形成三个角色，通常称为“两小戏”或“三小戏”</td></tr>
</table>

续表

要点	具体内容	
戏曲声腔与戏班	折子戏	是针对本戏而言的，它是本戏里的一折，或是一出。流传至今的折子戏有很多，不少久演而不衰。究其原因：从内容上看，好的折子戏矛盾冲突尖锐激烈，人物形象鲜活生动，故事情节相对完整，其思想观点有较强的人民性

【考点拓展】四大徽班——三庆班

三庆班，是中国清朝中后期活跃于北京的徽班之一，与四喜班、春台班、和春班并称为"四大徽班"。三庆班原成立于扬州，由江春、夏文洊、余老四等撮合，前身为三个安庆戏班组成，1790 年在闽浙总督伍拉纳推荐下入京为乾隆帝庆祝 80 大寿。由于其以二黄为主的唱腔广受欢迎，遂留京演出。在其之后，各大徽班方才逐渐入京。19 世纪中期，在程长庚的领导下，三庆班进入鼎盛时期，成为四大徽班领袖。其"小荣椿科班"是京剧历史上最早的科班，培养出了包括陈德霖、钱金福、张淇林、卢胜奎等名伶，为徽班向京剧的转变出力良多。特别是卢胜奎(卢台子)，最知名的特长是编戏。三庆班的连台戏《三国志》就出自他的手笔，此剧共 36 本。他还编有描写薛仁贵征东的 24 本《龙门阵》和其他一些剧目，其中不少流传至今，成为京剧保留剧目。

考点七：近代戏曲 ★★★★★

1. 概述

(1)京剧的发展历程，具体见表 3－2－7。

表 3－2－7　京剧的发展历程

要点	具体内容	
乾隆五十年代	是一个以"二黄调"的唱调为特色的"京秦不分"的杂合戏班	
嘉庆年间	"四大徽班"在京都舞台上占主导地位。秦腔从西北进入长江流域，成为"西皮"	
嘉庆、道光之际	湖北汉班的西皮、二黄已经融合，两派可相互合作搭戏	
道光年间	概况	汉班艺人纷纷进京。道光初年，米应先进京创办春台班，后成了著名的老生。从那时起，一批汉班艺人出现在北京
	代表人物	著名的汉班艺人有余三胜、王洪贵、李六等。北京的徽班有两位著名演员，分别是四喜班的张二奎和三庆班的程长庚
	特点	余三胜等汉班艺人的嗓音是"湖广音"，唱腔是"楚调"，他们的声腔是"皮黄腔"。汉班艺人搭徽班而成为名角，徽班的声腔也以皮黄为主。产生以余、张、程"三鼎甲"为代表的京中皮黄戏的新兴剧种
咸丰以来	概况	宫廷的赞许给皮黄剧团带来了机会。同治、光绪年间，皮黄戏的发展达到鼎盛时期，出现了谭鑫培、孙菊仙、汪桂芬等"新三派"，声腔表演艺术日趋成熟。在群众和最高统治者的支持下，皮黄戏成为京剧界的领头羊
	皮黄戏"京化"的特色	京班皮黄戏与原生态的徽汉诸班有着明显的区别： ①皮黄戏建立了以皮黄为基础，融合昆腔和吹拨等腔于一体的音乐体系。 ②将京腔融入演唱，形成独特的舞台语音体系。 ③经过改良，主要伴奏的乐器确立为京胡。 ④吸取昆曲和乱弹诸腔的精髓，使曲调和唱腔更加丰富优美

续表

要点	具体内容
鸦片战争以后	随着现代商埠的兴起和交通趋于便利，皮黄戏也向其他港口发展。其他城市的观众称皮黄戏为“京戏”，以区别于长江中下游的徽班、汉班的皮黄戏

(2)多元的戏曲文化，具体见表3－2－8。

表3－2－8 多元的戏曲文化

要点	具体内容		
雅俗并存	昆曲艺术虽然逐渐衰落，但仍在继续发展，“乱弹”戏占据了大部分市场，走向规范化。为了满足观众的审美需求，市场上出现了多声腔共存的混合组班，如湘剧、婺剧等		
新老共生	古老戏曲	莆仙戏、梨园戏仍旧活跃，各方面散发着古老的气息	
	近代戏曲	南北民间	说唱、歌舞或木偶皮影戏中不断产生新的剧种。清末南北百余种民间戏曲建立了自己的门户，占据了一部分的市场，独立发展。越剧、评剧进入城市后都得到很大的发展。新老剧种共生，构成了中国戏曲的百花园
		少数民族地区	清代以来，一些少数民族地区也创造了戏曲文化。17世纪五世达赖时期，藏戏正式脱离宗教仪式，成为一个独立的戏曲剧种；乾隆年间，云南白族兴起了“吹吹腔”；嘉庆和道光年间，侗族的侗戏形成，广西、云南等地诞生了壮戏；辛亥革命期间，云南德洪出现了傣剧

(3)戏曲改良，具体见表3－2－9。

表3－2－9 戏曲改良

要点	具体内容	
背景	19世纪末20世纪初，民族危机愈演愈烈，中国思想界掀起了一场新的改革运动。中国戏曲也进入了更新改造的过程，目前仍在探索	
措施	戊戌变法时期	梁启超等人首先以传奇和杂剧等形式宣传民主政治和爱国主义
	变法失败后	一些爱国者认为戏曲具有唤醒民众的政治功能，对戏曲进行了改良，并发起了戏曲改良运动，戏曲的内容也随之革新。在晚清至辛亥革命出现的新一轮改革浪潮中，出现了一系列代表改良主流的剧团和剧作家

2. 戏种、戏曲社团及代表人物(见表3－2－10)

表3－2－10 戏种、戏曲社团及代表人物

要点	具体内容	
戏种	古装新戏	辛亥革命后，由梅兰芳首创演出的一种旦角穿古装并以歌舞为主的京剧新剧目。梅兰芳在他陆续编演的新戏如《天女散花》《洛神》《廉锦枫》以至《霸王别姬》等剧中，更进一步发展了古装新戏在艺术革新方面的特色
	时装新戏	反映国民所关注的各种社会问题的一种戏曲表现形式，以表现现代生活，舞台上穿戴时装而获名。时装新戏剧目，有不少反映了当时群众所关切的各种社会问题，针砭时弊，宣扬资产阶级政治主张；在艺术形式上也作了某些变革。但是随着辛亥革命的失败，政治上复辟，文化上复古，时装新戏流于表现家庭琐事、社会新闻，卖弄布景及噱头，商业化倾向日益严重，至五四运动时期终于失掉了观众

续表

<table>
<tr><th>要点</th><th colspan="2">具体内容</th></tr>
<tr><td>戏种</td><td>连台本戏</td><td>是戏曲编剧与表演的一种特殊形态，不停接演一部整本大戏，演出又相对独立，类似于电视连续剧。北宋时的杂剧目连戏已可连演很多天。清代四大徽班之一的三庆班，就以擅长连演整本的三国戏著称，晚清民国年间，全国各地很多剧种都以连台本戏吸引观众，对戏剧繁荣起了很大推动作用</td></tr>
<tr><td rowspan="5">戏曲社团</td><td>易俗社</td><td>原名“陕西伶学社”，是秦腔演出班社和戏曲教育团体。在辛亥革命影响下，李桐轩、孙仁玉等人以“开发民智、补助社会教育、移风易俗”为宗旨，创办易俗社。借群众喜爱的戏曲形式，编演新戏，宣传民主思想，进行通俗教育。与莫斯科大剧院、英国皇家剧院并称为世界艺坛三大古老剧社</td></tr>
<tr><td>三庆会</td><td>川剧班社。1912 年创立于成都华兴正街悦来茶园，在川剧发展史上具有重要地位。在辛亥革命民主思想影响下，三庆会在组织和制度上也采取了一些进步措施，成为戏曲改良的著名团体之一。聘请社会贤达为研精社参赞，协助整理旧戏，创编新戏。如《柴市节》《离燕哀》《屈原投江》《红楼梦》等历史故事剧，以及《黑奴光复记》《武昌光复》《蒙面侠》《轩亭冤》等时装新戏，都曾称誉一时</td></tr>
<tr><td>上海新舞台</td><td>中国近代第一个具有新式设备的剧场，也是从事戏曲改良的演出团体。新舞台的成立，是辛亥革命前后民主思潮高涨，资产阶级戏曲改良活动的产物。它第一次在中国戏曲史上改茶园为新式剧场，将带柱方台改建成半月形的镜框式舞台，并将灯光布景运用到戏曲舞台上来，形成了当时舞台美术的一个新的流派</td></tr>
<tr><td>奎德社</td><td>中国近代从事改良新戏的女子戏曲演出团体，受到北京玉成班、上海新舞台改良新戏和天津南开学校新剧团演出话剧的启发，认为戏曲是通俗教育的有力武器，以编演新戏，移风易俗为宗旨</td></tr>
<tr><td>警世戏社</td><td>评剧创始时期的艺术班社，原名庆喜班。评剧的文学、唱腔、表演形式及器乐伴奏的特有风格，都是在这个戏社形成的。它以崭新的内容和形式震动了山海关内外的广大观众</td></tr>
<tr><td rowspan="4">代表人物</td><td>李文茂</td><td>清道光年间琼花会馆武行领衔的广东本地班（后称粤剧）演员，广东天地会拳师。后成为太平天国运动中的农民起义领袖，在广西建立“大成国”。曾出演《三元里打番鬼》，展现了广州人与英国殖民主义者的斗争</td></tr>
<tr><td>刘艺舟</td><td>戏曲活动家、编剧、演员，年轻时留学日本，入同盟会。后与王钟声等人合作，以新方式宣传爱国主义，揭露清政府的腐败。曾参加上海新舞台的演出活动，自编自演了京剧《皇帝梦》《石达开》</td></tr>
<tr><td>汪笑侬</td><td>京剧作家和演员，有 30 多种自编自演的新戏，多以抨击社会黑暗、激发爱国热情为主题，如《党人碑》《哭祖庙》《骂阎罗》等。他致力于改良戏曲，后任戏剧改良所所长。1911 年于天津主持戏剧改良社，兼任正乐育化会副会长。代表作有《汪笑侬戏曲集》</td></tr>
<tr><td>成兆才</td><td>评剧创始人之一，也是评剧作家和演员。代表作《杜十娘》《杨三姐告状》《花为媒》等</td></tr>
</table>

考点八：现代戏曲（见表3－2－11） ★★★

表3－2－11 现代戏曲

要点			具体内容
发展历程	北伐时期		戏曲艺术在共产党的领导下为革命斗争作出了重要的贡献。海南有以王文明为首的“海南改良土剧社”；湖北有以李之龙为首的“血花世界”，以琼剧、楚剧来表现革命斗争。井冈山根据地还用戏曲宣传革命思想。有智者主张“新国剧运动”
	抗战时期		戏曲界编演爱国主义的剧目已成为抗日救国运动的重要力量。在陕甘宁等抗日民主根据地，戏曲工作者以传统戏曲形式作为抗战宣传手段，开展了旧剧革命运动。1942年，在延安成立的平剧研究院成功地改编并演出了《逼上梁山》《三打祝家庄》等京戏，毛泽东提出“推陈出新”的方针
	新中国成立后	进步方面	①1949年，成立了全国戏曲改革委员会，制定戏曲工作方针，开展剧目调查，整理改编剧目，制定剧目审定标准，团结改造戏曲演员，培育新的力量，改革戏曲班社。 ②1950年，戏曲改革的最高级别顾问机构——文化部戏曲改进委员会成立。 ③1951年，政务院发布了《关于戏曲改革工作的指示》。此后，在中央政府的统一领导下，中国戏曲改革推向全国。改革后，艺术家的社会地位和积极性得到了提高，产生了一批“推陈出新”的艺术成果。 ④1952年，文化部主办了第一次全国戏曲观摩演出大会，反响热烈，掀起了全国发掘、整理传统戏曲的高潮
		经验教训	新中国成立初期中国戏曲改革的经验教训也值得总结，比如极左的思想倾向、粗暴的工作方法等。1976年后戏曲工作者遵循“二为”方针，不断地进行新的探索
戏曲沿革	民众剧团		抗日战争时期陕甘宁边区的地方戏曲团体。全称为“陕甘宁边区民众剧团”。民众剧团是运用陕西地方的秦腔、眉户等戏曲形式，表现现代人民革命斗争生活的较早的专业地方戏曲剧团
	延安平剧研究院		1942年在延安成立的京剧艺术研究和演出团体，由鲁迅艺术学院平剧团和八路军120师战斗平剧社合并组成。因当时称京剧为“平剧”，故名。毛泽东为该院成立题词“推陈出新”，成为戏曲改革的指导方针
	新秧歌运动与秧歌剧		抗日战争时期在延安发起的文艺普及运动。秧歌剧是把旧秧歌的带故事性的歌舞形式加以改造而成的较完整的戏曲表演。陕甘宁边区的著名秧歌剧有《兄妹开荒》《夫妻识字》《牛永贵挂彩》等
	改戏、改人、改制		中华人民共和国成立初期戏曲改革工作的主要内容。“改戏”，指清除戏曲剧本和戏曲舞台上旧的有害因素；“改人”，指帮助艺人改造思想，提高政治觉悟和文化业务水平；“改制”，指改革旧戏班社中的不合理制度
	百花齐放，推陈出新		1951年，毛泽东提出的艺术的方针，成为我国发展科学、繁荣文学艺术的方针。五四运动以后的中国现代历史，是中国无产阶级登上政治舞台，领导中国人民经过艰苦卓绝的斗争，变半殖民地、半封建社会为社会主义社会的历史。现代戏曲的发展史，是无产阶级对于戏曲艺术规律的认识不断深化，领导戏曲工作者进行戏曲改革，促使传统戏曲艺术与现代社会相适应、相结合的历史
	三并举		指戏曲创作的方针，指出不仅要创作能够表达现代生活的现代剧，还要对传统戏曲进行改编，同时要创造历史故事戏

3.2.2 典型题(含考研真题)详解

一、填空题

京剧四大名旦是(　　)、程砚秋、荀慧生和尚小云。

【答案】梅兰芳

【解析】梅兰芳，京剧演员，工旦。在50余年的戏剧生涯中，对京剧旦角的演唱和表演艺术作出了较大贡献，同时演绎积累了大量的优秀剧目，形成了独具特色的“梅派”，其代表剧目有《宇宙锋》《霸王别姬》《贵妃醉酒》《断桥》《穆桂英挂帅》等。梅兰芳与程砚秋、荀慧生和尚小云并称京剧四大名旦。

二、单项选择题

1. 嘉靖、隆庆年间，昆山腔经过(　　)的成功改良，成为很受欢迎的“昆曲”。

A. 魏良辅　　B. 孔尚任　　C. 洪昇　　D. 汤显祖

【答案】A

【解析】昆山腔，是一种戏曲音乐的形式，属于南戏四大声腔之一，嘉靖、隆庆年间，昆山腔经过魏良辅的成功改良，成为很受欢迎的“昆曲”，而浙江海盐腔、余姚腔、江西弋阳腔已衰落消失，唯有昆山腔经过六百年的历程，至今尚传于世。

2. 乾隆年间，昆曲称为(　　)，昆曲以外的各种地方戏曲称“花部”。

A. “乱弹”　　B. “雅部”　　C. “乱谈”　　D. “皮黄”

【答案】B

【解析】乾隆年间，昆曲称为“雅部”。昆曲以外的各种地方戏曲称“花部”，又称“乱弹”。乾隆末年“花部”取代“雅部”，在舞台上占据主导地位，直至道光末叶。这是清代的戏曲舞台上出现的持续近百年、传遍全国的“花雅之争”。

3. 我国第一部清唱剧是(　　)。(青岛大学2012年研)

A.《白毛女》　　B.《长恨歌》　　C.《黄河吟》　　D.《长征组歌》

【答案】B

【解析】《长恨歌》创作于1932年夏秋。我国音乐家黄自便同诗人韦瀚章运用歌曲这一斗争的武器，以唐代诗人白居易的《长恨歌》为题材，写下了我国第一部清唱剧《长恨歌》，借唐明皇不理朝政对国民党反动政府进行了有力的讽刺。歌中唱道：“只爱美人醇酒，不爱江山。”它向人们宣告，腐败的政治必然会导致民族的灾难，它有力地配合了我党领导的抗日救亡运动。

三、名词解释

1. 东海黄公(中传2014年研；苏州大学2011年研)

答：参见本章考点难点归纳相关内容。

2. 踏摇娘(西安工程2016年研；首都师大2015年研；南京师大2011年研)

答：参见本章考点难点归纳相关内容。

3. 大面(沈阳师大2014年研)

答：参见本章考点难点归纳相关内容。

4. 参军戏(上戏2021年研；西安工程2014年研)

答：参见本章考点难点归纳相关内容。

5. 南戏(西安工程2016年研；福建师大2011年研；中传2009年研)

相关试题：温州杂剧(首都师大2015年研)

答：参见本章考点难点归纳相关内容。

6. 元杂剧(武汉大学2023、2022年研；安徽师大2017年研；南京师大2014、2012年研)

答：元杂剧是以宋杂剧和金院本为基础，融合宋金以来的音乐、说唱、舞蹈等艺术而形成的戏曲艺术。它是以中国北方流行的曲调演唱的，因此也称“北曲”或“北杂剧”。元杂剧的形成，是中国戏曲艺术发展到成熟阶段的重要标志。它的部分优秀剧目，如关汉卿的《窦娥冤》《救风尘》，王实甫的《西厢记》，马致远的《汉宫秋》，白朴的《梧桐雨》，纪君祥的《赵氏孤儿》，石君宝的《秋胡戏妻》，康进之的《李逵负荆》等，700多年来被改编为各种新的戏曲形式，延续不断地演出。有的剧本如《西厢记》《赵氏孤儿》《看钱奴》等还流传到国外，影响至为深远。

7. 四折一楔子(西安工程2017、2016年研；中传2015、2014年研)

答：参见本章考点难点归纳相关内容。

8. 旦本(安徽师大2018年研)

答：旦本是指元杂剧由旦角唱曲的剧本。元杂剧一般由一种角色主唱，其他角色只有宾白，由男主角正末(即正生)主唱的称为末本，女主角正旦主唱的称为旦本。如《汉宫秋》《李逵负荆》，分别由正末扮的汉元帝与李逵主唱，是末本；《窦娥冤》《救风尘》，分别由正旦扮的窦娥与赵盼儿主唱，是旦本。元末夏庭芝《青楼集》说：“旦本女人为之”，“末本男子为之”。可见元时已有旦本、末本的名称。

9. 花部(西安工程2017年研；沈阳师大2014年研；首都师大2012年研)

答：花部又称作“乱弹”“乱谈”，花部腔调剧种之音乐风格较活泼嘈杂，取其花杂之义，不类清音。在清代不论梆子腔、西秦腔、吹腔、二簧调、弋阳腔或时调小曲等，都有以“乱弹”一词作为代称或自称的例子。而据乾隆朝江、浙剧坛之地方戏代表总集《缀白裘》的记载，其标目“梆子腔”者，收录了昆腔以外的各式腔调剧种。故花部乱弹，彼时似又可名为“梆子腔”，这是南北戏曲声腔交流所产生的过渡现象。此“梆子腔”并非“秦腔”，而是秦腔或西秦腔与昆弋腔交化后所衍生出来的新复合声腔，由安庆、扬州班子演出，下启江、浙乱弹之二凡和三五七。

10. 四大徽班(西安工程2014年研)

答：参见本章考点难点归纳相关内容。

11. 连台本戏(中传2014年研)

答：参见本章考点难点归纳相关内容。

四、简答题

1. 戏曲的几个重要源头。(南艺2013年研)

相关试题：戏曲起源有哪些说法？说说对戏曲起源的认识。(南艺2014年研)

答：参见本章考点难点归纳相关内容。

2. 简述元曲的结构。

相关试题：

(1)元杂剧的剧本体制。(首都师大2013年研)

(2)元杂剧。(南京师大2012年研)

(3)元杂剧的体制特征。(上戏2021年研；福建师大2011年研)

答：(1)元曲，又称元杂剧，是盛行于元代的戏曲艺术，为散曲和杂剧的合称。相对于明传奇(南曲)，后世又将元曲称为北曲。元曲与宋词及唐诗、汉赋并称。曲分为戏曲(又称剧曲，包括杂剧、传奇等)与散曲两类，元明以来甚为流行，故后世有元曲之称。

(2)元曲的结构。元杂剧的基本结构形式，是以四折，通常外加一段楔子为一本，表演一种剧目。少数剧目是多本的，楔子可以没有，也可以用到两三个。一"折"意味着一个故事单元(同时也是音乐单元)，四折之间，大多表现出情节起、承、转、合的变化。"楔子"本意是插入木器的榫头中使之紧固的小木片，引申到元曲中，是指对剧情起交代或连接作用的短小的开场戏或过场戏，是整部剧本中的有机部分。

五、论述题

"花雅之争"中为何花部最终取胜？

答：清朝乾隆嘉庆年间，"花部"乱弹(包括各种地方戏曲)广泛兴起，并于乾隆时进入京师，与作为"雅部"的昆曲形成对峙，最终以花部繁荣、雅部衰微而结束，此为戏曲史上的名案"花雅之争"。"花雅之争"是一个相当重要的戏曲文化现象，代表着两种不同的审美精神及互相竞争的戏曲类型。花雅之争中，花部取胜的原因有：

(1)强调戏曲的本质——通俗性。表面上来看，花雅之争是不同戏曲声腔的竞争，实质上则是两种不同审美文化的交锋。雅俗冲突、典雅性与通俗性交锋，其结果是通俗性大行其道，在花部逐渐兴盛的背景中，展现得越来越突出。在花雅之争中，戏曲的通俗性本质被花部进行了最彻底的张扬。清代时，随着市民力量的日益壮大，专门满足民众看戏曲的戏园应运而生，使得民众对戏曲的欣赏变得名正言顺，不但满足了人们的观赏要求，也体现了当时戏曲通俗化的倾向。而此时，昆曲已逐渐不能适应时代要求，其审美趣味不符合民众的审美要求，也不符合艺术创造的规律，主导地位受到了强烈的冲击。

(2)对戏曲娱乐性、表演性的实践。戏曲源于民间，一开始就具备通俗和娱乐的特征。从戏曲诞生之时起就是最广大民众情感的自然流露，是民众在艰辛繁复的生活中放松娱乐的形式。花部将戏曲的娱乐性发挥到了极致，且为了迎合观众，花部还采取了灵活多样的表演形式，灵活有趣，深受欢迎。另外，花部的题材多表现人情世故，生活琐事，接近普通民众的生活，使得观众有身临其境的感觉。花部的主要功能是抒发普通民众的心声，与其娱乐性相辅相成，相得益彰。

(3)审美精神的返璞归真与美学风格的素朴本色。戏曲本质上更接近"俗"，接近"场上"和娱乐。在审美上，戏曲同许多文艺样式一样，侧重于天然之美或人工之美；在美学风格上，戏曲呈现出或素朴、或华丽的状态。花雅之争中花部的最终取胜，可以看作是审美精神的返璞归真与美学风格的素朴本色的大放异彩。在题材上，花部主要反映下层人民的生活与思想感情；从创作者来看，花部的主要创作者是民间艺人，体现的是草根阶层的是非观念与审美情趣，因此为大众所喜闻乐见。在艺术结构上，花部虽幼稚粗糙，但也因此具有相当的开放性：戏曲的"四功"、表演的写意性和虚拟性、角色行当的类型划分及深刻的表现力，都在花部中有了相当全面的体现。

第3章　戏曲声腔剧种

3.3.1　复习笔记

【通关提要(提纲挈领)】

本章主要论述了戏曲的各种声腔和具有代表性的戏曲剧种。本章考点以填空题、单项选择题、名词解释以及简答题为主，在学习时，需要着重了解并熟记主要的戏曲剧种，包括其中的名家名作，以便答题时举例。

【考点难点归纳(厚积薄发)】

考点一：戏曲声腔概述(见表3－3－1)　★★★★

表3－3－1　戏曲声腔概述

要点	具体内容
弋阳腔	简称“弋腔”，南宋中期，南戏经信江传入江西，在弋阳地区结合当地方言和民间音乐，于元末明初孕育出一种新的地方声腔弋阳腔，是活跃于民间的主要声腔之一
余姚腔	因形成于浙江余姚而得名，属明代南戏四大声腔之一。主要活跃于民间，其形式为曲牌联套体结构的传奇体制，演唱时不用管弦，只用鼓板
海盐腔	指明初与余姚腔、弋阳腔、昆山腔齐名的戏曲声腔，因在浙江海盐形成而得名，在南京和北京很受欢迎。演唱时，以鼓、板及铜器等打击乐器为伴奏，不用管弦。在发展过程中对弋阳腔、昆山腔的演变起到了一定的影响，至明万历年以后日趋衰落而渐绝迹
昆山腔	元代后期，南戏流经昆山一带，与当地语音和音乐相结合，经昆山音乐家顾坚的歌唱和改进，推动了它的发展，至明初遂有昆山腔之称。魏良辅借张野塘、谢林泉等民间艺术家的帮助，总结北曲演唱艺术的成就，吸取海盐、弋阳等腔的长处，对昆腔加以改革，总结出一系列唱曲理论，从而建立了委婉细腻、流利悠远，号称“水磨调”的昆腔歌唱体系。其特点同海盐腔类似：“体局静好，以拍为之节”
梆子腔	汉族传统戏曲四大声腔之一，以硬木梆子击节为特色而得名。它包括的剧种均以不同形制的板胡为主奏乐器，唱词主要为七字或十字的上下句对称体式，音乐上采用板式变化体结构，又有多种华彩流畅的花腔乐句为辅，曲调以七声音阶为主，旋法上多跳进，唱词节奏常用闪板，整个音乐风格有高亢激越、悲壮粗犷等特点
皮黄腔	传统戏曲四大声腔系统之一，是西皮、二黄两种腔调的合称，以西皮、二黄为主要腔调的剧种均属于此系。由于受到各地方言和民间音乐的影响，皮黄腔各剧种在音乐上各具特色。在有些剧种中，西皮、二黄又被分别称为北路、南路，合称南北路
昆曲	起初是流行于江苏昆山的“昆山腔”，唱的是南曲。明朝嘉靖、隆庆年间，它被改良成一种细腻优雅的“水磨调”。最初用于清唱，被称为“昆曲”，成为各方歌者先后效仿的乐种

考点二：戏曲剧种举要(见表3-3-2) ★★★★★

表3-3-2 戏曲剧种举要

要点	具体内容
昆剧	汉族古老的戏曲声腔、剧种。在历史的演变过程中，昆剧曾经有“昆山腔”“昆调”“昆曲”“南曲”“南音”“雅部”等各种不同的名称。一般而言，着重表达戏曲声腔时用昆山腔，表达乐曲，尤其是脱离舞台的清唱时用昆曲，而将指表演艺术的戏曲剧种称作昆剧
京剧	又称平剧、京戏，是中国影响最大的戏曲剧种，分布地以北京为中心，遍及全国各地。清代乾隆五十五年起，原在南方演出的三庆、四喜、春台、和春四大徽班陆续进入北京，与来自湖北的汉调艺人合作，同时接受了昆曲、秦腔的部分剧目、曲调和表演方法，又吸收了一些地方民间曲调，通过不断的交流、融合，最终形成京剧
秦腔	戏曲剧种，即乱弹。一般认为出自陕西、甘肃及山西的民歌小曲，由民间流行的弦索调演变而成。因采用梆子击节，作“桄、桄”声，又名“梆子腔”或“桄桄子”。秦腔的唱腔分为欢音、苦音两类，各自具有不同的感情色彩。欢音长于表现喜悦、爽快的情绪；苦音长于表现悲愤、凄凉的情感，可依据戏曲情节和人物的需要加以运用
豫剧	发源于中原，在河南梆子的基础上不断继承、改革和创新发展起来的，被西方人称赞是“东方咏叹调”“中国戏曲”等。豫剧以唱腔铿锵大气、抑扬有度、行腔酣畅、吐字清晰、韵味醇美、生动活泼、有血有肉、善于表达人物内心情感著称，凭借其高度的艺术性而广受各界人士欢迎
越剧	中国第二大剧种，有“第二国剧”之称，又称绍兴戏，被认为是流传最广的地方剧种。越剧长于抒情，以唱为主，声音优美动听，表演真切动人，唯美典雅，极具江南灵秀之气；多以“才子佳人”题材为主，艺术流派纷呈
黄梅戏	黄梅戏，原名黄梅调、采茶戏等，起源于湖北黄梅，发展壮大于安徽安庆。黄梅戏是先入农村，后入城市，逐步形成发展起来的一个剧种。它吸收了汉剧、楚剧、高腔、采茶戏、京剧等众多剧种的因素，逐渐形成了自己的艺术特点。黄梅戏唱腔淳朴流畅，以明快抒情见长，具有丰富的表现力；表演质朴细致，以真实活泼著称
评剧	流传于中国北方，汉族传统戏曲剧种之一，是广大人民所喜闻乐见的剧种之一，其早期剧目有《马寡妇开店》《老妈开嗙》《花为媒》《卖油郎独占花魁》等，这些都是评剧的奠基戏，1936年白玉霜在上海拍影片《海棠红》时，新闻界首次把“评剧”的名称刊载于《大公报》，从此，评剧的名字广泛传播于全国
川剧	俗称川戏，流行于中国西南地区川渝云贵四省市的汉族地区，是融汇高腔、昆曲、胡琴、弹戏和四川民间灯戏五种声腔艺术而成的传统剧种。川剧是汉族戏曲剧种之一，川剧脸谱，是川剧表演艺术中重要的组成部分，川剧由昆腔、高腔、胡琴、弹戏、灯调五种声腔组成。川剧分小生、须生、旦、花脸、丑角5个行当，各行当均有自成体系的功法程序，尤以“三小”，即小丑、小生、小旦的表演最具特色，在戏曲表现手法、表演技法方面多有卓越创造，能充分体现中国戏曲虚实相生的美学特色

【考点拓展】湘剧

湖南省地方戏曲剧种之一。它发源于明代，清朝中叶形成多声腔的剧种，后历经变化而形成以高腔和乱弹为主的声腔。湘剧的表演熔高、低、昆、乱四大声腔于一炉，并吸收了青阳腔、四平调、吹腔及南罗腔、银纽丝、鲜花调等杂曲小调。在长期的衍变过程中，高腔和乱弹已成为现今湘剧中的主要声腔。现代湘剧著名演员有徐绍清、彭俐侬、陈剑霞、罗元德等，著名作品有《琵琶上路》《拜月记》《生死牌》等。

3.3.2 典型题(含考研真题)详解

一、填空题

以新凤霞和赵丽蓉为代表人物、源于唐山的剧种是(　　)戏剧。(北师大 2009 年研)

【答案】评剧

【解析】评剧，1910 年左右形成于唐山，流传于中国北方，汉族传统戏曲剧种之一，是广大人民所喜闻乐见的剧种之一，其早期剧目有《马寡妇开店》《老妈开嗙》《花为媒》《卖油郎独占花魁》等，代表人物有新凤霞和赵丽蓉，这些都是评剧的奠基戏，1936 年白玉霜在上海拍影片《海棠红》时，新闻界首次把“评剧”的名称刊载于《大公报》，从此，评剧的名字广泛传播于全国。

二、单项选择题

1. “锣鼓击节，人声帮和”是(　　)音乐的特色。(青岛大学 2010 年研)

A. 高腔　　B. 梆子腔　　C. 皮黄腔　　D. 滩簧腔

【答案】A

【解析】高腔是中国戏曲四大声腔之一，原称为“弋阳腔”或“弋腔”。现存的高腔腔系剧种有赣剧高腔、川剧高腔、浙江婺剧的高腔以及湖南长沙、常德、祁阳、辰河等高腔。绝大多数高腔，保存着不用管弦，锣鼓击节，人声帮和的特点。高腔初用长短句词格，剧目丰富，如《槐荫记》《合珠记》《白兔记》等。B 项，梆子腔，板式变化体的声腔系统之一，以一首乐曲为基础，运用原板、慢板、流水、二六、散板、导板、摇板等多种节拍形式(即板式)，属于单曲体结构形式。C 项，皮黄腔，以二黄腔及西皮腔作为主要腔调，用胡琴作为主奏乐器。D 项，滩簧腔，唱腔舒展与繁促相间。演唱风格柔婉，音韵中和，接近口语，通俗易懂，乡土气息浓郁。演唱者自操乐器，以鼓击节，和丝竹乐器。

2. 中国戏曲史上属于“国戏”的曲种是(　　)。(青岛大学 2011 年研)

A. 昆剧　　B. 黄梅戏　　C. 秦腔　　D. 京剧

E. 豫剧

【答案】A

【解析】昆剧是我国古老的戏曲声腔、剧种，原名为“昆山腔”，简称“昆腔”。元末明初，昆剧是南曲声腔的戏曲中影响最大的声腔剧种。很多剧种都是在昆剧的基础上发展起来的，所以昆剧有“中国戏曲之母”“国戏”的雅称。

三、名词解释

1. 明代戏曲四大声腔(南京师大 2012 年研)

答：海盐腔、余姚腔、昆山腔、弋阳腔合称明代戏曲四大声腔。参见本章考点难点归纳相关内容。

2. 昆山腔(南艺 2014 年研；南京师大 2011 年研)

答：参见本章考点难点归纳相关内容。

3. 皮黄腔

相关试题：皮黄(中传 2013 年研)

答：参见本章考点难点归纳相关内容。

4. 秦腔(北师大 2009 年研)

答：参见本章考点难点归纳相关内容。

四、简答题

结合昆曲的唱腔特征，分析昆山腔的艺术风格。

相关试题：

(1)昆曲(名词解释，中传 2014 年研)

(2)明代嘉靖年间昆山腔的改革对传奇创作有何作用？(安徽师大 2018 年研)

答：昆曲原名“昆山腔”，简称“昆腔”，是中国古老的戏曲声腔、剧种，现又被称为“昆剧”。昆曲早在元朝末期即产生于苏州昆山一带，它与起源于浙江的海盐腔、余姚腔和起源于江西的弋阳腔，并称为明代四大声腔，同属南戏系统。改革后的昆山腔因为吸收了海盐腔和弋阳腔的长处，又发挥了自己的优势，其艺术风格表现为：

(1)演唱风格。在演唱上，昆剧行腔优美，以缠绵婉转、柔漫悠远见长。在演唱技巧上，昆剧注重声音的控制，节奏速度的快慢以及咬字发音，并有“豁”“叠”“擞”“嚯”等腔法的区分以及各类角色的性格唱法。音乐的板式节拍，除了南曲“赠板”将四拍子的慢曲放慢一倍外，无论南北曲，都包括通常使用的三眼板、一眼板、流水板和散板。它们在实际演唱时自有许多变化，一切服从于戏情和角色应有的情绪。

(2)旋律风格。在旋律上，显示出的是悠远流畅、舒缓细腻，总体上构成了昆山腔的清丽婉转、精致纤巧，声音像在水中打磨过的一样，又称为“水磨腔”。“水磨腔”这种新腔奠定了昆剧演唱的特色，充分体现在南曲的慢曲子(即“细曲”)中，具体表现为放慢拍子，延缓节奏，以便在旋律进行中运用较多的装饰性花腔，除了通常的一板三眼、一板一眼外，又出现了“赠板曲”，即将 4/4 拍的曲调放慢成 8/4，声调清柔委婉，并对字音严格要求，平、上、去、入逐一考究，每唱一个字，注意咬字的头、腹、尾，即吐字、过腔和收音，使音乐布局的空间增大，变化增多，其缠绵婉转、柔漫悠远的特点也愈加突出。

(3)表演风格。昆曲表演的最大的特点是抒情性强、动作细腻，歌唱与舞蹈的身段结合得巧妙而和谐。昆剧是一种歌、舞、介、白各种表演手段相互配合的综合艺术，长期的演剧历史中形成了载歌载舞的表演特色，尤其体现在各门角色的表演身段上，其舞蹈身段大体可以分成两种：一种是说话时的辅助姿态和由手势发展起来的着重写意的舞蹈；一种是配合唱词的抒情舞蹈，既是精湛的舞蹈动作，又是表达人物性格心灵和曲辞意义的有效手段。

五、论述题

试论清代京剧的形成。

答：清代京剧的形成，大致上经历了以下三个阶段：

(1)准备阶段(1790～1840)。清初至清中叶乾隆年间，活跃在北京舞台上的戏曲剧种，主要有昆腔和京腔。京腔是弋阳腔的一个分支。公元十八世纪全国各地许多新的地方戏兴起，如秦腔、二黄腔、罗罗腔、柳子腔等，它们陆续传入北京，其中秦腔发生了较大的影响。公元 1790 年高朗亭率领三庆徽班进京，参加乾隆皇帝八十岁诞辰的庆典。三庆徽班主要唱徽调，兼唱昆腔、吹腔、四平调、高拨子、罗罗腔等，很受观众欢迎。嘉庆年间，四喜、启秀、霓翠、和春、春台等徽班接踵而至，北京剧坛的局面为之改观。

在此期间，湖北的楚调也进入北京。道光前期“京师尚楚词，乐工中如王洪贵、李六，以善为新声称于时”。楚调中包括西皮腔和二黄腔。徽调与楚调合流，演变为北京的皮黄戏，这就是京剧的前身。

(2)过渡阶段(1841～1861)。皮黄戏的唱腔高亢爽朗，语言通俗易懂，剧本题材广阔，动作节奏鲜明，再加上大胆吸收昆腔、秦腔、京腔等剧种的长处，在诸腔杂陈的北京舞台上，很快占据了优势。从道光后期到咸丰年间，除去以旦角为主的剧目以外，以老生、花脸和武老生为主的剧目有所增加。老生演员程长庚被称为徽派，余三胜被称为汉派，张二奎被称为京派。他们在唱、念、做方面都取得了较高的成就，并使皮黄戏带上了更多的北京地区的色彩。

(3)完成阶段(1862～1911)。同治、光绪年间，北京的皮黄戏班增至五十多个，生、旦、净、丑各行全面发展，涌现出谭鑫培、汪桂芬、孙菊仙等一大批优秀演员。谭鑫培博采众长，改革老生唱腔，成为继往开来的一代艺术大师，对京剧形成作出了卓越的贡献。

第4章　戏曲文学

3.4.1　复习笔记

【通关提要(提纲挈领)】

本章主要论述了各个年代的戏曲文学，并且对其中的名家名作进行了详细的介绍。本章考点以填空题、名词解释以及简答题为主，在学习时，需要着重了解主要的几个年代的戏曲剧种，包括宋元南戏、元杂剧、明清杂剧以及清代地方戏等，并对这些剧种加以区分，了解各自的特征以及区别，并对部分作品重点记忆。

【考点难点归纳(厚积薄发)】

考点一：戏曲文学概述(见表3－4－1)　★★★

表3－4－1　戏曲文学概述

要点	具体内容	
概况	指中国戏曲的剧本创作，即“剧诗”，戏剧性的诗歌。诗歌的抒情特征体现在剧本的形式和戏曲的整体意蕴上	
戏曲剧本的特点	结构上	延续了说唱艺术的传统，基本上是说唱、韵散相间的风格
	情节上	不仅要表现生活、抒情、刻画人物，而且要遵循戏曲舞台的特殊规律，一切为现场表演服务，是唱词、念白、科介等手段的合乎规律的有机结合
影响	戏曲文学创作与大众生活紧密相关。许多文学大师在戏剧名著中塑造的鲜明的人物形象，丰富了戏曲艺术	

考点二：戏曲作家与作品　★★★★

1. 宋元南戏

(1)宋元南戏是一种传统而朴素的民间戏曲。长期以来，南戏有时只签作家的集体名，没有个人署名，直到元代后期，由于正统文人的参与，南戏的剧本才有作家的个人署名。宋元时期，南戏的剧本风格比较自由，不分“出”或“折”；音乐结构也相对自由，不以宫调和套数为依据。

(2)作家及作品：

①《张协状元》，是唯一完整保存下来的南宋戏文，也是中国迄今发现最早、保存最完整的中国古代戏曲剧本，九山书会才人编撰。写书生张协赴考遇盗，得贫女相救，后结为夫妇的故事。张协中状元后，虽拒绝枢密使王德用的招赘，但贫女寻夫至京，张协却嫌她“貌陋身卑，家贫世薄”，不肯相认，竟于赴任路上剑劈贫女。后贫女被王德用收为义女，终于重圆。此剧与久已流传的《赵贞女蔡二郎》《王魁负桂英》等作品一样，写男子发迹负心

主题。贫女勤劳善良，楚楚动人；而张协则心狠手毒，名利熏心，但最后大团圆结局，削弱了作品的感人力量。人物形象鲜明，情节贯串主线清晰，曲文质直浅近，具有浓郁的民间文学气息。

②四大南戏，具体见表3－4－2。

表3－4－2　四大南戏

要点	具体内容
《荆钗记》	南戏剧本。明徐渭《南词叙录·宋元旧篇》著录《王十朋荆钗记》为无名氏作，明初有李景云改编本。歌颂了“义夫节妇”，生死不渝的夫妇之爱
《白兔记》	又称《刘知远白兔记》，元代南戏作品，永嘉书会才人编，写刘知远与李三娘悲欢离合的故事。富有民间文学特色，文字上质朴通俗，保存着一些古代农村风俗和情趣
《拜月记》	元代戏曲家关汉卿创作的杂剧剧本，是元曲四大爱情剧之一。全剧共四折一楔子，主要写大家闺秀王瑞兰和秀才蒋世隆悲欢离合的婚姻爱情故事。这部剧本富有抒情性，歌颂了王瑞兰对爱情的忠贞，谴责了封建家长制对婚姻爱情的独断阻碍，反映了当时社会动荡不安、战乱频仍的时代氛围
《杀狗记》	中国戏曲剧本。这出戏对封建宗法制家庭内部的矛盾和封建家长的专横暴虐有所揭露。作品提倡“亲睦为本”“孝友为先”“妻贤夫祸少”，维护封建伦常秩序的说教气息比较浓厚。剧本语言通俗、质朴，具有民间文艺的特色，但也有运用典故过多的缺点。剧中比较成功地刻画了柳龙卿、胡子传的无赖相，对酒肉朋友之间的种种欺诈行径，描绘得颇为生动

③高则诚，具体见表3－4－3。

表3－4－3　高则诚

要点	具体内容
人物	元末至明初的剧作家，温州瑞安人，人称“东嘉先生”。他根据民间流传的南戏《赵贞女》创作了《琵琶记》，代表了南戏艺术的最高成就
代表作	《琵琶记》是高则诚根据长期流传的民间戏文《赵贞女蔡二郎》改编创作的一部南戏，是中国古代戏曲中的一部经典名著，被誉为“传奇之祖”。此剧叙写汉代书生蔡伯喈与赵五娘悲欢离合的爱情故事。全剧共四十二出，结构完整巧妙，语言典雅生动，显示了文人的细腻目光和酣畅手法，是高度发达的中国抒情文学与戏曲艺术的结合

2. 元杂剧

(1)概述，具体见表3－4－4。

表3－4－4　概　述

要点	具体内容
作家背景	元代北曲杂剧有许多作家。他们通常淡泊名利、处于社会底层、受过教育，但并不富裕、经常与艺术家或妓女交往。元杂剧剧本大多有作者的署名。元代记录杂剧作家与作品的文献有钟嗣成《录鬼簿》等
题材	元杂剧广泛反映社会生活，涉及神话仙话、男女爱情、家庭伦理、历史故事、清官断狱等方面，奠定了戏曲题材的规模

【考点拓展】《录鬼簿》

元钟嗣成著。《录鬼簿》大约成书于元至顺元年(约公元1330年)，记录了自金代末年到元朝中期的杂剧、散曲艺人等80余人。有生平简录、作品目录，甚至还有带有自己思想痕迹的简评，如把关汉卿列在首位，对郑德辉颇有微词："惜乎所作，贪于俳谐，未免多于斧凿。"后来作过两次修订，扩充为2卷，所录152人，作品名目400多种，书中人物分为七类。

(2)元杂剧作家，具体见表3－4－5。

表3－4－5　元杂剧作家

作家	具体内容		
关汉卿	个人简介	字汉卿，号已斋，元杂剧奠基人，居"元曲四大家"之首。他一生的戏曲创作十分丰富。剧目有六十多个，剧本大多散佚。他的杂剧有悲剧、有喜剧，题材广阔，深刻地揭露了元代腐朽黑暗的社会现实。他的《窦娥冤》《救风尘》《望江亭》《鲁斋郎》《单刀会》都是脍炙人口的作品	
	代表作品	《窦娥冤》	又名《感天动地窦娥冤》，全剧四折，写弱小寡妇窦娥在无赖陷害、昏官毒打下，屈打成招，成为杀人凶手，被判斩首示众。临刑前，满腔悲愤的窦娥许下三桩誓愿：血溅白练，六月飞雪，大旱三年。果然，窦娥冤屈感天动地，三桩誓愿一一实现。这出戏展示了下层人民任人宰割，有苦无处诉的悲惨处境，控诉了贪官草菅人命的黑暗现实，生动刻画出窦娥这个女性形象。该剧同时体现了关汉卿的语言风格，言言曲尽人情，字字当行本色
		《救风尘》	全名《赵盼儿风月救风尘》，杂剧剧本，全剧共四折，是一部杰出的现实主义古典喜剧。主要写恶棍周舍骗娶风尘女子宋引章后又加以虐待，宋引章的结义姐妹赵盼儿巧设计谋将其救出的故事
		《单刀会》	剧本写三国时关羽凭借智勇单刀前赴鲁肃所设宴会，最终安全返回的故事。全剧共四折。第一折写鲁肃定计索还荆州，请来乔公商议。第二折写鲁肃拜访司马徽，继续商议索取荆州，再次受到反对。第三折写关羽毅然接受鲁肃邀请，决定单刀赴会。第四折写关羽在单刀会上的斗争，是全剧高潮。全剧构思奇巧，曲辞壮丽，塑造了关羽智慧和勇猛的形象
		《望江亭》	写谭记儿在望江亭内设计对付权贵杨衙内的故事，剧本表现了谭记儿的机智。全剧共四折，把谭记儿的聪慧、果敢、才情充分地展示了出来
白朴	个人简介	字仁甫，号兰谷，元代著名的杂剧作家，写作题材多出自历史传说，剧情多为才人韵事	
	代表作品	《梧桐雨》	全名《唐明皇秋夜梧桐雨》，讲述了唐明皇与杨贵妃的爱情悲剧，以安史之乱为社会背景，讽刺了唐代中央政权的腐败
		《墙头马上》	全名《裴少俊墙头马上》，讲述了李家小姐李千金与裴家少年的爱情故事
马致远	个人简介	号东篱，大都(今北京)人，元代戏曲家。今存《汉宫秋》《青衫泪》《岳阳楼》《荐福碑》《任风子》《陈抟高卧》等	
	代表作品	《汉宫秋》，全名《破幽梦孤雁汉宫秋》。该剧的基本冲突是汉元帝、王昭君和文武官僚、奸臣贼子的冲突。与匈奴的矛盾只是作为一个社会背景来写的。全剧的艺术特点在于抒写人物内心的感情，有浓厚的抒情意味	

续表

作家		具体内容
王实甫	个人简介	元代著名杂剧作家，杂剧《西厢记》的作者，与关汉卿、白朴、马致远齐名，其作品全面地继承了唐诗宋词精美的语言艺术，又吸收了元代民间生动活泼的口头语言，创造了文采璀璨的元曲词汇，成为中国戏曲史上“文采派”的杰出代表
	代表作品	《崔莺莺待月西厢记》，又称《王西厢》《北西厢》，是古代戏曲的杰出代表。全剧写书生张君瑞在普救寺与相国千金崔莺莺一见钟情，最后终成眷属的故事。此剧本原出自元稹(唐)小说《莺莺传》，直接根据是董解元《西厢记诸宫调》
康进之	个人简介	元代戏曲作家，作杂剧《老收心》《李逵负荆》
	代表作品	《李逵负荆》叙述恶棍宋刚、鲁智恩冒充宋江、鲁智深，掳走酒店店主王林的女儿满堂娇。李逵下山闻知此事，勃然大怒，回山砍倒杏黄旗、大闹忠义堂，指斥宋江、鲁智深玷辱梁山名誉。后三人同去酒店对质，方知是歹徒冒名作恶。李逵深悔莽撞，负荆请罪，并协同燕青擒获歹徒，将功补过。此剧是一出用“误会法”构成的喜剧，矛盾的发展合乎情理
纪君祥	个人简介	元代杂剧、戏曲作家。作杂剧《松阴梦》《驴皮记》《错勘赃》《韩退之》《贩茶船》《赵氏孤儿》等。今存《赵氏孤儿》
	代表作品	《赵氏孤儿》，全名《赵氏孤儿大报仇》，被列为元杂剧四大悲剧之一。全剧五折一楔子。剧演春秋时晋国上卿赵盾遭到大将军屠岸贾的诬陷，全家三百余口被杀。为斩草除根，屠岸贾要捕杀赵氏孤儿赵武，下令杀尽全国同龄的婴儿。赵家门客程婴与老臣公孙杵臼定计，救出赵武。为救护赵武，先后有晋公主、韩厥、公孙杵臼献出生命。二十年后，赵武由程婴抚养长大，尽知冤情，禀明国君，亲自拿住屠岸贾并处以极刑，终于为全家报仇

3. 明清传奇杂剧

(1)发展历程，具体见表3－4－6。

表3－4－6　发展历程

要点	具体内容
明代初年	杂剧创作者仍然很多，南戏创作也逐渐蓬勃发展
嘉靖以后	社会矛盾变得越来越尖锐，社会风气已经改变，自由思想变得活跃起来。同时，随着昆山腔的成功改良，传奇创作也进入了高潮。涌现出许多作家作品
明代万历年间	《牡丹亭》的问世在剧坛引起了较大轰动
明末清初	以李玉为代表的昆曲传奇作家创作了大量剧目，形成苏州派
清代康熙年间	传奇创作的最后两座高峰是洪昇的《长生殿》和孔尚任的《桃花扇》。随后，昆曲逐渐衰落，传奇创作也随之衰落

(2)明清杂剧作家，具体见表3－4－7。

表3－4－7　明清杂剧作家

要点	具体内容
朱有炖	明代杂剧作家，明太祖朱元璋之孙，周定王朱橚的长子，封周王，住开封。作杂剧31种，称《诚斋乐府》。剧作有《李亚仙花酒曲江池》《关云长义勇辞金》《黑旋风仗义疏财》《刘盼春守志香囊怨》《汉相如献赋题桥》等

续表

<table>
<tr><th>要点</th><th colspan="3">具体内容</th></tr>
<tr><td>徐渭</td><td colspan="3">明代杂剧作家，作杂剧《狂鼓史》《玉禅师》《雌木兰》《女状元》，合称《四声猿》，另有一种《歌代啸》。徐渭在诗文、戏曲、书画等各方面都独树一帜，与解缙、杨慎并称“明代三才子”。他是中国“泼墨大写意画派”创始人、“青藤画派”之鼻祖，其画能吸取前人精华而脱胎换骨，不求形似求神似，山水、人物、花鸟、竹石无所不工，以花卉最为出色，开创了一代画风，对后世画坛影响极大</td></tr>
<tr><td rowspan="2">梁辰鱼
（1519—1591）</td><td>个人简介</td><td colspan="2">明代戏曲作家、音乐家，是昆山腔的改革家和歌唱家，曾作《红线女》等杂剧，但以《浣纱记》传奇最著名，此外还写过《远游稿》《江东白苎》等。梁辰鱼是利用昆腔来写作戏曲的创始者，其脍炙人口的作品促进了昆腔的传布。从元末到魏良辅时期，昆腔还只停留在清唱阶段，经过梁辰鱼的改良以后，昆腔才焕发舞台的生命力，这是梁辰鱼在中国戏曲史上的重大贡献</td></tr>
<tr><td>代表作品</td><td colspan="2">《浣纱记》，明传奇。根据中国明代传奇作品《吴越春秋》而改编的昆曲剧目，借中国春秋时期吴、越两个诸侯国争霸的故事表达对封建国家兴盛和衰亡历史规律的深沉思考。故事曲折、结构完整，西施形象刻画得较为饱满，人物性格鲜明，是改革后的昆曲演唱的首部传奇</td></tr>
<tr><td rowspan="2">沈璟
（1553—1610）</td><td>个人简介</td><td colspan="2">字伯英，晚字聃和，号宁庵，别号词隐，是明代戏曲家、曲论家，与当时名曲家王骥德、吕天成、顾大典等探究、切磋曲学，对音律研究有建树。其编有《南九宫十三调曲谱》，作传奇剧本《义侠记》《博笑记》等17种，世称《属玉堂传奇》</td></tr>
<tr><td>代表作品</td><td colspan="2">《义侠记》，取材于小说《水浒传》中武松的故事。作品从景阳冈打虎开始，至上梁山受招安结束，并添出武妻贾氏，写她同母亲访寻武松，路遇孙二娘等情节。昆剧及有些剧种的《武松打虎》《挑帘裁衣》《武松杀嫂》等即出于此</td></tr>
<tr><td rowspan="4">汤显祖
（1550—1616）</td><td>个人简介</td><td colspan="2">明代文学家、戏曲作家。汤显祖有多方面的成就，而以戏曲创作为最。其剧作不但为中国人民所喜爱，而且已传播到英、日、德、俄等很多国家，被视为世界戏剧艺术的珍品。其专著《宜黄县戏神清源师庙记》也是中国戏曲史上论述戏曲表演的一篇重要文献，对导演学起了拓荒开路的作用</td></tr>
<tr><td rowspan="3">代表作品</td><td>《玉茗堂四梦》</td><td>又称《临川四梦》，古代中国传奇剧本合集。明代剧作家汤显祖所著四种传奇剧本的合称，即《邯郸记》《牡丹亭》《南柯记》《紫钗记》，其中以《邯郸记》和《牡丹亭》的成就最高。因作者是江西临川人，所居书斋名玉茗堂，四剧中都有描写梦境的情节而得名</td></tr>
<tr><td>《牡丹亭》
（《还魂记》）</td><td>全名《牡丹亭还魂记》，该剧描写了官家千金杜丽娘对梦中书生柳梦梅倾心相爱，竟伤情而死，化为魂魄寻找现实中的爱人，人鬼相恋，最后起死回生，终于与柳梦梅永结同心的故事。该剧文辞典雅，语言秀丽，是汤显祖传奇的代表作</td></tr>
<tr><td>《邯郸记》</td><td>四梦中最后一梦，写于1601年。它借助《枕中记》黄粱一梦的故事，再现明代官场，对超脱生死困扰的途径再次做了一番探讨，是一部集思想性、艺术性、哲理性于一体的剧作，价值不容忽视</td></tr>
<tr><td>李玉</td><td>个人简介</td><td colspan="2">字玄玉，号苏门啸侣，又号一笠庵主人。入清后无意仕进，毕生致力于戏曲创作和研究，剧作见于各种曲目书中著录的有42种。其中《一捧雪》《人兽关》《永团圆》《占花魁》《清忠谱》《昊天塔》《一品爵》等18种如今存有全本</td></tr>
</table>

续表

要点	具体内容		
李玉	代表作品	"一人永占"	是明末清初李玉所作《一捧雪》《人兽关》《永团圆》《占花魁》四个传奇剧本各取首一字的合称
		《清忠谱》	写明朝天启年间发生在苏州的真人真事，集中地揭露了当时魏党特务政治的罪恶。他们用各种恶毒的刑法残害人民，以维护自己的反动统治
朱素臣	个人简介		清初戏曲作家，字素臣，号笙庵，江苏吴县人。朱素臣毕生致力于戏曲创作和研究，与李玉、朱佐朝、毕魏等人友善并合作编剧，有剧作 19 种。存世的有《十五贯》《文星现》《龙凤钱》《瑶池宴》《朝阳凤》等
	代表作品		《十五贯》，是清初戏曲传奇作品。剧本根据《错斩崔宁》《醒世恒言》中的《十五贯戏言成巧祸》改编，写熊氏兄弟各遭冤案，双双被判死刑。监斩前夜，苏州知府况钟梦见有两只熊前来向他乞哀，于是上奏请求复审，平反了冤案。此剧揭露、批判了主观臆断和循规蹈矩的官僚作风，歌颂了实事求是的精神。剧本情节曲折紧凑，采用了双生旦结构，这有利于增强故事的传奇性，能更好地实现戏曲出与出之间的反接，在充分利用演员资源、增加演出收入等方面显示其优长。此剧后来被多次改编，至今仍是常演的戏曲剧目
李渔 （1611—1680）	个人简介		初名仙侣，后改名渔，字谪凡，号笠翁，是明末清初文学家、戏曲家、戏曲理论家、美学家。素有才子之誉，有诗文集《笠翁一家言全集》、传奇集《笠翁十种曲》。其杂著《闲情偶寄》之"词曲部""演习部"及"声容部"的有关内容，是系统的戏曲理论，后人辑为《李笠翁曲话》
	代表作品		《笠翁十种曲》，是清代传奇集，包括《怜香伴》《奈何天》《比目鱼》《蜃中楼》《风筝误》《慎鸾交》《凰求凤》《巧团圆》《玉搔头》《意中缘》十种传奇。剧作以解放思想为轴心，以冲击封建传统礼教为要旨，代表了明清时期以娱乐为宗旨的文学倾向，在民间颇受欢迎
洪昇 （1645—1704）	个人简介		字昉思，号稗畦，又号稗村、南屏樵者。是中国清代戏曲家、诗人，与《桃花扇》作者孔尚任并称"南洪北孔"。洪昇著有诗集《稗畦集》《稗畦续集》《啸月楼集》，杂剧《四婵娟》，传奇《长生殿》《回文锦》《回龙记》等。戏曲仅存《长生殿》和《四婵娟》两种。今人辑有《洪昇集》
	代表作品		《长生殿》，清初传奇，共二卷。该剧定稿于康熙二十七年（1688）。全剧共五十出。写唐明皇李隆基与杨玉环的爱情故事，写出帝妃间的特殊爱情对中央政权的腐化，从而引发安史之乱，祸害国家。洪昇通过李杨"乐极哀来"的悲剧来"垂戒来世"。该作的问世曾引起戏曲界很大的轰动，至今有不少折子传唱于昆剧舞台上
孔尚任 （1648—1718）	个人简介		字聘之，又字季重，号东塘（《随园诗话》所载为东堂），别号岸堂，自称云亭山人。清初诗人、戏曲作家。孔尚任继承了儒家的思想传统与学术，自幼即留意礼、乐、兵、农等学问，还考证过乐律，为以后的戏曲创作打下了音乐知识基础。康熙三十八年写成《桃花扇》传奇，次年春升任户部广东司员外郎，不久罢官。平生著作甚多，有《湖海集》《岸堂文集》等。其剧作有《桃花扇》、与顾彩合作的《小忽雷》传奇

续表

要点	具体内容	
孔尚任（1648—1718）	代表作品	《桃花扇》是清代文学家孔尚任创作的传奇剧本，所写的是明代末年发生在南京的故事。全剧以侯方域、李香君的悲欢离合为主线，展现了明末南京的社会现实，揭露了弘光政权衰亡的原因，歌颂了对国家忠贞不渝的民族英雄和底层百姓，展现了明朝遗民的亡国之痛。《桃花扇》是一部接近历史真实的历史剧，重大事件均属真实，只在一些细节上作了艺术加工。以男女情事来写国家兴亡，是此剧的一大特色
南洪北孔	“南洪北孔”，即清初著名历史剧作家洪昇和孔尚任。清代初年，剧坛出现了洪昇和孔尚任两位著名的剧作家。洪昇（南方浙江杭州人）创作的《长生殿》和孔尚任（北方山东曲阜人）创作的《桃花扇》，是康熙剧坛上最成功、最有影响力的作品，他们因此也享有了“南洪北孔”的美誉。两剧的作者都以其剧作肇祸，一个革除了监生资格，一个罢了官，而当时许多人还是对这两部剧作表示了极大的兴趣，给予了很高的赞赏	

（3）明清杂剧作品，具体见表3－4－8。

表3－4－8 明清杂剧作品

要点	具体内容
《连环记》	明王济作。剧情简介：东汉末年董卓专权。曹操谋刺不成，集刘、关、张与吕布战于虎牢关。司徒王允施连环计，将义女貂蝉先许吕布再嫁董卓，离间其关系。董卓被诛，吕布与貂蝉成婚
《千金记》	明传奇，作者沈采，写楚汉相争时韩信的故事。以韩信及其妻高氏为主线，故事包括漂母进食、胯下受辱、鸿门宴、追韩信、登坛拜将、灭项羽、封齐王等50出，有关项羽诸出，刻画了项羽刚愎自用、勇而无谋的性格
《绣襦记》	明传奇，作者徐霖。写唐代宦门子弟郑元和与风尘女子李亚仙的爱情故事，批判了封建婚姻制度中的“门阀”观念，揭露了封建伦理的冷漠和虚伪
《宝剑记》	明传奇，作者李开先。该剧本取材于中国白话小说名著《水浒传》但有所改动，《夜奔》一出盛演于昆剧舞台。林冲参奏高俅而被高陷害，被刺配沧州，最后逼上梁山。高俅子谋占林妻张贞娘，贞娘出逃，在白云庵出家。梁山英雄攻打京城，朝廷将高俅父子送梁山军前处死，并招安梁山军。明代陈与郊有改编本，名《灵宝刀》
《水浒记》	许自昌的代表作，写《水浒》宋江的故事。剧中赞颂了他们劫富济贫、投奔梁山、结伙造反的行为，同时对以蔡京为代表的封建统治者恣意榨取民脂民膏的罪恶行径，对张文远追求淫靡生活的腐朽行为，都作了一定程度的揭露和批判。其中《刘唐》《活捉》等折子流行于昆剧舞台
《玉簪记》	明代作家高濂创作的传奇，写道姑陈妙常与书生潘必正冲破封建礼教和道法清规的约束而相恋结合的故事。其中《琴挑》《秋江》等折子在昆剧舞台十分流行
《红梅记》	明传奇，作者周朝俊。取材于明瞿佑《剪灯新话》中的《绿衣人传》，写南宋时太学生裴舜卿与卢昭容悲欢离合的故事。李慧娘的形象虽不占主线地位，但她善良正直、不畏强暴的反抗性格，刻画得颇为生动感人。剧情曲折离奇，虚实相生，惟关目稍有冗赘，结构松散。昆剧《李慧娘》即据此改编
《目连救母劝善记》	明传奇，作者郑自珍。总体规模巨大，其中103出是根据民俗流传的目连戏组织整理的
《雷峰塔》	清代方成培创作的传奇，共三十四出，写白蛇与许宣的故事

4. 清代地方戏(见表3-4-9)

表3-4-9 清代地方戏

要点	具体内容
《梵王宫》	又名《叶含嫣》《洛阳桥》，清代乱弹戏剧目，作者不详。作品写猎户花云与贵族耶律寿之妹耶律含嫣在梵王宫相遇，彼此爱慕。耶律含嫣回家后思念花云忧思成疾。耶律寿行贿县令，欲占书生韩枚之妻。而后设计让花母以卖花为名，引领扮成韩妻的花云潜入含嫣闺房，最后众英雄大闹耶律府，以花云与含嫣结为夫妻而煞戏
《反五关》	清代乱弹戏剧目，又称《黄飞虎》《汜水关》，取材于《封神演义》，作者不详。写殷代纣王荒淫无道，朝政紊乱，大臣黄飞虎造反，闯过五关投奔周武王的故事
《红鬃烈马》	清代秦腔剧目，又称《王宝钏》，该剧讲述了薛平贵与王宝钏的爱情故事。共包括13场折子戏
《龙虎斗》	清代乱弹剧目，又名《下河东》，作者不详。剧情是：陈桥兵变，赵匡胤即位后，应河东刘钧王之请前去赴会，由欧阳方挂帅，呼延寿廷马前先行。欧阳方素与呼延寿廷不睦，借口呼延寿廷出征不力，致使其被赵匡胤斩首。呼延寿廷之子呼延赞得知后，单骑下河东与赵匡胤相斗，赵匡胤被击败
《四郎探母》	清代京剧剧目，作者不详。讲述了北宋时期，杨家为抵抗北方各少数民族的南侵，全家男女老少齐上阵，演绎出了一个个感人的英雄故事
《玉堂春》	不仅是京剧旦角的开蒙戏，还是中国戏曲中流传最广的剧目之一。此剧是清代花部乱弹作品，作者不详，故事出自冯梦龙编订的《警世通言》。描述了王金龙与妓女苏三(玉堂春)誓携白首，王因钱财散尽被驱逐，潦倒关王庙；苏三被逼嫁与陕西富商为妾，后苏三被诬告判处死罪。王金龙任八府巡按到太原，复审此案为苏三平反
《庆顶珠》	清代花部乱弹作品。又名《打渔杀家》《扣门杀家》《萧恩杀江》。作者不可考。据留春阁小史《听春新咏》记载，嘉庆十五年前，大顺宁部等戏班已演出此戏。作品描写梁山好汉萧恩在起义失败后和女儿萧玉芝打渔为生，因不堪土豪丁自燮欺压，到官府告状，反遭责打。萧恩气愤难忍，便以献庆顶珠"赔罪"为名，与女儿同往丁府，杀了丁自燮一家。后萧恩自刎；萧玉芝流落江湖，在卖武时与未婚夫花逢春相聚
《四进士》	京剧传统剧目，也在秦腔、蒲剧、豫剧、越剧、湘剧中普遍传唱。又名《节义廉明》，作者不详。此剧情节曲折，感人至深。对封建官场贪污受贿、口是心非、草菅人命、官场腐败的黑暗现象作了有力的揭露和抨击
《张古董借妻》	清代乱弹戏剧目，作者不详。写张古董将妻子借给丧妻的结拜兄弟李成龙冒充新妇，哄骗岳父认亲索要首饰，结果弄假成真。梆子、皮黄系统剧种均有此剧

5. 近现代戏曲

(1)近现代戏曲作家，见表3-4-10。

表3-4-10 近现代戏曲作家

要点	具体内容
黄吉安 (1836—1924)	近代川剧史上的剧作大师，名云端，号余僧，他与川剧艺人和票友广泛结交，遂从戏曲喜爱者转变为戏曲剧作家。先后共创作川剧剧本80多部，世称"黄本"。他的剧作着力歌颂英雄好汉，鞭挞逆贼、贰臣，并刻画了一批在川剧舞台上熠熠生辉的妇女形象。作有川剧剧本《三尽忠》《闹齐庭》《柴市节》等

续表

要点	具体内容
罗瘿公（1880—1924）	名敦融，字掞东，号瘿公，近代诗人、京剧作家。他与程砚秋关系很好，程在艺术上的成就离不开罗的全心全意的指导和全力支持。发掘并培育程砚秋成为京剧大师，并编写了《红拂传》《鸳鸯冢》《青霜剑》《金锁记》等剧本
范紫东（1878—1954）	名凝绩，字紫东，是一位著名的秦腔剧作家，作为易俗社的创始人之一，在易俗社任编辑、评议员、评议长等职位。从1912年西安易俗社成立开始，历经四十余年，撰写了《三滴血》《颐和园》《新华梦》等大、小型剧本68个
陈墨香（1884—1942）	京剧作家，著名的京剧票友，与王瑶卿为挚友，与荀惠生长期合作，为他写过50多部剧本。在表演艺术方面，他和荀慧生都致力于改革和创新。如在"二黄"中插入快板，突破原来旦角行当程式，依剧情将青衣、花旦、闺旦融于一体，逐渐形成京剧"荀派"艺术。陈墨香也为程砚秋、王玉蓉等编写剧本，一生创作改编剧本100多部，代表作有《杜十娘》《红楼二尤》《霍小玉》《勘玉钏》等
田汉（1898—1968）	剧作家、戏曲作家、电影编剧、小说家、词作家、诗人、文艺批评家、文艺活动家，中国现代戏剧三大奠基人之一，长期担任戏剧运动的领导工作。田汉早年留学日本时曾自署为"中国未来的易卜生"。其写作改编的戏曲剧本有《江汉渔歌》《金鳞记》《西厢记》《白蛇传》《谢瑶环》等
樊粹庭（1905—1966）	著名豫剧作家、改革家和教育家，被称为"现代豫剧之父"，曾任西安狮吼剧团团长。1935年开始编写剧本，在20余年中创作、改编剧本58部，世称"樊戏"，代表作有《劈山救母》《王佐断臂》等。他的多数剧作结构严谨、情节曲折、手法新颖，思想内容比较健康、进步，具有一定的现实意义
马健翎（1907—1965）	中国戏曲作家，名飞雕，字健翎，陕西米脂人。他的许多剧作都是自己导演或亲自参加演出的。作品有《游龟山》《游西湖》《赵氏孤儿》《窦娥冤》《血泪仇》等

（2）近现代戏曲作品，见表3－4－11。

表3－4－11 近现代戏曲作品

要点	具体内容
《狸猫换太子》	京剧剧目，取材于古典小说《三侠五义》，描写的是宋代的宫廷斗争的故事，也是著名的连台本戏。由上海京剧班社编剧，故事取自元杂剧《抱妆盒》，主角有陈琳、寇珠等
《逼上梁山》	京剧剧目，取材于明代李开先《宝剑记》，1943年初演于延安。写《水浒》林冲的故事
《三打祝家庄》	取材于《水浒》中的林冲故事，同时参照汲取了明传奇《宝剑记》《灵宝刀》及传统京剧《野猪林》《山神庙》等有关戏曲资料创作而成的京剧剧目。讲述了禁军教头林冲被太尉高俅陷害，刺配沧州，途中又险被杀害后，终于觉醒，率众奔赴梁山，走上反抗道路的故事
《祥林嫂》	越剧剧目，改编于鲁迅《祝福》，主要写祥林嫂年轻时的故事，祥林嫂是旧中国农村劳动妇女的典型
《野猪林》	传统京剧，取材于文学名著《水浒》第六回至第九回。故事写林冲被高俅陷害得家破人亡，最后被逼上梁山的经过。该剧原由杨小楼首演，经过改编，成为李少春的代表作
《将相和》	京剧剧目。故事取材于《史记·廉颇蔺相如列传》，描写战国邯郸蔺相如完璧归赵的故事。1950年由翁偶虹、王颉竹在京剧旧本《完璧归赵》《渑池会》《负荆请罪》的基础上改编而成
《刘巧儿》	评剧剧目，作者王雁。据1943年袁静剧本《刘巧告状》和说书演员韩起祥的说唱《刘巧团圆》改编。剧本描写陕甘宁边区农村少女刘巧儿的故事

续表

要点	具体内容
《梁山伯祝英台》	越剧剧目，是中国汉族民间四大爱情故事之一，其他三个是《白蛇传》《孟姜女哭长城》《牛郎织女》。《梁山伯祝英台》被誉为爱情的千古绝唱，演绎梁祝故事的爱情悲剧，很多剧种有此剧，以越剧《梁祝》与川剧《柳荫记》的影响最大
《打金枝》	晋剧剧目，演绎郭子仪之子郭暧怒打升平公主，最后二人在唐代宗的调解下和好如初的故事，是晋剧女老生丁果仙的代表作，丁果仙以其优美的唱腔和细腻的表演为观众塑造了一个深沉睿智、富有谋略的唐代宗形象
《梁秋燕》	眉户剧剧目，由黄俊耀编剧，李瑞芳主演，在 20 世纪 50～60 年代影响很大。主要写的是中华人民共和国成立不久，陕西华县农村姑娘梁秋燕与同村青年刘春生的爱情故事
《天仙配》	又名《七仙女下凡》《董永卖身》，是黄梅戏早期积累的“三十六大本”之一、黄梅戏的保留剧目之一，是首部以电影方式出现的黄梅戏。作品讲述了七仙女不顾天规，私自下凡与董永结为伉俪，最终被玉帝生生拆散了的爱情故事，是黄梅戏的代表剧目
《李二嫂改嫁》	吕剧作品，是现代戏的代表作，描写 1947 年鲁中南解放区农村年轻寡妇李二嫂的故事。剧本以朴素的语言刻画了李二嫂的精神世界。“打场”一场李二嫂感叹身世，“订情”一场李二嫂对张小六表达爱情，都写出了这个年轻寡妇深沉而热烈的感情。作品语言朴实，感情真挚，在观众心灵里引起激荡。该剧于 1954 年华东区戏曲观摩演出获剧本一等奖，1957 年被摄制成戏曲艺术片
《穆桂英挂帅》	豫剧剧目，是马金凤的代表作，也有梅兰芳京剧改编演出的版本，主要写的是佘太君的故事
《朝阳沟》	豫剧《朝阳沟》在中国现代戏的历史上所具有的独特的品位和所拥有的特殊地位是无可争辩和替代的。1958 年首演于郑州，1963 年由长春电影制片厂摄制成戏曲艺术片
《春草闯堂》	莆仙戏剧目，系莆田市著名剧作家陈仁鉴执笔，根据传统剧目《邹雷霆》改编，其他剧种有改编演出，主要写的是相国李仲钦之女李半月的故事
《芦荡火种》	沪剧剧目，是著名的现代戏，也是样板戏《沙家浜》的前身，京剧改编移植，改名《沙家浜》。剧情内容主要是在 1939 年新四军转移时，郭建光等 18 名伤病员留在阳澄湖畔的沙家浜，他们同以春来茶馆老板娘的身份为掩护的地下党员阿庆嫂和当地群众一起，与胡传奎和刁德一的“忠义救国军”进行了顽强机智的斗争，并取得胜利
《李慧娘》	昆剧剧目，由孟超编剧，根据《红梅记》改编，1961 年于北方昆曲剧院首演，主要写李慧娘的悲惨故事

6. 戏曲文学术语（见表 3－4－12）

表 3－4－12 戏曲文学术语

要点		具体内容
总讲与单头	总讲	又称“总纲”“讲纲”，载有全部脚色唱词、科白的脚本。一般由戏班里艺术水平较高、资历较深者掌管，以指导全剧的排练和演出
	单头	又称“单片”“单篇”，是某一脚色的唱词和科白的抄录本，供演员使用
关目		泛指情节的安排和构思

续表

要点	具体内容
凤头、猪肚、豹尾	指曲论对曲子结构的称法，戏曲剧本的开头，要用鲜明有力的戏剧行动向观众提出总的戏剧悬念，以吸引观众的注意力，遂以“凤头”相喻；戏的中间，务使戏剧冲突充分展开，并应着意刻画人物性格，要求它像“猪肚”一样的充实丰满；戏的结尾，应对全剧的冲突和主要人物的命运，做出贴切的交代，但着笔必须简洁，应如豹尾劲扫
科诨	又称插科打诨，指戏曲里使观众发笑的各种穿插。“科”是指滑稽动作，“诨”是指滑稽语言。它来自以滑稽、戏谑为主的宋杂剧，但在戏曲中只作喜剧性的穿插。明中叶以后，评论家注意到科诨的作用，提出剧作者要重视科诨的安排。明王骥德在《曲律·论科诨》中提出科诨要作得极巧，又要下得恰好。清李渔在《闲情偶寄·词曲部·论科诨》中认为科诨应“戒淫亵”“忌俗恶”，要运用得自然。同时，他还认为科诨不应仅局限于净丑两行，“生、旦有生、旦之科诨，外、末有外、末之科诨”
收煞	即收尾。要求对剧中的人物，涉及的事件、情节，在全剧收场时必须做出妥切交代，即所谓有“团圆之趣”。但在编织情节过程中，又必须注意情通理顺、水到渠成
当行	即内行，明代戏曲理论家用当行的概念指写戏的行家。要求戏曲作家掌握并发挥戏曲体制的功能
本色	原指事物的本质状态，如男儿本色。明代一些戏曲理论家把本色的概念引入古典剧论，被用来阐明艺术与生活的关系。本色表现为艺术应当体现出现实生活的本质状态，同时要求语言要反映现实事物的自然状态
家门	指明清传奇剧本结构的首出，即正戏开演前的第一出戏称“家门”，又称“副末开场”“家门大意”。清代以来昆曲把脚色分类称“家门”，如生脚一门中包括老生、小生等
题目正名	元明杂剧和南戏的剧情提要。用两句或四句的韵语概括全剧主要关目，最后一句多是此剧的全名，而此句的末3字或4字多为此剧的简称

3.4.2 典型题(含考研真题)详解

一、填空题

1958年被列为世界文化名人的中国戏剧大师是(　　)。(四川大学2014年研)

【答案】关汉卿

【解析】1957年10月28日，世界和平理事会常务会议通过了1958年纪念的世界文化名人名单，中国戏剧家关汉卿(戏剧活动七百年)在列。关汉卿，字汉卿，号已斋(又作一斋、已斋叟)，元杂剧奠基人，与白朴、马致远、郑光祖并称为“元曲四大家”，关汉卿居四大家之首。其作杂剧60多本，今存18本，代表作有《窦娥冤》《救风尘》《单刀会》《望江亭》等。

二、名词解释

1. 宋元四大南戏(南艺2014年研)

相关试题：四大南戏(河南师大2013年研)

答：元代南戏著名的作品《荆钗记》《白兔记》《拜月记》《杀狗记》被后人称为四大南戏，在明清时期传演甚广，影响深远。这些剧本，明徐渭在《南词叙录》“宋元旧篇”内有著录。“四大南戏”是南戏在元末明初的代表作品，又称“四大传奇”，简称荆、刘、拜、杀。

2. 临川四梦(广西大学2023年研；杭州师大2013年研)

答：临川四梦是指汤显祖及其四部剧作的别名。明代伟大的戏曲家、文学家汤显祖是临川人，“临川”遂为先生的别号，而“四梦”则是其《紫钗记》《牡丹亭》《南柯记》《邯郸记》四剧的合称。同时代人王思任在概括“临川四梦”的“立言神旨”时说：“《邯郸》，仙也，《南柯》，佛也，《紫钗》，侠也，《牡丹亭》，情也。”应该说，这个评论颇有见地。四个梦境演绎了纷繁世间事。

3. 《邯郸记》(中传2011年研)

答：参见本章考点难点归纳相关内容。

4. 笠翁十种曲(安徽师大2018年研)

答：参见本章考点难点归纳相关内容。

三、简答题

1. 简析高明《琵琶记》。(中传2014年研)

相关试题：简述中国古典名剧《琵琶记》的创作背景和艺术风格。(南航2018年研)

答：《琵琶记》是元末戏曲作家高明(即高则诚)根据长期流传的民间戏文《赵贞女蔡二郎》改编创作的一部南戏，是中国古代戏曲中的一部经典名著，被誉为“传奇之祖”。此剧叙写汉代书生蔡伯喈与赵五娘悲欢离合的爱情故事。全剧共四十二出，结构完整巧妙，语言典雅生动，显示了文人的细腻目光和酣畅手法，是高度发达的中国抒情文学与戏曲艺术的结合。

(1)内容梗概。《琵琶记》中的女主人公赵五娘是贞孝典范，忍辱负重，孝敬公婆，吃糠咽菜，忠贞不渝。大灾之年，公婆饿死，赵五娘身背琵琶上路，乞讨进京，寻找蔡伯喈。高则诚对蔡伯喈的形象作了根本修正，写他不情愿地参加了科考，高中之后又不情愿地做了牛丞相的女婿，心里却又不能忘怀赵五娘。剧中的牛丞相和牛小姐也不是恶人。所以，结果是牛小姐接纳了赵五娘，一夫二妻，伯喈辞官还乡，庐墓尽孝。完成了“全忠全孝蔡伯喈，有贞有烈赵五娘”的主题。

(2)故事来源。《琵琶记》系改编自民间南戏《赵贞女》，更早时还有金院本《蔡伯喈》。据记载，宋代戏文《赵贞女蔡二郎》情节大致写蔡二郎应举，考中了状元，他贪恋功名利禄，抛弃双亲和妻子，入赘相府。其妻赵贞女在饥荒之年，独立支撑门户，赡养公婆，竭尽孝道。公婆死后，她以罗裙包土，修筑坟茔，然后身背琵琶，上京寻夫。可是蔡二郎不仅不肯相认，竟还放马踩踹，致使神天震怒。最后，蔡二郎被暴雷轰死。

(3)艺术特点。《琵琶记》长达四十二出，但情节的处理却很紧凑密合。作者把京城牛府与乡下蔡家这两条线索的戏剧冲突交错写下来，使丞相府第骄奢豪华的生活与农村百姓的苦难遭遇形成了强烈的对比，既映示了贫富不均的社会现实，又产生了冷热对照的艺术效果。作者对语言的运用也很得体，能照应到各种不同阶层人物的身份，如牛府诸人的语言尚雅，乡村蔡家诸人的吐语俚俗，富于个性，表现在曲词上，也能用浅近的口语描摹出人物复杂的思想感情。

《琵琶记》的结构布置最为人称道。《琵琶记》是双线结构。一条线是蔡伯喈上京考试入赘牛府；一条线是赵五娘在家，奉养公婆。在宋元南戏和明清传奇中，有许多剧本都是双线结构，但在这些双线结构中，所组成的两个故事，有许多是互不相关的，它们不能彼此促进，互为增辉。而《琵琶记》的双线结构不同，它们共同敷演一家的故事，共同表演一个主题。两条线索交错发展，对比排列，产生了强烈的悲剧效果和巨大的艺术感染力。作者把蔡伯喈在牛府的生活和赵五娘在家乡的苦难景象交错演出，形成强烈对比。《成婚》与《食糠》，《弹琴》与《尝药》，《筑坟》与《赏月》，以及《写真》，都是写得很成功的篇章。对比的写法突出了戏剧冲突，加强了悲剧的气氛。

《琵琶记》刻画了典型环境描写中的典型人物。作者描写了“旷野原空，人离业败”“饥人满道”、灾害频仍、官吏鱼肉乡里的典型环境，正是在这样的社会环境里描写了赵五娘悲惨的生活遭遇，突出了她在灾荒岁月中独自养亲的艰难处境，从而以她的形象体现了封建制度下不能掌握自身命运的中国妇女，在极端艰苦的生活环境里展现的美好品质。正因为如此，赵五娘的形象才长期活跃于舞台，赢得了几百年来广大读者观众的深切同情，在文学史上占有一席地位。

2. 关汉卿的戏剧成就有哪些？

相关试题：

（1）有人认为，《窦娥冤》作为大悲剧，应该到第三折完就结束，才能突出“悲”，加上第四折，就减少了悲剧效果，你同意这种观点吗？为什么？（河南师大2013年研）

（2）为什么说关汉卿是元杂剧的奠基人？请结合作品谈谈你的认识。（安徽师大2018年研）

（3）简述关汉卿杂剧的艺术成就。（西安工程2016年研）

答：关汉卿，元代杂剧作家，与马致远、王实甫、白朴并称为“元杂四大家”，号已斋叟（一作一斋），大都（今北京市）人。作杂剧60多本，今存18本。关汉卿、马致远、郑光祖、白朴并称为“元曲四大家”，关汉卿位于“元曲四大家”之首。关剧是中国古典戏曲艺术的一个高峰。关汉卿娴熟地运用元代杂剧的形式，在塑造人物形象、处理戏剧冲突、运用戏曲语言诸方面均有杰出的成就。

（1）代表作品类型：

①公案剧，揭露政治黑暗和统治者的残暴，触及尖锐的社会矛盾，歌颂了人民的反抗斗争，如《窦娥冤》《蝴蝶梦》《鲁斋郎》等，最具有代表性的作品是《窦娥冤》，被列入世界大悲剧之中，控诉社会黑暗，反映了人民的斗争精神。作品写了一个弱小无靠的寡妇窦娥，在贪官桃杌的迫害下，被诬“药死公公”，斩首示众。窦娥的冤案有巨大的典型意义，作家以“人命关天关地”的高度社会责任感，提出了封建社会里“官吏们无心正法，使百姓有口难言”这个带有普遍意义的问题，强烈地控诉了封建制度与民为敌、残民以逞的罪恶。

②婚姻爱情剧，主要是描写下层妇女的生活和斗争，突出她们在斗争中的勇敢和机智，肯定女性对于婚姻的自主选择。那些貌似强大的坏人，在聪明的对手面前，一个个被簸弄得像泄了气的皮球，因此作品也带有更多的喜剧意味，如《救风尘》《望江亭》《金线池》《调风月》《拜月亭》等。其中以《救风尘》最有代表性。《救风尘》写妓女宋引章与穷秀才安秀实相恋，后贪图财物嫁给富商周舍，结果被朝打暮骂，受尽苦楚。妓女赵盼儿假意要嫁给周舍，设计救出了宋引章，并帮助宋引章嫁给安秀实。作品同情社会底层的妓女和儒生，揭露了官商的虚伪残暴。

③历史剧，通过塑造英雄人物形象，歌颂英雄，赋予英雄人物以拯救苍生的使命，表达了他对社会现实黑暗的批判和对英雄再世的渴望，如《单刀会》《西蜀梦》。以《单刀会》的成就最为突出，它取材于《三国志·鲁肃传》，写吴国名臣鲁肃为了索取荆州，设宴邀请关羽，关羽单刀赴会的故事，塑造了一个大义凛然、无所畏惧的英雄形象。关汉卿的这些历史剧来源于史传，但又超越史传。他创作的立足点不在于再现历史的真实，而是借历史题材融进大量的现实内容，着重体现历史剧创作的时代精神和戏剧文字的基本特征，这便是关汉卿的历史剧的精华所在。

（2）风格特征。关汉卿是中国文学史和戏剧史上一位伟大的作家，他一生创作了许多杂剧和散曲，成就卓越。他的剧作为元杂剧的繁荣与发展打下了坚实的基础，是元代杂剧的奠基人。他在生时就是戏曲界的领袖人物，《录鬼簿》中贾仲明吊词说他是“驱梨园领袖，总编修师首，捻杂剧班头”，“姓名香四大神物”。从元代周德清的《中原音韵》、明代何良俊的《四友斋丛说》到近代王国维的《宋元戏曲史》，都把他列为“元曲四大家”之首。著名的杂剧作家高文秀被称为“小汉卿”，杭州名作家沈和甫被称为“蛮子汉卿”，可见关汉卿在当时就已享有崇高的地位。

《窦娥冤》“列之于世界大悲剧中亦无愧色”，是中国古典悲剧的典范；关汉卿的喜剧轻松、风趣、幽默，是后代喜剧的楷模。他的杂剧在艺术构思、戏剧冲突、人物塑造、语言运用等许多方面，都为后世提供了许多宝贵的艺术经验。他的许多杂剧经过改编一直在舞台上演出，为人民所喜爱，给人以强烈的美的享受。在关汉卿的笔下，写得最为出色的是一些各具性格特色的普通妇女形象，如窦娥、妓女赵盼儿、杜蕊娘、少女王瑞兰、寡妇谭记儿、婢女燕燕等。早在一百多年前，他的《窦娥冤》等作品已被翻译介绍到欧洲。

3. 简述王实甫与《西厢记》。

相关试题：

(1)结合作品，分析王实甫《西厢记》对董解元《西厢记诸宫调》的继承和超越。（论述题，首都师大 2014 年研）

(2)《西厢记》的思想和艺术成就。（南航 2016 年研）

(3)试论《西厢记》的艺术成就。（论述题，西安工程 2016 年研）

答：(1)王实甫，元代杂剧作家，其代表作《西厢记》是在元稹的传奇《莺莺传》（又名《会真记》）基础上创作的，共五本二十一折。王实甫与关汉卿、白朴、马致远齐名，其作品全面地继承了唐诗宋词精美的语言艺术，又吸收了元代民间生动活泼的口头语言，创造了文采璀璨的元曲词汇，成为中国戏曲史上“文采派”的杰出代表。王实甫著有杂剧十四种，现存《西厢记》《丽春堂》《破窑记》三种。五本二十一折的《西厢记》不仅是他的代表作，而且是元代杂剧创作中最优秀的作品之一。《破窑记》写刘月娥和吕蒙正悲欢离合的故事，被人怀疑不是王实甫的手笔。王实甫所著另有《贩茶船》《芙蓉亭》二种，各传有曲文一折。

(2)《西厢记》可谓是家喻户晓的一部剧作，在元代就被誉为“新杂剧，旧传奇，《西厢记》天下夺魁”。它诞生七百年来，被全国多个剧种演唱至今，久演不衰。《西厢记》的风格特点主要有：

①《西厢记》在戏剧结构、矛盾冲突、人物塑造等方面，都取得了很高的艺术成就，无论是思想性，还是艺术性，都达到了元杂剧的一个高峰，成为最具舞台生命力的一部佳作。

②《西厢记》在中国文学史上首次表达出“愿普天下有情人都成眷属”的思想。《西厢记》突破了元杂剧一本四折的格式，长达五本二十一折，不因篇幅限制而造成剧情简单化和模式化的缺点。这一形式上的大胆革新，对后来的戏剧创作起到了引领作用。

《西厢记》不仅是一部戏剧，它也是中国文学史上的一部不朽名著。华彩的篇章让人拍案叫绝。清金圣叹以《庄子》、《离骚》、《史记》、杜甫律诗、《水浒传》、《西厢记》为“六才子书”，并加评定。

4. 简要谈谈洪昇的《长生殿》。

相关试题：

(1)《长生殿》抒情风格的艺术表现。（南京师大 2011 年研）

(2)比较《长生殿》与《桃花扇》在处理政治主题与爱情主题上的异同。（河南师大 2014 年研）

答：(1)洪昇，字昉思，号稗畦，又号稗村、南屏樵者，汉族，中国清代戏曲家、诗人，与《桃花扇》作者孔尚任并称“南洪北孔”。洪昇致力于戏剧创作，在《长生殿》之前写过不少剧本，现仅存杂剧《四婵娟》。此剧仿明代徐渭《四声猿》，四折各写一个故事，有谢道韫咏雪、卫茂漪簪花、李易安斗茗及管仲姬画竹。据洪昇在《长生殿例言》中所述，第一稿写于杭州，剧名《沉香亭》，中心是写李白的遭遇，大概在康熙十二年前完成。第二稿写于移家北京之后，因友人说《沉香亭》的“排场近熟”，于是删去李白的情节，改写为李泌辅佐肃宗中兴，更名《舞霓裳》，写成于康熙十八年。最后一稿，去掉李泌的情节，“专写钗合情缘，以《长生殿》题名”，在康熙二十七年完成。

(2)《长生殿》，是洪昇撰写的清传奇，康熙二十七年完稿，描写唐明皇李隆基与杨玉环的爱情故事。在此剧之前，已经有白居易的《长恨歌》、陈鸿的《长恨歌传》以及白朴的《梧桐雨》杂剧、吴世美的《惊鸿记》等辉耀文坛剧坛。洪昇以成功的再创作，取得超越前人的成就。《长生殿》前半部基本上是现实主义的描写，后半部则显然加强了浪漫主义的描写。作者虽然谴责了李隆基因宠爱杨玉环而致国事败坏，无法收拾，然而对他们两人的爱情悲剧却很同情。他写李隆基退位后对过去之事有所应晤，在深宫中为思念杨玉环而无限痛苦。他让杨玉环的幽魂也知道忏悔，一直怀念皇上。由于这种“真情”，两人终于在月宫重新团圆。作者不但对李、杨两人加以美化和净化，而且特别宣扬一种“一悔能教万孽清”的思想。《长生殿》在艺术上的处理与情缘虚幻主题的表达完美地融为一体，从而赢得了“千百年来曲中巨擘”的美誉。《长生殿》的问世曾引起戏曲界很大的轰动，至今有不少折子传唱于昆剧舞台上。

5. 简述孔尚任及其《桃花扇》。

相关试题：

(1)桃花扇(名词解释，山西大学 2023 年研；上海戏剧学院 2023 年研；四川大学 2015 年研)

(2)孔尚任(名词解释，武大 2021 年研；南京师大 2021 年研)

(3)结合作品，谈谈你对《桃花扇》结尾“生旦入道”的看法。(首都师大 2015 年研)

(4)孔尚任《桃花扇》的史剧特征何在？(中传 2015 年研)

(5)昆剧《桃花扇》的内涵和艺术特征。(南航 2016 年研)

(6)“桃花扇”一物在《桃花扇》一剧中起何作用？(安徽师大 2017 年研)

(7)孔尚任《桃花扇》的戏剧艺术创造。(南京大学 2021 年研)

答：(1)孔尚任。参见本章考点难点归纳相关内容。

(2)孔尚任的《桃花扇》，被誉为清代传奇南北高峰之一，是一部结构宏伟的历史悲剧，于康熙十八年完稿，取材于明末清初的史实。该剧以复社文士侯方域与秦淮名妓李香君的爱情故事为主线，写南明弘光朝的兴亡，把明清易代的一系列历史事件贯穿其间，通过对南明小朝廷的描写，揭露明末政治的腐败，总结明朝灭亡的历史教训，表达明末清初部分知识分子的兴亡之感和民族意识。《桃花扇》中的人物形象都具有独特的个性，其中有崇尚气节、具有敏锐的政治眼光的李香君，关心国事、热心侠义的柳敬亭，力挽狂澜、慷慨捐躯的史可法，风流倜傥、软弱妥协的侯方域，两面讨好、圆滑世故的杨龙友等等，他们都有不同的内心世界和音容笑貌。同是妓女，李香君不同于李贞丽、卞玉京；同为艺人，柳敬亭不同于苏昆生、丁继之；同为武将，左良玉不同于高杰、贡得功；同为佞臣，阮大铖不同于马士英。侯方域、杨龙友这类复杂人物形象塑造的成功，表现了作者对人物个性的深刻把握和描绘复杂历史条件下复杂性格的杰出才能。

四、论述题

《长生殿》《桃花扇》历史剧，指出其处理历史人物与事件的差异，分析原因。

答：《长生殿》与《桃花扇》作为清初历史剧的代表作都是借历史题材敷演展开，但两者在史实处理上仍有许多不同，《长生殿》是借史写情，表达了对生死不渝的坚贞爱情的赞美；《桃花扇》是借情写史，对历史变迁进行了深刻全面的反思。出现这种差异与作者本身是密切相关的，不同的生活环境与个人经历使洪昇与孔尚任在文学创作上持有不同的见解与态度，因此反映在文学作品上自然展现出不同的风格与特点。

(1)对史实处理的差异：

①《长生殿》借史写情。洪昇的《长生殿》以广为流传的李杨故事为主要内容，一方面写了李杨的爱情，表达了对真挚美好爱情的认同与追求，另一方面，作者在《长生殿自序》中又说“然而乐极哀来，垂戒来世，意所寓也”。这包含了作者对历史的认识与感悟，希望借此剧对社会历史进行深刻的反思并起到警戒作用。《长生殿》一方面歌颂了生死与共的诚挚爱情，另一方面又反映了当时广泛的社会历史现实，即两者之中，歌颂爱情为主，反映现实为辅，主辅交错，既使爱情主题得到升华，具有普遍意义，又写出了广阔厚重的社会历史生活，使全剧的内涵得以深化。

②《桃花扇》借情写史。《桃花扇》的创作目的在第一出《先声》中就鲜明地点了出来，是“借离合之情，写兴亡之感”，这一点在《桃花扇》的结构上就有着鲜明的体现。孔尚任为《桃花扇》写了《小引》《小实》《本末》《凡例》《考据》和《纲领》，在《桃花扇小引》中他就提到了历史剧的创作原则：“其旨趣实本于《三百

篇》，而义则《春秋》，用笔行文，又《左》《国》、太史公也。”在《桃花扇凡例》中也提到“朝政得失，文人聚散，皆确考时地，全无假借。至于儿女钟情，宾客嘲解，虽稍有点染，亦非乌有子虚之比”。且在“三易其稿”的数十年中，孔尚任被派往南方协助治理水道，这一经历使他既能真实地考察扬州、南京一带的风土民情、战争遗迹，另一方面也使他能更近距离地了解底层百姓的生活，寻访前朝遗老隐士，这是他在创作中能更贴近历史真实，揭示历史变迁的真实原因。因此《桃花扇》的历史真实性和写实性是极强的，但它毕竟还是一部文学作品，在尊重历史真实的同时也有艺术的虚构，从而使全剧主题更集中突出，人物形象更鲜明典型，“是我国古典历史剧中在历史真实与艺术真实的统一方面取得最大成功的作品”。

(2)差异产生的原因：

①洪昇重情而兼史。洪昇，字昉思，浙江钱塘人。洪昇出生的前一年，即1644年，李自成的农民起义军占领北京，明崇祯皇帝自缢而亡，不久，清军入关。虽然洪昇出生于战乱时期，但其家族乃士族大家，洪昇前期的生活还相对比较安适顺利，24岁便离家进京，进入国子监学习。但中后期的生活则充满了挫折与坎坷，才华卓越却一直无人赏识与重用，且在期间经历了家难，阅尽了羁旅之苦与官场之险，生活凄苦艰难，对政治穷通有了更深刻的体验，对人生也有了更淡泊通达的认识，在其诗《长安》中就写道：“棋局长安事，傍观迥不迷。党人投远戍，故相换新堤。无复穷通感，真将得丧齐。布衣何所恋，不向小山栖?”由此可见洪昇的思想实现了从初期的汲汲于功名到后期淡泊通达的转变。虽然这一转变对他个人来说可能是不幸的，但另一方面这也使洪昇能用更冷静、深刻的目光审视政治起伏，朝代更替，对历史有更深一层的认识。同时，洪昇的师友对他在历史政治问题上的影响作用也是不可忽略的。洪昇的启蒙老师陆繁诏为陆培之子，陆培为明崇祯年间进士，在清军入驻钱塘时殉节而死，陆繁诏不仅文学修养与品行修养极高，且誓不屈节仕清，具有极强的民族意识。洪昇的第二位老师毛先舒也十分具有民族气节，为明末秀才，入清后同样誓不出世，潜心学问。洪昇所结交的挚友，如柴绍炳、徐继恩、张丹、沈谦、张竞光等人也都是心怀明室，隐逸于山林的潇洒高洁之士，在与他们的交往与沟通中，洪昇对历史变迁与政治兴衰的认识肯定也会从另一面有所深入。这些积累与经历对《长生殿》中历史兴亡的揭示肯定会有一定的帮助作用。

②孔尚任重史而兼情。除了孔尚任的个人经历外，其孔氏后人的身份对其创作《桃花扇》也有一定的影响，孔尚任为孔子的后人，从小受到儒家思想的影响，忠君报国，匡济天下，对自己“士”的身份和责任有高度的自觉，心忧百姓，情系国家。但他生活在易代初期，尤其是少数民族入主中原执掌国政的时期，面对这样一种情况，他一方面关注政治，希望有所作为，兼济天下，另一方面又免不了对南明灭亡进行反思，希望总结历史兴亡的教训作为借鉴。同时，在内心深处对南明可能仍有一种难以明言的怀念与遗憾，多种感情交织在一起，复杂而又相互关联，难以分割，再加上其创作上极强的真实性，旧事重提，使许多观众看后都感慨不已，尤其是故臣遗老，更是“灯炮酒阑，唏嘘而散”，因此历史是《桃花扇》的主角，侯方域、李香君二人只是借以表现这一历史变迁的线索与脉络。

第5章　戏曲音乐

3.5.1　复习笔记

【通关提要(提纲挈领)】

本章主要论述了戏曲中的音乐术语与主要的声腔分类。本章考点以名词解释为主。在学习时，需要着重了解诸宫调、南北曲、宫调等的内涵，并对声腔的分类及特点做总体把握。

【考点难点归纳(厚积薄发)】

考点一：音乐术语(见表3－5－1)　★★★★

表3－5－1　音乐术语

要点	具体内容
诸宫调	说唱的一种形式，是一种古老的传统民间艺术，属于中国宋、金、元时期的一种大型说唱文学，是从变文和教坊大曲、杂曲的基础上发展而来的，因集若干套不同宫调的曲子轮递歌唱而得名。诸宫调以说唱为主，又因为它用琵琶等乐器伴奏，故又称“弹词”“弦索”
南北曲	指南曲和北曲的结合。南曲是宋元时南方戏曲、散曲所用各种曲调的统称，大都源于唐宋大曲、北宋鼓子词、宋词、传踏、诸宫调等，及当时的一些南方民间曲调，盛行于元、明。北曲是宋元时期北方戏曲、散曲所用各种曲调的统称，同南曲相对，大都源于唐宋大曲、宋词、诸宫调和北方民间曲调，并吸收了金元兄弟民族的音乐综合发展而成
宫调	中国古代音乐术语。在中国古代音乐理论中，宫与调二字具有不同的含义，凡以宫为主音的乐曲概称为宫，以商、角、徵、羽诸音为主音的乐曲统称为调，二者合称“宫调”。因此，宫调一词既具有调高的意义，又具有调式的意义
套数	若干支曲牌联合成套，称为套数，今人称套曲。初见于元代燕南芝庵《唱论》：“有尾声名‘套数’，时行小令唤‘叶儿’。”本指北曲，但后人相袭沿用，把南曲的套曲也称为套数
南北合套音	戏曲音乐术语。按曲牌联套体的结构形式将南曲和北曲组成的套曲。杂剧与南戏形成初期，杂剧只用北曲，南戏只用南曲，二者不得混用。明初杂剧作家贾仲明在《吕洞宾桃柳升仙梦》全剧中使用了南北合套，构成旦、末对唱，进一步发挥了南北合套的艺术功能。至昆山腔兴起之后，南北合套的使用范围日益广泛
集曲	南曲中运用较为普遍的一种曲调变化方法。它是采用若干支旧有的曲牌，各摘取其中的若干乐句，重新组织成一支新的曲牌，因此，集曲乃是多首曲调的综合。集曲的曲牌名称，也常为所集各种曲牌名称的综合
曲牌	传统填词制谱用的曲调调名的统称。俗称“牌子”。每种曲牌各有专名。明代以前所形成的戏曲声腔，如昆山腔、弋阳腔，以及由明清俗曲发展成的戏曲剧种，大多以曲牌为唱腔的组成单位，通称作“曲牌体”唱腔

续表

要点	具体内容
曲牌联套体	戏曲音乐的一种结构体制。将若干支曲牌按一定章法组合成套，以构成一折(出)戏的音乐。一本戏若干折，即由若干组套曲构成。这种戏曲音乐结构方法，开始于南、北曲，至昆山腔渐趋成熟，而弋阳腔则作了不同发展。在梆子、皮黄出现以前，曲牌联套体曾是中国戏曲音乐唯一的结构形式，昆曲、高腔至今仍在沿用
度曲	指作词曲、唱曲。语出《汉书·元帝纪赞》："鼓琴瑟，吹洞箫，自度曲，被歌声，分刌节度，穷极幼眇"
板式	指戏曲音乐中的节拍和节奏形式。板式一词原指板眼形式，即节拍形式。中国古代音乐及民间音乐通常以板、鼓击拍，板用以表示强拍，鼓则用以点击弱拍或次强拍。因此，在古代音乐及民间音乐术语中就把强拍称为板，而把弱拍或次强拍统称为眼，合称板眼
板式变化体	又称"板腔体"，是中国戏曲、曲艺音乐中的一种结构体式，以对称的上下句作为唱腔的基本单位，在此基础上，按照一定的变体原则，演变为各种不同板式
上下句	戏曲音乐中的一种结构形式，是板式变化体的结构基础。它的唱词是相对齐整的十字句或七字句，在音乐上则是以平衡对称的两个乐句构成的乐段，俗称上下句
欢音、苦音	指在中国西北及陕西省关中地区戏曲和民间音乐中普遍应用的音乐术语。苦音与欢音均可独立运用，也可互相作大段转换，以适应不同感情的表现
五音四呼	指戏曲演员在唱念时吐字发音的规范之一，五音即唇、齿、舌、牙、喉五个发音部位，四呼指开口呼、齐齿呼、合口呼、撮口呼四种口形。五音不正，四呼不准，唱念时必然字音不正
文武场	指戏曲的乐队，总称为场面，分为文场和武场。文场以胡琴为主奏乐器，伴以弹拨弦乐、吹管乐器，拉、弹、吹兼有；武场以鼓板为主，小锣、大锣次之，合文场的胡琴、月琴、三弦，向称"六场通透"
鼓板	指单皮鼓和檀板两种乐器的组合，为戏曲乐队的指挥乐器。鼓板由鼓师一人负责掌握，常用于昆剧、京剧、越剧等戏曲的伴奏
过门	贯串连接曲首、曲尾和句、逗之间唱腔中断处的器乐伴奏。古老剧种如昆曲均不用过门。自明末清初"时尚小令"用于戏曲以及梆子、皮黄等板式变化体剧种出现后，才有伴奏过门的运用，并成为戏曲音乐的一个重要组成部分
器乐曲牌	戏曲场景音乐曲牌的总称。传统戏曲中对某些特定戏曲场面，诸如喜庆、宴会、发兵、狩猎、升堂、升帐等环境气氛的渲染，或是对某些特定舞蹈身段的烘托，往往须通过乐队演奏一段场景音乐。这种音乐所用的曲调，一般是根据剧情需要而选用相应的传统曲牌
锣鼓经	指中国传统器乐及戏曲里面常用的打击乐记谱方法，又称"锣经""锣鼓点子""锣鼓谱"，主要是用鼓、板、大锣、小锣、铙钹、堂鼓等打击乐的声音组合成各种不同的节奏，以烘托舞台上肃穆、悠闲、抒情、紧张、激烈、惊惶等不同的情绪及气氛。锣鼓经实际上是以口头背诵的锣鼓谱。将各种打击乐器以不同的方式加以组合，并通过各种不同的节奏形态演奏出来，就形成一套套的锣鼓点

考点二：声腔分类(见表3-5-2) ★★★★

表3-5-2 声腔分类

要点	具体内容
高腔腔系	由明代弋阳腔演变派生的诸声腔，都属高腔腔系。各地高腔剧种是弋阳腔与嗣后的青阳腔的流变。高腔诸剧种的曲牌有数百支之多，牌名沿用南北曲，但与昆曲同名曲牌作对照，其音调、节奏、调式、旋法、句法等，区别甚大

续表

要点	具体内容
昆腔腔系	昆腔是一种源远流长的声腔。于明嘉靖、隆庆年间，经魏良辅等一批艺术家的改革，由吴越一带迅速传播至江浙各地。昆腔传入各地后，便与当地的方言和民间音乐相结合，衍变出众多的流派，从而构成了丰富多彩的昆腔腔系
梆子腔系	指起源于明末，最早采用板式变化结构的声腔。梆子腔系得名于乐队以硬木梆子击节，其唱词主要是七字句或十字句，以板胡为主要伴奏乐器。梆子腔系非常庞大。最早的是陕西的同州梆子和山西的蒲州梆子。梆子腔是一些剧种的骨干腔调，并且保持着独立的声腔地位
皮黄腔系	皮黄腔是戏曲四大声乐体系之一，以西皮腔和二黄腔为主要腔调，属于板式变化体。唱词大多是七字句或十字句的上下句。皮黄腔系有徽剧、汉剧、京剧、粤剧以及湘剧、赣剧、桂剧的“南北路”和川剧的胡琴腔、滇剧的襄阳等
民间歌舞类诸腔	在新兴的戏曲剧种中，有很大一部分是从民间歌舞的基础上发展起来的，这些剧种至今仍保留着民间歌舞的若干特征。它们在音乐形式上简单纯朴，但情感真挚动人，具有浓厚的乡土气息。若从声腔源流与音乐特征上加以考察，这些剧种分属于若干种不同的腔系，如北方的秧歌腔系，南方的花鼓、采茶、花灯等腔系
民间说唱类诸腔	指由民间说唱艺术发展而来的剧种，其声腔骨干是民间说唱音乐。 ①明清俗曲腔系，又称俚曲。与传统歌谣及山歌不同，它是在继承元代小令和套数的基础上发展起来的民间歌曲。 ②道情腔系，流传于各地的说唱音乐，后在许多地区逐渐形成为戏曲剧种。 ③滩黄腔系，在近百年来江南地区新兴的戏曲基础上发展成说唱，后结合当地民间音乐，先后派生出各地说唱滩簧
少数民族戏曲音乐	在民间说唱基础上形成的戏曲。各少数民族也都有各自的说唱音乐，在发展过程中由一人或二人的坐唱演变为多人扮演的戏曲形式。如贵州侗戏，即由侗族的叙事歌发展而来；延边的唱剧，源于朝鲜族的说唱音乐；吉林的新城戏，则是由满族曲艺八角鼓转化而成的剧种

3.5.2 典型题(含考研真题)详解

一、单项选择题

(　　)是戏曲音乐的结构形式之一。以一对上下乐句为基础，在变奏中可以放慢、加快、翻高、走低、加花、减字，突出节拍、节奏的变化。

A. 曲牌联套体　　B. 板式变化体　　C. 上下句　　D. 五音四呼

【答案】B

【解析】板式变化体是戏曲音乐的结构形式之一。它以一对上下乐句为基础，在变奏中可以放慢、加快、翻高、走低、加花、减字，突出节拍、节奏的变化，在此基础上，按照一定的变体原则，演变为各种不同板式。

二、名词解释

诸宫调(南艺 2014 年研；首都师大 2012 年研)

答：参见本章考点难点归纳相关内容。

三、论述题

论述戏曲音乐的主要特征。

答：戏曲音乐的主要特征包括：

(1)传统戏曲声腔既有明显的共同特点，又呈现出地方剧种风格的多样性。如川剧高腔既保存了传统高腔帮腔、曲牌体、说唱性与歌唱性相结合的特点，又形成了自身的风格，如全部使用四川方言，发展了帮腔的形式，加入了复杂多变的川剧锣鼓，创造了独特的“一字板”等。因此，它大不同于赣剧、徽剧、婺剧、湘剧中的高腔。

(2)各戏曲剧种的音乐风格具有相对的稳定性，又不断地吸收融化其他音乐成分，从而得到丰富、发展和变化。越剧主要的唱腔是尺调、四工调、弦下调，优美流畅，宜于表现温和细腻的感情，为了表现戏剧的矛盾冲突和剧中人物激昂慷慨的情绪，吸收运用了绍剧的“二凡”“流水”，使之逐渐成为越剧的唱腔。

(3)中国戏曲音乐的创作和演唱演奏，既具有广泛的群众性，又具有较高的专业性。戏曲音乐是众多不知名的艺人选择、加工、提炼、创造而逐步形成的，具有广泛的群众性。但就其唱腔和伴奏的旋律、演唱演奏的技巧而言，又具有较高的专业性。如由某一简单的曲调发展成具有各种板式、分别生腔和旦腔的成套的板腔体系，它就包括多种旋律发展手法：节奏的变化，宫调的转换，旋律的扩充与紧缩，加花与减繁，字位的移前或挪后等等。牌体的戏曲音乐，则包括选择曲牌，如何连接，如何从几个曲牌中择其风格相近、气质相符的唱句重新组成曲牌——“集曲”。

(4)戏曲音乐既有程式性，又能灵活运用。“程式”一词用于戏曲音乐，是指板式和曲牌的基本结构、腔格、衔接、组合、伴奏与唱腔的结合方式，伴奏的引奏、过门、垫头的部位及其惯用乐句、乐汇，以及锣鼓经、丝弦唢呐曲牌的习惯运用方法等等。这一套包括唱腔旋律、结构、幅度、字位、节奏的规格，以及伴奏音乐如何与歌唱、表演、舞蹈相配合的方法，是经过长期艺术实践代代相传而形成的。

(5)中国戏曲唱腔虽受生、旦、净、末、丑等行当的制约，但并不妨碍人物的刻画，同是旦腔反二黄慢板，梅兰芳在《宇宙锋》中唱的和程砚秋在《窦娥冤》中唱的，各有千秋，各具特色。同是老生西皮二六，《空城计》里的诸葛亮唱得潇洒自如，而《捉放曹》里的陈宫则是一腔怨恨。这是对同一板式不同处理和运用的结果。甚至同一剧目、同一人物、同一板式或曲牌，不同演员的演唱，也有不同的风格。这也是形成不同流派的原因之一。

(6)中国戏曲的音乐节奏与舞台节奏，是相辅相成、相互制约、相互影响的关系。戏曲中的唱腔和伴奏，起着控制整个舞台节奏的作用，演员的一招一式、一言一语要符合音乐节奏，而鼓师、琴师又要积极主动地予以配合。音乐节奏的或松或紧、或快或慢，音乐情绪的或欢乐或低沉，或热烈或暗淡，直接影响舞台节奏和舞台气氛。

第6章　戏曲表演

3.6.1　复习笔记

【通关提要(提纲挈领)】

本章主要论述了戏曲的表演程式，还介绍了相关的表演艺术家。本章考点以名词解释和论述题为主。在学习时，需要着重了解表演程式的四种主要手段，以及戏曲的角色与基本功。

【考点难点归纳(厚积薄发)】

考点一：表演程式(见表3－6－1)　★★★

表3－6－1　表演程式

要点		具体内容
概述		指一种独特的表演技术形式，其中戏曲使用音乐、舞蹈和其他手段来表现生活。戏曲表演主要方式是唱、念、做、打，它们都有程式[规律性和规范性]。表演程式源于生活
分类	唱、念、做、打	指戏曲表演的四种艺术手段，同时也是戏曲表演的四项基本功，通常被称为“四功”。“唱”指唱功；“念”指具有音乐性的念白，二者相辅相成，构成歌舞化的戏曲表演艺术两大要素之一的“歌”；“做”指舞蹈化的形体动作，“打”指武打和翻跌的技艺，二者相互结合，构成歌舞化的戏曲表演艺术两大要素之一的“舞”
	四功五法	指戏曲界的一句术语，是戏曲表演的基本功法。“四功”，即唱、念、做、打的四项基本功，是戏曲舞台上一刻也离不开的表演手段。“五法”，一般是指手、眼、身、法、步
	科介	戏曲表演术语。宋杂剧、金院本称“科汎(泛)”，原指表演动作。北杂剧多用“科”，即“科汎”“科泛”“科范”之简称，如笑科、打科、见科、庙倒科等
	上下场势	指戏曲演员上、下场时，运用唱念做打等技术手段，突出角色思想感情的表现形式，包括身段、功架、神情、气势和姿态等。中国戏曲采用分场的结构形式，人物上、下场的艺术处理是一个重要环节。运用不同的上、下场形式，配以音乐伴奏，可以表现舞台时间与空间的更替，节奏与气氛的变化，展示人物的内心活动，推动戏剧情节的发展
	搭架子	戏曲常用舞台手法。指幕后的答话和声音效果，常在剧本上标以“内答”“内应”或“内打更介”“内作风声介”“战鼓声”“马嘶声”等舞台提示
	打背供	戏曲排演术语。演出过程中，人物甲与人物乙进行交流时，人物甲背对人物乙，面向观众说出人物自己的“潜台词”，即“内心独白”“旁白”。因为人物背对所交流的人物，故称“打背供”
	趟马	指戏曲以舞蹈形式来表现人骑马行路的程式化表演技巧。这种表演程式，在舞台上有着特殊的表现力。它是用虚拟手法以鞭当马、并运用许多丰富多彩的舞蹈动作，来表现人骑马飞跑，人在马上握住挥鞭，而马不停蹄飞奔疾驰的情景

续表

要点		具体内容
分类	走边	指在京剧、梆子、昆剧等戏曲中，表现武士侠客、绿林好汉轻装夜行或潜行疾走的表演程式。由演员的云手、踢腿、跨腿、飞脚、旋子、翻身、铁门坎、踢鸾带、飞天十响等一系列动作组成，给人以头脑机敏、动作灵活、武术高强、身手不凡，并能避人耳目的感觉
	档子	指京剧中武打的表演程式。凡表现交战双方人数三人以上的徒手战斗或器械击打均称"档子"，在编排中要遵循一定的程式
	打出手	戏曲武打中的特技。又称"踢出手"，俗称"过家伙"。常用于以武旦为主角的神怪斗法的剧目，如京剧《青石山》《百草山》《泗州城》等。有时也用以表现女将力拒众敌、英勇善战或乱军中抢夺兵器的情节
	亮相	指一种戏曲上的表演动作，是主要角色上场时、下场前，或者是一段舞蹈动作完毕后的一个短促停顿。亮相集中而突出地显示出人物的精神状态，采用一种雕塑的姿势。还有在一段武打完毕后，敌对双方也都各自亮相，其中战败一方的"亮相"被称为"败式"。戏曲的亮相有两个作用：①向观众展示美丽的造型；②便于拍摄剧照
	龙套	又称文堂。传统戏曲中扮演兵卒、夫役等群众角色的统称。由于所穿均是各色的龙套衣而得名。龙套是以整体出现，一般以四人为一堂。在舞台上用一堂或两堂龙套，以表示人员众多，起烘托声势的作用

考点二：脚色行当（见表3－6－2） ★★★★

表3－6－2 脚色行当

要点	具体内容
生	中国戏曲表演主要行当之一。泛指净、丑之外的男脚色。生的名目最早见于宋元南戏，指剧中男主角，与元杂剧的正末相当。清以后又衍化为老生、小生、外、末4个支系
旦	戏曲表演行当类型之一，女脚色之统称。按扮演人物的年龄、身份、性格及其表演特点，大致可分为正旦、花旦、贴旦、闺门旦、武旦、老旦和彩旦7种类型
净	一种戏剧用语，京剧的净，主要扮演性格、品质或相貌有突出特征的男性人物
丑	中国戏曲表演主要行当之一。俗称小花脸、三花脸。可分为文丑、武丑两大支系
杂	戏曲表演术语。有两种含义：①泛指各种群众角色的扮演者；②脚色行当名
外	指戏曲表演行当之一。元代戏曲中有外末、外旦、外净，分别指生、旦、净等行当的副脚
贴	指戏曲表演行当之一，又称"贴旦"。在宋元南戏中已有"贴"行，意思是"旦之外又贴一旦"，是旦行的副脚
参军、苍鹘	唐代参军戏的脚色名称。那时的戏剧比较简单，只有参军、苍鹘两个脚色，参军是被讽刺者，苍鹘是讽刺参军者
五花爨弄	指宋杂剧、金院本中的五种脚色。"爨弄"意为表演，院本演出大都由末泥、引戏、副净、副末、装孤五人组成
江湖十二脚色	江湖十二脚色是清中叶时昆山腔脚色行当体制。《扬州画舫录》："梨园以副末开场，为领班，副末以下，老生、正生、老外、大面、二面、三面七人，谓之男脚色；老旦、正旦、小旦、贴旦，谓之女脚色；又有打诨一人，谓之杂。此江湖十二脚色"

续表

要点	具体内容
反串	中国传统戏曲中流行的一种表演形式，举例而言，男性的梅兰芳作为一个旦行演员，演出女性角色是正常的，他曾在《辕门射戟》一剧中演生角的吕布则反而是反串
文武昆乱不挡	指一些演员技艺全面，拥有多种技能和广泛的表演途径。文武指文戏、武戏，昆指昆曲，乱指乱弹，这意味着他们既可以唱昆曲也能唱乱弹，文戏、武戏的人物都能演

【考点拓展】武丑

武丑是戏曲中丑角的一种，扮演有武艺而性格滑稽的人物，偏重武工，也有人称为“开口跳”，以牙功见长，多为神出鬼没的武林人士。用倒八字形的“二挑髯”，穿紧身衣裤，步履轻盈，动作灵活、迅捷，可以从几米高处翻下，落地无声。在一次空难中，著名武丑演员张春华是唯一幸存者，可能同他身怀绝技有关。张春华演的《大破铜网阵》被誉为京剧武戏史上的一座丰碑。

考点三：戏曲基本功(见表3-6-3) ★★★

表3-6-3 戏曲基本功

要点	具体内容
毯子功	戏曲表演基本功，指训练戏曲演员掌握和运用翻、腾、扑、跌各项技艺(即筋斗，亦作斤斗)的基本功夫
把子功	戏曲武功的组成部分，指训练戏曲演员掌握和运用各类武打兵器的基本功
翎子功	戏曲表演基本功之一，即舞动翎子的技巧、功夫。翎子是插在盔头上的两根约五六尺长的雉鸡翎，除起装饰作用外，还通过舞动翎子，做出许多优美的身段动作，借以表现人物的心情、神态
甩发功	戏曲表演基本功之一。生、净、丑等脚色在头顶上扎束一绺长发，称“甩发”；旦脚在“大头”右边分出一绺头发，叫作“发绺”。甩发分“通梢”“倒栽”两种
髯口功	戏曲表演基本功之一。髯口，即戏曲人物所戴的假须。戏曲表演中，常借助舞弄髯口的动作来展示人物的心情
水袖功	戏曲表演基本功之一。戏曲服装中的蟒袍、官衣、褶子、帔等多在袖口上缝有一段白绸，叫作水袖。演员可以利用水袖做出丰富的动作以表现人物的思想感情和增加形象的美感；有时也用作对乐队的示意和交代
扇子功	戏曲表演基本功之一。戏曲演员常借助手中的扇子做出种种动作，用以表现人物的感情。须经专门训练，运用时方能得心应手
手绢功	常见于戏曲之中，是指戏曲中运用手绢的表演技巧，形体动作生动活泼，烘托戏剧气氛
跷功	戏曲技巧之一。秦腔演员魏长生到北京，引进跷功[脚上绑木质小脚，模拟缠足行走]，更成为花旦表演中的特技。足登高跷，能在太师椅的寸把宽的扶手上，一跃而上，稳稳地站在扶手上面，甚至单足独立，纹丝不动，其技艺惊人
特技	如变脸、喷火、摘花、藏刀、顶灯等

考点四：戏曲表演艺术家 ★★★

1. 昆剧演员(见表3-6-4)

表3-6-4 昆剧演员

要点	具体内容
陈明智	清代昆曲净角，原是没有名气的农村草台班净角演员，由于偶然的机会显露出他的艺术才华，因而享誉艺坛。他发明穿厚底靴、胖袄，擅长演《千金记》里的楚霸王
俞粟庐（1847—1930）	昆曲名家，从韩华卿习曲，尽得奥秘。他创造的“俞派唱法”对江南、浙西一带的昆曲界影响很大。1953年，其子俞振飞根据家学辑成《粟庐曲谱》两册行世
韩世昌（1897—1977）	北方昆曲演员，工旦行。初习武生，后改昆旦。长期在京、津各地演出。1919年率荣庆社赴上海，扩大了北方昆曲的影响。代表剧目有《闹学》《游园惊梦》《思凡》《胖姑》等
俞振飞（1902—1993）	著名昆剧表演艺术家，名远威，字涤盦，号箴非。俞振飞演小生，尤以扮演巾生，表现儒雅清新的风格最突出，被称为“儒雅巾生”。他擅长演出的剧目，昆曲有《牡丹亭》《长生殿》《太白醉写》等；京剧有《群英会》《奇双会》等

2. 京剧演员（见表3-6-5）

表3-6-5 京剧演员

要点	具体内容
余三胜（1802—1866）	字启云，著名京剧老生演员，京剧奠基人。通文墨、善口才，演剧常创新腔，出新意。在徽、汉班合流形成京剧的过程中，对老生唱腔有不少创造。善于把青衣小腔巧妙地融于老生唱腔之中，使行腔圆润流利，婉转缠绵，节奏鲜明而富于变化，故其唱以“花腔”著称。代表剧目有《四郎探母》《捉放曹》《战樊城》
程长庚（1811—1880）	字玉珊，清代徽剧、京剧表演艺术大师，历任“精忠庙”庙首，三庆、春台、四喜三班总管。在京剧第一代人物中，其与四喜班的张二奎、春台班的余三胜并称为“老生三杰”“京剧三鼎甲”，程为“三鼎甲”之首，为京剧艺术的形成作出了重要贡献，被誉为“徽班领袖”“京剧鼻祖”“京剧之父”等
张二奎（1814—1864）	字子英，著名京剧老生演员，他嗓音宽亮响堂，行腔平稳质朴，不尚花腔，咬字坚实，以京音为准，唱功自成一格；扮相雍容大方，擅演帝王贵胄一类角色。与程长庚、余三胜齐名，号称“京剧三鼎甲”“老生三杰”，是京剧初创时期的代表性演员
卢胜奎（1822—1890）	京剧奠基人，京剧形成期的著名演员，工老生，与程长庚合作，深受器重。唱功稳实淳朴，以念白与做功见长。擅演《盗宗卷》《胭脂虎》《空城计》《琼林宴》《开山府》等剧，尤长于扮演诸葛亮，有“活孔明”之誉
孙菊仙（1841—1931）	京剧演员，票友下海，曾掌管四喜班，与谭鑫培、汪桂芬并称“老生新三杰”，其唱腔唱法以大气磅礴、不拘细节为主要特色，世称孙派，是清末重要的老生流派之一，曾师事中年的程长庚，得其亲炙；又受到了张二奎的影响，继承了程、张两派演唱直腔直调、不尚花哨的特点，形成了自己的风格。其代表剧目有《三娘教子》《四进士》等
汪桂芬（1860—1906）	京剧演员，工老生。汪桂芬的嗓音特点是“脑后音”，而且带有“嘎音”，开口发声非常响亮，唱完仍似有余音袅袅，与谭鑫培、孙菊仙并称“老生新三杰”，代表剧目有《文昭关》《战长沙》等
谭鑫培（1847—1917）	本名金福，字望重，中国著名京剧表演艺术大师，京剧谭派艺术的创立者，被尊为京剧界鼻祖，亦有“伶界大王”之赞。他对京剧艺术的革新，起到了继往开来的作用，对后世影响极其深远，行内有“无腔不学谭”之说。谭鑫培主攻老生，曾演武生，艺术上富有创新精神，能戏很多，文武昆乱不挡，与孙菊仙、汪桂芬并称“老生新三杰”。代表剧目有《定军山》《洪羊洞》《李陵碑》等

续表

要点	具体内容
汪笑侬	京剧作家和演员。一生创作、改编、整理京剧剧本多种。著名的有《党人碑》《马前泼水》等，汪笑侬学识渊博，擅长诗词，对戏曲剧本的文学性十分重视，要求情节合理，情文并茂，而又流畅上口。《马嵬驿》一剧，吸收传奇文学的诗意，以皮黄唱《闻铃》，别开生面
王瑶卿 (1881—1954)	京剧表演艺术家、戏曲教育家，他所造的“王派”，是京剧旦角艺术的基本流派。他突破了京剧界多年来的陈规旧念，把青衣、花旦、刀马旦的唱、念、做、打、舞的特点融汇起来，创出“花衫”这一行当，给京剧中的旦角开辟了广阔的新道路，同时也促进了旦角与生角并驾齐驱的发展。代表剧目有《南天门》《落花园》《虹霓关》等
四大名旦	指梅兰芳、程砚秋、尚小云、荀慧生，是我国京剧旦角行当中四大艺术流派的创始人。他们的优秀艺术给人留下了不可磨灭的印象
梅兰芳 (1894—1961)	名澜，又名鹤鸣，中国京剧表演艺术大师。梅兰芳8岁学戏，10岁登台。梅兰芳在50余年的舞台生活中，发展和提高了京剧旦角的演唱和表演艺术，形成一个具有独特风格的艺术流派，世称“梅派”。代表作有《贵妃醉酒》《天女散花》《宇宙锋》《打渔杀家》等
尚小云 (1900—1976)	京剧演员，工旦。名德泉，字绮霞，艺名三锡，以演青衣戏为主。与白牡丹、芙蓉草并称“正乐三杰”。出科后，与孙菊仙合演的《三娘教子》《战蒲关》，与杨小楼合演的《楚汉争》《湘江会》，与王瑶卿合演的《乾坤福寿镜》，均负时誉
程砚秋 (1901—1958)	京剧演员，工青衣，四大名旦之一。程派的唱腔别具一格。他严守音韵规律，随着戏剧情节和人物情绪的发展变化，唱腔起伏跌宕，节奏多变，要求达到“声、情、美、永”的高度结合。他的表演非常细致深刻，讲究舞台表现形式的完整与美感，同时注重贴近生活的真实。其所创流派名“程派”，代表剧目有《荒山泪》《青霜剑》《春闺梦》《锁麟囊》等
荀慧生 (1900—1968)	著名京剧表演艺术家，著名旦角，荀派艺术创始人，是四大名旦之一。1925年与余叔岩合演《打渔杀家》起改名为荀慧生，号留香，艺名白牡丹。其风格勇于创新，戏路宽广，代表剧目有《红娘》《红楼二尤》《勘玉钏》《丹青引》等
四大须生	指四位著名的京剧老生表演艺术家。在京剧史上，有前四大须生和后四大须生的说法，其中马连良均榜上有名，因此，列名四大须生的著名京剧演员有七位，他们分别是：余叔岩、言菊朋、高庆奎、马连良、谭富英、杨宝森、奚啸伯
南麒、北马、关东唐	指南方的麒麟童(周信芳)，北方的马连良，东北三省的唐韵笙，都是以做工老生闻名全国的京剧演员。其表演风格不同，各具特色。社会上习称“南麒、北马、关东唐”，以表示对他们表演艺术的赞誉
周信芳 (1895—1975)	名士楚，字信芳，艺名麒麟童。京剧表演艺术家，京剧“麒派”艺术创始人。他最擅长做功，被称为“做派老生”。他在表演上的最突出之处是高度重视角色的性格化，力求把所有角色演活。他创建的“麒派”是京剧老生重要流派。代表剧目有《徐策跑城》《乌龙院》《萧何月下追韩信》《香妃》《董小宛》等
马连良 (1901—1966)	京剧演员，工老生，先习武生，后改老生。其嗓音十分洒脱，做派也非常潇洒。马连良是老生行当的代表性人物之一，也是“马派”艺术创始人，京剧“四大须生”之首，民国时期京剧三大家之一，扶风社的招牌人物。代表剧目有《群英会》《借东风》《甘露寺》《十老安刘》等

续表

要点	具体内容
杨小楼（1878—1938）	京剧演员，工武生，先后与谭鑫培、陈德霖等多位名家合作，有“武生宗师”之盛誉，代表剧目有《霸王别姬》《长坂坡》《挑滑车》《林冲夜奔》等。杨小楼武打步法准确灵敏，无空招废式，更能恰当贴切地表现人物的性格，着力体现意境，追求神似，也即“武戏文唱”的杨派特点
余叔岩（1890—1943）	京剧演员，工老生，曾为谭鑫培之徒。他在全面继承谭派艺术的基础上，以丰富的演唱技巧对谭（鑫培）派艺术进行了较大的发展与创造，成为“新谭派”的代表人物，世称“余派”，唱腔刚健苍劲又婉转细腻。其与马连良、言菊朋、谭富英并称“四大须生”，代表剧目有《搜孤救孤》《打鼓骂曹》《打棍出箱》等
盖叫天（1888—1970）	原名张英杰，号燕南，京剧表演艺术家。他以丰富的武打技术和人物形体美的造型，逐渐形成了独具特色的“盖派”表演艺术，有“江南活武松”之称，代表剧目有《武松》《一箭仇》《恶虎村》《垓下之战》等

3. 其他剧种代表艺术家（见表3－6－6）

表3－6－6 其他剧种代表艺术家

要点	具体内容
珠帘秀	中国元代早期杂剧女演员。在元杂剧演员中地位颇高，元代后辈艺人尊称她为“朱娘娘”。珠帘秀与关汉卿、胡祗遹、卢挚、冯子振、王涧秋等交情颇深，曾一度在扬州献艺，后来嫁与钱塘道士洪丹谷，晚年流落并终于杭州
高朗亭	清代徽班演员，工花旦。艺名月官。安徽安庆人，祖籍江苏宝应。17岁随余老四率领的三庆徽班来北京，不久即赢得很高声誉。由于高朗亭为徽调雄踞北京剧坛开了先声，时人誉为“二簧之耆宿”
魏长生（1744—1802）	清代梆子腔旦角，中国戏曲史上的秦腔艺术大师。他发明了踩跷和梳水头，改进了戏曲旦角的化妆技术和表演技巧。魏长生表演引起的京剧领域的“花雅”竞争，实际上是秦腔代表的地方戏与昆曲的竞争，同时也扩大了梆子腔的影响力
京腔十三绝	指清乾隆年间十三位著名京腔演员的合称，即霍六、才官、虎张、恒大头、李老公、陈丑子、连喜、王三秃子、开泰、沙四、赵五、卢老、王顺
李文茂	清道光年间广东戏曲本地班演员，本地班艺人行会组织琼花会馆武行领衔，后为两广农民起义领袖。出身梨园世家，继承父业习二花脸，参加“凤凰仪班”，以扮演《芦花荡》的张飞、《王彦章撑渡》的王彦章等角色著名。少习武功，精少林派武术，尤擅击刺。具有爱国思想，曾编演反映广州人民抗英斗争的《三元里打番鬼》
同光十三绝	指晚清画师沈蓉圃绘制于清光绪年间的工笔写生戏画像。该画作参照清代中期画家贺世魁所绘《京腔十三绝》中的戏曲人物，用工笔重彩绘制而成。其中包括程长庚、谭鑫培等，他们是京剧形成期的代表性艺术家。后来几经周转，传到梅兰芳家，成为梅家家传之宝
田际云（1864—1925）	河北梆子演员，工花旦，戏剧活动家，艺名“响九霄”。清朝末年，田际云积极编演改良新戏，曾演出过《黑籍冤魂》《惠兴女士》等，20岁组玉成班，创皮黄与河北梆子同台演出方式。1900年田际云任梨园工会会首，致力于戏曲改革，发起组织“正乐育化会”，创办了第一个女伶科班“崇雅社”，对于提高演员的社会地位，改革戏班的陋俗旧规，做了大量工作，代表剧目有《珍珠衫》《辛安驿》《梅龙镇》《英杰烈》《蝴蝶杯》《跪楼》等

续表

要点	具体内容
侯俊山（1853—1935）	山西梆子、河北梆子演员，工花旦，13 岁成名，因得艺名“十三旦”。时人对他的评价很高，清大学士徐桐麟曾赞誉其：“状元三年一个，十三旦盖世无双。”鲁迅说：“老十三旦七十岁了，一登台，满座还是喝彩。”侯俊山武功根底扎实，能演武生戏，代表剧目有《辛安驿》《双合印》《珍珠衫》《八大锤》等
成兆才	近代评剧作家，1909 年，成兆才与月明珠等在唐山组成庆春班，借鉴河北梆子、京剧的唱腔、伴奏、表演程式和脚色行当，对莲花落进行全面改革，创造了平腔梆子戏(即蹦蹦戏、唐山落子)，为后来的评剧艺术奠定了基础。代表作有：《花为媒》《杨三姐告状》《杜十娘》
刘艺舟（1875—1936）	戏曲活动家、编剧、演员。青少年时代，愤于清朝的腐败，拥护维新变法。因喜爱戏剧，与当时留日学生组织的新剧团春柳社多有联系，并与春柳社主要成员王钟声结为知友。回国后与王钟声等合演新剧，鼓吹爱国思想，揭露清政府的无能
袁雪芬（1922—2011）	越剧表演艺术家、泰斗，袁派创始人，工青衣、闺门旦，1933 年开始学艺，先后在杭州、上海等地演出。其唱腔旋律淳朴，节奏多变，感情真挚深沉，韵味醇厚，委婉缠绵，声情并茂，被称“袁派”。在表演上，她重视刻画人物性格和内心活动的写实主义表演特点，1946 年 5 月，将鲁迅名著《祝福》改编为《祥林嫂》，首次搬上越剧舞台，被舆论称为“新越剧的里程碑”。1947 年 8 月，她发起影响极其深远的越剧十姐妹联合义演《山河恋》，代表剧目有《梁山伯与祝英台》《祥林嫂》等
红线女（1927—2013）	粤剧女演员，工旦，在艺术上勇于革新，在粤剧传统唱腔的基础上，吸收其他剧种、曲艺的演唱技巧，创造了新颖的“女腔”。红线女开创了红派艺术，是中国粤剧史上花旦行当中影响最大的唱腔流派之一，为岭南粤剧艺术乃至中华文明树立了不朽的丰碑。其代表剧目有《搜书院》《关汉卿》《昭君公主》等
严凤英（1930—1968）	黄梅戏杰出的表演艺术家，中国黄梅戏的发展缔造者之一，“七仙女”塑造者。严凤英以黄梅戏传统小戏《打猪草》和折子戏《路遇》，获得广泛赞誉，1954 年因在黄梅戏电影《天仙配》中饰演七仙女而扬名全国。其黄梅戏代表作有《打猪草》《游春》《天仙配》《女驸马》等
新凤霞（1927—1998）	评剧女演员，工青衣、花旦，评剧的改革家，在艺术上勇于进取。新凤霞以纯熟的演唱技巧，细致入微的人物刻画，塑造了青春美丽、富有个性的少女。新凤霞桃李满天下，也是我国戏曲界功绩卓越的戏曲教育家，代表作品有《志愿军的未婚妻》《会计姑娘》《春香传》《乾坤带》

3.6.2 典型题(含考研真题)详解

一、单项选择题

1. 戏曲脚色行当以(　　)为基本类型，并各有分支。

A. 生、旦、净、末　　　　B. 生、旦、净、丑

C. 生、旦、龙套、末　　　D. 参军、花脸、副末、末泥

【答案】B

【解析】行当是戏曲演员专业分工的类别，根据所演的不同角色类型及其表演艺术上的特点而逐渐形成，一般有生、旦、净、丑四行和生、旦、净、末、丑五行两种划分法。旧时还有专演龙套的“流行”和专司武打的“武行”。

2. 戏曲舞台上，后台人员与前台表演相互呼应的答话和制造的声音效果称为(　　)。

A. 科介　　B. 念白　　C. 搭架子　　D. 亮相

【答案】C

【解析】搭架子是戏曲常用舞台手法，是指后台人员与前台表演相呼应的答话和制造的声音效果，常在剧本上标以“内答”“内应”或“内打更介”“内作风声介”“战鼓声”“马嘶声”等舞台提示。如《武家坡》中幕内的邻居大嫂同薛平贵的答话以及邻居大嫂同王宝钏的幕内对话；《乌龙院》中宋江出场后，幕内有众邻居的笑语等，都叫“搭架子”。以战鼓声表现舞台以外的战斗或追兵等，俗称“鼓架子”。

二、名词解释

1. 唱念做打(西安工程2017、2016年研；四川大学2014年研)

答：参见本章考点难点归纳相关内容。

2. 手、眼、身、法、步(五法)

答：手眼身法步是戏曲表演艺术的五种技法。“手”指手势，“眼”指眼神，“身”指身段，“步”指台步，“法”指以上几种技术的规格和方法。法与以上的四功是密切相连的，例如唱功，就要口、手、眼、身、步同时并用，缺一不可。因为戏中的唱，不能傻唱或干唱，眼神要与唱词所表现的情感统一，身、手、步也要有机地配合唱词所表达的情绪。

3. 龙套(首都师大2015年研)

答：参见本章考点难点归纳相关内容。

4. 行当(南京师大2012年研)

答：行当是指传统戏剧演员专业分工的类别，根据所演不同的角色类型及其表演艺术上的特点逐渐划分而成。比如京剧里有生、旦、净、丑四个总的行当。参见本章考点难点归纳相关内容。

5. 同光十三绝(沈阳师大2013年研)

答：参见本章考点难点归纳相关内容。

三、简答题

简述梅兰芳与京剧艺术。

相关试题：试论述梅兰芳对京剧发展的贡献。(论述题，沈阳师大2013年研)

答：梅兰芳，京剧表演艺术家，名澜，字畹华。他刻苦学习昆曲、练武功、练功，广泛观摩旦角本工戏和其他各行角色的演出，经过长期的舞台实践，对京剧旦角的唱腔、念白、舞蹈、音乐、服装、化妆等各方面都有所创造发展，形成了自己的艺术风格，世称“梅派”。

(1)1927年，北京《顺天时报》举办中国首届旦角名伶评选，梅兰芳因功底深厚、嗓音圆润、扮相秀美，与程砚秋、尚小云、荀慧生并称京剧四大名旦。

(2)1931年“九一八”事变后，梅兰芳迁居上海，他排演《抗金兵》《生死恨》等剧，宣扬爱国主义。抗战爆发后，日寇想借梅兰芳收买人心、点缀太平，几次要他出场均遭拒绝，蓄须明志，拒绝演出，靠写字卖画为生。

(3)抗战胜利后，梅兰芳在上海复出，常演昆曲，1948年拍摄了彩色片《生死恨》，是中国拍摄成的第一部彩色戏曲片，也是中国第一部彩色电影。

(4)1951年，梅兰芳任中国戏曲研究院院长，1952年任中国京剧院院长。

(5)1959年，加入中国共产党，并以65岁高龄，排演了最后一出新戏《穆桂英挂帅》。梅兰芳的代表戏中，京剧有《贵妃醉酒》《霸王别姬》等，昆曲有《思凡》《游园惊梦》等。其所著论文编为《梅兰芳文集》，演出剧目编为《梅兰芳演出剧本选集》。梅派艺术传人有李世芳、张君秋、言慧珠、杜近芳、梅葆玖等。

四、论述题

试述中国戏曲采用哪些“艺术手段”表现人物。

答：中国戏曲采用“唱、念、做、打”的艺术手段来表现人物。唱、念、做、打是戏曲表演的四种艺术手段，同时也是戏曲表演的四项基本功，通常被称为“四功”。“唱”指唱功；“念”指具有音乐性的念白，二者相辅相成，构成歌舞化的戏曲表演艺术两大要素之一的“歌”；“做”指舞蹈化的形体动作；“打”指武打和翻跌的技艺，二者相互结合，构成歌舞化的戏曲表演艺术两大要素之一的“舞”。

(1)唱。戏曲的唱，从来不是穿插在戏里的独立的声乐表演，而是塑造人物的重要手段之一。一些优秀剧目，安排唱段是根据剧情的需要，人物性格、思想、情绪发展的需要。通过优美的音乐形象来丰富和加强文学形象，诉诸观众的听觉感官，正像做和打通过优美的舞蹈形象诉诸观众的视觉感官一样。因而戏曲的唱，演员的技巧和修养都是决定艺术创造得失、高下的重要因素。对同一剧目的同一角色，由于演员的体验、理解不同，也由于唱腔唱法不同，逐渐形成了演唱上各种意趣不同的艺术风格。

从戏曲发展的过程来看，唱腔的伴奏是由简到繁的。古老剧种弋阳腔，采用一唱众和的帮腔形式，仅用简单的打击乐伴奏。明嘉靖年间正式形成的昆山腔，发展为兼用笙、箫、笛、琵琶等管弦乐器伴奏，音乐效果大为增强。近代戏曲更加重视伴奏的衬托作用，逐渐增多了乐器的种类，并密切了声乐和器乐的配合。也有些剧种在主要唱段中停止器乐伴奏，由演员独唱“清板”，以突出声乐的表现力。帮腔形式，目前在一些高腔系统的剧种中仍旧保留着，作为烘托气氛、揭示人物内心世界的手段。

(2)念。念白与唱互相补充、配合，也是表达人物思想感情的重要艺术手段。演员从小练基本功，念白也是必修课之一。戏曲念白大体上可分为两大类，即韵白和散白，都是经过艺术提炼的语言，具有节奏感和音乐性，铿锵悦耳，与唱相互协调。

(3)做。做功泛指表演技巧，一般又特指舞蹈化的形体动作，是戏曲有别于其他表演艺术的主要标志之一。演员在创作角色时，手、眼、身、步各有多种程式，髯口、翎子、甩发、水袖也各有多种技法，灵活运用这些程式化的舞蹈语汇，以突出人物性格、年龄、身份上的特点，并使自己塑造的艺术形象更成功。做并不是纯技术性表演，而是各具特点的内涵与表象，一举手，一投足，既有内心的体验，又能通过外形加以表现，内外交融，得心应手，全为塑造形象服务。

戏曲演员从小练就腰、腿、手、臂、头、颈的各种基本功之后，还须悉心揣摩戏情戏理、人物特征，才能把戏演活，而不流于形式。

(4)打。打是戏曲形体动作的另一个重要组成部分，是传统武术的舞蹈化，也是生活中格斗场面的高度艺术提炼，一般分为把子功和毯子功两大类。戏曲演员不仅要有深厚的功底，而且还必须善于运用这些难度极高的技巧，准确地展示人物的精神面貌和神情气质。演员从小练武功，需要付出艰苦的劳动。技术功底只是创作素材，演员还必须善于运用这些难度极高的技巧，准确地显示人物的精神面貌和神情气质，并分清敌对双方的正反、胜败和高下。

戏曲的做和打，也从来不是穿插在戏里的独立的舞蹈表演。毯子功的一些项目，单独地看，近乎杂技；把子功的一些套数，单独地看，类似武术。但连贯起来，组合在戏里，却成为具有丰富表现力的舞蹈语言，能够出人、出情、出戏。一节开打结束时，双方亮相，不仅胜败判然，而且分出了正反。当这些技术功底与情节相结合时，就有助于刻画人物，阐释剧情，并使观众得到直观上的艺术享受。

第 7 章　戏曲舞台美术

3.7.1　复习笔记

【通关提要(提纲挈领)】

本章主要论述了戏曲的人物造型、景物造型以及传统剧场。本章考点以名词解释为主，在学习时，需重点关注相关概念。

【考点难点归纳(厚积薄发)】

考点一：概述　★★★

戏曲舞台美术包括两个部分：人物造型和景物造型。这是表达情节和塑造人物形象的重要手段，其中，人物造型尤为重要；景物造型相对简化，并与传统的舞台三面观相联系。人物造型是指人物的服装和妆容，与戏曲的表演艺术息息相关，其特点是可舞性、装饰性和程式性。

戏曲对角色活动空间的描述主要取决于演员的歌舞表演，因此戏曲中景物造型比人物造型相对简单。在传统戏曲舞台上，有时演员在空旷的舞台上表演，有时舞台上只有一桌二椅，有时会使用“砌末”进行简单的布景。戏曲的砌末为表演服务，并遵循美化和可舞化的原则。

考点二：人物造型(见表 3－7－1)　★★★

表 3－7－1　人物造型

要点	具体内容
行头	古代对戏曲服装的称谓，沿用至今。元人散曲《淡行院》，描写一个演出水平低劣的戏班，有“唵噆砌末，猥琐行头”等语，可知这种称谓，在金、元时代已有。也可用以泛称一切戏曲演出用具。在戏曲史上，又有“江湖行头”“内班行头”“私房行头”及“官中行头”等名目
戏衣	指戏曲服装。宋杂剧、金院本的演出已有为舞台演出而专备的戏衣。无论文武、男女、老幼、贫富、贵贱、善恶、神鬼等角色，都可以在戏衣中找到相应的服装，传统戏曲服装有蟒袍、官衣、靠、铠、箭衣、马褂、开氅、帔、褶子等
戏鞋	指传统戏曲演出中的各式靴、鞋，包括厚底靴、朝方靴、虎头靴、快靴、登云履、洒鞋、彩鞋、抹子、旗鞋等
面具	演员面部的塑形化妆，又称“假面”“脸子”。塑形化妆由面部扩及整个头部，则称“假头”或“套头”；由头部扩及全身，则称“假形”或“形儿”。假头、假形是假面的延伸，又统一于假面所塑造的形象，故前人以假面或面具一词泛称各种类型的塑形化妆

续表

要点	具体内容
脸谱	戏曲的图案化的性格化妆。一般用于净、丑脚色所扮演的各种人物，生、旦脚色很少采用。脸谱要以夸张的色彩和线条来改变演员的本来面目，这同略施彩墨以达到美化效果的生、旦化妆恰成对比。因此历来又把生、旦化妆称为“素面”“洁面”或俊扮，而把脸谱称为“花面”
俊扮	指用于生、旦角色所扮演的各种人物的化妆，其特点是略施彩墨以达到美化效果，是相对于净、丑的大小“花面”而言的，又称“素面”“洁面”
变脸	戏曲的情绪化妆。用于表现剧中人物情绪的突然变化，或惊恐，或绝望，或愤怒等。变脸最先用于神怪角色，明代已有这种化妆。后世出现了各种当场变脸的手法，成为一项表演特技。许多剧种都有，以川剧最为著名
髯口	髯指戏曲中各式假须的统称，又称“口面”。各式髯口的色彩，一般有黑、黪、白三种，以区别角色的年龄。少数形貌怪异或性格暴烈的人物及神怪，也有戴红髯、紫髯、蓝髯、黑红二色髯的。髯口的式样很多，其中短髯的式样又比长髯丰富
假发	指戏曲演出中各行脚色梳裹发式的各种用品，如网子、水纱、甩发、发鬏、蓬头等
梳水头	指戏曲旦脚用的假髻，由魏长生所发明，是用人发制成的，有大头与抓髻两种。大头扮夫人小姐，抓髻扮丫鬟
贴片子	假发，古汉语称鬄、髢、髲鬄，指不是人自然生长出来的头发，因为种种原因特意化妆佩戴的人造仿真头发。“鬄”是假发的总称，“髲”则专指人发造的假发
头面	指戏曲旦脚所用的各种头饰的统称，包括银泡、水钻、点翠等
盔头	梨园行的行话，是中国传统戏曲中剧中人物所戴各种冠帽的统称。在京剧鼎盛时期，加上各地方剧种中盔甲的种类约为500种，现在常用的不足200种
穿戴规制	演员运用戏曲服装以装扮剧中人物的基本规则或定例，是戏曲艺术的程式性在服装穿戴上的具体表现。穿戴规制所要表现的内容，乃是通过服装［包括盔头、戏衣、戏鞋以及各种附件］的样式、色彩、花纹、质料和着法来传达给观众的
旗装	戏曲演出中的满族妇女服饰。满族隶旗籍者称旗人、旗下人，其妇女的装束被吸收到戏曲舞台上来，旗装的特点，髻作横长式，呈一字形，当时称为“两把头”或“一字头”
清装	戏曲演出中的清代服饰。康熙年间已有清装在戏曲舞台上出现。分为旗袍和补服，如男子穿戴箭衣、马褂、纬帽等
古装	指20世纪初出现的与传统服装相区别的扮演古代女子所用的新式装束，其雏形为“云台衣”，此服式原来是因某一特定剧目而专用的，后来得到发展，由梅兰芳始创于1915年，在《嫦娥奔月》等神话剧中开始试用

【考点拓展】云台衣的特点

云台衣是京剧服装之一，属衣中的长衣，梅兰芳为在戏曲舞台上发挥古代歌舞特点而创制。衣裳剪裁合体，上衣短如褶，裙子系在衣外，以带束腰，袖子也由肥阔而变为窄瘦。这种服式无疑使得剧中人物具有修长、窈窕的美感，具有现代审美情趣。此云台衣包括了以下几个部分：上衣为淡青色古装“袄子”，外披直大领云肩，下裳为“腰裙”，胯部系小腰裙（即“小傍子”），腰系黄丝绦，挂玉珮，肩部垂两条风带。

考点三：景物造型(见表3－7－2) ★★★

表3－7－2 景物造型

要点	具体内容
门帘台帐	旧时戏曲舞台上常用的一种衬幕。又称“堂幕”“台幔”。其基本作用是：①划分前台与后台，把与戏无关的后台杂事加以隐蔽，起净化舞台的作用，避免分散观众的注意力。②在门帘台帐上往往有各种绘画或图案装饰，起美化舞台的作用
守旧	对门帘台帐的一种称呼。一说是1908年上海的新舞台采用写实布景后，戏曲改良家把旧式的门帘台帐称为“守旧”；而另一说是指门帘台帐都绣以“绣球”等图案，“绣球”则指代门帘台帐，由于南方人“绣球”与“守旧”发音相似，于是俗称“守旧”
一桌二椅	戏曲舞台上的演出用具。一般为木制、漆红色，上加绸料绣花的桌帷椅帔作为装饰，以区别于生活用具。其用途广泛，既可作为不同场合的桌椅，也可作为山、楼、床、门等的代用物。它们除了直接帮助演员完成表演之外，也通过不同的摆法和桌帷椅帔的不同色彩与纹样，并结合其他砌末，对剧情的地点和人物关系，具有一定的表现或暗示作用
桌帷椅帔	指在传统戏曲舞台上，一张桌子和两把椅子的装饰。其色彩可以反映不同的气氛和场景变换。例如，在庆祝活动中全部使用红色，在葬礼中全部使用白色
砌末	指戏曲舞台上大小用具和简单布景的统称，如文房四宝、灶台、马鞭、船桨，以及一桌二椅等。砌末不独立表现景，它在舞台上首要的任务是帮助演员完成动作，如用旗子舞动表现波涛汹涌。砌末不是生活用具的照搬，有一部分小砌末比较写实，但在写实中还包含一定的假定性，如烛台一般不点着；另一些砌末是通过变形、装饰，使之具有更明显的假定性，如车旗、水旗等，这些旗帜是在白色方旗上绘车轮、绿色水纹等。演员执旗，略微颤动，就可以表示乘车、波浪起伏。另一方面，运用砌末来刻画人物的精神面貌，非常强调表情姿态的鲜明、准确、传神，如挥动马鞭来表达骑马飞奔的场景等
检场	戏曲舞台上演出的辅助工作者。又称“走场”“值台”“打杂师”。其职务为：打门帘、摆桌椅、递砌末、撒火彩、帮助演员在场上更换衣装，演员做高难度动作时进行安全保护等
二道幕	在演出过程中又拉上一道幕，称为“二道幕”，用它把摆设桌椅、演员换装等准备工作挡在幕后，幕前可同时有演员表演，使京剧的演出更加紧凑
火彩	戏曲舞台上表现火焰、烟云各种特技的统称
机关布景	戏曲布景的一种类型，以表现离奇景象和迅速变换场景为其特征。多用于侦探戏、武侠戏和神怪戏中。最早采用机关布景的是上海的新舞台

考点四：戏曲传统剧场(见表3－7－3) ★★★

表3－7－3 戏曲传统剧场

要点	具体内容
草台	指与城市固定剧场、城乡寺庙固定舞台不同，在农村节庆演出临时搭建的、演出结束后拆除的戏台
露台	指宋代各种伎艺人用于表演的台子。大部分露台都是无顶的，有些露台上还装备了“乐棚”，可四面围观
庙台	宋代城市戏曲演出场所为勾栏的露台，农村则为庙台。这类农村固定的戏台与露台不同之处在于有了顶盖，庙台之前多为广场，但没有固定的观演席位，古代的庙台多为砖木结构，比较牢固，有的相当雄伟

续表

要点	具体内容
氍毹［qú shū］	一种织有花纹图案的毛毯。毛或毛麻混织的布、地毯之类。古代产于西域。可用作地毯、壁毯、床毯、帘幕等。古代演剧多在地毯上，因此“氍毹”又用来代指舞台
勾栏	又作勾阑或构栏，是一些大城市固定的娱乐场所，也是宋元戏曲在城市中的主要表演场所，相当于现在的戏院
鬼门道	指古代戏台的上下场门，可用于区分表演区和后台
戏房	指后台，是勾栏、戏场里演员化妆的地方

3.7.2 典型题(含考研真题)详解

一、填空题

1. 脸谱是中国传统戏曲的一大特色，用各种色彩在脸部勾成图案，黑色表示(　　)。

【答案】正直

【解析】脸谱，是中国传统戏曲演员脸上的绘画，用于舞台演出时的化妆造型艺术。不同行当的脸谱，情况不一。“生”“旦”面部妆容简单，略施脂粉，叫“俊扮”“素面”“洁面”。而“净行”与“丑行”面部绘画比较复杂，特别是净，都是重施油彩的，图案复杂，因此称“花脸”。戏曲中的脸谱，主要指净的面部绘画。黑色表示正直。

2. (　　)是中国比较早的固定的演出场所。

【答案】勾栏瓦舍

【解析】在宋代，“瓦舍”又称“瓦子”“瓦肆”，是城市的娱乐中心，类似于现在的大型的娱乐城。而“勾栏”又称“钩栏”“勾阑”，它们就是这些娱乐中心里的演出场所。所以，“勾栏瓦舍”是在宋元时期兴盛一时的民间艺术演出场所，也是中国戏剧史上一个重要的文化现象，具有独特的地位。

二、单项选择题

戏曲旦角所用的各种头饰统称为(　　)。

A. 俊扮　　B. 头面　　C. 髯口　　D. 脸谱

【答案】B

【解析】头面是戏曲中旦角所用的各种头饰的统称。A项，俊扮是指戏曲的美化化妆，略施彩墨以求美观，一般用于生、旦两行角色，又称“素面”“洁面”。C项，髯口是戏曲中男性所戴的假胡须。D项，脸谱是戏曲演员面部化妆的图案谱式，一般用于净、丑，用各种色彩在脸部勾成图案。

三、名词解释

砌末(上海大学2015年研)

答：参见本章考点难点相关内容。

四、简答题

简述戏曲舞台美术的内容。

答：戏曲舞台美术是戏曲人物造型和景物造型的统称，戏曲舞台艺术的组成部分之一。戏曲运用造型艺术，长期以来把重点放在人物的造型上，景物造型一直保持着比较简化的局面，到了近代才有显著的变化。

(1)艺术服装。可舞性戏曲的服装，实际是一种舞衣。许多戏衣缀有水袖，是为了便于舞蹈，其他如雉翎、纱帽翅、靠旗、鸾带以及化妆上的甩发、髯口等，都可以被演员利用来加强动作的节奏感和美感。这个特点的形成过程，从山西明应王殿的元代戏曲壁画可知，14世纪20年代的戏衣中还没有水袖，而只是衬衣的袖子稍长，露在行头外面。后来的演员发现这种衬衣袖子不仅可以保护行头，还有利于歌舞表演，就把它放长了，并且索性把它直接缝缀在各种宽袖的行头之上，成为水袖。从元代戏曲壁画上还可以看到，那时的髯口，无论三髯或满髯，都比较短。明刻本《荷花荡》有一幅插画，画的是17世纪初期的戏曲演出，其髯口仍较接近于元代的样式。这些形象资料表明，服装、化妆的可舞性，是随着戏曲表演的舞蹈化水平的不断提高而被逐步强调起来的。许多样式，是根据当时演员的实际需要来制定，不是一成不变的。直到现代，各剧种著名演员仍有一些不同的讲究，如水袖的长度，京剧程砚秋用的为1尺3寸，而川剧阳友鹤演《情探》等剧所用的水袖比程砚秋的要长得多；纱帽翅上的弹簧，一般只有8、9转，而蒲剧阎逢春演的《杀驿》，翅子弹簧有30多转。这些可以帮助歌舞表演的服装出现以后，又反过来要求演员必须锻炼出对应的基本功，才能对它们运用自如，于是有了水袖功、翅子功、翎子功、髯口功、甩发功等。此类表演特技和造型手段的密切结合，不但可以构成种种优美的身段，而且可以表达人物的内心活动，成为表情的特殊语言。

(2)人物造型。戏曲形成以前，在各种表演艺术中已经产生了两种基本化妆方法，即面具和涂面。面具来自原始社会宗教祭典的歌舞仪式，两汉、唐、宋的歌舞百戏中都运用过面具。涂面化妆唐代已有，在宋杂剧、金院本中成为主要的化妆手段。戏曲继承了这两种化妆方法，并进一步提高、丰富。戏曲的涂面，大体上可分4种类型：①美化化妆，通常称为“俊扮”，为一般生、旦角色所采用；②性格化妆，表现得最突出的是净、丑脸谱；③情绪化妆，俗称“变脸”，各行脚色都有；④象形化妆，脸谱中有一类画各种动物形象图案，称为“象形脸”。在服装方面，宋杂剧、金院本的演出已有初步的行头，戏曲形成以后，随着反映社会生活面的扩大，又不断吸收生活服装，并把它们加工成为戏衣。戏曲经常取材于小说和各种说唱艺术，这些作品中对于人物装束和形貌特征的生动描写，也给予戏曲人物造型的发展以丰富的养料。

第四编　电　影

【知识框架(庖丁解牛)】

- 电影
  - 电影基本概念
    - 电影分类概念：物质层面、美学层面
    - 电影的性质：物质基础、心理基础、其他特性
    - 电影的功能：再现、表现、教育、审美、媒介
    - 电影与其他艺术门类(戏剧、音乐、美术、电视)的联系
  - 电影构成的物质材料和形式要素
    - 影像镜头：景别、构图、光线与色彩、运动与镜头
    - 声音：人声、音响、音乐
    - 蒙太奇：叙事蒙太奇、表现蒙太奇、理性蒙太奇
    - 长镜头
  - 电影发展的历史线索
    - 中国电影
      - 大陆地区
      - 香港地区
      - 台湾地区
    - 西方电影
      - 美国：默片时代、有声电影时代、好莱坞
      - 法国：先锋派、诗意现实主义等
      - 德国：新德国电影运动
      - 意大利：新现实主义电影、政治电影和现代主义电影
      - 前苏联与俄罗斯：早期蒙太奇学派
      - 欧洲其他国家：英国、瑞典、西班牙
    - 东方电影：日本、伊朗、韩国、越南、印度等
  - 电影的类型与体裁
    - 概念
    - 分类
      - 通用类型
        - 按技术手段分：故事片、美术片、纪录片、科学教育片
        - 按地点时间分：犯罪片、历史片、科幻片、体育片、战争片
        - 按传达的感情标准分：喜剧片、悲剧片、动作片、冒险片等
      - 特殊类型
        - 中国电影：喜剧、悲剧、正剧(主旋律)、武侠功夫片
        - 美国电影：西部片、强盗片、音乐歌舞片、恐怖片
  - 中外电影名家名作
    - 中国：第一代—第六代导演及其作品
    - 国外：格里菲斯、弗拉哈迪、爱森斯坦、奥逊·威尔斯、法斯宾德、新好莱坞、塔尔科夫斯基、科波拉、阿巴斯、黑泽明等

第1章　电影基本概念

4.1.1　复习笔记

【通关提要(提纲挈领)】

本章详细论述了电影的概念、性质和功能，还分析了电影艺术与其他艺术的区别与联系。本章考点以名词解释、简答题以及论述题为主，在学习时，需要着重了解电影的物质基础、心理基础与电影的功能，并对这些概念进行整体把握，以便作答。

【考点难点归纳(厚积薄发)】

考点一：电影的概念(见表4-1-1)　★★★

表4-1-1　电影的概念

要点	具体内容
物质层面	指根据“视觉暂留”原理，运用摄像、录音等手段把外界事物的影像、声音摄录在胶片上，通过放映在银幕上造成活动影像以表现一定内容的技术，记录真实事物，还原活动影像，从而传达特定的内容和情感的一种技术活动
美学层面	指在一定的放映时间内，以电影技术为手段，以画面和声音为媒介，在一定的银幕中创造形象、再现生活、表达感情的综合性艺术活动。它不仅直接呈现自然事物、社会现实、人物风貌等世间万物，而且还传达特定的内容与情感

考点二：电影的分类(见表4-1-2)　★★

表4-1-2　电影的分类

要点	具体内容
片种	根据电影作品的功能定位、所承载的信息及技术手段来划分，可分为四大类：故事片、美术片、纪录片(含新闻片)和科学教育片
故事片及其类型	指以电影的创作生产活动为基础，以产品定位、市场发行等为目的，根据题材、主题、风格、创作手法等类别，运用影像和声音为手段进行叙事的电影作品。凡是由演员扮演角色，具有一定故事情节，表达一定主题思想的影片都可称为故事片。故事片可划分为不同的电影类型，按风格、题材、样式等因素可分为警匪片、动作片、喜剧片、惊险片、歌舞片、科幻片、哲理片等。另外有些故事片片种属某些国家、地区特有，如美国的西部片

考点三：电影的性质　★★★★

1. 物质基础(见表4-1-3)

表 4－1－3 物质基础

要点	具体内容
透视成像	是照相术的物质成像原理。当光线进入人眼并触及某个成像元时，人能够感觉深度、活动、大小、形状、质地并以此获得对事物自然状态的具体感知。与之类似，照相机通过镜头、光圈以及感光胶片使其拍下的景物在人眼中产生透视效果，从而实现在二维平面上再现三度空间的物质真实感
视觉暂留	即视觉暂停现象，又称“余晖效应”，指人类视觉器官的暂留机制联想惯性。人眼在观察景物时，光信号传入大脑神经，需经过一段短暂的时间，光的作用结束后，视觉形象并不立即消失，这种残留的视觉称“后像”，视觉的这一现象即为“视觉暂留”
视听融合	指电影通过吸收、容纳现代科学技术，将视觉与听觉两大要素相结合，同时记录影像和声音，并加以录制和还原。电影以现代科技为手段，以画面与声音为媒介，在运动着的时间和空间里创造银幕形象，反映和表现现实生活和思想感情。电影这种视听融合的物质基础使视觉和听觉之间相互印证、相互加强，为人类带来了全新的视听体验

2. 心理基础(见表 4－1－4)

表 4－1－4 心理基础

要点	具体内容
内涵	指电影接受[影像接受]的心理基础
物像再现	大脑在受到真实物体的图像刺激后，知觉经过识别、回忆和再现生成对客体的完整且相似的感知和理解。物像刺激和影像生成之间有三个阶段：①眼睛被外物刺激。②这些刺激被整合并被构造成知觉。③形成供参考的稳定影像
运动感	是电影影像感知中最基本的、全新的艺术知觉形式。在视觉暂留的基础上，受众主体按照感官支配的原则，创造性地组织和接受感官材料，反映对象自身的运动。受众的心理元素对应于电影形式，从而形成内在心理基础

3. 其他特性(见表 4－1－5)

表 4－1－5 其他特性

<table>
<tr><th>要点</th><th colspan="3">具体内容</th></tr>
<tr><td>综合性</td><td colspan="3">指融合了各种传统艺术，包括戏剧、文学、绘画、音乐、建筑等多种元素于一身的新型艺术，各种艺术之间互相融合，并形成电影自身的全新属性，构成一个具有全新特质的有机整体。同时，它还可作用于人类的视觉和听觉，在时间和空间上共同展开，结合时空艺术的不同功能，进而形成二者的复合体，获得多种手段、不同形式的强大表现力</td></tr>
<tr><td rowspan="3">产业性</td><td>内涵</td><td colspan="2">产业性是电影的重要性质之一。工业是电影生产的首要背景和前提。在工业背景下，电影主要是一种产业形式，必须根据不同历史进程的特点和需要不断地进行调整</td></tr>
<tr><td rowspan="2">分类</td><td>电影公司</td><td>泛指用于制作、拍摄电影电视节目的公司企业或部门，是电影产业中最基本的单位，是在市场经济的大环境中运行的电影经营活动。一般可分为制作型公司、发行公司、放映公司</td></tr>
<tr><td>电影产业结构</td><td>指在特定的市场结构下由一批功能相同的企业组成的完整的系统结构，由电影早期的产业背景和技术特点所决定。整个电影产业的结构，包含最基本的三个流程，即制作、发行、上映</td></tr>
</table>

续表

要点	具体内容	
艺术性	一种独立的艺术形式，具有特殊的艺术手段和新的艺术可能性	克服了传统的纯时间艺术难以充分表现空间和传统的纯空间艺术难以表现时间的局限与不足，既可以充分表现时间又可以充分表现空间，因而具有巨大的表现潜力和艺术可能性。电影在发展过程中，逐渐摆脱了机械摄影的性质和形式，摆脱了单纯娱乐的杂耍模式，成为一种具有特殊艺术手段和新的艺术可能性的独立艺术形式
	具有与其他艺术形式相区别的独特审美特性	运用自身的独特手段去观察、探索生活和世界，揭露人性的真善美丑，探索生活的真谛，具有强烈的人文关怀。电影的艺术性具有区别于其他艺术形式的独特审美特性，包括高度逼真性、综合性、假定性等
科技性	电影艺术诞生之初就被人们称为“技术性的艺术”，科技性是电影的基本特征之一。电影是现代技术发展的产物，电影艺术空间的发展也有赖于技术的不断进步，同时，电影也推动了科技的不断发展进步	

考点四：电影的功能（见表 4 – 1 – 6） ★★★★

表 4 – 1 – 6 电影的功能

要点	具体内容	
再现功能	电影是记录声音和图像，传播信息和情感的一种艺术形式。电影的特征是纪实性、逼真性及其与社会现实的紧密联系性，凸显了其再现功能。逼真性作为电影的重要特征，是电影再现功能的基础，电影真实地反映客观事物，反映特定历史时期人们的客观生活	
表现意义	假定性	是电影进行典型化的必要手段。电影的逼真手段具有假定性，因为银幕画面表现的最终不过是现实的影像，而不是现实本身
	符号性	指电影不仅处于客观世界之中，还处于特定的符号系统和文化语境中。电影的影像超越了物象本身的意义，与特定时期的文化氛围和社会审美心理密切相关，具有深层次的文化性
教育功能	电影作为大众传媒之一，具有塑造社会文化心理、形成社会集体记忆、引导社会群体审美价值的教育功能，能够对现实生活产生直接、巨大的影响，甚至催发某些社会性事件，引发世界性的潮流	
审美价值	电影具有区别于其他意识形态及艺术形式的美学特征和审美价值。一方面，电影最大限度地还原主体对客观生活的感知。同时，电影的艺术手段使主体充分发挥创造力和审美感受力，对社会生活与人生境界有更深刻的认识，有助于提高人们的审美联想力和想象力	
传播媒介	电影是大众媒介的重要形式之一，其目的在于传播信息。电影通过影像声音的组合形式来传递信息、交流情感、表达思想，成为人们表达情感和价值观的主要途径。信息是能在任何情况下减少不确定性的事物，信息的有效传播已成为电影的要求和目标。另外，需要注意防范因宣传不当价值观所引发的社会失衡或动乱	

考点五：电影与其他艺术门类的联系 ★★★★

1. 电影与戏剧（见表 4 – 1 – 7）

表 4 – 1 – 7 电影与戏剧

要点	具体内容
联系	电影故事片和戏剧都是叙事艺术。大多数故事片采用相对有限的时间单位和相对独立的空间场景，以闭合而完整的叙事结构来讲述核心事件的矛盾和冲突，这也是戏剧的叙事模式。另外，戏剧和电影同样是通过比较

续表

要点	具体内容
联系	单一的故事线来表现整个复杂的社会，具有以小见大的功能。最后，电影采用了大量的戏剧艺术手段，形成了电影史上戏剧电影的美学思想
区别	①电影的基本要素是活动的影像；戏剧的基本要素则是演员、舞台等实体。 ②电影是利用视觉暂留原理把事先录好的画面和声音展现给观众的现代科技所孕育的大众文化，具有自由的艺术表达，快捷的传播渠道和广泛的受众群；戏剧是由演员扮演角色在舞台上当众表演故事情节的一种综合艺术，表达能力和沟通能力有限，受众较少。 ③创作上，在电影中，导演是第一位的，他关注的核心是影像，而演员是次要的，只是创造影像的一种手段；戏剧中强调演员的表演，语言和动作是欣赏戏剧时的主要对象

2. 电影与音乐(见表4－1－8)

表4－1－8 电影与音乐

要点		具体内容
概述		现代电影美学对视觉、听觉的感知推动了电影音乐的发展。一方面，电影音乐已经成为电影产业催生的独立文化产品；另一方面，音乐有可能在电影的某些部分占据主导地位，创作者会围绕音乐主题组织画面。音乐是电影作品的重要载体，音乐的使用对于理解电影的内涵有着重要的作用
表层联系		作为电影的听觉元素，音乐起到表达情感和营造气氛的作用，在音乐的帮助下，电影情节可以更加打动人们的情感并能使情绪到达高潮。总的来说，音乐从属于画面，但画面的节奏与剪辑也需要与音乐协调一致
内层联系	作品结构	采用音乐式结构来处理情节线索与情节发展过程，以使得电影叙事流畅、节奏感强，也使得作品的整体面貌变得丰满立体
	时间维度	电影和音乐的各个部分相互联系并相互影响，最终统一为同一主题和基调

3. 电影与美术(见表4－1－9)

表4－1－9 电影与美术

要点		具体内容
联系	造型方面	电影的构图、光线、色彩等基本元素和技法与绘画、雕塑相似
	场面调度和空间布局方面	电影与建筑的理念是相通的，影像的语言系统在形成时继承了许多美术传统
区别	时空艺术方面	电影是集造型性与运动性于一体的时空艺术，既要追求视觉效果，又要兼顾叙述功能；美术是不具备运动性的空间艺术，以独立的形式反映艺术价值
	创作方面	电影大多是集体创作的产物，反映了导演、摄影师、演员、剪辑师等一批创作者互相融合的审美观念；而美术则更多地由个人进行独立创作，具有更加鲜明的个性化特征，从而更好地展现作者的艺术理念

4. 电影与电视（见表4-1-10）

表4-1-10 电影与电视

要点	电影	电视
录制方式	胶片感光	磁带摄录
媒介	电影银幕	电视屏幕
观看方式	采取影院公共性、封闭性的观影方式	适宜于家庭小集体欣赏，环境和谐融洽，强调个人化、开放性
观影/收视经验	电影的审美体验是超日常的，它提供了一个虚拟的人造现实，是一种容易集中注意力、一气呵成的观赏方式	电视的收视行为具有与生活同步发生的即时性、日常性
共同点	电影和电视既是电子媒介，又是大众传播媒介和艺术的综合体。它们在多重特性、影像手段、视听融合、反映现实、认识教育、提供审美体验等方面有着明显的相似性和共同点	

4.1.2 典型题（含考研真题）详解

一、单项选择题

电影诞生的心理学基础是（　　）和视觉暂留。

A. 节奏感　　B. 运动感　　C. 视知觉　　D. 透视

【答案】B

【解析】人具有一种天赋，能够把各种光影刺激加以组织，从而产生一种“动的幻觉”，即运动感。另一方面，人类视觉器官具有持久性机制的联想惯性。人眼在观察景物时，光信号传入大脑神经，需经过一段短暂的时间，光的作用结束后，视觉形象并不立即消失，这种残留的视觉称“后像”，视觉的这一现象则被称为“视觉暂留”。运动感与“视觉暂留”一起构成了电影的心理学基础。

二、名词解释

视觉暂留（成都理工大学2023年研；杭州师大2018年研）

答：参见本章考点难点归纳相关内容。

三、简答题

1. 电影有哪些片种？

相关试题：故事片（名词解释，湖南师大2014年研）

答：电影片种是指电影作品的类别，其划分是按照电影作品的功能定位、所承载信息和技术手段等来进行的。一般来讲，电影作品被划分为故事片、美术片、纪录片和科学教育片四大类。

（1）故事片是最常见、影响最大的片种，也是电影产业的经济支柱。故事片是运用影像和声音为手段进行叙事的电影作品，就像小说是用文字进行叙事的文学作品。凡是由演员扮演角色，具有一定故事情节，表达一定主题思想的影片都可称为故事片。故事片按风格、题材、样式等因素可分为警匪片、动作片、喜剧片、惊险片、歌舞片、科幻片、哲理片等，另外有些故事片片种属某些国家、地区特有，如美国的西部片。

(2)美术片是运用人工创作的视觉形象为造型元素塑造艺术形象以及叙述情节的片种，是一种特殊形式的电影。美术片主要运用绘画或其他造型艺术的形象来表现艺术家的创作意图，是一门综合艺术。美术电影有短片、长片和系列片多种，题材和形式广泛多样，在世界影坛上占有重要地位。在电视领域中更受重视，为少年儿童和成年观众所喜闻乐见。美术片包括动画片、木偶片、剪纸片等。

(3)纪录片是指描写、记录或者研究实际世界的电影。在大多数情况下，纪录片不需要演员来表演。在纪录片中表现的人、地点、情况应该与实际情况一致。纪录片的范围非常广，它既包括完全纪实的电影，也包括了真人秀等节目。纪录片是现实生活的见证、历史的忠实写照，因而能以其无可争辩、令人信服的真实性和来自生活的特有的艺术魅力，去影响、激励和启迪观众。从题材上可分为历史纪录片、传记纪录片、政论纪录片等。

(4)科学教育片是以传播科学知识和推广科技成果为基本目的的电影类别。它是一种运用电影手段来传播科学技术知识的片种，简称科教片。在某些国家，统称科学片；对其中适于学校和社会教育的影片，称为教育片。根据传播内容和受众群体的不同，可分为科学普及片、科技教学片、科学研究片等。目前，新闻片和科教片的功能基本由电视媒介承担。

2. 电影的功能。(南艺 2012 年研)

答：电影主要有五个方面的功能，参见本章考点难点归纳相关内容。

3. 什么是电影的表现意义？

相关试题：简述影视艺术的假定性。(安徽师大 2019 年研)

答：电影不仅具有社会再现功能，同时具有社会表现意义。具体表现为：

(1)这一表现意义植根于电影的假定性和符号性。

①假定性。电影的假定性也是电影的超现实特性。主要表现在以下几个方面：a. 它展现在欣赏者面前的只是人与景物的影像，而不是人与景物本身，而这种影像又由于拍摄的不同角度、景别、运动以及光影色彩的处理，有着不同的视觉效果。b. 电影的声音是通过录音机械转播的，可以是夸大的、主观的，音乐往往是外加的。c. 不同镜头经过分解组合的蒙太奇手段——包括画面的、声音的、画面与声音的——构成电影的特殊时空，产生特定的节奏与含义。d. 电影还通过画外音、闪现等手段使人物心理形象化、主观化。真实性与假定性的辩证统一产生电影艺术的魅力。假定性是电影进行典型化的必要手段。电影的逼真手段具有假定性，因为银幕画面表现的最终不过是现实的影像，而不是现实本身。蒙太奇形成了电影时空，这种时空是虚拟的假定时空；蒙太奇连接静止的形象所形成的运动感是假定性的运动感，象征意义在现实中未必存在。

②符号性。电影同样具有符号性。电影不是“对现实为人们提供的感知整体的摹写”，而是具有约定性的符号系统。电影艺术的创造必然有可循的、社会公认的“程式”和常规。电影语言不等同于自然语言，但是，电影符号系统与语言系统本质相似。电影不仅处于物质与现实之间，而且处于特定的符号系统和文化语境中。电影的影像超越了物象本身的文化意义，与特定时期的文化氛围和社会审美心理密切相关。

(2)电影既具有再现现实的社会功能，也具有主观表现的社会意义。想象力和创造性是电影创作过程中重点关注的两个方面，同时电影关心人的情感表达以及现实的生活状态，力图超越物质存在本身而达到人的精神追求。电影是记录声音和图像，传播信息和情感的一种艺术形式。电影可以从深层塑造社会文化和集体意识，电影创作者借助电影反映社会的真善美，把自己对世界的感知融入电影作品中。电影还被称为时空艺术，它兼具时间艺术与空间艺术的性质，能将各种形式的时空组合直接诉诸观众的视觉与听觉，再现物质世界的时间、空间关系。而正是由于电影的主观表现意义，电影可以在发展中不断吸收科技发展成果，并推动人类社会科技、文化、艺术、思想等方面的发展。

四、论述题

论述电影的美学概念。

相关试题：简述影视艺术的逼真性和假定性。（南京师大 2012 年研）

答：(1)电影美学的概念即以电影技术为手段，通过画面、声音媒介，在特定的放映时间里，在银幕空间上创造形象、再现生活并表情达意的综合性艺术活动。电影美学是电影艺术的哲学，或者可以表述为关于电影艺术之美的哲学。从美学层面上看，电影不仅仅以科技手段为依托记录影像，还通过自己独有的艺术手段展示自然事物、社会现实、人物风貌等世间万物，同时传达情感与价值观。

(2)电影兼具物质和美学两个层面的内涵。电影在美学层面是指电影艺术，即以电影技术为手段，通过画面、声音媒介，在特定的放映时间里，在银幕空间上创造形象、再现生活并表情达意的综合性艺术活动。电影艺术具有逼真性、假定性、符号性等特征，不仅能够对现实进行再现，还能够对现实生活产生直接的、巨大的影响。电影具有区别于其他意识形态及艺术形式的美学特征和审美价值。一方面，电影最大限度地还原主体对客观生活的感知。同时，电影的艺术手段使主体充分发挥创造力和审美感受力，对社会生活与人生境界有更深刻的认识，有助于提高人们的审美联想力和想象力。随着电影艺术和美学研究的发展，电影美学的研究对象与范围也在不断地拓展与变化。20 世纪 60 ~ 70 年代以来，电影美学研究已走入了一个综合化、细密化的开放空间。电影哲学、电影社会学、电影心理学、电影社会心理学、电影符号学、电影叙事学等学科的出现，新的研究方法和多种手段的运用，使电影美学的内涵和外延始终处在丰富和扩展的动态过程之中，以至于电影美学界在界定电影美学的性质、研究对象的范围等问题上一直未能取得一致的结论。

(3)电影是工业时代的产物，大体经历了三个阶段：

①第一阶段从 1895 ~ 1926 年，电影诞生并开始形成为一种艺术。当时的物质媒介的视听记录功能还不完备，只有黑白无声片，在拍摄的影片中体现出艺术家各自不同的美学观点。至 20 年代初，德、法等国先锋派运动兴起，电影艺术开始有自觉的美学探索。

②第二阶段从 1927 ~ 1945 年，电影艺术有了重大发展。1928 年有声片的出现和 1936 年彩色片的出现，物质媒介的视听记录功能趋于完备，通过对艺术实践的概括、总结，建立了具有系统的美学思想的电影。

③第三阶段从 1945 年至今，电影艺术臻于成熟，物质媒介视听记录功能日益精密。通过总结“二战”后以及电影史上不同流派的电影创作，运用当代人文科学研究的成果，从不同层次、不同侧面进行深入研究，不同的电影美学流派由此形成，并且建立了不同哲学基础的电影美学体系。

(4)在这三个阶段的发展过程中，可以明显看到电影美学的两大流派：①蒙太奇(又称技术主义)传统；②纪实性(又称写实主义)传统。这二者的歧异源于电影同现实的关系。电影美学是电影审美意识的抽象和升华，它以研究如何按照美的规律从事电影艺术的创作以及创作主体、客体、本体、受体之间的关系和交互作用为基本任务，具体内容包括：电影艺术的审美本质的审美特征；电影艺术的创作与现实生活的关系及其形象描绘过程；电影艺术的发展历程和电影艺术观念、流派、风格的兴替嬗变过程；电影艺术的创作规律和应具有的美学品格；电影艺术与其他艺术的关系；电影艺术的审美价值和社会功能；鉴赏电影艺术的心理机制、过程、特点、意义和方法等。

第2章　电影构成的物质材料和形式要素

4.2.1　复习笔记

【通关提要(提纲挈领)】

本章为本编的重点章节，主要论述了电影构成的物质材料和形式要素，详细分析了影视艺术的画面、声音和蒙太奇等。本章考点以单项选择题、名词解释、简答题及论述题为主，在学习时，需要对重要概念进行整体把握，以便分析时作答。

【考点难点归纳(厚积薄发)】

考点一：影像镜头　★★★

1. 景别

景别是指拍摄的人、事、物、景在画框内呈现的范围，具体见表4-2-1。

表4-2-1　景　别

要点	具体内容
远景	一般用来表现远离摄影机的环境全貌，展示人物及其周围广阔的空间环境、自然景色和群众活动大场面的镜头画面。它相当于从较远的距离观看景物和人物，视野宽广，能包容广大的空间，人物较小，背景占主要地位，画面给人以整体感，细部却不甚清晰
全景	用来表现场景的全貌与人物的全身动作，可确定一部影片中的空间关系和其他影像元素
中景	指画框下边卡在膝盖左右部位或场景局部的画面，即表现人身体膝盖以上或场景局部的景别，可使观众清楚地看到角色的造型、动作、运动或场景的某一部分的设置，从而解释人物之间、人物和场景的关系
近景	指表现人体胸部或物体局部的景别，其面积占画面的一半以上
特写	指电影中拍摄人像的面部，人体的某一局部，一件物品的某一细部的镜头。特写镜头被摄对象充满画面，比近景更加接近观众。它的出现和运用，丰富并增强了电影艺术独特的表现力

2. 构图(见表4-2-2)

表4-2-2　构　图

要点	具体内容	
含义	指结合被拍摄对象(动态和静态的)和摄影造型要素，按照时间顺序和空间位置有重点地分布、组织在一系列活动的电影画面中，形成统一的画面形式。一般来说，电影画面构图分为主体、陪体和环境三部分	
类型	纪实风格构图	强调影像忠于现实，反对刻意追求和营造画面的形式美感，画面随意、松散，无规律可循
	表现风格构图	强调影像的造型能力和表现内心感受能力，反对机械地复制世界的影像，刻意追求形式美感，与人们的日常视觉经验差别很大

续表

要点	具体内容	
类型	经典风格构图	它界乎前两种风格之间，汲取二者的优势，力图将真实感和造型性完美结合，使观众觉得画面完全真实，同时又很精美

3. 光线与色彩(见表 4 – 2 – 3)

表 4 – 2 – 3　光线与色彩

要点	具体内容		
光线	含义	是电影中的重要元素，指电影得以完成摄影画面曝光并实现影像的物质基础	
	作用	光线及其阴影可以突出被摄物的造型特点、营造场景的气氛效果。统一的照明风格也决定了整部电影的视觉基调(如亮调、中间调和暗调)	
	分类	按光线的来源分	可分为人工光和自然光
		按光线的投射方向分	可分为顺光、前侧光、侧光、后侧光和逆光
		按光线的造型作用分	可分为主光、副光、修饰光、环境光、轮廓光、效果光和眼神光等
色彩	指电影视觉语言最重要的外部形式，可使电影更加贴近自然，还可影响电影的叙事和造型。色彩在现代电影艺术观念和电影叙事中具有独特的视觉语言的表意功能，它甚至能表现出色彩之外无法表现的艺术效果，传达出故事情节本身无法传达出的信息。根据对人们心理造成的感受差异，色彩可分为冷、暖两种色调		
关系	光线和色彩的关系紧密，二者需保持协调，从而达到和谐一致，以配合影片的主题。主题的丰富性和多样性有时会形成多种影调和色调，但是主题的统一性最终会将它们整合到相同的基调中		

4. 运动与造型

电影的运动可以分为被摄体的运动和摄影机的运动。一般来说，电影的运动是指摄影机的运动，具体见表 4 – 2 – 4。

表 4 – 2 – 4　运动与造型

要点	具体内容	
作用	①电影运动可以最大程度地还原现实生活的体验，渲染角色的特定情绪，建立一种连续、可信的空间感，是电影区别于其他造型艺术的重要元素之一。 ②运动画面的拍摄比固定画面的拍摄复杂很多。与固定摄影机相比，运动摄影可以使观众的视点直接进入影像空间，同时，观众可以通过移动的镜头来改变视点的位置和距离，并注意不断出现的视觉信息，产生“身临其境”的效果	
分类	推镜头	指画面构图由大范围景别向小范围景别连续过渡的拍摄方法
	拉镜头	指画面构图由小范围景别向大范围景别连续过渡的拍摄方法。摄影机沿光轴向后移动，逐渐远离被摄物体或从一个对象转向更多对象，画面覆盖范围得到扩展
	摇镜头	摄像机的位置是固定的，摄像机的机身在三个方向上移动：上下、左右和旋转
	移镜头	摄影机沿着水平面作各方向移动时所拍摄的画面，可分为：①二者平行的横移；②不平行的斜移；③同步纵向运动的纵深移

续表

要点		具体内容
分类	跟镜头	摄影机镜头始终跟随被拍摄主体进行拍摄，使运动的被拍摄的主体始终被保留在画面内，且主体在画面内的基本位置不变
	升降镜头	摄影机在空间中上下移动，视觉变化、背景替换的效果明显。当摄影机同时以两种或多种方式移动时，会出现复合运动摄影

考点二：声音 ★★★

1. 人声

人声是一部故事片中重要的声音元素。电影中的人声指在表达思想、叙事和喜怒哀乐等情感时所发出来的声音，包括言语、感叹、歌词等，是电影反映现实生活的重要手段之一。电影中的人声样式主要有三种，见表4－2－5。

表4－2－5 人声的样式

要点		具体内容
对话		是影片中所占比重最大的人声，又称对白，指角色之间使用语言进行交流。对白是影视艺术的表现方式，在电影电视中所有说出的台词都叫对白，亦称“台词”，是电影艺术的主要表现手段之一。对话与具体的场景和情节有关，并具有补充信息、解释背景和塑造人物的功能
独白		又称“内心独白”。从技术上讲，声源来自画外，但却是画面中某个角色当下的内心活动，可披露人物内心的真实想法。独白要求影像造型的所有要素、独白的内容和情感基调必须相互配合。独白通过人物内心表白来揭示人物隐秘的内心世界，能充分地展示人物的思想、性格，使观众更深刻地理解人物的思想感情和精神面貌
旁白	含义	指电影中一种独特的人声运用手法。电影故事情节和人物心理的叙述、抒情或讨论都是由画面外的人声来完成的
	作用	旁白的作用主要是对剧情做一个补充解释，也可以传达更丰富的信息，表达特定的情感，激发观众的思考，是一种画外音
	与独白的区别	旁白以时过境迁或超脱的姿态讲述，造成强烈的疏离效应；独白主要揭示人物的当下心理，伴随着人物强烈的情感波动

2. 音响（见表4－2－6）

表4－2－6 音 响

要点			具体内容
含义			是除语言和音乐之外，电影中所有声音的统称
分类	声源性质角度		可分为：①自然环境中的声音；②社会环境中的声音。社会环境中的声音比自然环境中更加复杂，包括各种物体的声响以及作为背景音响出现的人声和音乐
	技术角度	同期录音	指在拍摄现场同步收录音响的做法，效果较为真实，是较为常用的做法
		拟音	指在制作后期通过人工方法或乐器录制声音再现来收录音响的做法，可用来完成一些较难收录或实际中不存在的音响

续表

要点	具体内容
作用	①音响最基本的功能就是用声音造型来营造一个真实的听觉空间。 ②可以参与影片的叙述，如用画外音来暗示事件的进程。 ③为影片营造场景意境，烘托氛围，不知不觉将场景中的情绪传达给观众。 ④对观众的情绪产生冲击、舒缓、抚慰等作用，在叙事中可作为预示、暗示等因素，在叙事节奏上还可以利用音响来加快或减缓等。 ⑤在现代主义和后现代主义电影美学兴起之后，环境声音具有相对独立的欣赏价值，其使用也更加复杂[哲学层面上趋于主观化；技术层面上追求全新的感官刺激]，是电影中极为重要的组成部分

3. 音乐(见表4-2-7)

表4-2-7　音　乐

要点	具体内容
作用	电影音乐是电影的重要组成部分，是对电影的诠释纽带，对整个影片起着至关重要的作用。通常一部电影会由多首音乐相衬，以更好地衬托出电影需要表现的内容。电影音乐与电影主题、风格紧密配合。优秀的电影音乐可以自然地引导观众的情绪，营造氛围并加深主题。特定的音乐还可以进行角色塑造或交代环境背景
创作来源	①作曲家会专门为电影打造配乐，通常能够与电影的情节主题很好地结合在一起。在形式上，影片音乐多围绕一个主题，情节发展或情绪基调变换时还会产生不同的变式，达到浑然一体、前后呼应的效果。 ②选取已有的现成音乐作品运用到电影中，由于音乐原本是独立自足的完整作品，常常会产生音乐和影片难以协调的问题
特点	①电影音乐构思须根据电影的题材内容、风格样式、人物性格及导演的艺术总体构思，使音乐的听觉形象与画面的视觉形象相融合，体现综合性的美学原则。 ②电影音乐常常与对话、自然音响效果相结合。 ③电影音乐产品已经成为电影业中非常重要的一环。好的电影音乐会自然地吸引观众。但音乐的媒介特性决定了它的相对独立性，很难不让人们注意到，如电影的主题歌和插曲

4. 声画关系(见表4-2-8)

表4-2-8　声画关系

要点		具体内容
形式层面	声画合一	指镜头中的声音来源于画面中，声音信息与声源图像信息的传播是同步的，以便于观众的信息接收，又称“声画同步”。音乐与画面紧密结合，音乐情绪与画面情绪基本一致，音乐节奏与画面节奏完全吻合
	声画分立	又称“声画分离”，是指画面中的声音和形象不相吻合、不同步、互相分离的蒙太奇技巧。声画分立意味着声音和形象摆脱了互相间的制约，而具备了相对的独立性
内涵层面[关注审美效果]	声画合一	指镜头中声音所承载的信息与画面所呈现的信息在内容和情感基调上是一致的，即画面中的视像和它所发出的声音同时呈现并且同时消失，两种信息的传播同步完成。它的主要作用在于加强画面的真实感，提高视觉形象的感染力

续表

要点	具体内容	
内涵层面 ［关注审美效果］	声画对位	指的是声音和画面相互独立又相互作用的结构形式。镜头中声音所携带的信息在内容或情感基调上与屏幕所呈现的信息不一致，甚至相反。因为这两种信息的差异造成了受众接受的心理落差，可产生强烈的审美效果，但也给受众的理解造成了障碍

考点三：蒙太奇 ★★★★

1. 蒙太奇的概念、作用及发展过程（见表4－2－9）

表4－2－9 蒙太奇的概念、作用及发展过程

要点	具体内容		
概念	是电影艺术的基础，指把分切的镜头有机地组接起来，形成有组织的片段、场面甚至一部完整的影片，从而产生丰富意义的电影创作的艺术方法和思维方式		
作用	①通过在电影中建立时空关系来进行叙事，具备美学上的价值和意义。 ②通过镜头的形式或内容的对立统一来表达情感		
发展过程	起源	蒙太奇是法语“montage”的音译。它最初是建筑术语，意为“构成、装配”，后被用作电影术语来指代“组接、构成”	
	发展	诞生	蒙太奇学派出现于20世纪20年代中期的苏联，以爱森斯坦、库里肖夫、普多夫金为代表，他们力求探索新的电影表现手段来表现新时代的革命电影艺术，而他们的探索主要集中在对蒙太奇的实验与研究上，创立了电影蒙太奇的系统理论，并将理论的探索用于艺术实践，创作了《战舰波将金号》《母亲》《土地》等蒙太奇艺术的典范之作，构成了著名的蒙太奇学派
		争议与发展	第二次世界大战后，法国电影理论家巴赞对蒙太奇的作用提出异议，认为蒙太奇是把导演的观点强加于观众，限制了影片的多义性，主张运用景深镜头和场面调度连续拍摄的长镜头摄制影片，认为这样才能保持剧情空间的完整性和真正的时间流程。但是蒙太奇的作用是无法否定的，电影艺术家们始终兼用蒙太奇和长镜头的方法从事电影创作。也有人认为长镜头实际上是利用摄影机动作和演员的调度，改变镜头的范围和内容，并称之为“内部蒙太奇”

2. 蒙太奇的类别（见表4－2－10）

表4－2－10 蒙太奇的类别

要点	具体内容		
叙事蒙太奇	概念	以交代情节、展示事件为主要目的，按照叙事顺序组合镜头、场面和段落，引导观众理解剧情。一般来说，它需要逻辑上的连贯性和清晰性，在蒙太奇中较为常见	
	类型	线性蒙太奇	指按照事件逻辑顺序连续叙事
		平行蒙太奇	又称“并列蒙太奇”，指两条以上的情节线并行表现，分别叙述，最后统一在一个完整的情节结构中，或两个以上的事件相互穿插表现，揭示一个统一的主题或情节

续表

<table>
<tr><th>要点</th><th colspan="3">具体内容</th></tr>
<tr><td rowspan="2">叙事蒙太奇</td><td rowspan="2">类型</td><td>交叉蒙太奇</td><td>又称“交替蒙太奇”，是指把同一时间，在不同空间发生的两种动作交叉剪接，构成紧张的气氛和强烈的节奏感，造成惊险的戏剧效果，作用是引起悬念，制造紧张气氛，加强矛盾冲突的尖锐性</td></tr>
<tr><td>重复蒙太奇</td><td>指具有一定寓意的镜头或场景在影片中特定的位置反复出现，产生强调、呼应、对比、渲染等效果，相当于文学中的复叙方式或重复手法</td></tr>
<tr><td rowspan="7">表现蒙太奇</td><td>概念</td><td colspan="2">指一种基于镜头对列的情感、心理或意识形态表达，通过相连或相叠镜头在形式或内容上的对比和影响，产生单个镜头所不具有的丰富含义</td></tr>
<tr><td rowspan="6">类型</td><td>对比蒙太奇</td><td>指通过镜头或场景与段落在内容或形式上的强烈对比，产生相互冲突、相互加强的效果，以表达创作者的某种寓意，或强化所表现的内容或思想</td></tr>
<tr><td>隐喻蒙太奇</td><td>指通过镜头或场景的对列来引导类比，含蓄而生动地表达某种寓言或事件的道德意义。这种手法往往将不同事物之间某种相似的特征突显出来，以引起观众的联想</td></tr>
<tr><td>心理蒙太奇</td><td>指通过心理活动，将人物的内在精神世界和外在世界主观地联系起来，或将声音与画面结合起来</td></tr>
<tr><td>积累蒙太奇</td><td>指将一系列性质相同或相近的镜头连接在一起，通过视觉的积累效果，造成强调作用</td></tr>
<tr><td>重复蒙太奇</td><td>指具有一定寓意的镜头在关键时刻反复出现，以达到刻画人物、深化主题的目的</td></tr>
<tr><td>杂耍蒙太奇</td><td>指通过选择具有强烈感染力的手段加以适当的组合，以影响观众的情绪，使观众接受作者的思想结论</td></tr>
<tr><td>理性蒙太奇</td><td colspan="3">指在画面之间建立关系以传达特定的抽象思想，从而引起观众的理性判断和思考</td></tr>
</table>

考点四：长镜头（见表4-2-11）　★★★

表4-2-11　长镜头

<table>
<tr><th>要点</th><th colspan="2">具体内容</th></tr>
<tr><td>概念</td><td colspan="2">是一种与蒙太奇相对的拍摄方法。这里的“长镜头”，指的不是实体镜头外观的长短或是焦距，也不是摄影镜头距离拍摄物的远近，而是拍摄之开机点与关机点的时间距，也就是影片的片段的长短。长镜头并没有绝对的标准，是相对而言较长的单一镜头。长镜头往往可以包含一个场景或一个段落，给人以真实连贯的感觉</td></tr>
<tr><td rowspan="3">发展</td><td>概况</td><td>长镜头是电影史上最原始的存在形式。但随着电影技术的发展，蒙太奇取代了长镜头，成为电影制作的核心理念</td></tr>
<tr><td>二战以后</td><td>电影美学观念的转变，使长镜头能够表达世界的多功能性和完整性，让观众积极观察、思考、参与电影意义的生成，更加符合电影本体的意味</td></tr>
<tr><td>意大利新写实主义和法国新浪潮电影运动的实践之后</td><td>长镜头的运用已经成熟，成为许多电影作家刻意追求的一种审美风格。同时，长镜头融入了主流电影语言，其使用和外观也发生了变化</td></tr>
</table>

续表

要点		具体内容
理论意义	进步性	①长镜头理论是对蒙太奇理论和实践过度发展的一次反思和矫正，是蒙太奇理论的对立面。 ②长镜头的运用可以避免对观众知觉过程的限制，通过记录整个世界，它可以显示时间和空间，并保持客观、透明和多义的效果。 ③长镜头的出现，被认为是“电影美学的革命”。在这之前，蒙太奇理论作为唯一的电影理论，基本上支配了电影艺术家们的思维活动。巴赞研究蒙太奇理论时标新立异，把电影的特性归结为照相性，并从这一特性出发，强调电影的逼真性、纪实性。巴赞的写实主义的美学思想，以及他总结的景深镜头和长镜头的美学功能，极大地推动了电影语言的发展，带来了电影表现手段的一次革命，造就了新的银幕形态，从某种意义上说，没有长镜头，就不会有现代电影
	局限性	长镜头理论过分强调了影片的纪实性，并且过分排斥蒙太奇的做法

4.2.2 典型题（含考研真题）详解

一、单项选择题

近景一般表现的范围是（　　）。（青岛大学 2012 年研）

A. 人物身体膝盖以上的景别　　B. 人物全身的景别

C. 人物身体胸部以上的景别　　D. 人物身体肩部以上的景别

【答案】C

【解析】近景是指表现人体胸部或物体局部的景别，其面积占画面的一半以上，是日常化的视点。在电视节目中通常使用近景来加强画面内人物和观众之间的交流感和亲近感，拉近他们之间的距离，更好地向观众传达画面内人物的内心情感和心理世界，吸引观众产生身临其境的意识。

二、名词解释

1. 景别（南艺 2014 年研）

相关试题：举例说明影视视听语言中景别的意义。（简答题，湖南师大 2012 年研）

答：参见本章考点难点归纳相关内容。

2.（电影中的）人声

相关试题：旁白（安徽师大 2018 年研；四川大学 2012 年研）

答：参见本章考点难点归纳相关内容。

3.（电影中的）独白（南艺 2014 年研）

答：参见本章考点难点归纳相关内容。

4. 声画同步（声画合一）（湖南师大 2016 年研；南艺 2014 年研）

答：声画同步又称声画合一，是指影片中声音与画面的协调一致。具体参见本章考点难点归纳相关内容。

5. 声画对位（西南大学 2023 年研；浙江师大 2023 年研；湖南师大 2013 年研）

相关试题：音画对位（杭州师大 2017 年研）

答：声画对位是指影视中声音和画面形象各自独立又相互作用的结构形式。具体参见本章考点难点归纳相关内容。

6. 声画关系（云南艺术学院 2023 年研；昆明理工 2013 年研）

答：声画关系是指在影视艺术中，声音同画面作为影视艺术的两大基本因素，共同构筑了视听形象空间，并且共同创造了一种新的审美形式。具体参见本章考点难点归纳相关内容。

7. 长镜头（人大 2025 年研；上戏 2023 年研；重庆大学 2019 年研；北影 2015 年研；南京师大 2015 年研）

答：参见本章考点难点归纳相关内容。

8. 景深镜头（湖南师大 2018 年研；重邮 2018 年研；中传 2011 年研）

相关试题：

(1) 什么是景深？景深内外的影像特征是什么？（简答题，扬州大学 2016 年研）

(2) 举例阐述影视创作中景深镜头的运用。（简答题，湖南师大 2014 年研）

答：景深镜头是指摄影机沿着纵深方向安排组织被拍摄对象，从而产生逼真的空间立体感觉的镜头。当人物在前后景之间运动，立体感格外强烈。决定景深的三种因素是：①镜头焦距。镜头的焦距越长、景深越短，镜头的焦距越短、景深越长。②被拍摄体的距离。距离拍摄体越近时、景深越浅，距离拍摄体越远时、景深越长。③光圈的大小。光圈越大、景深越短，光圈越小、景深越长。景深镜头能通过把背景模糊化来突出拍摄对象，也可以拍出清晰的背景。

三、简答题

1. 简论电影艺术的视听语言特征。

答：电影艺术是一门以视听为基础的综合性艺术，视听语言综合表达了电影艺术的逼真性、虚拟性、表现性等方面，这也是电影区别于文学、绘画、雕塑等等艺术门类的重要特征。电影艺术的视听语言特征主要表现在以下几个方面：

(1) 表现为时空艺术的综合。电影是一门“时空综合”的艺术，但是无形的时间并不能通过有形的影像直接言说。作为电影的一个维度，时间必须通过另一个维度——空间的剪切与拼合来实现。通过连续的画面与声音表现时间的流动与空间的状态结合，电影的视听语言既可以在一定时间内表达空间的内容，也可以在一定空间内表达时间的流动。

(2) 以人的视听感官为生理基础。电影艺术的视听语言的表达都是基于人的视听感官的生理基础。生理基础包括：视觉暂留、透视成像、视听融合三个主要方面，可以表达出电影艺术需要的运动画面、画面空间、语言、音乐等要素。

(3) 视觉表达与听觉表达。视听语言还具体表现在视和听上。视觉表达包含镜头的推、拉、摇、移、升降、构图、景深等各方面，不同的画面表达也能使观众产生不同的情感共鸣。听觉表达包括人声、音乐、音响三大类：人声是以对白、旁白等来表达剧情、演员内心活动；音乐可以根据画面进行气氛的烘托渲染；音响是画面表达内容中的各种音效。视与听的融合更加强化了对观众的情感激发。

(4) 以蒙太奇与长镜头为应用手段。电影艺术的视听语言中蒙太奇与长镜头是其重要的应用手段。蒙太奇是镜头画面有目的、有秩序的组接，不同的组接方式能够表达各种不同的叙事手法，视觉上的延伸、缩短或情感的隐喻表现（如时空跳跃、转换等）。长镜头有连续长时间拍摄的特性，还能表达连续性画面、纪实性特色。

总之，电影艺术的视听语言特征突出表现在以上各个方面中，是电影艺术表达的重要手段，我们要充分理解与应用视听语言。

2. 电影长镜头及其意义。（南艺 2013 年研）

相关试题：结合具体作品，谈谈东西方电影对长镜头运用的异同。（湖南师大 2018 年研）

答：（1）概念。具体参见本章考点难点归纳相关内容。

（2）意义：

①长镜头的出现，被认为是“电影美学的革命”。在这之前，蒙太奇理论作为唯一的电影理论，基本上支配了电影艺术家们的思维活动。人们研究蒙太奇理论，很少涉及电影与照相的关系，也很少从这一角度去研究电影的特性。巴赞标新立异，把电影的特性归结为照相性，并从这一特性出发，强调电影的逼真性、纪实性。巴赞的写实主义的美学思想，以及他总结的景深镜头和长镜头的美学功能，极大地推动了电影语言的发展，带来了电影表现手段的一次革命，造就了新的银幕形态，从某种意义上说，没有长镜头，就不会有现代电影。

②从世界电影思想发展史看，在第二次世界大战后，世界纪实性或纪实风格电影的发展，都在不同程度上受到巴赞理论的影响。长镜头学派对蒙太奇绝对地排斥，认为蒙太奇是“最反电影手段”的。巴赞的理论片面地强调真实地再现生活的原来形态，把一切必要的艺术加工都斥为“不真实”，这种主张容易导致艺术创作中的自然主义倾向。蒙太奇与长镜头是电影表现手段的两大形态，它们虽然有某些对立，但绝非水火不相容，即我们既要认识电影的“照相本性”，也要看到它的“艺术”的本性，二者是辩证的统一。

③电影与其他艺术相区别的独特性是照相性，即纪实性，长镜头实现了对现实的忠实记录，因此体现着电影的特性。长镜头的运用可以避免对观众知觉过程的限制，它通过对世界整体的记录，展示了真实的时间和空间，保持了客观、透明和多义的效果。

④长镜头理论不但在当时直接影响了意大利新写实主义的创作，对法国新浪潮电影运动以及 20 世纪 70 年代世界范围内现代主义电影创作都产生了广泛而深远的影响。在电影美学领域，它推动了长期停滞的电影美学的发展，促使其走向更为现代的阶段。

⑤长镜头理论在发展过程中也出现过一些偏颇，它过分强调电影的纪实性，但无法弥合电影与现实之间的根本界限；而过分排斥蒙太奇的做法也失于狭隘。今天一般认为，长镜头内部空间的变化和时间的推进实际上隐含着蒙太奇的因素。二者都成为当今电影语言的重要组成部分。

四、论述题

1. 论述影视作品的声画关系。（中传 2011 年研）

答：声音和画面的关系可以从两个层面上来认识。

（1）形式层面：

①声画合一。指镜头中的声音来源于画面中，声音信息与声源图像信息的传播是同步的，以便于观众的信息接收，又称“声画同步”。音乐与画面紧密结合，音乐情绪与画面情绪基本一致，音乐节奏与画面节奏完全吻合。

②声画分立。又称“声画分离”，是指画面中的声音和形象不相吻合、不同步、互相离异的蒙太奇技巧。声画分立意味着声音和形象摆脱了互相间的制约，而具备了相对的独立性。

（2）内涵层面。即在内涵类型上把声音和画面的关系分为“声画合一”与“声画对位”。这种划分方式注重审美效果的实现。

①声画合一，指镜头中声音所承载的信息与画面所呈现的信息在内容和情感基调上是一致的，即画面中的视像和它所发出的声音同时呈现并且同时消失，两种信息的传播同步完成。它的主要作用在于加强画面的真实感，提高视觉形象的感染力。

②声画对位，指声音和画面相互独立又相互作用的结构形式。镜头中声音所携带的信息在内容或情感基调上与屏幕所呈现的信息不一致，甚至相反。因为这两种信息的差异造成了受众接受的心理落差，可产

生强烈的审美效果，但也给受众的理解造成了障碍，观众必须动用自己的理性思考能力才能了解创作者的意图，一旦解决了理解障碍，情绪上受的冲击反倒更大，获得更高的审美快感。

2. 论述蒙太奇类型。

相关试题：

(1)蒙太奇(名词解释，中央民大2023年研；杭州师大2017、2013年研；扬州大学2016年研；武汉大学2015年研)

(2)表现蒙太奇(名词解释，杭州师大2023年研；重庆大学2019年研；暨南大学2019年研)

(3)隐喻蒙太奇(名词解释，江西师大2023年研；河北大学2019年研；湖南师大2018年研)

(4)交叉蒙太奇(名词解释，山东师大2018年研；四川大学2012年研)

(5)杂耍蒙太奇(名词解释，扬州大学2023年研；南京师大2022年研；南艺2022年研；暨南大学2016年研)

(6)平行蒙太奇(名词解释，浙江师大2023年研；中国艺术研究院2023年研；广东财经2020年研；南航2016年研)

(7)论述蒙太奇理论的发展历程。(南京师大2015年研)

(8)简述蒙太奇的主要功能。(简答题，四川大学2013年研)

(9)什么是平行蒙太奇和交叉蒙太奇？二者有何区别？请举例说明。(华南理工2018年研)

答：以蒙太奇的结构功能为标准，可将其分为叙事蒙太奇、表现蒙太奇和理性蒙太奇三个基本类别，具体参见本章考点难点归纳相关内容。

3. 结合实例论述电影画面特技的常用手段及艺术效果。(南艺2014年研)

答：电影特技指的是利用特殊的拍摄制作技巧完成特殊效果的电影画面。在各种不同题材电影拍摄的过程中，常常会遇到一些成本很高、难度很大、费时过多、危险性大的拍摄任务，常常要求摄制一些难于用一般摄制技术方法完成的电影画面，就需要用特技方法去拍摄。

(1)常用手段。按照电影的类型和风格可使用不同的特殊效果技法，大体分类如下：

①特殊化妆。传统的特殊化妆耗费很多时间和金钱，因为特殊化妆用的材料价格高昂，而且熟练的化妆师也很少。

②电子动画学。电子动画学是利用电气、电子控制等手段制作电影需要的动物、怪物、机器人等的技术。如《星球大战》中的R2D2、《侏罗纪公园》中的恐龙，都是用电子动画学技术制作的演员。

③计算机图形。计算机图形学是一种使用数学算法将二维或三维图形转化为计算机显示器的栅格形式的科学。简单地说，计算机图形学的主要研究内容就是研究如何在计算机中表示图形，以及利用计算机进行图形的计算、处理和显示的相关原理与算法。从1977年制作的电影《星球大战》开始，计算机图形在电影中占的比例越来越大。例如在《星球大战》中的巨大水柱和恐龙等都是利用CG进行再创造的形象。

④影像合成。这是影视特殊效果制作中占最大比例的部分。过去用传统的光学方式进行影像合成，合成的影像越多，画面质量越差。为了克服画面质量下降，ILM用了Vista Vision摄像机。而如今因数字技术的应用，影像合成质量和特殊效果等都使电影的表现力得到很大的提高。

⑤模型。模型是指把不可能实际拍摄到的布景、建筑物、城市景观、宇宙飞船等做成微缩模型。模型是电影史上使用历史很长的传统特殊效果。这种特殊效果将来也会在影视剧中继续使用。

⑥爆破效果。爆破效果是利用化工技术表现出的效果，在特殊效果领域中占很重要的地位。一般用爆破效果或用CG技术合成渲染影像，跟其他部分连起来使用。

⑦3D技术编辑。《阿凡达》的出现再次令观众陷入对特效电影的狂迷。随着未来数十部通通使用3D拍摄的影片面世，3D技术被认为将和CG技术一起，全面推动电影视听效果的进步，不断突破电影表现能力的限制，拓宽电影的终极疆界。

(2)艺术效果：

①完成巨大的、困难的甚至危险的摄制任务。在惊险样式的影片中或影片中的一些惊险镜头，充分利用特技方法拍摄，能赋予电影以紧张、惊险的气氛，而又不必使演员承担任何风险。

②提高电影镜头的艺术质量，加强艺术效果。根据影片内容、气氛或画面效果的需要，利用特技方法可以改变被摄对象的数量，改变它们之间的比例关系，造成正常透视或使影像变形；可以平衡画面亮度，调节画面影调和反差，改变画面气氛，重新安排画面构图，修改或去除画面中的部分景物；可以改变被摄对象的动作节奏、运动方向；还可以制作划过、淡入淡出、叠化、翻板、画面转动及虚实技巧等。

③创造全新的电影镜头。在神话片和童话片中，那些被美化或被神化了的带有幻想情调的大自然和人物以及人物的行为和动作，在实际生活和自然环境中往往是不能寻找到的。在科教片以及科幻片中，只有充分利用特技方法，才能根据创作者的要求，摄制出一个个全新的镜头，使影片内容得到充分表现。

4. 结合实例作品，试论广播电影及电影中的音响。（南艺2014年研）

相关试题：

（1）影视音响（名词解释，湖南师大2014年研）

（2）举例阐述影视作品中音响的作用。（湖南师大2016年研）

答：（1）环境音响和动效音响。环境音响和动效音响主要起到以下三个方面的作用：

①增加逼真性。环境音响和动效音响是赋予画面生命的因素。具有再现一个“真实环境”的“造型”能力，它连续地向人们传递时空信息，给人们现场感、空间感、距离感、层次感和时间感。为了逼真，《百花深处》在音响的设计上利用了四种声音变化的特性。

②传达信息。许多人常误以为只有图形和语言才是信息符号，其实人物的一举一动发出的声音都可能是有效的信息符号。在《百花深处》中，通过搬家工人急促的脚步声、搬动家具的磕碰摩擦声以及开关门时的声响，观众就可以判断出这些人平时习惯于快节奏的生活，这也自然地传达出一个信息：现代文明给人们带来了更多的不安和浮躁。此外，在去往百花深处胡同的路上，机械沉闷的车轮摩擦声、此起彼伏的汽车鸣笛声、车内传出的北京交通电台的路况播报以及餐馆传出来的歌曲，组成了一部喧嚣嘈杂的城市“交响曲”，而警笛声更可谓点睛之笔，暴露出钢筋水泥中的焦虑。这些音响不仅强化了影片的逼真性，而且传达出“今非昔比”的信息。

③营造叙事空间。“声音空间”的概念意味着可以通过人说话的声音、音响、噪音等声音的音量和音色创造出不同的声音层次，让“观众在观影过程中分辨出声音的方位和距离，以建立电影的叙事空间”。音响作为一种声音，同样也是一种叙事手段，使得眼前的空间更加层次化。

（2）客观音乐和模拟音乐。音乐可以写实，而音响也可以写意。音乐和音响常根据影片需要，时而突出写实，时而突出写意。这里所说的客观音乐，是指影片中的有源声音的一种，画面提供给这些音乐以对应的视觉信息，而模拟音乐是指“用乐音模拟自然界音响、人的某种声音、动物的叫声，或模拟节奏明显的动作效果”。

在影片的第二个场景中，路边餐馆放出的《东北人都是活雷锋》就属于客观音乐的写实运用。这首歌面世于2001年，其时代背景是城市建设的火热进行，但它也让冯先生感到十分错愕，因为城市的变化让他内心更加陌生起来。

（3）音响写意。音响不但可以给人真实感，若经过得体的艺术化处理，还可以具有超出其本身的意义。就写意功能而言，导演在这部影片中的音响设计主要使用了喻示、特写两种方式：

①喻示。指导演运用创意和技术，有意识地创作或选择某一音响来预示、暗示叙事的发展或隐喻剧情内涵、人物性格与思想变化的创作手法。

②特写。声音和画面一样有“景别”之分，“声音取景”就是通过对声音景别的处理来叙事，从而营造特定的气氛或表达影片主题。

在《百花深处》中，“音响取景”主要是依靠“特写”来实现的。借用画面“特写”的定义来看，“音响特写”是指突出、强调某种音响元素，着力让其音响特征更细腻、集中、生动的设计手法，其目的通常是制造悬念、产生代入感，或进行某种夸张表达。

第3章 电影艺术发展的历史线索

4.3.1 复习笔记

【通关提要(提纲挈领)】

本章主要论述了中西电影的历史发展概况，其中详细分析了中国大陆、香港、台湾的电影，包括发展脉络、代表人物和代表作品，还分别介绍了西方电影和东方电影。本章考点以填空题、单项选择题、名词解释、简答题以及论述题为主。在学习时，需要着重把握中西电影发展的历史线索，并将相关电影与人物一一对应。

【考点难点归纳(厚积薄发)】

考点一：中国电影的历史发展简况 ★★★★

1. 大陆地区

(1)20世纪20年代以前电影发展概貌，具体见表4-3-1。

表4-3-1 20世纪20年代以前电影发展概貌

要点	具体内容
“史前期”[1905年以前]	1905年之前是中国电影的放映和发行的“史前期”。1896年，上海徐园“又一村”放映了西洋影戏[电影在中国放映的第一次记录]。1902年，电影首次在北京放映。1905年诞生了中国的第一部电影《定军山》
20年代萌芽与初创期	①《定军山》是中国民族电影的开端，其戏曲性内容、记录式手法以及简单的镜头表达方式是中国电影相当长时期的基本形式。 ②中国民族故事片始于1913年由张石川、郑正秋合作拍摄的第一部电影《难夫难妻》。同年，导演黎民伟在香港拍摄的两部短片《庄子试妻》被拍成电影。 ③1920~1921年间诞生了三部长故事片《阎瑞生》《海誓》《红粉骷髅》。 ④1926年是中国电影风貌的分水岭。前一阶段的主题主要是基于谐噱滑稽和社会家庭问题，内容丰富多样，但水平参差不齐。后一阶段是中国电影史上第一个商业类型片流行的时期

(2)30年代电影艺术成就，具体见表4-3-2。

表4-3-2 30年代电影艺术成就

要点		具体内容
基本评价	概况	20世纪30年代是中国电影的第一个繁荣和高潮时期
	表现内容	中国电影已经开始触及当前的社会状况、人们的苦难和压迫等。现实主义的内容完全取代了怪异和荒谬的娱乐内容。电影已经开始反映时代精神和人民愿望

续表

要点	具体内容	
基本评价	艺术形式	中国电影开始自觉地追求艺术创新。一方面，中国电影借鉴其他国家电影的优点；另一方面，在探索民族表现手法方面，电影技术取得了很大的进步
	创作方法	丰富和发展了影戏观，可以容纳更多的内涵和创作方法，从而确保了中国电影整体形态的多样性
	整体社会形象	中国电影成为一个可以影响世道人心的文化角色，强化了电影的艺术形象和独立地位，摆脱了与世界无关的负面形象
主要成就	左翼电影运动［新兴电影运动］	①改变了中国电影的创作方向，确立了中国电影的现实主义传统。 ②在电影语言上有所突破创新，挣脱了影戏传统的桎梏，推出了一大批优秀的电影作品，大大提升了中国电影的创作水平，并掀起了中国电影30年代第一个高潮。 ③借鉴西方电影优秀经验，积极开展电影理论批评，从实践和理论方面不断丰富发展中国电影
	现实主义传统形成	30～40年代是中国电影第一次兴盛的时期。最重要的原因是中国电影从默片走向了有声电影；在表现内容上，中国电影开始触及社会生活现状。代表作有《马路天使》《一江春水向东流》等
	完全有声片的成熟	20世纪30年代是无声电影和有声电影并存的时代，此后，有声电影取代了无声电影。有声电影经历了从配音到声画合一的过程。1934年的电影《桃李劫》便展现了有声电影的魅力
抗战时期电影状况	背景	①抗战时期社会动荡，电影创作的功利主义目的高于艺术追求。 ②电影创作的环境受战争破坏，强烈的抗日情绪成为首要因素
	评价	电影艺术受到社会动荡的阻碍，优秀的电影极少。只诞生了《八百壮士》等抗日电影，延续了现实主义的特点

(3)40年代战后电影成就，具体见表4-3-3。

表4-3-3 40年代战后电影成就

要点	具体内容		
发展	概况	战后电影制作业开始复苏，但它在官方垄断的局面中开始，在束缚中发展，最后以垄断的渐被打破而获得创作成就	
	产生了一批优秀的作品	昆仑公司	《一江春水向东流》《三毛流浪记》《万家灯火》等
		文华公司	《小城之春》《太太万岁》《艳阳天》等
		其他公司	《天堂春梦》《遥远的爱》《松花江上》《夜店》等
特点	"影戏"电影统治地位的确立	以《一江春水向东流》为代表的情节剧史诗电影达到了很高的水平，开始关注写实主义风格，电影叙事和造型的艺术表达都强烈地反映出社会现实	
	"文华"与非主流电影	文华影片是以抗战时期一直在上海坚持的话剧团体"苦干"剧团为创作主体的，文华公司是规模和影响都较大的一家民营电影企业。"文华"的经营作风不带有很强的政治色彩，追求经济效益也重视影片的艺术质量	

续表

要点	具体内容	
类型	现实主义电影	战后中国电影的主流方向是现实主义的电影风格，例如：《一江春水向东流》是史诗悲剧的典型代表；《八千里路云和月》是抗战年代的纪实风格作品
	文人电影	文人电影在战后中国电影创作中取得了巨大的成绩，它充斥着民族性、伦理性。如《小城之春》是中国电影语言现代化的一次成功尝试
	讽刺喜剧	大致可以分为两种类型：①以文华公司为代表的社会风俗喜剧，代表作是桑弧的《太太万岁》；②以昆仑公司为代表的讽刺喜剧，代表作是郑君里的《乌鸦与麻雀》
评价	40年代是中国电影的一个创作丰收时期。在政治方面，40年代的电影界把大量创作人员争取到进步的营垒中；在人才准备上，党和进步电影工作者使电影事业和创作队伍都基本完整地保留下来，准备迎接新中国电影发展的新局面	

(4)50～60年代电影要况，具体见表4－3－4。

表4－3－4　50～60年代电影要况

要点	具体内容	
概况	20世纪50年代，“传统与新生”是大陆电影的定位和价值体现。“传统”是指30年代以来电影所继承的基本传统，“新生”是指新时代、新主题、新英雄主义	
阶段变化与艺术曲折	新中国成立初期	新中国成立初期全国革命形势空前高涨，广大电影工作者满腔热情地歌颂工农兵、歌颂新生活，工农兵形象迅速占领银幕，作品具有强烈的时代气息。比较好的创作有：《桥》《白毛女》《中华女儿》《钢铁战士》等
	50年代中期	50年代的电影产量和质量都逐步得到提高。代表作品有：《董存瑞》《平原游击队》《上甘岭》《祝福》(新中国第一部彩色故事片)等
	1959年 [高潮时期]	为迎接新中国成立十周年、建党四十周年，此时的创作氛围较为和谐。代表作品有：《我们村里的年轻人》《林则徐》《林家铺子》《风暴》《青春之歌》《聂耳》等
	1962年左右	此时期中国电影的特色是融会贯通，电影找到了一条艺术与时代政治相结合的道路，紧跟着时代的脚步。代表作有：《刘三姐》《红旗谱》等

(5)70～80年代改革开放高潮，具体见表4－3－5。

表4－3－5　70～80年代改革开放高潮

要点	具体内容	
艺术创作高潮形成	70年代末期 [“恢复时期”]	《小花》《生活的颤音》等电影问世，标志着新电影观念开始发生转变
	80年代初期 [现实主义回归—纪实美学期]	中国电影回归到现实主义，开始确定自己的价值观和定位；电影艺术在整体上达到了一个全新的阶段，代表作品有：《沙鸥》《西安事变》《南昌起义》《许茂和他的女儿们》等
	1984～1987年 [文化批评—影像美学期]	20世纪80年代是中国电影的高潮时期，该阶段的标志是第五代电影人创造的“影像美学”。此时，第三代导演的杰作、第四代导演不断成熟的作品以及第五代导演的不断创新，共同创造了中国电影辉煌的局面

续表

要点	具体内容	
艺术经验总结	内容与形式	1987~1989年，电影进入了都市娱乐—艺术分化时期。此阶段的中国电影革故鼎新，出现了创作内容丰富、样式多样的特点
	美学	①在创作上：从政治视角转变为艺术视角。 ②在内容上：思考人际关系、反思文化情感、关注生命意义

(6)90年代以后的多元化局面，具体见表4-3-6。

表4-3-6 90年代以后的多元化局面

要点	具体内容	
背景	改革开放大局在90年代已经稳固，艺术改革也全面展开，90年代的中国电影受到合作制片的时兴、国外大片引进的冲击、院线制与宣传操作方式的形成的影响	
格局	多元化状况使得中国电影显现出趣味大不一样的创作格局： ①90年代的现实主义潮流纷乱嘈杂、时断时续，电影人多以幽默调侃、原生态展示的方法揭示现实。 ②主流形态的中国电影更为自觉地坚守着一块主导意识形态的创作天地。 ③新生代导演浮上水面，他们试图表达新生代人们的观念，但遭到禁令	
艺术潮流的局面	主旋律影片努力创新	主流影片制作的出发点是弘扬时代精神，巩固电影传统。代表作：《周恩来》《焦裕禄》《孔繁森》《红河谷》等
	市场化带来艺术倾向变化	市场化和大片冲击使90年代以后的电影创作受到市场的制约。电影制度和发行体制的变革，引发了电影创作经营格局的巨大变化
	合拍片冲击电影观念	合拍片并没有真正改变中国国产电影的格局和面貌，但带来了观赏和创作借鉴的视野扩大则是事实
	都市片占据主导位置	以都市现代化为背景的生活表现日益增大比重。都市片成为一种以表现现代人身处嘈杂混乱的现代生活漩涡中的种种情感困惑、心灵挣扎为主体的电影。代表作：《轮回》《顽主》《给咖啡加点糖》等
	喜剧娱乐片的超常发展	喜剧片的艺术创新开始，此时的喜剧片多了一种人文关怀，对小人物的尴尬处境的关注更多落在他们心境情感的表现上。代表作有：《喜剧明星》《临时爸爸》《编外丈夫》等
	农村片面貌改观	农村片跟随着时代变化，在延续传统表现对象的同时，更多地展现人性觉醒的哲理思索。代表作品：《秋菊打官司》《二嫫》等
	动作片的兴旺	随着港片、合拍片的大量涌入，以成龙电影、李连杰电影为代表的动作片获得市场青睐，也促进和影响了国产动作片的发展

2. 香港电影发展概况

(1)早期香港电影(1895~1949)。

①第一部香港电影诞生于1913年，是由香港导演黎民伟自编自演的故事短片《庄子试妻》。

②1933年，黎北海导演了香港第一部局部有声片《良心》，引起了轰动，从而促使了香港电影的兴起。

③中国进步影人的加入，促使粤语片创作开始走向现实主义，以全新的面貌凸显出来。

(2)黄金时期：50～60年代上半期的香港电影(1949～1966)。

①1949年底到1966年，香港电影业呈现出百家兴起、空前繁荣的局面。这一时期，涌现出了“新联”“中联”等一大批粤语制片公司，其中最著名的是“新联”和“中联”。

②随着香港电影黄金时期的到来，许多优秀的编导人才纷纷涌现，包括“港片三杰”秦剑、李铁、李晨风以及朱石麟、李翰祥等多位国语片导演。

(3)转型时期：60年代下半期～70年代。此时是武侠电影统治整个香港电影业的时代，也是香港电影走向国际电影、国际品牌、国际明星的时代，具体见表4－3－7。

表4－3－7　转型时期：60年代下半期～70年代

要点	具体内容
新派武侠片	①《儿女英雄传》《燕子盗》等电影被广泛认为是新武侠片的先驱。 ②1966年，邵氏兄弟先后发行了《独臂刀》和《大醉侠》两部武侠片，推动了整个香港武侠片的改革与发展，标志着新派武侠片的正式诞生
李小龙真功夫片	①1971年，罗维指导了由李小龙主演的《唐山大兄》。这部电影一举成名，标志着李小龙徒手格斗风格“真功夫电影”的开始。 ②1972年，《精武门》在国际电影界赢得了很高的声誉，标志着中国武侠片领域前所未有的成功。此后，《猛龙过江》《龙争虎斗》标志着武侠电影的民族化与国际化的独特结合
喜剧功夫片	武侠片已被改编成了喜剧。1978年，成龙主演的《蛇形刁手》和《醉拳》打破了传统的武侠电影模式，确立了武侠喜剧在香港商业电影创作中的主流地位
市民喜剧片	由于时代的变化和需求，香港几乎所有的电影类型都开始向喜剧方向转化。但唯有“市民喜剧片”能与武侠功夫片抗衡，代表作有《大军阀》《丑闻》等

(4)多元化时期：70年代末期～90年代，具体见表4－3－8。

表4－3－8　多元化时期：70年代末期～90年代

要点		具体内容
概况	70年代末，香港电影创作开始出现青黄不接的症状： ①打斗的功夫片、市民喜剧都失去了票房市场；而传统的粤语戏曲片、武打片更是穷途末路。主流电影已经失去了观众，娱乐主体的危机开始产生。 ②电影开始寻求新的视听形式、新的电影类型	
作品分类	武侠功夫片	传统古装题材的武侠功夫片仍然成为商业电影市场的首选类型。《少林寺》引起了轰动，陆续推出了《黄飞鸿》《王者之风》等
	喜剧片	喜剧片是这个时期商业娱乐的第二大类型。《最佳拍档》《八星报喜》都轰动一时。由周星驰主演的《霹雳先锋》标志着“无厘头”喜剧的诞生
	鬼怪灵异片	鬼怪灵异片成为1980年代香港新兴的电影类型。代表作有《撞到正》《鬼打鬼》《人吓人》等
	文艺爱情片	文艺爱情片是这一时期非常重要的商业类型。文艺改编出现热潮，代表作有《等待黎明》《胭脂扣》《红玫瑰与白玫瑰》等
	其他类型	这个时期家庭伦理片、社会写实片、历史片等其他多种类型的影片也逐渐发展，产生了许多优秀作品，成为香港电影多元化格局的有机组成部分

(5)“九七”以后的香港电影开始了一个新时期。

①90 年代中期以后，好莱坞引进香港人才的脚步逐渐加快，出现了众多影人纷纷进军国际影坛的风潮。

②大量人才的西进，客观上给香港电影市场造成了一定的负面效应，但本土众多精英导演们的创作没有间断，他们仍在以优秀的作品来推动香港电影的发展。

③一些新生代的电影人开始步入影坛，以充满锐气的作品为香港电影注入新生力量。

3. 台湾电影发展状况

(1)日据时期(1895 ~ 1945)。1901 年 11 月，台湾开始放映电影。1908 年，高松丰次郎建立了台湾第一家电影院——“芳乃馆”。1939 年颁布电影法，1940 年又推行了加强对电影彻底控制的“电影界新体制”。

(2)光复时期(1945 ~ 1949)。此阶段台湾电影荒芜，本土电影只有《台风》《今日台湾》等少量的新闻纪录片。1949 年年底完成的《阿里山风云》成为台湾第一部自制的国语故事片。

(3)台湾早期电影(1950 ~ 1962)。台湾电影市场由 3 家机构控制。台湾电影制片厂，主要摄制时事新闻片；中国电影制片厂，主要摄制军事新闻、军教题材娱乐影片；农业教育厂基本包揽拍摄故事片。

(4)台湾电影黄金时代(1963 ~ 1969)，具体见表 4 - 3 - 9。

表 4 - 3 - 9 台湾电影黄金时代(1963 ~ 1969)

要点	具体内容
“健康写实主义”电影出现	①1963 年初，《街头巷尾》是台湾首部以“健康写实主义”为标准的电影，主张制片必须应时代要求，引导人民向善、走向光明，提供健康的精神食粮。 ②国语影片创作数量急剧增加，快速走向黄金时期
民营独立制片公司的创作	①民营的独立制片公司开始出现，李翰祥的国联影业公司影响力最大。 ②这一时期规模较大、拍片较多的独立制片公司还有联邦、东影、统一等公司。 ③李行、李翰祥、白景瑞、胡金铨是 60 年代台湾最著名的四大导演
琼瑶电影	琼瑶电影开始于 1965 年，成为台湾电影的突出风景，代表作：《婉君表妹》《烟雨蒙蒙》《哑女情深》

(5)70 年代台湾电影(1970 ~ 1979)，具体见表 4 - 3 - 10。

表 4 - 3 - 10 70 年代台湾电影(1970 ~ 1979)

要点	具体内容
爱国政宣电影	1977 年，制作了一部比较成功的战争纪实影片《笕桥英烈传》，以雄浑壮观的场面来表现空军抗日英雄的伟大事迹
硬派拳头片	《唐山大兄》的成功使武侠片再次苏醒。台湾电影进入了“拳头横行”的时期，代表作有：《大醉侠》《龙门客栈》《独臂刀》《七侠五义》等
软派文艺片	软派爱情文艺片开始崛起。1973 年拍摄了《彩云飞》《心有千千结》等

(6)80 年代台湾新电影(1980 ~ 1989)，具体见表 4 - 3 - 11。

表4-3-11　80年代台湾新电影(1980~1989)

要点	具体内容
发展	①1982年，陶德辰、杨德昌、柯一正、张毅联手执导四段式影片《光阴的故事》，采用独特创新的艺术风格，成为台湾新旧电影的分水岭。 ②《看海的日子》《儿子的大玩偶》等优秀作品共同掀起了台湾新电影的浪潮
美学观	①基本上都从个人成长、历史回忆的角度出发，采用意识流手法和插叙、倒叙的手法来编排故事和刻画人物。 ②故事编排不注重戏剧性，强调生活化的细节以及偶然性、突发性，结尾往往采用开放型的构思
结束	1987年底，台湾50位电影人在报上发表《台湾电影宣言》，对电影政策、媒体宣传和评论体系进行了质疑，标志着台湾新电影运动的正式结束

(7)90年代以来的台湾电影(1990~至今)，具体见表4-3-12。

表4-3-12　90年代以来的台湾电影(1990~至今)

要点	具体内容
产生	1993年实施了各种辅导措施，1994年宣布着重培养第三代年轻导演，极大地振兴了国片创作，当年夏天《爱情万岁》《饮食男女》等优秀影片相继出炉
新新电影的特点	①开拓多样化的题材与类型，历史追溯、成长记忆等均有突出的表达。 ②影像风格上突破了新电影的完整沉稳的特点，呈现出光怪陆离的现代式效果。 ③更加拓宽了声音与画面之间的多层表达关系，并具有强烈的实验性。 ④表现对象上，往往聚焦边缘叛逆的新人类，由此出发探索历史与解剖现实
未来发展	①90年代的台湾电影，延续新电影的国际光彩，继续在世界影坛上频频获奖。 ②21世纪，台湾电影的生存状况还不容乐观，整体复苏存在资金、实力不足等问题

考点二：西方电影发展简况 ★★★★

1. 美国电影简况

(1)美国默片时代，具体见表4-3-13。

表4-3-13　美国默片时代

要点	具体内容
概况	美国电影是世界电影的重要组成部分。《火车大劫案》(1903)第一次使用了时空交叉的剪辑手法；《一个国家的诞生》标志着电影艺术的形成
代表人物	20世纪20年代是喜剧的黄金时代。查理·卓别林、巴斯特·基顿、哈罗德·劳埃德和哈雷·兰登并称为美国四大喜剧演员
代表作品	卓别林主演的《淘金记》《城市之光》展现出了不公平、不人道的资本主义社会，他反抗剥削和压迫，反对法西斯独裁统治，谴责战争，赞扬真相、善良和美丽的底层“小人物”

(2)有声电影时代，具体见表4-3-14。

表 4-3-14 有声电影时代

<table>
<tr><th>要点</th><th colspan="2">具体内容</th></tr>
<tr><td>产生</td><td colspan="2">电影史上最初把声音带入电影的是美国人。1927 年，由华纳兄弟公司拍摄并上映的一部音乐故事片《爵士歌手》标志了有声电影的诞生</td></tr>
<tr><td rowspan="2">发展</td><td>概况</td><td>声音进入电影带来了电影美学形式的变化、电影时空结构的突破，使电影真正成为一门具有独特表现形式的视听艺术</td></tr>
<tr><td>代表作品</td><td>恩斯特·刘别谦的《爱情的检阅》、鲁本·玛摩里安的《喝彩》、金·维多的《哈利路亚》、路易斯·迈尔斯东的《西线无战事》等</td></tr>
</table>

(3)二战期间，好莱坞电影利用自身的独特性与纳粹做斗争，最著名的反法西斯电影《卡萨布兰卡》(1942)问世。

(4)二战后现代电影的形成，具体见表 4-3-15。

表 4-3-15 二战后现代电影的形成

<table>
<tr><th>要点</th><th colspan="2">具体内容</th></tr>
<tr><td>概况</td><td colspan="2">20 世纪 60~70 年代初，经典好莱坞的权力结构、市场结构和意识形态开始瓦解，美国电影进入了第二个辉煌时期——新好莱坞</td></tr>
<tr><td rowspan="2">新好莱坞</td><td>含义</td><td>①狭义上，指好莱坞旧电影体制解体后建立的新的电影机制。
②广义上，指好莱坞通过电影资本和产业结构的调整，逐步走向多元化</td></tr>
<tr><td>代表作品</td><td>电影《邦妮与克莱德》标志着新好莱坞的崛起。其余代表作还有《逍遥骑士》《教父》《毕业生》等</td></tr>
</table>

(5)70~80 年代的发展状况，具体见表 4-3-16。

表 4-3-16 70~80 年代的发展状况

要点	具体内容
背景	性解放、吸毒和嬉皮士运动将美国人的喧嚣和骚动推向了高潮。这一阶段，人们开始呼唤社会伦理、家庭亲情，各种电影蓬勃发展
代表作	①《克莱默斯》《金色池塘》等作品不仅有很高的成就，而且引起了强烈共鸣。 ②卢卡斯制作出了《星球大战》系列，将高科技和幻想结合在一起。 ③斯皮尔伯格开始展示他的才华。代表作品有《辛德勒名单》《侏罗纪公园》等

(6)20 世纪 90 年代至今，科幻电影受到广泛的喜爱，很多公司都开始大规模制作科幻片，美国的科幻电影更是遥遥领先，代表作有《木乃伊》等。另外还有艺术价值的商业片，如《肖申克的救赎》《阿甘正传》等。

2. 法国电影简况

(1)早期法国电影，具体见表 4-3-17。

表 4-3-17 早期法国电影

要点	具体内容
概况	从 1895 年到一战爆发，法国电影一直占据着世界电影市场的主导地位

续表

要点	具体内容
产生与发展	①1895年，法国的路易·卢米埃尔兄弟拍摄《火车进站》《水浇园丁》等100多部电影，标志着电影的诞生。 ②梅里爱将电影引向戏剧道路，主要的贡献是把许多照相特技运用到电影上来。在《贵妇人的失踪》《橡皮头人》等影片中都运用了特技摄影，在1897年成立了电影史上第一个摄影棚。 ③1907年，百代电影公司成为影响最大的电影公司，建立了一套从制作、发行到放映的综合性垄断组织。 ④1908年底，以《吉斯公爵的被刺》为代表的首批艺术电影受到大众的热烈追捧，之后由舞台剧改编的艺术电影也陆续问世

(2)20年代先锋电影印象派，具体见表4-3-18。

表4-3-18 20年代先锋电影印象派

要点		具体内容
概况		印象派电影是20世纪20年代以德吕克为首创立的学派。一战后，法国电影衰弱，年产量直线下降，质量日渐低劣。德吕克通过其主办的《电影》杂志，试图用“纯艺术”来复兴电影
特点		“淡化叙事性”和“强化视觉性”。印象派提出“电影不是戏剧”。因此，印象派电影一般不进行戏剧或小说式的叙事，而是追求画面的诗意效果或者说“视觉的韵律”。德吕克曾把电影定义为：光和影的绘画
代表作品	印象派	冈斯的《车轮》《拿破仑》、杜拉克的《微笑的布德夫人》等
	抽象主义	抽象主义的代表作品有：《机器舞蹈》《幕间节目》等。超现实主义的第一部作品是《僧侣与贝壳》，而《一条安达鲁狗》是最重要的超现实主义作品

(3)30年代诗意现实主义，具体见表4-3-19。

表4-3-19 30年代诗意现实主义

要点	具体内容
背景	①经济大萧条使不少大电影制片厂破产或濒临破产。出现了独立制片的形式，为了节约成本，也不得不把电影故事引向当代法国。 ②拍摄可以与好莱坞大片竞争的大制作越来越难。 ③法国银幕上充斥着类型电影，而本国的喜剧片、戏剧片等类型占额不多。 ④大萧条造成的社会现实让法国观众希望看到一些讽喻社会现实的作品
特点	在内容上关注法国现实，表现普通人的悲剧性命运；在手法上，利用明暗结合的照明，细腻地表现现实生活的场景，融合了自然主义和个人风格
代表人物	雷内·克莱尔、让·维果、马塞尔·卡尔内、杜威维尔、让·雷诺阿等

(4)二战之后的电影思潮。

20世纪50年代，战后的法国经济形势得到改善，也促使了法国电影的蓬勃发展。战后的法国电影通常将文学经典作为创作的基础，从而展示法国电影传统(“生活流”)。二战后电影的新浪潮见表4-3-20。

表 4-3-20 新浪潮

要点	具体内容	
简介	法国"新浪潮"是一场于50年代末出现的现代主义电影运动，由《电影手册》而得名。"新浪潮"的电影美学观念较为一致，其核心是巴赞的电影理论。他们猛烈地抨击法国商业电影的虚假，倡导"作者论"的创作方法	
特点	突破传统叙事	①突破传统好莱坞式、戏剧式的讲述手法。例如特吕弗的《四百下》与传统叙事方式相去甚远。 ②镜语手法突破传统电影制作方式。例如《筋疲力尽》中出现了大量的"跳接"。 ③打破传统电影影像与观众的关系，大量采用"间离"方式，从而减少感情，增加理智，往知性电影迈进
	个人主义盛行	受存在主义思想的影响，强调自由意志，展现世界的荒谬性，例如特吕弗的《四百下》中的安托万就有导演自己的影子
发展	①"新浪潮"诞生的标志是：1958年问世的《淘气鬼》和《漂亮的塞尔其》。 ②"新浪潮"在1959年得到了评论家们的认可。 ③1959~1961年是"新浪潮"的黄金时代。三年间，67位导演制作了100部电影。 ④1962年，"新浪潮"陷入危机	

(5)左岸派，具体见表4-3-21。

表 4-3-21 左岸派

要点	具体内容	
简介	指对20世纪50年代末出现在巴黎的一批电影艺术家的统称，因这批电影艺术家都住在巴黎塞纳河的左岸而得名	
成员及作品	阿伦·雷乃拍摄了《广岛之恋》和《去年在马里昂巴德》，亨利·科尔皮导演了《长别离》等	
特点	重视剧本的作用	"左岸派"电影多由名作家编剧，带有很明显的文学色彩
	文学气质强烈	现代小说式的叙事结构、诗意的旁白充斥着左岸派电影，所以左岸派电影因其文学风格的突出性，也被称为"作家电影"
	现代主义的叙事风格	"左岸派"电影呈现出意识流、时空关系复杂等特点，标榜现代主义叙事风格，反对经典商业电影
	注重影像的完美性	"左岸派"注重镜头美感，在剪辑上喜欢用对比等方式

(6)80年代以后，法国电影受到了美国电影的冲击和电视录像的威胁，开始看重观众的审美，根据大众的要求开始改变，表现出一种明显的商业趋势。

3. 德国电影简况

(1)早期状况，具体见表4-3-22。

表 4-3-22 早期状况

要点	具体内容
概况	1920~1930年代是德国电影的第一个黄金时代，这个时代出现的流派有：室内剧电影、表现主义电影和"新客观派"电影。表现主义电影是其中最具影响力的流派
代表作	第一部具有表现主义风格的杰作是《卡里加里博士》

(2)二战以后的创作，具体见表4-3-23。

表4-3-23　二战以后的创作

要点	具体内容
背景	①在无声电影的结束期，德国电影趋于商业化和庸俗化。有声电影的出现给德国电影带来了短暂的繁荣。 ②二战后，德国电影在电影制作和票房收入方面取得了令人瞩目的成就，但陷入艺术探索危机
发展	①1962年，亚历山大·克鲁格带领26位年轻艺术家共同发表了《奥伯豪森宣言》。该宣言力图摆脱传统商业电影，创造新的国际电影语言的理念。 ②"青年德国电影"诞生于1966年。青年人的创作为后来的德国新电影奠定了良好的基础。 ③20世纪70年代以后，德国电影逐步成熟，陆续出现了沃纳·赫尔措、格福尔科·施隆多夫等，他们都为德国电影在艺术和商业领域的发展起了推动作用

(3)20世纪90年代以后，德国电影仍处于探索过程中。《快跑，劳拉》(1998)的出现在国际电影界引起轰动，影片的表层主题是描写爱情，深层主题是描写不可知的世界。

4. 意大利电影简况

(1)新现实主义电影，具体见表4-3-24。

表4-3-24　新现实主义电影

要点	具体内容
概况	新现实主义是反法西斯的产物，反映了进步的电影工作者致力于民主改革的要求。新现实主义诞生的标志是《罗马，不设防的城市》，他们在内容和形式上分别提出了两个响亮的口号，即"还我普通人"和"把摄影机扛到大街上"
作品	代表作《罗马，不设防的城市》《偷自行车的人》《温别尔托·D》《罗马11时》等
主题	影片的主人公是抵抗运动的反法西斯战士或游击队员。影片描述了他们的生活和斗争，同情他们的艰难和困苦，揭示他们的优秀品质
特点	1948年，由柴伐梯尼编剧、德·西卡执导的《偷自行车的人》是新现实主义电影最典型和最突出的代表作品。创作者以纪实的手法，通过许多细节，在看似不动声色之中，传达真挚的情感和对意大利社会现实的批判

(2)政治电影和现代主义电影，具体见表4-3-25。

表4-3-25　政治电影和现代主义电影

要点		具体内容
政治电影	概况	20世纪60年代后期兴起。主要反映某些重大的社会政治问题，直接表现当代真实的政治事件或政治运动
	代表作品	《马太伊事件》《对一个不涉嫌的公民的调查》《给晚报的公开信》《一个警察局长的自白》等
现代主义电影	概况	现代主义电影深入表现人物内心更细微、更隐秘的情绪变化，探索人性的本原，使电影由视觉艺术升华为表现内心感受的艺术影片
	代表作品	①帕索里尼的"生命三部曲"：《十日谈》《坎特伯雷故事》《一千零一夜》。 ②贝尔托卢奇的《巴黎最后的探戈》和《月亮》等

(3)80 年代后的创作，具体见表 4－3－26。

表 4－3－26 80 年代后的创作

要点	具体内容
概况	20 世纪 80 年代以后，意大利电影遇到了危机。老一代的导演只能在维持原有风格的基础之上再创立新的创作方法
代表作品	代表作有：《云上的日子》《天堂影院》《末代皇帝》等。其中，莫莱蒂是当代意大利电影界的代表性人物，其代表作有《儿子的房间》和《亲爱的日记》

5. 前苏联与俄罗斯电影简况

(1)早期蒙太奇学派，具体见表 4－3－27。

表 4－3－27 早期蒙太奇学派

要点		具体内容
概况		20 世纪 20 年代，前苏联创造了一种力图适应新的社会制度的需要的新的电影语言。蒙太奇学派的青年艺术家借鉴欧美的成功经验，将实践与研究推向电影美学的高度
含义		蒙太奇学派出现在20 世纪 20 年代的苏联，以爱森斯坦、普多夫金为代表，他们力求探索新的电影表现手段来表现新时代的革命电影艺术，创立了电影蒙太奇的系统理论
代表人物	库里肖夫	苏联电影导演库里肖夫为了弄清蒙太奇的并列作用，做了一项有名的镜头剪接实验，著名的"库里肖夫效应"是爱森斯坦蒙太奇理论的有力证据
	爱森斯坦	提出了"杂耍蒙太奇"和"理性蒙太奇"的概念。1925 年，爱森斯坦拍摄了苏联默片时代的杰出电影代表作品《战舰波将金号》
	普多夫金	提出蒙太奇即镜头连接的理论，并创立了"联想蒙太奇"。其论著《电影导演与电影素材》《电影剧本》影响深远

(2)30～40 年代创作，具体见表 4－3－28。

表 4－3－28 30～40 年代创作

要点	具体内容
特点	革命斗争和建设主题占据领先地位
代表作	①1934 年，标志着苏联电影创作进入了社会主义现实主义的新阶段的电影——《夏伯阳》问世。 ②其他代表作有《列宁在 1918》《列宁在十月》等。从 20 世纪 40 年代末开始，反法西斯战争的电影出现，如《攻克柏林》《斯大林格勒保卫战》

(3)50 年代以后发展状况，具体见表 4－3－29。

表 4－3－29 50 年代以后发展状况

要点	具体内容
背景	1953 年，斯大林去世，苏联召开了苏共二十大，文艺创作自由得以恢复，苏联电影开始复兴

续表

要点	具体内容	
发展	50~60年代	①电影创作表现力强的作品有：《四十一》《雁南飞》等，这些作品促进了"诗电影"学派和苏联电影摄影学派的形成。 ②出现了"思想电影"。如罗姆的电影《普通的法西斯》《一年中的九天》以及安德烈·塔科夫斯基的《伊万的童年》等。 ③普通人开始成为电影的主角，电影创作类型有了新的突破
	70年代	苏联电影界出现了四个电影创作主题：政治、军事爱国主义、道德和生产。《这里的黎明静悄悄》是军事爱国主义题材的代表作
	80年代	出现了一批反思历史的电影，其中以《悔悟》最具代表性。还有很多电影都大胆暴露了社会问题，如：《国际女郎》《小薇拉》等
	前苏联解体后	俄罗斯电影的生存和发展处在困境中。1994年，米哈尔科夫的《太阳燃烧》获得奥斯卡奖

6. 欧洲其他国家电影简况

(1)英国是电影的发祥地之一，形成了其独特鲜明的电影风格，为世界电影的发展作出了贡献，具体见表4-3-30。

表4-3-30 英国电影简况

要点	具体内容	
早期英国电影	20世纪的最初10年，英国布赖顿出现了世界电影史上最早的一个电影流派，他们主张像卢米埃尔那样，在露天场景中创造"真实的生活片断"，他们在艺术创作中，在"我把世界摆在你的眼前"的口号下，逐渐形成了创作倾向较为一致的"布赖顿学派"	
30年代	①亚历山大·柯达的电影《英宫艳史》和希区柯克的《39级台阶》的问世标志着惊险悬疑片的成功，英国电影界出现了短暂的繁荣。 ②以约翰·格里尔逊为首的纪录电影运动是英国电影在这一时期的最大成就。英国纪录片运动以日常生活为背景，采用真实场景和非专业演员，注重艺术处理，代表作有《飘网渔船》和《锡兰之歌》	
50年代	电影制作条件改善	这一时期的电影创作进入了"文学电影"阶段，回归到与文学紧密结合的传统中。代表作有《孤星血泪》《雾都孤儿》等
	"自由电影"流派出现	"自由电影"是一种具有社会意识的电影类型。它追求演员、主题、制作体制的创新，对英国电影业产生了巨大影响
50~60年代	20世纪50年代后期的英国自由电影运动是西方新左派思潮在电影界鲜明的典例。影片与新左派所追求的价值目标相吻合，生动地展现了电影的生命力	
70年代	20世纪70年代，英国电影人为打破好莱坞对市场的垄断，开始从丰富的英国传统历史文化中汲取素材，制作出的电影取得了瞩目的成就	
80年代	英国电影人拍摄了大量的瞄准美国市场的商业性影片，如《尼罗河上的惨案》《苦海余生》《海狼》等，在世界范围内取得了商业上的成功	
90年代	20世纪90年代的英国优秀影片成为欧洲乃至世界影坛的闪光点，出现了不少才华横溢的影片，特别是具有浓郁民族特色的幽默诙谐的英式喜剧电影	

(2)瑞典电影简况，具体见表4－3－31。

表4－3－31 瑞典电影简况

要点		具体内容
电影的发展分期	无声电影时期	瑞典电影在早期繁荣中诞生了《巨浪的日子》《生死恋》等一系列具有典型特征的作品，并最终构成了“瑞典古典学派”
	从无声转到有声时期	1930～1940年代是相对沉寂的时期。 ①瑞典的斯温斯卡影片公司的大量人员离开瑞典前往好莱坞，极大地挫伤了瑞典电影。 ②20世纪30年代在其他国家出现的有声电影也使得瑞典电影竞争力大减，只有英格丽·褒曼主演的《寒夜情挑》等少数作品问世
	20世纪40～50年代	1940年《一桩犯罪案》成为瑞典电影复兴的标志，瑞典电影进入了新的发展期。 ①战争使得瑞典处在了封闭的状态下，外国影片的停止进口反而给了瑞典本土影片成长的空间。 ②英格玛·伯格曼、E. 福斯特曼、莫兰德尔根等一批优秀的电影人用自己的美学实践，慢慢地构架了瑞典电影的“四十年代学派”。 ③代表作品有《夏日游戏》《只有一个母亲》等
	70～80年代	瑞典电影回归至古典题材，进入了一个繁盛的翻拍古典寓言的阶段，例如伯格曼的《处女泉》便可以看作其中的代表
特点	①瑞典电影最典型的特征之一是电影故事与传统相关联，在传统中寻找故事原型，例如《处女泉》，正是来源自14世纪的民间传说。 ②具有极强的故事性，这让瑞典电影成为好莱坞电影题材的来源。 ③与宗教和上帝相关联，终极思考与终极观照时刻在影片中闪现与表达，例如《野草莓》《芬尼与亚历山大》等电影	
代表人物	导演有伯格曼、斯约斯特洛姆、维得伯格、斯蒂勒等；演员有英格丽·褒曼、葛丽泰·嘉宝等	

(3)西班牙电影简况，具体见表4－3－32。

表4－3－32 西班牙电影简况

要点	具体内容
30年代以前	西班牙电影发端于1896年。1897年，第一部故事片问世。20世纪20年代是西班牙无声电影的高潮时期。20世纪30年代初，西班牙音乐剧问世，纪录片《无粮的土地》取得了巨大成功
30年代	20世纪30年代，由于大量本土导演前往国外发展，西班牙电影进入了相对沉寂期，《无粮的土地》《高尚的乡下人》等成为这期间为数不多的几部影片
50～60年代	到了20世纪60年代，西班牙开始逐步解禁，迎来了新的电影时期。如《比里迪亚纳》《狩猎》《流浪儿》等
70～80年代中期	1975年以后的西班牙电影更多地将关注的中心放在了人类问题上，米罗拍摄了《贾利·古柏在天堂》《昆卡的罪行》等一系列优秀的影片
90年代	阿莫多瓦将西班牙电影带向了新的、开放而多元的高度。这一时期，导演们开始关注女性生活，拍摄了许多优秀电影，女性导演作品形成气候

考点三：东方电影发展简况 ★★

1. 日本电影简况

(1)初期成就。日本在1899年开始制作电影。到了20世纪30年代，日本电影与西方艺术融合，迎来了第一个辉煌时期。这一时期的代表人物小津安二郎和沟口健二在导演手法、题材选择和剪辑风格上都有特殊的个人标志，标志着日本电影的成熟。

(2)二战后，一批新人带着时代赋予他们的新的使命和新的观念创作，丰富了日本电影市场，具体见表4-3-33。

表4-3-33 二战后的发展

要点		具体内容
50年代		日本出现了以“松竹”“东宝”“日活”“大映”“新东宝”与“东映”为核心的六大电影公司垄断经营的局面。黑泽明的《罗生门》使日本电影在国际影坛中地位提升
60~70年代	概况	虽受新媒体电视的冲击，一批老艺术家和有作为的中年艺术家仍在为日本电影的复兴而奋斗
	成就	①《西鹤一代女》《雨月物语》等影片在威尼斯电影节、柏林电影节、戛纳电影节等国际电影节上屡获殊荣，日本电影得到了国际认可。 ②大岛渚、今村昌平等一大批年轻人才受法国新浪潮及“左岸派”影响，以独特的手法表达了对战后现实、性和暴力的强烈反思
70年代后期	概况	日本电影在题材选择和表现手法上都发生了明显变化。独立制片的新人进入电影产业，形成了创新与怀旧、返璞归真与标新立异并存的时期
	成就	今村昌平的《楢山节考》、大岛渚的《感观世界》等影片，以对日本历史和社会的深刻反思，引起了国际电影界的广泛关注
80年代	概况	20世纪80年代，日本电影陷入困境，录像带的普及使走进电影院的观众越来越少，只有一些小公司以低成本的方式制作“粉色片”
	成就	代表作有森田芳光的《从此以后》、伊丹十三的《葬礼》等
90年代		20世纪90年代开始，电影制作的多样化和独立制片为日本电影的发展带来了良好的机遇，老一辈导演依然活跃在电影舞台，新生代导演也开始大展拳脚。代表人物有北野武和岩井俊二等，代表作品有《谈谈情，跳跳舞》《东京日和》等

2. 伊朗电影简况(见表4-3-34)

表4-3-34 伊朗电影简况

要点		具体内容
初期		伊朗的第一部有声电影出现于20世纪20年代末期。由于宗教原因，伊朗电影发展非常缓慢，被制作出来的只有通俗和低劣的浪漫爱情电影和喜剧
第一次浪潮		20世纪60年代末至70年代初，受到意大利新现实主义的影响，伊朗电影业掀起了第一波浪潮，以达鲁什·默赫朱为代表，开拓了伊朗乡土写实电影的先河
第二次浪潮	概况	第二次浪潮发生在伊斯兰革命之后，以阿巴斯和马克马巴夫为首的新锐导演引领了伊朗电影革新的风潮

续表

要点	具体内容	
第二次浪潮	特点	这次运动继承前辈的乡土写实风格，以一种温和的、疏离政治的叙述方法，把镜头更多地对准儿童的纯真世界，透过孩子的形象来折射人类的良心和社会的苦难

3. 韩国电影概况（见表 4－3－35）

表 4－3－35 韩国电影概况

要点	具体内容	
20～30 年代	1900 年电影传入韩国；1910 年电影院开始盛行；1923 年，韩国拍摄了自己的第一部故事片——《月下的盟誓》；1935 年，李弼雨、李明雨在京城摄影所拍摄了韩国第一部有声电影——《春香传》	
50 年代	1955 年李圭焕导演的《春香传》使韩国电影走向繁荣。20 世纪 50 年代中期以后的韩国电影呈多样化发展，其中最具代表性的类型片是历史剧	
60 年代	20 世纪 60 年代最具代表性的题材类型是催人泪下的情节片，如《秋天来的女人》《我的女儿金丹》《即使讨厌也再来一次》等	
70～80 年代	概况	情节片受到观众的喜爱，但影片所反映的具体内容已经开始出现了明显的变化，以反映年轻人内心世界与生活状态的青春校园片为主
	成就	代表作有：《太阳般的少女》《傻瓜的行进》《我心中的风车》等，影片的主题都是围绕学校和家庭，描写十几岁的学生们的友情纠葛与恋爱。这种面向 20 岁至中年观众层的影片大量出现
90 年代	随着韩国经济、政治民主以及大众文化的发展，电影逐渐变成一种重要的文化消费品。各公司开始独立进行电影创作，创作热潮引发电影文化普及运动	
90 年代以后	①从 1999 年韩国的第一部国产大片《生死谍变》到 2004 年底风靡亚洲的《太极旗飘扬》，韩国电影不但在本土赢得了观众的认可与好评，并在国际级电影节上频频斩获奖项。 ②对国外优秀电影艺术表现手法与经营模式进行借鉴与模仿，对本土与国际级的电影颁奖盛典进行精心打造，影像在无形中扮演与承担了对外宣传与输出价值观念的重要作用，并由此培植出了大批的"韩流影像"爱好者	

4. 越南电影简况（见表 4－3－36）

表 4－3－36 越南电影简况

要点	具体内容	
早期电影	1959 年，越南出现了第一部故事片《同一条江》。1966 年，裴亭鹤和李太保拍摄了北越最为著名的影片《阮文追》。越南电影人在极其艰难和简陋的条件下进行创作，在拍摄技法上都不太成熟	
90 年代以来	概况	1993 年，越南电影部门提出巩固和发展越南电影的计划，开始实施国家订购、资助政策和培养专业人才的措施。越南电影的主题由政治转向社会生活的各个方面，一些电影开始在国际崭露头角
	成就	1999 年，陈文水导演的纪录片《美莱弦乐之声》荣获第 44 届亚洲太平洋电影节的最佳纪录片奖；2000 年，阮青云导演的故事片《流沙岁月》获得法国阿米昂电影节特别奖

5. 印度电影概况(见表4－3－37)

表4－3－37 印度电影概况

要点	具体内容
30年代以前	印度电影始于19世纪末期，1912年，巴尔吉拍摄了印度电影史上第一部故事片——《哈里什昌德拉国王》，巴尔吉因此被称为“印度电影之父”
50年代	印度电影进入全盛期。以雷伊为代表的年轻导演高举“新电影”的旗帜，选择现实主义题材来表达印度当前的社会状况，代表作有《道路之歌》等
60年代	印度社会混乱、政局动荡，人们不得不把希望寄托在电影幻想中。此时的电影转向虚构情节，拍摄了一批描写中产或资产阶级生活的情节剧和武打剧
80年代	以歌舞片和娱乐为主的电影产业成为印度电影的主导。同时，不乏一些浪漫主义新作[如《印度先生》]和延续了现实主义传统的《你好，孟买》
90年代	在商业文化的影响下，印度电影融入了更多类型的音乐元素，形成了轻松朴素的风格，受到国内外观众的追捧

4.3.2 典型题(含考研真题)详解

一、填空题

吴永刚导演的《神女》，主演是(　　)。(中传2013年研)

【答案】阮玲玉

【解析】阮玲玉(1910—1935)，原名阮凤根，中国内地女演员，1926年，出演个人首部电影《挂名夫妻》，从而开启演艺生涯。1930年，主演剧情电影《故都春梦》。1932年，主演剧情电影《续故都春梦》。1933年，在剧情电影《小玩意》中饰演叶大嫂。1934年，主演由蔡楚生执导的剧情电影《新女性》。2005年，第14届金鸡百花电影节评选阮玲玉为中国百年电影史上最出色的100位电影演员之一。阮玲玉外表端庄大方，清丽脱俗，有着精湛的演技和严谨的表演态度。在电影《神女》中，阮嫂富有悲剧色彩的女性形象被阮玲玉刻画得入木三分，她在银幕中塑造的悲剧形象给观众留下了深刻印象。

二、单项选择题

1. 影片《大独裁者》《摩登年代》是(　　)的代表作品。(青岛大学2010年研)

A. 爱森斯坦　　B. 让·加本　　C. 卓别林　　D. 嘉宝

【答案】C

【解析】卓别林是英国著名影视演员、导演、编剧。从1919年开始，卓别林独立制片，此后一生共出演80余部喜剧片，其中在电影史上著名的影片有《淘金记》《城市之光》《摩登时代》《大独裁者》《凡尔杜先生》《舞台生涯》等。这些影片反映了卓别林从一个普通的人道主义者转变为一位伟大的批判现实主义艺术大师的过程。卓别林以其精湛的表演艺术，对下层劳动者寄予深切同情，对资本主义社会的种种弊端进行辛辣的讽刺，对法西斯头子希特勒进行了无情的鞭笞。

2. 20世纪30年代赵丹和周璇主演的影片(　　)是我国电影艺术基本成熟的最重要的标志。(青岛大学2011年研)

A.《一江春水向东流》　　B.《小城之春》

C.《马路天使》 D.《渔光曲》

【答案】C

【解析】《马路天使》是明星影片公司出品的剧情片，由袁牧之执导，赵丹、周璇、魏鹤龄等主演。该片以20世纪30年代的上海都市生活为背景，讲述了社会底层人民的遭遇以及歌女小红与吹鼓手陈少平之间的爱情故事。《马路天使》以现实主义的创作手法刻画了一群有血有肉的艺术形象，具有深切的人文主义关怀，是我国电影艺术基本成熟的最重要的标志。

三、名词解释

1. 郑正秋(江西师大2016年研；南京大学2015年研)

答：郑正秋是中国"第一代电影导演"代表人物。1913年他与张石川合作编导中国第一部短故事片《难夫难妻》，1923年合作完成了中国第一部长故事片《孤儿救祖记》，具有划时代意义。与同时代的导演相比，郑正秋更有艺术主见与追求，他提出影片不仅要迎合观众，而且要引导观众的欣赏趣味。他的影片故事性强，结构严谨，戏剧冲突较强，除了娱乐作用还有改良社会、教化民众的作用。其代表作品还有《姊妹花》《玉梨魂》等。

2.《一条安达鲁狗》(湖南工业大学2023年研)

相关试题：谈谈你对《一条安达鲁狗》这部影片的理解。(简答题，山东师大2018年研)

答：《一条安达鲁狗》是著名的超现实画家达利和著名导演布努艾尔合作的电影，时至今日已经成为超现实主义电影里程碑式的作品，尽管它只有短短24分钟。这部影片自始至终充满了挑衅意味，导演的初衷是想在以资产阶级群体为代表的生活理念严密的幕布上狠狠地划上一条口子，既是挑衅，又是嬉戏和反讽；既有严肃的主题，又有玩世不恭的游戏色彩。这部作品被《电影元素》的作者波布克引为"电影史上最有影响力的作品之列——因其率先运用了象征、省略的影像和印象主义的剪辑技巧"。

3. 德国表现主义电影(西北大学2023年研；暨南大学2022年研)

相关试题：简述德国表现主义电影的代表作与主要特征。(简答题，南京大学2022年研；武汉大学2014年研)

答：德国表现主义电影是20世纪10~20年代在德国出现的把文学、戏剧和绘画上的表现主义原则运用于电影创作的电影流派。德国表现主义电影用荒诞离奇的手法，曲折而准确地反映出第一次世界大战给德国人民带来的极度恐慌和惶惑的心情，银幕上呈现的是高度夸张、变形、主观化的世界。《卡里加里博士》(1919)被视为德国表现主义电影的开山作，它对20世纪20年代的德国电影走向具有重大影响。

4. 法国"新浪潮"电影(江汉大学2023年研；上海大学2015年研)

答：法国"新浪潮"电影是20世纪50年代末期到60年代初期在法国出现的促进世界电影艺术变革的一次现代主义电影运动。该运动抨击法国传统商业电影，反对制片人中心制，提出了体现电影个人风格的导演中心制，创造出一种纪实摄影风格和"跳接"等简洁实用的剪辑手法。代表作品有戈达尔的《筋疲力尽》和特吕弗的《四百下》等。

四、简答题

1. 简述新德国电影运动。

相关试题：新德国电影(名词解释，福建师大2022年研；中国艺术研究院2020年研)

答：新德国电影运动发轫于1962年春天的奥伯豪森电影节。当时有26位德国青年电影家联名发表《奥伯豪森宣言》，称"旧电影已经死亡，我们对新电影满怀信心"，这个宣言本身就是人类对话精神的体现。此后德国电影逐渐摆脱传统电影和好莱坞电影的影响，走向世界，成为当时欧洲电影与世界电影对话的新的一极。

(1)发展历史。20世纪60年代，正当法国新浪潮渐落的时候，在联邦德国掀起了新德国电影运动。1962年2月28日在奥伯豪森举行的第八届西德短片节上，由一批年轻的电影工作者发表的《奥伯豪森宣言》标志着新德国电影运动的开始。

(2)风格特点。新德国电影运动宣称“旧电影已经灭亡”。他们提出了一个基本原则——“德国电影的未来，在于运用国际性的电影语言”，这番宣言被认为是新德国电影运动的正式纲领性文件，它揭开了新德国电影运动的序幕。

(3)代表人物。法斯宾德是新德国电影运动最重要的人物之一。他被称为“新德国电影运动的心脏”“新德国电影最有成果的天才”。法斯宾德的处女作是《爱比死更冷酷》(1969)。《玛丽娅·布劳恩的婚姻》(1979)、《莉莉·玛莲》(1980)、《洛拉》(1981)、《维洛尼卡·福斯的欲望》(1982)被称为其“女性四部曲”，这些作品着重表现了二战后德国妇女的生活状况。新德国电影其他代表作还有施隆多夫的《铁皮鼓》(1979)。

2. 简述意大利新现实主义电影(运动)。(武汉大学2015年研)

相关试题：

(1)简述意大利新现实主义电影流派的主要艺术特征。(重庆大学2015年研)

(2)意大利新现实主义的代表导演有哪些？请谈谈他们在电影上的艺术追求。(杭州师大2017年研)

(3)(意大利)新现实主义(名词解释，北师大2021年研；暨南大学2019年研；重邮2018年研；天津师大2017年研)

(4)新现实主义电影(名词解释，杭州师大2014年研)

答：“新现实主义”是意大利导演维斯康蒂于1942年最早提出的。1943年，意大利电影实验中心的温伯托·巴巴罗教授在罗马的《电影》杂志上发表了“新现实主义宣言”，掀起了规模较大的新现实主义电影运动。

(1)新现实主义电影运动是西方乃至世界电影史上持续时间最长、影响最大的一次电影运动。1945年，罗西里尼完成了影片《罗马，不设防的城市》，影片标志着意大利新现实主义电影运动的真正开始。新现实主义提出了两个重要口号：“还我普通人”和“把摄影机扛到街上去”。

(2)新现实主义的代表作品：

①罗西里尼：“战争三部曲”：《罗马，不设防的城市》(1945年，“新现实主义的宣言书”)、《游击队》《德意志零年》。

②维斯康蒂：《大地在波动》(1948年，是最全面彻底贯彻新现实主义电影创作原则的默片)。

③德·西卡：《偷自行车的人》(1948年，特点是真实客观的叙述，深刻而理性的社会批判)。

④德·桑蒂斯：《罗马11时》(1952年)。

(3)新现实主义电影的基本特征：

①新现实主义电影反对虚构的情节和人为的戏剧结构，它们要求纪实地表现现实生活和斗争，在内容和题材上有明显的社会性。

②主张进行实地观察，表现普通人的日常生活和命运，从而展示社会生活风貌。

③非职业演员演出：新现实主义电影拒绝传统的表演规范，反对明星制，聘用非职业演员。

④基本上采用外景拍摄。

(4)新现实主义电影走向衰落的原因：

①新现实主义电影运动开始时，电影评论界就缺乏更高的理论纲领作为指导。

②新现实主义电影学派在运动开始时只是松散的反法西斯的“统一阵线”。

③新现实主义电影只注重生活实景，不注重刻画人，表现较为肤浅，调子比较低沉，使观众感到

厌烦。

3. 简述法国"新浪潮"运动。

相关试题：

(1)作者电影的含义是什么？这一概念的提出有何意义？(重庆大学2015年研)

(2)如何理解"作者电影"理论的电影史意义？(中山大学2019年研)

(3)新浪潮电影的背景、特点及影响。(河北大学2017年研)

(4)作者电影(名词解释，杭州师大2016年研)

(5)法国新浪潮/新浪潮电影(名词解释，海南大学2022年研；江西师大2016年研；广西民大2015年研)

答：法国"新浪潮"是指法国20世纪50年代末期到60年代早期的新电影制作及创作倾向。其中不少新导演都是《电影手册》杂志的影评人，包括重要的导演如让·吕克·戈达尔、弗朗索瓦·特吕弗、克劳德·夏布罗尔、雅克·里维特等人，他们大都崇尚个人独创性，表现出对电影历史传统的高度自觉，体现"作者论"的风格主张，不论在主题上或技法上都与传统电影大相径庭。

(1)发展历程。"新浪潮"指1958年兴起于法国的新一代电影导演的电影观念和在这种观念下涌现出来的大批影片。活跃者是巴赞主编的《电影手册》刊物中的一批青年编辑人员，提出"主观的现实主义"口号，体现"作者电影"的风格主张。

(2)风格特点。"新浪潮"运动持续的时间不长，1962年后逐渐衰落，但这一运动对世界电影的影响却是深远而持久的，是以后一系列变革的先声，是现代电影历史的开始。"新浪潮"电影以表现个性为主，本质是一次要求以现代主义精神来彻底改造电影艺术的运动，它的出现将西欧的现代主义电影运动推向了高潮，不仅促进了法国电影表现手法的多样化，也引发了现代主义电影思潮在欧美各国的第二次兴起。

(3)代表人物。"新浪潮"的导演来自两部分：一支是其主力，来自《电影手册》杂志的青年影评家，以夏布罗尔、特吕弗、戈达尔等为代表，又被称为"电影手册"派，代表影片是特吕弗的《四百下》《最后一班地铁》和戈达尔的《筋疲力尽》。另一支是被称为"左岸派"的阿仑·雷乃、罗伯·格里叶、玛格丽特·杜拉等，因他们都住在巴黎的塞纳河左岸而得名。

4. 简述法国"左岸派"电影与《广岛之恋》。

相关试题：

(1)请联系具体作品论述意识流电影的艺术特色。(南京师大2016年研)

(2)意识流电影(名词解释，河北大学2017、2015年研)

(3)左岸派(电影)(名词解释，湖南师大2022年研；北影2021年研；江西师大2013年研)

(4)简述"左岸派"电影的艺术风格。(暨南大学2018年研)

答："左岸派"是法国的一个重要的现代主义电影流派，形成于20世纪50年代末，由于其成员大都居住在巴黎的塞纳河左岸，因此被称为"左岸派"。主要人物有阿仑·雷乃、玛格丽特·杜拉、阿仑·罗伯—格里什、亨利·科尔皮、阿涅斯·瓦尔达等，代表作品有《广岛之恋》《去年在马里昂巴德》等。"左岸派"电影的艺术特点主要是：对话和内心独白构成了影片重要的组成部分，十分关注人的精神状态和精神活动，"记忆与遗忘"是最经典的叙事主题。

(1)创作风格。"左岸派"导演们的影片和"电影手册"派导演们的影片有着重大的不同之处，那就是："左岸派"导演们只把专为电影编写的剧本拍成影片，而从不改编文学作品；他们一贯把重点放在对人物的内心活动的描写上，对外部环境则采取记录式的手法；他们的电影手法很讲究推敲，细节上都要修饰雕琢，绝无潦草马虎的半即兴式作风；他们的影片具有更为浓重的现代派色彩，尤其是杜拉和罗布·格里叶的影片，因为这两人本来就是法国现代派小说的代表人物。"左岸派"电影在法国被称为"作家电影"。

(2)代表作品——《广岛之恋》。

①内容介绍。《广岛之恋》是由阿仑·雷乃执导，埃玛妞·丽娃、冈田英次等主演的爱情电影。该片讲

述了一位法国女演员与日本建筑师之间的爱情故事。

②艺术风格。该片既有创作者的独特风格，又带有浓厚的文学气息，被称作是“西方电影史上从传统时期进入现代时期的一部划时代的作品”。雷乃在片中大量使用新闻片展示战争之惨烈，不同于一般借题引述，新闻片资料在片中的使用完成了由写实转为象征的质变。

③主题特点。《广岛之恋》表达了极为深刻的现代主义主题，表达了人的存在的本体论危机，以及对自我存在的价值和意义的质疑与反思，对时间的深刻焦虑等等。它深入到人的深层心理世界和潜意识精神领域。

5. 谈谈“库里肖夫效应”。（南艺 2022 年研；杭州师大 2018 年研；天津师大 2018 年研）

相关试题：

(1) 库里肖夫实验/库里肖夫效应（名词解释，西南石油大学 2025 年研；广西艺术学院 2023 年研；暨南大学 2022 年研；武汉大学 2014 年研；江西师大 2013 年研）

(2) 简述库里肖夫实验的意义。（福建师大 2022 年研）

答：“库里肖夫效应”是一种心理效应，是库里肖夫这位苏联电影工作者在 19 岁的时候发现的一种电影现象。

(1)“库里肖夫实验”是指苏联电影导演列夫·库里肖夫通过镜头剪接所做的一项实验，该实验实际上是由普多夫金具体操作的。库里肖夫为了弄清楚蒙太奇的并列作用，给著名演员莫兹尤辛拍了一个毫无表情的特写镜头，剪为三段，分别接在一碗汤、一个正在做游戏的孩子和一具老妇人的尸体的镜头之前，结果观众在观看过程中却似乎发现了莫兹尤辛的情绪变化——分别对应着饥饿、喜悦和忧伤。库里肖夫由此看到蒙太奇构成的可能性、合理性和心理基础，并创立了“电影模特儿”等理论。

(2)库里肖夫得出的结论是：造成电影情绪反应的并不是单个镜头的内容，而是几个画面之间的并列；单个镜头只不过是素材，只有蒙太奇的创作才称为电影艺术。他提出了积极的创作纲领：影片的结构基础不是来自现实素材，而是来自空间结构和蒙太奇。

6. 简述 20 世纪 50 年代以后苏联电影的发展状况。

相关试题：简述苏联社会主义现实主义的电影美学的主要特点和代表作品。（上海大学 2020 年研）

答：苏联电影的复兴是在 1953 年斯大林去世后，特别是苏共二十大后，自由的气息降临到了文艺界，苏联电影的数量大幅增加。

(1)20 世纪 50 ~ 60 年代，电影创作最明显的变化是电影的主角由原来的英雄变成普通人，在体裁和风格上都有了新的突破。《第四十》(1956)的特点是对人物心理的描写，表现了战争中的人性以及人性受环境制约和影响的问题。《雁南飞》(1957)通过展现战争中一对相爱青年的命运，表达了战争给人们带来的灾难，该片在 1958 年的戛纳电影节上获得了金棕榈奖。这一时期，随着“诗电影”的发展，一些电影人创作了一批被称为“思想电影”的电影。罗姆导演制作了两部截然不同的电影：《一年中的九天》和《普通的法西斯》。《普通的法西斯》是一部根据二战期间世界各国电影人拍摄的新闻纪录片剪辑而成的政治电影，具有令人印象深刻的艺术效果。这一时期最重要的导演是具有原创特色的大师安德烈·塔尔柯夫斯基。1962 年，他的处女作《伊万的童年》展现了“一个人在战争中出生并被战争吞没的历史”。后来他的作品还有《安德烈·鲁勃廖夫》《镜子》等。

(2)1970 年代。20 世纪 70 年代，苏联电影出现了四种电影创作主题：军事爱国主义、政治、生产和道德。其中突出的代表作品是罗斯托茨基的军事爱国题材电影《这里的黎明静悄悄》。

(3)1980 年代。到了 20 世纪 80 年代，反思历史的电影如《忏悔》《小薇拉》《国际少女》问世，电影对社会问题进行了一次大胆的揭露。

7. 简述印度电影概况。

相关试题：简述 20 世纪 90 年代中期以来印度电影创作的主要特点。（湖南师大 2016 年研）

答：参见本章考点难点归纳相关内容。

五、论述题

论述 20 世纪 60 年代下半期、70 年代香港武侠电影经历的三个主要阶段。（南艺 2014 年研）

答：20 世纪 60 年代下半期和 70 年代是武侠电影统治整个香港电影业的时代。这也是香港电影走向国际电影、国际品牌、国际明星的时代。在这一时期，武侠电影也相继发展，主要经历了三个阶段：新派武侠片、李小龙的真功夫片和喜剧功夫片。

（1）新派武侠片。翰祥导演的《儿女英雄传》、岳枫导演的《燕子盗》以及张彻拍摄的《虎侠歼仇》等电影被广泛认为是新派武侠片的先驱。1966 年，邵氏兄弟先后发行了张彻导演的《独臂刀》和胡金铨导演的《大醉侠》两部武侠片，推动了整个香港武侠片的改革与发展，标志着新派武侠片的正式诞生。

（2）李小龙的真功夫片。1971 年，罗维导演了由李小龙主演的《唐山大兄》。这部电影创造了百万的票房纪录，并击败了在香港上映的美国电影《音乐之声》而一举成名。与此同时，这部电影的成功标志着香港武侠电影从古代武侠片向拳脚武侠片的转变，也是李小龙徒手格斗风格“真功夫电影”的开始。1972 年，罗维导演的经典作品《精武门》再次刷新了《唐山大兄》的票房纪录，在国际电影界赢得了很高的声誉。它成功地将中国电影首次带入国际电影产业，并在中国武侠片领域取得了前所未有的成功。此后，《猛龙过江》《龙争虎斗》不仅标志着香港武侠电影的国际化，也标志着这一阶段武侠电影的民族化与国际化的独特结合。李小龙离世后，以楚原《流星・蝴蝶・剑》《天涯明月刀》为代表的武侠电影也产生了很大的影响。

（3）喜剧功夫片。武侠功夫片已被改编成了喜剧。1978 年，成龙主演的《蛇形刁手》和《醉拳》打破了传统的武侠功夫片模式，确立了喜剧功夫片在香港商业电影创作中的主流地位。

第4章　电影的类型与体裁

4.4.1　复习笔记

【通关提要(提纲挈领)】

本章主要论述了电影类型与体裁的概念，还分析了中国电影体裁武侠片和以美国为代表的电影体裁西部片。本章考点以名词解释、简答题以及论述题为主。在学习时，需着重把握中国武侠片和美国西部片的内容，能够了解区分其他电影体裁，并大致熟悉不同体裁的相关代表作品。

【考点难点归纳(厚积薄发)】

考点一：电影类型与体裁的概念(见表4－4－1)　★★★

表4－4－1　电影类型与体裁的概念

要点	具体内容
电影类型	指(商业)电影适应不同受众需求、宣传目的和市场定位的基本手段。“类型”通常是指具有相似叙事元素的电影。其划分标准不统一，一部电影可能属于多种类型
电影体裁	指历史上所有在艺术结构上具有一定稳定形态的电影艺术作品的类型和风格。这种形式是随着电影艺术的多样性和电影艺术家的审美任务而发展起来的

考点二：电影类型与体裁的分类　★★★★

1. 通用类型

(1)按照电影作品的功能定位、所承载信息和技术手段分类，具体见表4－4－2。

表4－4－2　按照电影作品的功能定位、所承载信息和技术手段分类

要点	具体内容
故事片	是最常见、最有影响力的电影类型，也是电影业的经济支柱。故事片以表现剧情为主，时长通常在90～180分钟之间，具备各种艺术技巧，叙述虚构的事件与情节，由演员饰演其中的角色以塑造人物形象
美术片	是一种以人工视觉图像为造型元素，会运用技术手段使静止的造型活动呈现生命的特定影像，从而达到塑造艺术图像并叙述情节的目的，包括动画片、木偶片、剪纸片等
纪录片	是一种以真实的人、事、物为表达对象，反映现实而拒绝虚构的电影类别。除了新闻纪录片，纪录片通常不受新闻的限制，新闻可以记录现实并再现历史。题材主要有历史纪录片、传记纪录片、政治纪录片等
科学教育片	是一种以科学技术成果和传播科学知识为基本目的的电影类别。根据传播内容和受众群体的不同，可以分为科学普及片、科技教学片、科学研究片等

(2)按照电影作品的影片发生地点和时间分类，具体见表4－4－3。

表 4-4-3 按照电影作品的影片发生地点和时间分类

要点	具体内容
犯罪片	是情节发展或人物出现在犯罪行为领域的电影，由于一般的犯罪片必须具备犯罪、警探、警探逮捕罪犯、预防违法犯罪的全部情节过程，又称警匪片
历史片	指对过去的某些历史事件进行再加工后，将其情节再现的一系列电影
科幻片	是以科学幻想为内容的故事片。它的特点是根据当今已知的科学原理和成就，对未来世界或遥远的过去进行幻想性的描述
体育片	是以各种体育活动为基础，反映体育工作者生活的电影，主要以体育活动、训练和比赛为背景，发展故事情节，塑造人物形象，以体育表演为特色
战争片	是根据战争史上的军事行动改编的电影。主要特点是：通过对战争事件、过程和场景的描述来描绘人物和英雄形象；通过人物故事的描述来解释主要的军事行动和军事思想；反映战争带来的灾难和创伤

(3)根据全片传达的感情刺激为标准分类，具体见表 4-4-4。

表 4-4-4 根据全片传达的感情刺激为标准分类

要点	具体内容
喜剧片	指使用夸张巧妙的结构、幽默的线条以及喜剧人物来使人们嘲笑丑陋而有趣的情节或人物遭遇的一种电影类型，通常喜剧可以确认正常的生活和美好的理想
悲剧片	是人们抒发生活理想幻灭痛楚的载体，悲剧主要是以主角与现实之间的不可调和的冲突及其悲剧结局组成的电影作品
动作片	是一种以强烈的惊险动作和视听张力为核心的电影
冒险片	冒险片的情节通常由陌生环境中的危险、风险和机会所驱动。主题主要来自历史故事、传说、冒险英雄的故事等，具有高度的幻想元素
剧情片	通常是指根据现实中存在但鲜为人知的事件改编的故事片。剧情片的发展主要是由情节的改变或人物的发展所驱动的
幻想片	是一种以想象、梦幻或幻觉为时空创作主题的电影类型
恐怖片	早期恐怖片以恐怖的情节吸引了观众的注意力，并且通常使用血腥画面来震惊观众的眼睛，以达到杀戮和变态的感觉。他们大多是童话，也基于现实生活
推理片	是一种在侦探片的基础上发展起来的电影风格，主要使用严格的逻辑推理来解决刑事案件
爱情片	是一种以爱情的表现为核心，以爱情中男主人公和女主人公的抵抗作为叙事线索并最终实现理想的团圆或悲剧性的离散结局的电影类型
惊悚片	是一种以恐怖、悬疑相结合的电影类型，主题是侦探、神秘事件、犯罪、复杂的精神病或精神分裂症

(4)按照电影作品主要面向的年龄群体分类，可以分为儿童片、家庭片、成人片等类别。

2. 特殊类型

(1)中国电影的特殊类型：

与西方类型不同，中国电影除了武侠功夫片外，没有严格的类型电影概念，但在艺术表现和内容主题上有自己的体系，其分类具体见表 4-4-5。

表 4－4－5　中国电影的特殊类型

分类		具体内容
喜剧		①20 世纪 20 年代，谐噱片是中国喜剧电影的开端。 ②30 年代，悲喜剧与社会喜剧推动了中国喜剧片的发展。 ③40 年代，出现了讽刺喜剧与风俗喜剧，此时期喜剧片形态较为完整，代表作品有《太太万岁》和《乌鸦与麻雀》。 ⑤50 年代，喜剧主要为人民生活喜剧，主打温和讽刺和温情歌颂。 ⑥60 年代，向温婉生活喜剧过渡。 ⑦70 年代，主打的是幽默喜剧。 ⑧80 年代，喜剧主要歌咏生活美好，类型为家庭喜剧。代表作为《瞧这一家子》《甜蜜的事业》《她俩和他俩》。另外，也有反思社会问题的电影，如《苦恼人的笑》《黑炮事件》《阿 Q 正传》等。 ⑨90 年代，喜剧片得到创新，出现了《三毛从军记》《王先生之欲火焚身》等诙谐喜剧。 ⑩世纪之交，出现了贺岁喜剧，以冯小刚为代表，《甲方乙方》等电影的出现标志着大众文化时代中平民化娱乐潮的成功
悲剧		①20 世纪 20 年代，伦理悲剧片是中国悲剧艺术的开端。 ②30 年代，形成了社会问题悲剧和战争悲剧，代表作有《桃李劫》《神女》《渔光曲》等。 ③40 年代，家庭悲剧与社会悲剧共存，代表作有《万家灯火》《一江春水向东流》《小城之春》等。 ④50～60 年代，主要为阶级压迫悲剧。 ⑤80 年代，悲剧主流为历史悲剧与文化心理悲剧
正剧		指表现常态生活以及处在中心位置的生活秩序的电影，如生活剧、社会问题剧等。各个时期的代表作有《孤儿救祖记》《开国大典》《法官妈妈》《孙中山》《孔繁森》等
主旋律电影		指能充分体现主流意识形态的革命历史重大题材影片和与普通观众生活相贴近的现实主义题材影片。代表作品有《建国大业》《开国大典》
武侠功夫片	概述	武侠功夫电影是中国独特的电影体裁，融合了中国春秋时期的侠义精神和武侠枪法，自 20 世纪 20 年代以来在世界范围内得到认可，在类型元素构成、节奏把握、传扬侠义精神等方面做出了突出贡献
	主题	早期武侠电影的背景古代现代都有，但其主要表现主题是复仇比武、除暴安良、正义必胜
	发展过程	①1926 年初有几部武侠片，1927 年开始批量上映。许多电影公司纷纷拍摄武侠片。 ②50～60 年代，武侠电影从内容和表现形式上发展为两种类型： a. 以神仙剑法为基础的武侠电影，战斗场面惊心动魄； b. 注重写实，特别是展现现代英雄人物仗义行侠、武林门派争斗、忠良后代报仇等行为。 ③70 年代，出现以爱国锄奸为内容、徒手搏击为特征的电影，如《精武门》。 ④21 世纪，《卧虎藏龙》《十面埋伏》《七剑》等影片的问世巩固了武侠片在市场中的坚实地位

（2）西方电影的类型。

以好莱坞为代表的西方商业电影创造并强调了类型电影的创作方法，即艺术产品的标准化，其特点是可重复性和可预测性。西方类型电影的主要元素有：①公式化的情节；②定型化的人物；③图解式的视觉形象。其主要类型有西部片、强盗片、歌舞片、恐怖片、喜剧片、灾难片、科幻片、体育片、战争片等，具体见表 4－4－6。

表 4-4-6　西方电影的类型

要点		具体内容
西部片	含义	又称牛仔片，指19世纪下半叶以美国西部为背景的电影，象征着美国开发西部的史诗般的神话，也是最能反映美国人的民族性格和精神倾向的电影类型
	内容主题	西部片的故事情节一般都很固定：善良的白人移民受到暴力的威胁，英勇的牛仔以及执法者除暴安良，结果几乎总是群敌尽歼
	发展过程	①第一部著名的西部片是《火车大劫案》，由埃德温·鲍特于1903年拍摄。 ②在1930年代后期，大量经典作品应运而生，代表作：《红河》《正午》等。 ③自1960年代以来，西部片经历了非英雄化的时代，代表作：《野帮伙》《午夜牛郎》等。 ④在1970年代以后，西部片流派几乎消失了。 ⑤在1990年代初，尽管《与狼共舞》《不可饶恕》与传统的西部片有所不同，但久违的西部片再次展现出强劲的发展势头
强盗片	含义	以都市生活为背景，以一个或一伙强盗、歹徒的犯罪史为线索，描写他们从开始到最后失败的犯罪历程。强盗片的基本元素是强盗主人公、阴森不祥的城市街道、荡妇或妓女、为主人公引来杀身之祸的美女
	发展过程	①第一部强盗片是埃德温·鲍特于1903年拍摄的《火车大劫案》。 ②30年代是强盗片的黄金时代，代表作有：《小凯撒》《疤脸大盗》等。 ③40~50年代初，以城市黑暗街道为背景的强盗片再度繁荣起来，以反映犯罪和堕落的影片为主。 ④50年代中期，数量逐渐减少。 ⑤70年代再次繁荣，《教父》和《教父续集》的问世，开创了史诗般的家族式强盗片模式
音乐歌舞片	概述	是美国电影的传统风格之一，诞生于1920年代，主要依靠歌唱刻画人物、展开情节。早期歌舞片多为轻松优美、娱乐性强的舞台艺术片
	发展过程	①1927年，首部歌舞片《爵士歌王》诞生，也是世界电影史上第一部有声电影。 ②1930年代，歌舞片蓬勃发展，代表作是《蒙特卡罗》《42号街》等。 ③50~60年代，为了应对电视的冲击，好莱坞制作了以百老汇音乐剧为原型的大场面电影，包括《西区故事》《窈窕淑女》《音乐之声》《滑稽女郎》等。 ④70~80年代，歌舞片的风格随着时代的变迁呈现出新的特征，并仍然保持着生机
恐怖片	概述	以制造恐怖为目的的一种影片，也是最贴近电影艺术特性的样式
	发展过程	①第一部有影响的恐怖片是德国表现主义电影《卡里加里博士》，诞生于20年代。 ②30年代，《德拉库拉》和《弗兰肯斯坦》的成功，使恐怖片开始成为好莱坞的经典类型之一。 ③随着科学技术的发展，恐怖电影也在发展变化，有的依靠自身的惊险和恐怖情节来制造悬疑，有的表现内容荒诞离奇

4.4.2　典型题(含考研真题)详解

一、名词解释

1. 微电影(湖南师大2023年研；中传2015年研)

答：微电影又称微型电影，是指具有完整策划和系统制作体系支持的“微型”视频短片，其主要特点有：①“微平台”，立足于各种新媒体，可移动播放；②“微放映”，每部时间在 30 秒 ~300 秒左右；③“微制作”，制作周期只需几天或数周；④“微投资”，每部成本在数千至万元左右。微电影是传统电影和网络视频短片相结合的产物，更适应移动网络时代的需求，自 2007 年出现至今日渐兴旺，因其为广大电影爱好者提供了更宽广的平台而深受喜爱，代表作有《父亲》《青春期》等。

2. 西部片（西南石油大学 2023 年研；中传 2011 年研）

答：参见本章考点难点归纳相关内容。

二、简答题

1. 简述中国正剧电影与主旋律电影。

相关试题：

(1) 结合实例论述近年来现实题材主旋律电影创作现状。（论述题，河北大学 2019 年研）

(2) 论述主旋律电视剧。（论述题，北师大 2022 年研）

(3) 结合具体作品，论述“主旋律电影”。（论述题，南京大学 2021 年研）

答：正剧电影和主旋律电影都是中国电影市场中常见的电影类型。

(1) 正剧电影，指表现常态生活以及处在中心位置的生活秩序的电影，如生活剧、社会问题剧等。新中国成立后，对于新生活的歌咏表现和对于英雄的塑造表现成为重要内容，正剧电影取得了一些成就。各个时期的代表作有《孤儿救祖记》《开国大典》《法官妈妈》《孙中山》《孔繁森》等。

(2) 主旋律电影，指能充分体现主流意识形态的革命历史重大题材影片和与普通观众生活相贴近的现实主义题材影片。如：①建国 60 周年巨作《建国大业》，辛亥革命 100 周年巨作《辛亥革命》。②重大历史题材：聚焦于中共的革命斗争史、胜利史和领袖人物的传记，比如《大决战》系列、《开国大典》《南征北战》《周恩来》等。③现实题材：英雄平民化的道德伦理片，比如《郑培民》《任长霞》《离开雷锋的日子》《孔繁森》等。

2. 西方类型电影的三个基本要素。

相关试题：

(1) 类型电影（名词解释，浙传 2023 年研；海南大学 2023 年研；北师大 2021 年研；中国艺术研究院 2020 年研；河北大学 2019 年研；西北师大 2015 年研）

(2) 简述类型电影在叙事过程中一般需要具备的特点。（湖南师大 2016 年研）

(3) 简要分析类型电影的特征。（山东师大 2018 年研）

答：类型电影是好莱坞鼎盛时期一种独特的电影创作方式，它实际上是一种艺术产品标准化的模式，即按照既定的不同类型的要求来创作电影。一般认为，西方类型电影有三个基本要素：

(1) 公式化的情节：类型片有相对固定的叙事模式，例如西部片里存在着正反两方；歌舞片里存在着小人物变成大明星的夸张情节。

(2) 定型化的人物：固定的叙事模式必然会产出与其相符的人物形象。例如西部片会塑造一个除暴安良的正义牛仔，而歌舞片会存在一个能歌善舞的贫困姑娘。

(3) 图解式的视觉形象：一些特定的场景、特定的类型影片中具有特殊的表意功能和象征意义。例如在恐怖片中会营造恐怖的氛围、诡异的音乐、特殊的镜头、幽暗的环境等等。

3. 简述 20 世纪电影中的歌舞片。

相关试题：宝莱坞（名词解释，北影 2020 年研）

答：歌舞片是由大量歌舞故事形式组成的影片，大多是纪录歌剧表演或根据歌剧改编而成。大部分主要角色由歌手扮演。它主要依靠歌唱来刻画人物和发展情节。早期的音乐电影多是具有轻松、优美、娱乐性质的舞台艺术电影。第一部音乐剧是1927年的《爵士歌王》，也是世界电影史上的第一部有声电影。

(1)好莱坞经典歌舞片：主导歌舞片风格的不是编剧，而是歌舞明星，其中最著名的是金·凯利，其代表作有《雨中曲》《一个美国人在巴黎》等，后者是歌舞片的经典作品。影片以电影自身的历史为叙事载体，汇集了歌舞电影的各种类型和风格，吸收并发挥了好莱坞歌舞电影的精华，成为歌舞电影的大师。二十世纪五六十年代，好莱坞开始将百老汇的大片搬上大银幕来对抗电视的影响，其中包括《音乐之声》《俄克拉荷马》《窈窕淑女》《西区故事》和《滑稽女郎》等豪华巨片。在七八十年代，歌舞片仍然具有生命力，其风格随着时代的变化而呈现出新的特点。代表性影片包括《爵士春秋》《歌厅》《闪电舞》以及《保镖》等。

(2)印度歌舞片：以孟买为中心的宝莱坞电影，以“无歌(舞)不成片”的传统为世界提供了独特的印度歌舞电影。从20世纪50年代风靡中国的《流浪者》，到21世纪红遍全球的《印度往事》，都是时下流行的名片佳作。

(3)中国歌舞片：1931年《歌女红牡丹》诞生，这是中国第一部有声电影，从技术上讲，它是一部歌唱电影。1937年的《马路天使》可以作为中国歌舞片的典范。中国最具影响力的现代歌舞电影是香港导演陈可辛的《如果·爱》。

三、论述题

中外电影的类型与体裁主要有哪些？(南艺2014年研)

相关试题：发展类型电影是中国电影的一条捷径吗？为什么？(南京师大2015年研)

答：参见本章考点难点归纳相关内容。

第5章 中外电影名家名作

4.5.1 复习笔记

【通关提要(提纲挈领)】

本章主要论述了中国电影名家名作和外国具有代表性的名家名作。本章考点以填空题、单项选择题、名词解释、简答题以及论述题为主，在学习时，需整体把握中国电影经历的六个时代当中具有代表性的导演及其作品，熟悉国外代表性的作家及作品。

【考点难点归纳(厚积薄发)】

考点一：中国电影名家名作 ★★★★

1. 第一代导演及其作品(见表4-5-1)

表4-5-1 第一代导演及其作品

要点	具体内容
张石川	1913年，张石川拍摄了中国电影第一部故事短片《难夫难妻》，并拍摄了中国第一部揭露鸦片危害的《黑籍冤魂》、第一部较为成功的长故事片《孤儿救祖记》、第一部蜡盘配音有声电影《歌女红牡丹》等，为中国电影发展做出了重大贡献
郑正秋	郑正秋一生创作了50多部电影。他任编剧的《孤儿救祖记》是一部比较成功的早期长故事片。他的《火烧红莲寺》在技术上推动了中国电影的发展。他的作品还包括《自由之花》《女儿经》《姊妹花》等，其贡献与张石川并驾齐驱
沈浮	沈浮是中国第一代导演中的著名导演。他的代表作《万家灯火》是一部相当现实化的电影，采用了朴素的现实主义风格，真实反映和分析了小人物胡智清家庭的生活变迁、家庭矛盾，以及战后国民党统治区生活面貌，平实而有力度，通过细节来展现人物关系的变化、揭示思想主题，是中国现实主义冷峻平实电影的典范

2. 第二代导演及其作品(见表4-5-2)

表4-5-2 第二代导演及其作品

要点	具体内容
夏衍	原名沈端先，中国左翼电影运动的领导者，中国著名电影导演、编剧。创作剧本十余部，其中《狂流》是第一部左翼电影，标志着30年代中国电影方向的转变。《春蚕》改编自茅盾的同名小说，是中国第一部改编自新文学作品的电影，标志着左翼电影创作的成熟，夏衍凭借该剧成为中国电影史上最为出色的改编新文学作品的杰出作家。他的作品还有《祝福》《林家铺子》等

续表

要点		具体内容
孙瑜	概况	是一位充满诗意和主观情感、风格独特、关注现实、个性鲜明的导演，被称作“诗人导演”。代表作品有《野玫瑰》《火山情血》《天明》《小玩意》《大路》等
	《大路》（1934）	讲述了以金哥为首的筑路工人修建重要的军事公路，并牺牲生命保护公路，为抗战做出贡献的故事。“大路”的片名是中华民族团结进步、勇往直前的象征。电影结束时，被敌机击落的道路建设者复活了，他们勇往直前，整个画面十分激昂，奇幻神异，充满英雄主义
吴永刚	概况	1930年代的优秀导演，作品包括《神女》《浪淘沙》《壮志凌云》等
	《神女》（1934）	由吴永刚编导的《神女》是当时杰出的无声电影。影片讲述了一个为了生活和抚养儿子而出卖肉体的“神女”的悲剧故事，表现了对社会黑暗不公、道德沦丧的控诉，充满着对现实的批判
袁牧之	概况	是20世纪30年代一位杰出的电影戏剧艺术家，他的作品包括《桃李劫》《风云儿女》。其中，《桃李劫》是其于1934年创作并担任主演的第一个电影剧本，成功地塑造了其首个银幕形象
	《马路天使》（1937）	该影片展现了袁牧之在电影导演艺术上的卓越才华和巨大成就，是中国30年代电影的高峰。影片以20世纪30年代的上海都市生活为背景，讲述了社会底层人民的遭遇以及歌女小红与吹鼓手陈少平之间的爱情故事。影片以现实主义的创作手法刻画了一群有血有肉的艺术形象，具有深切的人文主义关怀
蔡楚生	概况	是继承和发展中国电影叙事传统的第二代中国电影人。他的《一江春水向东流》是中国电影史诗悲剧艺术的典范
	《一江春水向东流》（1947）	该片主要讲述了一个家庭在中国抗日战争巨变之时发生的悲欢离合的故事。在中国电影史上，它开辟了一条从电影技术的宏观视角反映重大历史的道路，把个人命运与整个时代的历史事件有机地结合起来，展现了中西方艺术的交融，代表了中国现实主义电影的卓越水平，也标志着中国电影艺术的成熟
费穆	概况	中国杰出的电影导演，艺术风格突出。代表作品有《人生》《香雪海》《天伦》《狼山喋血记》《小城之春》等
	《小城之春》（1948）	影片讲述了一个已婚女人在丈夫久病不起的情况下再次见到昔日恋人时的故事，描写了一个因战乱而变得破落萧条的家庭。该片是中国电影史上浑然天成的艺术佳作，结合了现代电影语言和传统美学意味，追求独特的民族传统形态风格。其诗化形态的影像表现是中国传统美学中情境美的电影化先例，也是现代电影的先驱
石挥	概况	中国电影、话剧演员、导演。20世纪30~40年代从事话剧创作，在电影角色创作方面也取得了成就
	《我这一辈子》（1950）	该片改编自老舍的同名小说，讲述了一个奉公守法的北京老巡警在旧社会经历的悲惨遭遇。该片运用了独特的旁白吐露了老警察的辛酸，运用平缓的镜头真实地反映日常生活的流程。它是中华人民共和国成立前对现实主义电影的一种集中展示，既运用了隐喻手法与表现手法，又采取了史述的叙事结构、对比手法以及省俭场面过渡方式

3. 第三代导演及其作品(见表4－5－3)

表4－5－3　第三代导演及其作品

要点		具体内容
谢铁骊	概况	是中国第三代导演中一位富有激情、表达细腻、编剧和导演并佳的名导。除《海霞》外，《早春二月》《包氏父子》《红楼梦》等都是编导合一，还有《无名岛》《暴风骤雨》《知音》《今秋桂花迟》等代表作
	《早春二月》(1963)	根据左联烈士柔石的中篇小说改编，是十七年影片中描写人性的艺术化深度作品。该片讲述了对革命感到失望的知识青年肖涧秋应好友陶慕侃之邀来芙蓉镇教书，后因北伐愤然离去的故事，该片刻画了许多带有人道主义色彩的人物形象，其突出特点是现实主义内容的诗意表达
水华	概况	是第三代导演中的艺术精致追求者，其艺术特点是严谨与工整，精心描绘现实主义，表达其不可遏止的憎爱情感。代表作品有：《白毛女》《土地》《林家铺子》《革命家庭》《烈火中永生》《伤逝》《蓝色的花》等。水华的突出贡献在于以民族情感、生活为内容，架起了民族化与艺术化的电影桥梁
	《林家铺子》(1959)	影片改编自茅盾的同名小说，以1931年的中国江南某小镇为背景，通过小工商业者的挣扎生存和林老板一家的命运，展现了当时整个社会尔虞我诈、“大鱼吃小鱼、小鱼吃虾米”的黑暗现实，塑造了性格复杂的林老板形象，展示了导演深厚的艺术功底
郑君里	概况	在新中国成立之前就创造了杰出的作品。1940年代后期，他执导的《乌鸦与麻雀》成为中国讽刺喜剧的杰作
	《林则徐》(1959)	该电影是一部展示鸦片战争历史的作品，其中包括林则徐的禁烟运动和反英斗争等重大事件。影片将人物描写与重大历史事件的叙述相结合，塑造了坚决抵抗外敌侵略、充满爱国主义精神的民族英雄形象。郑君里擅长在矛盾冲突中塑造人物，在叙事及造型上表现浓厚的民族特色
李俊	概况	1959年开始拍摄故事片。在其电影生涯里，一共执导了11部故事片、6部纪录片和5部舞台艺术片，如《农奴》《闪闪的红星》《大决战》《归心似箭》等，荣获中国电影世纪奖导演奖
	《农奴》(1964)	该片讲述了西藏农奴强巴饱受农奴主剥削压迫，被解放军所救，他揭露了恶势力的罪行，最终农奴们获得解放的故事。《农奴》是20世纪60年代黑白电影造型最出色的作品，表现了对过去旧时代压迫的揭示及只有反抗才能胜利的时代主题
谢晋	概况	是第三代电影人的典型代表，在动荡不息的政治时代仍然保持对艺术的个性追求。谢晋的镜头语言细腻、细致、抒情，他对敏感政治话题的处理大胆且温和，体现了政治责任与时代艺术创新的结合。作品有《红色娘子军》《舞台姐妹》《天云山传奇》《芙蓉镇》等
	《天云山传奇》(1981)	是改革开放初期揭示“四人帮”的灾难表现片中历史延伸度更广、思想内涵更深的佳作，它更为广泛地探索了人类悲剧的根源，体现了其坚持真理、坚定信念与独立思考的勇气

4. 第四代导演及其作品(见表4-5-4)

表4-5-4 第四代导演及其作品

要点	具体内容	
吴贻弓	概况	是第四代电影人的优秀代表。20世纪70年代末，他创作的《巴山夜雨》体现出散文和诗意的特点；1982年，其导演的《城南旧事》为散文式结构风格的代表作
	《城南旧事》(1983)	影片透过小女孩英子的目光，讲述了英子在北京生活时发生的三个故事。其主题是“淡淡的哀愁、沉沉的相见”，形成了一种以心理情绪为内容主体、以画面与声音造型为表现形式的散文体影片。情感的延续是散文化电影的核心，情节的交替与主题的朦胧为艺术感知创造了多种可能性
郑洞天	概况	是第四代电影人的优秀导演，其代表作有《鸳鸯楼》《台湾往事》等
	《邻居》(1981)	由郑洞天和徐谷明导演，是改革开放时期中国电影现实主义的一部纪实美学电影。该片讲述了住在某高校筒子楼宿舍的几户人家围绕改善住房问题发生的风波，逼真地再现生活全貌，表达人物的内心世界。以生活原生态去结构作品，具有鲜明的纪实风格。这部电影恢复了中国电影的现实主义传统，使中国电影回到了世界电影的轨道
张暖忻	概况	第四代电影制片中的女性导演代表，为中国电影艺术的创新做出了贡献
	《沙鸥》(1981)	该片讲述了中国女排运动员沙鸥经历伤病、失败、爱人罹难的种种打击之后，依然坚强地重振精神，为排球事业奉献全部生命的故事。它是一部表现青年运动员拼搏奋斗、实现人格成长的运动题材影片。影片以非专业演员为主角，多采用实景拍摄和长镜头来展现人物的生活流程，接近现实生活。同时还注重描绘人物的内心情感，是纪实趋势电影中更能渗透心理起伏的影片
	《青春祭》(1985)	是一部纪实性很强的散文电影，它用视听手法处理人物的心理活动，融入创作者的主观思维：在傣乡，年轻一代要勇于面对爱、真诚待人、无私奉献、勇于面对生活的困难
颜学恕	概况	中国第四代导演。1985年，颜学恕拍摄了杰作《野山》，荣获第六届金鸡最佳故事片奖；其余代表作有《蓝色的海湾》《丝路花雨》《杀手情》等
	《野山》(1985)	这是一部出色的写实电影，获得了第六届金鸡奖最佳故事片和许多其他奖项。这部电影旨在淡化戏剧性，直接表现偏僻的鸡窝洼山村交杂在婚姻情感和生产生活的观念意识两个层面进行的变革故事，引人深思

5. 第五代导演及其作品(见表4-5-5)

表4-5-5 第五代导演及其作品

要点	具体内容	
张艺谋	概况	中国导演中享誉世界的杰出代表，在第五代导演中艺术成就最为多样且出色。他的作品《黄土地》《老井》《红高粱》《菊豆》《大红灯笼高高挂》《秋菊打官司》等均获得世界奖项，21世纪的《英雄》《十面埋伏》《千里走单骑》等在市场与艺术表现上又有新的探索
	《秋菊打官司》(1982)	该片是张艺谋从造型到写实，从淡化戏剧因素到纪录片，从关注文化观念到人类现实生存境遇的一大步，显示其独具一格的创新力

续表

要点		具体内容
张艺谋	《红高粱》(1987)	是张艺谋第一部正式导演的作品，具有强烈的理想精神，把人性的张扬贯彻到了最彻底的境界。这个影像世界为千百年来受压迫的人类打开了一个快乐清新的世界，与传统的第五代电影的尊严和深度形成了极大的反差
陈凯歌	概况	第五代电影导演的重要代表。其艺术特点是具有厚重感和思考性。他处在艺术与时代的矛盾之中，对第五代电影的艺术格局做出了杰出的贡献。其作品《黄土地》《大阅兵》《孩子王》《边走边唱》《霸王别姬》《风月》等经历了人文思考到人性思考的转变
	《黄土地》(1984)	该片极具人文思考的深度，因此震撼人心，是“第五代”的标志性作品。对意象语言的自觉把握也是其艺术价值之一，体现在色彩的表意作用的开拓性、构图对内涵意义的突现、意象文化意义的再现等方面
	《霸王别姬》(1992)	影片围绕两位京剧伶人半个世纪的悲欢离合，展现了对传统文化、人的生存状态及人性的思考与领悟。影片以舞台上的人与现实中的人纠缠为基础，分析了历史进程。其艺术表现触动人心，深刻展现人性的扭曲，荣获戛纳电影节金棕榈奖
黄建新	概况	第五代电影人的杰出代表之一，是艺术理想诠释与社会现实相结合的典范，对新时期都市电影的探索独具特色。他的作品包括代表艺术探索的《黑炮事件》和表现都市生活的《站直啰，别趴下》《背靠背，脸对脸》《红灯停，绿灯行》等
	《背靠背，脸对脸》(1994)	影片改编自刘醒龙的小说《秋风醉了》，讲述的是某市文化馆王副馆长尽忠职守多年，先后与两位外派的新馆长斗智斗法，工作态度从每事亲力亲为转变成漠不关心的故事。影片对现实进行了深刻的剖析，展现了复杂的人性，发掘和分析了现代人的思想，集中地表现了黄建新电影的特点
霍建起	概况	第五代电影人的后起者。1995年，他独立执导了第一部电影《赢家》，获得了当年中国电影金鸡奖。其代表作是《那山，那人，那狗》
	《那山，那人，那狗》(1999)	影片讲述了一个发生于20世纪80年代间中国湖南西南部绥宁乡间邮路上的故事，是中国为数不多的反映邮政题材的电影故事片。影片展示了父子之间文化观念的冲突，宣扬了中华民族自我完善、勤奋朴素的美德。这部电影是1990年代中国民族传统散文诗意电影的典范代表
冯小刚	概况	冯小刚在世纪之交的城市影像表现中卓有成就，有人称其为“后第五代导演”。他的《甲方乙方》开启了大陆贺岁喜剧电影的创作，取得了巨大的成功。而后的《一声叹息》《手机》《天下无贼》都涉及了现代生活情感难题
	《一声叹息》(2000)	该片讲述了一个中年人的婚外恋情的周折，对中年人跨界情感的直接描绘显然超出了传统防守的界限，但在艺术面对情感现实方面有一定成就。它具有鲜明的现代表现感，大胆而细致地把握情感，更加逼近生活和情感真实
	《天下无贼》(2004)	尽管影片中的写实表达带有臆想色彩，但在表现生活世界上依然有现实因素，傻根的世界充满了动人的理想和纯真。它还积极地展现了小偷的边缘世界和贼公贼婆的情感世界，展现了现代的开放观念

6. 第六代导演及其作品(见表4-5-6)

表4-5-6 第六代导演及其作品

要点		具体内容
贾樟柯	概况	是第五代之后的新一代电影人，第一部影片《小山回家》赢得了1996年香港独立短片及录像比赛故事片金奖。贾樟柯的出现，意味着中国独立电影具有另一种发现的可能
	《小武》(1998)	这部作品打破了传统，以对于人的认识来关照对一个窃贼的表现。影片以冷静自然的方式展现了主人公的情感体验和生活关系，探索了人的弱点和生命的无常。影片充分展现了贾樟柯对人性的深刻理解
陆川	概况	他的第一部作品《寻枪》展现了普通英雄在日常生活中展现的真实魅力
	《可可西里》(2004)	该片真实地把握并记录了自然和生命的残酷，讲述了可可西里反偷猎巡山队的命运，气氛庄重激昂。这部电影是陆川深刻创作的反映，也是新世纪中国电影成就的重要标志之一

考点二：外国电影名家名作 ★★★

1. 格里菲斯及其代表作(见表4-5-7)

表4-5-7 格里菲斯及其代表作

要点	具体内容
简介	戴维·卢埃林·沃克·格里菲斯是美国电影导演，是蒙太奇技术"最后一分钟营救"的创造者。他的代表作《一个国家的诞生》是早期电影的集大成之作；《党同伐异》是当时电影史上最具野心、最为宏大的制作
《一个国家的诞生》(1915)	格里菲斯在这部电影中建立了一个成功的电影叙事模式，实现了真正的剪辑。按照叙事规律，将不同长度和不同角度的镜头组合在一起，形成了影片独特的节奏感和情节的连续性，从而呈现出更为复杂的故事情节，创造了经典的叙事模式——"平行剪辑"和"最后一分钟营救"
《党同伐异》(1916)	本片由四个部分组成，格里菲斯使用平行蒙太奇手法进行剪辑，将时空相距甚远的不同活动剪辑在一起，使四个故事交替出现。叙事的时空跨越和情节的平行铺展形成了惊人的情感冲击和视觉效果

2. 弗拉哈迪与《北方的纳努克》(见表4-5-8)

表4-5-8 弗拉哈迪与《北方的纳努克》

要点	具体内容
弗拉哈迪	罗伯特·弗拉哈迪是美国导演，他以浪漫主义的眼光和探索者的性格追求纪录片的艺术和生活，被誉为"纪录片之父"，是电影人类学的鼻祖。他的创作指导思想是将非虚构的生活场景与自己的想象、诗意作完美的结合
《北方的纳努克》(1922)	弗拉哈迪在哈德逊湾住了16个月。在影片中，他展示了爱斯基摩人在北美的生活场景，重点拍摄了冬季捕猎海豹等猎物的场景，并穿插了衣食住行、子女教育等生活细节，具有很高的人类学价值

3. 爱森斯坦与《战舰波将金号》

爱森斯坦是前苏联蒙太奇学派的代表人物，对人类文化史的全过程产生了重大影响。《战舰波将金号》(1925)是他实践蒙太奇理论的杰出代表作，主题宏大、冲突清晰、结构精致、激情澎湃，有着史诗般的风格。影片将蒙太奇手法运用到了极致，以“敖德萨阶梯”一段为代表。爱森斯坦利用节奏的变化，将实际时间扩展为电影时间，给人以强烈的情感冲击，充满激情和理性的批判精神。

4. 英国纪录电影运动

英国纪录电影运动是指以约翰·格里尔逊为首的二战前英国最重要的电影现象。他强烈地反对虚构的故事和人为制造的场景，认为这是对电影的侮辱。英国纪录片学派认为电影是一种直接的宣传手段，强调电影的社会意义，在现实生活场景的再现中注重艺术处理。其观点是：电影艺术意味着用电影的艺术手段(画面构图、蒙太奇、音画配合等)来创造性地处理真实生活场面。1929年，格里尔逊拍摄了《漂网渔船》，上映后受到观众的欢迎和广泛好评。这部电影是在真实生活场景中拍摄的，它的制作方式是革命性的。在艺术技巧上，格里尔逊运用了爱森斯坦和普多夫金开发的交响乐式结构原理和强大的剪辑技巧，极具诗情画意。

5. 奥逊·威尔斯与《公民凯恩》(见表4-5-9)

表4-5-9 奥逊·威尔斯与《公民凯恩》

要点	具体内容
奥逊·威尔斯	奥逊·威尔斯是一位美国电影天才，是好莱坞电影体系中的特例，极具艺术才华和成就。他参与了100多部电影(包括配音)，撰写了42部剧本，并执导了近40部电影。代表作是《公民凯恩》
《公民凯恩》(1941)	当时被称作是“有史以来最伟大的影片”，该片的问世标志着现代电影和传统电影的分野，在叙事结构、表现技巧和表达方式上与传统电影有鲜明的界限。该片以一位报业大亨孤独地在豪宅中死去为序幕，围绕他临死前说出的“玫瑰花蕾”一词，讲述了他一生不平凡的经历。威尔斯以开拓“新大陆”式的气魄，创造出一种独具新意的多视角的现代叙事结构。影片中系统地运用了“景深镜头”、长镜头段落、运动摄影、音响蒙太奇、带天花板的背景处理等，这些视觉技巧的大胆尝试，正是为了把环绕于凯恩的这个捉摸不定的、陷入于异化的世界艺术地呈现出来

6. 黑泽明与《罗生门》(见表4-5-10)

表4-5-10 黑泽明与《罗生门》

要点	具体内容
黑泽明	享誉世界、第一位获得国际认可的日本电影导演，凭借《罗生门》获得了威尼斯电影节奖，打破欧美电影垄断市场的局面，使日本乃至亚洲电影开始受到关注。其作品《德苏乌扎拉》获得了莫斯科影展金奖和奥斯卡最佳外语片。1990年，荣获奥斯卡终身成就奖
《罗生门》(1950)	这部电影是根据日本作家芥川龙之介的小说《筱竹丛中》和《罗生门》改编的。影片以日本平安王朝的战争、自然灾害和疾病为背景。它主要讲述了一个武士被杀的案件以及事后人们互相指责谁是凶手的故事。影片采用多重平行叙事结构来展现故事的曲折经过。黑泽明运用纯电影手段将电影空间划分为三个部分，分别代表不同的叙事角度和叙事方式；同时，他引入了移动摄影，巧妙地处理了劫匪、妻子和勇士的叙事段落。他开放而现代的电影理念使这部电影成为世界电影史上的里程碑

7. 小津安二郎与《东京物语》(见表4-5-11)

表4-5-11 小津安二郎与《东京物语》

要点	具体内容
小津安二郎	是日本电影史上最具民族审美形态风格的艺术家，把日本无声电影带到了最纯粹的境界。其电影形式完美严谨、内涵丰富，深刻诠释了东方传统文化影响下东方形象的审美特征。他的作品多描写普通的家庭生活，从细节描写日本人生活的辛酸与幸福，展现日本的风俗习惯。代表作品有《浮草物语》《东京物语》《秋刀鱼的滋味》等
《东京物语》(1953)	影片讲述了住在小城中的平山周吉老两口，前往东京与成家立业的子女们短暂相聚并迅速分离、各自回到原有生活轨迹的故事。该片通过描绘日本人的生活面貌来反映二战后日本家庭关系发生的巨大变化，手法质朴而流畅

8. 英格玛·伯格曼与《野草莓》(见表4-5-12)

表4-5-12 英格玛·伯格曼与《野草莓》

要点	具体内容
英格玛·伯格曼	是瑞典电影大师、戏剧和歌剧导演。20世纪50年代中后期，伯格曼创作了《第七封印》《野草莓》等影片，成为世界知名导演。六七十年代以后，其主要作品是“沉默三部曲”和《呼喊与细语》《秋天奏鸣曲》《芳妮和亚历山大》等。伯格曼的电影有鲜明的个性标记，几乎都围绕着上帝是否存在、生的痛苦和死的恐惧等话题
《野草莓》(1957)	从《野草莓》开始，伯格曼超越了传统电影的语言规范，引入了意识流在电影中的表现手法，着重刻画人物的内心世界及其秘密而复杂的精神活动。伯格曼将人们的想象与现实置于同一时空环境中，实现了主客观的统一。由于“隐喻”“象征”“影射”“暗示”等手法的频繁运用，他的作品常有脱离现实、走向寓言化的倾向

9. 安东尼奥尼与《红色沙漠》(见表4-5-13)

表4-5-13 安东尼奥尼与《红色沙漠》

要点	具体内容
安东尼奥尼	米开朗基罗·安东尼奥尼是意大利现代主义电影大师，于20世纪60年代确立其世界电影大师的地位。他的作品主要是“关于人类情感的三部曲”(《奇遇》《夜》和《蚀》)，以及他的第一部彩色影片《红色沙漠》
《红色沙漠》(1964)	该片以拉文纳港的工业郊区为背景，这里的环境被现代工业所破坏，暗示了女主角的精神疾病是由潜伏在环境中的恐怖所造成的。影片把背景作为重要的表意元素，大胆探索色彩的运用。它的颜色主要由红、黄、灰、蓝组成，已成为重要的表意符号。被称为“电影史上第一部彩色影片”

10. 费里尼与《八部半》(见表4-5-14)

表4-5-14 费里尼与《八部半》

要点	具体内容
费里尼	费德里柯·费里尼是意大利著名的艺术电影导演、演员和作家。其电影的三个美学特征是自传元素、苦涩伤感的幽默风格和超现实主义。其代表作有著名的“背叛三部曲”：《八部半》《甜蜜的生活》《朱丽叶塔的精灵》

续表

要点	具体内容
《八部半》（1962）	该片讲述了一位名叫古依多的电影导演在准备电影的过程中遇到的困难与危机，采用的是“双套层结构”，最突出的特点是让摄影机直接进入人的内心，影片穿插着大量的主人公的记忆、幻觉和梦境，展现出一个混沌中的灵魂。电影突破了“戏剧化”的表现规律，打破了电影中的时空观念

11. 施隆多夫与《铁皮鼓》（见表4－5－15）

表4－5－15 施隆多夫与《铁皮鼓》

要点	具体内容
施隆多夫	是二十世纪七八十年代掀起创作高潮的新德国电影的代表人物。代表作有《丧失名誉的卡塔琳娜·布鲁姆》《铁皮鼓》等
《铁皮鼓》（1979）	这部电影改编自著名作家京特·格拉斯的《铁皮鼓》。影片以一个深受创伤的儿童奥斯卡为视角，展现了二战前后德国小资产阶级社会的面貌。影片忠实于原著，其情节和人物都具有隐喻象征意义。此外，荒诞、纪实、讽刺的艺术效果，揭示了当时德国的阴暗面和残酷现实，是一举击中纳粹德国要害的政治性电影，是新德国电影的重要代表作品

12. 法斯宾德

法斯宾德是新德国电影中最重要的代表人物，他的电影主题具有强烈的思辨性和批判性，同时，它也融入了一种深深的绝望感，具有鲜明的个性特征。20世纪70年代末，他拍摄了四部反映德国妇女生活与命运的“德国女性”电影：《莉莉·玛莲》《洛拉》《玛丽娅·布劳恩的婚姻》和《维洛尼卡·福斯的欲望》，又称“好莱坞式的德国影片”。他将好莱坞电影的休闲性、娱乐性、欣赏性与德国新电影主题的民族性、真实性和批评性结合起来，既是感官的、娱乐的，又是思考的、富于教益的和高度风格化的。

13. 塔尔科夫斯基

安德烈·塔尔科夫斯基是20世纪60年代出现的一位独特的苏联导演，称作“银幕诗人”。他因其第一部故事片《伊凡的童年》而成名，该片讲述了战争期间少年伊凡的两个分裂世界。《镜子》是一部深刻反思的作品。它不仅是个人生活的回忆录，更是人类文明的“启示录”，打破了传统的时空结构，充满了复杂的梦境、幻觉和想象。

14. 新好莱坞与《邦妮和克莱德》（见表4－5－16）

表4－5－16 新好莱坞与《邦妮和克莱德》

要点	具体内容
新好莱坞	指20世纪60年代发生转变以后的好莱坞，通常将1967～1976年或从更为宽泛的意义上把这个时期延续下来
《邦妮和克莱德》（1967）	该片拉开了新好莱坞的序幕，开启了对传统好莱坞电影的讽刺和对传统价值观的反思，塑造了一对1930年代大萧条时期生活在美国乡村的风度翩翩、挑衅特权的鸳鸯劫匪形象，以悲剧毁灭为结局，打破了经典强盗电影的类型模式，充满了生死与共的悲壮感，极大地煽动了青年观众对社会和主流的反叛心理，同时也反映了当时青年的反叛主题：充满生命力的个人对没有人性的社会制度的反抗

15. 科波拉与《教父》(见表 4-5-17)

表 4-5-17 科波拉与《教父》

要点	具体内容
科波拉	20 世纪 70 年代在新好莱坞试图挖掘经典类型电影新元素的导演代表，他将个人的艺术追求注入到商业价值的表达中。代表作是《教父》和《现代启示录》
《教父》(1972)	这部电影是一部风格高雅的黑帮片。与以往的强盗片相比，它的内容、人性更为复杂、覆盖面更广。影片着力刻画教父的正面形象、正义感和社会责任感，美化教父形象，展现动人的父子关系。从艺术角度看，教父形象摆脱了以往电影中的程式化描述，是全新的匪首形象

16. 斯皮尔伯格(见表 4-5-18)

表 4-5-18 斯皮尔伯格

要点	具体内容
概况	美籍犹太人，美国著名电影导演和编剧，他善于运用宽屏、色彩、立体等手段表达无关的思想感情，赋予枯燥的事物以生命，创作出满足观众需求的美国流行艺术，成为大众文化的引领者。代表作品有《大白鲨》《夺宝奇兵》《外星人》《辛德勒的名单》和《拯救大兵瑞恩》等
《大白鲨》(1975)	这部电影改编自彼得·本奇利的同名小说，以动人的声音和特效吸引了年轻观众
《辛德勒的名单》(1993)	根据澳大利亚小说家托马斯·科内雅雷斯的同名小说改编。影片真实再现了德国企业家奥斯卡·辛德勒在二战期间保护 1200 名犹太人免遭法西斯杀害的历史事件，具有很高的艺术价值

17. 阿巴斯

阿巴斯是 20 世纪 90 年代伊朗最重要的电影导演，他的创作影响着伊朗电影的进程。他的主要作品有《哪里是我朋友的家》(1987)、《生生长流》(1992)、《橄榄树下》(1994)、《樱桃的滋味》(1997)等。阿巴斯的电影注重对儿童纯洁世界的描写，热爱和维护儿童的真诚和纯真。同时，他常常注重细节，用简单明了的线条讲述故事。比如《樱桃的味道》就是用简洁的画面和音乐来传达生命的真谛，呈现出独特的无限意义。

4.5.2 典型题(含考研真题)详解

一、填空题

1. 影片《巴山夜雨》的导演是(　　)。(中传 2014 年研)

【答案】吴永刚、吴贻弓

【解析】《巴山夜雨》是一部中国彩色故事片，由上海电影制片厂于 1980 年摄制。编剧，叶楠；总导演，吴永刚；导演，吴贻弓；摄影，曹威业；主要演员，李志舆、张瑜等。影片获得 1981 年第一届中国电影金鸡奖的最佳故事片、最佳女主角、最佳音乐、最佳男女配角等奖项。

2. 《党同伐异》的导演是(　　)。(中传 2010 年研)

【答案】格里菲斯

【解析】《党同伐异》由美国导演格里菲斯摄制，是其最具创作野心、最为宏大的作品。影片由 4 段时间上相隔数千年且互不相关的故事连缀而成：《母与法》《基督受难》《圣巴多罗缪的屠杀》和《巴比伦的陷落》。故事虽不相关，但反映了一个共同的主题：祈求和平，反对党同伐异。

3. 哈内克在 2009 年凭借（　　）获得戛纳电影节金棕榈奖，2012 年他执导的影片《爱》再次拿下第六十五届金棕榈大奖。（中传 2013 年研）

【答案】《白丝带》

【解析】迈克尔・哈内克，1942 年出生于德国慕尼黑，奥地利著名导演、编剧。2009 年，凭借《白丝带》荣获第 62 届戛纳电影节金棕榈奖和国际影评人奖。《白丝带》是一部干净透亮的黑白片，影片的背景设定在第一次世界大战爆发的前夜，德国北部的一个与世隔绝的小村庄里，一连串稀奇古怪的事件使得"白丝带"登场，折射出屈辱、报复，抑或是人性的净化。

二、单项选择题

1. 影片《城南旧事》由（　　）导演，曾获金鸡奖。（青岛大学 2012 年研）

A. 谢添　　B. 谢晋　　C. 吴贻弓　　D. 滕文骥

【答案】C

【解析】《城南旧事》是吴贻弓 1982 年执导的作品，也是散文式结构风格的代表作。电影透过一个小女孩的纯真眼光展示了 20 世纪 20 年代老北京的社会风貌，带领观众重温了那个年代普通百姓的生活。该片为中国的散文电影提供了一个范本，影片注重意象的唯美风格，也代表了 20 世纪 80 年代一批导演的创作倾向。

2. 中国电影诞生是在（　　）。（青岛大学 2010 年研）

A. 1902 年　　B. 1904 年　　C. 1905 年　　D. 1906 年

【答案】C

【解析】中国电影诞生于 1905 年，北京丰泰照相馆创办人任庆泰拍摄了由著名京剧演员谭鑫培主演的《定军山》片段，这是中国人自己摄制的第一部影片，标志着中国电影的诞生，任庆泰也因此被誉为"中国电影之父"。

三、名词解释

1.《邻居》（北师大 2009 年研）

答：《邻居》为郑洞天和徐谷明导演的影片。该片讲述了住在某高校筒子楼宿舍的几户人家围绕改善住房问题发生的风波。该片没有致力于编故事，而是再现生活的现实图景与人物内心世界，发扬中国电影优良的现实主义传统，力求真实地反映生活本来面目。因此，在电影语言方面，它不要花腔，不讲套路，而用质朴自然的手法抒写编导者的爱憎与是非，形象、声音、色彩并用，怎么有利于表现主题怎么来，是很值得称道的。自然，这意念在影片中也有中断和偏离的地方，风格有不尽统一的所在，然而，从全片来看，创作者这种在电影观念上的追求，是值得肯定的。

2. 第四代导演（南京师大 2023 年研；上海师大 2019 年研；河北大学 2017 年研）

相关试题：论述第四代导演的艺术追求。（论述题，南京大学 2022 年研）

答："第四代导演"是 20 世纪 60 年代北京电影学院的一群毕业生，他们被称为中国首批影人电影导演。第四代导演提出中国电影应该"丢掉戏剧的拐杖"，追求质朴自然的风格和开放式结构，所以他们作品的中心题材是农村。第四代导演与第三代、第五代导演们一起创造了中国电影的第二个黄金时代。他们以开放的视野去吸收新鲜的艺术经验，不懈地探索艺术的特性，力图用新观念来改造和发展中国电影。

四、简答题

1. 简述夏衍及其代表作品。

相关试题：什么是左翼电影？为什么说它谱写了中国电影的新篇章？（南京师大2016年研）

答：（1）夏衍，原名沈端先，是中国左翼电影运动的先驱者、组织者和领导者之一，也是一位杰出的剧作家。夏衍作为中国20世纪30年代左翼戏剧运动的主要领导人之一，对中国现代戏剧的发展做出了突出贡献，他在戏剧的表现内容、表现手法和艺术风格上都作出了极大的创新，在继承“五四”以来中国话剧优秀传统的基础之上，进行了许多开艺术先河的创造性探索，建立了自己有意义的艺术境界，形成了独特的创作个性和艺术风格。

（2）代表作品。作为第一部由明星公司制作的左翼电影，《狂流》是20世纪30年代中国电影转向的重要先行者，被认为是中国电影新时代的开端。这是中国第一部描写农村阶级斗争的电影。影片镜头灵活逼真，洪水场景采用长江水灾新闻片中的真实画面，具有很强的感染力。《春蚕》是由夏衍改编自茅盾著名同名小说的一部30年代默片黑白电影，也是夏衍第一部改编作品。导演为程步高。《春蚕》的出现标志左翼电影创作进入一个比较成熟的阶段。实现了电影和新文学的结合。他创作改编的剧本还有《祝福》《林家铺子》等。

2. 简述费穆与《小城之春》。

相关试题：

（1）费穆（名词解释，山东师大2018年研；南京师大2016年研）

（2）《小城之春》（名词解释，天津师大2016年研；苏州大学2014年研）

答：（1）费穆，中国著名导演、编剧。代表作品有：《人生》《香雪海》《天伦》《小城之春》等，费穆一生恪守儒家传统以及人道主义，形成了他对于珍视和护卫的中国传统文化的忠贞和执着，形成了他屡受挫折而始终不渝的忧国忧民的士大夫情结，他擅长细腻的内心描写，在情绪的把握上，也恰如其分。镜头的角度和画面的构图也非常完美。从不同侧面对人的生存价值、人生的目的和意义进行了哲理性的探讨。在艺术处理上，镜头凝练、构图优美，形成了他独特的风格。

（2）《小城之春》是由费穆执导，石羽、李纬、韦伟、张鸿眉主演的剧情片。影片讲述了一个已婚女人在丈夫久病不起的情况下再次见到昔日恋人时的故事。虽然影片讲述的是一个私人化的故事，但影像中处处浸含着“国破山河在，城春草木深”的意境，家国之思无可逃避。影片中所体现的新与旧，道德与情欲，死气沉沉与生命活力之间的对抗更为那个特定的时代做下了意味深长的注脚。《小城之春》浑然天成的诗化电影语言实践，被看成是现代电影的前驱。

3. 试述谢铁骊与《早春二月》。

相关试题：十七年电影（名词解释，山东师大2018年研）

答：（1）谢铁骊，中国第三代导演，中国内地编剧。代表作品：《无名岛》《暴风骤雨》《知音》《今秋桂花迟》等。谢铁骊是一位视野广阔、涵养丰富、手法多样的导演，他既能再现剧烈的社会变动，展示浩荡的历史重大变迁，又能逼近人物、揭示人物内心世界的深刻变化，对人情世态作准确而精致的描绘。同时，他也是现实主义者，力求作品的人物、情节、环境乃至细节都符合原样，追求风格统一，他的基本见解是从人物性格出发，讲究按照人物性格的逻辑和客观事物发展的逻辑去组织情节。

（2）代表作品。《早春二月》是由谢铁骊执导，孙道临、谢芳、上官云珠主演的剧情片，该片讲述了对革命感到失望的知识青年肖涧秋应好友陶慕侃之邀来芙蓉镇教书，后因北伐愤然离去的故事。该片以现实主义的手法成功地塑造了具有人道主义精神的知识分子的形象，反映了他们的苦闷与彷徨。悲剧性的结局，体现出旧知识分子在传统观念和封建势力的压力之下的无能为力，也表达出原作所蕴含的基本思想。影片有以下三个特点：①在画面的视觉造型上的精心设置。无论是影片的外景、内景、还是服饰、道具都是认真推敲、精心设置。②这种画面造型往往与人物心情的状态结合起来，从而营造出一种情景交融的意境。③在这种总体抒情氛围的营造之余，影片也有对人物动作细节的精心描摹。还有侧面描写、欲说还休的含蓄的手法。

4. 第三代到第五代导演及其作品。（中国艺术研究院 2020 年研）

相关试题：

(1) 如何认识中国电影导演的代系演变？（中山大学 2019 年研）

(2) 试述中国电影导演的代际谱系及主要作品。（论述题，四川大学 2015、2012 年研）

(3) 第五代导演创作的艺术特色。（南京师大 2022、2018 年研）

(4) 无法命名的一代：第六代导演。（论述题，南京师大 2015 年研）

(5) 任选一位能代表"第五代"的导演，举例试析其影视作品的艺术特色。（杭州师大 2016 年研）

(6) 简述第四代中国电影导演的电影创作与主要风格。（武汉大学 2015 年研）

答：参见本章考点难点归纳相关内容。

5. 简述吴贻弓与《城南旧事》。

相关试题

(1) 吴贻弓（名词解释，中国艺术研究院 2020 年研；南京师大 2016 年研）

(2) 吴贻弓导演的创作。（北影 2020 年研）

答：参见本章考点难点归纳相关内容。

6. 简述陈凯歌及其电影风格、代表作品。

相关试题：

(1) 自拟题目，以中国第五代电影导演群体现象为例，论述他们电影艺术作品的创作追求。（参考作品：陈凯歌《霸王别姬》、张艺谋《影》、黄健中《过年》、吴子牛《晚钟》、田壮壮《盗马贼》、张艺谋《红高粱》、冯小宁《红河谷》等）要求观点明确、概述性强、论述严谨、语句通顺、有所创新、字数在 1500 字以上。（论述题，杭州师大 2019 年研）

(2) 结合具体作品，谈谈陈凯歌对于中国电影的贡献。（湖南师大 2017 年研）

答：(1) 陈凯歌是第五代电影导演的重要代表。代表作有：《大阅兵》《孩子王》《边走边唱》《霸王别姬》《风月》等。他善于分析历史和传统对人的精神的制约和影响，揭示人的复杂性，批判不合理的、不人道的人性弱点。他的电影充满了对人类和谐、智慧生存的关注和向往。他以深厚的文化底蕴和扎实的艺术功底，表现出强烈的人文意识和审美追求，运用各种电影手段，形成了自己独特的厚重、尖锐、平和、刺激的电影风格。

(2) 风格特点。

①哲理性。在第五代电影之前，电影的标准是好故事基础上的人物性格化，而陈凯歌则把好电影树立到一个新的高度。他的电影充满了思辨色彩，在传统的故事层面上加了象征或隐喻。

②文化性。与其说陈凯歌的电影是艺术电影，不如说他的电影是文化电影。陈凯歌一直在他的电影中对中国文化进行反思，他对中国文化的反思是全面的，更具批判性，也更凌厉。

③电影性。陈凯歌具有第五代导演的共性，对电影语言的开拓充满了期待和好奇心。从他的第一部作品《黄土地》中便可以看出来。

(3) 代表作品。

《黄土地》是改编自柯蓝的小说《深谷回声》的一部文艺题材的电影。由陈凯歌执导，王学圻、薛白主演。影片讲述了陕北农村贫苦女孩翠巧，自小由爹爹作主定下娃娃亲，她无法摆脱厄运，只得借助"信天游"的歌声，抒发内心的痛苦。《黄土地》是第五代导演"集体亮相"之作，标志着第五代导演的真正崛起。

人文思考的深度是《黄土地》震撼人心的主要所在。影像语言的自觉把握是《黄土地》的另一艺术价值。本片的影像语言突现出独立的意义，构图对内涵意义的凸显，影像表现了对文化意味的寄托等。陈凯歌的《黄土地》在电影风格和语言上强烈地形成一种新的影像，并深深影响了整个第五代导演早期的叙事倾向和风格基调。大色块和色觉强烈的摄影、西北黄土地的民俗以及对中国文化的反思性叙事，让中国电影呈现了另一番不同的风貌，也标志着第五代视野不同于以往中国导演的历史视角。

1992 年的《霸王别姬》改编自香港女作家李碧华原著小说。影片借助于几位京剧演员人生的曲折展现对人的生存理想与现实存在着的永恒矛盾做了哲理的探索与阐释。影片的艺术表现厚度是触动人心的，而人性扭曲表现也是深入的，由此获得戛纳电影节金棕榈大奖当之无愧。影片用中国文化积淀最深厚的京剧艺术及其艺人的生活，有着人性的思考和人生存状态的表述，更通过几十年的时事风云，透射出一股中国传统文化的哲学思考。

7. 简述冯小刚及其代表作品。

相关试题：

（1）结合具体作品，谈谈冯小刚对于中国电影的贡献。（湖南师大 2018 年研）

（2）请举例论述冯小刚电影的戏剧特点。（论述题，河北大学 2015 年研）

答：参见本章考点难点归纳相关内容。

8. 简述大卫·格里菲斯及其代表作品。

相关试题：最后一分钟营救（名词解释，华东师大 2023 年研；扬州大学 2023 年研；海南大学 2023 年研；南京师大 2019 年研；湖南师大 2016 年研；天津师大 2016 年研）

答：（1）大卫·格里菲斯，美国导演、编剧、制作人、演员、艺术指导，他被誉为“美国电影之父”。他提高了电影表演的技巧，是第一个用特写镜头的导演，也是电影史上杰出的革新者，被认为是对早期电影发展做出了巨大贡献的开创性人物。他最辉煌的岁月是 20 世纪 20 年代的默片时期。最著名的作品包括《一个国家的诞生》和《党同伐异》。格里菲斯是“最后一分钟营救”蒙太奇手法的创造者。他于 1915 年自编自导的《一个国家的诞生》是早期电影的杰作。影片中，格里菲斯建立了一个成功的电影叙事模式，使电影讲述了一个更加复杂的故事，格里菲斯实现了真正的剪辑，将不同长度和角度的镜头按照叙事法则组接在一起，形成了电影特有的节奏和情节的连续性。格里菲斯创立的“平行剪辑”“最后一分钟营救”等叙事手法影响巨大，成为经典叙事模式。

（2）代表作品。

①《党同伐异》，由格里菲斯于 1916 年制作，可能是电影史上迄今为止最雄心勃勃的作品。这部电影由四个部分组成，格里菲斯运用平行蒙太奇的手法，把相隔很远的不同事件编织在一起，使四个故事交替发生。故事从一个世纪跳跃到另一个世纪，从一个事件到另一个事件，平行展开的情节创造了一种日益强烈的紧迫感，形成巨大的情感冲击和惊人的视觉效果。在《党同伐异》中，平行交替蒙太奇所营造的“最后一分钟的营救”的叙事模式得到了更多、更强烈的表现。

②《一个国家的诞生》。由格里菲斯执导，丽莲·吉许、亨利·B. 沃斯奥联合主演的历史剧情片。这部电影讲述了美国南北方黑人与 3K 党两个家族在内战前后的命运冲突的故事。这部作品让电影从技术玩物上升到了艺术层面，片长三小时，是首部真正意义上的商业片。该片可谓是电影初兴时期艺术手法的集大成者，采用了丰富的拍摄手段和剪辑技巧，成功地发挥了蒙太奇的叙事作用，使得故事充满节奏感和史诗氛围。其中最后一分钟营救镜头，成为此后好莱坞商业片的惯常套路。

9. 简述纪录片之父罗伯特·弗拉哈迪。

相关试题：《北方的纳努克》（名词解释，南京师大 2018 年研；武汉大学 2015 年研）

答：（1）罗伯特·弗拉哈迪是著名的纪录电影大师、公认的纪录电影及人类学纪录片的创始人，他对世界纪实化电影思潮的发展作出了重大贡献。代表作品有：《北方的纳努克》《摩拉湾》《禁忌》《亚兰岛人》等等。弗拉哈迪通过自己的作品，向人们证实了电影与现实生活天然的亲近性，让人们看到了电影在捕捉日常生活的质感上所具有的独特魅力。

(2) 风格特点。他于 1916 年到 1922 年创作的电影史上的杰作《北方的纳努克》，历来被认为是纪录电影及纪实化美学的经典之作，被评选为有史以来的最优秀的二十部纪录电影之一。人们每每提到长镜头，总要以《北方的纳努克》那一段拍摄爱斯基摩人捕海豹场景的长镜头为例。

①《北方的纳努克》体现出弗拉哈迪的浓厚的"边缘文化情结"。

②弗拉哈迪首创了"交友式"的纪录方法"三个一"：一个主人公、一条主线、一个主题。这种拍摄模式直到今天仍为纪录片工作者所尊奉。

③弗拉哈迪的真实观。他倡导拍摄结果的真实、采用"新闻排演"的手法。1926 年他在西太平洋又拍了表现萨摩亚群岛居民生活的《摩阿拿》，1931 年拍了《亚兰岛人》，1946 年拍了《土地》，1948 年拍摄了最后一部名作《路易斯安那州的故事》，表现一个土著少年和外来的石油勘探人员的邂逅，试图唤醒人们内心那种被工业文明扼杀了的对自然风物的朴质感情，影片风格优美，给人以朴素自然的美的享受。

10. 简述英国纪录电影运动。

相关试题：

(1)"格里尔逊"式纪录片的主要特征是什么？(重庆大学 2016 年研)

(2) 格里尔逊式(名词解释，暨南大学 2019 年研)

答：(1) 流派介绍。20 世纪 30 年代，以格里尔逊为领袖的英国纪录电影运动，创立了一种纪录电影的创作样态。这些作品关注现实生活中的普通人，以公共利益为目的，参与到各种服务性事业中去，发挥了纪录电影记录现实、服务公众的效用。

(2) 风格特点。英国纪录电影运动在创作思想上受苏联电影的影响较深，尤其是维尔托夫的"电影眼睛"理论。但与此同时，他们也广泛吸收了瓦尔特 · 鲁特曼的"交响乐式"蒙太奇手法、法国先锋派的各种倾向以及荷兰的尤里斯 · 伊文思和美国的弗拉哈迪的经验。因此，他们一方面十分强调影片的社会意义，主张纪录片应当是富有创造性的对真实生活场面的处理，是一种直接的宣传手段；另一方面又非常注意在再现真实生活场面时进行艺术加工。

(3) 代表作品。英国纪录片学派的一些代表性作品有：瑞特的《锡兰之歌》(1934)、安斯戴和艾尔顿的《住房问题》(1935)、瑞特和华特的《夜邮》(1936)、卡瓦尔康蒂的《煤矿工人》(1936) 和泰勒的《烟雾威胁》(1937) 等。

11. 简述奥逊 · 威尔斯及其代表作。

相关试题：

(1) 奥逊 · 威尔斯取得了怎样的电影艺术成就？(山东师大 2018 年研)

(2)《公民凯恩》(名词解释，武汉大学 2014 年研)

答：参见本章考点难点归纳相关内容。

12. 简述黑泽明及其代表作。

相关试题：

(1) 黑泽明(名词解释，南京师大 2016 年研)

(2) 以一部作品为例，具体分析黑泽明的电影风格特征。(中山大学 2019 年研)

答：(1) 黑泽明是日本著名的电影导演和编剧，也是西方世界最具影响力的东方电影导演。他被誉为"电影天皇"。他的《罗生门》第一次打开了世界了解日本乃至亚洲电影的大门，开启了日本电影的黄金时代，并于 1951 年获得威尼斯电影节大奖，打破欧美影片垄断的局面，成为第一位受到国际承认的日本导演。1974年，他受邀执导了《德苏乌扎拉》，获得莫斯科影展的金牌奖和奥斯卡最佳外语片。1980年的《影子武士》(又名《影武者》)获得戛纳电影节金棕榈奖。1980年黑泽明获得奥斯卡终生成就奖。

(2)代表作品。《罗生门》是黑泽明导演的剧情片。在武士被杀后，小偷、武士的妻子和武士的鬼魂试图减轻他们的罪孽和掩盖他们的错误。这三个当事人向审判长讲述了三种不同版本的犯罪故事。《罗生门》巧妙地改编自芥川龙之介的小说，以独特的多重平行叙事方式讲述了丛林之死的故事。影片中每个人物的独白都是整个事件的片段。在自私本性的折射下，自言自语变得不可靠。同样，这些独白的叙述者本身也是不可靠的。这部电影深刻地反映了人性的复杂性。死亡使人的可悲与渺小、人的伟大与真诚都暴露在夏日的阳光下。影片通过讲述死亡的故事，体现了导演黑泽明对人的灵魂的理解，赋予它比死亡本身更深刻的哲学内涵，并引导观众更多关注人性，思考如何摒弃人性邪恶的一面，走向一个光明的未来。

五、论述题

1. 对近几年电影界改编小说的成败得失进行评价。(北京大学2010年研)

答：在影像文化呈现极度蔓延的当下，文学名著的影视改编也渐呈热势。艺术媒体之间的转化恰恰为这一实践性极强的美学课题提供了难得的精神视界。在这一视界中，近20年来中国现代文学名著电影改编的成败得失值得总结反思。

(1)“得”体现在以下几个方面：

①忠实原著。很多影片把握住原著精神内涵，抓住小说的主题核心、风格意蕴进行了与电影美学相协调的创造性改写，以电影的方式对小说文本进行了完善和改造，取得了较大成功。姜文《阳光灿烂的日子》改编自王朔的《动物凶猛》，充分把握住了原著的精神实质，并利用电影在视听语言上的优势营造出一个不同于主流话语的美好青春记忆。

②删繁就简。小说所附带的主体意蕴深厚、多义，电影由于时长的限制必须对原著的主题、内容进行精炼。张艺谋是改编小说较为成功的导演之一，他对原著小说的改编有一种大刀阔斧的姿态。无论是最初改编自莫言同名小说的《红高粱》，还是近期改编自严歌苓《陆犯焉识》的《归来》，他都进行了有选择性的筛选。《红高粱》和《陆犯焉识》架构宏大，主题丰富，然而在张艺谋的电影中《红高粱》里只剩下男女主人公辉煌的生命意识，《归来》里只剩下感人至深、悔不当初的袅袅黄昏情。

(2)“失”体现在以下几个方面：

①缺乏自我创作。原封不动地忠实原著往往容易陷入另一种误区——不求有功，但求无过。一部分导演拘泥于传统“注疏思维”，他们在潜意识里已将名著神化，任何改动都被视为是对名著的不尊重，而只求准确地注释翻译，不求主体性的自我创造。

②对当代意识缺乏思考。文学名著为什么能历经时代变迁而青春永驻？这是因为，文学名著中蕴涵着超越时空的普遍人性内涵。因此，改编者在改编时应注意把握“当代意识”的参与程度，而许多中国现代文学名著的改编忽略了这一点。

③对改编对象的选择不够慎重。并不是所有的文学名著都适合电影改编，慎重选择改编对象是改编成功的第一步。通常说来，情节线索太过繁杂的作品、人物性格不鲜明的作品、没有蕴含矛盾冲突的故事的作品，均不适合改编成电影。《白鹿原》是当代著名作家陈忠实的代表作，长达近50万字，全书浓缩着深沉的民族历史内涵，有令人震撼的真实感和厚重的史诗风格。王全安改编《白鹿原》何其困难，下足功夫也未赚得满堂彩。究其原因，一是读者和书迷对原作过于了解和热爱，因此让改编承受巨大压力，二则是文学本身的特质决定了《白鹿原》难以用电影来呈现。

④盲目追求经济利益。小说的阅读是一种私人行为，而电影的观赏则是大众的。并非所有的小说都具备正确的价值取向、符合社会道德规范，一旦这些小说改编成电影，对社会的影响会更加深远。近年来，青春文学盛行，改编自这类小说的电影充斥荧幕。以郭敬明的《小时代》为例，在尝到小说改编的甜头之后，郭敬明更加肆无忌惮地将自己的小说搬上电影院。然而影片充斥着灯红酒绿、纸醉金迷，传达出来的

拜金主义、享乐主义的价值观着实为人所诟病。

2. 对法斯宾德重要作品进行分析。(北京大学2010年研)

相关试题：法斯宾德(名词解释，武汉大学2022年研)

答：20世纪60年代，以克鲁格为首的电影导演发起德国青年运动。紧接着，施隆多夫、维姆·文德斯、赫尔措格、法斯宾德为代表的战后一代年轻人形成了一次无论对德国电影还是世界电影都具有深重影响的德国新电影运动，这四人被称为“新德国电影四杰”。其中，克鲁格是大脑，施隆多夫是四肢，文德斯是眼睛，赫尔措格是意志，而法斯宾德则是作为一个生命的重要部分——心脏。法斯宾德的代表作是成熟期的“德国女性”四部曲：《玛丽娅·布劳恩的婚姻》《莉莉·玛莲》《洛拉》《维洛尼卡·福斯的欲望》。

(1)《玛丽娅·布劳恩的婚姻》。法斯宾德并不排斥好莱坞式的情节剧，同时又蕴含了对人生、社会的批判性反思。外在形式上，影片讲述了玛利娅十年的婚姻经历，包括她与三个男人之间的情感纠葛。情节设置依据人物命运而跌宕起伏，并顺理成章地从开端走向结局。主题思想上，通过这个追求爱与婚姻的女人所遭受的人格异化和精神创伤，揭示了战争给普通人带来的心理创伤以及战后德国经济的虚假繁荣造成的人性异化。法斯宾德充分借鉴了布莱希特的间离理论。影片结尾出现的战后西德四位总理头像的镜头与影片所叙述的故事并无直接的联系，导演只是企图打破观众对影片叙事的痴迷与投入，有意识地打断叙事的连贯性，让观众跳出故事情境，把几位西德总理与他们执政时的德国现实联系起来，思考故事与时代之间的关系。法斯宾德还受到室内剧风格的影响，内景占了本片很大的比例。但法斯宾德为主人公们营造的室内空间并不单一，而是显现出多层次性。同时，这种空间造型依然具有极强的象征性，透露出他的绝望感。

(2)《莉莉·玛莲》。本片以一首广为人知的歌曲为由头，表现的是一个关于欺骗、出卖和背叛的主题。歌手维莉始终是一个无法掌握自己的命运的人，她苦苦追求爱情，然而战争使她的爱情被愚弄和出卖，最终成为政治的玩偶和牺牲品。法斯宾德同样运用间离手段来揭示歌手维莉的悲剧人生和战争对这位原本只知道追求爱情而不问政治的歌手的摧残。影片有一个脍炙人口的“音画对位”的蒙太奇段落：在希特勒不断获胜、相继占领了欧洲许多城市后，维莉在柏林体育馆演唱慰问德国军队。当《莉莉·玛莲》的歌声响起，此时的画面变成了欧洲战场上连天的炮火和士兵的死亡。

(3)《洛拉》。本片上映于1981年，它阐明了当时德国社会堕落腐化的一面，电影背景设定在德国战后50年代，阿登纳统治之下所建立的权力结构不断渗透到德国社会的各个角落。剧中场景基本都出现在政府、妓院和家庭。这些空间集聚了大量的情节剧张力，但法斯宾德并没有顺势让张力爆发成高潮，他从头到尾采用了一种反讽的表现形式，包括风格化的色彩、夸张的人物设定、抽离的电子音配乐。法斯宾德感兴趣的不再是异议分子如何改造世界，而变成了社会如何成功吸收异议分子。当观众发现冯·伯恩的情欲动力比对赋予他权力的民主体系的责任感更为强烈时，法斯宾德的反讽才达到了高潮。

(4)《维洛尼卡·福斯的欲望》。导演巧妙地运用黑白片的样式来表现电影明星维洛尼卡在经历了她的黄金岁月之后，随之而来的失去片约、婚姻破裂、酗酒、吸毒成瘾，最后被女医生卡茨精心设计杀害的命运悲剧。影片中的维洛尼卡是一个精神濒于崩溃的女性，她因人老珠黄而潦倒绝望，因酗酒吸毒而精神变态，影片用低调的黑白影调来表现她内心的绝望和挣扎是极其高明的。影片中的女医生卡茨用的是高调影像，这种高调影像黑白对比异常强烈，黑得浓重又白得刺目，这种影调给人的不安感与恐惧感无疑象征着卡茨的专制与暴戾，这一形象正是纳粹精神的化身——“第三帝国”虽已灭亡，但是纳粹的幽灵仍在德国的土地上游荡，仍在不断制造着维洛尼卡们的自戕与绝望。

第五编　广播电视艺术

【知识框架(庖丁解牛)】

- 广播电视艺术
  - 概述
    - 基本概念
    - 广播电视中的文艺节目
    - 广播电视文艺与广播电视艺术辨析
  - 广播电视构成的要素和技巧
    - 声音：三要素、三分类、语言与播音、播音员与主持人、音乐、音响等
    - 画面：三要素、构图、镜头、景别与景深、轴线、光效、影调等
    - 声像结合的表现技巧：电视时空、蒙太奇、声像剪辑、剪辑技巧等
  - 广播电视文艺的基本类别
    - 广播文艺：文学广播、音乐广播、戏曲曲艺广播、广播综合文艺节目、广播剧
    - 电视文艺：电视文艺节目、电视艺术片、电视剧
  - 节目、栏目及代表作品
    - 广播文艺的节目与栏目：《文学之窗》《电影录音剪辑》《长篇连续广播》等
    - 广播剧作品：《恐怖的回忆》《开船啰》《“七·二八”的那一天》《皇帝的新装》等
    - 电视文艺的节目与栏目：《九州方圆》《正大综艺》《春节联欢晚会》等
    - 电视专题片与艺术片：《深山养路工》《雕塑家刘焕章》《话说长江》《望长城》等
    - 电视剧作品：《一口菜饼子》《周总理的一天》《四世同堂》《西游记》等

第1章　概　说

5.1.1　复习笔记

【通关提要(提纲挈领)】

本章主要论述了中国广播艺术的概况，区分了广播电视艺术与广播电视文艺。本章考点以名词解释、简答题以及论述题为主，在学习时，应着重理解广播电视文艺与广播电视艺术的区别和共同点，并对二者做整体把握。

【考点难点归纳(厚积薄发)】

考点一：广播电视的概念　★★★

1. 广播电视的定义、特点和作用(见表5－1－1)

表 5-1-1　广播电视的定义、特点和作用

要点		具体内容
定义		指通过无线电波或导线传输声音和图像的大众电子媒介，是人类交流信息的重要中介物，其最终产品是节目，主要包括新闻和文艺两大节目形态
特点	优势	包括：时效性强、传播面广、对象宽泛、通俗易懂、生动形象、传播迅速
	劣势	包括：稍纵即逝、储存性差、选择性差、听众的注意力容易分散
作用		广播电视作为一种精神文化，在信息交流、舆论引导、知识传播、教育普及、服务公众、丰富精神文化等方面发挥了重要作用，是具备普遍性、国际性的事业

2. 广播电视的诞生(见表 5-1-2)

表 5-1-2　广播电视的诞生

要点	具体内容
广播	即“电声广播”。1906 年，无线电广播诞生；1920 年，美国威斯汀豪电气公司开始用KDKA 的呼号进行广播，匹兹堡的 KDKA 电台成为世界上第一座正式电台
电视	即“电视广播”，可同时输出声音和图像的电视广播诞生于 20 世纪 20 年代中期。1936 年，英国广播公司(BBC)建立了世界上第一座电视台；1953 年，彩色电视正式推出

3. 中国的广播电视(见表 5-1-3)

表 5-1-3　中国的广播电视

要点	具体内容
广播	①20 世纪 20 年代，中国的广播事业肇始。 ②1923 年，美国人奥斯邦在上海成立了“大陆报——中国无线电公司广播电台”。 ③1926 年，哈尔滨广播无线电台(中国人自办的第一座广播电台)开始广播。 ④1927 年，上海新新公司广播电台成立，是中国民营广播电台的开端。 ⑤1940 年，延安新华广播电台开播，标志着新的中国人民广播事业的诞生
电视	1958 年，中国第一座电视台——北京电视台成立

考点二：广播电视中的文艺节目　★★★★

1. 广播文艺和电视文艺辨析

(1)广播文艺，具体见表 5-1-4。

表 5-1-4　广播文艺

要点	具体内容
定义	指以电子技术为通信手段，以声音为媒介，以听觉为诉求的时间艺术。 ①广义上，广播电台录制播出的文艺节目都是广播文艺节目。 ②狭义上，指具有广播艺术特色的或者经过广播化处理的文艺节目，包括广播音乐节目、广播文学节目、广播曲艺节目、广播综艺晚会、广播戏曲节目、综艺节目、广播剧、专题性文艺节目、文艺录音剪辑等

续表

要点	具体内容
美学特征	广播文艺作为一种听觉艺术，借助声音(音乐、音响、有声语言)的听觉，给人带来了情感愉悦和审美信息。声音的美学特征有：①能塑造声音形象；②能引发深刻的想象；③能构建联觉的通感。但声音形象因人而异，尤其是音乐形象，具有不确定性和演绎性，审美效果往往与接收主体的主观能动性因素有关

(2)电视文艺，具体见表5－1－5。

表5－1－5　电视文艺

要点		具体内容
定义		指以电子技术为传播手段，以声音和图像为媒介，以视听为手段的综合性时空艺术。 ①广义上，指在电视上播出的一切文艺节目。 ②狭义上，指具有电视文艺特色的节目，包括电视文学、电视晚会、电视音乐(MTV)、电视剧、电视戏曲、电视综艺节目、电视小品、电视专题艺术片等
节目形式	现场直播	早期的电视节目通过在广播中添加一些视觉元素移植而来，包括舞蹈、音乐、戏剧、搞笑表演、综艺节目、猜谜游戏和观众参与的节目
	录像制作	在电视节目中的比重逐步提高，包括电视荧屏纪录片、电视新闻
电视与电影视听艺术的关系	区别	①胶片技术是电影的载体；电子技术是电视的载体。 ②电影通过售票在专门的电影院里放映，具有商业和文化色彩；电视面对公众传播，可以供观众免费收看(除商业性收费电视)。 ③电影是大银幕；电视是小屏幕。 ④电影属精品艺术；电视属大众艺术。 ⑤电影主要为故事片和纪录片；电视还包括文艺、文娱节目等
	联系	①电视艺术的音像语言来自电影艺术。 ②电视在题材和内容上拓宽了电影领域。 ③在技术和艺术方面，电视丰富了电影的表现技巧。 ④从收看者来说，电视扩大了电影的受众群。 ⑤电视的部分优势被电影所吸收，它们通常一起被称为“影视艺术”

2. 新时期里中国广播电视文艺的发展

改革开放后，我国广播电视及广播电视文艺逐渐恢复，进入了一个新时期。1980年，中央广播局提出广播电视要“自己走路”、电台电视台要独立自主办节目的发展目标。1982年，中国广播电视部正式成立。1983年，广播电视部部长吴冷西再次强调广播电视“自己走路”的方针，提出“扬独家之优势，汇天下之精华”的发展目标。此后，广播电视事业迅速发展，电视文艺形式得到极大丰富，而且，文艺节目的栏目化和专业频道的发展趋势越来越明显，呈现新面貌、新局面。

考点三：广播电视文艺与广播电视艺术　★★★★★

1. 广播电视文艺与广播电视艺术的异同(见表5－1－6)

表5-1-6 广播电视文艺与广播电视艺术的异同

要点	具体内容	
相同点	广播电视艺术与广播电视文艺都在20世纪80年代广播电视系统中坚持“自己走路”“扬独家之优势，汇天下之精华”的原则，重专业水准，具有鲜明的中国特色	
不同点	广播电视文艺	指广播电视作为“媒介”所传播的文艺节目，是在广播电视媒体上呈现的一种文艺形态。广义上，广播电视上传播的一切文艺形态都是广播电视文艺；狭义上，指具有广播电视艺术特征的，或经过广播化、电视化处理加工的文艺节目
	广播电视艺术	指广播电视作为“载体”的艺术个性，包括广播电视在非文艺类节目中同样存在的艺术个性，综合反映了广播电视语言、艺术技巧、表现手段

2. 广播电视的双重特性

(1)作为传播媒介。广播电视作为一种媒体，被称为“广播电视文艺”。节目是广播电视传播的基本单位，具体见表5-1-7。

表5-1-7 作为传播媒介

要点	具体内容	
广播电视节目的分类标准	内容方式	分为新闻性节目、文艺性节目、教育性节目、服务性节目
	组合方式	分为综合节目、专题节目
	播出方式	分为直播节目、录播节目
	播出时间	分为定期节目、特别节目、插播节目
“文艺广播”的任务	广播电视文艺节目与新闻、专题节目等相对应，称作“文艺广播”，其任务是选择、记录和传播社会上已经存在的各类文艺作品，如文学、音乐、戏曲曲艺等	
广播艺术社团的发展	①1953年，中央广播文工团成立，这是专为中国唱片公司和地方广播电视台服务的平台，为中央三台制作、排练、录制广播电视节目；1980年，更名为“中国广播艺术团”。 ②改革开放后，以广播电视文艺和广播电视艺术为重点的群众性组织相继出现，如中国广播电视文艺研究会、中国广播剧研究会、中国电视艺术委员会、中国电视家协会等	
作为传播媒介的特性	①有关内容和形式应定期以节目和专栏的形式播出。 ②制作节目有两种方式：直播和录制。 ③可以实现跨时空的远距离通信、实时同步通信等	

(2)作为艺术载体，具体见表5-1-8。

表5-1-8 作为艺术载体

要点	具体内容
广播电视艺术形态的演进	①20世纪上半叶，广播电视仍然局限于被动的录制和传播，自身的艺术特色并不十分明显。 ②录播的采用增加了广播电视艺术的创作空间，体现了电子媒介的个性化。现代科技促进艺术观念的形成，国际上通行的说法为：广播电视艺术属于20世纪以来科技与艺术相结合的新型现代艺术形式
作为艺术载体的特性	①承载声音的广播[包括有声语言]。 ②承载声音和图像的电视[包括音频语言和文本]

续表

<table>
<tr><th>要点</th><th colspan="2">具体内容</th></tr>
<tr><td rowspan="2">广播电视艺术创造的主观性与客观性</td><td>客观再现</td><td>艺术反映的是现实生活，包括对现实的再现和模仿，即客观再现。照片、电影和电视通常是真实的记录和真实事物的复制品</td></tr>
<tr><td>主观表现</td><td>艺术反映现实生活，整合了人的感性情感，包括根植于理性意志中的情感。艺术的特质是具有个性特征的主观“表现”。通过导演编排、摄影和剪辑技巧等创造主观情感和虚幻的画面，可产生与现实世界不完全契合的视觉体验</td></tr>
</table>

5.1.2 典型题(含考研真题)详解

一、填空题

1. 中国人自办的第一座广播电台诞生于(　　)年。

【答案】1926

【解析】在奉系当局的积极支持下，刘瀚(我国早期的无线电专家，曾在无线电学校任教，具有比较丰富的无线电工程的理论和实践经验)一方面着手进一步调查日本通信社私设无线电的确切证据，另一方面着手改装发射机，正式筹建广播电台。经过多次试验，经呈报东三省特区长官公署批准，1926 年 10 月 1 日，哈尔滨广播无线电台开始正式播音，呼号 XOH，发射功率 100 瓦，每天播音两小时，内容有新闻、音乐、演讲及物价报告等，这是我国自办的第一座广播电台。

2. 1927 年 3 月，新新公司广播电台在(　　)建立，被视为中国民营广播电台之始。

【答案】上海

【解析】1927 年 3 月，设在上海南京路新新公司 6 楼的新新广播电台正式播音，电台由新新公司无线电技师邝赞设计和装配。它是我国最早的商办广播电台，也被视为中国民营广播电台之始。该电台创立之初每天广播 6 小时，主要介绍公司的各种商品、演出的京剧、广东戏和滑稽剧等，常常邀请上海新闻人王晓籁、袁履登等致辞。名角、名票也经常到此广播。

3. 20 世纪 80 年代初，MTV 产生在(　　)。

【答案】美国

【解析】音乐电视，英语称 MTV，是英文“音乐”(Music)和“电视”(Television)的缩写。20 世纪 80 年代初，MTV 源于美国音像商推销音乐唱片磁带的电视广告，不久在欧美风行，并建立了 MTV 电视频道。

二、名词解释

1. 大屏幕(中传 2010 年研)

答：大屏幕是指直观式彩电或背投式投影电视中的屏幕。通常，屏幕的对角线尺寸在 40 英寸以上。随着科技发展以及显示的要求，大屏幕系统在各行各业的应用也越来越多。大屏幕显示技术主要包括 CRT 显示技术、LCD 显示技术、DLP 纯数字化显示技术、LCOS 显示技术、GLV 显示技术。大屏幕无缝投影显示的应用来源于指挥监控、视景仿真、立体影院系统，它是适应人们追求亮丽的超大画面、纯真的色彩、高分辨率的显示效果的需求而产生的，其在增大画面、提高亮度和分辨率等方面具有明显的优势。

2. 大众狂欢(中传 2010 年研)

答：大众狂欢是指当代中国电视文艺理论学中一种研究娱乐节目的学说。它将当代中国广播电视艺术“大众狂欢”的场面分为两种：①以中央电视台一年一度的春节联欢晚会为代表的各种类型的综合性电视文艺晚会的兴盛；②以娱乐受众为标榜的各种类型的游戏娱乐节目的蜂起。这些娱乐游戏类节目具备一定的大众参与性，它们一改以往综艺节目中观众的被动欣赏为主动介入，将观众拉入节目，使其成为舞台上的主角，如《幸运52》《开心辞典》《开门大吉》等，都抛弃了用明星来拉动收视率的方式，而改用平民参与的方式来引起观众的共鸣感。此外，还有仿制国外“流行偶像娱乐”的节目，如《蒙面歌王》《我是歌手》《爸爸去哪儿》《奔跑吧兄弟》《中国好声音》等以制造平民偶像为噱头的娱乐节目。

3. 收视率（中传 2020 年研）

答：收视率是媒介调查的重要手段之一，也是电视业目前使用最广泛、最熟练的媒介调查手段。《全国电视受众测量指南（GGTAM）》给出的定义为：根据抽样调查即收视率调查所估计，某个特定时段和空间里收看电视人口占电视渗透人口的平均百分比。收视率对于单个电视台的具体运作乃至整个行业的广泛领域都有着多方面、多层次的影响，是“调控频道和栏目编辑的指挥棒”，成为挥之不去的既定标准。

4. 直播（中传 2010 年研）

答：直播是指广播电视节目的后期合成与播出同时进行的播出方式，分为电视现场直播和网络直播。电视现场直播是指在现场随着事件的发生、发展进程同时制作和播出电视节目的播出方式，其充分体现广播电视媒介传播的优势。网络直播是指在现场随着事件的发生、发展进程同步制作和发布信息，具有双向流通过程的信息网络发布方式。电视直播显现的时空既有现在时又有过去时；网络直播除具备电视的两大时空之外还具有压缩时空的功能，如同步的文字直播、图片直播、赛事直播、手机直播和比分直播等各种直播频道和样式。

5. 虚拟演播室（中传 2010 年研）

答：虚拟演播室是近年发展起来的一种独特的电视节目制作技术。虚拟演播室的实质是将计算机制作的虚拟三维场景与电视摄像机现场拍摄的人物活动图像进行数字化的实时合成，使人物与虚拟背景能够同步变化，从而实现两者天衣无缝的融合，以获得完美的合成画面。虚拟演播室系统具有诸多优越性：①空间不受物理空间限制，摄像机可以 360 度旋转；②引入大量虚拟特殊环境与道具，创作出更丰富、更吸引人的节目，使导演在很大程度上摆脱了时间、空间和道具制作方面的限制，获得了更大的创作想象空间，以低廉的成本产生新奇的视觉效果；③节省大量的人力、物力、财力，缩短了节目制作周期，提高演播室的利用率等。但虚拟演播室的价格昂贵，其普及和推广有一定的难度。

三、简答题

简述电视艺术的审美特征。（南艺 2016 年研）

答：（1）定义。电视艺术是以电子技术为传播手段、以声音和画面为媒介、诉诸视听的时空综合艺术。电视艺术有广义和狭义两种定义：

①广义上，电视上播出的文艺节目都属于电视文艺。

②狭义上，指具有电视艺术和文艺特征的节目，包括电视文学、电视剧、电视音乐（MTV）、电视戏曲、电视综艺、电视晚会、电视小品、电视专题艺术片等。

（2）特征。电视艺术的审美特征表现为：

①电视的技术性形成了这门艺术的特性。由于电视采用的是和电影完全不同的技术原理，加上电视荧屏较小的特点，电视画面的面积较小，清晰度较差，难以表现众多的人物和较大的场面，在镜头运用方式上多用中、近景和特写，少用远景和全景，场景转换不宜太快，以便让电视观众弄清人物和剧情。

②电视的参与性形成了这门艺术独特的观赏特点。由于电视观众一般都是在家里观看，观众可以随意选择收看并当场评论，因此电视剧应当照顾到观众对剧情内容的兴趣，调动各种艺术手段来吸引观众，在情节、场景、表演诸方面根据观众的审美心理作特殊的艺术处理，给观众以想象的空间和参与的机会，尽

量使观众对剧中人物产生移情和共鸣，从而达到引人入胜的艺术效果。

③电视传播的迅速性形成了这门艺术更加生活化的特点。许多电视节目和晚会可以现场直播；电视剧制作周期短，成本较低，又拥有技术设备轻便灵巧、室内戏较多等特点，因而能够深入生活，及时将现实生活中人们关心的问题用艺术形式表现出来；同时，电视剧在剧情内容、演员表演、服装道具、环境布置等方面，都要求更加亲切、自然和生活化，直接和逼真地反映生活。

四、论述题

如何理解电视艺术是一门大众艺术？

相关试题：电视作为一种大众传媒和艺术样式，如何界定电视传播艺术？其传播艺术特征有哪些？（天津师大2014年研）

答：20世纪以来，电视已经成为当今社会人类精神生活最重要的物质载体。随着科技的飞速发展，电视作为一种新的艺术形式登上历史舞台。电视艺术是根植于大众传媒的艺术形态，是依托于电视这样一种大众媒体的存在而存在的。电视艺术作为艺术的一种存在方式，它的存在也一定具有艺术存在的本质特性；作为审美对象，电视艺术也具有其独特之处。

(1)审美乃是意味着人的一种感性的沉醉，意味着主体心灵境界的提升和解放。审美虽然主要是属于感性创造的领域，但往往还有着深刻的理性内涵。在这个意义上，审美和娱乐既有联系也有区别。娱乐只不过属于一种较为浅显的层次上的审美，主要属于感官层次上的享乐。因而，娱乐也就带有更多的消遣性和随意性。

(2)电视艺术创造的审美特质既可能有着深层次上的审美诉求，也不免有着浅层次上的娱乐倾向。审美，可能是电视艺术创作主体的一种理想追求，而娱乐，则是电视艺术节目具体制作中的现实法则。因此，审美和娱乐，一直都在理想和现实的层面上对于电视艺术的创造发挥着潜在的导引和润饰的作用。电视艺术创作的这种审美娱乐的特质表现，离不开大众传播的文化语境，离不开一种电视所特有的美感符号的加工与创造，同时，基于现代电视技术日新月异的发展，电视艺术的创造及其审美交流的方式也有别于以往诸多艺术形式，而表现出现代工业化的生产制作和商业消费的特点。虽然电视艺术仍有着一定程度上的作为个体的主体创造性与审美情趣的表达，但同时也受社会的意识形态、大众的审美惯性的裹挟。

(3)电视艺术作为一种大众文化的话语方式，受大众传播的文化语境的制约。一方面，讲究审美态度的平易、通俗，追求叙事的真实、情感的真切，关注现实人生，表现为充分的现实关怀；另一方面，它又以编织种种世俗神话为能事，通过展示虚幻如梦的情境，叙述神奇美妙的经历，而成为人们浪漫温情的寄托或者激扬悲情的宣泄。正如电视的卡通世界对于儿童的广泛的吸引，电视艺术的镜像世界更成为普通大众的活生生的“白日梦”。

(4)高收视率往往能够造成一种审美的“大众狂欢”，并且，相伴而生的，就是通过电视的热播，制造出众多的“节目”和“明星”，“流行”和“时尚”。而这一切，无不是通过生产一种有别于传统艺术的“摹本”的“类象”来体现的。它并非对于某种主导性或流行性观念的简单“复制”，而是一种大众性的意象创造。

(5)电视艺术创造的大众审美在某种意义上也是对于传统的教化观念和启蒙立场的消解或削弱，而显示出受众意识的强化，创作过程乃至节目构成中也更自觉地重视吸引受众的参与。

(6)电视艺术的创造始终遵循着大众的审美。同是文学名著改编为电视连续剧，作为大众寓言和英雄传奇的《三国演义》《水浒传》就比高度个人化的《红楼梦》显得更为精彩；就大致同一时期播出的电视剧而言，表现市民伦理生活的《渴望》与作为城市寓言的《编辑部的故事》就比表现知识分子的生存状况的《围城》更有人缘。同理，描写历史，正史式的叙述就远不如各种“戏说”能够博得大众更多的喝彩。近年来，电视游戏娱乐节目的兴盛也不免有着这方面的根由。

总之，电视艺术的创造是在一个技术化的时代张扬艺术、在一个非个性化的时代寻求个性、在一个泛审美的时代强化审美。这是一个明显的悖论，一种两难的境地，却又是电视艺术创造的一个不得不做的选择。

第2章　广播电视的艺术要素及艺术技巧

5.2.1　复习笔记

【通关提要（提纲挈领）】

本章主要论述了广播电视的艺术要素及艺术技巧，详细介绍了声音、画面、声像结合技巧等。本章考点以名词解释、简答题以及论述题为主，在学习时，需要熟悉和理解各艺术要素整体概念。

【考点难点归纳（厚积薄发）】

考点一：声音　★★★

1. 声音三要素（见表5-2-1）

表5-2-1　声音三要素

要点	具体内容
音色	又称“音质”，是声音的基本品质，如钢琴、胡琴、小提琴等各种乐器和不同的人的声音，都会有不同的音质，即不同的音色
音调	又称“音高”，高、中、低音之间的差别可以形成不同的音调
响度	又称“音量”，指声音的强度

2. 广播电视中的声音类别（见表5-2-2）

表5-2-2　广播电视中的声音类别

要点	具体内容
语言	是广播的重要组成部分。在电视中，语言包括讲话同期声、台词、解说、画外音等，甚至包括无声的语言文字
音乐	包括声乐、器乐
音响	包括自然声、模拟声、效果声等

3. 语言与播音（见表5-2-3）

表5-2-3　语言与播音

要点		具体内容
语言		首先在广播中使用，然后在电视中使用，贯穿新闻报道、专题播送、现场解说等各类广播电视节目
播音	含义	属于语言应用的范畴，是节目传播者利用有声语言直接面对观众的活动。狭义的播音由专职广播员进行，广义的播音包括非专职播音员的有声语言传播。在文稿播音时，文本文稿需要转换成有声语言，没有稿件的播音需要即兴创作

续表

要点			具体内容
播音	要求	朗读	要求"朗读"播音文本，即正确、清晰、流利地使用普通话
		朗诵	在阅读小说、诗歌、寓言、散文、台词等文学作品时，要"朗诵"，即生动形象、声情并茂、结合艺术语言与创造性因素
		语感	指感受语言的深度及控制力。播音员必须对语音、语法和含义具有很强的区分能力，对有声语言情感意义和功能意义的各个层次有特殊的敏感
		语速	指有声语言表达的快、慢、急、徐
		语气	指语句所蕴含的思想感情，包括"喜、怒、哀、乐、欲、恶、惧"等，以及"轻、中、重"的度的分寸把握
		语调	指语气的声音形式，它的变化反映了一定的情绪。一般分为平直调、昂上调、弯曲调、下抑调
		语势	指有声语言在句子表达中的语流音变，即声音行进的趋势和态势，是强度、音调、长度和音色的综合表达。语势的基本形式有波峰类、波谷类、上山类、下山类、半起类
		停连	指有声语言各部分的停顿、休止、中断与连接
		重音	指语句中需要强调的单词或短语，有声语言注重重音表达。根据内容和情感的不同，重音的表达方式包括加重、变轻、放慢、加快、虚中转实、连中有停等

4. 播音员与节目主持人(见表5－2－4)

表5－2－4　播音员与节目主持人

要点		具体内容
20世纪20年代末		播音员和主持人是广播、电视节目的传播者，播音员出现得较早。在20世纪20年代后期的西方广播中，出现了由记者、编辑作为新闻节目的主持人主持的新闻报道和新闻分析评论型节目
20世纪50年代		虽然电视节目兴起，但电台播音员和节目主持人仍然有着独特的语言和思想魅力
20世纪80年代	发展概况	经过广播电视的自主发展，我国广播电视节目的主持人队伍不断扩大。节目主持人的职责延伸到节目的整体策划、设计和组织。需通过熟练的有声语言和适当的形象来适应电视的直观性、现场感和视听结合的特征
	广播电视节目主持人的重要性	广播电视主持人是连接节目与受众之间的纽带，是节目或栏目组的形象代表。他们必须在贴近生活和受众的前提下，形成自己的个性特征

5. 音乐

(1)概况。音乐是广播电视节目的重要组成部分，尤其是在广播节目中。自20世纪90年代以来，中央人民广播电台和中央电视台相继建立了文艺频道和音乐频道。

(2)广播电视在现代音乐传播中的媒介功能，体现在对各地各民族声乐、器乐、原生态音乐的录播、直播，以及音乐的普及、服务等。具体见表5－2－5。

表5－2－5　广播电视在现代音乐传播中的媒介功能的体现

要点	具体内容
欣赏性节目	如“请您录音”“名曲欣赏”“名歌金曲”“激光唱片音乐欣赏”等
专题、专栏性节目	如“钟与音乐”“星期音乐会”“每周一歌”“中国音乐历史长河”“冼星海生平及其代表作品”“同一首歌”等
知识性节目	如“中国民族民间音乐讲座”“手风琴讲座”“怎样识五线谱”“钢琴讲座”等
报道性节目	如全国音乐舞蹈调演、民歌民乐会演、“上海之春”、“哈尔滨之夏”等

(3)音乐在与广播电视结合方面的积极作用，具体见表5－2－6。

表5－2－6　音乐在与广播电视结合方面的积极作用

要点	具体内容
节目配乐	如广播电视文学节目、专题节目、歌舞晚会、广播剧、电视连续剧等的配乐。音乐有一种情感取向和不确定性，当它与特定的节目相匹配时，既能补充其内容和形式，又具有独立欣赏的特点。配乐中可选择现有的音乐段落与节目相配或专门作词作曲
电声音乐与流行歌曲	主要指用于广播电视传播和欣赏的音乐作品。随着音乐录制技术和电声技术的发展，对现代社会音乐的传播产生了巨大的影响
音乐电视（MTV）	音乐电视是视听与现代音乐元素（尤其是电声音乐）、电视画面元素相结合而形成的一种综合形态。MTV起源于20世纪80年代初的美国的电视广告，不久后欧洲和美国建立了MTV频道。20世纪90年代初进入中国电视荧屏

6. 音响(见表5－2－7)

表5－2－7　音　响

要点			具体内容
含义			又称“音响效果”，是指在广播电视中除语言和音乐之外的一切声音效果，包括环境声、自然声、人声等。音响是广播电视传播的基本符号之一，可以刻画人物、渲染环境、再现现实、表现时空，扩大受众的想象空间，产生戏剧效果，增强吸引力
新闻节目中的音响			要求绝对真实，通常采用现场实况音响或非实况声音，根据声音的表现功能可分为环境音响、主体音响、背景音响
文艺节目中的音响	效果		包括纪实性音响和非纪实的表现性音响
	分类	客观音响	即环境音响，如风涛声、枪炮声、叫卖声、鸡犬声、蝉鸣声等
		主观音响	包括心理、幻觉的音响
		描绘性音响	音乐和音响通常一起使用，可呈现现实或非现实的音响，突出情节与人物

7. 录音与剪辑(见表5－2－8)

表5－2－8　录音与剪辑

要点	具体内容
录音	指语言、音乐和音响的录音，包括录音室录音和现场同期录音。录音与合成不仅是技术制作，更是一种艺术制作。艺术录音通常是单声道录制，多声道立体声合成，要考虑节目中语音、乐音、噪音的不同功能，以及音色、音调、响度等方面的拾音效果。根据艺术需要也可以使用拟音和配音

续表

要点	具体内容
剪辑	后期对声音的剪辑和合成，又称为“声音蒙太奇”，是指将各种声音素材组合在一起，形成艺术节奏，表达完整的内容。各种各样的声音剪辑可以丰富广播和广播剧，让电视和电视剧与屏幕相匹配，呈现出一个丰富多彩的声像世界

考点二：画面 ★★★★

1. 电视画面三要素（见表5－2－9）

表5－2－9 电视画面三要素

要点	具体内容
框架	指电视画面的平面框架。普通屏幕的长宽比一般为1:1.37。遮幅式电视画面与宽银幕相同，长宽比通常为1:1.66
影像	指影视画面的造型元素
构图	画面框架不仅限制了图像的空间，也凝聚了观赏者的注意力。视觉元素的表达需要在框架内构图

2. 构图（见表5－2－10）

表5－2－10 构 图

<table>
<tr><th>要点</th><th colspan="3">具体内容</th></tr>
<tr><td>含义</td><td colspan="3">指画面布局，是对画面所需的造型元素进行组织安排</td></tr>
<tr><td rowspan="2">影视画面</td><td>含义</td><td colspan="2">影视画面是现实事物和图像的真实反映。影视画面从本质上讲具有假定性意义，平面构图具有审美意义。影视画面以二维平面构图的形式表现三维立体空间，应考虑：①画面的影调、形状、色彩、线条；②画面的主体、客体、前景、背景、空白；③三维空间的二维处理（透视、远近、虚实、光影等空间感）</td></tr>
<tr><td>特性</td><td colspan="2">“运动”是影视画面语言的特征，包括画面中物体的运动和画框本身的运动。视像流动的影视具有开放式构图和动态构图的特点</td></tr>
<tr><td rowspan="4">影视构图的类型</td><td>静态构图</td><td colspan="2">是影视构图的一种构图形式，指用固定摄像、固定机位、镜头光轴（拍摄方向）、镜头焦距的方法，表现相对静止的对象和运动对象暂处的静止状态</td></tr>
<tr><td>开放式构图</td><td colspan="2">是电视画面构图的一种美学观点。以画面的外延性、非完整性和非均衡性为主要特征。一般把画框看作是一个通向画面外部空间的窗口，画框是内外空间的纽带而不是界线，它使得内外空间保持为原本的整体</td></tr>
<tr><td rowspan="2">动态构图与运动摄影</td><td>动态构图</td><td>是影视画面中的表现对象和画面结构不断发生变化的构图形式。这是区别于图片摄影构图的一种重要构图形式，也是影视构图最常用的构图形式</td></tr>
<tr><td>运动摄影</td><td>指在拍摄一个镜头时，摄影机的持续性运动。即在一个镜头中通过移动摄像机机位，或者改变镜头光轴，或者变化镜头焦距所进行的拍摄。通过这种拍摄方式所拍到的画面，称为运动画面</td></tr>
</table>

3. 镜头(见表 5 – 2 – 11)

表 5 – 2 – 11　镜　头

要点		具体内容
含义		指视听语言的最小单位，是影视作品的基本表意单位，由静态镜头和动态镜头组成，又分为固定镜头、运动镜头、长镜头等类别。不同类型的镜头有不同的审美效果。它既具有时空特征，又具有不同的叙事抒情功能。声音也是镜头的有机组成部分，从本质上讲，电视镜头应表现出声音与形式相结合的形象
分类	固定镜头	包括远景、全景、中景、近景、特写等，有角度、景深、光效、构图、线条、造型等美感，具有一定的绘画效果
	运动镜头	指摄影机在运动中拍摄的镜头，又称移动镜头，包括推、拉、摇、移、变焦、升降等，是影视艺术区别于绘画和照相艺术的本质特征
	长镜头	指用比较长的时间(有的长达 10 分钟)，对一个场景、一场戏进行连续的拍摄，形成一个比较完整的镜头段落。顾名思义，就是在一段持续时间内连续摄取的、占用胶片较长的镜头，与短镜头相对

4. 景别与景深(见表 5 – 2 – 12)

表 5 – 2 – 12　景别与景深

要点			具体内容
景别	含义		指摄像机在与实物不同距离或不同焦距的变焦镜头所拍摄的画面，呈现为不同的空间范围。在运动摄影中，景别随着拍摄对象的移动和摄像机的移动而变化
	分类	远景	通常被用于展现壮丽的场面，显示气势、氛围
		全景	通常用于表示主体的全貌
		中景	通常用于表现人物的活动，反映人物之间、人与环境之间的关系
		近景	通常用于介绍人物、反映人物的表情和景物细节
		特写	强调被摄主体的关键部分，是摄影者视点的景别，具有强烈的主观色彩和视觉冲击力
景深	含义		指画面主体与景物的清晰度，能体现二者间的空间感和虚实关系
	影响因素		图像的景深是由摄像机的焦距、光圈和物距之间的关系决定的。一般来说，焦距越短、光圈越小、物距越远，景深清晰度的范围越大；焦距越长、光圈越大、物距越近，景深清晰度的范围越小
	意义		利用景深与画面的虚实关系，突出主体，表达纵深感，营造优美的画面形式

5. 轴线

轴线又称为关系线、运动线、180 度线，是影视片中表现人物(或物体)的行动方向、人物的视线方向和人物之间交流而产生的一条无形的线，是拍摄中为保证空间统一感而形成的一条无形的假想线。轴线直接影响着镜头调度，保持轴线的统一才会使画面的空间感保持统一。一般情况下，摄像机在选择拍摄角度时，不能随意越过画面中的轴线，而只能在轴线一侧的 180 度之内进行拍摄。否则，就会出现人物动作、方向和关系的偏离，称之为“离轴”。当空间关系明确后，有意识地将镜头离开原来的总角度，跳跃到轴线的另一侧进行拍摄时，就形成“越轴”或“反打”。

6. 光效(见表5-2-13)

表5-2-13 光 效

<table>
<tr><th>要点</th><th colspan="3">具体内容</th></tr>
<tr><td rowspan="3">自然光源</td><td>概况</td><td colspan="2">主要指日光和天光。日光是阳光，天光是太阳的漫射光，夜晚还有月光和星光</td></tr>
<tr><td>特点</td><td colspan="2">照明范围大，照明均匀。其中，日光和天光的普遍照度较高，无法进行人工控制</td></tr>
<tr><td>应用</td><td colspan="2">外景镜头以自然光为主，称为“自然光效”。照度、色相、色温在不同地区、不同季节、不同时间、不同天气等方面有明显差异</td></tr>
<tr><td rowspan="10">人工光源</td><td>概况</td><td colspan="2">主要是指各种灯具，其照度、方向、色调、色温和照明范围均可自由控制，并有较大的艺术创作空间</td></tr>
<tr><td>应用</td><td colspan="2">室内拍摄采用人造光源，便于掌握艺术氛围。其中，“戏剧光效”是为了产生特定的造型效果和艺术氛围，通常需要在拍摄现场布景和补充</td></tr>
<tr><td rowspan="7">主要用光</td><td>主光</td><td>照亮主体的主要用光</td></tr>
<tr><td>辅助光</td><td>多为无阴影的柔和光，用来弱化主光投射下的明显阴影，弥补主光造成的造型缺陷</td></tr>
<tr><td>轮廓光</td><td>从被摄物体背面发出的光，照亮了被摄体的边缘。能使主体与背景分离，增强空间感</td></tr>
<tr><td>装饰光</td><td>用来修饰人物或物体造型的光，如现场光、眼神光、色光等</td></tr>
<tr><td>背景光</td><td>用来表现背景水平和影调的光</td></tr>
<tr><td>全景光</td><td>一般用于增强现场环境的亮度。通常用于设定场景的整体基调</td></tr>
<tr><td>气氛光</td><td>又称“效果光”，是根据场景的需要来创造特殊的艺术效果的用光</td></tr>
<tr><td>作用</td><td colspan="2">使用各种光线的目的是衬托主题、塑造主体并渲染氛围</td></tr>
</table>

7. 影调、色彩与色调(见表5-2-14)

表5-2-14 影调、色彩与色调

<table>
<tr><th>要点</th><th colspan="2">具体内容</th></tr>
<tr><td rowspan="2">影调</td><td>概况</td><td>指画面影像上表现的明暗程度，与场景物灯光的亮度密切相关。影调的明暗度通常可以分为高调(画面明亮)、低调(沉闷)和中间调(自然平和)</td></tr>
<tr><td>意义</td><td>影调的控制与调节是影视创作中技术与艺术的双重需要，既可以用来表现空间的透视和对象的肌理，又可以烘托气氛、表达情感</td></tr>
<tr><td>色彩</td><td colspan="2">色彩不仅能表现物体的表面特征，具有强烈的主观性，而且能产生感情的联想和真实的或象征的审美效果</td></tr>
<tr><td rowspan="2">色调</td><td>概况</td><td>红、绿、蓝三种颜色称为“色光三原色”，构成所有的色彩。色调与影调有关，色彩的明度在黑白影调中体现在不同层次的明暗阶调上。在光谱反射的色谱中，相似的色光有统一的倾向，形成色调，使人感到和谐</td></tr>
<tr><td>区分</td><td>①以明暗度区分，有明色调、暗色调。
②以色别(色相)区分，有红色调、黄色调、绿色调。
③以色性区分，有暖色调、冷色调</td></tr>
</table>

8. 画面特技(见表5-2-15)

表5-2-15 画面特技

要点		具体内容
含义		电视的画面特技是指采用数字特技的特殊的画面制作技术。电子特技可以对镜头进行画面放大、缩小、拉伸、压缩、切割和扭曲拍摄等变形处理，从而产生特殊的视觉和艺术效果
常用的电子特技	淡出淡入	又称"渐显渐隐"，常用于电影、电视镜头的转换或转场。图像逐渐由暗到亮显现，即"淡入"；由亮到暗逐渐消失，即"淡出"
	叠化	是一种比较温和的镜头转换方法。一个图像渐隐的同时，另一个图像渐显。前后图像重叠一段时间
	划像	画面前后衔接，前者逐渐减少，后者逐渐扩大取代前者。画面划出划入的方式有上下划、左右划、中心扩展划、多格划等
	抠像	拍摄对象是在一个单色背景(通常是蓝色背景)的摄影棚中，然后将其(人或物体)嵌入到另一张背景图像中
	定格	在屏幕上固定某一帧图像，从连续运动的图像中获取静止的画面
	版画效果	分离彩色图像的颜色，去掉中间色调；或者将黑白图像中的影调分开，然后去掉层次。图像呈现出鲜明的色彩反差和明暗对比的版画效果
	马赛克效果	图像化为由小色块组成的图案，以产生镶嵌画效果
	镜面效果	一个物体看起来像一排倾斜的物体，类似于两个镜子互相反射的效果
	多画屏	在屏幕上同时显示多幅画面
	快动作	正常拍摄的动作配合高速率播放，可加快运动的速度感，产生夸张的效果
	慢动作	正常拍摄的动作配合低速率播放，运动速度放慢，具有抒情的意味

考点三：声像结合的表现技巧 ★★★★

1. 电视时空(见表5-2-16)

表5-2-16 电视时空

要点		具体内容
电视时间	含义	指影响观众体验的屏幕时间形式，是一种假定性、艺术化的时间形态，是结合了现实时间、屏幕时间和心理时间三个方面的复合形式。屏幕时间打破了现实的连续性，给观众一种主观和心理上的时间幻觉
	意义	在屏幕上，通过蒙太奇的剪辑可以缩短或延长现实时间。画面的过去和未来以及主观的想象力可以通过镜头蒙太奇进行倒叙和交织，产生艺术意义
电视空间	含义	指影响观众体验的屏幕空间形式，是由屏幕所创造的空间，即在二维平面上再现三维空间的立体影像，属于空间幻觉
	意义	在每一幅特定的空间画面中，屏幕通过摄像机的纪录性来再现真实空间。通过蒙太奇剪辑，利用人们的视觉心理和空间幻觉，获得一种特殊的空间感。这种将空间与画面划分、组合的方法称为"空间构成"

2. 蒙太奇

(1)含义。源于法语 Monter，建筑术语，意为构图、组装、装配。在影视艺术中，指镜头的组合与剪辑，表现为一种独特的思维方式和创作方式。

(2)产生。形象具有特定意义，又称“形象符号”。图像构成画面，画面构成镜头，画面镜头的排列和组合(特别是运动性组合)可以产生丰富而特殊的含义，又称“蒙太奇语言”和“蒙太奇词汇”。

(3)影视语言的蒙太奇，具体见表 5-2-17。

表 5-2-17 影视语言的蒙太奇

要点	具体内容
含义	①是一种镜头的组接技巧和编辑方法。 ②影视语言(即声像语言)的思维方式被称为“蒙太奇思维”。除了“画面蒙太奇”的视觉体验外，声音的组合被称为“声音蒙太奇”。完整的影视蒙太奇思维应该是包括声音的“音画蒙太奇”
类型	参见第四编第二章考点难点归纳相关内容

【考点拓展】蒙太奇思维

蒙太奇思维是近些年提出的一种创作思维方式，它是以人的视知觉和听知觉形式为基础的创造性思维。蒙太奇思维包括：①类比蒙太奇思维。这类思维方式是在镜头或镜头组之间采用相似的手法或者表现相似的内容，使影视作品的观众会产生类似情景的思维活动。②对比蒙太奇思维。创作者在创作过程中，将其镜头素材或片断之间在形式或者内容上呈现出对立状态，从相反的角度表现相同的主题，并且使主题给观众留下更加深刻的印象。③接近蒙太奇思维。影视创作者通过同一、同时或相继成立的剧情将空间、时间相接近的镜头连贯起来，从而引导观众联想，并思忖其更深层次的内涵。

3. 声像(音画)剪辑(见表 5-2-18)

表 5-2-18 声像(音画)剪辑

要点	具体内容
声画同步	指影片中声音与画面的协调一致。自声音进入电影后，电影即由纯粹的视觉艺术变为视听结合的艺术。电影画面不再只是动作的影像，还配有声音。这两种电影元素交互作用，彼此配合，构成声画结合的不同蒙太奇形式。声画同步是其中最原始、最常见的一种。在剪辑时，要求影片的声带与画面严格匹配，使发音的人或物体(包括配音)在银幕上与所发声音保持同步进行的自然的关系，使画面中视像的发声动作与它所发出的声音同时呈现并同时消失，两者吻合一致，反之为声画不同步。声画同步的作用，主要在于加强画面的真实感，提高视觉形象的感染力
声画分立	指影视中画面的视觉形象跟声音互相分离的声画结合形式。声音和声源形象不在同一画面里，可以是写实音，也可以是非写实音。声音的作用被突出，不是重复画面已表现的东西，而是以分离的画外音形式，把表现空间由画内扩展到画外，加强了同画面形象的内在联系，丰富了画面的内容，扩大了信息容量，并更加富有感染力
声画对位	指声音与画面分立状态下的艺术观念和艺术技巧。在影视艺术中，声画对位是运用对立统一的辩证美学方法，将对立而完全不同的声音与蒙太奇结合起来，产生新的意义、潜台词或艺术趣味，达到特殊的声画修辞效果

4. 叙事剪辑与表现剪辑

以表意功能来划分，镜头剪辑一般包括叙事剪辑和表现剪辑，可细分为平行剪辑、积累剪辑、对比剪辑、隐喻象征剪辑等，这些都与蒙太奇思维有关。

5. 剪辑技巧(见表5-2-19)

表5-2-19 剪辑技巧

要点	具体内容
剪接点	指镜头与镜头的衔接处，又称“切换点”，用于镜头之间的连接，以保证镜头过渡的一致性和平滑性。剪接点的选择还应考虑： ①静态因素，包括主体形态、景别、主体视线、主体位置等。 ②动态因素，包括镜头的运动和被摄物在画面中的运动。常用的技术有：“动接动”，即运动镜头接运动镜头；“静接静”，即静态镜头接静态镜头
转场	用于不同段落间的转换，可清楚地展示段落性质和段落之间的连贯性。主要方法是： ①较大段落的转场通常采用淡入淡出、划像、定格和两极镜头等方法。 ②较小段落的转换通常直接转换镜头以反映视觉一致性

5.2.2 典型题(含考研真题)详解

一、填空题

文艺节目中的音响效果分为三类：客观音响、主观音响、( )。

【答案】描绘性音响

【解析】纪实性音响和非纪实的表现性音响是文艺节目中常见的两种音响效果。尤其在广播剧、电视剧中，音响的地位更为重要，表现力更强。一般可以将文艺节目中的音响效果分为三类：①客观音响，即环境音响，如鸡犬声、风声、叫卖声、枪声、门窗声等。②主观音响，包括心理或幻觉的音响，如突如其来的恐怖声。③描绘性音响，用于渲染戏剧人物的现实或非现实的音响。音乐和音响经常一起使用。

二、单项选择题

1. 电视画面的三个构成要素是( )。

A. 框架、影像、构图　　B. 框架、影像、结构

C. 框架、色彩、构图　　D. 形状、色彩、线条

【答案】A

【解析】框架、影像、构图是电视画面的三大要素，三者共同作用使画面更加完美、艺术。框架是电视屏幕的框架，即电视画面的平面框架。影像是影视画面的造型要素。构图是画面框架，它限定影像的空间界限，同时凝聚观赏者的注意力。视觉元素的表现需要在框架内有构图。

2. 下列不属于影视艺术中的声画构成的主要表现的是( )。

A. 声画同步　　B. 声画对位　　C. 声画分立　　D. 声画错位

【答案】D

【解析】影视艺术中的声画构成的主要表现有：①声画合一(声画同步)，即影视中呈现的画面和声音同时出现和同时消失，两者步调协调一致。②声画分立，指影像中呈现出来的声音和画面是不一致的，是

分立的，它拓展了作品的信息量，又增强了作品的内涵与厚度。③声画对位，指的是画面和声音的性质相反，存在强烈反差，依靠对立来增加联系。

三、名词解释

1. 景别（云南艺术学院 2023 年研；广州大学 2020 年研）

答： 参见本章考点难点归纳相关内容。

2. 景深（华东师大 2023 年研）

相关试题：景深镜头（湖南师大 2018 年研；四川大学 2012 年研）

答： 参见本章考点难点归纳相关内容。

3.（影视中的）特写（湖南师大 2013 年研）

相关试题：特写（镜头）（昆明理工 2015 年研）

答： 影视中的特写是表现人身体肩部以上的头像或被拍摄物体微小局部的景别。在特写中，环境几乎完全隐退，而只保留创作者刻意突出的观看主体。当表现人物时，特写可以把人们难以观察到的细微表情和心理活动清晰地传达给观众，从而达到刻画人物、烘托情绪、推进情节等目的。

4.（影视中的）独白（湖南师大 2017 年研）

答： 独白又称"内心独白"，从技术上看，声源来自画外，而从叙事上则是来自画面中某个人物的内心，是对人物心理活动的披露。独白是与之同步的画面中某个人物"发出"的，表现该人物此时此地的内心活动，这就要求影像造型的各种要素和独白的内容以及情绪基调相互配合。独白的主要功能是披露人物此时此地的心理，伴随着人物强烈的情感波动。

5.（影视中的）轴线（天津工业大学 2023 年研；南京师大 2015 年研）

相关试题：

（1）轴线原则（广东财经 2020 年研）

（2）轴线规则（暨南大学 2018 年研；湖南师大 2012 年研）

（3）180°轴线原则（湖南师大 2017 年研）

（4）简述轴线及其分类。（简答题，赣南师大 2017 年研）

答： 参见本章考点难点归纳相关内容。

6. 声画对位（西南大学 2023 年研；南京师大 2019 年研；复旦大学 2017 年研；暨南大学 2015 年研；湖南师大 2013 年研）

答： 参见本章考点难点归纳相关内容。

7. 声画分立

答： 参见本章考点难点归纳相关内容。

8. 交叉蒙太奇（海南大学 2022 年研；天津师大 2017 年研）

答： 参见第四编第二章考点难点归纳相关内容。

9. 音乐电视/电视音乐片（MTV）（昆明理工 2015 年研；湖南师大 2014 年研）

相关试题：

（1）简述音乐电视的音画关系。（简答题，暨南大学 2018 年研）

（2）音乐电视具有哪些主要特征？（简答题，湖南师大 2016 年研）

答： 参见本章考点难点归纳相关内容。

四、简答题

1. 广播电视音乐具有怎样的特质？（南京师大2011年研）

答：音乐是广播电视节目的重要组成部分，尤其是在广播节目中。从20世纪90年代起，中央人民广播电台和中央电视台分别开设文艺频道和音乐频道。其主要特质有：

（1）可作为独立的广播电视节目内容。在现代音乐传播中，广播电视体现了强大的媒介功能，表现在各地各民族器乐、声乐、原生态音乐的录播、直播，以及音乐的普及、服务等。这一点在欣赏性节目、专题专栏性节目、知识性节目、报道性节目中均有所体现，例如"同一首歌""名曲欣赏""上海之春""哈尔滨之夏""中国民族民间音乐讲座"等。

（2）可作为广播电视节目的有机组成部分。音乐作为一种艺术元素，在与广播电视的结合中发挥了积极的作用，成为"广播电视艺术"的有机组成部分。主要反映在：

①各类节目的配乐。如广播剧、广播电视文学节目、歌舞晚会、专题节目、电视剧的配乐。音乐具有情感的指向性和不确定性，在它与特定的广播电视节目相配合时，可以补充节目的内容和形式，又具有相对独立的艺术品格和欣赏价值。在各类节目的配乐中，或选择已有的音乐段落与节目相配，或专门谱写歌词。

②电声音乐与流行歌曲。主要指用于广播电视传播及欣赏的音乐作品。随着音乐录制技术和电声技术的发展，这样的作品逐渐成为一种风气，对现代社会的音乐传播产生了很大影响。

③音乐电视。音乐电视是视听结合的、运用现代音乐元素（尤其是电声音乐）与电视画面元素创造的一种综合形式。20世纪80年代初，MTV起源于美国的音像商推销音乐唱片磁带的电视广告，不久后在欧美建立了专门的频道。90年代初，音乐电视进入中国电视屏幕，受到文艺爱好者的青睐。它成为流行歌星、民族歌唱家、现代音乐创作者和演唱者们的新的艺术乐园。

2. 简述动态构图与运动摄影。

相关试题：

（1）跟镜头（名词解释，昆明理工2017年研）

（2）摇镜头的主要作用。（赣南师大2016年研）

（3）推镜头（名词解释，辽宁大学2023年研；昆明理工2014年研）

（4）运动镜头（名词解释，中传2020年研；昆明理工2013年研）

答：（1）动态构图。影视画面中的表现对象和画面结构不断发生变化的构图形式称为动态构图。泛指影视构图或影视构图形式之一，这是区别于图片摄影构图的一种重要构图形式。也是影视构图最常用的构图形式。动态构图的特点有：

①动态构图可以详尽地表现对象的运动过程以及对象在运动中所显示的含义，以及动态人物的表情。比如影片《克莱默夫妇》中克莱默抱着受伤的儿子跑向医院的镜头。

②画面中所有造型元素都在变化之中。比如光色、景别、角度、主体在画面的位置、环境、空间深度等等都在变化之中。

③动态构图对被摄体的表现往往不是开门见山、一览无余，而是有一个逐次展现的过程，其完整的视觉形象靠视觉积累形成。

④动态构图在同一画面里，主体与陪体、主体和环境的关系是可变的，有时以人物为主，有时以环境为主，主体可变成陪体，陪体可变成主体。

⑤运动速度不同，可表现不同的情绪。

（2）运动摄影。摄像机在运动状态中的拍摄称作"运动摄影"。运动摄影是影视摄影中常见的拍摄方法。它主要包括6种基本形式：

①推镜头。摄影机向被摄体逐渐靠近，画面包容范围缩小。此种镜头的主要作用是突出主体，使观众

的视觉注意力相对集中，视觉感受得到加强，造成一种审视的状态。它符合人们在实际生活中由远而近、从整体到局部、由全貌到细节观察事物的视觉心理。

②拉镜头。摄影机沿着光轴方向后移拍摄，逐渐远离被摄体或从一个对象转向更多的对象，画面包容范围扩大。在景别上，由特写或近、中景拉成全景、远景。拉镜头的主要作用是交代人物所处的环境。

③摇镜头。摄影机位置固定，但机身运动拍摄，其运动方向有上下、左右和旋转三种，旋转摇镜头又称“环摇”。左右摇常用来介绍大场面，上下直摇又常用来展示高大物体的雄伟、险峻。摇镜头在逐一展示、逐渐扩展景物时，还使观众产生身临其境的感觉。

④移镜头。摄影机沿着水平方向运动拍摄，根据机位与被摄体的相对关系，又可分为二者平行的横移、不平行的斜移和同步纵向运动的纵深移。移镜头同摇镜头一样能扩大银幕二维空间的映像能力，但因机器不是固定不变，所以比摇镜头有更大的自由，它能打破画面的局限，扩大空间视野，表现广阔的生活场景。

⑤跟镜头。摄影机跟随运动着的被摄主体的拍摄方式，被摄体在画面中位置基本不变，其前后景则发生相应的连续变化。适宜于连续表现人物的动作、表情或细部的变化。

⑥升降镜头。摄影机在升降机上做上下运动所拍摄的画面，是一种从多个视点表现场景的方法。其变化有垂直升降、弧形升降、斜向升降或不规则升降。

3. 简述声音系统(声音语言)。

相关试题：

(1)举例阐述影视作品中声音的作用。(湖南师大 2017 年研)

(2)举例阐述影视作品中音响的作用。(湖南师大 2016 年研)

(3)简述声音语言在影视作品中的作用。(扬州大学 2014 年研)

(4)同期声(名词解释，昆明理工 2018 年研)

答：在电视节目中，声音可以分为语言、音乐、音响三大类。

(1)语言。

①电视解说词。在电视节目中有无可替代的重要作用。它不仅是电视画面的诠释注解，而且是深化主题、完善内容、构建结构、衔接上下的重要手段，是整个电视节目的有机组成部分。优秀的电视节目是完美画面和完美解说词的有机融合。

在解说词写作过程中必须尊重它的特殊感。画面与解说词之间，有许多对立的范畴，如虚实、主次、多少、动静、详略、刚柔、形神等方面，运用艺术辩证法的规律，可以在对立中寻求统一，反而取得更加明显的艺术效果。画面是虚的，解说可以实写；画面是实的，解说可以虚写。画面表现得很详尽，解说可以简略；画面表现得简略，解说可以详写。

②同期声。在拍摄电影、电视节目的同时录音，这样的影视片音效比较真实、更有现场感、更有感染力，一般拍摄写实类、动作类的片子比较多，但事实上在影视后期制作的过程中，也会对同期录音的效果进行修改、完善，剔除不必要的杂音等，所以同期声也不见得完全的真实，只是相对真实而已。

③画外音。指影片中发出的声音但其声源不在画面内，即不是由画面中的人或物直接发出声音。画外音的作用是注解和题外话。事实上它起着旁注与补充的作用，以便人们对事实能更详细、明确地理解，它往往与主题相关，可作为辅助之用。

(2)音乐。电影音乐是电影的重要组成部分，是对电影的诠释纽带，一首好的电影音乐，对整个影片起着至关重要的作用。通常一部电影会由多首音乐相衬，以更好地衬托出电影需要表现的内容。电影音乐主要包括声乐、器乐等。

(3)音响，或称“音响效果”。在电视中，除了语言主体、音乐主体之外，一切声音都归于音响。包括自然声、环境声、人声等所有的效果声。具体参见本章考点难点归纳相关内容。

4. 简述电视画面系统(画面语言)。

相关试题：简述电视画面的特性。(湖南师大 2018 年研)

答：电视画面语言是电视工作者用以构成视觉形象的各种因素和方法，体现创作构思的各种手段和技法的总和，是电视艺术语言的重要组成部分。其中主要包括构图、光效、色彩、影调等诸多表述方式。信息传播当然需要重要的媒介物，这就是语言。但是，传播方式的不同，也就决定了它所使用的语言之不同：广播主要依靠有声语言；电视主要依靠画面语言。尽管电视也需要有声语言的介入，但那只是画面语言的一种辅助手段。所以说，在电视屏幕上存在没有声音的画面，却不可能存在不见画面的声音。

这就足以说明：无声音的画面仍然可以构成电视艺术作品；而无画面的声音则根本与电视绝缘。尽管声音在电视艺术作品中也发挥着不容忽视的重要表意功能，但归根到底，脱离了画面本体，声音的质能归属和美学价值终将无所依附，即画面是电视不可或缺的元素。电视艺术是通过电视进行传播的一种新兴艺术样式，它必须通过画面语言反映社会生活，表达思想感情。所以，画面也就构成了电视艺术的本体语言。电视画面语言的主要构成元素有：

(1)构图语言，它主要是指被摄对象在画面中的位置和空间，以及由此构成的视觉形象所传递的思想和感情。

(2)光效语言，由光效的性质、成分、角度、层次、强弱、明暗所体现的千差万别的变化，构成了极为丰富的光效语言。

(3)色彩语言，色彩的艺术表现和合理配置是电视构图的重要组成部分，色彩同线条、光效、影调相融合，构成了和谐的色彩语言。

(4)影调语言，屏幕上的事物所呈现出的明暗层次、明暗反差和明暗对比，构成了电视艺术的影调语言。

5. 电视制作中有哪些画面特技，举出 5 种并说明。(南艺 2013 年研)

答：电视制作中常用的画面特技包括淡出淡入、叠化、划像、抠像、定格、版画效果等，具体参见本章考点难点归纳相关内容。

6. 什么是表现蒙太奇？(南艺 2014 年研)

答：蒙太奇的理论和实践是先锋精神与革命意志相结合的产物。经过十月革命洗礼的俄国电影家，积极投身电影创作实践，努力运用电影的武器鼓舞群众、宣传革命。同时，在 20 世纪初的先锋派艺术的影响下，尤其受未来主义和构成主义的影响，他们注重探索崭新的电影语言，创立了蒙太奇理论体系。

(1)定义。表现蒙太奇是以相连的或相叠的镜头、场面、段落在形式上或内容上的相互对照冲击，产生一种单个镜头所不具有的丰富含义，以表现某种感情、情绪、心理或思想，给观众造成心理上的冲击，激发观众的联想和思考。表现蒙太奇的目的不是叙事，而是传达出一种情感和寓意，其主要类型有隐喻蒙太奇、对比蒙太奇、心理蒙太奇、抒情蒙太奇。

(2)表现形式：

①隐喻蒙太奇。这种叙述手法通过镜头的对列或交替表现进行类比，表达创作者的某种寓意或者对某个事件的主观情绪。它往往是将类比的事物之间具有的某种相似的特征表达出来，以引起观众的联想，领会创作者的寓意和领略事件的主观情绪色彩。

这种表现手法在美学上的特征就是结合巨大的概括力和简洁的表现手法，从而使画面具有强烈的感染力和形象的表现力。在制作的节目中，必须将要隐喻的因素与所要叙述的线索相结合，这样才能达到想要表达的艺术效果。用来隐喻的要素必须与所要表达的主题一致，并且能够在表现手法上补充说明主题，而不能脱离情节生硬插入，这一手法要求必须运用得贴切、自然、含蓄和新颖。

②对比蒙太奇。这种蒙太奇表现手法就是在镜头的内容上或者形式上造成一种对比效果，给人一种反差感受，表达创作者的某种寓意或者对话所表现的内容、情绪和思想。

③心理蒙太奇。这种表现技巧是通过镜头组接，直接而生动地表现人物的心理活动、精神状态，如人物的闪念、回忆、梦境、幻觉以及想象等心理甚至是潜意识的活动，是人物心理造型表现。这种手法往往用在表现追忆的镜头中。心理蒙太奇表现手法的特点是形象的片段性以及叙述的不连贯性。多用于交替、对列以及穿插的手法表现，带有强烈的主观色彩。

④抒情蒙太奇。抒情蒙太奇是指通过镜头中各种元素的组接或镜头之间的组合，在保证叙事和描写连贯的同时，达到升华剧情的思想和情感的目的，以突出作品中浓郁的诗情画意的蒙太奇手法。抒情蒙太奇常运用空镜头进行组接。

五、论述题

论述声画剪辑的方法及作用。（南艺2016年研）

答：声画剪辑的方法及作用主要体现为：

（1）声画同步，又称“声画合一”，指影片中声音与画面的协调一致。自声音进入电影后，电影即由纯粹的视觉艺术变为视听结合的艺术。电影画面不再只是动作的影像，还配有声音。这两种电影元素交互作用，彼此配合，构成声画结合的不同蒙太奇形式。声画同步是其中最原始、最常见的一种。在剪辑时，要求影片的声带与画面严格匹配，使发音的人或物体（包括配音）在银幕上与所发声音保持同步进行的自然的关系，使画面中视像的发声动作与它所发出的声音同时呈现并同时消失，两者吻合一致，反之为声画不同步。声画同步的作用，主要在于加强画面的真实感，提高视觉形象的感染力。

（2）声画分立，指影视中画面的视觉形象跟声音互相分离的声画结合形式。声音和声源形象不在同一画面里，可以是写实音，也可以是非写实音。声音的作用被突出，不是重复画面已表现的东西，而是以分离的画外音形式，把表现空间由画内扩展到画外，加强了同画面形象的内在联系，丰富了画面的内容，扩大了信息容量，并更加富有感染力。

（3）声画对位，是影视片中的一种声画关系。“对位”原系音乐术语，指音乐作品中若干相对独立的旋律声部结合为和谐的整体。在影视中，画面形象和声音分别表达内容，二者按照各自的规律去发展，又各自以其特有的内在节奏从不同的方面说明同一含义的声画结合形式。强调声音与画面的相互作用，通过观众联想，达到对比、象征、比喻等对列效果，产生某种声、画自身原来不具备的新的寓意。把画面的对列蒙太奇作用引用到声音和画面之间，使声音成为独立的艺术元素，在影视片中发挥其独特的作用。

第3章　广播电视文艺的基本类型

5.3.1　复习笔记

【通关提要(提纲挈领)】

本章详细论述了广播电视文艺的基本类型以及电视产业的发展历程。本章考点以填空题、名词解释和简答题为主，在学习时，需要着重理解广播文艺、电视文艺的概念以及特点，理解每个分类的含义，并对相关的概念作整体把握。

【考点难点归纳(厚积薄发)】

考点一：广播文艺的节目分类　★★★

1. 概况

广播文艺的分类基本上是广播文艺节目的分类，电台的文艺广播节目属于“广义”分类。广播电台根据录制模式可分为录制广播和现场直播。根据文艺的不同类别，文艺广播可分为文学、音乐、戏曲曲艺三大类。此外，还包括广播综合文艺节目(含文艺晚会)和按广播艺术特性制作的广播剧。

2. 按文艺类别分类

(1)文学广播，具体见表5－3－1。

表5－3－1　文学广播

要点	具体内容
内容	主要传播和介绍古今各种文学作品，包括散文、诗歌、小说、报告文学等
分类	①中国古典文学和现当代文学。 ②外国文学。 ③阅读欣赏、民族民间文学、文学录音报道等。 ④小说连播、话剧、电影录音剪辑(含话剧、歌剧、电影)、广播剧等明确反映广播艺术独立性的节目和栏目形式
特点	①需要把文本进行广播化处理，转化成有声语言。 ②需要节目编辑的策划和艺术家、话剧演员、播音员、故事员等进行再创作，配以音乐音响，以增强有声语言的感染力，体现文学作品中的审美品格

(2)音乐广播，具体见表5－3－2。

表5－3－2 音乐广播

要点	具体内容
内容	介绍国内外的各种音乐作品的广播节目，包括民间音乐、声乐、流行音乐、器乐、西方音乐、现代音乐、古典音乐、严肃音乐和相应的歌曲
分类	包括欣赏性音乐节目、报道性音乐节目、专题性音乐节目、知识性音乐节目、服务性节目等
发展	立体声技术对音乐的传播有直接影响。1981年，中国中央人民广播电台开始调频立体声音乐。1985年，第三套调频电台正式播出

(3)戏曲曲艺广播，具体见表5－3－3。

表5－3－3 戏曲曲艺广播

要点	具体内容
内容	主要播放中国特有的民族传统戏剧和讲唱艺术的广播节目
类型	包括知识性节目、欣赏性节目、报道性节目、专题性节目、服务性节目等类型，以及专为广播创作的广播戏歌、广播戏曲唱段、戏曲广播剧等
意义	曲艺属于通俗讲唱艺术，与古典文学、民间音乐密切相关，与广播艺术有着天然的默契。因此，其灵活的形式繁荣了广播曲艺事业
发展	中央广播文工团成立于1953年，专门从事广播曲艺。戏曲在技巧、剧种、题材等方面形式多样，促进了各种广播收听欣赏专题的出现

(4)广播综合文艺节目，具体见表5－3－4。

表5－3－4 广播综合文艺节目

要点		具体内容
含义	又称“广播综艺节目”，指由多种艺术节目组成的综合广播节目，与音乐、戏曲、文学、曲艺等艺术形式相融合，具有欣赏性、娱乐性、知识性和信息性等多种特点	
形式	晚会形式	综合性文艺节目，即各有主题的行业性文艺晚会、每年播出的春节晚会、节庆文艺晚会等
	栏目和节目形式	板块型或杂志型综艺节目组合，可以作为常规的综艺栏目或专题性的综艺节目等

(5)广播剧，具体见表5－3－5。

表5－3－5 广播剧

要点		具体内容
含义	指适应电台广播的需要而产生的一种艺术形式，是以语言、音乐和音响为手段，由演出机械录制而成的戏剧形式。广播剧以人物对话和解说为基础，并充分运用音乐伴奏、音响效果来加强气氛	
发展	国外	1924年，英国广播公司播出的《危险》是世界上第一部由电台录制的广播剧。20世纪30年代以后，广播剧在美国、英国、欧洲、德国和前苏联的发展更加明显
	中国	20世纪30年代，一批戏剧家为宣传抗日写过广播剧，成为中国广播剧的先驱。1950年，中央人民广播电台录制并播放了中华人民共和国成立以后的第一部广播剧《一万块夹板》。之后，广播剧剧目日益丰富。进入80年代以后，据不完全统计，每年制作的广播剧总数有500部

续表

要点	具体内容		
特点	“非视觉化”特征	题材内容上	可以突破戏剧的舞台局限，注重文学性，制作出“散文化”和“诗化”的广播剧
		时空上	以天马行空的灵活跳跃表现出最大的自由度
		内心刻画上	可以表达抽象的心理，如幻想和回忆等
	表现手段	语言	语言是广播剧的主体，包括叙述者和剧中角色的语言，用于解释地点、时间、角色和情节。人物语言包括独白、对白和旁白。戏剧冲突的发展主要取决于人物之间的对话，人物间的对话应具有鲜明的人物特征
		音乐	音乐在广播剧的情感表达、塑造角色、渲染气氛和增强艺术效果等方面发挥着重要作用
		音响	又称“效果”，用来表示时间和空间，即事件的环境、时间和人物角色的行为。它在烘托情绪、解释情节和改变场景等方面发挥重要的作用。音响效果有助于增强立体感与真实感
种类	艺术元素的特殊构成和“广播”的传播方式，形成了广播剧的若干品种，包括音乐广播剧、戏曲广播剧、广播短剧、连续剧、单本剧、广播诗剧、系列剧、广播报道剧等		

考点二：电视文艺的节目分类 ★★★

1. 概况

电视自诞生后以其独特的视听优势，将各种形式的文艺形态融入了电视屏幕和“电视文艺”领域。与此同时，电视也吸收其他艺术（尤其是电影）的优点，形成“电视艺术”，又称“影视艺术”。

2. 含义

电视文艺与电视艺术密不可分，包括电视作为媒介的两个方面：节目形式侧面（“电视文艺节目”）和艺术形式侧面（“电视艺术”）。广义的“电视文艺”指在电视上播出的一切文艺节目；狭义的“电视文艺”指具有电视艺术特色和文艺特色的节目。

3. 分类

（1）电视文艺节目，具体见表5-3-6。

表5-3-6　电视文艺节目

要点	具体内容	
含义	指以文学、艺术和文艺演出作为创作原始素材和基本构成元素，在保留原来艺术形式的基础上，运用电视视听语言进行二度创作，具有较高艺术欣赏性和审美价值的电视节目类型。电视作为一门综合性的视听艺术，与文学、美术、音乐、舞蹈、戏剧、电影等各种视听艺术品种密切相关	
节目形态	电视文学	指体现在所有电视作品中的文学因素，是电视化的文学，包括文学性表现手段。文学形式包括诗歌、散文、小说、报告文学等。当它们与电视艺术手段相结合时，就可以产生新的节目形式，例如电视小说、电视散文、电视诗歌、电视报告文学等

续表

要点		具体内容
节目形态	电视美术	指体现在电视作品中的造型、构图、色彩等美术元素，也包括在美术领域记录和播出的作品
	电视音乐	指电视作品中所体现的音乐元素。在电视上录制和播放的音乐作品包括民间音乐、古典音乐、西方音乐、严肃音乐、现代音乐、流行音乐等。电视和音乐艺术的结合即为"音乐电视(MTV)"
	电视舞蹈	指电视录制播放的舞蹈作品，如现代舞、民间舞蹈、交谊舞等。还包括电视艺术与舞蹈艺术相结合所产生的新的作品形态
	电视戏剧	指在电视录制并播放的一种舞台剧。戏剧是一种固有的舞台表演艺术形式，包括歌剧、戏剧、舞剧、戏剧小品等，也包括戏曲
	电视戏曲	指通过电视录制播出的以舞台戏曲的形式将电视与戏曲艺术相结合而制作的节目，又称为"电视戏曲艺术片"。根据电视剧的构成和表达方式拍摄的银幕戏曲称为"戏剧电视剧"，又称"电视戏曲故事片"
	电视曲艺、杂技	指电视上录制并播放的一种舞台表演形式，如曲艺、杂技以及魔术等
	电视电影	指按电影方式拍摄、在电视中播放的节目形态。在视觉感知上类似于一部迷你剧或单本剧。为适应电视产业欠发达而产生的小屏幕家庭观影需求，在题材选择、场景安排、情节设置、镜头处理上进行了适当的调整
	电视动画	指用电子技术制作并在电视上播放的一种动画形态
	电视文艺晚会	指舞台文艺晚会的电视化表演，有单项文艺晚会或综合性文艺晚会。电视文艺晚会主要用于宣传节庆日或特殊文化活动，分为直播和录播两种方式。综合性文艺晚会由曲艺、音乐、杂技、戏曲、唱歌、短剧、跳舞、魔术等系列节目组成
	电视综艺节目	指由音乐、曲艺、歌舞、戏曲、小品、杂技、魔术等节目串联而成的节目形态，起源于美国的广播电台，是一个传统艺术和亚艺术相结合的节目，由演播室制作，主持人串联，类似于电视文艺晚会。在中国，典型的有《正大综艺》《综艺大观》等

(2)电视艺术片，具体见表5－3－7。

表5－3－7　电视艺术片

要点	具体内容
含义	指遵循电视艺术的创作规律，利用电视的技术和艺术手段，将多种艺术样式(文学、戏剧、音乐、舞蹈、绘画、摄影等)兼容在一起，创造一种诗的意境，以期达到以情感人的特殊屏幕艺术样式
类型	包括电视民俗风情片、电视音乐艺术片、电视戏曲艺术片、电视歌舞艺术片、电视风光艺术片、文化专题艺术片等。近年来，"纪录片故事化"和"故事片的纪录化"的趋势是"记录"与"艺术"的交织

(3)电视剧，具体见表5－3－8。

表5－3－8　电视剧

要点	具体内容
含义	指一种适应荧屏、专为在电视或网络视频平台上播映的戏剧样态

续表

要点		具体内容
与电影的异同	相同点	二者在艺术语言、艺术手段、艺术技巧方面相似
	不同点	在传播方式上，电视剧收看具有随意性；在题材上，电视剧体现大众文化的特征；政府公共电视台的播出，使电视剧更具宣传教育功能
发展概况	诞生	①诞生于英国广播公司在伦敦郊外直播的一场盛大的歌舞。 ②试播阶段，英国广播电视台播放多幕戏剧《花言巧语的人》(1930)
	其他国家	在美国，以戏剧模式拍摄的电视片称"电视戏剧"，以电影模式摄制的电视片称"电视电影"；苏联称其为"电视故事片"；在日本则为"电视小说"
	中国	"电视剧"的概念是中国独有的。它的发展经历了几个阶段： ①1958年，北京电视台开始试播；同年6月，中国首部电视剧《一口菜饼子》开播。 ②从1958年到1966年，全国电视台共播出80多部电视剧和电视小品。 ③电视剧在1966年至1976年间停滞，10年中仅播出了3部。 ④1976年后，电视剧开始复苏。1978年播出了粉碎"四人帮"后的第一部电视剧《三亲家》；全年共播出131部电视剧。 ⑤20世纪80年代后，电视剧逐渐进入了发展、成熟、繁荣阶段。近50家电视台以及大部分电影制片厂相继设立了电视剧部，社会文艺团体也参加电视剧录制工作。目前，全国电视剧的年产量已经超过1万集。 ⑥1981年开始优秀电视剧的评选，相继设立了"飞天奖""金鹰奖"等
类别	以构成样式分	包括电视短剧、电视单本剧、电视连续剧、电视戏剧小品、电视系列剧等
	以风格样式分	包括音乐电视剧、小说式电视剧、散文式电视剧、戏剧式电视剧、报道式电视剧、纪实性电视剧、歌舞电视剧、情节性电视剧、戏曲电视剧等
	以题材样式分	包括现代题材、历史题材、神话故事题材、家庭题材、儿童题材、少数民族题材等
	以制作方式分	分为室内拍摄与室外拍摄。室内拍摄是利用电视艺术规律产生的一种电视剧形态。其特点是多机拍摄、室内搭景、现场切换、同期录音、同步完成等。室内长篇电视连续剧已成为一种完全电视化制作和播出的戏剧风格

【考点拓展】现场直播

现场直播又称"实况转播"，是电台、电视台对一些重要新闻事件或大型活动进行现场拾音、拍摄并同时发送给受众的播出方式。这些大型活动如文艺演出、体育比赛、节日庆典等，通常都是预知的。电台、电视台将转播车开到现场，对节目信号进行即兴处理后传送回台，再经台里的发射系统广播出去。需要对现场进行报道或解说时，记者通常是在现场进行。

5.3.2　典型题(含考研真题)详解

一、填空题

《实话实说》属于(　　)。(中传2010年研)

【答案】电视谈话类节目

【解析】《实话实说》是中央电视台新闻评论部于1996年春季推出的一个电视谈话类节目，节目通过主持人、嘉宾、观众的共同参与和直接对话，在生动活泼的气氛中，展开社会生活或人生体验的某一话题，达到各抒己见、增进参与者之间交流和理解的目的。1996年3月16日播出首期节目，4月28日正式定期开播《实话实说》。

二、名词解释

1. 电视散文(中传2010年研)

答：电视散文是一种具有浓郁抒情氛围的电视文学样式，它主要是通过特定的屏幕声画形象，散点式地反映创作者所见、所闻、所思、所感、所忆的生活情景和刹那间的思维活动，运用独特的电子制作手段将散漫的思维碎片组合在一起，营造出一种散文般优美的意境。电视散文将电视与散文联姻，催生成一个新的文学载体，具有文学性，包含浓郁的情感、深邃的思想、广阔的社会生活时空等，给人以无限的想象审美空间。同时它又具有电视性，以画面、音乐、色彩、字幕、声响等艺术元素构成直观的审美视觉空间，在与观众的直接交流中，产生审美的即时互动效果。电视散文的代表作有温州电视台的《永远的廊桥》、四川电视台的《哑巴渡》等。

2. 电视艺术片

答：参见本章考点难点归纳相关内容。

3. 综艺脱口秀(中传2010年研)

答：综艺脱口秀是一种观众聚集在一起讨论主持人提出的话题的广播或电视节目。“脱口秀”一词是从英语词组“talk show”音译而来的，“脱口秀”这一节目类型最早出现在美国《Tonight show》。脱口秀节目一般都有一列嘉宾席，通常由学识渊博或者对节目的特定问题有特殊经验的人组成。我国内地第一档电视娱乐脱口秀节目《东方夜谭》于2004年在东方卫视播出，其余著名的综艺脱口秀节目有湖南卫视《天天向上》、天津卫视《今夜有戏》等。

4. 电视剧

相关试题：

(1)电视连续剧(重庆邮电大学2018年研；湖南师大2015年研)

(2)连续剧(中传2020年研)

答：电视剧是一种适应荧屏、专为在电视或网络视频平台上播映的戏剧样态，在美国称“电视戏剧”，在苏联称“电视故事片”，在日本称“电视小说”。电视连续剧相当于我国传统的“章回小说”和“长篇评书”，情节连贯、人物形象丰满、艺术能力强，基本都在3集以上，有的甚至长达百集。电视剧体裁有三种分类方式：①以构成样式分；②以风格样式分；③以题材样式分。

5. 广播剧(昆明理工2018年研)

答：参见本章考点难点归纳相关内容。

6. 室内剧(南京师大2011年研)

答：室内剧是指在室内搭景，采用多机拍摄，同期录音并当场切换，在一个场次中以连贯表演的方式同步完成的电视剧。其特点在于：①以家庭生活为素材，通过生活琐事表现普通人的悲欢离合和伦理道德；②人物活动局限在一定的生活场景内，主要通过对话交代故事的发展、人物的命运；③拍摄时往往采用基地化作业，室内搭景、多机拍摄、同期录音、现场切换的电视制作工艺，成本低，生活周期短。我国的第一部长篇室内剧是《渴望》。

三、简答题

1. 简述广播文艺的节目分类。

相关试题：

(1)专题型节目(名词解释，湖南师大2018年研)

(2)简述广播电视节目的基本类别。(安徽师大2018年研)

答：参见本章考点难点归纳相关内容。

2. 简述电视剧及其分类。

相关试题：

(1)电视单本剧(名词解释，暨南大学2018年研；湖南师大2016年研；昆明理工2014年研)

(2)电视系列剧(名词解释，湖南师大2018、2014年研)

(3)简述电视系列剧的创作特征。(昆明理工2014年研)

答：参见本章考点难点归纳相关内容。

3. 如何看待国内历史剧的热播？

相关试题：

(1)简述历史剧的基本特征。(湖南师大2015年研)

(2)简述正剧的基本特征。(湖南师大2018年研)

答：电视剧《大秦帝国之崛起》登陆荧屏之后，以其磅礴的气势、饱满的人物、厚重的历史感，被称为"值得用手机流量刷的国产剧"。此前，另一部历史剧《大明王朝1566》经过修复，10年之后重播，也收获赞誉无数。在网剧走红的当下，历史正剧在网络上掀起的热潮，引人思考。

(1)国内历史剧热播的原因：

①历史剧易于人们"以史为鉴"，借古讽今。一个抛弃了自己优秀传统的民族是一个可悲的民族。历史剧本身把历史问题现实化、把现实问题历史化或对现实进行历史化的演绎与历史化的想象，以史为鉴，从而达到借古讽今的目的。历史问题的存在，有利于创作者展开充分的想象，自由地抒发自己的情感。

②历史剧易于吸引观众。在情节结构上富有戏剧性、传奇性和趣味性，从而达到吸引观众的目的。

③历史剧易于展现中国文化。历史剧本身由于题材的独特性往往有利于展现中国传统文化，这也是构成其魅力的主要原因之一。

④近年来历史剧艺术水准越来越高。此外，历史剧往往篇幅较长、演员阵容庞大、制作严谨，艺术水准较高，这也是历史剧热播的主要原因之一。

(2)辩证地看待历史剧的热播。近年来，历史剧的热播已成为一股不可阻挡的趋势。然而在历史剧一拥而上、盲目追求收视率的情况下却也存在着历史观与文化观相冲突的状况。这主要表现在对权谋文化的渲染，例如宫廷戏存在将圣明主君与权谋紧密挂钩、带有强烈唯心主义英雄史观色彩的现象。

①权谋文化。其实权谋文化是一种落后的文化形态，它产生于小农经济时代，在现代化的今天，它已经成为一种文化垃圾，如果不假思考地过多渲染，只能说明封建主义的思想尚未完全清除，离真正的现代文明仍然很远。有句话说，一切历史都是当代史，如果过多地渲染权谋文化就会导致对历史的误解，从而产生对现实的误解，是缺乏现代意识的表现。马克思说："恶是历史发展的动力借以表现出来的形式。"中国的权谋文化是法家思想的弊端，若历史的发展是建立在道与魔的斗智斗法中，那么，社会就无进步可言。

②片面强调帝王功业。当今的历史剧也存在着片面强调帝王功业的现象。有些做法更不可取，类似"再活500年"的言语其实是把社会发展寄托于君主，因此，肃清封建思想是一项艰巨与复杂的任务。

③历史庸俗化。当今热播的历史剧还存在着过分戏说历史的倾向，历史被过分地夸大，故事叙述提供

给人的只是幻觉，麻痹人们追求历史的意义，从而把历史庸俗化。应辩证看待戏说历史现象，对曾经发挥过重大作用的人物应当加以扩大，使其发挥更大的作用。过分戏说历史体现大众文化消费主义形态，对历史作用的错误理解，把历史当作消费品，实则是在挑战历史的深度、文化的深度，是对价值取向的亵渎。

4. 什么是广播剧？论述广播剧的特点。

相关试题：广播剧(名词解释，昆明理工 2017 年研)

答：参见本章考点难点归纳相关内容。

四、论述题

简论广播剧的艺术特征。

答：广播剧是一种以语言、音乐和音响为手段，由演出机械录制而成的戏剧形式。失去视觉手段乃是广播剧的弱点，但是，只有听觉手段(语言、音乐和音响)不仅可以充分调动听众的想象力，使之必须直接参加创造，从中获得特殊的艺术享受；而且，由于失去视觉手段，广播剧在展开情节时获得更大的时空自由，并使幻想、梦境、回忆等成为广播剧理想的题材。由于广播剧只有听觉手段，故不宜表现人物众多的场面、复杂而多头绪的情节，要求线索单纯清晰，人物集中。

广播剧作为以语言、音乐、声响效果三要素综合而成的一种听觉艺术形式，主要通过诉诸受众听觉感官的戏剧故事，发挥广播的听觉感染力，以声音本身直接打动受众的思想感情，从而完成审美过程。

(1)广播剧是特殊的听觉艺术。广播剧是一种戏剧，但又不是通常意义上的舞台戏剧的广播化，而是一种别样的戏剧形式。它只体现了一般戏剧的某些特征而不是全部特征，却又深深地打着广播的烙印，裹着精美的广播包装。

(2)广播剧有特殊的接受环境。广播剧的另一区别于舞台剧的重要特征，是受众接受环境的任意性。广播剧是完全凭借电子手段的，它使受众可以在家里、行路途中、公众聚集场所等随时随地打开欣赏，受众可边听边做事情，随意地躺着、坐着、听着……有报道证明，在网络条件下，受众不减反增的唯一传媒是广播，也正是因为它具有这种接受环境的任意性。

(3)广播剧具有电子化的假定性。广播剧利用与生俱来的科技手段，不限时空、不限真幻地表现最大化的活动空间、最大化的行动自由。它没有舞台，任受众思维驰骋，将剧情想象成任何一种环境和场景，尤其是一些荒诞不经的东西，更适宜广播剧，既有助于受众想象，又避免以具体视图展现丑陋或尴尬，还可弥补视觉艺术的不足之处。

(4)广播剧受众更具主动参与性。媒体的传播过程不仅传递了信息，还包括受传者对此做出反应，即反馈的过程。传播者和受传者是一种互动的关系，广播剧的收听过程也是互动的，在这个双向互动的过程中，受众并不是一个被动的角色。收听广播剧，虽无影像可凭借，却正可以发挥人的主观想象，使人物活在受众的心里。

第4章　节目、栏目及作品举要

5.4.1　复习笔记

【通关提要(提纲挈领)】

本章主要论述了20世纪90年代中叶前的广播电视文艺节目及栏目作品，还介绍了一些代表性的电视专题片和艺术片。本章考点以填空题、名词解释、简答题以及论述题为主。在学习时，需要整体把握节目产生的背景，了解部分代表性的节目、栏目及作品，以便作答。

【考点难点归纳(厚积薄发)】

考点一：广播文艺的节目与栏目(见表5－4－1)　★★★

表5－4－1　广播文艺的节目与栏目

要点	节目名称	具体内容
文学广播	《文学之窗》(1980)	周播，是中央人民广播电台文学综合专栏节目。该节目通过传送文坛信息、介绍作家作品、传授文学知识等方式，帮助听众提高文学鉴赏水平，极具欣赏性和知识性
	《电影录音剪辑》(1950)	中央广播电台文艺节目。原名《电影录音》，1955年更名为《电影录音剪辑》。1960年，《广播影院》启动，放映了大量的电影录音剪辑
	《长篇连续广播》(1958)	是中央人民广播电台的长篇文学、艺术作品连续广播节目，兼播评书。1964年更名为《小说连续广播》，次年改为《说新书》。1987年更名为《长篇连续广播》
广播综合文艺节目	《今晚八点半》(1987)	是中央人民广播电台综合文艺节目，以满足听众对音乐、戏曲、文学、曲艺等各类文艺节目的欣赏需求为目标，同时提供文艺知识信息动态、听众点播服务。主要栏目是《明星一刻钟》
	《空中大舞台》(1992)	中央人民广播电台综合性文艺节目，以戏曲曲艺广播为主，电影、电视、戏剧等内容安排得当，每次节目都有特别的侧重点
音乐广播	《全国广播音乐厅》(1984)	中央人民广播电台综合性音乐欣赏节目，主要介绍不同地区和民族优秀的音乐作品和音乐家，周播
	《外国音乐作品介绍》	中央人民广播电台外国音乐专栏节目。其前身是《乐曲解说》节目，在1981年更名为《外国音乐作品介绍》。目的是推荐20世纪现代音乐流派和欧美音乐代表性作曲家的优秀作品

续表

要点	节目名称	具体内容
戏曲曲艺广播	《戏曲之友》（1980）	中央人民广播电台戏曲专栏节目，原名《演员与听众》，1982 年更名为《戏曲之友》，1983 年更名为《戏曲信箱》。主要介绍中国著名戏曲表演艺术家的艺术经历和艺术特色，周播
	《神州剧坛》（1983）	中央人民广播电台戏曲专栏节目，主要介绍全国优秀的戏曲艺术。节目将当地的戏曲艺术与风俗、神话、历史联系起来，并调动各种音乐手段，给听众以良好的艺术体验
广播剧	《广播剧》（1980）	中央人民广播电台广播电视剧专栏节目。中央台的广播剧始于 1950 年。1980 年，“广播剧院”栏目推出，周播 5 次，每次 60 分钟

考点二：广播剧主要作品(见表 5－4－2) ★★★

表 5－4－2 广播剧主要作品

要点	具体内容
《恐怖的回忆》（1933）	由苏祖圭执导，是中国最早的广播剧，发表在《中国无线电》杂志上。该剧讲述了淞沪战争中，当日本大举进犯上海时，小人物孙先生与其儿子和邻居们签订合同后的遭遇
《开船啰》（1936）	洪深编剧，是我国早期广播剧之一，发表于《电影戏剧》月刊上，上海交通广播电台播出。讲述了 1936 年秋国民党保安队押送两个汉奸从汕头到广州的故事，揭露了国民党官场的腐败
《“七·二八”的那一天》（1937）	是中国早期具有广播特色的广播剧，夏衍编剧，发表在《新学识》杂志上。1937 年，中国当局拒绝日本帝国主义的无理要求，进行了全面抗战。编剧将戏剧情节集中在人们听到了中国赢得了战争的这一时刻，聚焦于广大人民得知政府军参加抗战、收复失地的欢乐场面，戏剧气氛浓烈，艺术效果强。表达了对抗战胜利的强烈盼望
《皇帝的新装》（1955）	指张庆仁根据安徒生童话改编的同名广播剧，首播于中央人民广播电台。讲述了两个骗子成功欺骗爱美傲慢的皇帝的故事，极具讽刺意味
《杜十娘》（1960）	指根据古代白话小说《杜十娘怒沉百宝箱》改编的广播剧，由左莱编剧，在中央人民广播电台首播。讲述了京城名妓杜十娘痴恋书生李甲，随其从良，不料李甲始乱终弃，杜十娘怒斥负心人后投江自尽的故事
《红岩》（1963）	指根据罗广斌和杨益言的同名长篇小说改编的广播剧。首播于中央人民广播电台。本剧节选自原著中甫志高被捕叛变革命，投靠国民党，出卖共产党员许云峰等情节

考点三：电视文艺的节目与栏目(见表 5－4－3) ★★★

表 5－4－3 电视文艺的节目与栏目

要点	具体内容
《九州方圆》（1987）	中央电视台的综合节目，共有 7 个栏目。采用主持人串联的“大结构”模式，每期固定有“红黄蓝绿”“全景与特写”“东南西北”栏目
《文化生活》（1961）	中央电视台播出的文化专题节目。1992 年更名为“文化园林”，设有“撷英殿”“集粹楼”“赏心斋”“百花坛”“门道馆”“金榜台”等 8 个子栏目

续表

要点	具体内容
《艺苑风景线》(1992)	文学性、杂志类文艺专栏节目，有“说三道四”“当月金曲”“轻松节拍”“走走看看”“娱乐瞬间”“突击访问”“海外特辑”等栏目。特点是外景镜头多，观众参与度高
《戏曲欣赏》(1984)	中央电视台戏曲集锦节目，后更名为《名段欣赏》。只播受众喜欢的戏曲剧种的剧目选段与折子戏。首播剧目是袁世海主演的京剧《黑旋风李逵》
《外国文艺》(1978)	中央电视台外国文艺集锦节目，主要介绍世界著名的歌剧、舞蹈和器乐作品。设有“世界名曲介绍”等栏目，后增加世界著名影星、喜剧大师的专场节目
《春节联欢晚会》(1978)	全称是中央广播电视总台春节联欢晚会，是中央广播电视总台在每年除夕之夜为了庆祝新年而开办的综合性文艺晚会。晚会涵盖小品、歌曲、歌舞、杂技、魔术、戏曲、相声剧等多种艺术形式，把现场观众和电视机前的观众带入狂欢之中，打造“普天同庆，盛世欢歌”的节日景象
《正大综艺》(1990)	中央电视台与正大综艺公司联合举办的综合性文艺栏目，周播。前1小时是综合性文艺板块，后半部分是“正大剧院”，专门播放进口的故事片或电视剧
《综艺大观》(1990)	中央电视台主办的综合性文艺节目，节目采取现场直播的方式，每一期均邀请影视歌舞界知名人士担任主持嘉宾，每周播出。有“送您一支歌”“艺海春秋”“请您参加”等栏目

考点四：主要电视专题片与艺术片（见表5-4-4）★★★

表5-4-4　主要电视专题片与艺术片

要点	具体内容
《收租院》(1966)	由北京电视台摄制播放的由16毫米黑白胶片摄制的专题纪录片。拍摄了四川省大邑县地主庄园陈列馆内的一组大型泥塑群雕，其解说词具有很强的故事性和文学性
《深山养路工》(1972)	由北京电视台摄制播放的由16毫米黑白胶片摄制的专题纪录片。讲述了吉林省铁岭地区铁路养护队保护铁路运输安全的故事。影片使用了老工人的同期声，通过各种蒙太奇技术来创造戏剧性效果
《雕塑家刘焕章》(1983)	由中央电视台摄制播出的彩色专题纪录片。它主要表现了雕塑家刘焕章对事业的执着追求。影片以人物特写为主，体现了主人公的精神和风格。该片的解说具有强烈的文学性，表现了主人公的坚韧不拔
《墨舞》	由中央电视台制作的电视艺术片，获得了1986年第一届电视“星光奖”。该片将中国的书法、绘画、舞蹈中的精髓融于一体，创造出新的艺术表现形式
《丝绸之路》(1980)	是中日合拍的纪录片，曾经在国内外引起过不同寻常的反响。中国版共15集。后期制作采用“胶转磁”技术，将原始胶片转录到磁带上进行编辑和复制
《话说长江》(1983)	由中日合作摄制的系列纪录片。影片的解说词知识性和文学性并重，具有很强的现场感，真实生动，观众参与度高；采用了章回评书体的形式。首次在纪录片中设立了两位主持人
《望长城》(1991)	是中央电视台、日本东京广播公司联合出品的12集大型纪录片。采用了主持人串联的形式，长镜头始终跟随着主持人，考察长城修建、变迁，全面介绍了长城在中国历史上的作用，长城对人民物质和精神生活的影响，长城与当今自然生态及人类迁徙变化的关系等等。全片不仅考察了长城本身，还表现了长城遗址沿途人民的生活状态，《望长城》的纪实风格，对以后电视片的影响巨大，被人们称为“中国纪录片发展的里程碑”

【考点拓展】电视文艺星光奖

中国电视"星光奖"是由国家广播电影电视总局主办的政府奖项，以思想性、艺术性、观赏性"三性统一"作为评判标准，是中国电视艺术的最高奖项。"星光奖"获奖作品集中展示了中国电视文艺所达到的综合水准，也标志着中国电视文艺在美学表达上所诠释出的时代特征，为中国电视文艺事业的发展发挥了巨大的推动作用。电视文艺星光奖历年获奖作品有：《辉煌中国》《长征》《朗读者(第一季)》《中国诗词大会》《机智过人》《我有传家宝》《中国民歌大会》《大国外交》等。

考点五：电视剧主要作品(见表5-4-5) ★★★

表5-4-5　电视剧主要作品

要点	具体内容
《一口菜饼子》(1958)	是中国首部电视剧，改编自同名短篇小说。该剧用黑白电视的方式在北京电视台演播室进行了现场直播。整出戏时长20多分钟，有4个角色，采取第一人称串讲故事模式。塑造了一个承受了生活重压，为救女儿而省下仅有的一口菜饼子，最后死在饥寒交迫之中的伟大母亲的形象。提醒人们不要忘记过去苦难生活，在那样一个物质生活非常贫乏的年代里，选择这样的题材作为中国电视剧的开山之作也是为了配合党中央关于"忆苦思甜""节约粮食"的宣传精神
《凡人小事》	由中央电视台拍摄播出的电视单本剧，荣获1980年全国优秀电视剧一等奖。根据杜保平的短篇小说《绣花床单》改编
《蹉跎岁月》	由中央电视台拍摄并播出的改编自叶辛的同名小说的4集电视连续剧，获1982年全国优秀电视剧"飞天奖"连续剧一等奖
《四世同堂》	由北京电视制片厂制作的一部28集电视连续剧。改编自老舍同名长篇小说，也是新中国的第一部长篇电视剧
《西游记》	由中国电视剧制作中心和中央电视台联合摄制的25集电视连续剧，获1987年度全国优秀电视剧"飞天奖"连续剧特别奖。根据吴承恩的同名小说改编
《红楼梦》	由中国电视剧制作中心摄制的36集电视连续剧。获1986年度全国优秀电视剧"飞天奖"连续剧特别奖。该剧根据古典文学名著、曹雪芹的同名小说改编
《师魂》	由中央电视台、龙江电影制片厂、中国儿童艺术剧院联合摄制的9集电视连续剧。获1988年度全国优秀电视剧"飞天奖"连续剧一等奖

5.4.2　典型题(含考研真题)详解

一、填空题

(　　)年创设了飞天奖。(中传2010年研)

【答案】1983

【解析】1981年4月3日至13日，中央广播事业局在北京召开了第三次全国电视节目会议，对1980年1月1日至1981年3月31日在中央电视台第一套节目播出的电视节目进行评选，有28部电视剧获奖。1983年3月，广播电视部(原中央广播事业局)委托《电视文艺》《中国广播电视》《电视周报》三家报刊联合主办第三届优秀电视剧评奖活动，并把这一活动正式定名为"全国电视剧飞天奖"。

二、单项选择题

1978年5月22日，中央电视台播出的______，是粉碎“四人帮”后的第一部电视剧，彩色实景拍摄，______。

A.《杏花塘边》；农村题材　　B.《三亲家》；现实题材

C.《三亲家》；农村题材　　D.《杏花塘边》；现实题材

【答案】C

【解析】20世纪70年代末期，摄像机和录像机得到广泛使用，电视剧开始复苏。1978年5月22日，中央电视台播出了首部粉碎“四人帮”的电视剧《三亲家》，彩色实景拍摄，农村题材，以“勤俭婚姻”为主题，由中央电视台和中央广播电视剧团联合录制。

三、名词解释

1. 春晚(中传2015年研)

答：春晚，即春节联欢晚会，一般指中央电视台每年农历除夕之夜举行的综合性文艺晚会。央视春晚自1978年起开播，1983年起改为现场直播，2008年开始高清视频网络转播，近年来播出时长在5小时左右。春晚节目内容包括歌舞、小品等，形式活泼多样、雅俗共赏，是每年除夕之夜中国人民必看的节目，已成为中国新的文化现象和民俗习惯。央视春晚在演出规模、演员阵容、播出时长和海内外观众收视率方面堪称世界之最。此外，各地方电视台也陆续主办类似的综合性文艺晚会，与央视春晚相比更具地方特色。

2. 栏目定位(中传2010年研)

答：栏目定位是指栏目所确定的自身在现实中的位置、栏目所担负的任务和栏目的宣传对象。定位是一个栏目的灵魂，关乎方向，决定成败，准确而又清楚的定位是一个节目能否拥有生命力的关键。栏目定位主要涉及以下几方面：①受众定位；②节目定位；③市场定位；④收视定位；⑤目标定位。例如，湖南卫视《晚间新闻》的栏目定位为“五性”，即新闻性、社会性、贴近性、趣味性和服务性。

3.《话说长江》(湖南师大2017年研)

答：《话说长江》是1983年中国和日本合拍的一部描写长江和长江两岸人民生活的一部纪录片，1982年拍摄的《话说长江》、1984年的《话说运河》成为中国纪录片发展史上最早的两个高峰。1983年8月7日在中央电视台首播，播出后反响空前热烈，全国观众的反应以及它被赋予的意义已经远远超过了纪录片本身传达出的信息。《话说长江》采用挑、等、抢的拍摄方法，记录真实环境、真实时间里发生的人和事；在结构上采取分章回连续播出方式；在演播形式上，主持人陈铎、虹云的直接讲解与电视画面相互配合，充分发挥了节目主持人对节目的贯穿作用。这一系列的创新使《话说长江》在中国电视史上成为一部里程碑式的作品。

4.《一口菜饼子》(安徽师大2018年研；广西民大2017年研；暨南大学2015年研)

答：参见本章考点难点归纳相关内容。

四、简答题

1. 请以具体栏目或节目为例，谈谈它的参与性是如何实现的。(中传2010年研)

答：电视节目的受众参与是指普通电视观众参与电视节目的制作和表演，从而在一定意义上改变电视节目传播的内容和方式，有利于电视节目的健康发展。电视艺术因有受众接受而获得社会价值，因其社会价值而发挥导向作用，因其引导作用而具有历史延展性。

湖南卫视《快乐大本营》栏目自开播以来，便以新鲜的题材，多样的形式，新奇的内容，高知识性，趣味性与参与性引领观众走向一个崭新的视听空间。其参与性的实现方式主要有以下几种：

(1)意见参与形式。

《快乐大本营》针对节目中的某一话题让观众发短信或在网络上留言发表各自的意见，大大增强了观众的参与度，突出了“全民娱乐”的新概念。

(2)辅助参与或辅助表演形式。

《快乐大本营》于1997年7月11日首播，在中国享有较高知名度。节目开始采用全民娱乐的类型，经常邀请一些有特殊才能的人物来表演；后转为选秀节目，来选出其主持人；现在多以嘉宾访谈游戏型的综艺节目为主，经常邀请一些中国大陆、香港、台湾的知名艺人来访谈、游戏等。并且十分注重嘉宾与观众间的互动，或观众现场参与提问，或表达自己的观点，或加入表演成分，以活跃现场气氛。

(3)观众互动性、参与性强的节目板块的设置。

《快乐大本营》既有搞笑不断的“我脑厉害啦”、考验嘉宾默契的“快乐传真”等形式新颖、观众喜闻乐见的经典游戏环节；也有让人捧腹大笑的“站稳了！我的朋友”“猜歌名”等老少皆宜、内容丰富多彩的室内全新板块；同时，《快乐大本营》积极响应国家扶贫助农政策，在2019年推出了全新公益性版块“快乐图书室”。另外，《快乐大本营》还根据时事热点与节庆日推出了“护士节特别企划”“父亲节企划”等温暖人心、观众互动性和参与感强的节目板块。其节目游戏主要有：

①“看你怎么扮”。

游戏规则是：寻找90后童年必看影视与那个年代绝大多数人推理思维的启蒙之作。“看你怎么扮”环节向众多经典作品致敬，还原其中的著名场景。

②“谁是卧底”。

游戏规则是：大部队拿到相同的一个词语，剩下一人拿到与之相关的另一个词语(卧底)，每人每轮只能说一句话或用一个词描述自己拿到的词语(不能直接说出来那个词语)，不能让卧底发现自己的词语，也要给同胞以暗示。每轮描述完毕，剩余的参赛者选出怀疑是卧底的那个人，得票数最多的人出局。若有两人票数一样，那么要重新描述。若卧底撑到最后一轮，则卧底获胜，反之，则大部队获胜。

综上所述，《快乐大本营》突出了“全民娱乐”的新概念，为普通观众和草根团体、组合打造了一个展现个性的“全民娱乐”的平台，它通过多种方式不断提升自身参与性，赢得越来越多的观众喜爱，从而真正成为全国最有影响力的娱乐节目之一。

2. 简述纪录片《新丝绸之路》。

相关试题：

(1)以具体作品为例，分析评估近年来中国电视纪录片的发展情况。(论述题，山东师大2018年研)

(2)请结合具体作品论述纪录片的美学特征与文化价值。(论述题，扬州大学2014年研)

答：《新丝绸之路》是一部10集大型纪录片，该片再现悲壮的古战场，探索神秘的古商道，重现恢宏的古文明。《新丝绸之路》在技术手段上采用了超级高清晰设备，这也是纪录片有史以来第一次使用这种高端的设备进行拍摄。剧组还为此特别成立了航拍组，以直升机、动力伞、航模飞行器从空中全方位进行拍摄。

(1)节目介绍。历时两年摄制的纪录片《新丝绸之路》于2006年3月10日在CCTV－9黄金时间播出。26年前中日合拍的《丝绸之路》曾经在国内外引起过很大的反响。不可否认，26年前的《丝绸之路》确实是一部力作，它的拍摄作为一种国家行为，在规模上代表了当时我们所能达到的纪录片制作的最高水平。当时参与摄制的日方组NHK电视台是新中国成立以来第一家被允许进入中国腹地进行记录拍摄的外国媒体，而中国政府为保障拍摄的顺利进行采取了一系列高规格的措施，例如开通铁路专线，甚至是出动军队。

(2)幕后制作。中国中央电视台此次拍摄不再是丝路古道沿线的纪实报道，而是选择十处具有不同文化特征的地点进行发掘，每集各自成章。本片所呈现的内容受益于近年来的考古发现与学术研究，许多观点得到了学术领域广泛的认可与支持。由于对主题、内容和形式的认知倾向和审美情趣仁者见仁，所以对同一地点的观察角度、素材取舍和表述方式也是不同的，此次 NHK 与中国中央电视台的合作方式是同一命题、分别拍摄、各自制作，最终是 NHK 与中国中央电视台两个版本。

(3)节目评价。26 年间，当各大电视媒体的镜头一次次横扫丝绸之路上的神秘，当现代人的足迹已将其中几处踩踏为旅游热线后，NHK 再次邀请中国中央电视台，中日再次联手踏上丝绸之路。中日摄制组在丝绸之路上经过艰难的 700 天拍摄。而在这 700 天的拍摄过程中，展现给世人的，已不只是这条曾经影响过东西方两个文明的发展的丝绸之路的无穷神秘，而是两个不同民族的摄制组，以各自不同的视角关注“丝绸之路”。

3. 简述纪录片《望长城》。

相关试题：纪录片《望长城》(名词解释，天津师大 2016 年研；浙江师大 2013 年研)

答：纪录片《望长城》是中央电视台摄制播出的大型电视纪录片。它于 1991 年 11 月 18 日开播，总长度为 624 分钟。自 1992 年 5 月 6 日起，该剧稍有改编，并在中央电视台重播。节目制片人为郭宝祥；总导演为刘效礼；总摄影师为韩金度。这部纪录片是中国电视纪录片历史上的一个分水岭，纪录片和专题片从此开始分离。本片被评论界誉为“中国纪录片发展的里程碑”。

(1)节目特征。全片分 4 集 12 部(每集由上、中、下三部组成)。这四集的片名分别为：《万里长城万里长》《长城两边是故乡》《千年干戈化玉帛》《烽烟散尽说沧桑》。该节目严谨的纪实手法广受好评。信息场结构完全以长镜头画面语言、同期声和电子特技等手法完整地呈现于屏幕，避免说教明确的解说词。主持人沿着长城遗址走，长镜头始终跟随着主持人，考察长城修建与变化，以及长城在中国历史上的作用、长城对人民物质和精神生活的影响、长城与当前自然生态的关系以及人口迁徙的变化等。全片不仅考察了长城本身，更多地还展示了长城遗址沿途人民的生活状态，主持人焦建成带着摄影机追踪拍摄长城遗址及长城两边人物活动的做法，对纪录片有启示作用：拍摄“过程”比展示“结果”更富有生动性、故事性，更有价值。

(2)节目内容。该片采取了主持人串联的形式，长镜头始终跟随着主持人，考察长城修建、变迁，全面介绍了长城在中国历史上的作用。这部系列片从更广泛的范围反映长城的历史发展和现状及长城区域的风俗民情，在国内外产生了广泛的影响。甚至有学者认为，中国新纪录片运动始于本片，它开创了中国纪录片的一个新时代，推动着中国电视纪录片走向巅峰。

(3)节目评价。《望长城》以一种厚重质朴的历史氛围、朴实无华的纪实风格、令人耳目一新的声画效果、睿智深邃的文化意识，透过长城展示了中华民族的沧桑巨变与荣辱兴衰。这是中国第一部纪实风格的大型电视纪录片，也是一部具有民族精神和中国气派的鸿篇巨制，被人们称为“中国纪录片发展的里程碑”。

五、论述题

1. 论述电视情景喜剧的特点。

相关试题：情景喜剧(名词解释，湖南师大 2012 年研)

答：电视情景喜剧指的是一类具有喜剧风格特征的电视系列剧，情景喜剧的时间长度一般为 30 ~ 40 分钟，以伴随着现场观众(或后期合成)的笑声为主要外部特征。

(1)特征。电视情景喜剧除了具有电视剧的一般特征和喜剧的美学特征以外，还有一些自己的特殊属性。电视情景喜剧的时间一般不长，播出时间灵活，可以几集连续播出，便于观众收看；电视情景喜剧题材涉及面非常广泛，既包括现实社会生活，也可以是历史故事；电视情景喜剧一般是几个主要人物贯穿始终，每一集又会有新的人物登场，单集故事情节独立；电视情景喜剧一般在相对固定的几个场景制作拍摄，比较强调台词和演员的表演。

(2)场景设置。由于情景喜剧的主要角色和基本环境是永远不变化的系列剧，因此其场景较少，一集戏通常只有四五个场景，而且主要是室内景，基本不用外景。其中又有三场左右是贯穿全剧的保留场景，每一集的故事都会在这里发生；另外一两个场景是临时场景，根据各集故事的需要临时搭置。大部分情景喜剧的场景采取舞台剧的布景方式，即三面封闭而第四堵墙是虚拟的，现场观众(如果有现场观众的话)和三台摄像机都从一面来观看戏剧的进展。除了特殊需要的镜头，一般不拍外景戏，但每部情景喜剧都会事先拍摄一些街景或是建筑物外观的空镜头，作为转场的衔接镜头。与一般的室内剧不同，情景喜剧是在一个类似剧场的环境中拍摄的，一侧是表演区，有布景；另一侧是观众席，中间是一条拍摄通道，拍摄时要求同时录下演员的台词和观众的笑声(这里和晚会节目是不同的，它不能出观众的画面)，所以必须一次成功，这也就构成了情景喜剧同其他电视剧在制作过程中的差异。

(3)结构。从结构的插科打诨的模式看，情景喜剧也具有相当明显的特征：①情景喜剧的幽默往往源于人物所处的奇特情景。②“奇特情景”通常是单一型(即每集一个)的，而且容易预测。③剧情和幽默往往围绕一个或者多个倒霉的主人公而展开。④大部分剧情发生在非常有限的内部场景中，与口头喜剧表演节目相似。

(4)语言。情景喜剧可谓是一门语言的艺术，其喜剧性效果是通过闲谈性的语言来实现的，它的情节展开、冲突激化和大量的幽默笑料，主要靠人物对话来完成。往往表现为话语的机智，比如巧妙地使话语与习惯语境脱轨，意外地使人从常规的话语囚笼中遁出，落入荒诞悖谬的语境之中。

(5)主题。就情景喜剧本身而言，除了现场观众的参与外，它另一个特点是跟着生活走，它的主题一般都不大，琐碎、絮叨、十分生活化，工厂流水式的制作方式、观众阅读过程逐渐培养的阅读依赖，都给它造成一个大量制作的空间。情景喜剧作为一种通俗文化，其消费的对象是普通人。这就要求其内容体现社会、接近生活，并且能够紧跟社会的变迁。

2. 论述我国的电视纪实作品近年来取得迅速发展的原因。

相关试题：

(1)阐述电视纪实类节目的思辨的表达。(简答题，杭州师大2018年研)

(2)结合实例，分析电视纪实作品的艺术特征。(分析题，广州大学2020年研)

答：电视纪实作品主要指纪录型的电视专题报道类节目，是运用电子采录设备和手段，对政治经济文化等新闻题材，作比较系统完整的纪实报道。它运用新闻镜头，客观真实地记录社会生活，客观地反映生活中的真人、真事、真情、真景，着重展现生活原生形态的完整过程，排斥虚构和扮演的新闻性电视节目形态。近年来，电视纪实作品飞速发展，原因总结如下：

(1)整个社会文化思潮的转移。随着我国经济结构、伦理价值和文化观念的重大转移，当今社会的普遍心态是讨嫌“虚假”，渴求“真实”；厌恶“空谈”，崇尚“实际”；远离“梦幻”，尊重“现实”。也就是说，人们活得越来越“实在”，要求越来越“实际”。因此，人们对他们所生存的社会越来越关注，对变革的事态发展越来越倾心。而电视纪实作品，却恰恰可以将真实的社会形态，及时输送到每一个家庭。从而，使人的个体融入社会的群体之中，使社会与人更靠拢，使人与社会更贴近。所以反映真实社会生活为主的电视纪实作品，才格外赢得了观众的青睐。

(2)观众审美水平的提高。今天的电视观众，再不是十多年前刚刚接触电视的电视观众了。在电视文化的长期熏陶下，他们的鉴赏水平已经有了很大的提高。其主要标志表现在观众的精神需求开始从“娱乐型”向“思考型”转移，也就是说，开始从“娱乐型”的电视文艺节目，向“思考型”的电视纪实作品转移。它本身就说明了电视观众审美水平的提高。

(3)大量优秀纪实作品的涌现。一种艺术形态，要想真正赢得观众，只有拿出好作品，靠作品本身“打天下”。近年来，电视纪实作品的创作者们，不再满足于只是对社会生活的简单记录与简单的新闻报道形式。开始将其作为艺术品去思考、探求，并且颇有一点“语不惊人死不休”的劲头，故而涌现了一批堪称

“艺术精品”的电视纪实作品，从而赢得了观众，为电视屏幕增添了新光彩。

(4)创作群体的崛起。任何一部电视作品，都是电视作者创作出来的。一支年轻的电视纪实作品创作群体正在飞速地崛起，一批不计名利、不畏艰苦、一心只做艺术追求和探索，以创作出纪实精品为己任的创作者，涌现在电视作品创作第一线。他们大都受过电视的专门训练，有较为全面的文学艺术修养，较好地掌握了电视艺术的创作手段。

(5)电视界对电视纪实作品的重视。在社会文化思潮和电视纪实作品创作的冲击下，各地电视台开始重视和支持电视纪实作品的创作。特别是中央电视台，在 1989 年年初，特意开设了“地方台 50 分钟”栏目，1990 年又改为“地方台 30 分钟”，专门播出全国各地电视台拍摄的优秀电视纪实作品。这样就为电视纪实的创作树立了一个高质量的示范。最近，中央电视台以及其他地方台专门成立了“纪录片创作室”。不仅如此，电视纪实作品也引起了理论界的重视，开始研究和探讨电视纪实作品的艺术特征和创造规律。中央电视台研究室连续召开了三次全国性的“电视专题节目界定会”；1993 年 10 月，在北京还成立了“中国纪录片研究委员会”。

现今，电视纪实作品已成为当代人审视现实生活的重要窗口，成为电子时代高品格的文化代表，成为电视总体制作水平的标志。

第六编　舞　蹈

【知识框架(庖丁解牛)】

- 舞蹈
  - 舞蹈的定义
    - 含义
    - 特点
  - 舞蹈的起源
    - 产生
    - 相关论说：模仿论、游戏论、巫术论、表情论、性爱论、劳动论
  - 舞蹈的种类、作品与舞人
    - 作用：舞台作用、生活作用
    - 种类
      - 生活舞蹈：习俗舞蹈、宗教祭祀舞蹈、社交舞蹈、健身舞蹈、教育舞蹈
      - 艺术舞蹈：古典舞、民间舞、芭蕾舞、现代舞
    - 中国舞蹈的发展
    - 作品介绍
      - 古典舞：双人舞《飞天》、独舞《春江花月夜》、舞剧《小刀会》、舞剧《丝路花雨》、独舞《扇舞丹青》等
      - 民间舞：集体舞《鄂尔多斯》、独舞《长鼓舞》、独舞《摘葡萄》、独舞《雀之灵》、集体舞《奔腾》、集体舞《黄土黄》等
      - 芭蕾舞：《皇后喜剧芭蕾》《仙女》《吉赛尔》《天鹅湖》《胡桃夹子》《天鹅之死》《仙女们》《红色娘子军》《白毛女》等
      - 现代舞：《马赛曲》《劳工交响曲》《悲歌》《启示录》《空间点》《饥火》《希望》《潮汐》《雷和雨》等
    - 舞人介绍
      - 古典舞：戴爱莲、资华筠、舒巧、栗承廉、陈爱莲、孙颖等
      - 民间舞：贾作光、莫德格玛、崔美善、刀美兰、阿依吐拉、杨丽萍等
      - 芭蕾舞：玛丽·塔里奥尼、马里乌斯·彼季帕、米哈伊尔·福金、巴兰钦、白淑湘等
      - 现代舞：邓肯、肖恩、利蒙、玛莎·格雷厄姆、吴晓邦、曹诚渊、王玫
  - 舞蹈基础知识
    - 舞种：独舞、双人舞、三人舞、群舞、歌舞、舞剧
    - 舞蹈要素：人体动作、舞蹈动作、舞蹈组合、舞蹈语汇、舞蹈段落等
    - 舞蹈创作

第1章　舞蹈的定义

6.1.1　复习笔记

【通关提要(提纲挈领)】

本章主要论述了舞蹈的含义以及特点。本章考点以名词解释、简答题为主，在学习时，

需要着重了解舞蹈的定义与特点。

【考点难点归纳(厚积薄发)】

考点一：舞蹈的含义(见表6-1-1) ★★★

表6-1-1 舞蹈的含义

要点	具体内容
含义	舞蹈是一种经过提炼、组织和美化的人体动作艺术，主要表现语言艺术难以表达的人的内在精神世界及人自身的内部矛盾。舞蹈通过创造出能被人具体感知、感受的舞蹈形象，来表达编创者和表演者的内心情感和审美需求，反映生活的审美属性
相关描述	《毛诗序》是我国古代第一篇诗歌理论著作，其中"诗者，志之所知也，在心为志，发言为诗，情动于中而形于言，言之不足，故嗟叹之，嗟叹之不足，故咏歌之，咏歌之不足，故不知手之舞之足之蹈之也"是对舞蹈的描述

考点二：舞蹈的特点(见表6-1-2) ★★★★

表6-1-2 舞蹈的特点

要点	具体内容
人体动作的艺术	舞蹈是以肢体动作为主要表现手段的人体动作的艺术。舞者可以通过舞蹈来表现自己的审美情感和理想。舞蹈对周围环境的反映距离生活的经验比其他艺术形式更为接近，是生命的本质所在
必须形成一定的形象	舞蹈是一种人体动作艺术，其刻画的形象具有艺术审美作用，是通过人体的动作、姿态和造型，并借助于音乐、道具、服饰、化妆等其他艺术因素构成的舞蹈思维的产物
动态造型艺术	舞蹈是一种具有空间性、时间性和综合性的动态造型艺术

【考点拓展】舞蹈的抒情性特征

舞蹈艺术以舞传情，长于抒情。古人在《毛诗序》中就说："情动于中而形于言，言之不足，故嗟叹之，嗟叹之不足，故咏歌之，咏歌之不足，故不知手之舞之足之蹈之也。"可见，舞蹈艺术用动作、表情等舞蹈语汇来表现其他艺术形式难以表现的人的心灵——人的精神世界和复杂感情，这是舞蹈艺术的一个重要审美特征。舞蹈艺术以舞传情，以舞达欢，以舞尽意，是人类思想情感最集中、最激动的表现形式之一。它通过动作、表情等舞蹈语汇，感物动情，托物寄情，设事表情，以"心灵表现"来反映人们丰富的精神世界，抒发多样的思想情感，讴歌真善美，鞭笞假丑恶，给人以感染，给人以震撼，给人以教化，在潜移默化中陶冶人的心灵，净化人的精神，提升人的境界，进而得到审美感受的满足。

6.1.2 典型题(含考研真题)详解

一、单项选择题

下列关于舞蹈的说法错误的是(　　)。

A. 舞蹈是艺术的一种，以经过提炼、组织、美化了的人体动作为主要表现手段

B. 舞蹈对其周围环境的反映距离生活的经验比其他艺术要稍远一些

C. 舞蹈着重表现语言文字或其他艺术表现手段所难以表现的人们的内在深层的精神世界

D. 舞蹈是一种空间性、时间性、综合性的动态造型艺术

【答案】B

【解析】B项，舞蹈是以肢体动作为主要表现手段的人体动作的艺术。舞者可以通过舞蹈来表现自己的审美情感和理想。舞蹈对周围环境的反映距离生活的经验比其他艺术形式更为接近，是生命的本质所在。ACD三项，舞蹈是一种经过提炼、组织和美化的人体动作艺术，主要表现语言艺术难以表达的人的内在精神世界及人自身的内部矛盾。舞蹈通过创造出能被人具体感知、感受的舞蹈形象，来表达编创者和表演者的内心情感和审美需求，反映生活的审美属性。舞蹈是一种具有空间性、时间性和综合性的动态造型艺术，是通过人体的动作、姿态和造型，并借助于音乐、道具、服饰、化妆等其他艺术因素构成的舞蹈思维的产物。

二、名词解释

表现的艺术(河北大学2015年研)

答：表现的艺术是指表达和抒发创作(含表演)主体内心感受和情感状态的艺术种类，如音乐、诗歌等。侧重于对内部主观世界的表现，通过内部主观世界间接或曲折地表达外部客观世界的艺术理论、艺术创作统称为表现论及表现的艺术。任何艺术都是再现与表现的统一。艺术是对客观现实生活的反映，这个反映必然具有再现的性质；但艺术也是人们(艺术家)的主观审美创造活动的物质外化形态，因此也就必然具有表现的性质。

三、简答题

简述舞蹈的审美艺术特征。

相关试题：

(1)简述舞蹈文化的特点。(湖南师大2017年研)

(2)舞蹈审美特征。(北舞2020年研)

答：舞蹈作为独立的艺术品种，具有鲜明的文化特异性，同其他艺术形式相比，它独有的审美特征是：

(1)人体是舞蹈艺术的物质基础。舞蹈是典型的人体艺术，构成舞蹈的最基本的物质材料是人体。在舞蹈艺术里，舞蹈表现手段和舞蹈艺术作品(舞蹈形象)，都是舞蹈者本身。离开了舞蹈者的人体动作，舞蹈也就不存在了。以人体为物质媒介，这是舞蹈有别于其他艺术的最显著的特征。

(2)动作性和直观性。舞蹈形象是一种直觉的艺术形象，但它不是一种静止状态的直觉形象(如绘画、雕塑)，而是流动状态的直觉形象。舞蹈形象的动作性，是由舞蹈艺术品的主要表现手段——人体的舞蹈动作所决定的。舞蹈动作是舞蹈作品的最基本的元素。舞蹈形象是一种直观的艺术形象，它主要通过人们的眼睛来进行审美感知。这个直观性的特点，就规定在舞蹈作品中所要表现和说明的一切，都必须通过艺术的形象直接地表现出来。

(3)程式化和虚拟化。舞蹈以高度虚拟化和程式化的动作来表达情感，程式化和虚拟化是舞蹈动作的基本规定。程式化是舞蹈发展到较为成熟阶段的产物，是遵循形式美法则而在实践中完成的。程式化丰富和提高了舞蹈动作的表现手段，使舞蹈动作显得规范整齐、活泼自然，并较为稳定地传达了一定的情感意蕴，也有助于舞蹈风格的形成与稳定。虚拟化是以艺术的假定为前提的，它使舞蹈动作克服了再现性的成分而成为表现性动作。

(4)高超的技艺性。舞蹈是动的艺术，所以舞蹈技艺主要是舞蹈演员高超的人体运动技艺。这种技艺一旦同具体的艺术内涵结合起来，就能达到技巧与艺术、运动与美的有机统一。无论在演员的表演上，还是在编导的创作中，只有体现出高超的技艺性，观众才能得到舞蹈美的感受。技艺性愈高，舞蹈美的感受也就愈加强烈。

第2章　舞蹈的起源

6.2.1　复习笔记

【通关提要(提纲挈领)】

本章主要论述了舞蹈的起源，包括模仿论、游戏论、巫术论、表情论、性爱论、劳动论等学说。本章考点以名词解释和简答题为主。在学习时，要着重了解舞蹈的起源学说，熟记各学说的内涵及其在舞蹈中的应用。

【考点难点归纳(厚积薄发)】

考点一：舞蹈的产生(见表6－2－1)　★★★

表6－2－1　舞蹈的产生

要点	具体内容	
舞蹈与最初的艺术冲动	生物为了生存，会依据不同的客体和环境变化，通过手势或肢体动作来传达要表达的思想。因此，最初的艺术冲动主要是借助所有媒介中最基本的方式来反映发生的事	
舞蹈的发生	不同认识	对于舞蹈的发生出现了不同的学说，主要有神话论、模仿论、游戏论、劳动论等
	共识	舞蹈源于生活，具体产生于劳动，是劳动的创造。舞蹈中的动作、节奏与劳动密切相关
舞蹈的意义	舞蹈是一种具有相对独立性的艺术，不只是对劳动的反映，还伴随着人类社会的发展而演变，超出其最初的本能意义，其舞蹈动作空间的审美需求形式和功能得到了更大的拓展	

考点二：关于舞蹈起源的论说(见表6－2－2)　★★★★

表6－2－2　关于舞蹈起源的论说

要点		具体内容
模仿论	起源	是最早的艺术起源理论，起源于古希腊哲学家
	内容	早期的理论家认为，艺术源于人们对自然事物的模仿，而模仿是人的天性和本能。由于模仿的对象和运用的媒介不同，会产生不同的艺术类别。舞蹈通过动态和节奏来模仿各种感受、性格和行动
游戏论	起源	18世纪由艺术理论家席勒[德国]提出，其理论依据源于康德的“艺术像游戏一样，都是自由的活动”。他认为艺术是一种以创造形式外观为目的的审美自由的游戏
	内容	艺术的根本起源为“游戏的冲动”，这是人性自由的表现，也是人类最终脱离动物界的主要标志，人的天性在游戏中得到解放，使人成为完全意义上的人

续表

要点		具体内容
巫术论	起源	由英国的人类学家泰勒提出。他认为艺术起源于早期人类的巫术活动。这种理论为许多人类学家、考古学家和艺术理论家所赞同，现仍然流传于西方艺术理论界
	内容	泰勒认为原始人的思维对于主客观的界线非常模糊，认为一切自然事物都具有灵魂，从而产生了图腾崇拜、原始宗教、魔法巫术、祭祀礼仪等巫术活动。而舞蹈是这些礼仪活动中最重要的内容
表情论	起源	指艺术起源于表现人的情感以及人类之间的情感交流，由文学家托尔斯泰[俄国]提出
	内容	托尔斯泰认为艺术起源于情感传达，可以借助动作、线条、色彩、声音以及言词等外在的标志，来传达所表现的形象，从而使得其他人也能感受到相同的情感
性爱论	起源	原始社会时期，人类的生活方式以群居生活为主，为了生存下去，于是将人自身的繁衍生产行为看作是一件很神圣、很神秘的事情。因此在图腾崇拜中，也有了对生殖和性的崇拜
	学者观点	①达尔文认为“音乐舞蹈起源于性的冲动，起源于恋爱”。 ②蔼理斯认为“舞蹈不仅与宗教有紧密的关系，它与爱情也有同样的紧密关系”，例如在奥玛哈斯族中，舞蹈既是舞，同时也代表了爱，男性通过自身的美、精力和技巧以赢得女性的青睐
劳动论		舞蹈随着人类的生产劳动而产生。劳动使人脱离了动物界，人类通过劳动，建立了人类社会，并创造出生产艺术的物质基础以及进行舞蹈艺术的物质载体，如洞窟壁画、文物遗存史料中的狩猎和种植的舞蹈场面，都反映了舞蹈起源与劳动具有十分密切的关系

【考点拓展】舞蹈与图腾

原始社会的图腾是指人们把某一种或者多种自然图形当作本民族的保护神和这个民族的标志。每个民族都有属于自己的图腾，原始人群把图腾当作自己的亲属、祖先，是保护本民族的保护神，有一定的象征意义。图腾在舞蹈中的体现是我国舞蹈艺术方面的一朵奇葩，到处都能看到民族民众对图腾的崇拜及信仰。图腾舞蹈中很多具有较高艺术价值的作品都起到活化石的作用，可以从舞蹈所表达的信仰，舞蹈演员的动作内涵，舞蹈所呈现的内容以及所需要的道具来展现民族民众对图腾的崇拜，对生命的热爱。通过对图腾的了解，能够对民族的根源、文化、风俗等深入掌握，与此同时，也能够更好地把握舞蹈情感的表现和动作的展现。

6.2.2 典型题(含考研真题)详解

一、填空题

1. 游戏论是18世纪(　　)国的艺术理论家(　　)提出的艺术起源的理论。

【答案】德；席勒

【解析】康德认为“艺术像游戏一样，都是‘自由的’活动，它是对自身愉快的，能够合目的的成功”，在这一理论基础上，18世纪德国诗人、艺术理论家席勒提出了游戏论。他认为艺术是一种以创造形式外观为目的的审美自由的游戏，艺术的根本起源为“游戏的冲动”，这是人性自由的表现，也是人类最终脱离动物界的主要标志，人的天性在游戏中得到解放，使人成为完全意义上的人。

2. “音乐舞蹈起源于性的冲动，起源于恋爱”是(　　)的说法。

【答案】达尔文

【解析】“音乐舞蹈起源于性的冲动，起源于恋爱”是英国生物学家达尔文提出的有关艺术起源的观点。在原始社会时期，人类的生活方式以群居生活为主，为了生存下去，于是将人自身的繁衍生产行为看作是一件很神圣、很神秘的事情。因此在图腾崇拜中，也有了对生殖和性的崇拜。英国思想家蔼理斯也认为“舞蹈不仅与宗教有紧密的关系，它与爱情也有同样的紧密关系”，例如在奥玛哈斯族中，舞蹈既是舞，同时也代表了爱，男性通过自身的美、精力和技巧以赢得女性的青睐。

二、单项选择题

1. 艺术起源中最古老且起源于古希腊哲学家的理论是(　　)。

A. 劳动论　　B. 模仿论　　C. 游戏论　　D. 巫术论

【答案】B

【解析】模仿论是最早、最古老的艺术起源理论，起源于古希腊哲学家。早期的理论家认为，艺术来自于人们对自然事物的模仿，而模仿是人的天性和本能。由于模仿的对象和运用的媒介不同，会产生不同的艺术类别。舞蹈则是用动态和节奏来模仿各种感受、性格和行动。

2. 巫术论是现代西方最流行的一种艺术起源的理论。它的提出者为(　　)

A. 席勒(德国)　　B. 托尔斯泰(俄罗斯)

C. 斯宾塞(法国)　　D. 泰勒(英国)

【答案】D

【解析】巫术论是由英国的人类学家泰勒在他的《原始文化》一书中提出的有关艺术起源的观点，是在直接研究原始艺术作品与原始宗教巫术活动之间的关系的基础上提出来的。泰勒认为艺术起源于早期人类的巫术活动。这种理论为许多人类学家、考古学家和艺术理论家所赞同，现仍然流传于西方艺术理论界。这种观点用实用性来解释艺术的起源，认为在原始人心目中，最初的艺术有着极大的实用功利价值。泰勒认为原始人的思维对于主客观的界线非常模糊，认为一切自然事物都具有灵魂，从而产生了图腾崇拜、原始宗教、魔法巫术、祭祀礼仪等巫术活动。而舞蹈是这些礼仪活动中最重要的内容。

三、名词解释

1. 模仿论(长沙学院 2025 年研；杭州师大 2012 年研)

答：参见本章考点难点归纳相关内容。

2. 巫术论(杭州师大 2016 年研)

答：参见本章考点难点归纳相关内容。

3. 舞蹈劳动综合论(燕山大学 2014 年研)

相关试题：劳动综合论(山东大学 2019 年研)

答：舞蹈劳动综合论将劳动看成是艺术最主要的起源，但不排斥艺术起源的其他因素。该理论认为舞蹈起源于人类求生存、求发展中的劳动实践和其他多种生活实践，是劳动生产、性爱、健身和战斗操练等活动的模拟再现，也是图腾崇拜、巫术宗教祭祀活动和表现自身情感思想内在冲动的审美需要。

四、简答题

简述有关舞蹈起源的论说。

答：理论界关于舞蹈的起源众说纷纭，最具代表性的论说有模仿论、游戏论、巫术论、表情论、性爱论、劳动论。具体参见本章考点难点归纳相关内容。

第3章　舞蹈的种类、作品与舞人

6.3.1　复习笔记

【通关提要(提纲挈领)】

本章为本编重点章节，详细论述了舞蹈的种类、作品与舞人。本章考点以名词解释、简答题、论述题为主，在学习时，需要熟练把握各个舞种的概念，以及每个舞种的具体代表人物与作品，以便作答。

【考点难点归纳(厚积薄发)】

考点一：舞蹈的作用(见表6－3－1)　★★★

表6－3－1　舞蹈的作用

要点		具体内容
舞台作用		使神灵更加形象化和人格化，带给崇尚宗教的人们希望和福祉
生活作用	含义	舞蹈源于生活。生活舞蹈指人们依据生活需要产生的舞蹈活动，有自娱、健身、社交及一定的教育作用，在舞蹈种类中占有较大比例
	功能	①社会交往生活中，生活舞蹈用于联络情感。 ②舞蹈可以抒发内心情感，并获得审美情感上的愉悦。 ③促进人的身心健康，陶冶情操

考点二：舞蹈的种类　★★★★

1. 生活舞蹈(见表6－3－2)

表6－3－2　生活舞蹈

要点		具体内容
习俗舞蹈	含义	指不同民族在生产劳动、岁时节令、婚丧礼仪、信仰崇拜等民俗活动中的群众性舞蹈活动，又称节庆或仪式舞蹈
	意义	用于展示民族风俗的舞蹈活动，能够表现出不同民族的风俗习惯、社会风貌、文化传统和民族性格等
宗教、祭祀舞蹈	含义	指用于宗教和祭祀活动的舞蹈形式，使神灵的形象再现，将神秘力量人格化
	意义	①宗教舞蹈主要用以乞求和感谢神灵的庇佑和恩赐，表达除灾去病、逢凶化吉、五谷丰登的愿望。 ②祭祀舞蹈是一种祭祀先祖和神灵的礼仪性舞蹈形式，表达了希望祖先与神灵保佑或赐福于自己的愿望

续表

要点		具体内容
社交舞蹈	含义	指社会交往中的舞蹈活动，常指舞会时跳的各种交谊舞
	意义	是在民间节日中进行的舞蹈活动，多为男女交往、自由选择配偶的社交活动，具有群众性特点
健身舞蹈		指通过艺术审美的方式来进行身体锻炼，使身心健康得到发展的舞蹈形式，如健身舞、韵律操、舞剑和舞棍等，具有强身性、竞技性与表演性、娱乐性的特点
教育舞蹈		指教育教学机构进行的有关审美教育的舞蹈活动，还包括其中开设的舞蹈课程，主要用来陶冶人的情操、规范礼仪举止以及增进身心健康等

2. 艺术舞蹈

(1)含义与作用，具体见表6－3－3。

表6－3－3 含义与作用

要点	具体内容
含义	指舞蹈家通过对社会生活的观察、体验、分析和想象等，进行创造后诞生的主题鲜明、感情丰富、形式完整的典型化的艺术形象，在专门的表演场地由少数人表演的舞蹈作品
作用	①“艺术舞蹈”带领人们进入到不同形式的舞蹈作品之中，使人们领悟艺术美，欣赏舞蹈家的艺术创造。艺术能够将对象逐渐转变为形式，即艺术在艺术品中的具体表现。 ②艺术舞蹈的创造形式与表演活动促进了职业的艺术家、艺术作品、艺术的鉴赏与批评的产生，使得艺术作品满足了人们对美的向往，而这种艺术也成为人们生活的基本内容和精神支柱

(2)艺术舞蹈的种类：

①古典舞，具体见表6－3－4。

表6－3－4 古典舞

要点	具体内容
含义	“古典”源于拉丁文 Classicus，即“经典的”。古典舞是指在民间传统舞蹈的基础上，经过专业工作者提炼、整理、加工、创造和检验，流传下来的具有一定典范意义和具备古典风格特点的舞蹈
特色	具有自成体系的美学原则和风格特色，拥有较完整、系统的表现手法和训练方法，无论在国家层面，还是民族的舞蹈艺术方面，都具有一定的代表意义

②民间舞，具体见表6－3－5。

表6－3－5 民间舞

要点	具体内容
含义	指产生并广泛流传于民间的一种舞蹈形式，是历史发展过程中，由广大人民群众集体创造并持续积累，逐渐发展形成的舞蹈形式，其风格相对稳定，以自娱为主要功能。各民族、各地区人民的生活劳动方式、历史文化因素、风俗习惯及自然环境的差异，会产生具有不同的民族风格和地区风格的舞蹈

续表

要点		具体内容
特色	民族性与地区性	表现本民族和地区的社会生活，表达了本民族人民的思想情感与审美要求。民族间形成了不同的舞蹈形态、风格、节奏和特色
	群众性	民间舞源于生活并拥有广泛的群众基础。人民群众不仅能够创造民间舞，也能够表演和传承民间舞
	稳定性	在人民群众的集体传承中，民间舞虽经历了变化与筛选，但其最基本的舞蹈动作和表演形式都保存了下来，并始终保持着一定的稳定性
意义	民间舞蹈的形式和内容与人民生活联系紧密，以反映劳动人民生活中的斗争，以及他们的思想情感和愿望为主要内容	

③芭蕾舞，具体见表6－3－6。

表6－3－6　芭蕾舞

要点		具体内容
含义	由法语Ballet音译而来。意大利文中称芭蕾为Ballo，具有“跳”或“跳舞”的意思，是一种流行于欧美地区的古典舞剧形式，集音乐、戏剧、哑剧和舞台美术等形式为一体的舞蹈艺术类别	
起源与发展	最早的芭蕾	意大利王公贵族的宴会是芭蕾舞萌发的场地，舞蹈史上称为“席间芭蕾”。1581年，意大利芭蕾大师巴尔塔扎创作的《皇后喜剧芭蕾》，是舞蹈史上的第一部真正的芭蕾舞剧
	历程	“芭蕾”起源于意大利，17世纪末在法国兴盛，18世纪传入俄国，并发展到高峰，之后逐渐传播和发展到世界各国，先后形成了不同派别，如意大利、法兰西、俄罗斯、丹麦、美国、英国等学派。启蒙运动期间，著名舞蹈家诺维尔［法国］主张“情节芭蕾”，认为芭蕾应表现真实的生活而非贵族消愁解闷的娱乐品，这一主张对后世影响深远
芭蕾流派	浪漫芭蕾	浪漫主义芭蕾是受浪漫主义运动影响之后出现的新式芭蕾。18世纪末19世纪初，浪漫主义运动在欧洲和北美掀起一股新的文艺思潮，同一时期浪漫主义芭蕾兴起。表现神秘境界、传达人物情感是浪漫芭蕾的主要艺术特征。题材上创造了“童话神话”取向，表达了“轻盈飘逸”的审美理想；动作上习惯运用“垂直向上”技巧；服装上形成“白色纱裙”的风格，由此形成了高贵典雅、严谨规范、表情细腻、动作舒展的法兰西学派芭蕾
	现代芭蕾	a. 改变了传统芭蕾所崇尚的古典唯美主义，在动作上改变了旧有的审美标准，开始回归远古律动。 b. 现代芭蕾的创作思想更加自由开放。 c. 创作手法丰富多样，抛弃了旧的固有观念与模式。 d. 在内容、特点和形式上受到现代舞的影响
	中国芭蕾	我国在20世纪20年代引入了西方芭蕾的艺术形式。“芭蕾”一词，在中国是指一种用足尖舞蹈的舞蹈形式，在欧美地区泛指所有的中国的舞剧，如我国民族舞剧《丝路花雨》
舞段形式	双人舞	双人舞的模式主要是ABA三段体，表演形式为男女双人舞。A为男女合舞，B是男女分别独舞，又称“变奏”。ABA的模式全面展示了男女舞者在肢体条件、艺术气质、舞台形象、技术水平、表现能力等方面合作的默契与协调
	性格舞	以芭蕾舞剧内容和形式的需要为基础，加以发展、创造出的各类民间舞，用以渲染和推动故事情节。性格舞需要演员性格热情奔放，且能够掌握多种动作风格

④现代舞，具体见表6－3－7。

表6－3－7 现代舞

要点	具体内容		
起源与发展	起源	指19世纪90年代至20世纪初期兴起于欧美地区的一种舞蹈流派。如今这一流派已形成了多种风格与主张	
	主要美学观点	反对古典芭蕾中墨守成规、动作僵化、脱离现实生活和只追求技巧的形式主义倾向，主张运用更合乎自然法则的舞蹈动作，更自由地抒发真实情感，强调舞蹈艺术应反映现代社会生活	
	代表人物	伊莎多拉·邓肯	美国女舞蹈家，她主张舞蹈家应达到肉体与灵魂交融合一的境界，肉体动作应以灵魂为发展方向，认为“粗鲁而机械”的古典芭蕾会导致人体发展畸形，强调舞蹈应以抒发内心真诚自然的情感为主。因为邓肯主张从自然界中发掘理想的舞蹈姿态，所以她的舞姿流畅，并具有十足的自由、激情和活力，为当时舞坛带来了一阵新风，冲击了矫揉造作、因袭程式的表演风格。但遗憾的是，邓肯并未形成科学系统的训练体系，也未留下传世作品
		鲁道夫·拉班	匈牙利舞蹈家，他科学系统地建立起一套较为完整的现代舞理论与训练体系。他创造的名为自然法则的训练方法将人体动作的构成归纳为八大要素：砍、压、冲、扭、滑动、闪烁、点打、漂浮，强调正确处理各要素之间的关系以组成新的动作。另外，他还创造了世界上最有影响力的舞谱之一——“拉班舞谱”
		圣·丹尼斯	美国现代舞先驱，广泛地从埃及、希腊、印度、泰国及阿拉伯国家的舞蹈文化中汲取营养，从而形成了独具东方风韵的现代舞，并传达出一种宗教精神
		玛莎·格雷厄姆	当代现代舞派的杰出代表，认为舞蹈不仅要歌颂善良与美好，也应表现罪恶、悔恨与嫉妒，强调要“揭露一个内在的人”。她还创造出一套名为“格雷厄姆技巧”的舞蹈技巧
审美标准	标准	与时代风格同步，依据个人的真实感受进行创新，独树一帜，是西方现代舞的追求	
	理论观点	约翰·马丁	美国著名舞评家、理论家，提出“现代舞是为了外化个人的‘真实’感情”
		塞尔玛·珍妮·科恩	美国著名的舞蹈理论家，认为现代舞是一种对当代世界艺术功能的观点和态度，是以肉体的叛逆去争取精神和人性的自由的、民主的艺术，并且永远追随时代的变化
技术流派与训练体系	美国的现代舞逐渐形成了不同风格的技术流派和训练体系，其中有五大训练体系：玛莎·格雷厄姆、默斯·堪宁汉、保罗·泰勒、霍塞·林蒙和汉娅·霍尔姆。其中，格雷厄姆体系是影响最为广泛的，该体系认为舞蹈动作是在地心引力的作用下，以呼吸为动力，强调脊椎带领身体，体现“收缩”到“放松”的动作规律，使舞者的脊背强悍、充满韧性，从而提高了动作的表现力，适合展现强烈的内心矛盾		

续表

要点		具体内容
赤脚而舞	形成原因	现代舞回归自然，形成了跳舞时采用赤脚的传统。其原因是： a. 邓肯认为芭蕾的脚尖鞋束缚了人类的肉体和心灵，主张让舞蹈回归自然，抛弃任何舞鞋，以赤脚而舞。 b. 邓肯寻找灵感源泉时，看到了古希腊瓶画，将画中舞者脚穿拖鞋的形象看成了赤脚。 c. 古希腊人崇尚人体的自然之美，在早期的奥运会中，项目大多是裸体进行的，为邓肯舞蹈中运用赤脚提供了依据和鼓舞。 d. 东方的印度和埃及的艺术特点是邓肯创作灵感的来源，其赤脚的形式也是她模仿的依据
	优势	赤脚可以充分地感受到地面，得到更高的平稳和控制力，回归自然。这种舞蹈是一种独特的形式，有助于舞者在表演中寻找自我，同时反映了现代舞独特的审美需求

考点三：中国舞蹈的发展 ★★★★

1. 古典舞

(1)舞乐机构的形成。

随着社会生产力的发展，社会化的分工和统治阶级的需要促使舞蹈形成了不同的风格特色和技艺，并出现等级分化，从而形成了专门的舞乐机构。

(2)不同朝代古典舞的发展，具体见表6－3－8。

表6－3－8 不同朝代古典舞的发展

要点			具体内容
周朝			统治阶级为巩固自身统治而建立了礼乐制度，并实行政治礼教，一定程度上促进了古代舞乐的发展，逐渐形成了中国古典舞蹈的“舞诗乐”三者一体的古典艺术风格
唐代	概况		盛唐时代出现了许多著名的舞蹈家，留下了丰富的作品，是中国古典舞蹈艺术发展的高峰，同时也推动了中国古典舞蹈艺术和民间舞蹈的独立与成熟
	相关记载	古诗描述	①杜甫《剑器舞》：“霍如羿射九日落，矫如群帝骖龙翔。来如雷霆收震怒，罢如江海凝青光。” ②白居易《霓裳羽衣舞》：“飘然转旋回雪轻，嫣然纵送游龙惊。小垂手后柳无力，斜曳裾时云欲生。” ③李群玉《绿腰舞》：“低回莲破浪，凌乱雪萦风……唯愁捉不住，飞去逐惊鸿”
		史记描述	在画像和雕塑中，生动形象地记录了历史舞蹈的表演形态
宋以后	概况		宋代之后，舞蹈的专门化发展受到了阻碍，舞蹈艺术形式逐步走向低潮且失传，最终被戏曲这种艺术形式融合到表演中。戏曲舞蹈成了宋元以后中国古典舞蹈发展的主流，成为具有代表性的传统舞蹈形态
	影响		中国戏曲和武术作为新的文化形式的审美基础和动作载体，与古典舞交融合一，经过发展和创新逐渐形成具有经典性、概括性、规范性的典雅的中国传统舞蹈

(3)与民间舞蹈的不同，具体见表6-3-9。

表6-3-9　与民间舞蹈的不同

要点	具体内容
对人类文明的追求	即对于教化与雅化追随的侧重点不同。中国古典舞在造型上呈现出的“意象”、在审美意识上表达出的“中和”、在整体结构上表现出的“气韵”，均体现出中国古典舞追求中国传统艺术最高“意境”的总体意识
在价值取向上	代表中华民族的审美理想，表现了民族的心理情感，是人类生活实践的经验积累，形成了具有民族性的审美经验
在美学追求上	立足于高尚的品格和客观、唯物的美学观念，维护传统美德
在情感表达上	真实真切，叙事和表达要明确、合情合理
在风格上	力求艺术的高雅、优美、和谐、流畅之美，摒弃俗的思想，具有不同风格： ①以“圆”为核心，古典舞传承了中华民族朴素的、唯物的自然观。舞蹈的展现主要是“圆”的形态，由拧、仰、含、腆、移、冲、靠几种静态元素，构成了“平圆”“立圆”“八字圆”的运动轨迹。 ②注重“线”的流畅，舞蹈技巧在收与放、静与动、松与紧中得到平衡，在流动中展现身体的节奏、动势、性格和意趣的艺术美。 ③掌握“力”的运用，不以表面运力，而要以气运力，看似力道弱，实则内力强劲。“气”是舞蹈中最重要的动作内核。气息的运用体现在舞者的情感和情绪上。 ④追求“韵”的境界，动作需具有韵律感和节奏感，用以表达和倾诉情感，要求力、气、韵的统一，使舞蹈语汇变化发展。如表现愉快心情时，动作要连贯婉转

2. 民间舞

(1)概况与分布：

①汉族的民间舞蹈形式主要为秧歌，流传于北方地区。

②流传于南方地区的民间舞有安徽花鼓灯、云南花灯、广东英歌、秀山花灯、福建采茶灯。

③少数民族舞蹈主要有蒙古族、朝鲜族、藏族、维吾尔族、苗族、傣族等具有民族特色的代表性舞种。

(2)特色，具体见表6-3-10。

表6-3-10　特　色

要点	具体内容
载歌载舞，自由生动	中国民间舞具有载歌载舞的传统，可以灵活地表演，抒发一定的情感，群众易于接受并参与其中，如汉族北方“秧歌”、南方的“采茶灯”等都具有载歌载舞的艺术特征
巧用道具，技艺结合	中国民间舞擅长使用道具进行舞蹈，通过道具来展示技艺，既增强了动作的难度又增加了动作的表现力。常用的道具有“手绢”“扇子”“长绸”“鼓”“面具”“高跷”等
形象鲜明，情节生动	中国民间舞的创作内容多取材于故事传说，从而表现出鲜明的人物性格。如广东“英歌”描写了骁勇英武的梁山泊好汉；福建的“大鼓凉伞”表现郑成功练兵御寇的战斗精神等
自娱性和表演性	在民间舞中，群众不仅仅是观众，还可以是表演者，各类民间舞蹈既能够随心所欲地抒发个人的情绪与情感，又能够自娱，还能够表演给他人欣赏，自由转换，自由抒发

(3)形式，具体见表6－3－11。

表6－3－11 形 式

要点		具体内容
秧歌	含义	汉族民间舞蹈，主要流传于中国的农村地区，起源于劳动生活，与祭祀农神的农歌和菱歌密切相关。明代中后期成为一种具有自娱性的表演形式
	形式	分为大场、小场和后场等。大场为集体表演，而小场以双人对舞为主，有时也有三人和单人舞蹈形式。后场为小歌舞形式，情节简单
龙舞	含义	汉族民间舞蹈，又称"舞龙""龙灯"，是由多名演员运用龙形道具表演的舞蹈形式，在全国各地广泛分布，其形式品种的多样，是任何其他民间舞都无法比拟的。龙舞最基本的表现手段是其道具造型、构图变化和动作套路
	形式	龙舞的表演场地是城镇广场、社区等区域较大的地方。龙舞的传统表演程序一般为："请龙""出龙""舞龙""送龙"。民间有"七八岁玩草龙，十五六耍小龙，青壮年舞大龙"的说法。舞龙人数少则一人舞双龙，多则百人舞一大龙
跑旱船	含义	汉族民间舞蹈，又称"旱船""采莲船"。流传极广，多在年节表演。跑"旱船"时，一般使用的伴奏乐器是锣、鼓、钹等打击乐器，有的地方也加上一至两支唢呐伴奏，气氛热烈，情绪活跃，具有浓郁的地方风情
	形式	表演时一戏装女子置身糊制的彩色龙船之内，手中舞扇；另一花脸艄公，执篙撑船。跑旱船妙在一个"跑"字，各表演队都有自己的跑法
多朗舞	含义	指维吾尔族民间舞蹈，形式为双人对舞，多数为男女配合。根据当地的传统礼仪与习俗，舞者需跳完全部动作
	特点	最突出的特点是"滑冲"和"微颤"。滑冲是在快速的迈步和撤步时形成的冲力效果，在赛乃姆和赛乃克斯的动作中尤为突出。微颤是由于膝部的小屈伸形成的，它贯穿于动作的始终。舞蹈、弦乐与声乐相配合，伴唱者需高八度演唱
筷子舞	含义	蒙古族民间舞蹈形式，鼓庆欢宴中，男子所表演的即兴道具舞蹈
	形式	表演者两手各握一把筷子，手持筷子的细头，击打筷子的粗头。动作有双手胸前交叉击打筷子，也可击打双肩；双手腹前交叉击打筷子；双手胸前击打筷子，接一手打肩一手交叉打腿；一手打肩一手转圈打击地面蹲转；双手胸前打筷子接一手顺着打腿，再双手胸前打筷子接一手交叉打肩等。脚下舞步有平步行进与后退，亦有点地步行进后退，或各种转和跳跃动作随舞者即兴而做。慢舞稳重深沉，快舞飘洒矫健。情绪高昂时筷子绕身飞舞，可在各种动作上击打身体的各部位，场面轻松热烈。筷子舞凝结着蒙古族人民热爱生活的情意和美化生活的智慧，也是蒙古族人民的精神生活组成部分
长鼓舞	含义	朝鲜族的民间舞蹈形式。舞者肩上挎一个杖鼓，放置在胸前，手持竹条，演奏时双手击鼓，并伴有起舞，节奏丰富，舞姿多样
	特点	既可集体表演，也可单独表演。女性长鼓舞风格优雅，男性长鼓舞活泼潇洒。表演时以扛手、伸肩、鹊雀步等动作为主，舞者肩挎长鼓，右手持鼓鞭，边跳边敲。长鼓不仅是舞蹈的道具，也是伴奏乐器。整个舞蹈集演奏、演唱、舞蹈于一体，实现了人、鼓、乐的高度协调
卓舞	含义	又称"锅庄"，是一种无伴奏的集体舞。多人围圈歌舞，是流传于西藏地区的民间舞蹈。锅庄舞姿矫健雄壮，主要刻画了禽兽的形象，注重情绪的表达，体现了藏族人民的勇敢剽悍

续表

要点	具体内容			
卓舞	分类	按风格分	包括：①农区；②牧区锅庄	
		按规模分	大锅庄	用于大型宗教活动
			中锅庄	多用于传统民间节日
			小锅庄	用于亲朋好友欢聚

【考点拓展】中国民间舞的五种文化类型（见表6－3－12）

表6－3－12 中国民间舞的五种文化类型

要点	居住地区	语言	信仰	舞蹈特色	生活劳作
农耕文化型［平稳、安详、优美的动律］	平原或山区河谷地带	通用汉语或多属于汉藏语系、苗瑶语族、壮侗语族的各语支	以佛教、道教、民间巫教为主，也有本主（地方神）信仰等	舞蹈的地方色彩浓郁，活动形式多与祈丰收、祭神、谢神、丧葬的礼仪相结合，舞蹈风格平稳、安详、优美、细致，并以歌舞、道具舞的形式居多	从事旱田、水田劳作，甚至仍有“刀耕火种”的遗存
草原文化型［粗犷、豪放的动律］	牧草肥沃的地区	属阿尔泰语系蒙古语族	人们普遍信仰萨满教，或仍有自然崇拜、多神崇拜的遗存	舞蹈风格粗犷、豪放，以徒手表演者居多，小型为主，自娱性强，一定节日中也有大型的歌舞活动	从事游牧、畜牧、狩猎经济，也有一些农耕经济生活
海洋文化型［“人海和谐”的心态］	沿海地区或一些岛屿上	属于汉藏语系和南岛语系印尼语族，还有操不同方言的汉族	多信仰民间神——“妈祖”，一般也信仰佛教、道教	舞蹈形式多与农耕文化型近似，但活动形式与舞蹈风格，都染着浓郁的海洋色彩	以渔业、盐业、航运为主，也进行农耕劳作
农牧文化型［高原“一顺边”的美］	青藏高原、云贵高原的山地或河谷地带	属汉藏语系的藏缅语族	普遍信仰藏传佛教（喇嘛教），并仍有原始信仰的遗存	舞蹈活动多与宗教礼仪相结合，带有明显的宗教观念，舞蹈形式多样，兼有农与牧两种文化的特征。高原“一顺边”的美，是典型的形式美与民族审美心理	因地理环境、海拔高度而异，从事农业、牧业、林业以及其他经济生活
绿洲文化型［丝绸古道的风韵］	沙漠边缘绿洲上的村落，且多是古代“丝绸之路”的交通重镇	属于阿尔泰语系突厥语族，少数属于其他语系的民族	以伊斯兰教为主，且多有萨满教观念和习俗的遗存	舞蹈具有独特的绿洲文化色彩，自娱性舞蹈中也带有表演性的成分，有些民间舞蹈技艺水平较高，继承并发展了古西域的乐舞文化	以农耕与畜牧为主，兼营商业或其他

3. 芭蕾舞

(1)芭蕾约在20世纪20年代传入中国。演出的第一部外国舞剧作品为《无益的谨慎》。

(2)1958年，著名舞蹈家白淑湘扮演《天鹅湖》的女主角“奥杰塔”，被誉为“中国的第一只白天鹅”。

(3)1964年创作并演出了《红色娘子军》;《白毛女》创作于1965年。

(4)1978年开始，中国的芭蕾创作逐渐活跃，题材更加广泛，风格也十分多样，代表作品有《祝福》《雷雨》《林黛玉》《梁祝》《魂》《蓝花花》。

4. 现代舞(见表6-3-13)

表6-3-13 现代舞

要点		具体内容
兴起		中国现代舞是一种“新舞蹈的概念”，由吴晓邦带回中国。他认为是“与旧有的古典芭蕾彻底划清界限，努力创造出一种在思想观念、训练体系、创作方法和舞蹈形象上具有新意的舞蹈”
吴晓邦的贡献	创作观念	在政治内涵上，现代舞需要与腐朽的帝国主义和旧有的封建主义分离开，思想上要同五四新文化运动相一致，将民族精神和中外舞蹈相结合，表现出了“在时代的脉搏上跳舞”的鲜明时代特征
	作品	《饥火》是吴晓邦先生的作品，同时他也被称为中国现代舞蹈之父。此作品于1997年获得了20世纪中华民族舞蹈经典作品的金奖。他创立了“天马舞蹈工作室”，具有独特的创造力，体现了先进的思想

考点四：作品介绍 ★★★

1. 古典舞(见表6-3-14)

表6-3-14 古典舞

要点	具体内容
“西施的响屐舞”	西施是中国春秋战国时期的著名宫廷舞人。吴王夫差想让西施表演《响屐舞》，故在御花园中命人搭建了“响屐廊”。西施脚穿木屐在木板上舞蹈可发出“铮铮嗒嗒”这种独特的声音，与裙上小铃清脆的“叮当”声相和，具有一番独特的风韵
“杨贵妃的霓裳羽衣舞”	杨玉环是中国唐代著名舞蹈家。她擅长表演乐舞《霓裳羽衣舞》。白居易在《霓裳羽衣歌》中用“飘然转旋回雪轻，嫣然纵送游龙惊。小垂手后柳无力，斜曳裾时云欲生”叙述了此舞曲的动态美和艺术魅力
“赵飞燕的掌上舞”	赵飞燕是中国汉代的著名舞人。汉武帝为其制造了一个水晶盘，命人手托水晶盘，使她在盘上起舞。其舞姿身轻若燕，能在掌上舞，得名赵飞燕
双人舞《飞天》	是戴爱莲编导的我国第一部根据敦煌画中香音女神(“飞天”)的形象创作的舞蹈作品，于1954年在中央歌舞团首演。作品继承并发展了传统舞蹈长绸舞的技法，用精炼的舞蹈语汇、抒情浪漫的创作手法生动地展示了敦煌画中“飞天”的形象
独舞《春江花月夜》	乐曲原是柳尧章根据琵琶曲《夕阳箫鼓》改编并易名而成的，内容表现了人在夕阳西下的画面里，以箫鼓为伴奏轻歌曼舞，水面上摇橹归舟的美丽景象。舞蹈作品的编导是栗承廉，于1957年首演，表演者是陈爱莲。舞蹈表现了少女在春江花月夜下对美好生活的向往之情

续表

要点	具体内容
独舞《秦俑魂》	编导是陈维亚，于1997年首演，首演演员是黄豆豆。作品根据男子四人舞《秦王点兵》改编而成，是著名的古典男子独舞剧目。编导用独特的创作思路为观众塑造了一个别致的秦俑形象，展现了中华民族英雄勇士的气概和威武
独舞《敦煌彩塑》	是取材于敦煌壁画系列的古典舞。编导是罗秉钰，于1980年首演，主演是杨华。《敦煌彩塑》所展现的仙女既雍容华贵，又显现出一种超然脱俗的传统气韵，在那情意绵绵、神幻悠悠的动态形象中，既不疾不徐，又稳定充满活力，人物动作线条极其流畅，构图优美而不失自然，人物的姿态端庄而又富于感染力。特别是仙女在舞动时所呈现出的那种轻松愉快的心情和悠闲自得的形态，不仅显示出唐代艺术特有的审美心态和审美追求，而且还仿佛使我们踏入佛国胜境般的人间仙境。让观众从中体会到"飘然转旋回雪轻""舞腰无力转裙迟"的意蕴
舞剧《小刀会》	是上海歌剧舞剧院1956年建院后上演的第一部大型民族舞剧，1959年首演。全剧以"起义""胜利""抗议""夜袭""求援""突围""前进"等场次展现了"小刀会"起义的历史风貌。编导是张拓、白水等，演员有舒巧、陈健民、叶银章等。舞剧着重表现小刀会反抗外国侵略势力和封建主义的革命精神，歌颂了中国人民不畏强暴、前仆后继的英雄气概。剧作以中国传统舞蹈为基础，吸收了民间舞蹈、武术技巧等因素，在舞剧形式上有所创新。该剧曾在朝鲜和东欧一些国家演出，获得好评
舞剧《丝路花雨》	是中国自1979年起首演的大型民族舞剧，由《丝路花雨》创作组编剧，是以举世闻名的丝绸之路和敦煌壁画为素材创作的。该舞剧以中国唐朝极盛时期为背景，以举世闻名的丝绸之路和敦煌壁画为素材，博采各地民间歌舞之长，歌颂了老画工神笔张和歌伎英娘父女俩的光辉艺术劳动，描写了他们的悲欢离合，高度颂扬了中国和西域人民源远流长的友谊，再现了唐朝内政昌明，对外经济、文化交往频繁的盛况。《丝路花雨》表演组曾先后访问20多个国家和地区，演出深受好评，被誉为"中国民族舞剧的典范"
舞剧《铜雀伎》	编导是孙颖，于1986年首演，主演是夏丽蓉、于健等。舞剧描写了东汉建安年间铜雀台修建期间一对歌舞伎乐人的悲惨故事。作品意义深远，揭露了中国古代歌舞伎人的卑微地位与悲惨命运。全剧充满着悲剧色彩，大起大落的故事发展扣人心弦，艺术感染力较强
集体女子舞《踏歌》	编导是孙颖，于1997年首演，主演是刘捷、张婷婷等。舞剧描绘了一幅古代丽人在美丽的景色中携手游春的画面。该作品以其柔美的舞姿、兼收并蓄的表现手段、独特的表演形式、丰富的表现力成为中国舞界跨世纪门槛的文化景观，向世人展示了我国古典文化的风韵
集体舞《黄河》	编导是张羽军、姚勇，于1988年首演，首演演员是张羽军、沈培艺等。该舞蹈依照中国著名的交响乐钢琴协奏曲《黄河》的四个乐章而逐章展开舞蹈动作的场景，注重情感的宣泄，并将这种情感上升为中华民族艰苦拼搏、自强不息的民族精神，作品揭示了人物心理活动，展现了战争中人性的力量

2. 民间舞(见表6-3-15)

表6-3-15 民间舞

要点	具体内容
集体舞《鄂尔多斯》	编导为贾作光，1953年在内蒙古自治区歌舞团进行首演，演员是贾作光、司琴塔日哈等。由贾作光根据寺庙中喇嘛跳鬼的舞蹈动作，如"撒黄金""鹿舞"等予以发展、创新，同时还把牧民生活中骑马扬鞭、挤奶、梳辫子等动作予以节律化，并以"大、小挽手腕""软硬动肩"等具有草原舞蹈共性的动作贯穿其中。此外，他还创造了"甩手下腰""单腿板腰"等特技，加强了这个舞蹈的技巧性和艺术感染力。由五男五女表演，舞蹈为两段体结构。整个舞蹈热情、活泼、粗犷、有力，表现了鄂尔多斯高原牧民们乐观向上的精神风貌，具有鲜明的时代特色

续表

要点	具体内容
集体舞《奔腾》	编导是马跃，于1984年首演，演员是申文龙等。作品的基本素材是蒙古族民间舞蹈动作，节奏明快，舞步轻捷，在一挥手、一扬鞭、一跳跃之间洋溢着蒙古人的淳朴、热情、勇敢、粗犷和彪悍，表现了他们开朗豁达的性格和豪放英武的气质，表现出改革开放之后人民群众积极向上、乐观的精神风貌
集体舞《黄土黄》	是20世纪90年代以来中国民间舞创作的优秀代表。编导是张继刚，于1991年首演。作品灵感来源于对黄土高原文化的深切感情，赞颂了人民对土地的浓厚情感，弘扬了奋发向上的民族精神。作品之风格正像黄土地一样，坦荡从容，朴实无华，没有任何技术炫耀，尊重民间舞的原有风格，显示了舞蹈艺术的无与伦比的艺术魅力
独舞《盅碗舞》	盅碗舞是流传在内蒙古鄂尔多斯高原地区的一种舞蹈，贾作光于1962年在这一传统的自娱性舞蹈的基础上，提炼、创作出结构完整、舞姿优美的女子独舞，由莫德格玛首演。舞蹈以庄重缓慢的行板开始。在宽广流畅的音乐旋律中，舞者以上身略后倾、舒展开阔的柔臂的舞姿，在划圆的律动中，表现蒙古族舞蹈挺拔开阔、质朴生动的风格特征
独舞《长鼓舞》	编导是李仁顺，演员是崔美善。长鼓最早出现于宋代，后流传至朝鲜，朝鲜民族运用其作为音乐的主要打击乐器。李仁顺根据民间传统舞改编而成，作品诠释了朝鲜女性的独特气质，体现出朝鲜人民的历史文化、精神风貌和生活状态
独舞《摘葡萄》	是维吾尔族风格的独舞作品，编导是阿吉热合曼，1959年首演，演员是阿依吐拉。作品于1994年获得了“中华民族20世纪舞蹈经典评比”经典作品奖。作品表现了在葡萄丰收时，维族姑娘愉悦开心的情感，主要描写劳动时的思想感情
独舞《水》	编导是杨桂珍，于1980年首演，演员是刀美兰。作品背景是西双版纳，表现了傣族人生活的怡然自得，诠释了傣族少女的美丽温柔，展现了傣族“彼美如象”的传统审美观，采用了傣族舞蹈独特的“三道弯”和“一边顺”的形象
独舞《雀之灵》	是舞蹈家杨丽萍自编自演的女子独舞。首演于1986年。舞蹈素材来自傣族民间舞蹈，以孔雀的形象为基础，以形求神，栩栩如生地塑造了孔雀的形态，创造出一个具有精灵般高洁特征的生命意象

3. 芭蕾舞

(1)浪漫芭蕾，具体见表6－3－16。

表6－3－16 浪漫芭蕾

要点	具体内容
《皇后喜剧芭蕾》	是芭蕾成长史上第一部比较完整的芭蕾舞剧，意大利芭蕾大师巴尔塔扎·德·博若耶为编导，创自1581年，作品取材于荷马史诗，情节结构完整，集舞蹈、音乐、戏剧于一体
《波莫娜》	又称《果树女神》，博尚编舞，于1671年首演，是一部田园风格的歌唱芭蕾，是芭蕾舞开始进入剧场的标志。早期的剧场艺术形式促使舞蹈脱离了属于宫廷娱乐的业余艺术形式
《仙女》	是浪漫主义芭蕾的处女作，也是芭蕾史上开足尖舞先河的里程碑之作。1832年由菲利普·塔里奥尼为他在巴黎歌剧院跳舞的女儿所作。丹麦舞蹈家奥古斯特·布尔维尔在巴黎观看演出后，回到哥本哈根对《仙女》进行了改编，1936年由丹麦皇家芭蕾舞团首演的版本一直保留至今，成为现存历史最悠久的芭蕾舞剧之一

续表

要点	具体内容
《吉赛尔》	由科拉利、佩罗共同创作，取材于德国诗人海涅的《德国冬日的故事》，剧本由泰奥菲勒·戈蒂埃等人完成，音乐创作由甘道夫·亚当担任。该剧于1841年在法国巴黎首演。该舞剧是浪漫主义芭蕾舞剧的代表作，得到了"芭蕾之冠"的美誉。这部舞剧第一次使芭蕾的女主角同时面临表演技能和舞蹈技巧两个方面的严峻挑战。舞剧是既富传奇性，又具世俗性的爱情悲剧，从中可以看到浪漫主义的两个侧面：光明与黑暗、生存与死亡
《海盗》	编导是乔治、马季利耶，于1856年首演，根据英国著名诗人拜伦的同名长诗改编。剧中的"海盗"代表了当时同土耳其占领者斗争、寻求独立的希腊勇士
《葛蓓莉娅》	编导是圣列翁，于1870年首演，是唯一一部保留下来的19世纪下半叶的舞剧。作品中的音乐标志着芭蕾音乐走向成熟
《希尔薇娅》	又称《月光仙子》，编舞是路易斯·梅朗特。剧中的音乐是德里布的代表作。作品取材于意大利诗人塔索的《阿曼达》，讲述了月神的侍女希尔薇娅同牧羊人的爱情故事，具有浓郁的法国风格
《睡美人》	编导是彼季帕，柴可夫斯基创作了舞剧中的音乐，于1890年首演于圣彼得堡。作品取材于法国作家夏尔·佩罗所著的童话故事，是19世纪末俄罗斯大型神幻芭蕾的巅峰之作
《天鹅湖》	编导是彼季帕、伊凡诺夫，剧中音乐由柴可夫斯基创作，于1895首演于圣彼得堡，表现了公主与王子的神话爱情故事。此舞剧是俄罗斯芭蕾舞剧的经典。作品取材于德国中世纪的民间童话故事，该作自诞生以来几乎成为芭蕾艺术的象征或代名词，在经典性的基础上具有传承和发展的作用
《胡桃夹子》	是由列夫·伊凡诺夫编导，柴可夫斯基作曲的俄罗斯古典芭蕾舞剧。1892年首演于圣彼得堡皇家剧院，根据霍夫曼的《胡桃夹子与老鼠王》的童话故事改编。是世界上最优秀的芭蕾舞剧之一，有"圣诞芭蕾"的美誉

（2）现代芭蕾，具体见表6－3－17。

表6－3－17 现代芭蕾

要点	具体内容
《天鹅之死》	由俄国舞蹈编导米哈伊尔·福金在1907年为安娜·巴甫洛娃创作，首演于1907年的圣彼得堡。该作表现了人类与命运、死亡进行搏斗的坚韧顽强精神，表现了人类对生命的渴望。《天鹅之死》有着震撼人们灵魂的力量。自1907年在俄国彼得堡初演以来，每次演出都给人以新的感受，深受各国人民的喜爱
《仙女们》	是一部以最纯粹的浪漫主义形式构成的属于近代芭蕾范畴的作品，由俄国芭蕾大师福金创作，秉承19世纪浪漫主义的芭蕾传统，根据肖邦优美的音乐，为观众提供了一个浪漫的芭蕾空间。《仙女们》由四段独舞、一段双人舞和两段群舞构成，描绘了一群美丽的空气精灵，在森林池畔围住一个青年诗人并把他带入了一个个幻想世界的场面。福金通过这个作品，把芭蕾带上了一条新的道路，受到他的理论影响的后辈编导，都把这部作品视为无主题的抽象芭蕾的起源而加以认真研究
《火鸟》	编导是米哈伊尔·福金，于1910年首演，根据俄罗斯传说改编。伊凡王子为了救出被魔王囚禁在城堡的公主，依靠火鸟的帮助与魔王斗争并获胜，最终救出了公主

（3）中国芭蕾，具体见表6－3－18。

表 6-3-18　中国芭蕾

要点	具体内容
《红色娘子军》	编导是李承祥、王希贤等，是由同名电影改编而成的革命现代芭蕾舞剧，1964 年由中国国家芭蕾舞团首演成功。该作将西方芭蕾的技巧与中国民族舞蹈的表现手法相结合，在芭蕾艺术领域融合了中西文化。《红色娘子军》中的音乐有《娘子军连歌》《万泉河水清又清》等
《白毛女》	由上海东方韵舞蹈学校根据同名歌剧改编，是芭蕾舞和民族舞结合的典范。编导是胡蓉蓉、傅艾棣等，于 1965 年首演，背景为抗日战争时期的中国北方的农村，但整个舞剧将 19 世纪西方古典舞蹈元素与中国的民间舞蹈和舞台艺术相结合，是"洋为中用"的代表性作品

4. 现代舞(见表 6-3-19)

表 6-3-19　现代舞

要点	具体内容
《马赛曲》	1915 年首演于巴黎，编导、演员均为邓肯。她具有民主主义的思想，同情革命，在看见美国政府对战争采取冷漠的态度后十分愤慨，于是她在美国大都会歌剧院中即兴表演了《马赛曲》，号召美国青年保卫自己时代的精神文明
《前进吧！奴隶》	由邓肯编导并演出，1917 年首演于纽约。该作是一部反映了俄国农民争取自由斗争的杰作，邓肯用最真实的情感表达了对农民斗争的同情，并且以一种精神自由的思想和法则，展现着一个新的创造性舞蹈，不再只追求一味的形式美感，她将艺术提高到了一个新的、自然的、打破传统规则的境界
《劳工交响曲》	编导是泰德·肖恩，1931 年首演于美国，演员为泰德·肖恩男人舞蹈团。作品讲述的是关于劳动者的颂歌
《悲歌》	由玛莎·格雷厄姆编导，1930 年首演于纽约。该舞蹈表达出人性的强烈冲突和内心的挣扎，在震撼感染人的抽象之中，带给观者无穷的悲情和压抑。《悲歌》是现代舞蹈艺术发展的一个重要转折点，改变了舞蹈艺术审美构建的方向
《天使的乐园》	编导是玛莎·格雷厄姆。这部抒情舞蹈作品前后选用了白衣[象征了女性的成熟之爱]、黄衣[象征了少女之爱]和红衣[象征了肉体之爱]三种女子形象，以此来揭示女性爱情的三个方面和不同阶段的心境
《摩尔人的帕凡舞》	是独幕现代舞剧，编导是霍塞·林蒙，又称孔雀舞，是 16 世纪广泛流行于法国和意大利的一种运用慢拍子的舞蹈。作品以欧洲宫廷帕凡舞和文艺复兴时期的多种舞蹈形式为动作基础，讲述了不幸的摩尔人，他那被无端怀疑的无辜妻子，以及他不可靠的朋友夫妇之间的故事。在这四个人物身上浓缩了"每个人"的悲剧，因此令该作具有了永恒的寓意，是霍塞·林蒙最具代表性的舞作
《春之祭》	根据斯特拉文斯基的作品改编而成，编导是皮娜·包希，作者将《春之祭》的主题放在表现祭祀的场面和过程中，以此来展现人为了生存而进行斗争的悲惨场面与感受
《空间点》	编导是默斯·坎宁汉。作品是对空间的认识，是先锋舞蹈家默斯·坎宁汉与先锋音乐家约翰·凯奇长期合作的一个代表性作品
《饥火》	于 1942 年在广东曲江首演。创作、表演均为吴晓邦。以鼓、梆子等打击乐器伴奏。这个作品源于作者在抗战中所体验到的百姓逃亡、饥饿的痛苦，受到了杜甫的诗句"朱门酒肉臭，路有冻死骨"的启发，是带着愤懑之情创作并表演的。创作手法及表演技巧都达到了相当高的水平，这是作者的现实主义代表作。此舞原为三人舞《三个饥饿者》，后改为独舞《饥火》

续表

要点	具体内容
《潮汐》	编导是王玫，于1988年首演。该舞蹈传达了一种《潮汐》中的情感，又通过《潮汐》表达追求舞蹈本质的坎坷经历，通过情感的表达，来呈现舞蹈家的个性创造，从而揭露在现代生活中，人们内心的“潮汐”运动
《神话中国》	编导是曹诚渊、乔扬等，于1993年首演。作品借助远古神话故事来歌颂、反省或批判中国的历史和文化，突破了传统的创作观念和方法，给当代中国舞蹈以一定的刺激与启发
《雷和雨》	编导是王玫，于2002年首演。根据曹禺的作品《雷雨》改编而成，以现代舞的形式搬上舞台。舞剧的设计以六个人的群舞开始，以六个人的群舞结束，全剧在“窒息、闪电、挣扎、破灭、解脱和夙愿”六个场景中展开，呈现出一个“密不透风的世界”，以此来表达周朴园等六人内心的压抑与挣扎
《半梦》	编导是金星，于1993年首演。该作包括两个部分：①“显梦”，主要表现梦的表面内容；②“隐梦”，是作品中的真实寓意。在舞蹈中，金星透过那双忧郁痛楚的眼睛，表达出人们内心如痴如醉的追求

考点五：舞人介绍 ★★★

1. 古典舞(见表6－3－20)

表6－3－20　古典舞

要点		具体内容
戴爱莲	简介	是中国当代舞蹈艺术先驱者和奠基人之一，编导家、教育家，新舞蹈艺术开创者之一，被称为“中国舞蹈之母”，她的舞蹈深邃、形式新颖，具有细腻的情感和独特的风格。她曾多次担任国际舞蹈比赛评委，具有很高的国际影响与威望
	作品	《游击队的故事》《思乡曲》《和平鸽》《荷花舞》《飞天》等
资华筠	简介	是中国著名的舞蹈理论家、表演艺术家，擅长表演中西方不同风格的民族民间舞蹈，其舞蹈端庄典雅，注重神韵，具有意境美和造型美的特点
	作品	舞蹈代表作有《飞天》《白孔雀》《长虹颂》等；舞蹈理论著作有《舞蹈生态学导论》《舞蹈和我》《舞艺舞理》等
舒巧	简介	中国著名舞蹈表演家、编导家
	作品	参与了《剑舞》和《小刀会》的形象扮演，创作了六部大型舞剧，分别为《画皮》《玉卿嫂》《长恨歌》《岳飞》《黄土地》《达赖六世情诗》，理论著作有《我的舞剧观》，其中系统地阐述了舞剧的语汇、结构、编舞、音乐和舞台舞美等问题
栗承廉	简介	舞蹈编导家，起初为戏曲演员。他的作品融入了中国戏曲的神韵和特点，具有浓厚的民族特色
	作品	代表作品有《牧笛》《少年爱国者》《东郭先生》《春江花月夜》等；合作创作的大中型舞剧有《鱼美人》《人定胜天》《宁死不屈》等，并对大型芭蕾舞剧《宝莲灯》进行了排演，其作品双人舞《牧笛》和女子独舞《春江花月夜》都是获奖作品
陈爱莲	简介	是著名舞蹈表演家。她的舞蹈动作轻盈流畅，技巧性强，擅长中国古典舞、民间舞等多种风格的舞蹈，曾成功塑造古今中外多个性格鲜明的女性舞蹈形象，具有鲜明的民族风格，是享誉国际的中国古典舞蹈的代表人物之一

续表

要点		具体内容
陈爱莲	作品	代表作品有《春江花月夜》《蛇舞》《霓裳羽衣舞》《天鹅之死》等。其主演的舞剧作品有《鱼美人》《白毛女》《小刀会》《文成公主》《红楼梦》《霸王别姬》等
孙颖	简介	师从吴晓邦。他在创作、理论、教学领域都有涉及，在中国传统舞蹈文化与中国古典舞的构建上进行了探索和实践
	作品	代表作品有大型舞剧《铜雀伎》、舞蹈诗《炎黄祭》《龙族风韵》《寻根述祖谱华风》；曾为历史剧《唐明皇》《三国演义》《司马迁》《炎黄始祖》等编舞；创作了女子集体舞《踏歌》

2. 民间舞(见表 6－3－21)

表 6－3－21 民间舞

要点		具体内容
贾作光	简介	满族人，著名舞蹈编导家和舞蹈表演家。他从蒙古族传统民族舞蹈韵律和宗教民俗活动中汲取营养，促进了蒙古族舞蹈律动的发展，并创造了新的蒙古族舞蹈语汇，是蒙古舞的奠基人之一
	作品	代表作品有《木马舞》《鄂伦春舞》《马刀舞》《雁舞》《牧民的喜悦》等；表演了《牧马舞》和《鸿雁高飞》等舞蹈作品，具有强烈的艺术魅力；1976 年后，贾作光创作了《喜悦》《彩虹》《海浪》《万马奔腾》等作品；在论文方面撰写了《论舞蹈艺术》《从生活中捕捉舞蹈形象》《生活、创作、技巧》等；他总结了“稳准敏洁轻、柔健韵美情”的舞蹈表演十字经
莫德格玛	简介	著名舞蹈表演艺术家，1956 年加入内蒙古歌舞团从事舞蹈职业，1962 年调入东方歌舞团任舞蹈演员，1964 年在音乐舞蹈史诗《东方红》中担任蒙古族舞蹈领舞
	作品	代表作品有《盅碗舞》《单鼓舞》《蓝蓝的天》《嘎达梅林夫人》《富饶的内蒙古》《边防雄鹰》等
崔美善	简介	朝鲜族人，著名舞蹈表演艺术家，1952 年毕业于中央戏剧学院崔承喜舞蹈研究班。历任中央歌舞团演员，东方歌舞团独舞演员，中国舞协第四、五届理事
	作品	代表作品《孔雀舞》《丰收曲》《喜悦》都获得大奖
刀美兰	简介	著名舞蹈家，深受傣族传统舞蹈的熏陶，擅长傣族舞蹈，具有迷人的艺术魅力和独特的艺术风采
	作品	表演的舞蹈有“赶摆”“小卜少”“共饮一江水”等；独舞有《水》和《金色的孔雀》；大型舞剧作品《召树屯与楠木诺那》中饰演楠木诺那
阿依吐拉	简介	中国著名舞蹈表演艺术家，1955 年在新疆歌舞团任职，1961 年在东方歌舞团任独舞演员
	作品	她所表演的作品主要有《摘葡萄》《天山之春》《赛乃姆舞》《牧羊女》等，其中《摘葡萄》获得了 1957 年世界青年学生和平与友谊联欢节的金奖
杨丽萍	简介	著名舞蹈艺术家，云南大理白族人。艺术天赋很高，集表演、创作于一身，擅长孔雀舞。杨丽萍的舞蹈中体现着民族的历史、民族的文化、民族的气息，她将半生精力都献给了民族舞蹈，她的舞蹈代表了民族舞蹈现代发展成就
	作品	成名作是独舞《雀之灵》，代表作品有《月光》《两棵树》《火》，大型民族舞剧《孔雀公主》《太阳鸟》《云南印象》。其中舞蹈诗《云南印象》享誉国际

3. 芭蕾舞(见表6－3－22)

表6－3－22　芭蕾舞

要点	具体内容	
玛丽·塔里奥妮	简介	是第一个用足尖跳舞的芭蕾女舞者，是19世纪浪漫主义芭蕾最杰出的代表，在芭蕾史上颇负盛名
	作品	1832年塔里奥妮的父亲创作了舞剧《仙女》，由塔里奥妮在巴黎歌剧院首演，并第一次用脚尖技术表演，刻画出栩栩如生的仙女形象
马里乌斯·彼季帕	简介	被誉为“古典芭蕾之父”，俄罗斯芭蕾舞蹈家、教育家和编舞家，被认为是芭蕾舞历史上最具影响力的芭蕾大师和编舞家之一
	作品	同他的学生——俄国的列夫·伊凡诺夫一起创作了《睡美人》《天鹅湖》《胡桃夹子》，这几部舞剧是芭蕾史上最受观众喜爱的作品，是评论家认为的芭蕾舞精品，为当代的古典芭蕾奠定了坚实的基础
米哈伊尔·福金	简介	被誉为“现代芭蕾之父”，生于圣彼得堡
	作品	《天鹅之死》《仙女们》《火鸟》等
巴兰钦	简介	美国著名芭蕾舞大师和编导，生于俄国，1914年就读于圣彼得堡戏剧学校舞蹈科，1924年加入佳吉列夫舞蹈团
	作品	代表舞剧作品有《罗密欧与朱丽叶》《海神的胜利》《众神讨饭》《阿波罗》等
乌兰诺娃	简介	前苏联芭蕾舞演员，苏联戏剧芭蕾大师，其舞蹈和谐、高贵、优美，善于抒情，对人物刻画十分细腻，能充分地利用身体机能和面部表情来刻画角色内心的美
	作品	包括《天鹅湖》《吉赛尔》《巴赫切萨拉伊的泪泉》等
玛戈·芳婷	简介	英国芭蕾舞演员，其舞蹈富有音乐感，舞姿轻巧。1956年，她被封为“女爵士”，对英国芭蕾舞艺术具有卓越的贡献
	作品	《夜曲》《仙女之吻》《希尔薇娅》《天鹅湖》《罗密欧与朱丽叶》《茶花女》等
海蒂	简介	巴西芭蕾舞演员，是20世纪60年代世界著名的舞蹈艺术家。她的舞蹈风格多变，抒情的、火热的、悲剧的、喜剧的题材都可以完美演绎
	作品	包括《罗密欧与朱丽叶》《火鸟》《奥涅金》《驯悍记》《卡门》等
鲁道夫·努里耶夫	简介	前苏联芭蕾舞演员。他的舞蹈注重技术，他主演了所有的古典主义和浪漫主义的芭蕾舞剧，也可以驾驭现代芭蕾舞剧。他与英国芭蕾明星玛戈·芳婷的合作被称为世界芭蕾舞史上的传奇，努里耶夫被誉为“20世纪最伟大的芭蕾男演员之一”
	作品	出演作品有《天鹅湖》《睡美人》《茶花女》《平庸贵族》等
弗拉基米尔·马拉霍夫	简介	前苏联芭蕾舞演员，1968年出生于乌克兰艺术世家。1989年获得巴黎谢尔盖·李法国际大赛的金奖，他的作品融合了古典与现代、东方与西方的特点，是90年代国际芭蕾舞坛的巨星
	作品	代表作《那客索斯》以完美的戏剧表演和准确的细节处理而艺盖群芳
白淑湘	简介	中国著名舞蹈表演艺术家，被誉为“中国第一只白天鹅”
	作品	参演作品有《天鹅湖》《红色娘子军》《海侠》《吉赛尔》《巴黎圣母院》等

4. 现代舞(见表6－3－23)

表6－3－23 现代舞

要点	具体内容	
伊莎多拉·邓肯	简介	美国著名现代舞蹈家、先驱人物，是一位女权主义者，具有民主主义的思想倾向，也是现代舞蹈家们的精神领袖，被誉为"现代舞之母"。伊莎多拉·邓肯是世界舞蹈界的一朵奇葩，她开创了现代舞盛行的时代，引领了传统舞蹈改革的潮流。舞蹈艺术对她来说是生命的延伸，观赏伊莎多拉·邓肯的舞蹈可以感觉到生命中美的极致和艺术的妙不可言。她的艺术创作主要来自古希腊艺术，认为舞蹈的本质是通过人体动作来表现人类的精神，主张用最灵活的身体来展现智慧。"以人为本，和谐自然"是伊莎多拉·邓肯舞蹈艺术的生命精神的核心。她把"人"置于最重要的位置，尊重生命、表现生命、高扬生命
	作品	包括《马赛曲》《国际歌》《少女死亡之舞》等
肖恩	简介	美国现代派著名舞蹈家，现代舞先驱人物。他融合了各国的舞蹈传统和技艺，作品风格充满活力，被称为"美国现代舞之父"。他认为舞蹈是人类艺术活动中最为深刻、丰富，最具有价值的艺术活动，主张通过内心活动来引发外部的动作
	作品	《克切塔》《劳工交响曲》《跳舞的神》等
利蒙	简介	美国著名的现代舞蹈家。他认为现代舞是一种心态，是与时代相同步的必要认识，其作品追求人物的阳刚之美。他还创造了成为美国现代舞三大训练体系之一的利蒙技巧
	作品	包括《摩尔人的帕凡舞》《琼斯皇帝》《流放》《叛逆》《曾几何时》等
玛莎·格雷厄姆	简介	美国著名现代舞蹈家，美国现代舞的奠基人之一。她创作了一套系统的、科学的现代舞技巧，是美国现代舞三大训练体系之一。在西方艺术史上，她被誉为同毕加索、斯特拉文斯基齐名的圣雄。她认为舞蹈来自仪式，是一种奔向永生不断的冲动。其作品追求人的内心和本性
	作品	包括《异端》《悲歌》《黑夜的旅程》《天使的乐园》等
吴晓邦	简介	著名的编导、演员、理论家
	成就	吴晓邦是中国新舞蹈艺术的奠基人，创作了许多以抗战为主题的新舞蹈，如《义勇军进行曲》《游击队员之歌》《大刀进行曲》等。在教育方面，吴晓邦主要研究中国传统乐舞，为此他建立了"天马舞蹈工作室"，并创作了《十面埋伏》《梅花三弄》《平沙落雁》等中国传统舞蹈，撰写的论文有《新舞蹈艺术概论》《我的舞蹈艺术生涯》等，其中《新舞蹈艺术概论》是中国第一本舞蹈理论的著作
曹诚渊	简介	于1991年担任北舞青年舞蹈团顾问，1992年担任广东实验现代舞蹈团艺术指导，1999年担任北京现代舞蹈团艺术总监
	成就	代表作品有《安魂曲》《逍遥游》《三个浪漫的中国人》《龙谣》《神话·中国》《鸟之歌》等，他将中西文化相融合，发掘出中国现代舞独有的特色，作品风格丰富多样
王玫	简介	1958年出生于陕西省西安市，现为北舞著名教授、舞蹈编导，是国内外具有重要影响、颇具实力的优秀舞蹈编导家与舞蹈教育家
	作品	代表作品有《我心中的钗头凤》《潮汐》《旧夜》《椅子上的传说》《两个身体》《红扇儿》《我们看见了河岸》《也许是要飞翔》《雷和雨》等

6.3.2　典型题(含考研真题)详解

一、单项选择题

社交舞蹈的功能与作用不包括(　　)。

A. 进行宗教与祭祀活动　　B. 进行社会交往、增进友谊、联络感情

C. 进行男女交往、自由择偶　　D. 表现舞者的交谊舞才能

【答案】A

【解析】社交舞蹈是指社会交往中的舞蹈活动，常指舞会时跳的各种交谊舞。社交舞蹈的功能和作用包括：①社会交往；②增进友谊；③联络感情；④男女交往；⑤自由择偶；⑥展现舞者的才华等。A项是舞蹈起源说中的巫术说。

二、名词解释

1. 舞蹈意象(杭州师大2014年研)

答：舞蹈意象是舞蹈家头脑中所形成的舞蹈形象的“蓝图”和“胚胎”。意象是中国古典美学术语，指主观情意和外在物象的结合。舞蹈家在创作之前，必须以主观情意去感受物象，在头脑中形成“意象”，然后借助于艺术表现的物质手段，外化为舞蹈作品中的形象，这个形象也是主观情意和外在物象的结合，即作者头脑中“审美意象”的物化表现。舞蹈家还需要一种实际创造的本领，即在长期专业学习和艺术实践中形成的表现内容的技巧。艺术家创造性艺术劳动的社会价值，最终只能在艺术作品中才能真正体现出来。

2. 艺术流派(长春师大2025年研；江西师大2023年研；浙传2023年研；重庆师大2023年研；杭州师大2016年研)

答：艺术流派是指在中外艺术发展的一定历史时期里，由一批思想倾向、美学主张、创作方法和表现风格方面相似或相近的艺术家所形成的艺术派别。这些艺术派别的形成有时是自觉的，有一定的组织形式或共同宣言；有时是不自觉的，仅仅因为创作风格类型的相近而组合在一起。这些艺术派别有的局限于一种艺术门类或体裁，有的则包括不同艺术门类或体裁的艺术家。

3. 艺术舞蹈(湖南师大2019年研)

答：参见本章考点难点归纳相关内容。

4. 交响性舞剧(杭州师大2012年研)

答：交响性舞剧是指按照交响乐的艺术特性来创作的舞剧。它是在交响乐的基础上，用交响乐的写作原则(主题、副题、变奏、展开、和声、对位、复调、再现、对比等)，按交响乐的结构和形式特点进行舞剧的构思和艺术表现。它一般不具有完整的故事情节，而是以概括和抽象的形式，通过对人物思想感情的渲染、描绘来表现生活和展示内容。强调以与音乐紧密结合的舞蹈为塑造舞蹈形象的表现手段，反对自然形态的生活模拟动作手势，追求高度的舞蹈化。

5. 古典舞(杭州师大2012年研)

答：参见本章考点难点归纳相关内容。

6. 长鼓舞(南艺2017年研)

答：参见本章考点难点归纳相关内容。

7. 当代舞(燕山大学2014年研)

答：当代舞，又称新创舞，即不同于古典舞、民间舞、现代舞等舞蹈风格的舞蹈。它是当代舞蹈家为了表现当代社会生活，塑造当代人物形象，根据表现舞蹈内容的需要，依据现实生活进行舞蹈创造，并有

选择地吸收、融合和运用古典舞、民间舞、现代舞的表现手段和表现方法，从而形成的一种新的风格的舞蹈。由于当代舞所要表现的当代生活的广度和深度正在迅速地扩容和发展，所以当代舞的形式和风格也处于动态的发展变化之中。

8. 舞蹈诗（燕山大学 2015 年研）

答：舞蹈诗是指以舞蹈为主要艺术手段，综合音乐、舞台美术（服装、布景、灯光、道具等）等艺术手段，通过对人物内在精神世界进行凝练的抒发，或对一定生活事件具有诗的概括的展现，创造出的具有浓郁诗情、诗意以及深刻内涵的舞蹈体裁。舞蹈诗作为一种舞蹈体裁，大致可分为舞蹈史诗、舞蹈抒情诗、舞蹈叙事诗和舞蹈组诗四类。

9. 玛丽·塔里奥妮（宁夏大学 2016 年研）

答：参见本章考点难点归纳相关内容。

10. 舒巧（南艺 2016 年研）

答：参见本章考点难点归纳相关内容。

11. 集体舞《黄土黄》（南京师大 2015 年研）

答：参见本章考点难点归纳相关内容。

12. 伊莎多拉·邓肯（1877—1927）

相关试题：试论述伊莎多拉·邓肯对现代舞的贡献。（论述题，东华理工 2018 年研）

答：参见本章考点难点归纳相关内容。

13. 玛莎·格雷厄姆（东华理工 2018 年研；南京师大 2015 年研）

答：参见本章考点难点归纳相关内容。

14. 巴兰钦（首都师大 2019 年研；东华理工 2018 年研）

答：参见本章考点难点归纳相关内容。

15. 舞剧《天鹅湖》

相关试题：简述芭蕾舞剧《天鹅湖》及舞蹈特征。（简答题，宁夏大学 2016 年研）

答：参见本章考点难点归纳相关内容。

16. 《仙女们》（南航 2018 年研）

答：参见本章考点难点归纳相关内容。

17. 舞剧《红色娘子军》（山东大学 2019 年研）

答：参见本章考点难点归纳相关内容。

18. 吴晓邦（1906—1995）（宁夏大学 2018 年研；南京师大 2015 年研）

答：吴晓邦是中国著名舞蹈艺术家、舞蹈理论家，是中国新舞蹈艺术的奠基人。具体参见本章考点难点归纳相关内容。

三、简答题

1. 简述舞蹈分类的原则和方法。

相关试题：

（1）简要阐述艺术舞蹈划分的种类与方法。（杭州师大 2015 年研）

（2）简述艺术舞蹈的目的。（湖南师大2017年研）

答：根据舞蹈的作用和目的来划分，舞蹈可分为生活舞蹈和艺术舞蹈两大类。

（1）生活舞蹈。按实质来看，生活舞蹈是为自己的生活需要而跳的舞蹈，包括习俗舞蹈、宗教祭祀舞蹈、社交舞蹈、自娱舞蹈、体育舞蹈、教育舞蹈六类。

（2）艺术舞蹈，是为了表演给别人观赏而跳的舞蹈，有三种分类方法：

①根据舞蹈不同的风格特点来划分，可分为古典舞、民间舞、现代舞和当代舞四类。

②根据舞蹈表现形式的体裁和样式特点来划分，可分为独舞、双人舞、三人舞、群舞、组舞、歌舞、舞蹈诗（歌舞诗）、歌舞剧、舞剧九类。

③根据反映社会现实生活的方法和塑造舞蹈形象的特点划分，可分为抒情性舞蹈、叙事性舞蹈和戏剧性舞蹈三类。

2. 舞蹈发展的内部因素是什么？

相关试题：简述各个国家、各个民族舞蹈之间的相互影响。（河北大学2015年研）

答：影响舞蹈发展的内部因素主要是不同时代的舞蹈之间的影响和各个国家、各个民族舞蹈之间的相互影响。前者为舞蹈之间的纵向影响，后者为舞蹈之间的横向影响；前者表现为舞蹈发展中的继承和创新的问题，后者表现为舞蹈发展中的借鉴和创造的问题。

（1）不同时代的舞蹈之间的影响。

任何舞蹈的发展都是有其历史继承性的：

①我国唐代的舞蹈艺术集周、秦、汉、魏、晋、南北朝以来舞蹈艺术之大成，并有很大的发展，因此成为我国古代封建社会中最为繁盛的一个顶峰。

②欧洲19世纪后半期，俄罗斯的芭蕾舞剧继承和吸收了意大利和法兰西两大芭蕾学派优秀的艺术传统，并发展和创造了俄罗斯民族的舞蹈艺术，逐渐形成了有其独特风格特点的俄罗斯芭蕾舞学派，因此能够在世界芭蕾舞剧艺术中占据显赫的地位。

③当代舞蹈。我国的舞蹈艺术强调和重视对民族民间舞蹈传统的继承和对外国先进舞蹈经验的学习，并在这个基础上进行革新创造，因此自20世纪50年代以来的舞蹈艺术得到了空前的大发展、大繁荣。

（2）各个国家、各个民族在生活环境、自然条件、社会习俗、文化心理上有着巨大的差异，其舞蹈也都有着各自不同的独特的风格特色。随着科学文化的进一步发展，居住在不同地区的人们能够互相来往，不同国家、不同民族之间的舞蹈产生了交流和影响。纵观我国现代和当代的舞蹈，有三个比较大的发展时期：

①20世纪20年代五四运动以后，我国的新文化运动兴起，新舞蹈运动随之开展起来。舞蹈家吴晓邦和戴爱莲是当时新舞蹈运动的开拓者。他们在抗日战争爆发后先后回国，将自己所学与当时的社会生活和我国民族民间舞蹈艺术相结合，创作并演出了反映现实生活的舞蹈作品，振奋了民族精神，号召民众团结一致抵抗日本侵略。他们所培养出的学生，都成为了振兴和发展中国新舞蹈事业的骨干力量。

②20世纪50年代以后，政府除了大力提倡向民族民间舞蹈传统艺术进行深入学习外，还引进了前苏联的芭蕾艺术，较为全面、系统地学习和掌握了俄罗斯学派的芭蕾舞蹈艺术，吸收和借鉴了前苏联芭蕾舞剧的创作经验，促进了自己的民族舞剧艺术和中国芭蕾舞学派的建立。

③20世纪80年代我国进入改革开放的新时期，为我国的舞蹈工作者提供了向世界各个国家、各个地区、各个舞蹈流派学习和交流的条件和机会。这有利于我国的舞蹈工作者更好地借鉴世界各民族发展和创造舞蹈的经验，提高自己的民族舞蹈艺术的创作和表演水平。

3. 中国古典舞的艺术特征是什么？

相关试题：谈谈中国民间舞的基本特色。（首都师大2015年研）

答：中国古典舞的艺术特征是“拧、倾、圆、曲、韵”。

(1)拧，是指身体的躯干和四肢不在一个平面上。中国古典舞特有的“子午相”就是“拧”的杰作。许多动作的准备，都有“脚站踏步，胯对二点，胸对正面，眼看八点”之类。在很多舞姿造型中，也有“横拧”“侧拧”“旁拧”的要求，形成一种很强的动势。

(2)倾，是指动作不是在直立的状态下进行，而是要将身体倾斜成一定的角度来完成。“倾”是中国古典舞特有的动作技巧。芭蕾的“平转”是在完全直立的状态下身体做快速旋转，而中国古典舞的串翻身则是上身呈“立圆”做快速旋转。“射雁转”“探海转”等之类，都是身体在一定的倾斜幅度上的大舞姿旋转。

(3)圆，在中国舞蹈中运用很普遍，是中国艺术传统审美的代表。中国古典舞中有各式各样不同的“圆”。太极、八卦讲圆，武术、戏曲讲圆，中国古典舞中的“云手”“五花”“圆场”“云肩转腰”“风火轮”等动作都是各式各样不同的“圆”。中国戏曲表演在动作和造型中贯穿着“圆”的结构模式。中国戏曲表演讲究“舞姿中要显出子午阴阳，头与身要避免共对一方。相交错切不可走向极端，对立中求统一，英姿飒爽”。

(4)曲，主要是要求演员在表演过程中，注意舞姿线条要柔和有弧度，避免生硬衔接，过于棱角分明。古典舞手的舞姿一般是手腕内扣，肘部微屈。中国古代壁画上的舞姿，不论是战国铜壶盖上的舞蹈形象，还是北魏龙门浮雕的舞伎；不论是战国彩绘锦瑟的舞人，还是唐墓壁画的舞姿，都呈现出“曲”的特点。

(5)韵，是指做动作要有韵律感，能够体现出舞蹈特有的动作美感和精神内涵，它是古典舞所特有的个性。中国古典舞身韵是“形神兼备，内外统一，身心并用”，是用全部身心去感悟动作，支配动作，而不是外在地完成动作。

4. 简述中国民间舞。

相关试题：中国民间舞(名词解释，北舞 2016 年研)

答：民间舞是指产生并广泛流传于民间的一种舞蹈形式，是历史发展过程中，由广大人民群众集体创造并持续积累，逐渐发展形成的舞蹈形式，其风格相对稳定，以自娱为主要功能。各民族、各地区人民的生活劳动方式、历史文化因素、风俗习惯及自然环境的差异，会产生具有不同的民族风格和地区风格的舞蹈。

(1)中国民间舞蹈的艺术特色。

参见本章考点难点归纳相关内容。

(2)中国民间舞蹈形式。

参见本章考点难点归纳相关内容。

(3)中国民间舞的改革创新。

民间舞蹈之所以具有跨越历史、流传至今的艺术价值，是因为民间舞中蕴含着许多中国民族舞蹈的典范基因。但民间舞并不是只存在于民间。新中国成立后，在国家和政府的支持推动下，成立了专业的舞蹈团队，使得中国民间舞进入了现代文明意义上的“剧场”时期，民间舞从广场表演逐渐向剧场艺术进行时空转换。广场民间舞由于空间的共享性，使其在表演时，演员与观众在心理上、角色上能够相互交流，乃至相互转换。但剧场则是将演员与观众划分开来，演员的表演区与观众的看台之间有一道截然分开的空间，演员在舞台上进行表演时，自成一体，无法产生与观众相互转换的功能。因此，任何艺术作品都需要通过艺术家的加工创造，才能登上剧场的舞台。于是中国民间舞开始注重舞蹈动作的精炼，对原舞进行更加深入的加工改造，鼓励艺术家的创造与创新，从而涌现出众多著名的、卓越的民间舞蹈作品和艺术家。

5. 简述多朗舞的律动特点。(南艺 2017 年研)

答：多朗舞是指维吾尔族历史悠久、形式完整、动作粗犷矫健的礼俗性民间舞蹈，是多朗人的舞蹈，流传于叶尔羌河畔的麦盖提、巴楚、莎车、阿瓦提等地区。多朗是维吾尔语音译，汉语有多朗、多浪、刀朗、多兰、都兰、朵兰的记法。多朗舞基本上是两人一组的对舞形式，现保存下来的有四组动作。多朗舞的律动特点是“滑冲”和“微颤”，具体表现为：

(1)“滑冲”是在快速的迈步和撤步时形成的冲力效果，在赛乃姆和赛乃克斯的动作中尤为突出。“微颤”是由于膝部的小屈伸形成的，它贯穿于动作的始终，在奇克挺麦动作中表现得最为明显，这些动作特点，都与多朗人过去劳动生活于颠簸的山地、沼泽或沙碛地有关，反映了多朗人过去在颠簸的山地、泥泞的沼泽，或松暄的沙碛地中艰苦的劳动生活。

(2)“滑冲”和“微颤”，是和鼓的节奏紧密配合的。鼓点的强音使“滑冲”的动作更为有力。“微颤”多在鼓点的后半拍，和鼓内缘上的小铁圈不断发出的“锵、锵”之声巧妙配合，形成了多朗舞特有的风格动律。

(3)“滑冲”与“微颤”贯穿于多朗舞的所有动作与技巧之中，使缓慢动作沉稳、充实，快速动作热情、洒脱，技巧动作更为豪放有力。既有农耕生活稳定、延续、细腻的特点，又有草原生活的粗犷、古拙与强悍的风格。舞至高潮时，舞者不时挺起胸膛与对方相撞，勇猛无比，具有草原生活的气息遗存；而舞蹈结构完整、动作规范、表演性强等，又是农耕舞蹈文化的特色。两者所代表的不同的文化互相作用和影响，并在继承与发展西域乐舞文化的基础上，形成了兼有草原文化、农耕文化、西域乐舞特征的绿洲文化。

6. 简述浪漫主义芭蕾的起源和发展。

相关试题：

(1)浪漫芭蕾的特征。(北舞2017年研)

(2)论述浪漫芭蕾的代表人物、代表作品及艺术特色。(论述题，东华理工2018年研)

答：浪漫芭蕾是法国学派芭蕾的兴盛时期，其总体特征与整个法国文化一样，具有典型的浪漫主义艺术特征。

(1)起源。18世纪末19世纪初，浪漫主义运动在欧洲和北美掀起一股新的文艺思潮，同一时期浪漫主义芭蕾兴起。表现神秘境界、传达人物情感是浪漫芭蕾的主要艺术特征。题材上创造了“童话神话”取向，表达了“轻盈飘逸”的审美理想；动作上习惯运用“垂直向上”技巧；服装上形成“白色纱裙”的风格，由此形成了高贵典雅、严谨规范、表情细腻、动作舒展的法兰西学派芭蕾。

(2)发展。浪漫主义芭蕾主要由该芭蕾所处的时代所决定，浪漫主义在艺术和文学中的观念影响了芭蕾舞的创作。艺术文学中的特点和芭蕾剧作中的特点非常相似，所以这个时期的芭蕾又称“浪漫主义芭蕾”。这个时代发生在19世纪初至中期，演出主要在巴黎歌剧院和伦敦女王陛下剧院举行。通常认为，1832年玛丽·塔里奥妮首演的《仙女》是浪漫主义芭蕾的开端。1845年，芭蕾大师朱尔·佩罗凭借在伦敦首演的作品《古典女子四人舞》，将浪漫主义芭蕾推向了巅峰。自此之后，浪漫主义芭蕾时期没有立即结束，而是逐渐进入低潮期。1870年，圣列翁的芭蕾舞剧《葛蓓莉娅》被认为是浪漫芭蕾舞团的最后作品。

7. 简述乔治·巴兰钦对美国芭蕾的影响。(首都师大2015年研)

答：(1)纽约市芭蕾舞团的发展。

在美国代表芭蕾艺术主流的是两个舞团：纽约市芭蕾舞团和美国芭蕾剧院。

纽约市芭蕾舞团创建于1935年。在1938年以前有两个舞团并存：“美国芭蕾舞团”和“芭蕾之旅”，1941年两个团合并，命名为“美国芭蕾之旅”，主要任务是在拉丁美洲各国巡回演出。第二次世界大战期间，该团停止了活动，直到1946年战争结束后才又恢复了演出，改名为“芭蕾学会”。1948年，当该团以“纽约市戏剧与音乐中心”为固定演出场所时，又改名为“纽约市芭蕾舞团”，此名沿用至今。

为该团的发展作过重要贡献的人士首推巴兰钦。乔治·巴兰钦是当代芭蕾权威之一，格鲁吉亚血统，生于彼得堡，1933年定居美国后，他先后主持美国芭蕾学校和纽约市芭蕾舞团，排演了共约150部芭蕾舞剧，除了两幕舞剧《仲夏夜之梦》(门德尔松作曲，1962)和三幕舞剧《堂·吉诃德》(纳包科夫作曲，1965)以外，都是独幕的“音乐芭蕾”，其中有不少作品作为世界现代芭蕾的瑰宝在各国舞台上大放异彩。

(2)乔治·巴兰钦的艺术特色。

巴兰钦勇于创新，找到了人们很少想到的东西。外开的全部要求完全得到遵守：理想的外开姿势、后背挺直；动作腿的线条符合欧几里得几何学的要求。但是，在他的作品中，重拍的分配更加积极，经过学院派严格训练的演员都显示出自由的即兴表演的欢乐情绪，特别是双人舞中的“阿拉贝斯克”更是如此。仿佛是在空间中伸展的腿脚和手臂联结成短路，迸发出古典芭蕾孕育着的潜能的火花。

巴兰钦创立了一种独特的风格和新的演出形式——无情节的独幕舞剧，或者用他自己的话来说，是“音乐芭蕾”。巴兰钦主张，“舞蹈特有的方式就是用运动中的人体的形式美来激发、感染观众。人们并不想弄清楚这位或那位女舞蹈家扮演的是谁，而只是欣赏她的身体，她的动作的纯正之美”。他把自己的舞蹈比成“一朵玫瑰花，它很美，但不告诉你什么故事”。形式美是巴兰钦一生孜孜以求的理想，也是他精雕细琢的舞蹈形式的升华。

巴兰钦把“纯舞蹈”当作自己作品中主要的甚至是唯一的表现手段，他用节奏和舞蹈结构进行构思。与古典大师相比，巴兰钦的舞蹈思维更具有复调性和分析型特征。他继承彼季帕的交响编舞原则而扬弃后者的宏伟瑰丽的大型舞剧结构，他的古典芭蕾基础十分扎实。在他的作品中，传统动作被分解成一个个基本元素，重新组合变形，构筑出变化无穷的新动作、新姿态。可以说，巴兰钦的创作是俄罗斯古典芭蕾传统在美国的现实的新土壤上的新发展，它体现出美国人的民族精神、精神风貌和审美情趣。正因为如此，他的交响芭蕾才能成为美国现代芭蕾的主流，获得经久不衰的赞赏。

8. 简述中国芭蕾。（首都师大 2016 年研）

答： 如果说 1581 年法国《皇后喜剧芭蕾》的上演，一直被视为芭蕾舞剧之初始——雏形的话，芭蕾在中国的传播与发展几乎晚了 3 个多世纪。不过，起步虽晚，却是飞跃前进。

（1）芭蕾约在 20 世纪 20 年代传入中国，1956 年，外国舞剧作品《无益的谨慎》在北京舞蹈学校上演，这是我国在俄罗斯学派的芭蕾舞剧艺术的感染和熏陶下，由中国人演出的第一部外国经典芭蕾舞剧，自此，芭蕾艺术逐渐进入中国人的艺术视野。1958 年至 1964 年，著名舞蹈家白淑湘先后担任了近 10 部古典芭蕾舞剧的主要角色，并在新中国第一部西方芭蕾舞剧《天鹅湖》和第一部中国芭蕾舞剧《红色娘子军》这两部极具代表性和经典性的芭蕾舞剧中饰演女主角，而由她成功塑造的“白天鹅”和“吴琼花”等经典艺术形象深受观众的喜爱，并被誉为“中国第一只白天鹅”。1965 年，由胡蓉蓉、傅艾棣等艺术家编导的中国芭蕾舞剧《白毛女》在上海舞蹈学校首演。芭蕾一方面开拓了舞蹈文化的发展视野，另一方面被融入当地文化传统的鲜明特色。于是，中国芭蕾很快诞生了，并成为中国近现代舞蹈艺术的重要组成部分。

（2）20 世纪 80 年代以来，在改革开放的时代背景下，中国的芭蕾创作逐渐活跃，题材更加广泛，风格也十分多样，当代中国芭蕾舞剧的创作也在向“现代化”的时代新方向靠拢，产生了一批具有中国风格和气派的芭蕾舞剧艺术。在民族化、现代化的过程中，“跨艺术”表达手法也成功植入了当代中国芭蕾舞剧的创作当中，成熟的文学经典、音乐作品也逐渐成为前期“芭蕾舞民族化”的借鉴对象。代表作品有《祝福》《雷雨》《林黛玉》《梁祝》《魂》《蓝花花》。

（3）代表作品：

①中国芭蕾舞剧《红色娘子军》，编导是李承祥、王希贤等，于 1964 年首演，是一部根据梁信的同名电影改编的芭蕾舞剧，是中国第一部成功的大型芭蕾舞剧，自此，中国芭蕾舞真正迈开了创建民族风格进程的一步。作品的内容和形式体现了鲜明的中国特色，取材于革命的现实性题材，直接反映一群女战士在海南的革命斗争和生活。在芭蕾舞剧的选材上具有革命性的突破，在音乐的创作上和舞蹈动作的编排上又有很多创新，是一部久演不衰的优秀剧目。芭蕾舞剧《红色娘子军》是芭蕾艺术原则与中华民族的文化心理较为贴切的结合，是中国芭蕾发展史上的里程碑，是中国特色芭蕾的创作典范。

②中国芭蕾舞剧《白毛女》，编导是胡蓉蓉、傅艾棣等，于 1965 年首演，根据同名歌剧改编，背景为抗日战争时期的中国北方的农村，但整个舞剧将 19 世纪西方古典舞蹈元素与中国的民间舞蹈和舞台艺术相结合，其音乐特色也在创作手法上进行了中西结合，音乐形象鲜明生动，舞剧加唱的表演形式别具一格，是“洋为中用”的代表性作品。芭蕾舞剧《白毛女》是中国芭蕾创作上的一座丰碑，为芭蕾艺术在中国

的推广起到了强而有力的推动作用。

9. 简述西方现代舞的特点。(南艺2017年研)

答：西方现代舞是19世纪末至20世纪初在欧美兴起的一种舞蹈流派。它最为鲜明的特点是反映现代西方社会矛盾和人们的心理特征，但其特点还包括以下几点：

(1)在艺术创作中，现代舞作品应该尽力避免是非曲直的判断，尤其是在看远离传统观念的后现代舞时更应如此。舞蹈是离经济基础和意识形态距离较远的审美学，而不是伦理学。尤其是对那种以实验为目的的新作品，包括学生的习作，最好不做价值高低的判断，而应以竭力挖掘其创造的潜力，理解其创造的动机为根本宗旨。所以现代舞充分运用丰富的想象力，以生命的自由委身于不断流动的动态之中，探求奔放的情感表露，其艺术带有较强的主观性。

(2)在艺术风格方面，现代舞崇尚自然，不再追求优雅和谐，而追求紧张、粗砺、神秘、压抑和沉重。

(3)在艺术倾向上，现代舞带有古典主义和世界主义的某些特征，承认美的多样性。

(4)在艺术思想上，现代舞的生活观是宽容大度、乐观向上、随遇而安；它的艺术观是求同存异，“八仙过海，各显神通”。美国现代舞第三代大师默斯·堪宁汉曾说过：“如果你不喜欢别人的作品，那就编一个自己喜欢的好了。”所以现代舞主张真实地反映世界，追求个性解放，以人体的解放与自由追求人性的解放与自由。

(5)在艺术美学上，美的概念在现代舞中早已不是唯一的追求；而在现代美学中，美更不是至高无上的概念。因此，美或者不美，不应是衡量现代舞作品高低的唯一标尺。格雷厄姆初出茅庐时，她那带棱带角，更带着对即将到来的新时代之敏感的抽搐动作，曾被当时报界辱骂成“要么是癫痫突然发作，要么是分娩迫在眉睫”。但是几十年之后，当整个世界都在运用她那痉挛性的表情方式之时，她的“收缩——放松”(Constraction-Release)动作原理则被当作新时代的号角和新美学的代表。

四、论述题

1. 以舞蹈《秋海棠》《旦角》《爱莲说》《扇舞丹青》等古典舞为例论述舞蹈演员在舞蹈形象创造与展现中的价值和作用。(燕山大学2015年研)

答：从舞蹈审美的角度说，舞蹈演员是集创造者、创造工具、创造成果于一身的艺术家。这三者中最重要的是创造工具，即物质材料。这是因为，正是由于舞蹈艺术是以舞蹈演员的身体作为物质材料来创造形象的，所以才使得舞蹈这门艺术具有了独特的品格，散发出别具一格的芬芳，产生出不容替代的艺术魅力。这主要表现在：

(1)人体是具有生命活力、生机勃发的有机整体。以有生命的人体为材料来表现人的情感，是生命情调最直接、最实质、最强烈、最尖锐、最单纯而又最充足的表现，因此也最容易被作为欣赏者的人所感知、所接受，最容易引发欣赏者的美感，最容易获得欣赏者的情感共鸣。《秋海棠》描绘了一位饱经沧桑的老艺人秋海棠的曲折故事，抒发了他对艺术的钟爱和对黑暗旧社会的血泪控诉。在短短的六分多钟里，演员武巍峰以饱含激情的演出，使观众真切地感受到了角色内心世界的变化。开始，舞者以一段戏曲旦角的专有动作，示意当年秋海棠在戏台上的风光景象，妩媚的身姿表达了老艺人对戏曲的恋念之情。当突然发觉脸上的疤痕后，他便义愤填膺地随着音乐的高涨而疯狂地舞蹈，似乎在逃避可怕的现实，或翻腾或旋转，但始终不愿丢掉手中的戏装头饰，老艺人的愤恨之情被表现得淋漓尽致。最后，脱下戏服，收起行头，转身离去。这样简单的动作却将老艺人的凄惨之情准确地传达给观众，催人泪下。

(2)有生命的、飞舞流动的人体最富有变化，能在变动中表现出千姿百态。罗丹认为人体的表现力非常丰富，“人体，由于它的力，或者由于它的美，可以唤起种种不同的意象。有时像一朵花……有时像柔软的常春藤，劲健的摇摆的小树……有时人体向后弯曲，好像弹簧，又像小爱神爱洛斯射出无形之箭的良弓。有时又像一座花瓶……”《旦角》是展现古典舞技巧的代表性剧目，剧中，演员在地面上进行了一连串的跪地旁抬腿变后腿翻身，前腿转二周、后腿转等技巧动作，呈现高难度、多变化的技术技巧。除技术动作难度加大、样式变化多、数量质量提升以外，复合型技巧动作也开始融入、运用到作品的各环节之中，将表演推向了一个更高的层次。这些精湛的技术技巧在节奏上从慢到快、从弱到强；在动作幅度上的一张一弛、一静一动，从单一到复合等等，都促进了演员表现能力的进一步深化，从而推动作品达到了一个新的层次。舞蹈演员行云流水的步伐，时而舞蹈是主体，时而舞蹈又成为演员宣泄的对象，从而营造出浓浓的京剧的韵味氛围。

(3)舞蹈必然受到一定生理机能的制约。舞蹈以有生命的、最纯粹意义上的人体，在运动中来表现思想感情，因此由一个有生命的人体所表现出的各种动作姿态，不能超越一个活的生命——有生命的机体所能负荷的限度。但是优秀的舞蹈家却往往能在客观允许的范围内，充分发挥人体机能的潜力和舞蹈家个人的艺术表现力，在限制中求自由，在有限中求无限，创造出奇妙生动、有血有肉的艺术形象。中国古典舞是一种要求高难度肢体技巧的表演艺术，在剧目《扇舞丹青》中，舞者王亚彬以轻盈的跳跃、闪转腾挪的动势、柔美的舞姿控制，营造出了洒脱、飘逸、灵动、稳重和突变等不同的舞台效应，塑造出扇与人完美结合的舞蹈形象。仅靠舞者的身体和一把扇子，通过舞者身体的快慢相宜、刚柔相济、抑扬顿挫、错落有致的运动，将扇子与肢体动作的幅度、力度、速度、重力和空间相结合，将一个看似平常的舞蹈，做到与书法、绘画笔韵之美比肩。《扇舞丹青》作为当代中国古典舞的代表作，它“闪、转、腾、挪”的动势、“回”与“流”的形态，以及瞬间止息如红日欲出、满弓蓄势的感觉等，无不体现出了中国舞独有的舞蹈韵味和独特的精神气质，让人们在意醉神迷、出神入化中品味中国舞蹈向前发展的无穷神韵。

2. 论述民间舞的艺术特点。

相关试题：中国民族民间舞创作特点和时代特点。（北舞 2017 年研）

答：民间舞泛指产生并流传于民间，受民俗文化制约、即兴表演但风格相对稳定，以自娱为主要功能的舞蹈形式。不同地区、国家、民族的民间舞蹈，由于受生存环境、风俗习惯、生活方式、民族性格、文化传统、宗教信仰等因素影响，以及受表演者的年龄性别等生理条件所限，在表演技巧和风格上有着十分明显的差异。民间舞不乏朴实无华、形式多样、内容丰富、形象生动等特点，历来都是各国古典舞、宫廷舞和专业舞蹈创作不可或缺的素材来源。民间舞的艺术特点主要表现为：

(1)群体性。民间舞是人民群众集体创造的精神结晶。“群体”在民间舞的传承过程中起着重要作用。《辞海》对民间舞的定义是：“在人民群众中广泛流传，具有鲜明的民族风格和地方特色的传统舞蹈形式。”从这一定义可以看出，民间舞的“广泛流传”是在“人民群众”中直接进行的，它的传承载体与其他形式的舞蹈一样是“人”，只不过不是单个的“人”，而是一个“群体”。民间舞的传承正是由群体承担完成的，所以群体性在民间舞的传承中起着重要作用。例如，安徽花鼓灯的“拔泥步”，正是农民在田埂上一脚深、一脚浅的生活写真。蒙古舞的“马步”正是牧民在辽阔的大草原上纵马驰骋的真实体验。东北秧歌的逗、艮、浪，也真实再现了东北人民豪放、幽默的性格特点。因此，当人们看到这些来自身边的熟悉的动作，便都一人呼万人应，情不自禁地加入这个群体之中，自娱自乐。这时，他们都自觉或不自觉地承担起传承的义务，并在不断积累、加工的基础上，逐渐形成了自己的特色和风格。

(2)民俗性。

①民间舞的传承与“巫”分不开。民间舞最初的产生可以说是来自“巫”。巫是一种流传既久，对人们的生活、生产及心理影响极深的一种民俗现象。巫在其产生之初，无不存在于原始人的生活和生产之中。在他们看来，可实行巫的范围是很广的，巫的力量也是无限的。自然界或社会生活中发生的一切吉利或不幸都是巫在起作用，都可用巫的观念去解释。直到今天，许多地区和民族还存在这种最古老、最原始的民俗活动。

②民间舞的传承与“节日性的民俗活动”分不开。全民性的大型节日，如春节、元宵节、祭祀节、娱乐性节日等，都伴有大规模的民俗活动。这些民俗活动为民间舞营造了特定的环境和气氛，并为民间舞提供

了传承的契机。庆丰收、祈丰年、敬神祗少不得歌舞为仪。祝福寿、求子嗣以及婚丧嫁娶也必须有歌舞相佐。

(3)人类文化性。民间舞是一种文化现象，在传承过程中积淀下深厚的文化。文化是在人类与自然相互依存及劳动实践中创造、发展的。人类创造的文化千姿百态，但是不论古今，任何一种文化都不可能在时间的推移中一成不变。人类文化是一个渐进的过程，传承是一个动态的概念，被传承的民间舞蹈文化随着人类文化的发生与变迁从来就没有停止过渐进。在这种渐进过程中，被传承的舞蹈文化有其固定的部分，又有可以发挥和变革的部分。

(4)娱乐性。民间舞又被称作"自娱性舞蹈"，它源于人们的"本能冲动"和"自我表现"意识。它是广大人民群众自娱自乐的艺术表现形式，来自人们心中最真挚的情感流露。群众需要舞蹈主要是为了娱乐，离开娱乐这个根本特性，就离开了群众。通俗讲，大家聚集起来在一起自娱自乐的舞蹈就是民间舞的表达形式。因此，自娱性在民间舞的特性中是不可缺少的。

3. 论述浪漫主义芭蕾的艺术特征和舞剧代表作。

相关试题：浪漫主义芭蕾(名词解释，中央民大2017年研)

答：浪漫芭蕾是芭蕾史上的第二个阶段，起源于18世纪末19世纪初，受浪漫主义影响，这个学派的艺术家们创作出了大量的不朽之作，主要特征是表现神秘莫测的自然境界，热衷于传达人们在世俗空间中难以如愿的理想，有浓重的抒情色彩和想象成分。

(1)艺术特征。

浪漫主义芭蕾的兴起是芭蕾发展史上的一个"黄金时代"，表现神秘境界、传达人物情感是浪漫芭蕾的主要艺术特征。题材上创造了"童话神话"取向，表达了"轻盈飘逸"的审美理想；动作上习惯运用"垂直向上"技巧；服装上形成"白色纱裙"的风格，由此形成了高贵典雅、严谨规范、表情细腻、动作舒展的法兰西学派芭蕾。

①内容和题材的变化。超凡脱俗的仙女、幽灵代替了神话传说和古代英雄故事中的人物。反映一种对现实不满和失望的情绪，一种追求超越尘世的、对另一世界的情趣，或以死亡摆脱对现实的失望，或以一种不切实际的追求代替对生活的愿望。其中代表作有《仙女》和《吉赛尔》。《吉赛尔》汇集法兰西风格，成为浪漫主义芭蕾的顶峰，此后逐渐出现了浪漫主义和现实主义相结合的现象。

②舞蹈技巧和表演都有了重大发展，脚尖舞技巧成为女舞蹈家表现手段的一个重要因素，男子舞蹈技巧也有了进一步的提高。

③在演出形式上，采用了瓦斯灯的照明和大幕，改革了芭蕾服装和舞鞋，产生一种诗意轻盈的风格。

(2)浪漫主义芭蕾的舞剧代表作有：

①在《仙女》这部舞剧里，最突出的贡献是，女芭蕾舞演员立起了脚尖，并且身着半透明的白色薄纱。白纱舞裙后来成为浪漫主义的芭蕾象征而保留下来。此外，还新设计了"飞行""大跳"等优雅舞姿造型，丰富了古典芭蕾舞剧的语汇。

②《吉赛尔》舞剧中创造了两个世界，一个是人间，一个是神幻世界，歌颂了一个主题思想，即真、善、美。在剧中人物的舞蹈设计上也采用了强烈对比的手法，正面人物吉赛尔跳的是轻盈、流畅、优美、典雅的古典芭蕾舞蹈动作，守林人跳的是丑陋的民间舞，伯爵在第一幕中主要是哑剧式的舞蹈动作，第二幕采用了古典芭蕾舞动作，准确表达了伯爵的内心情感，加强了爱情悲剧的感染性。

③《葛蓓莉娅》是浪漫主义时期的最后一部典型代表作，它最突出的特点是开辟了木偶题材的芭蕾舞剧。它是一部诙谐的、热闹的舞剧，在这部舞剧中有许多独立的舞蹈片断，如时计舞、曙光舞、祈祷舞、纺织舞、婚礼舞、战争舞、和平舞以及加洛普舞等。它是木偶题材的新舞剧代表。

4. 论述现代芭蕾的艺术成就与特点。

相关试题：

(1)现代芭蕾的特点及代表作。（简答题，首都师大2016年研）

(2)现代芭蕾的显著特点是什么?（简答题，南航2018年研）

答：现代芭蕾是一种流行的舞蹈形式。现在产生的许多芭蕾作品，在选择题材上就和以往的芭蕾有一些区别，并且在形式上也进行了创新。再从其他类似的舞蹈种类当中吸取或者借鉴了舞蹈词语和表现手法，形成了区别于古典芭蕾的风格，这就是现代芭蕾。

(1)历史发展。当“古典芭蕾时期”在俄罗斯即将消亡之时，1909年，一批不满于保守现状的精英人物跟随天才的俄罗斯芭蕾舞经纪人谢尔盖·佳吉列夫，以“俄罗斯芭蕾舞团”的名义浩浩荡荡地开进了“浪漫芭蕾之都”——巴黎，从此诞生了“现代芭蕾”。佳吉列夫俄罗斯芭蕾舞团毅然抛弃了大型芭蕾舞剧，果断采用了短小精悍、新奇多变、具有现代表现主义风格的作品，用崭新的精神与方法复兴了芭蕾，从而开创了“三合一”的芭蕾演出模式，也就是每场晚会由三个半小时左右的作品构成的模式。在这个时期，舞蹈开始走出“非舞蹈”的误区，竭力回归到动作的本体。

(2)艺术成就。今天人们有一种约定俗成的认识，基本是以20世纪初发生的现代艺术思潮对芭蕾的影响为分界线，在此之前的以遵循芭蕾原有程式规范和风格特征的作品，无论是舞剧还是小型作品，都可以说是古典芭蕾；而近代产生的许多芭蕾作品，或在题材选择上有别于以往的选材范畴，或在形式上进行了发展创新——从生活中提炼了动作语言，或从其他姐妹舞种吸收借鉴了舞蹈语汇和表现手法，形成区别于古典芭蕾的风格样式，这便是所谓“当代芭蕾”或“现代芭蕾”。属于题材变化的如《红色娘子军》，描写的是中国20世纪30年代的故事，所以标示为“现代芭蕾舞剧”，意指反映现代生活的舞剧。题材的变化不可避免地带来形式的变化，《红色娘子军》吸收了部队生活动作和中国民族舞蹈素材，在戏剧内容上有较大突破。根据现代审美观念对动作组合进行一些变形处理。

(3)风格特点。在现代芭蕾时期，以美籍俄国芭蕾大师乔治·巴兰钦为首的“纯芭蕾”(即非情节、非舞剧式的芭蕾作品)开始占据主导地位。其实，那些传统的芭蕾经典自身并没有错，只是它们与这个沸腾的时代太不合拍，而从事这项事业的人们又太封闭保守，太妄自尊大，所以才结束了以前芭蕾舞一统天下的局面。与传统的“浪漫”“古典”芭蕾相比，“现代芭蕾”至少具有四个显著特点：①向传统芭蕾所尊崇的古典唯美主义开战，部分编导家甚至采用内扣腿脚、平面动作等回归远古动律的做法。②现代芭蕾的创作思想更加自由开放，敢于从古今一切有益的东西中汲取养分，并为我所用。③创作手法丰富多样，抛弃了旧的固有观念与模式，提倡各路编导家“八仙过海，各显神通”。④在内容、特点和形式上受到现代舞的影响，主张两者完美的统一，而非“旧瓶装新酒”，更认为使用别人和自己过去的旧有形式，实际上是对编导家自身创造力的否定。

第4章　舞蹈基础知识

6.4.1　复习笔记

【通关提要(提纲挈领)】

本章详细论述了舞蹈的基本知识，如舞种、舞蹈要素、舞蹈创作等。本章考点以名词解释、简答题以及论述题为主，在学习时，应对舞蹈的各类基础知识做总体把握。

【考点难点归纳(厚积薄发)】

考点：舞蹈基础知识　★★★

1. 舞种(见表6－4－1)

表6－4－1　舞　种

要点	具体内容
独舞	又称单人舞，指由一位舞者表演的舞蹈形式。一位舞者即代表一个舞蹈形象。独舞是需要独立完成的作品，也可以是舞剧或一个片段。在芭蕾舞剧中，独舞多表现为“变奏”的形式
双人舞	指由两个人共同完成同一主题的舞蹈表演形式，多用于表现人物之间的思想感情交流，呈现人物关系
三人舞	指由三个舞者共同完成同一主题的舞蹈表演形式，按照剧目内容可划分为三种类别，分别为表现单一情绪、表现特定情节以及表现人物关系之间的戏剧矛盾冲突
群舞	指一般由四人以上表演的多人舞。从表演者的性别进行划分，可分为女子群舞、男子群舞和男女大群舞，从作品内容上可划分为情节性和抒情性。群舞主要目的是塑造舞剧性格，推动情节发展，要求动作整齐、风格一致，通过变化舞蹈队形和更迭画面，来展现不同力度、速度、幅度的舞蹈动作与舞姿，动作感染力很强
歌舞	指歌唱和舞蹈相结合的形式。表演以载歌载舞为主，风格多为叙事抒情，内容主要表现人物的思想感情和生活
舞剧	舞蹈是舞剧最主要的表现手段，是集音乐、舞台美术等为一体的艺术形式，展现出一定的戏剧性

2. 舞蹈要素(见表6－4－2)

表6－4－2　舞蹈要素

要点	具体内容
人体动作	指人的身体活动，以全身或局部身体的动作来表达情感、思想和生活的需要
舞蹈动作	指经过舞者的提炼、组织和美化，使人体动作的艺术表现变得更具有规律性和目的性
舞蹈组合	指将两个以上的动作相组合的舞蹈形式。根据组合功能可划分为训练性组合和表现性组合

续表

要点	具体内容
舞蹈语汇	是舞蹈语言材料的总称，包括舞蹈动作组合、舞蹈构图、舞蹈场面和舞蹈中的生活场景等一切具有传达情感特点的舞蹈语言，不同民族和风格的舞蹈形式其舞蹈语汇系统也有自身的独特性。舞蹈作品是由舞蹈语汇编排汇聚而成的，舞蹈语汇不仅是舞蹈作品创作和研究的基础材料和物质前提，也是舞蹈社会学、舞蹈心理学等研究的物质基础
舞蹈语言	主要由舞蹈动作、舞蹈组合和舞蹈语汇构成，具有表达情感和表现精神抽象内容的象征功能，还具有寄托隐含意念的比喻和寓意功能
舞蹈单词	指表现单独意义的单一或复合的舞蹈动作
舞蹈语句	由一个以上的舞蹈单词构成，为表达出较为完整的涵义，需要多个舞蹈单词组成
舞蹈段落	由多个舞句构成的表现完整内容的片段，也可表现情节的发展，或人物在一定情景下的精神世界，或某种艺术意境。一般一部舞蹈作品需由多个舞段构成

3. 舞蹈创作(见表6－4－3)

表6－4－3 舞蹈创作

要点	具体内容		
舞蹈作品内容	题材		指作品中所描写的生活现象
	主题		指舞蹈作品中对于现实社会生活的描绘、对艺术形象的塑造所表现的情感以及作品的中心思想
	人物		指舞蹈作品情节中需要描写和表现的形象
	情节		指主要人物的生活和事件的发展过程
	环境		指主要人物所生活的社会背景和时代背景，舞蹈中的故事情节发生的具体场景、时间和空间
舞蹈作品的意境	含义		指舞蹈作品所描绘的生活和思想感情相融合而形成的意境。其创造过程通过景、情、形、象、境五个结构层次来表现
	结构层次	景	指作品内情节的特定时空，是舞蹈作品中衬托人物情感的外部条件
		情	指舞蹈作品及舞者的原动力，是舞蹈作品中人物形象的内在驱动力
		形	指人体的外部表现形态
		象	指形象的提炼与升华，对人物的个性和情感的外部形态的描绘，是姿态造型和运动组合排列起来的动态形象
		境	指情与景的融合，“境”可以引起观众对于作品的艺术联想，进而达到“象外之象”和“景外之景”的艺术境界高度
舞蹈演员	利用有节奏感的身体动作为主要表现手段塑造艺术形象的工作人员的职业规范名称，是舞蹈作品创作、传达的过程中的美的创造者，在舞蹈美的传达过程中占据核心地位。舞蹈演员是集创造者、创造工具以及创造成果为一身的艺术家		
舞蹈编导	含义		指舞剧、舞蹈作品的创作者，也是舞剧的编舞和导演。舞蹈作品的诞生需要通过作者精细地选材、构思和创作，通过演员与乐队、舞台的配合，展现最终的作品

续表

要点	具体内容	
舞蹈编导	要求	舞蹈是一种综合性的艺术，对舞蹈编导的专业艺术修养和创造能力有极高的要求，同时还需要具有较高的文学修养、丰富的历史知识。创作舞剧需要较强的理解力，以及对戏剧结构的编排能力和审美创造力

6.4.2　典型题(含考研真题)详解

一、填空题

中国古典舞中最重要的动作内核是(　　)。

【答案】气

【解析】中国古典舞中“气”是最重要的动作内核，它本是人生理意义上呼吸的每刻吞吐之物，但是引入舞蹈动作中，它对动作的发力、动作的连接、产生生动的对比度起着重要的原发和传导作用。

二、单项选择题

下列关于舞蹈基础知识的叙述错误的是(　　)。

A. 独舞可以是一部舞剧或一个舞蹈作品中的领舞与片段

B. 一般由三人以上表演的多人舞称之为“群舞”

C. 舞蹈组合从功能上分为训练性组合和表现性组合

D. 舞蹈演员是集创造者、创造工具、创造成果于一身的艺术家

【答案】B

【解析】群舞一般是指由四人以上表演的多人舞。从表演者的性别进行划分，可分为女子群舞、男子群舞和男女大群舞，从作品内容上可划分为情节性和抒情性。群舞主要目的是塑造舞剧性格，推动情节发展，要求动作整齐、风格一致，通过变化舞蹈队形和更迭画面，来展现不同力度、速度、幅度的舞蹈动作与舞姿，动作感染力很强。

三、名词解释

1. 舞蹈造型性(杭州师大 2016 年研；燕山大学 2015、2014 年研)

答：舞蹈造型性是指舞蹈的动作通过三维空间中塑造姿态和构成队形来创造舞蹈形象。舞蹈造型性是舞蹈的艺术特性之一。舞蹈艺术所具有的美感形象，必须通过提炼和美化了的生动、形象、富有表现力、符合造型艺术审美规范要求的人体动作和姿态表现出来。除了人体动作要具有节奏性，符合舞蹈动作的规律外，其次就是要求舞蹈动作必须具有造型性，这是因为造型性要求动作的构成应具有美感的形象，它必须是具有典型性的动作。舞蹈艺术的造型性，包括两方面的内容：①人体动作姿态的造型；②舞蹈队形、画面的造型，即舞蹈的构图——舞蹈者在舞台三度空间所占据的地位和活动的路线。

2. 舞蹈动作(湖南师大 2019 年研；杭州师大 2012 年研)

答：舞蹈动作是指经过舞者提炼、组织和美化了的人体动作，即一种艺术化了的人体动作。所谓艺术化，就是按照舞蹈艺术的审美规律、审美目的，对人体动作进行加工和改造，以适应人的舞蹈审美的需要。一般来说，舞蹈动作的主要来源有四个方面，包括：①对人的各种自然形态的生活动作和情感动作进行艺术的概括和美化；②对自然界中花、鸟、鱼、虫和各种景物的动态形象的提炼和加工；③对人体内在动作潜能的深入挖掘和高度发挥；④根据人体动律的发展变化繁衍出人们所需求的舞蹈动作。

3. 舞蹈语汇(河北大学2015年研；燕山大学2014年研)

答：参见本章考点难点归纳相关内容。

4. 舞蹈构图(湖南师大2017年研；河北大学2015年研；杭州师大2015、2014年研)

答：舞蹈构图是舞蹈语言在舞蹈舞台上存在和呈现的比例，也是舞蹈在时间、空间中的动态结构，一般指舞蹈者在舞台空间的行为线(不竭转变、流动的舞蹈路线或队形)和画面造型，是舞蹈作品的主要默示手段之一。舞蹈构图，也是舞蹈表演在一定空间与时间内，对色、线、形等各个方面关系的合理布局。其中包括舞蹈队形变化中形成的图案和舞蹈静态造型所构成的画面。舞蹈构图对作品主题的表现、意境的创造、气氛的渲染、形象的塑造都有重要的作用，是舞蹈艺术形式美的重要因素之一。舞蹈家受不同时代社会思想、艺术流派的影响，根据不同的舞蹈构思和审美观，采用不同的舞蹈构图方法。纵观东西方传统的古典舞蹈与民间舞蹈，大多属于轴心运动思想和对称平衡的舞蹈构图方法：围绕中央由四面八方交替循环的各种舞蹈图形和四角、六角、八角环绕中央的弧形对称图形。

5. 舞蹈结构(河南师大2018年研；湖南师大2017年研)

答：舞蹈结构是指舞蹈作品的组织方式和内部构造，是作者塑造形象、表现作品主题思想的重要艺术手段。在艺术构思时必须考虑如何把一系列的生活材料、人物、事件、情绪等划分主次、轻重、繁简、先后，合理而恰当地加以安排和组织，使其既符合生活的规律，又适应一定体裁的要求，组成一个完整的舞蹈作品。舞蹈结构也是舞蹈作品中塑造人物、表现感情、安排情节的组织和布局，是展现作品的内容、塑造舞蹈形象、创造舞蹈作品意境的重要手段。

6. 舞蹈的形式结构(杭州师大2014年研)

答：舞蹈的形式结构，是根据舞蹈的内容寻求与之相适应的舞蹈形式。舞蹈的形式结构，大致有以下几种类型：①舞蹈的情节结构；②舞蹈的情感结构；③舞蹈的心理结构；④舞蹈时空顺序结构；⑤舞蹈时空交错结构；⑥舞蹈散文诗式结构；⑦舞蹈时空流动转换式结构；⑧舞蹈交响乐章结构；⑨舞蹈情感色块结构。舞蹈的形式结构是没有穷尽的，需要根据所表现的新的内容不断地进行新的创造。

7. 节奏性(杭州师大2017年研)

答：节奏是人们对时间的一种知觉，又称节奏知觉，它是对客观现象的延续性、顺序性和规律性的反映。在舞蹈中，节奏性一般表现为舞蹈动作力度的强弱、速度的快慢和能量的大小。相同的动作，由于节奏的发展变化——或是在力度上增强或减弱，或是在速度上的加快或减慢，或是在幅度和能量上的增大或缩小(同时结合演员表情的因素)，就可以表现出不同的情绪和情感，体现出不同的丰富的内容。

8. 画面造型(杭州师大2017年研)

答：舞蹈的画面造型，即舞蹈的构图，是舞蹈作品构成的重要因素。舞蹈者总是要在舞台上的空间按一定的方向和路线进行运动，根据所表现的各种不同情绪和内容的需要，就产生了各种类型的画面造型。舞蹈画面造型，一般可分为方形、三角形、圆弧形、梯形、菱形等基本图形。方形给人以稳定感，三角形给人以力量感，圆弧形则带有柔和流畅之感，菱形、梯形一般给人以开阔感。有些舞蹈中利用舞蹈道具和各种基本图形组成具有一定形象的象征性的队形画面，如音乐舞蹈史诗《东方红》中的《游击队舞》，队员们三人一组手持芦苇道具，基本上采用三角形的图形结构，通过前后左右的移动，造成一种游击队员埋伏和出没芦苇荡的意境。

9. 空间运动线(杭州师大2017年研)

答：空间运动线是指舞蹈者在舞台的空间上按一定的方向和路线进行运动，并根据所表现的各种不同情绪和内容的需要，产生的各种类型的在舞台空间进行运动的路线。舞蹈中各种类型的空间运动线的基本特性，一般从属于人们审美活动中不同系列的形式感。根据我国舞蹈家们的分类，舞蹈的空间运动线可分为：斜线（对角线）、竖线（纵线）、横线（平行线）、圆线（弧线）、曲折线（迂回线）五种。这五种空间运动线的基本特性，在不同的舞蹈作品中，由于不同的节奏、不同速度的变化处理，也可以表现出不同的情绪，获得不同的艺术效果。

10. 舞蹈形象（湖南师大2018年研；杭州师大2012年研）

答：舞蹈形象是舞蹈欣赏中被感知认识的主要对象和体现舞蹈艺术审美作用的主体，是由人体的动作、姿态和造型，并借助于音乐、道具、服饰、化妆等其他艺术因素构成的舞蹈思维的产物。一般对于舞蹈形象有两种解释：①以舞蹈手段塑造的人物形象；②舞蹈的动态形象。对于动态形象的内涵，认识也很不一致。律动为舞之魂和舞之力，作为一种形象化的舞蹈语言呈现在人们的眼前。舞蹈创作者的形象思维和艺术构思，主要是通过这些动态性体现的，因此还必须把握人物真实的情感，用情感带动舞蹈，反之，通过舞蹈来抒发感情。舞蹈是情感的艺术，情感是舞蹈内在的生命的核心。

四、简答题

1. 如何丰富和加强舞蹈构图的能力？（河北大学2015年研）

答：丰富和加强舞蹈构图能力可以采用以下几个方法：

（1）向生活和大自然学习。在生活中，每个物体都有一定的构图和造型方式，构图美丑不一，从中可以受到一些启迪和艺术滋养。

（2）向各种造型艺术学习。不同造型艺术的构图原理基本上都是相通的，因此绘画、雕塑、建筑、工艺美术、书法等的构图以及布局的原则、方法，都有极大的学习、参考价值。

（3）向世界和我国著名的经典、优秀的舞蹈、舞剧作品学习。在舞蹈构图上的创新和发展离不开对前人创作经验的继承和借鉴，因此，对经典和优秀的舞蹈、舞剧的构图学习有助于丰富和加强舞蹈构图的能力。

（4）向我国民族民间舞蹈丰富多彩的构图学习。我国各地的民间舞蹈拥有非常丰富的舞蹈构图，它们是我国人民进行舞蹈艺术创作的结晶，表现了大众的审美情趣和理想，同时也是对大自然各种事物和形象的高度概括、集中和美化。它是民族舞蹈遗产中宝贵的瑰宝，对它的传承和创新，是每一位舞蹈工作者的责任。

2. 简述舞蹈演员创造形象的三个层次。（杭州师大2017年研）

答：舞蹈演员应该通过舞蹈创造出个性鲜明的人物形象，使观众在欣赏这些栩栩如生的人物形象时获得艺术美的享受。这就需要舞蹈演员长期付出艰辛的创造性劳动，首先要在良好天赋的基础上锤炼出一个运用自如、可塑性很强的身体——创造舞蹈美的工具，然后再在这个基点上去寻求、创造完美的舞蹈艺术形象。舞蹈演员创造形象的三个层次为：

（1）形象的积累。一个舞蹈演员，在日常生活中必须十分注意观察各种各样的人物，把他们的形象（特别是动态形象）储存在自己的"形象仓库"中，进行形象的积累。一般来说，舞蹈演员的形象仓库的积累越丰富，创造出动人形象的可能性就越大。

（2）形象的感受。只靠平时积累还不够，更要紧的是在接到一个创作任务之后，演员就要根据作品和编导的要求，根据表现内容和人物的需要，有目的地去积累形象素材。

（3）形象的创造。对形象进行丰富的积累和深刻的感觉，目的是给"形象的创造"打下坚实的基础，"形象的创造"成功与否才是检验一个舞蹈家水平高低的审美尺度。舞蹈是以人体动作为艺术语言的直观性艺术，不管演员对角色的认识、体验多么正确、深刻，要使观众窥视到人物的内心活动，受到强烈的感染，还必须通过情感化和物态化了的舞蹈形象。

五、论述题

过去，我国舞蹈界许多人都常说“舞蹈长于抒情，拙于叙事”，这样的观点你是否认同呢？抒情和叙事在舞蹈作品中该有怎样的关系？请结合所学和舞蹈作品实例，谈谈你的见解。（湖南师大2019年研）

答：(1)我不认同“舞蹈长于抒情，拙于叙事”这个观点。

舞蹈是一种抒情性的艺术，舞蹈擅长抒情，但并非不能用舞蹈的艺术手段去表现比较复杂的故事情节和人物之间的矛盾冲突。如果我们这样来认识舞蹈的抒情性，那就会把舞蹈艺术束缚在狭小的范围内，从而限制了舞蹈表现和反映无限丰富、广阔的社会生活内容。

(2)舞蹈的抒情和叙事并不是绝对互不相容的矛盾对立物，相反，它们有着不可分离的亲密关系。舞蹈的抒情和叙事的“长”和“拙”，也只是相对而言的，不应把它们绝对化，否则，就容易走向片面性的误差。

①如有人就把“舞蹈长于抒情，拙于叙事”发展为“舞蹈只能抒情，不能叙事”，认为只有抒情性的舞蹈才是符合舞蹈艺术特性的，甚至怀疑叙事一类的舞蹈是否应当算是舞蹈的一个品种。或是认为叙事性的、具有一定情节的舞蹈，或是含有文学、戏剧内容的舞蹈作品，不能算是正宗的舞蹈。因此，有人就在舞剧创作方面主张要发展抽象性舞剧，要淡化情节、淡化人物，不主张发展具有明确的故事情节和矛盾冲突的戏剧性的舞剧，认为只有前者才是符合舞蹈艺术特性的。

②在20世纪60年代，舞蹈界在讨论舞蹈特性问题时，就有人主张舞蹈创作要“求其善长，避其局限”，认为舞蹈既然长于抒情，就让它来创作那些能够发挥其特长的题材好了，何必勉为其难地让它来叙事。此时就出现了那个时期影响一时的题材分工论。这种主张不能说没有一定的道理。但是，这种对舞蹈题材的绝对分工，或者说是让舞蹈绝对地避其局限，无疑会束缚作者的创作潜在能力和革新创造精神。它只能引导我们的舞蹈编导去走一条大家都走过的容易通过的道路，而不会去攀登前人没有越过的山峰，去探索舞蹈艺术世界所深藏的奥秘。因此，它对发展舞蹈创作是不利的。

③经过历史的检验，我国的舞蹈编导们并没有完全信奉这种主张，没有被这种理论限制住手脚，而是勇于探索，善于追求，不断扩大自己的艺术表现领域，力求把舞蹈的所谓局限转化为擅长，把自然生活的时空，以其舞蹈的独特视角，转化为艺术化的舞蹈时空，从而在舞蹈和舞剧的创作上取得了突破性的进展和很大的成绩。我国自20世纪80至90年代就相继出现了《奔月》《繁漪》《祝福》《鸣凤之死》《人参女》《蓝花花》《阿诗玛》等一大批在艺术上有革新创造精神的优秀舞剧作品。从这些舞剧作品中，我们可以看出舞蹈艺术中的抒情和叙事有着不可分离的亲密关系。舞剧编导们常常是把抒情和叙事巧妙地结合在一起而发挥出舞蹈艺术特有的个性功能和艺术感染力量。

(3)根据国内外众多优秀舞剧的创作经验，“在抒情中叙事”和“在叙事中抒情”是情节性舞蹈和舞剧结构比较理想的艺术表现方法。例如，我国现代舞剧《鸣凤之死》之所以能较好地发挥舞蹈艺术表现力的特长，能有较强的艺术感染力，就在于它的七个场景的艺术处理始终遵循着“在抒情中叙事”和“在叙事中抒情”的原则。

①第一场“狭笼”，既表现出觉慧要冲破封建牢笼的束缚，追求自由的强烈的主观情感状态，又表现出他在这个有形和无形的狭笼中生存的客观现实。

②第二场“梦魇”，既是鸣凤内心世界的悲愤、恐惧、反抗、斗争等复杂思想感情的抒发，又具体地表现出她即将被送给冯乐山做小妾的残酷现实。

③第三场“高墙”，既表现了觉慧和鸣凤对自由幸福生活向往追求的强烈感情色彩，又表现出他们被一堵无形的墙——封建恶势力所阻挡的、不可逾越的鸿沟的客观存在。

④第四场“梅林”则表现了他们冲破封建势力的藩篱，互相倾吐，表露了炽热的爱慕情感，而这又是通过采摘梅花等一系列事件的描绘所表现出来的。

⑤后面几场的“生离”“死别”等也都具有明显的抒情和叙事紧密结合的特点。人物在剧中的行动无一不在显现着情节的发展，同时也无一不是在表现着人物内心复杂多样的情感。正因为如此，这个舞剧才塑造出如此鲜明生动又具有强烈感染力量的鸣凤的形象。

第七编 美 术

【知识框架(庖丁解牛)】

- 美术
  - 概述
    - 美术概念的形成与发展
    - 美术的起源与发展
    - 美术的社会功能：认识、教育、审美
    - 美术门类的划分
  - 美术作品构成的要素
    - 内容和形式
    - 构思和构图
    - 其他：空间、笔触、素材、意境、节奏、风格等
  - 美术发展的历史线索
    - 中国美术：先秦、两汉、魏晋、隋唐、五代、宋元、明清、近现代
    - 西方美术：古代与中世纪、文艺复兴、巴罗克、洛可可、古典主义与浪漫主义、19世纪中后期以及20世纪
  - 美术批评与鉴赏
    - 中国：传神论、六法论、南北宗论、书画同源
    - 西方：黄金分割、图像学
  - 中外美术名家名作及风格流派
    - 中国：魏晋时期顾恺之、隋唐五代时期吴道子、两宋时期张择端、元时期赵孟頫、明时期吴门四家、清时期扬州八怪、近现代齐白石等
    - 外国：文艺复兴艺术达·芬奇、巴罗克艺术伦勃朗、洛可可艺术华托、新古典主义艺术安格尔、现实主义艺术米勒、印象主义艺术莫奈、后印象主义艺术塞尚等

第1章 概 述

7.1.1 复习笔记

【通关提要(提纲挈领)】

本章是本编重点章节，主要论述了中外美术的含义以及形成的过程，重点介绍了美术的起源和美术的社会性功能，还讲述了美术门类的划分方式。本章考点以填空、单项选择题、名词解释以及简答题为主，在学习时，需整体把握美术的起源及其历史发展脉络，掌握美术的社会功能。

【考点难点归纳(厚积薄发)】

考点一：美术概念的形成与发展 ★★

1. 西方美术概念的形成与发展(见表7-1-1)

表7-1-1 西方美术概念的形成与发展

要点	具体内容	
艺术的字面含义	英语、法语：art	源自拉丁语 ars，本意是指一种本领或技能。辞源可追溯到希腊语“technē”，泛指各种手工制成的艺术品以及文学、音乐、戏剧等
	德语：Kunst	源自德语“können”，是指可以巧妙解决任何难题的特殊技术，在古时还具有知识、学问、聪慧等含义
现代意义上的艺术概念	“美”的确立	法国艺术理论家巴托在著作《统一原则下的美的艺术》中确立了“美”的原则，并用此取代了古希腊“模仿”的原则。他的“美的艺术”包含诗歌、音乐、雕刻、绘画和舞蹈五种艺术。此概念广泛地传播于整个欧洲
	概念的形成	①文艺复兴时期，艺术的含义逐渐与“美的”画上等号。18世纪中期，正式确立了“美的”艺术概念体系，使艺术成为审美的主要对象。 ②“美的艺术”在发展过程中逐渐被简化形式的“艺术”代替，使得现代意义上的“艺术”的概念逐步确定。 ③在当今社会，英语中的“art”既被运用于“艺术”解，又可作为“美术”解，泛指包括舞蹈、音乐、戏剧、文学、电影等在内的其他艺术门类，也囊括了雕塑、建筑、工艺、绘画在内的视觉艺术

2. 中国美术概念的形成与发展(见表7-1-2)

表7-1-2 中国美术概念的形成与发展

要点	具体内容	
形成	古代	古汉语用“刻削之道”“锦绣文采”“绘缋之事”等术语指代如今的“视觉艺术”。自汉以后，艺术、艺文等词才较为常见
	19世纪末	汉语中的“美术”在这一时期开始出现，日本人将西方的“art”译作汉语的“美术”，泛指西洋的画学、音乐、诗学、制像术等。中国的美术概念是从日本移植而逐渐形成的，基本含义涵盖音乐、绘画、文学、建筑、园林、雕刻、工艺美术等领域
发展	五四新文化运动前后	王国维、鲁迅、蔡元培等人将“美术”运用到了诗歌和音乐的领域，和“艺术”互换的用法频繁出现
	现代	“艺术”和“美术”的概念逐渐有所区分：①“艺术”作为各门艺术门类的总称，美术、戏剧、音乐、诗歌、舞蹈、书法、电影等都囊括在内；②“美术”成为专门的视觉艺术部分

考点二：美术的起源和发展 ★★★★★

1. 艺术的起源(见表7-1-3)

表7-1-3 艺术的起源

要点		具体内容
模仿说	观点	是艺术起源问题中最古老的理论，起源于古希腊哲学家，该观点认为模仿是人类固有的本能和天性，而艺术起源于人类对大自然的模仿冲动，主张文学艺术来源于生活，是对生活的模仿和再现。直到19世纪末，这种观点依旧具有非常大的影响
	代表人物	亚里士多德[古希腊哲学家]、车尔尼雪夫斯基[俄国作家]、莱奥纳尔多[意大利画家]、狄德罗[法国启蒙思想家]等
游戏说	观点	又称"席勒—斯宾塞理论"，是关于艺术起源的重要学说之一，认为艺术起源于游戏，是包括美术在内的艺术发生理论中较有影响的一种理论
	代表人物	席勒、斯宾塞、康德、谷鲁斯
表现说	观点	主张艺术起源于人的内在情感的表现，以达到人类表达和情感交流的目的。艺术最主要的功能是情感的表现，这也成为发生艺术的主要动因。原始艺术最主要的推动力是出于对情感的表达，最终促成了艺术的产生与发展。此说与"模仿说"相对
	代表人物	雪莱、列夫·托尔斯泰、维隆、科林伍德、苏珊·朗格等
巫术说	观点	认为巫术意义的生产过程对艺术创作有着某种启发意义。是西方关于艺术起源理论中最具有影响力的一种观点。这种理论直接研究了原始艺术作品与宗教巫术活动的关系
	代表人物	英国著名人类学家泰勒在《原始文化》中最早提出了该观点。其他代表人物还有雷纳克和吉德逊
劳动说	观点	19世纪末叶以来，认为艺术起源于"劳动"的理论在欧洲大陆许多民族学家与艺术史家中流传。劳动是原始艺术最主要的表现对象，且史前艺术在内容与形式方面都留下了大量的劳动生产活动的印记。但是，过分注意劳动与艺术发生的直接关系，也不免有些简单化
	代表人物	《艺术的起源》中，希尔恩[芬兰美学家]详细地讲述了艺术与劳动的关系；俄国的普列汉诺夫系统地论述了艺术的起源及其发展的一系列问题，并得出了艺术起源于劳动的观点；其他代表人物还有毕歇尔和马克思·德索

2. 美术的发展(见表7-1-4)

表7-1-4 美术的发展

要点			具体内容
历史阐释	模式论		认为从"草创"到"繁荣"再到"衰亡"的过程是艺术发展的必然规律
	否定之否定论		认为艺术的发展是由肯定到否定再到否定之否定的，发展趋势呈现螺旋式的上升
	两极变化论		认为艺术的发展始终处于两极之间变化
	艺术发展"他律"		艺术的发展与政治、经济、宗教、道德、哲学等诸多因素相关
继承创新	历史继承性	概况	艺术的内在结构在发展的过程中具有继承性，这种继承性与社会意识形态和人们审美观念的连续性相互联系
		表现	①对本民族艺术遗产的汲取和接受以及对其他民族和国家优秀文化和艺术成果的吸收和接纳。 ②艺术的历史继承性，突出地体现在艺术的形式与技巧、内容、审美观念和创作技法等方面

续表

要点		具体内容
继承创新	创新性	①在艺术发展的过程中，继承是手段，创新是目的。要在继承的基础上创新，秉持批判的原则对历史文化遗产取其精华，去其糟粕，大胆批判。 ②坚持在艺术的内容、形式、语言、表现手法等方面进行创新，让艺术不断地适应新时代，从而符合人们对于审美文化和艺术的需求

考点三：美术的社会功能（见表 7－1－5） ★★★

表 7－1－5 美术的社会功能

要点	具体内容
认识功能	指美术是对于现实生活的全面、能动的反映，所有的美术作品都能够让人从不同程度上获得由感性到理性的认识，从而有助于人们形成智能，培养意志
教育功能	美术的教育功能主要通过形象的感染与效能的激发，启发欣赏者的意识与情感表达活动，提高人们的品德、思想、情操，这与理论的说服有所区别
审美功能	审美功能是美术最本质、最普遍的功能，它使人们在审美享受和愉悦的过程中培养和发展美感，从而形成审美的观念、审美的理想，陶冶性情、美化人格

考点四：美术门类的划分 ★★★

1. 现代艺术门类

（1）艺术门类及其划分，具体见表 7－1－6。

表 7－1－6 艺术门类及其划分

要点	具体内容		
概况	西方文艺复兴时期所划分的六大艺术门类包括文学、雕刻、绘画、音乐、戏剧、建筑，是一般艺术分类的基础。近代又将舞蹈、电影、摄影、电视、工艺以及书法等纳入艺术的分类之中		
分类标准	艺术的存在	空间艺术	如雕塑、绘画、工艺美术、摄影艺术、建筑艺术等
		时间艺术	如文学、音乐等
		时空综合艺术	如电影、戏剧、舞蹈等
	艺术的运动方式	静态艺术	如绘画、雕塑、建筑等
		动态艺术	如电影、音乐、戏剧等
		动静结合艺术	如文学等
	主体对对象的感知方式	视觉艺术	如绘画、雕塑、工艺美术、摄影艺术、舞蹈、杂技等
		听觉艺术	如音乐、曲艺等
		视听综合艺术	如电影、戏剧、电视剧等
		想象艺术	如文学等
	艺术的内容特征	再现艺术	如绘画、小说、雕塑、电影等
		表现艺术	如音乐、舞蹈、诗歌、建筑等

续表

要点	具体内容		
分类标准	艺术形态的创造方式	造型艺术	如绘画、雕塑、工艺美术、摄影艺术、建筑艺术、园林艺术等
		表演艺术	如音乐、舞蹈、戏剧、曲艺、杂技等
		语言艺术	文学的各种样式
		综合艺术	如电影、电视剧等

(2)典型艺术门类介绍。

①建筑艺术，具体见表 7－1－7。

表 7－1－7 建筑艺术

要点		具体内容
概念		指审美价值与实用价值、工程技术手段与艺术手段紧密结合的美术门类。发挥审美功能主要通过空间造型结构的设计安排、各门相关艺术的结合、与环境的关系等，也可通过功能和技术的提升展现艺术的水平
表现	建筑造型	由几何形的线、面、体构成建筑的主要造型，其中包含了形式美的视觉体验，使人产生愉悦之感，并运用象征的手法表现某种特定的具体内容
	建筑风格	建筑艺术最直接、最鲜明地体现在建筑风格。每一种建筑的风格中，既含有功能的要素，同时也包括审美的要素，建筑艺术在一定程度上体现了时代的特征、类型的特点和民族的精神
	形态	建筑艺术指建筑作为一门艺术所使用的形式和手法，具体体现在城乡建筑的建造环境、各种类型及其他建筑的总体设计、风格、艺术价值之中

②雕塑艺术，具体见表 7－1－8。

表 7－1－8 雕塑艺术

要点		具体内容
内容		指三维空间形象的美术，常常以雕、刻、塑，以及焊、堆、敲击、编织等手段制成。运用的传统材料主要有木、石、石膏、金属、树脂及黏土等
分类	材质	分为木雕、石雕、瓷塑、泥塑、陶雕、铜雕、彩雕或彩塑等
	作品题材内容的性质	分为纪念碑、纪念性雕塑等
	环境、用途、放置位置	分为城市雕塑、园林雕塑、室外雕塑、室内雕塑、架上雕塑、案头雕塑等
	人像雕塑	分为全身像、半身像、胸像、头像等

③油画艺术，具体见表 7－1－9。

表 7－1－9 油画艺术

要点	具体内容
概况	源于欧洲，到近代成为一种世界性的重要画种。15 世纪以前，蛋彩画是欧洲绘画中油画的前身，15 世纪初期的著名的尼德兰画家凡·爱克兄弟是油画的创始人
含义	油画是指用快干性的植物油［亚麻仁油、罂粟油、核桃油等］调和颜料，在画布［亚麻布，纸板或木板］上进行制作的一个画种。画面所附着的颜料有较强的硬度，当画面干燥后，能长期保持光泽

续表

要点	具体内容
特点	①油画的造型因素包括明暗、色彩、线条、笔触、肌理、光感、质感、空间、构图等。油画技法将各种造型因素综合地或单一侧重地展现出来。油画材料为在二度的平面底子上运用油画技法提供了一定的可能性。 ②油画的制作过程是艺术家熟练地运用油画材料，选择并运用可以形成艺术形象、表达艺术思想的技法的创作过程。 ③油画作品体现了绘画性，集中表达了艺术家的思想情感和油画语言形式的独特美感
发展	油画的发展过程可分为古典、近代和现代几个阶段，不同的时代形成的具有不同艺术思想和技法的油画作品，展现出了不同的精神风貌： ①在20世纪油画中，不同的艺术观念所形成的不同流派呈现出了多种倾向的艺术形式，因此使油画形式语言受到了高度的重视。 ②以油画工具材料为造型媒介的西方现代油画，精彩纷呈，创造了别具一格的油画风貌

④版画艺术，具体见表7－1－10。

表7－1－10 版画艺术

要点	具体内容		
含义	由艺术家构思创作并且通过制版和印刷程序而产生的艺术作品，具体说是以刀或化学药品等在木、石、麻胶、铜、锌等版面上雕刻或蚀刻后印刷出来的图画		
分类	颜色上	分为黑白版画、单色版画、套色版画等	
	类型上	分为凸版、凹版、平版和孔版	
	材料上	凸版版画	包括木刻、砖刻、石刻、纸刻、麻胶刻、石膏刻等
		凹版版画	包括金属版画、赛璐珞版画、纸版画等
		平版版画	包括独幅版画、石版画等
		孔版版画	包括纸孔版画、丝网版画等
发展历史	中国	中国复制木刻版画最早出现在隋唐之际，到现在约有一千多年的历史。晚唐的《金刚经》木刻卷首画证明了中国的木刻复制版画技术已经非常成熟。中国的创作版画在得到鲁迅的提倡后取得了巨大的发展	
	西方	16世纪的欧洲，丢勒用铜版画和木刻版画来复制钢笔画，此时进入了版画的初步阶段。17世纪的伦勃朗，铜版画已从镂刻发展到腐蚀的阶段，进入了创作版画的时期。19世纪，木刻版画运用阴刻法，以白线为主，从而摆脱了复制的困扰，进入创作版画的领域	

2. 中国传统书画门类

(1)人物画，具体见表7－1－11。

表7－1－11 人物画

要点	具体内容			
概述	内涵	指以人物活动为主要描绘对象的中国画传统画科		
	分类	题材	人物画	大多表现历史故事或现实人物
			道释画	大多表现仙佛僧道

续表

要点	具体内容			
概述	分类	题材	风俗画	大多描绘社会风俗
			仕女画	大多描写妇女形象
			肖像画	又称写真，多表现真实人物
		画法样式	工笔人物画	刻画工整细致，勾勒后加以着色
			简笔人物或写意人物画	画法简练、飘逸
			泼墨人物画	水墨淋漓之间尽显豪迈奔放的画风
			白描人物画	纯用线勾勒或稍加墨染
			吴装人物画	以线描为主但略施淡彩于头面手足
发展历史	周代	《孔子家语》中记载，周代就已出现劝善惩恶的历史人物壁画		
	战国秦汉	以历史现实或神话人物为题材的作品大量出现。已知最早的独幅人物画是战国楚墓出土的《人物龙凤》与《人物驭龙》帛画。之后出土的一系列壁画、帛画、画像砖石等，均展现出这一时期人物画创作之兴盛与繁荣		
	魏晋隋唐	是中国人物画重要发展时期，盛唐时吴道子就将人物宗教画推进到了更加具有表现力、更为生动感人的新境界		
	五代两宋	中国人物画得到了深入的发展。创办了宫廷画院，工笔重着色的人物画更加新颖精美。在文人画兴起后，李公麟将民间稿本提高为白描。宋代时期，社会风俗画和历史故事画也进入到蓬勃发展的新阶段，作品大多都体现出了社会属性和人物内心的情感，以及宏伟的构图。随着南宋写意人物画的不断发展，人物画开始关注审美与抒情的表达。仕女画、高士画也大量地涌现到社会之中		
	元明清	元明清以来，文人画家转向了绘制山水画与花鸟画，但不少关心国家大事和人民生活、接受反封建意识的文人或职业画家创作出了许多人物画的优秀作品		
特点	①多选择具有认识与教育意义的题材，在平凡而广泛的选材中挖掘深层含义。对于人物美的认识与表达，不再仅限于人体美，而侧重于“神识风采”之美。 ②历来注重传神，最珍贵的人物画传统又称写真、写心、肖品，主张突出传神的眼神、身姿、手势和重要的细节，强调主次分明，详略得当。 ③人物画常常运用夸张的手法来表达作者的感受。在人物与环境关系处理上，作品常常借景传情，在叙事性的作品中，构图善于划分空间感、层次感，运用主体人物重复出现的技法来记述展开事件，打破时间和空间的限制。 ④人物画在工笔设色、白描和小写意作品中，重视笔法的运用，创造了十八描等画法。笔墨技法强调人物形象的结构表现、质感量感与神情特点，以体现作者的情感与风格			

（2）山水画，具体见表7－1－12。

表7－1－12 山水画

要点	具体内容
概念	指以山川自然景色为主要描写对象的中国传统画科，既突出自然之美，又体现了中国人的社会审美意识，在元代以后的画史上占据了重要的地位，产生了深远的影响

续表

要点	具体内容	
分类	青绿山水	又称金碧山水画，设色勾勒、金碧辉煌，具有装饰含义
	水墨山水	又称墨笔山水画，纯粹用水墨加以描绘
	浅绛山水	又称淡着色山水画，主要以水墨表现，略施淡赭淡青，多用于表现晨晖夕阳的景色
	小青绿山水	以水墨勾皴，淡色铺底，施以青绿等敷盖色
	没骨山水	几无水墨，纯以彩色图绘
发展	①战国古地图中就已出现了中国山水画，主要零星出现在工艺美术品以及具有装饰作用的建筑材料上，大多用于传达神话宗教、迷信的思想，从中可以看出原始社会对自然崇拜和仰慕的历史痕迹。 ②魏晋南北朝创立独立山水画法，东晋的著名画家顾恺之绘有《雪霁望五老峰图》，南朝时的宗炳与王微的山水画论《画山水序》与《叙画》奠定了中国山水画的理论基础	
技法	意境营造	中国山水画善于营造情景交融的意境。写境即寄情于生活中存在的景物，注重对象的实在性与具体性，是现实主义的创作方法。造境即对现实的景物进行艺术性的概括、提炼以及升华，进而传达作者内心强烈的情感愿望，是浪漫主义的创作方式
	形象描写	中国山水画强调宏观的掌控，注重留影，不拘泥于细节的表达；善于抓住物象的结构组织，主张灵活多变的运用方式，用简洁的结构形式对物象进行写实的表达
	空间处理	中国山水画以小观大，擅长运用高远、平远、深远、阔远等艺术手法，构图上强调“势”的表现与“开合起伏”。“势”即现实物象之间的联系；“开合起伏”则是指在联系之中的变化性与节奏感
	笔墨技法	山水画的笔墨技法较人物、花鸟画来说更为丰富多样。经常运用点苔法和多种皴法，墨法则湿者有“染”，干者有“擦”，趋湿相化即为“破墨”，以干累积为“积墨”

(3)花鸟画，具体见表 7－1－13。

表 7－1－13 花鸟画

要点	具体内容		
概念与分类	概念	指用中国的笔墨和宣纸等传统工具，以“花、鸟、虫、鱼、兽”等动植物形象为描绘对象的一种绘画，是中国传统的三大画科之一	
	分类	以描写手法的精工或奔放	①工笔花鸟画。 ②写意花鸟画，包括大写意花鸟画和小写意花鸟画
		以使用水墨色彩上的差异	包括：①水墨花鸟画；②泼墨花鸟画；③设色花鸟画；④白描花鸟画；⑤没骨花鸟画
发展	唐以前	在原始社会时期，中国花鸟画就已萌芽。两汉六朝时期，发展已经初具规模	
	唐、五代至北宋	花鸟画已经发展成熟。五代出现的黄筌、徐熙两种风格流派，运用不同的选材及手法，分别表达华贵或野逸的情趣。此后的时期，画家辈出，异彩纷呈，风格复杂多样	
	南宋及元代	工笔设色花鸟画、水墨为主的写意花鸟画以及水墨写意“四君子画”的相继产生，使得以线描为主要手段的白描花卉在同一时期也日益兴盛	
	明末	写意花鸟的深入发展，明末时期以徐渭为代表，产生了以草书入画，并强烈抒发个人情感的作品	

续表

要点		具体内容
发展	清及以后	清初，朱耷的绘画作品达到了前所未有的新境界。中国花鸟画形成了独特的传统，并在近现代产生了齐白石等一批花鸟画大师
技法	写生	指"移生动质"，即"变态不穷"地传达花鸟的生命力与各不相同的特点
	寓兴	指通过对花鸟草木的描写，以寄托和抒发作者的情感，与中国诗歌中的"赋、比、兴"的手段相似，借物寄情，托物言志
	写意	强调以意为主，倡导如中国书法艺术一样淋漓尽致地抒写作者情感，不会因为对景物的真实描绘而使作者思想感情的表达受到束缚

(4)书法，具体见表 7－1－14。

表 7－1－14　书　法

要点	具体内容
概念	书法是中国及深受中国文化影响过的周边国家和地区特有的一种文字美的艺术表现形式。从广义讲，书法是指文字符号的书写法则，即文字的书写艺术，是使用毛笔来表现汉字的艺术。狭义而言，书法是指用毛笔书写汉字的方法和规律。包括执笔、运笔、点画、结构、布局等内容。毛笔是书法最主要的表现工具，书法艺术本体包括笔法、字法、构法、章法、墨法、笔势等内容，常见字体有隶、篆、楷、行、草等
技法	依据文字的结构规律和作者的审美感情来呈现文字的形式美。常使用的艺术规律有虚实、和谐、疏密、匀称、聚散、欹侧、呼应等
价值	书法兼具实用价值和欣赏价值，作为中华民族优秀传统文化之一，曾流行到日本等国，产生了深远的影响

7.1.2　典型题(含考研真题)详解

一、名词解释

《审美教育书简》

答：《审美教育书简》又称《美育书简》，是西方美学史上第一部关于美育问题的美学著作，是 1793～1794 年席勒写给丹麦王子克里斯谦公爵的 27 封信，同时该著作也涉及对美的本质的哲学探讨，在美学史上具有重要的地位。席勒认为审美活动是自由的，是实现人的自由的唯一途径，认为美育可以促进人的感性和理性的统一，造就完整人性，使人进入自由王国。席勒从人文教育角度，从寻求人的精神自由和人性的完满角度来讨论美和美育问题，这些书简成为现代性的审美批判的第一部纲领性文献。

二、论述题

1. 试概述中国古代四大石窟艺术。

相关试题：

(1)四大石窟(名词解释，中央民大 2017 年研)

(2)龙门石窟(名词解释，江苏大学 2018 年研)

(3)云冈石窟(名词解释，人大 2022 年研)

答：中国古代四大石窟艺术包括麦积山石窟艺术、莫高窟艺术、云冈石窟艺术和龙门石窟艺术。

(1)麦积山石窟，位于甘肃省天水市麦积区，是小陇山中的一座孤峰，高 142 米，因山形酷似麦垛而得名。麦积山石窟始建于 384 至 417 年，后经隋唐到明清历代开凿和重修，现存窟龛 194 个，层层雕镌在一峰独起、望若麦积的悬崖绝壁之上。因山体石质疏松，造像以泥塑为主，共计3000多尊佛像，以其精美的泥塑艺术闻名世界，被誉为“东方雕塑艺术陈列馆”。由于地处南北分水岭，麦积山石窟受到各方文化的影响，其清新秀丽又浑厚质朴的艺术风格在北方石窟中独树一帜。麦积山石窟保留有大量的宗教、艺术、建筑等方面的实物资料，体现了千余年来各个时代的塑像的特点，反映了中国泥塑艺术发展和演变过程，丰富了中国古代文化史，也较早形成了具有中国特色的佛教艺术体系。

(2)莫高窟，俗称千佛洞，坐落在河西走廊西端的敦煌。它始建于十六国的前秦天王苻坚时期，后历经北朝、隋、唐、五代、西夏、元等历代的兴建，形成巨大的规模，有洞窟735个，壁画4.5万平方米、泥质彩塑2415尊，是世界上现存规模最大、内容最丰富的佛教艺术地。莫高窟集雕塑、建筑、绘画三者于一体，十六国至明清历代都有建造，是中国佛教美术的宝库。莫高窟保存了千余年的历代壁画和彩塑，系统全面地反映了中国佛教艺术从5世纪到14世纪的发展演变过程。

(3)云冈石窟，位于山西省大同市城西约16公里的武州(周)山南麓、武州川的北岸，石窟依山开凿，东西绵延约1公里。现存大小造像51000余尊，洞窟45个，大小窟龛252个，为中国规模最大的古代石窟群之一。最早由沙门统昙曜主持开凿5所，就崖雕造佛像，即今天的云冈16～20窟，通称昙曜五窟。其雕像雄伟粗壮，鼻梁直挺，面形方圆，衣纹简洁流畅，反映出中亚造像的特色。

(4)龙门石窟，位于河南省洛阳南的伊水河畔，开凿在东西二山上，是世界上造像最多、规模最大的石刻艺术宝库。北魏时的代表洞窟有宾阳洞(又称宾阳三洞)、古阳洞等。其造像多为面容瘦削、身材秀挺的秀骨清像，服饰为宽服大袍、褒衣博带，表情显得温和而世俗化。艺术风格从云冈的浑厚粗犷转向优雅端庄，更符合中原风格，是形成中国式佛教艺术体系过程中的重要一环。龙门石窟在唐代再次成为大规模宗教活动的中心，其中最重要的石刻造像是奉先寺造像，巨大的规模和造像的完美均是石窟艺术中罕见的。龙门石窟使石窟艺术呈现出了中国化的趋势，是中国石窟艺术的“里程碑”。

2. 论述中国古代人物画的艺术特征。

相关试题：《步辇图》(名词解释，浙江大学2020年研)

答：中国古代人物画经过千百年的发展演变，逐渐形成了鲜明的特色，主要表现在：

(1)以线造型。中国古代描绘人物形象可追溯到远古的岩画和半坡的人面鱼纹盆。可靠的、最早的中国古代人物画出现在战国，是马王堆帛画《人物驭龙图》《人物龙凤图》。这些画作在描绘人物时已经注意发挥线描的表现力，已经具备中国人物画的首要特征——用线造型。

①这一点在顾恺之的代表作品《女史箴图》和《洛神赋图》中表现突出，顾恺之对图卷中的一系列人物形象以线造型发展到极致——连绵不断，悠缓自然，在线的节奏感和力度上都有飞跃，并将自战国以来形成的“高古游丝描”发展到了完美无缺的境地。

②吴道子对中国人物画中线的发展所做的贡献值得一提。他在线条运用上渗透着强烈的情感，流畅飘逸，形线统一完美，从而大大提高了绘画艺术中诸种表现因素的统一；以书法笔法入画，同时运动感节奏感突出，和北齐的曹仲达并称为“曹衣出水，吴带当风”。

(2)以形写神。

①作为东晋最伟大的画家、早期的绘画理论家，顾恺之在人物画的理论上贡献不菲，并对中国绘画产生了决定性的影响。他强调人物画创作要注重人物精神面貌的细致刻画，尤其注重眼神的描绘，认为绘画中人物形体的美丑对绘画的意义不是最紧要的，而传神的关键是眼睛。

②顾恺之进一步强调了“传神写照”论，“传神写照”论成为之后人物画创作的首要标准，并逐渐成为花鸟画和山水画的艺术创作要求。在阎立本的《历代帝王图》《步辇图》、张萱的《虢国夫人游春图》《捣练图》、周昉的绮罗人物画中，都做到了以人物形貌表现人物的精神气质。

(3)人物画具有记功录事功能，并且体现社会意义和政治目的。成教化、助人伦，具有题材的道德性。阎立本的《历代帝王图》以及《步辇图》就是非常好的例子，通过绘画，告诫皇帝如何能成为有作为的明君圣主，同时，亦可通过绘画告诉世人统治者的政治成就。

(4)背景留白，计白当黑。与西方绘画相比，中国人物画有一个重要的特征，就是在画面处理上突出表现主题，与表现主题无关者概不出现，即画面背景留白，计白当黑，这是中国古代绘画的布局特色。盛唐张萱的《虢国夫人游春图》中，反映出了中国人物画的这一特征：不设置背景，仅以人物的配置、马的跑动和色彩的运用衬托出春天的气息，主题明确。

(5)“主大从小，尊大卑小”原则。在人物位次安排上，遵从“主大从小，尊大卑小”的原则。这一点在长沙马王堆汉墓中出土的T形帛画中已有表现。在以后出现的人物画中更加明确，如《步辇图》，描绘吐蕃使者禄东赞迎亲文成公主的事件，其主人公唐太宗李世民的帝王气概的表现十分成功，其中一个重要的原因，就是在李世民的外形塑造、体量大小上，有别于画面中其他人物，如禄东赞，或者太宗周围瘦小纤弱的宫女。图中线描准确，各个人物神态惟妙惟肖，表情刻画出神，人物座次和大小上充分体现了中国人物绘画的特征，即“主大从小，尊大卑小”。

第2章 美术作品构成的要素

7.2.1 复习笔记

【通关提要(提纲挈领)】

本章详细论述了美术作品的构成要素，介绍了美术中的内容与形式、构图与构思，还涉及了笔触、空间、素材、意境、节奏和风格等。本章考点以名词解释、简答题为主，在学习时，应对各概念作整体把握。

【考点难点归纳(厚积薄发)】

考点一：内容和形式(见表7－2－1) ★★★★

表7－2－1 内容和形式

要点	具体内容	
内容	含义	指构成艺术形象的主观因素和客观因素的总和。作品内容的客观因素和主观因素是紧密结合，相互联系，不可分割的。 ①客观因素，即题材，是艺术家在作品中所描写的真实生活及对象。 ②主观因素，即主题，是艺术家对现实真实生活和对象的评价、认识、情感表达和审美理想
	影响因素	美术作品内容的特征，取决于作品所反映对象的艺术表现和特殊性的统一。美术作品的内容表现与艺术家的创作个性也息息相关，艺术家所具有的特有的思想表现、审美理想和精神气质，在一定程度上表现出带给他深刻的感受和体验的物象，同时艺术家也在作品中表达了自己的审美状态、精神风貌、艺术素养和艺术才能
形式	含义	作品的存在方式就是形式。作品的形式具有密切联系的两个方面：①内形式，即内容等诸因素的内部组织和结构。②外形式，即借艺术形象所借以传达的物质手段的组成方式
	形式美	指客观事物外观形式的美。包括线、形、色、光、声、质等外形因素和将这些因素按一定规律组合起来，以表现内容的结构等。艺术语言的独特性要求艺术家必须具有掌握和使用它的能力；艺术语言的物质材料表现出其结构方式的审美独特性，并用于形成相对独立的审美要求和规范，即一般的形式美因素。形式美在美术作品中具有不可替代的地位和作用，能够创造出视觉的形式美是作品成功的重要条件之一，同时也是艺术家才能的标志之一。艺术作品中的形式美，是一切艺术形式中普遍具有的一种非独立的艺术因素。形式美与内容美密切联系，一切美的内容都必须以一定形式表现出来，形式美不能脱离内容而存在

续表

要点	具体内容
辩证的统一	①内容是事物的内在诸要素的总和。形式是内容的存在方式，是内容的结构和组织。内容和形式是辩证的统一。没有无形式的内容，也没有无内容的形式。内容与形式是叠态的影像。内容决定形式，形式依赖于内容，并随着内容的发展而改变。但形式又作用于内容，影响内容。当形式适合于内容时，它对内容的发展起着有力的促进作用，反之，就起严重的阻碍作用。 ②内容和形式的关系又是相对的，作为一定内容的形式，可以成为另一形式的内容。内容和形式的辩证法要求观察问题时，首先注重事物的内容，同时也不忽视形式的作用。由于历史的发展，特定社会的需求，在内容发展了的同时，必须有新的形式与之相适应，所以，要打破旧的形式，创立新形式。而这新形式又必须在旧形式上继承和扬弃，使之能为新内容而服务

考点二：构思和构图(见表 7－2－2)　★★★

表 7－2－2　构思和构图

要点				具体内容
构思	含义			指一个呈现着系统性的、有中心及层次的、物化的整体性思维活动，在作者想象中形成的、贯穿着一定思想的关于作品的内容和形式的总观念。构思是独创，只有个体生命才有可能最先萌发创造的意念
构思	心理现象	想象	含义	指在固有形态上创造形象的一种心理能力
构思	心理现象	想象	作用	①想象作为现实与艺术相区别的重要因素，同样也是艺术家打破固有思维束缚的重要手段。 ②想象在造型艺术中可以让艺术家对于色彩、造型等表现效果做到心中有数。 ③在艺术构思的想象活动中，想象与情感可以做到互相激励和作用，使构思得以形成，艺术形象在其中得到深化和个性化的表达
构思	心理现象	灵感		在整个构思的过程中，灵感往往作为一种突发的心理现象而产生。在形态上，一般表现为豁然开朗、恍然大悟。虽然有时是难以琢磨的，但却深深地植根于艺术家的生活与实践当中
构图	含义			意为组合、构成，指创作者在一定空间范围内，对自己要表现的形象，进行组织安排，形成形象的部分与整体之间、形象空间之间的特定的结构、形式。在国画中，又称“布局”“经营位置”
构图	作用			构图作为艺术传达的第一步，同样也是对于构思的验证和修改。一般构图具有多种样式的构图法则，可以确定艺术形象的空间位置、大小、与空间的组合关系等，被认为是“画之总要”，受到了极大的重视

考点三：空间(见表 7－2－3)　★★★

表 7－2－3　空　间

要点	具体内容
含义	指物质存在的一种形态。在美术中，具备两种含义：①内空间，即形体结构的内容；②外空间，即形体存在的外部

续表

要点		具体内容
表现		在美术中，空间是多维性的层次表现：①一维空间是线；②二维空间是面；③三维空间是体；④四维空间是具有时态和内容的空间。其中，三维空间和二维空间的运用最为广泛
空间感		指艺术形象通过一定手法引起的类似现实空间的审美感受。包括作品直接表现的空间和作品具体形象之外的使人想象到的空间。在绘画中，形象存在于二维平面中，但通过构图、透视、线条走向、光影和色彩处理，使人感受到空间的整体性、立体性
空间处理	含义	指艺术家根据作品内容的需要，按主观的想法对物象进行选择，对主次关系进行合适的安排，对位置大小、画面形态进行调整，对空间层次的合理配置
	特点	①写实风格的绘画：空间处理上注重突出主体的描绘，打造出真实自然的空间感。 ②抽象风格或构成主义艺术：空间的概念已被转化为以人为主的形态观念，空间的处理更多地表现视觉经验的内视心理意象
	中国画的空间处理	在中国传统美术里，空间处理具有高度的表现自由。表现在： ①不受焦点透视的局限，用散点透视的方式。画家的视角随意移动，打破空间的局限，从多个角度描绘客观景物，使画面产生了多个消失点。 ②不受瞬息万变的时空约束，叙事侧重于表现时间流中的人生经验或事件，绘画要求空间的时间化，加以叙述性时序的描写。 ③不受虚实、光影、空间等客观的影响局限，而是形成计白当黑，以虚为实的空白处理，是“有”和“无”的思想在国画创作过程中由无形质落实到有形质的活动实践，使观众产生想象并打造多维层次的艺术感染力

考点四：笔触(见表7-2-4) ★★★

表7-2-4 笔 触

要点		具体内容
含义		泛指绘画中使用的笔法，又称肌理。常指油画和水粉画中运笔的痕迹。画家运笔借助颜料的厚薄对比、调合剂的浓淡变化、落笔的轻重力度、运笔的快慢节奏及点染的气韵感觉，体现对象质感、量感、体积感和光影虚实的描绘能力
作用	笔触与物象	笔触与物象表面贴切吻合，营造出强烈的真实感
	笔触与线条	线条与笔触有某种相同的意义，不同的笔触具有不同的特征。笔触是每个画家情趣、个性、艺术天赋的自然表露，进一步传达了画家的个性特征和艺术风格

考点五：素材(见表7-2-5) ★★★

表7-2-5 素 材

要点	具体内容
含义	指作家、艺术家从现实生活中搜集到的、未经整理加工的、感性的、分散的原始材料。美术创作素材主要指美术家在生活中的一些速写创作。虽然这些材料是粗糙的，与具体的创作主题没有产生直接的联系，但却是最生动自然的，为艺术家进一步提炼、概括、加工提供了无限的可能性

续表

要点	具体内容
来源	①艺术家有目的地选择过的素材。 ②艺术家间接的生活经验积累。 ③艺术家从传说、新闻或文学作品中收集到的素材

考点六：意境（见表7－2－6）★★★★

表7－2－6　意　境

要点		具体内容
含义		指文艺作品中描绘的生活图景与所表现的思想情感融为一体而形成的艺术境界，属于主观范畴的“意”与属于客观范畴的“境”二者结合的一种艺术境界。特点是景中有情，情中有景，情景交融
构成因素		在山水画创作的审美意识上的二重结构，是中国传统绘画的意境美：①主观精神的展现；②客观事物的艺术再现
表现手法	目的	绘画是通过塑造直观形象、具体真实的艺术形象来构成意境的。画家常常通过象征性和指导性的艺术语言和表现形式来显示时间的流程和空间的拓展，以此来克服造型艺术的短暂性和静态感所带来的束缚
	作用	①画家在意境的构成上掌握主动权，打破了固定时空中对于客观物象的表现的局限性。 ②提供给欣赏者广阔深远的想象空间，在作品有限的空间形象中展现无限和丰富的思想世界。 ③从某个程度上看，意境的最终构成需结合创作和欣赏才能实现

考点七：节奏（见表7－2－7）★★★

表7－2－7　节　奏

要点		具体内容
含义		指自然、社会和人的活动中一种与韵律结伴而行的有规律的突变。用反复、对应等形式把各种变化因素加以组织，构成前后连贯的有序整体，是抒情性作品的重要表现手段
基本方式	美术	运用形、线、色、轮廓等艺术手段进行呼应和对比，突出构图的安排、形象的特征和富有节奏感的动态
	绘画	艺术家通过对于主次、承接、疏密、呼应、俯仰等对立统一的因素的把握与运用，将物象构成一个艺术整体，并把握审美的规律与韵律，在构图上形成一定的结构和节奏，在中国绘画中又称画势
影响因素		艺术家的创作态度、精神气质、运用艺术手法的熟练程度与个人鲜明的艺术特色在艺术节奏的形成上具有重要的作用
特点		运动产生了节奏，节奏体现着运动的连续性，在美术作品中体现为一种通过视觉感受而产生的心理变化，是在静态的物象上使欣赏者心理产生起伏的产物，体现为由静到动、由理到情的审美经验。节奏属于风格，因此也受到了个人、民族、流派和时代的影响与束缚，这也决定了节奏的多样性和丰富性

考点八：风格(见表7-2-8) ★★★★

表7-2-8 风 格

<table>
<tr><th>要点</th><th colspan="4">具体内容</th></tr>
<tr><td rowspan="5">含义</td><td>概念</td><td colspan="3">指艺术作品在整体上呈现的有代表性的面貌</td></tr>
<tr><td rowspan="4">词源</td><td colspan="2">西方</td><td>该词起源于希腊文，在罗马作家西塞罗的著作中曾出现，后又具有文体、书体的意思，表示以文字表达思想的某种特定的方式</td></tr>
<tr><td rowspan="3">中国</td><td>魏晋</td><td>汉语的“风格”在晋人葛洪的著作《抱朴子》中最早出现，指人的风度品格。在南朝时期刘勰的《文心雕龙》中也曾提及，意指文章的风范格局</td></tr>
<tr><td>唐</td><td>在唐代的绘画史论著作中出现的“风格”一词被用作绘画艺术的品评用语</td></tr>
<tr><td>近现代</td><td>近现代以来，人们广泛使用在艺术、美学、文学、文艺评论等领域</td></tr>
<tr><td rowspan="2">形成原因</td><td>主观</td><td colspan="3">拥有不同的生活经验、艺术内涵、思想观念、审美境界的艺术家，在艺术创作中会形成区别于其他艺术家的各种鲜明个性和相对稳定的创作风格。艺术风格是创作个性的主要表现</td></tr>
<tr><td>客观</td><td colspan="3">艺术家的创作个性会受到其所属阶级、社会、民族、时代等社会历史条件的影响；而艺术品所具体表现的客观对象，所描绘的题材及其体裁和艺术门类，对风格有一定的约束作用</td></tr>
<tr><td rowspan="2">特征</td><td>多样化</td><td colspan="3">艺术风格的多样化由现实世界的多样性、艺术家的独特个性及欣赏者审美的复杂性等因素所决定。即使是同一艺术家的作品，也会形成变化多端的风格。艺术风格的多样化在一定程度上也促进了艺术的繁荣发展</td></tr>
<tr><td>同一性</td><td colspan="3">同一艺术家的多样风格是由于其个性发展所形成的，从整体上看依旧会呈现出某种占主导地位的风格；不同艺术家之间风格的一致性的形成受到他们所共同生活和服务的某一民族、阶级、时代的审美需要和艺术发展的制约</td></tr>
<tr><td>意义</td><td colspan="4">①风格反映时代、民族或艺术家个人的思想情感、精神内涵、审美标准等内在特性。风格的形成在一定程度上是时代、民族或艺术家进一步摆脱模式化的制约，走向成熟的标志。
②风格既是艺术家对审美客体的独特鲜明的个人观点的表达，也是艺术欣赏者对艺术品进行欣赏和体会的结果，它揭示了艺术创作与欣赏的本质特征，即现实世界与审美客体的无限多样性与丰富性</td></tr>
</table>

7.2.2 典型题(含考研真题)详解

一、填空题

艺术构思本质上是一种(　　)活动。

【答案】审美认识

【解析】艺术构思在本质上是一种审美认识活动。俄国文艺批评家B. T. 别林斯基最早使用了“形象思维”这个术语来表述这种认识活动的特点，实际上，艺术构思是在对具体形象的感受与客体的本质理解相统一的基础上产生的，通过对审美客体的现象与本质、个体与一般相统一的把握，进而创造出鲜明的艺术形象。这就是构思活动的思维特点与中心环节。

二、名词解释

意境(曲阜师大2025年研；山西大学2023年研；南艺2016年研)

答：参见本章考点难点归纳相关内容。

三、简答题

1. 简述中国传统绘画中的意境。

相关试题：

(1)“外师造化，中得心源”的理论如何理解。(赣南师大 2019 年研)

(2)外师造化，中得心源(名词解释，江苏大学 2018 年研；四川大学 2013 年研)

答：中国传统绘画讲究画面意境。意境是中国绘画艺术的一个重要的美学范畴，也是美学中所要研究的重要问题。所谓意境，是指文学艺术作品通过形象的描写表现出来的境界和情调，是主观范畴的“意”和客观范畴的“境”相结合的一种艺术境界，是富有民族特色的审美意识。

(1)中国传统绘画的意境美在于崇尚自然。中国传统绘画中的意境的体现，不是单纯地描绘自然，而是“心匠自得为高”。唐朝张璪说“外师造化，中得心源”，即艺术家把对自然界景物的认识和感受与客观景物有机结合起来，达到情景交融。

(2)中国传统绘画的意境美在于“画中有诗，诗中有画”。李可染先生说：“意境是艺术的灵魂，是客观事物精萃的集中，加上人的思想感情的陶铸，经过高度艺术加工达到情景交融，从而表现出来的艺术境界，诗的境界。”宋代画家文同说：“诗不能尽，溢而为书，变而为画，皆诗之余。”郑板桥的《竹石图》中题诗曰：“咬定青山不放松，立根原在破岩中。千磨万击还坚劲，任尔东西南北风。”画面上两三枝劲拔的竹子，从石缝中挺然树立，坚忍不拔，郑板桥借竹抒发了自己的洒脱和豁达，表达了勇敢面对现实、遇到挫折不屈服的品格。因此，“画中有诗，诗中有画”成为中国传统绘画重要的审美原则。

(3)中国传统绘画的意境美在于虚实相生。中国传统绘画艺术“计白当黑”，强调留白，这不仅是一种独特的颜色，同时也是一种虚无的境界。虚实相生是中国传统绘画意境审美的一个重要特征，虚境不是凭空想象出来的，它以实景为载体，是实景的升华，能够体现出整个意境的审美效果及艺术品位。南宋画家马远的《寒江独钓图》，只画了漂浮于水面的一叶扁舟和一个独坐船上垂钓的渔翁，四周除了寥寥数笔的微波之外，几乎全为空白。就是这片空白表现出了烟波浩渺的江水，给欣赏者极强的空间感和广阔的想象余地。

(4)中国传统绘画的意境美在于以形写神、形神兼备。中国传统绘画讲求“气韵生动”，讲求“形神兼备”。形神是造型艺术美学的基本范畴。形即形似，是对客观事物外形的理解与把握。《历代名画记》中记：“遍观众画，唯顾生画古贤，得其妙理。对之令人终日不倦。凝神遐想，妙悟自然，物我两忘，离形去智。身固可使如槁木，心固可使如死灰，不亦臻于妙理哉！所谓画之道也。”这就是中国传统绘画“以形写神”的原则。

中国传统绘画是情景交融、超凡脱俗的艺术，是中国文化的重要组成部分。意境不仅表现了中国传统绘画的艺术魅力，也体现了艺术家的聪明才智与独具匠心。中国传统绘画的审美意境不同于具象艺术或者抽象艺术，而是自成一派的意象艺术，其深刻的意境内涵传承了数千年，充分体现了中国传统艺术的魅力。

2. 简述艺术语言的独特性。(南艺 2011 年研)

答：艺术语言是创作主体在特定艺术种类的创作活动中，运用独特的物质材料和媒介，按照审美法则，进行艺术表现的手段和方式。

(1)艺术语言的分类。艺术语言是各门类艺术创作的媒介和形式的总称。艺术语言又可分为音乐语言、文学语言、绘画语言和电影语言等，如绘画以形状、线条、色彩、色调为艺术语言，构成绘画形象；音乐以有组织的乐音、节拍、旋律、速度等为艺术语言，从而构成音乐形象。

(2)艺术语言的发展。艺术语言具有丰富性和多样性，并随着艺术的发展不断变化和革新。

(3)艺术语言与艺术家。艺术语言是渗透了艺术家独特个性的一种特殊性语言。艺术家应在创作活动中不断锤炼语言，努力追求艺术形式与表现手段的创新。

3. 简述艺术的形式美体现，举例说明。（南艺 2011 年研）

答： 形式美是客观事物外观形式的美。包括线、形、色、光、声、质等外形因素，以及将这些因素按一定规律组合起来表现内容的结构等。艺术的形式美是内容与形式的统一体，在艺术作品中具有不可代替的地位和作用，视觉形式美的创造是作品成功的重要条件之一，也是艺术家才能的标志之一。形式美与内容美密切联系，一切美的内容都必须以一定形式表现出来，一定的形式美不能脱离内容而存在。

(1)形式美与构成事物的组合。形式美是构成事物的物质材料的自然属性及其组合规律所呈现出来的审美特性。任何事物都是由一定的物质材料构成的，如形状、线条、色彩等，当这些物质材料以一定的规律组合(整齐一律、节奏与韵律等)，就变成了形式上的美。如青铜器、陶器、瓷器，三者是由不同的物质构成，所以其形式美也各不相同。

(2)形式美具有独立的审美性。形式美是独立存在的审美对象，具有独立的审美特性。一个作品所体现出来的独特的结构、形态、色彩，对于这个作品而言是专有的、独立的。形式美所体现的是形式本身所包容的内容，单独呈现出形式所蕴有的朦胧、宽泛的意味。

(3)形式美是动态变化的。随着科学技术的发展，劳动方式和生活方式的变化，形式美的观念也在不断变化。例如，古典时代的黄金比例被现代的超长比和超宽比所取代或共存；和谐统一的色调被强烈对比和不和谐的色彩关系所取代或共存。

4. 简述艺术作品的内容与形式的关系。（南艺 2020 年研）

相关试题：简述内容和形式的概念，说明内容与形式的关系。（南艺 2018 年研）

答：(1)在艺术创作过程中，艺术作品的内容决定形式的产生。艺术家在创作过程中或根据雇主的需要或为生活中的某件事而激动产生了创作欲望，确定了作品的内容，最后根据内容的需要去寻找恰当的表现形式。达·芬奇的《最后的晚餐》为了突出即将受难的耶稣，画面用了对称的构图，将众人分为两个小组安排在位于画面中心的耶稣的两侧，使其成为中心人物，因而这幅画的形式是由它的内容所决定的。

(2)形式反作用于内容。形式不是消极的、被动的，而是积极能动地反作用于内容。齐白石的《墨虾图》在构图的处理上让人感觉到虽不画水但却有水的奇妙，使人感觉到“气韵生动”“以形写神”的境界。

(3)艺术作品内容与形式是相互依存、密不可分的。任何一个具体的艺术作品都是内容与形式的统一，任何形式都渗透着内容，任何内容都通过形式显现。徐悲鸿的《群马图》表现出了中国画静中有动的内涵，在笔墨表现上讲究中国画的“墨分五色”，达到了明暗变化的效果，使他笔下的马充满了勃勃生机，这些都体现了艺术作品内容与形式的统一性。

(4)割裂艺术作品内容与形式的关系所导致的错误。任何一幅优秀的艺术作品都是具有内容与形式的完美统一性，任何形式主义和形式虚无主义都会对优秀的艺术作品形成一定的阻碍。在内容与形式的关系上，存在着形式主义和形式虚无主义两种偏颇的观点，这两种观点都是对艺术作品中内容与形式孤立而又片面的看法，都会对一件艺术作品的最终成功造成一定的影响。

第3章 美术发展的历史线索

7.3.1 复习笔记

【通关提要(提纲挈领)】

本章主要阐述了中外美术发展的历史线索，着重地介绍了每个时代的绘画题材、发展状况、代表人物及作品。本章考点以名词解释、简答题、论述题为主，在学习时，要掌握个别代表性画家的风格和作品。

【考点难点归纳(厚积薄发)】

考点一：中国美术的历史发展简况 ★★★

1. 先秦、两汉、魏晋(见表7-3-1)

表7-3-1 先秦、两汉、魏晋

要点	具体内容
新石器时代	绘画艺术主要运用于彩陶的居址地画、纹样设计、岩画及墓室的装饰上，它们作为远古绘画的重要遗存痕迹，集中展示了中国迄今为止最早时期绘画的发展状况
先秦时代	绘画大多数具有一定的装饰含义和实用目的
春秋战国时代	壁画创作尤为兴盛，既服务于先秦礼教传统，也蕴含了神秘的原始宗教色彩
秦汉时代	绘画艺术大致分为宫殿墓室壁画、寺观壁画、帛画等。画面色彩变化复杂，画风浑朴，气势浩然壮观，展示出了早期壁画的磅礴风貌
魏晋时代	西晋时，绘画艺术初步成熟；东晋后，除宗教题材的壁画外，与辞赋文章相对应的故事画和以现实生活为题材的风格画逐渐增加，卷轴画也开始在民间传播，总体的表现依旧以人物为主，画面呈现出清新淡雅的风格

2. 隋唐、五代(见表7-3-2)

表7-3-2 隋唐、五代

要点	具体内容
隋朝	新画风开始出现，细密精致而华丽。现实人物的活动与自然环境相结合是本时期的时代风貌。人物画受顾恺之影响巨大；山水画写实能力显著提高
初唐	人物画继承了隋朝的细密精细的画风，风格上形成了以阎立本为代表的中原风格和以尉迟乙僧为代表的边陲风格。山水画形成了以李思训为代表的青绿山水和王维为代表的水墨山水
中唐	中国画进入了繁荣的时期，人物画达到了新的高潮，人物的塑造更加自然生动，侧重内心的刻画与细节的描写，代表人物有吴道子等。同时，山水画获得了独立的地位，而花鸟画、牛马题材的绘画也同步发展

续表

要点	具体内容
晚唐	绘画转向了新的发展方向
五代	山水画发生了关键性的变化，荆、关、董、巨的出现，使山水画达到了顶峰，是中国山水画的一个里程碑。北派创造了全景式的构图；南派大多表现淡雅深远的江南之景，运用和丰富了墨法、皴法。花鸟画也分别形成了以黄筌为代表的华贵派和以徐熙为代表的野逸派

3. 宋元(见表7－3－3)

表7－3－3 宋 元

<table>
<tr><th>要点</th><th colspan="4">具体内容</th></tr>
<tr><td rowspan="7">宋</td><td rowspan="5">北宋</td><td>活动中心</td><td colspan="2">北宋继承了前朝的旧制，设“翰林图画院”。画院作为北宋绘画的活动中心，在一定程度上培养了一大批杰出的绘画人才，推动了绘画的发展</td></tr>
<tr><td rowspan="3">概况</td><td>山水画</td><td>山水画的广度和深度得到了进一步的发展，更加强调写生和技法的研究，多表现北方浑厚的自然景观，代表画家有范宽、李成</td></tr>
<tr><td>花鸟画</td><td>以徽宗为代表，他创造的粗笔水墨花鸟画是一种革新</td></tr>
<tr><td>人物画</td><td>人物故事画和社会风俗画兴盛，同时开始出现文人画，代表画家有苏轼、文同、李公麟、黄庭坚、米芾等。他们强调绘画表现要有诗的意境，追求言简意赅的水墨表现风格，主张随心所欲，注重传神</td></tr>
<tr></tr>
<tr><td rowspan="2">南宋</td><td>活动中心</td><td colspan="2">画院仍作为南宋绘画的活动中心</td></tr>
<tr><td>概况</td><td colspan="2">①山水风格注重抒情和意境的表达，画面多偏角山水。构图简洁明确，意境传达完整，层次分明，笔触豪放大胆，水墨感淋漓尽致。代表人物有马远、李唐、刘松年、夏圭等。
②文人画在实践中取得了重大发展，梅、兰、竹、菊四君子画，成为该时期文人画的特殊题材</td></tr>
<tr><td>辽金</td><td colspan="4">以本民族的生活为主要的绘画题材，大多表现人物、鞍马。花卉具有浓厚的装饰趣味，对称的构图，别具一格的技法表现。而山水画还处于发展的阶段</td></tr>
<tr><td rowspan="3">元代</td><td>概况</td><td colspan="3">元代绘画在唐、五代、宋的基础上得到了明显的发展</td></tr>
<tr><td>特点</td><td colspan="3">取消了画院制度，文人画开始兴起，人物画逐渐减少。强调诗、书、画结合的绘画，注重传神，舍弃形态；追求简洁明了的画风，重视情感的表达，审美趣味发生变化，这是中国画的创造性发展</td></tr>
<tr><td>代表人物</td><td colspan="3">山水方面，对唐、五代、宋以来的山水画进一步继承和发展，代表画家有赵子昂、钱选、高克恭等。中后期，四大家黄公望、王蒙、吴镇、倪瓒的出现，将中国山水画推向了新高度，对明清产生了深远的影响</td></tr>
</table>

4. 明清(见表7－3－4)

表7－3－4 明 清

要点		具体内容
明	概况	明代作为中国书画艺术史上的重要阶段，在花鸟、山水方面取得了优异的成绩，前期仍以仿宋院体为主，中晚期时水墨文人画占据一定的地位

续表

要点			具体内容
明	名家流派		包括：①浙派：戴进；②吴门派：沈周、文徵明；③松江派：赵左、董其昌；④华亭派、苏松派、武林派等
清	概况		文人画占据主流地位，山水画的创作及水墨写意画日益盛行。画坛流派众多，画风各异，空前绝后
	发展	初期	以四僧、四王、金陵八家、新安派等为代表
		中期	①人物画成就突出。 ②扬州形成了以扬州八怪为代表的扬州画派，对近现代的花鸟画产生了重大的影响
		后期	中国逐渐沦为半殖民地半封建社会，以新兴商业城市为中心的新画派开始产生，还出现了以四任为代表的海派和以居巢、居廉、高奇峰、高剑父为代表的岭南画派

5. 近现代(见表 7－3－5)

表 7－3－5　近现代

要点	具体内容
特色	从民国时期开始，中国现代美术之路呈现出了新旧更替、中西融合、复杂变化的趋势，这都是在继承传统文化的同时尝试引入西方文化的背景下产生并发展的
表现	主要表现为艺术社会价值的追寻与顺应，将美术创作与现实名利紧密联系。从流派各异到以为人民服务的美术为主流，展现了中国现代美术在发展过程中的复杂性与丰富性

考点二：西方美术的历史发展历程　★★★

1. 古代与中世纪(见表 7－3－6)

表 7－3－6　古代与中世纪

要点			具体内容
原始人类遗存			原始人类的岩壁浮雕、洞窟壁画和各种雕像是美术品的开始
古埃及艺术			埃及强调棺材的制作和陵墓的建造，在一定程度上影响了埃及的绘画艺术与雕刻，并影响到欧洲美术
古希腊艺术	概况		古希腊开始了真正意义上的欧洲美术
	成就		神人合一的雕刻和神庙建筑
	特点		包容万物的规律性与和谐性，庄严与肃穆的氛围
	意义		与罗马艺术共同奠定了西方文明的基础，成为西方文明的摇篮
基督教艺术	概况		基督教的艺术作为“中世纪”的代表，内涵和形成都产生了实质性的变化。基督教的教堂建筑分为巴舍里卡式、罗马式、哥特式和拜占庭式
	特点	罗马艺术	几乎所有的罗马艺术，特别是造型艺术，都展现出一种宏伟壮观的气势
		哥特式艺术	出现在 12～16 世纪初期的欧洲。主要表现在建筑艺术、雕塑、绘画和工艺美术上。在建筑的设计上，罗马式的拱门和穹顶被尖拱券代替，打造出向上升华、无限神秘的氛围
		官方艺术	4～15 世纪，出现了以推崇帝王、歌颂宣传基督教为核心的拜占庭帝国和基督教结合的官方艺术。将罗马晚期的艺术形式和东方的艺术相结合是其主要的造型手法，富有浓重的东方色彩

2. 文艺复兴时期(见表 7 –3 –7)

表 7 –3 –7 文艺复兴时期

要点		具体内容
阶段特征		此阶段是欧洲文化艺术发展的一个重要历史时期，是继古希腊、罗马后的欧洲文化史上的第二个高峰
意大利	概况	意大利涌现出很多早期的文艺复兴美术家，他们凭借理性和科学知识，在二维平面的世界中创造出具有三维空间感的形象，并在绘画领域进行实践和探索，为文艺复兴的兴盛起到了一定的铺垫作用
	影响	文艺复兴三杰在一定程度上完善了早期意大利艺术家的探索，使理性与感性、现实与理想在作品中得到了升华，形象与空间的高度结合，为再现性的美术形式确立了一种经典样式，同样对西方美术产生了巨大的影响
欧洲		欧洲的文艺复兴起源于意大利。德国、法国、西班牙、尼德兰等国都为欧洲文艺复兴美术的发展作出了巨大的贡献

3. 巴罗克时期(见表 7 –3 –8)

表 7 –3 –8 巴罗克时期

要点		具体内容
艺术背景		巴罗克的艺术起源于16 世纪后的意大利，兴盛于 17 世纪的法国。这与西班牙、法国的封建君主专制的统治有着密切的关系，风格上也极具力量
概况	建筑上	17 世纪，意大利开始流行巨大、笨重、奇异的建筑，柱式粗重，屋顶建造许多的雕像，营造出一种高贵豪华的氛围
	雕刻、绘画上	在绘画、雕刻上的造型奇异夸张，而荷兰则发展形式精巧，适合市民风格的风俗画、肖像画、风景画、静物画等绘画小品
	室内装饰上	巴罗克的设计风格也包括室内的装饰，室内家具设计笨重粗犷，呈现威严之感
代表画家		①鲁本斯等画家的作品呈现出了浓郁的巴罗克风格。他们擅长于描绘统治者和贵族的肖像。 ②荷兰肖像画家哈尔斯以捕捉瞬间的表情而闻名。 ③荷兰画家伦勃朗，擅长风景画和人像画的创作

4. 洛可可时期(见表 7 –3 –9)

表 7 –3 –9 洛可可时期

要点	具体内容
概述	因通常以奇特的漩涡和贝壳形作为主要装饰而得名，18 世纪时取代巴罗克艺术，主要描写王室贵族、贵妇的奢华生活，主要代表画家是布歇
建筑上	从巴罗克式豪华富贵的宫殿转变为小巧精致的别墅
装饰上	洛可可时代的到来，使得装饰由富丽堂皇变为精巧淡雅的风格，通常以奇特的漩涡和贝壳形作为主要装饰
绘画上	洛可可绘画的题材大多是国王和贵族的肖像，风格华美高贵；色彩方面多用浅黄、白色、银色等轻淡的色彩；线条只用柔和的曲线

5. 古典主义与浪漫主义时期（见表7－3－10）

表7－3－10　古典主义与浪漫主义时期

要点	具体内容
古典主义	古典主义在最初发展的20年，在法国大卫和安格尔的领导下达到了巅峰，呈现出了浓厚的古典主义风格，即注重理性，极力体现形式主义的完美，看重线条的清晰和结构的严整
浪漫主义	拿破仑的统治结束后，浪漫主义绘画逐渐代替古典主义绘画。浪漫主义注重感情，色彩热情豪放，笔法大胆奔放。法国的德拉克洛瓦和西班牙的戈雅是浪漫主义的代表画家

6. 19世纪中后期以及20世纪（见表7－3－11）

表7－3－11　19世纪中后期以及20世纪

<table>
<tr><th>要点</th><th colspan="3">具体内容</th></tr>
<tr><td rowspan="4">流派</td><td colspan="2">现实主义派</td><td>19世纪中期，现实主义的绘画开始发展，代表画家有法国的库尔贝等</td></tr>
<tr><td colspan="2">印象派</td><td>19世纪60年代起，印象派绘画在法国兴起，强调光和色彩的运用，之后遍及欧洲</td></tr>
<tr><td rowspan="2">后印象主义派</td><td>主张</td><td>后印象主义者主张艺术形象要有别于客观物象；同时还应富有艺术家的主观体验</td></tr>
<tr><td>影响</td><td>后印象主义绘画实际上背离了西方客观再现的艺术传统，被称为西方现代艺术的起源。同时带来了两大现代主义的艺术潮流：①抽象艺术（如风格主义、立体主义等），强调结构秩序；②表现主义（如野兽主义、德国表现主义等），强调主观情感</td></tr>
<tr><td>共性</td><td colspan="3">此阶段的特点是打破了人为或自然的障碍，创造的作品更具有世界性。各类艺术之间关系亲密，具有一定的实验性。另外，“反传统”逐渐成为艺术的主流，使得西方艺术具有变化性、多样化和主观随意性的特征</td></tr>
</table>

7.3.2　典型题（含考研真题）详解

一、填空题

（　　）是法国浪漫主义的先驱，其作品《梅杜萨之筏》被誉为浪漫主义的宣言。

【答案】籍里柯

【解析】泰奥多尔·籍里柯（1791—1824）是法国著名浪漫主义画家、浪漫主义画派的先驱者。1808年从画马名家霍勒斯·韦尔内学画。1810年入盖兰画室，1817年创作了第一批动物石版画。代表作有《赛马》《梅杜萨之筏》《轻骑兵军官》《奴隶市场》等。《梅杜萨之筏》被誉为“浪漫主义的宣言”，该作品真实地再现了“梅杜萨号”沉没之后，幸存者依靠木筏在海上漂流看到希望的一瞬间，痛苦呻吟的遇难者、被簇举在高处挥舞手中红布求救的人都给人以危机四伏、动荡不安的感觉。

二、单项选择题

南宋四家发展了以近距离实景为特征的所谓“偏角山水”，他们是李唐、（　　）、马远和夏圭。

A. 刘松年　　B. 李嵩　　C. 梁楷　　D. 武宗元

【答案】A

【解析】偏角山水是中国画术语。指以描绘山之一角、水之半涯之类局部景观为主的山水画创作。南宋绘画山水风格着重意境，以抒情为主要目的，出现了著名的南宋四家——李唐、刘松年、马远和夏圭。南宋四家发展了以近距离实景为特征的所谓“偏角山水”，李唐被认为是开创这种新风的宗师。

三、简答题

1. 简述巴罗克艺术风格。

相关试题：

(1)论述巴罗克艺术的发展及历史沿革。(论述题，哈尔滨师大2020年研)

(2)18世纪洛可可的主要特征。(天津美院2020年研)

(3)巴罗克艺术的特点。(聊城大学2018年研)

(4)洛可可(名词解释，南艺2016年研)

答：(1)巴罗克艺术。

①巴罗克的定义。巴罗克的名称由来说法不一，一说来自葡萄牙或西班牙语，意为“不圆的珠子”；另一说来自意大利语，有奇特、古怪或推论上错误的含义。总的来说，“巴罗克”在当时具有一定的贬义，人们认为它的华丽、炫耀的风格是对文艺复兴风格的贬低。但现在，人们已经普遍对巴罗克艺术有了一个较为公正的评价，并一致认同“巴罗克”是欧洲的一种伟大的艺术风格。

②巴罗克艺术是产生于16世纪下半期，并于17世纪盛行于欧洲的一种艺术形式。巴罗克艺术最早起源于意大利，意大利最著名的巴罗克建筑当属全世界第一大教堂的梵蒂冈圣彼得大教堂及其广场。不仅在建筑方面，巴罗克艺术代表整个艺术领域，包括绘画、音乐、建筑、装饰艺术等，内涵也极为复杂。但其最基本的特点是打破了文艺复兴时期的严肃、含蓄和均衡，崇尚豪华和气派，注重强烈情感的表现，气氛热烈紧张，具有刺人耳目、动人心魄的艺术效果。巴罗克作为一种在时间、空间上影响都颇为深远的艺术风格，其兴起与当时的宗教有着紧密的联系。

(2)巴罗克艺术风格的特点。

①豪华。既有宗教特色又有享乐主义的色彩。

②它是一种激情艺术，打破理性的宁静和谐，具有浓郁的浪漫主义色彩，非常强调艺术家的丰富想象力。

③极力强调运动，运动与变化是巴罗克艺术的灵魂。

④强调作品的空间感和立体感。

⑤具有综合性，强调艺术形式的综合手段，例如在建筑上重视建筑与雕刻、绘画的综合，此外，也吸收了文学、戏剧、音乐等领域里的一些因素和想象。

⑥浓重的宗教色彩。宗教题材在巴罗克艺术中占有主导的地位。

⑦大多数巴罗克的艺术家有远离生活和时代的倾向，例如在一些天顶画中，人的形象变得微不足道，如同一些细小的花纹。

(3)巴罗克风格打破了对古罗马建筑理论家的盲目崇拜，也冲破了文艺复兴晚期古典主义者制定的种种清规戒律，反映了向往自由的世俗思想。另一方面，巴罗克风格的教堂富丽堂皇，而且能营造相当强烈的神秘气氛，也符合炫耀财富和追求神秘感的要求。因此，巴罗克建筑从罗马发端后，不久即传遍欧洲，以至远达美洲。有些巴罗克建筑过分追求华贵气魄，甚至到了繁琐堆砌的地步。

2. 简述巴罗克时期染织工艺的风格特征。

答：巴罗克时期的染织工艺以织锦壁毯为代表，其风格特征主要体现在以下几个方面：

(1)追求奢侈生活的倾向。欧洲的织锦壁毯工艺在追求奢侈生活的王公贵族的提倡下，由众多优秀的画家和织匠共同努力，取得了辉煌的成就。

(2)受到宫廷的影响。织锦壁毯工艺的发展受到了宫廷的影响。当时戈贝兰织物所的设计样稿均由宫廷画家制作，尤其以勒布伦的样稿最受推崇。同时还制作了大量的写实花卉纹织锦壁毯，同样以著名画家的作品为范本，构图繁密，色彩多样，壁毯边缘的装饰纹样更加华贵。

(3)模仿大型装饰壁画。虽然织锦壁毯的样稿设计和制作工艺大获成功，但一味模仿大型装饰壁画的做法导致织锦壁毯丧失了固有的艺术特征。

(4)与绘画艺术紧密相关。在巴罗克时期，织锦壁毯工艺取得的成就与17世纪欧洲高水平的绘画艺术是分不开的，二者紧密联系在一起，相互促进，相互影响。

四、论述题

1. 论述中国山水画的演变与发展。

相关试题：元四家的山水画之变。(河北科大2019年研)

答：中国山水画的演变与发展如下：

(1)新石器时代。山水画作为绘画题材最早出现在新石器时代的彩陶和岩画上，秦汉画像石、画像砖及墓室壁画中也时有出现，但仅作为图符或宣教故事的衬景。

(2)魏晋以后。出现了独立的山水画和自觉的山水画，反映出中国古代山水意识及相应审美观的变化，体现出中国绘画自身发展的性质和规律。宗炳的《画山水序》对以后中国山水画的发展影响深远。

(3)隋唐时期。山水画从人物故事的背景中独立出来，形成风格迥异的两种流派。展子虔、李思训画山水树石笔格遒劲而细密，赋色工致浓丽，开创金碧山水一派，展子虔的《游春图》是现存最早的山水长卷；王维以诗入画创“破墨”山水，书写文人情怀，创水墨山水一派。山水画由此自立门户，形成中国古代绘画独特的发展体系。

(4)五代十国。山水画步入发展期，并逐步走向成熟，皴法完备，构图以全景式呈现。一些画家深入自然，形成两种不同风格和画派，北方以荆浩、关仝为代表，南方以董源、巨然为代表，体现了此时期山水画的巨大成就。

(5)北宋时期。北宋山水画主要沿袭五代以荆浩、关仝为代表的北方画派，着重塑造黄河两岸关洛一带的山水形象。

①宋初以李成、范宽成就最高，李成尤负盛名。

②中后期山水名家有郭熙、王诜等，皆受李成影响，同时又出现以燕文贵为代表的集山水界画于一体的“燕家景致”，以赵令穰为代表的富有诗情的小景山水，米芾父子创造的表现江南烟雨迷蒙的“米家山水”和以王希孟、赵伯驹为代表的以臻丽细密著称的青绿山水。

(6)南宋时期。南宋政权建立后，号称“南宋四家”的李唐、刘松年、马远、夏圭以清奇峭拔的形象和简括的笔墨章法、截景式构图开创了山水画艺术的新天地。

(7)元代。元代的统一促进了各民族融合，但统治者实行民族歧视政策，致使一部分汉族士大夫虽身在统治机构，政治上却难以施展，只能寄情于诗文书画，把宋金以来形成的文人画绘画推向新的高潮。

①他们的山水画重于笔墨，讲求风格，但仍有一定的山水根据，通过山水抒发一定的理想，并题跋诗文加以阐述。

②形式上重水墨或稍加淡色浅绛，形成不同的风貌。黄公望的《富春山居图》可为一例。

③但情调上多流于伤感、淡泊、孤寂，反映了动乱中无可奈何的情绪。艺术功能上标榜“写胸中逸气”，不趋附社会审美爱好，倪瓒的《六君子图》即以六棵树比拟为“六君子”，同时以喻自我。

(8)明清时期。明清山水画是一个继承与创新的时代。所谓继承与创新，是就明清时期画家对待传统的态度和表现方式而言。

①明初院体及浙派、吴门画家的艺术作品中表现出了对传统的继承与创新。

a. 明代初期山水画中最著名者是以戴进为代表的“浙派”。戴进的山水取法以南宋李唐、马、夏为主，上溯北宋李、郭，并及元人，终自成一家。

b. 明中期吴门画派则致力于表现宁静典雅、蕴藉风流的艺术风格，进而体现宋人自得其乐的精神生活。

②以明末董其昌、清初“四王”为代表的画家，在对待传统的问题上，力主摹古。

a. 董其昌进一步提纯了绘画语言，即把中国画的笔墨语言从绘画的综合因素中突出出来，不再仅仅作为营造图像的手段，而成为绘画表现的重要目的。其结果便是使笔墨的组合成为了单独的审美客体，使笔墨的精妙与趣味成为画面的中心，由此建立起具有抽象形式美感的绘画结构，对后世产生了重要影响。

b. “四王”是依董其昌开辟的道路、力图集古人大成的代表。他们十分看重笔墨，大多以古人丘壑挪前搬后，构成一种元人已达到的理想境界，表现平静安闲的情感状态，体现所谓“士气”与“书卷气”，但较少观察自然，描写具体感受。由于他们能精研书画表现上共同的一面，注意在以临古为主的艺术实践中总结古人笔墨布局上的成就，所以发展了干笔渴墨层层积染技法的艺术表现力，审美趣味的表达更趋于精致。

③与“四王”对传统的态度不同，“四僧”则着力于“借古以开今”。

a. “四僧”所继承的传统仍然是文人画系统，他们十分重视感受生活，观察自然和独抒灵性，不以再现前人意境情调上的成就为满足，不限于临摹，不囿于挪用古法。

b. 他们的艺术风貌虽然各不相同，但在当时都是十分大胆新颖的创造。石涛的艺术主张更证明了这一点，石涛主张“借古开今”，其艺术独出心裁，张扬个性，其灿烂自由的艺术精神不仅开启了“扬州八怪”的创新之风，而且对近现代画坛产生了影响。

2. 试述“美术”一词的发展历史，举例说明秦汉工艺美术的发展。（南艺 2018 年研）

答：(1)“美术”一词的发展历史。

①20 世纪初，在中国开始引进设计的概念，在此之前曾有“意匠”之说，颇具文化内蕴，主要是指精心构思。其后称其为“图案”，广义上的“图案”是指对某种器物造型结构、色彩、纹饰进行工艺处理与事先设计的施工构想，制成图样和方案。后来“图案”一词演变为狭义的装饰纹样的代名词。俞剑华先生在《最新图案法》中写道：“国人既欲发展工业，改良制品，以与东西洋相抗衡，则图案之讲求，刻不容缓！上至美术工艺，下迨日用杂器，如制一物，必先有一物之图案，工艺与图案实不可须臾离。”当时所谓的“图案”包括立体造型的图样和纹样装饰，实际就是产品付诸生产制作的意图和方案。

②在“图案”之后，1920 年蔡元培先生在《美术的起源》一文中最先提到“工艺美术”一词，他在文中写道：“美术有狭义的，广义的；狭义的，是专指建筑、造像(雕刻)、图画与工艺美术等。”1935 年在《美术生活》杂志上，张德容撰文指出：“工艺美术在中国是一个新名词，其实并非一种新事业，已有数千年的历史”，“所谓工艺美术，即实用美术。换言之：凡于日常生活器具之制造上加以美术之设计者，即得谓之工艺美术。所以工艺美术与人类日常生活，是有密切的关系。”随之还有“实用美术”“应用美术”相继出现。“工艺美术”一词在我国普遍应用是在 20 世纪 50 年代初，到了 1998 年教育部颁布实施的《普通高等学校专业目录》中，正式以“艺术设计”取代“工艺美术”的学科名称，“艺术设计”从专业院校到社会各界被普遍接受和应用。

(2)秦汉工艺的发展。

①秦统一六国之后，吸收各地文化，综合而成为古代文化的一个组成部分。秦代陶器制作比较普遍，品种多样，其中一部分仿制青铜器造型，还有一部分是沿着原始社会陶器特点发展的，使陶器造型更加丰富多样。秦代的陶塑十分发达，具有很高的艺术水平，著名的秦兵马俑充分反映了秦代陶塑工艺的卓越成就。秦代的青铜器和漆器也都有很高的工艺水平，秦鼎造型独具特点，其他多延续以前的样式。漆器多为木胎加工而成，漆绘木梳篦虽是小型制品，但反映出秦代漆工艺的高超水平。

②汉代是一个强盛的时期，工艺美术各品种都有很大发展，取得了较高的成就。著名的品种有铜器、织绣、漆器、陶瓷、画像石、砖瓦等。

a. 汉代的铜器主要有各种生活用品，如灯、炉、壶、镜、洗、奁、鼓等。铜灯的制作十分精美，式样很多，象生类造型有羊、牛、朱雀、人形等，可以调节光照面，也可吸烟以防污染，既实用又符合科学原理。铜炉为燃烧香料用，炉盖饰以仙山群峰，体现汉代崇尚神仙思想，通称博山炉。铜壶又称为钟，既是容器，也是量器，有的朴实无华，有的鎏金镶嵌。铜镜得到极大发展，形成战国以来第二次制作高峰，装饰形式极多，可以作为判断时期的依据，如早期的连弧镜、草叶镜、日光镜、昭明镜，中期的规矩镜，晚期的画像镜、方铭镜等。汉镜装饰规整，富于程式化的装饰美。铜鼓是西南少数民族地区的工艺制品，自春秋战国开始制作，是一种打击乐器，式样繁多，装饰花纹满鼓皆工细，制作精美，有太阳纹、蛙纹、鹭鸟纹和竞渡纹。

b. 汉代的织锦用经线显花，称为经锦，以云气纹为骨架，缀饰飞禽走兽，并以吉祥文字如“长乐明光”“延年益寿”等作装饰，形成独特的风格。刺绣则以辫绣为主，云气纹和茱萸纹是常用的装饰题材。汉代的印染工艺有涂染、浸染、套染、媒染等多种技法，染料用植物染料和矿物染料两类，色彩种类很多。

c. 汉代漆器制作遍于全国各地，产量较大，分工很细，制作精美，产品有漆杯、漆盘、漆盒、漆壶、漆匜等，品种极为丰富。九子盒为配套漆器，九种不同式样的漆盒，盛装在一个大圆漆盒中，造型与装饰都很协调，是古代系列设计的优秀之作。

d. 汉代陶瓷有较大的发展。

第一，特别是在东汉时期，原始青瓷已进入成熟阶段，世界最早的瓷器发明在浙江完成，具有伟大的历史意义。制瓷技术在选料、窑炉和烧成温度方面，都达到了新的高度，为以后的瓷器制造奠定了重要的基础。

第二，汉代北方烧造铅釉陶，温度较低，釉层较软，称为软釉。南方烧造青釉陶，烧成温度高，釉层较硬，称为硬釉陶，是青瓷发展过渡阶段的产物。

第三，彩绘陶自战国时出现，到汉代得到较大发展，分布地区广泛，这与汉代厚葬之风盛行有关。彩绘陶装饰有几何纹、人物、动物等题材，色彩更加丰富，有红、黄、黑、白、橙、青、绿、褐灰等多种；造型有壶、盒、盆、碗、炉、奁等各种生活用器，以壶最常见。

e. 汉代画像砖应用极广，既用于宫室，也为民间居室所用，另外还大量用于墓室。画像砖不仅制作技术具有工艺价值，画面所表现的内容也有很高的艺术价值和历史价值，表现方法和艺术技巧都是很高超的。汉代瓦当多为圆形，有卷云纹、动物纹、四神纹、文字等多种，构图完整，变化多样，创造了在圆中适形变化的美。汉代陶塑得到了更大发展，题材扩大，风格多样，塑造人物更重视传神。说唱俑是汉代陶塑的代表作，形象生动，对象特征表现突出，并具有一定的装饰性。

3. 试述文艺复兴时期的美术。（南艺 2017 年研）

答：文艺复兴时期的美术家在人文主义思想的影响下，创造出了许多歌颂生活、歌颂英雄的画幅和雕像。美术家们的思想逐渐从长期的基督教神学的桎梏中解放出来，敢于探索，他们借神话题材来表现人间的现实生活，对人的无穷创造力进行赞美，表现人对生活充满乐观与信心。这时期的艺术家把技法研究和科学实验结合起来，不仅对艺用解剖学、透视学有较深入的研究，对明暗关系和色调关系也有了准确的把握。同时，改革了油画材料和技法，大大地提高了油画的艺术表现力，使西方绘画描绘客观对象的技巧得到了空前的提高。

（1）意大利文艺复兴美术。16 世纪前 25 年的意大利，是一个政局紧张、战事几乎连绵不断的时期。正是在这极其动乱的阶段里，盛期文艺复兴艺术形成了。这是一种明朗而又具有高尚观念的、伟大而又有克制力的艺术，总而言之，就是古典式平衡的艺术。

①文艺复兴三杰。著名的艺术家达·芬奇、米开朗琪罗和拉斐尔出现了，标志着意大利文艺复兴美术达到光辉灿烂的鼎盛时期。他们每一位都是突出的个人主义者，尽管互相之间经常产生灵感碰撞的火花，却从未形成一个团体。他们三位都达到了超凡的技巧造诣和完美的心灵、眼与手的配合，不太费力地解决了早期艺术家们为难的问题。他们的作品的艺术形式总是美妙地昭示出理智性的内容。

②在文艺复兴盛期，以达·芬奇、米开朗琪罗、拉斐尔为代表的一批美术家，在 15 世纪意大利人的成就上继续探索，融理性与情感、现实与理想于一体，在形与空间的关系上达到了高度和谐，确立再现性

的美术经典样式。在以后西方美术的发展历程中，无时不感到它的强大影响力。

(2)德国文艺复兴美术。发端于15世纪，在德国美术史上将1420年左右至1540年这段时期称为文艺复兴时期。其美术起源于15世纪，滞后于同时期的意大利与尼德兰美术。这个时期的许多艺术家对人的生活环境和生活现象表现出关切，热心于描绘自然环境，人物的造型则强调真实感，凡此种种都反映了文艺复兴时期人文主义者肯定现世生活、肯定人性、歌颂大自然的倾向。

①社会背景。这主要是因为德国当时依然处于封建割据状态，微弱的王权不能给这些极分散的城市以有力的保护，哥特式美术依然占据主要地位。

②文艺复兴初期受哥特式美术的影响。1420年至1540年间，德国出现了文艺复兴，一些经济发达的城市成为诸地方美术流派的中心。德国文艺复兴初期的绘画与雕刻受晚期哥特式美术中某些因素的影响，宗教祭坛画较为发达。画在木板上的单幅或多联的祭坛画被安置在肃穆的教堂中，以增加庄严的气氛。

③版画。德国文艺复兴美术以版画成就最为突出，对整个欧洲的美术都产生过积极的影响。在早期名画家中，施恩告尔的铜版画居于领导潮流的地位。他的后继者——德国文艺复兴大师丢勒则使铜版画得到进一步的发展和完善。丢勒还用版画反映了更广阔的社会生活。在欧洲，他是最早表现农民和下层人民生活的画家之一，其铜版画《农民和他的妻子》《三个农民在谈话》《农民舞蹈》等，都从不同角度描绘了劳动人民。丢勒的版画不但数量多、技艺完美，而且蕴藏着丰富的哲理。1513至1514年间，他创作的铜版画《骑士、死神与魔鬼》《书斋中的圣哲罗姆》《忧郁》皆为寓意十分深刻的作品。

(3)法国文艺复兴美术。百年战争以后，法国收复了被英国占据的领土，形成了统一的局面，为民族文化的发展创造了条件。

①法国文艺复兴建筑。自从16世纪30年代开始，意大利艺术家来到法国参加枫丹白露的建筑工程，使得法国文艺复兴建筑进入了新的发展阶段。

②枫丹白露派的起源。14世纪中叶，法国的文艺复兴才摆脱哥特式宗教艺术的神秘主义影响而开始发展起来。意大利样式主义画家罗素参加枫丹白露的建筑工程，为了适应法国宫廷趣味，画风有所变化，人体除了仍被拉长外，画面显得格外精致优美。当地的雕刻家和画家在他及其他意大利样式主义画家的领导下进行枫丹白露宫的装饰，逐渐形成了枫丹白露派。这个流派创造了灰泥高浮雕与绘画相结合的新的装饰效果，追求优雅、妩媚。以著名的法朗索瓦"一世长廊"为例，绘画周围的高浮雕人物仿佛要从墙壁上跳出来。另外，缠绕在画框边上的如皮革般卷曲折叠的装饰母题也是由他们始创的，后来在整个欧洲都十分流行。

③法国文艺复兴绘画及雕刻。法国文艺复兴绘画及雕刻则起步较晚。15世纪驰名法国的大画家是富凯，他是法国早期绘画的骄傲，后来对法国艺术的发展颇具影响。富凯在艺术上是一位多面手，他留下的作品有油画、细密画、珐琅制品和一些素描。墨伦双联面中的《圣母子》是他的重要作品。雕刻方面的主要代表则是古戎和皮隆。

④法国文艺复兴的肖像画。16世纪的法国肖像画占有突出的地位，成为法国画派以精湛的写实功力消化外来影响的结晶。其天才代表是弗朗索瓦·克洛埃。克洛埃的风俗画《沐浴的普瓦提埃狄安娜》严守写实风格，既和意大利的奇思遐想不同，又与该时代的知识主义迥异，终于在古典的高贵和现实趣味，装饰性的追求和艺术的表现之间寻得了平衡，具有名副其实的法国气派。代表画家还有克卢埃父子。

(4)西班牙文艺复兴美术。最早出现在加泰罗尼亚和巴伦西亚。15世纪，这两个地区资本主义萌芽较早出现，在艺术上与意大利、尼德兰交流密切。但真正代表西班牙文艺复兴美术最高峰的是16世纪下半叶著名画家埃尔·格列柯，其代表作有《基督诞生》《圣家族》等。

第4章　美术批评与鉴赏

7.4.1　复习笔记

【通关提要(提纲挈领)】

本章主要讲述了美术的批评与鉴赏，其中包括中国的传神论、六法论、南北宗论、书画同源，西方的黄金分割和图像学等。本章考点以名词解释、简答题为主，在学习时，应深入理解这些美术鉴赏的方法。

【考点难点归纳(厚积薄发)】

考点一：美术批评的含义、目的及作用(见表7－4－1)　★★★

表7－4－1　美术批评的含义、目的及作用

要点	具体内容
含义	指用一定的标准在美术欣赏的基础上，对美术作品或美术现象进行理论的分析和价值的判断
目的	美术批评是美术欣赏的深化，在感受的基础上，用理论的分析来揭示作品或美术现象的社会含义和美学价值
作用	美术批评是凭借个人经验进行的一种直觉反应和主观感性活动，同时也肩负一定的社会责任，具有沟通、协调创作者和欣赏者关系的功能，通过辨别美术作品真伪，以提高美术创作质量和观众审美素质，乃至整个社会的艺术欣赏水平

考点二：中国美术批评与鉴赏　★★★★★

1. 传神论(见表7－4－2)

表7－4－2　传神论

要点		具体内容
起源		产生于公元4世纪，受汉末魏初名家论“言意之辨”和魏晋玄学的影响
发展	最早运用	东晋画家顾恺之是中国画史上最早运用“传神”来评价美术现象的，他的传神论是对人物画创作实践的理论总结。所谓形神，均是当时针对人物画而提出的观点
	唐代	传神论仍然运用于人物画的审美标准。五代以后，花鸟画、山水画得到了蓬勃的发展，借物抒情成为突出的美学观点
	宋以后	写意论逐渐成为审美的准则；而传神论一方面由人物画扩大到了花鸟画、山水画领域，另一方面范围又有所减小，即“传神”一词渐渐成为肖像画的专用词

2. 六法论(见表7-4-3)

表7-4-3 六法论

要点	具体内容	
概述	地位	中国古代美术品评的标准和重要的美学原则
	产生	在南齐谢赫的著作《画品》中最早出现“六法”一词
	影响	六法论提出了一个初步完备的绘画理论体系框架，中国古代绘画自此进入了理论自觉的时期。后代画家遵循六法，将其视为衡量绘画成败高下的标准。宋代美术史家郭若虚曾说：“六法精论，万古不移。”可见六法影响之深远
	对六法原文的标点断句	①根据唐代美术理论家张彦远《历代名画记》的记述对六法原文进行标点断句。 ②钱钟书《管锥编》中的论述符合谢赫原意与古文法
具体内容	气韵生动	指作品和作品中所刻画的形象具有一种生动自然的气度韵味，富有活力和生命力
	骨法用笔	指骨法和与其密切关联的笔法
	应物象形	指画家的描绘应与所反映的对象形似
	随类赋彩	指着色。赋通敷、授、布，赋彩即施色。随类，作“随物”。“类”作“品类”，即“物”讲
	经营位置	指画面的构图。经营原本是指营造和建筑。谢赫借此比喻画家作画初期的布置构图
	传移模写	指临摹作品。传，移也；或解为流布、传授、递送。模，法也；通摹、摹仿，写亦解作摹

3. 南北宗论(见表7-4-4)

表7-4-4 南北宗论

要点	具体内容
内容	指中国画史上文人画家与职业画家两大不同的风格体系，由明代董其昌在《画旨》一书中提出。他将唐至元代的绘画发展，按画家的身份、画法、风格分为两大派别，认为南宗是文人之画，而北宗是行家画，崇南贬北，提倡文人画的南宗，贬抑行家画的北宗
影响	南北宗论对明末清初的画坛造成了轰动的影响，形成了以“南宗”为“正统”之见，深刻地影响了明末、清代乃至当代的中国画创作

4. 书画同源(见表7-4-5)

表7-4-5 书画同源

要点	具体内容		
概述	书画同源是中国传统书画理论中极其重要的观点，意为中国绘画和中国书法关系密切，两者的产生和发展相辅相成。对书画同源的“源”字，除最初的起源一解外，还指书法与绘画在表现形式方面，尤其是在笔墨运用上具有共同的规律性		
具体内容	名家观点	唐代	张彦远的《历代名画记》中提到“叙画之源流”，是我国第一次在理论上阐述书画同源的问题
		宋元以后	文人画家以新的角度强调书画同源的观点，看重绘画本身用笔的独立形式、艺术趣味和审美价值

续表

要点	具体内容		
具体内容	名家观点	现代	黄宾虹："书画同源，贵在笔法，士夫隶体，有殊庸工"
	作用	都强调了绘画用笔与书法用笔的相通之处，说明文人画家和书法家需要具备广泛博学的艺术修养和丰富的艺术想象力	
影响	书画同源的观点在当代中国书画创作中依旧发挥着重要的作用，因此也是中国民族美术形式的重要审美标准之一		

考点三：西方美术批评与鉴赏（见表 7－4－6） ★★★

表 7－4－6　西方美术批评与鉴赏

要点	具体内容		
黄金分割	概述	指造型艺术中的一种分割法则。又称黄金分割率，简称黄金率	
	具体内容	指将整体一分为二，较大部分与整体部分的比值等于较小部分与较大部分的比值，其比值约为 0.618。这个比例被公认为是最能引起美感的比例，被广泛地运用在造型艺术的表现中，具有一定的美学价值	
图像学	概述	来源	由古希腊的图像志［专指图像的鉴别］发展而来。20 世纪后，发展为给视觉艺术的主题提供全面的描述和研究
		目的	为了更好地发现和解释艺术图像的象征含义，揭露图像在特定的文化体系中的形成方式或思想价值
	具体内容	图像学最早由 19 世纪下半叶法国学者马莱提出。帕诺夫斯基是早期图像学研究中最有影响的学者，在《视觉艺术的意义》一书中系统地讲述了图像志和图像学的研究方法，分析欧洲历代视觉艺术大师的作品，再现从古典时期经中世纪到文艺复兴时期几千年间视觉艺术三个主要形式——雕塑、绘画和建筑的发展历史，追究诸多视觉形象的母题的含义及其流变。他认为对美术作品的解释分为：①解释图像的自然意义；②发现和解释艺术图像的传统意义，即作品的特定主题的解释，称为图像志分析；③解释作品更深的内在意义或内容，称为图像学分析	
	三个阶段	前图像志	是美术史研究的准备阶段。涉及一件艺术品基本的物理事实与视觉事实，即一件艺术品最基本的识别符号。它包括形式、线条、色彩、材料及技术手段。我们只有通过对这些事实的感觉反应，识别它的符号，才能进入对作品的研究和讨论
		图像志分析	涉及对艺术品图像的知识性解释，弄清楚人物身份、故事内容、历史背景和传统脉络，以及某种表现方式的某种约定俗成的规范等。该阶段正式进入了对作品的分析
		图像学阐述	是美术史研究的最高层次，艺术品可能作为意义的无意识的承担者而超越作者在创作时自觉意识的东西；这个层次包含了根据基本的文化原理来进行意义的分析

7.4.2 典型题(含考研真题)详解

一、单项选择题

黄金分割比率最早是由(　　)发现的。

A. 古希腊人　　B. 古罗马人　　C. 古埃及人　　D. 古巴比伦人

【答案】A

【解析】黄金分割比率最早是由古代希腊人发现的，公元前6世纪，古希腊的毕达哥拉斯学派研究过正五边形和正十边形的作图，关于黄金分割比例的起源大多认为来自毕达哥拉斯学派。黄金分割用数字来表示，它的比值约为1.618:1或1:0.618，这个比例被公认为是最能引起美感的比例，因此被称为黄金分割，直到19世纪仍被欧洲人认为是最美、最协调的比例。

二、名词解释

1. 传神论(南艺2017年研)

答：传神论是中国古代美术史中有关美学的一个命题。所谓神，泛指被描绘对象的精神气质，而传神论则是受汉末魏初名家论“言意之辨”和魏晋玄学的影响。中国画史上最早使用传神论的是东晋画家顾恺之(348年—409年)，他尤其注重眼睛的刻画，作画数年不点眼睛，认为“四体妍媸，本无关于妙处；传神写照，尽在阿堵中”。直到唐代，传神论也还是主要作为人物画的审美标准被运用。五代以后山水、花鸟画大盛，抒情寄意作为突出的美学命题被提出来。自宋以后，写意论成为更流行的审美准则，传神论一方面由人物画扩大到山水画、花鸟画领域，另一方面有所凝缩，“传神”一词，渐渐成为肖像画的专用语。

2. 六法论(华东师大2021年研；上戏2021年研)

相关试题：《画品》(湖南师大2019年研；河北大学2014年研)

答：六法论是中国古代美术品评的标准和重要美学原则。“六法”最早出现在南齐谢赫的著作《画品》中。六法论提出了一个初步完备的绘画理论体系框架，从表现对象的内在精神、表达画家对客体的情感和评价，到用笔刻画对象的外形、结构和色彩，以及构图和摹写作品等，均有概括。中国古代绘画自此进入理论自觉时期，以“六法”作为衡量绘画成败高下的标准。“六法”依次为：气韵生动、骨法用笔、应物象形、随类赋彩、经营位置、传移模写。

3. 《历代名画记》(西南大学2023年研；杭州师大2017年研)

答：《历代名画记》是由唐代张彦远所著的中国第一部绘画通识著作。全篇共十卷，可分为三部分：①对绘画历史发展的评述与绘画理论的阐述；②有关鉴识收藏方面的叙述；③370余名画家传记。《历代名画记》在中国绘画史上具有无可比拟的、承前启后的里程碑意义，它将中国绘画的起源追溯到传说时代，其中记载：“龟字效灵，龙图呈宝，自巢燧以来，已有此瑞。”其中“巢燧”指有巢氏、燧人氏时代。《历代名画记》是当时绘画的“百科全书”，有关早期中国绘画发展的理论至今仍成立。

4. 南北宗论

答：参见本章考点难点归纳相关内容。

三、简答题

1. 简述顾恺之“传神论”。(南艺2012年研)

答：中国画史上最早运用“传神”评价美术现象的是东晋画家顾恺之。顾恺之的“传神论”是人物画创作实践的理论总结。

(1)形神。所谓形神，当时主要针对人物画而提出。直到唐代，传神论还是主要作为人物画的审美标准被广泛运用。

(2)写意论。五代以后山水画、花鸟画大盛，抒情寄意作为突出的美学命题被提出来，自宋以后，写意论成为更流行的审美准则。

“传神论”一方面由人物画扩大到山水画、花鸟画领域，另一方面又有所凝缩，“传神”一词渐渐成了肖像画体裁的专用语。

2. 简述“六法论”的主要观点。

相关试题：

(1)简述中国古代绘画的品评标准。(南艺2010年研)

(2)简述魏晋南北朝时期谢赫画论专著《古画品录》的艺术法则。(扬州大学2017年研)

(3)试述南齐谢赫的“六法论”的成就及其影响。(福建师大2020年研)

(4)骨法用笔(名词解释，清华大学2020年研)

(5)《古画品录》(名词解释，浙江大学2020年研)

(6)论谢赫六法。(清华大学2022年研)

答：“六法论”是中国古代美术品评的标准和重要美学原则。“六法”最早出现在南齐谢赫的著作《画品》中。“六法论”提出了一个初步完备的绘画理论体系框架，中国古代绘画自此进入理论自觉时期，以“六法”作为衡量绘画成败高下的标准。具体参见本章考点难点归纳相关内容。

3. 简述气韵生动。(南艺2017年研)

答：气韵生动，意谓艺术作品体现宇宙万物的气势和人的精神气质、风致韵度，达到自然生动，充分显示其生命力和感染力的美学境界。气韵生动为中国古代绘画“六法”之一，是南朝画家谢赫在其所著的《古画品录》中，首先提出的美学命题，并作为人物绘画创作和品评的准则。在《古画品录》中，谢赫将“气韵生动”作为第一条款和最高标准。气韵生动是绘画的内在神气和韵味，达到一种鲜活的生命之洋溢的状态，可以说“气韵生动”是“六法”的灵魂。谢赫的这一论述，直接引发了唐代美学中“境”的范畴。“气韵生动”的思想对于后代的绘画美学思想有重要影响，反映了中国古典美学要求艺术家胸罗宇宙、思接千载、仰观宇宙、俯察品类、富于哲理的特点。具体表现为：

(1)气韵表现精神气。以生动的气韵来表现人物内在的生命和精神，表现物态的内涵和神韵，一直是中国画创作、批评和鉴赏所遵循的准则。中国绘画讲究笔墨之气韵，并以其艺术思想来联通自然与人的关系，这是中国文化显人性、重人伦的反映，更是中国绘画艺术张扬和倡导的精神、意识之美的体现。总之，气韵为我们提示着一种具有强烈民族色彩的文化现象和民族精神。

(2)养气为中国传统美学根基之一。中国绘画以“养气”为根本，养气已成为中国传统美学及绘画中不可缺少的一项重要根基，它是中国传统美学中的特有现象，也是中国古人对传统美学的一项重大贡献。它始于孟子的《公孙丑》上篇，得名于刘勰的《文心雕龙》。养气倡导艺术家不断地提高自己的道德修炼的水准，其中“气”是对艺术家整体生理、创造能力和心理因素的总要求与概括。所谓气者，即意趣、神气，是所绘物象的内在精神。中国绘画不追求单纯的自然表象的模仿，而讲究其精神内涵。

(3)气韵蕴含在创作中。在绘画上的“气韵”是一种自始至终的体现，它蕴含在整个创作过程中，又存在于完成的作品中。意在笔先，气脉相连，画家在动笔之前，因物立意，凝神静气，成竹在胸，乘兴挥毫，一气呵成。它包含着对物象的深思熟虑以及深刻的立意和激情。只有把丰富的感受同作者本人的情思、意境融合，并能表达出来，才能达到气韵生动。因此，气韵也是靠笔墨来表现的，六法论者，自称气韵生动，继则骨法用笔；前者为唯一的审美目的，后者则为成此目的的主要手段，二者为国画之首要。

(4)气韵蕴含在艺术鉴赏中。对艺术作品而言，其所能达到的最理想境界就是气韵生动，在对艺术作品进行鉴赏的过程中，首先就是需要注重作品蕴含的气韵，而作品的内在韵味以及神气所体现出的就是作品的气韵。在实际进行艺术鉴赏的过程中，对于作品中的气韵而言，应当加强对以下两个方面的注重：

①鉴赏人员应当注重作品气韵生动性，通过外在造型对艺术作品进行评价，在对艺术作品进行鉴赏的过程中，对于作品的第一印象及感受需要充分把握，需要从整体层面对艺术作品进行感受。②需要注重作品气韵的内涵，这一点也是艺术作品鉴赏中的关键。气韵有利于艺术鉴赏水平的提升，对于艺术研究人员，在对艺术作品进行鉴赏的过程中，在对作品气韵进行较好把握的基础上，也就能够对作品各个方面的情况充分了解，从而更加全面深入地进行作品分析，使作品鉴赏能够取得更加理想的效果，实现作品鉴赏水平的有效提升。

四、论述题

如何理解书画同源？

相关试题：书画同源（名词解释，清华大学 2019 年研）

答：书画同源是中国书画术语，意为中国绘画和中国书法关系密切，两者的产生和发展相辅相成。书与画，同质而异体也。对于书画同源这一中国艺术史的基本理论，其关注焦点在于书画同源的“源”字作何理解。

(1)起源。古语有云：“无以传其意，故有书；无以见形，故有画。”由此可见，在古代，字与图画同样都是作为记事工具，因而它们有着共同的起源。而分别以图画和文字为基础演变而成的绘画与书法艺术必然也是相同的起源。

(2)书画同“形”源。

①“形”源，指书法与绘画在表现形式方面，尤其是在笔墨运用上具有共同的规律性。书法的用笔是中国画造型的语言，离开了书法的用笔，就很难再言中国画。另外，中国画本身带上了强烈的书法趣味，国画的线条、墨韵，处处都透露着抽象之美，流露出其独立的审美价值。

②文人画重视对笔墨的追求，旨在突出绘画中用笔本身的独立审美价值，这又与书法艺术重视用笔不谋而合，或者应该说其绘画用笔正来自书法用笔的灵感。明代王世贞在其《艺苑卮言》一书中以画竹为例对此进行了论述，“干如篆，枝如草，叶如真，节如隶”无疑是对以书法之笔墨入画的一个精辟的概括。

(3)书画同“神”源。

①中国的书法与绘画艺术的追求，不仅在于其形式的美，更在于其蕴含的抒情的艺术意境，也就是说，书画同源之“源”不是仅停留于表面的表现形式、笔墨运用上的同源性，而是深入到书法与绘画艺术的神髓之中，具有相同的神髓、意境之源。

②传统中国画从以形写神到以貌取神而成为表现“意象”的造型艺术，其追求重点并不在形、在貌，而在神韵之上。故而绘画艺术中最具东方含蕴表现特色的写意画，无论写意山水也好，还是写意花鸟也罢，就是以贵在得其神髓而为世人所推崇；若画不能现其神韵，那就只不过是一纸水墨，淡彩而已，不能称之为画了。而书法艺术在创作时也往往要借物象以创意，并最终以文字本身抽象的形——笔划、间架、章法来表达意境，必须“得意而忘象”，方可谓佳作。

(4)书画同“心”源。

①随着文明的发展进步，文字、图画都不再仅仅是记录的工具了，而是成为人们表达思想、直抒胸臆的桥梁，成为人们宣泄感情的工具。而书法与绘画艺术更是因为其作者的感情投入具有了更高一层次的艺术价值，他们不再是死的作品，而成为其作者活的人生写照，成为有“心”之物。

②以清代著名的扬州八怪之一的郑板桥为例，其画竹，除了尽现竹清冷含蕴的神髓之美，也赋予其笔下的竹以一颗心，将自己的品性与竹子重叠在了一起；其写字，也是同样将人生之感悟融入其中，所以“难得糊涂”才成为其书法的名篇。字如其人，画如其人，人的品性皆会融入其书画作品之中，书法与绘画艺术也因其作者而有了各自的品格。故此可得，书画同源，源自人心。

第5章　中外美术名家名作及风格流派

7.5.1　复习笔记

【通关提要(提纲挈领)】

本章主要讲述了中外美术名家名作及风格流派。本章考点以名词解释、简答题、论述题为主，在学习时，要整体把握中国的代表画家及其代表作，如南宋四家、元四家、荆关董巨等；也要着重掌握西方的代表性的人物及作品，如文艺复兴三杰、巴罗克艺术和洛可可艺术等。

【考点难点归纳(厚积薄发)】

考点一：中国美术名家名作及风格流派　★★★★

1. 魏晋时期(见表7－5－1)

表7－5－1　魏晋时期

要点		具体内容
顾恺之	简介	东晋杰出画家、绘画理论家、诗人，擅诗赋、书法，尤善绘画。精于人像、佛像、禽兽、山水等，时人称之为三绝：画绝、文绝和痴绝
	作品	有《列女仁智图》《洛神赋图》《女史箴图》宋摹本等传世
展子虔	简介	隋代绘画大师，历经东魏、北齐、北周、隋朝，擅画人物、山水、楼阁、车马，尤长于山水
	作品	《贞观公私画史》收录有《长安车马人物图》《弋猎图》《南郊图》《王世充像》《法华变相图》等；《历代名画记》收录有《北齐后主幸晋阳图》《维摩像》《朱买臣覆水图》等；《宣和画谱》收录有《北极巡海图》《石勒问道图》等20件著作。《游春图》卷是传世作品

2. 隋唐五代时期(见表7－5－2)

表7－5－2　隋唐五代时期

要点	具体内容
阎立本	唐代时期宰相、画家，擅长工艺，富于巧思，工篆隶书，对绘画、建筑都很擅长。其画作有《秦府十八学士》《凌烟阁功臣二十四人图》《魏征进谏图》《十二真君像》《王右军真图》等
吴道子	唐代著名画家，被民间尊称为“画圣”，也是民间画工之“祖师”。早期作品风格细腻，严谨精致；中年变为豪放遒劲的风格。后人把他与张僧繇并称“疏体”，与顾恺之、陆探微的“密体”相区别。所画衣服飘扬洒脱，与曹仲达所作的紧窄衣纹相区别，故世称“吴带当风，曹衣出水”
王维	唐代画家，推崇佛教，擅长山水。北宋苏轼赞赏他“诗中有画，画中有诗”，写诗多以山水田园为表现内容。明董其昌推其为山水画“南宗”之祖。他以“破墨”写山水松石，曾绘《辋川图》。其传世作品还有《济南伏生像》《王维雪溪图》等

续表

要点	具体内容
周昉	唐代画家，擅长壁画，尤其擅长画贵族妇女，创作容貌端庄、色彩轻柔的仕女画和肖像画。唐代程修己，五代周文矩，宋代苏汉臣，明代仇英、唐寅等都受到了周昉画风的影响。代表作品有《簪花仕女图》《纨扇仕女图》《调琴啜茗图》
黄筌	五代时西蜀画院的宫廷画家。他绘画题材广泛，擅画花鸟、人物、佛道、山水，其中以花鸟画最为著名。他的花鸟题材作品，多表现宫廷中的奇花异草、珍禽异兽，画风浓丽工整，勾勒精致，填色华贵。所画细腻精巧，形态生动形象，具有浓厚的装饰意味，与宫廷豪华富贵的格调相互契合
徐熙	南唐花鸟画家中最重要的人物，享有很高的声誉。他的作品主要取材于汀花水鸟，虫鱼蔬果等。在画法上，他一反唐以来的晕淡赋色，创造落墨的表现方法，整体呈现淡雅野逸的氛围
荆浩	五代后梁时期隐于太行山洪谷，人称“洪谷子”。擅画山水，笔墨并重，常常描绘云雾缭绕、气势磅礴、高深回环、大山堂堂、奇峰险峻的情景。他是北方山水画派之祖。传世作品有《匡庐图》等
关仝	五代画家，擅画山水，师法荆浩，作品多描绘关陕一带山川的特点和雄伟壮观的气势。擅长于寒林、秋山、村居、渔村、野渡、幽人逸士、山驿等题材，形象突出、简洁概括，画风简朴，享有“笔愈简而气愈壮，景愈少而意愈长”的称誉，人称关家山水。传世作品有《关山行旅图》等。与荆浩、董源、巨然并称“四大山水画家”［荆关董巨］
董源	五代画家，擅画山水，笔力雄厚苍劲，受到了沈括、米芾、苏轼等一批文人画家的推崇。被董其昌称为“吾家北苑”，并把他和王维并列为南宗开山人物
巨然	五代画家，僧人，工画山水，师承董源，专画江南山水，擅用粗重的大墨点点苔，画风独特鲜明，明确疏朗，长披麻皴粗重且浓密，笔法肆意老练。巨然无现存画作，但传世作品《秋山问道图》《万壑松风图》与其画风最为接近
李成	在山水画中创造了“寒林”的形象。代表作《乔松平远图》中，画有茂林远嶂，行旅房屋，布景构图具有北宋初期的特点。还有《晴峦萧寺图》《寒林钓艇图》《小寒林图》《茂林远岫图》等代表作

3. 两宋时期（见表 7－5－3）

表 7－5－3　两宋时期

要点	具体内容
范宽	初师李成，其山水画风格雄浑厚重，笔墨强劲有力。代表作为《溪山行旅图》
郭熙	学于李成，以山水画而闻名。画石多用卷云皴，而“蟹爪枝”也可能为其所创。代表作有《早春图》《秋山行旅图》《树色平远图》《幽谷图》《山村图》《窠石平远图》《关山春雪图》等
文同	世称石室先生，又自号笑笑先生、锦江道人。以画墨竹而闻名，有“湖州竹派”之称，代表作为《墨竹图》
米芾	号襄阳漫士、海岳外史、鹿门居士，人称“米南宫”。为人天资高迈、癫狂豪放，有“米颠”之称。擅画水墨山水，不取工细，创“米家山”的画法；还喜画古圣贤像。现存真迹仅《珊瑚帖》书后所画珊瑚一枝
李公麟	号龙眠居士，擅鉴别古器物。李公麟擅画人物、鞍马，同时确立白描画法为一画种。代表作有《西园雅集图》《莲社图》《五马图》等
崔白	画院画家，擅画花鸟、道释鬼神，还创作了不少的壁画。其花鸟画重写生。作品有《双喜图》《寒雀图》等
王诜	承李成、郭熙画法，多画烟江远壑、寒林幽谷、柳溪渔船等场景。代表作有《烟江迭嶂图》《渔村小雪图》等

续表

要点		具体内容
张择端		工界画，尤擅车马、市桥，自成风俗画一派，传世名作为《清明上河图》。该画主要是描写北宋都城汴京市民的生活状况和汴河上店铺林立、市民熙来攘往的热闹场面，描绘了运载东南粮米财货的漕船通过汴河桥涵紧张繁忙的景象，全图规模宏大，结构严密，构图起伏有序，其笔墨技巧，兼工带写，活泼简练。画有五百余个不同身份的人物，个个形神兼备，其态无不惟妙惟肖
梁楷		善画道释、鬼神、山水、人物。师法贾师古，人称“梁疯子”。其画分二体：①“细笔”，师从吴道子、李公麟，衣褶用尖笔作且细致精巧，转折强劲，称“折芦描”；②“减笔”，承五代的石恪，他以“减笔”之法著称。代表作有《太白行吟图》《六祖截竹图》《六祖破经图》《秋柳飞鸦图》《泼墨仙人图》等。《释迦出山图》和《八高僧故事图》造型严谨细致，用笔工整精巧，为细笔一路
南宋四家	简介	指刘松年、李唐、马远、夏圭。南宋四家创造了以近距离实景为特征的“偏角山水”，以观察到的突出局部来创作，用笔简单老练，水墨淋漓尽致，尽显山水韵味
	人物	李唐被认为是开创这种新风的宗师。刘松年继承他的技法，多描写江南风景。马远、夏圭构图常取半边，焦点集中，空间旷大，近景突出，远景清淡，清旷俏丽，独具一格，人称“马一角”“夏半边”。构图简练，使得山水画主题明确且富有全新的意蕴，与北宋山水画的全景式的构图呈现出不同的风貌
	作品	《采薇图》[李唐]、《秋山行旅图》[刘松年]、《溪山清远图》[夏圭]、《踏歌图》[马远]等

4. 元时期(见表7－5－4)

表7－5－4　元时期

要点		具体内容
赵孟頫		号松雪，别号鸥波、水精宫道人等。绘画保持唐人风格，把书法融入绘画之中，创枯笔淡墨、浅绛设色的新法，为元代文人水墨山水画的发展开辟了崭新的道路。代表作有《幼舆丘壑图》卷、《水村图》卷、《吴兴清远图》卷、《鹊华秋色图》卷、《重江迭嶂图》卷等
钱选		师承赵昌、赵伯驹，其青绿山水设色明艳工整，但画风又有所区别。其代表作《山居图》中山石、林木采用勾廓填彩的方法，不用皴笔，使得作品呈现出一种典雅庄重、古朴稚拙的韵味。追求“戾家画”“芒意”
高克恭		画山水初学二米，后学董源、李成笔法，专取写意气韵，亦擅长墨竹，与文湖州并驰，造诣精绝，与赵孟頫并称“南赵北高”。代表作有《春云晓霭图》轴、《春山晴雨图》轴、《云横秀岭图》轴、《横山晴霭图》卷、《墨竹坡石图》轴等
元四家	黄公望	号一峰、大痴道人等。多描绘富春、虞山等地的江南之景。山水画分水墨和浅绛两种。代表作有《富春山居图》卷、《快雪时晴图》卷、《天池石壁图》轴、《丹崖玉树图》轴、《九峰雪霁图》轴、《溪山雨意图》卷等
	吴镇	号梅花道人。工诗文书法，擅画竹石、梅花、山水。其山水画师承董、巨，尽显浓郁苍茫的气派。多描绘渔父、古木竹石等类型
	王蒙	号黄鹤山樵。尤擅画山水，得外祖赵孟頫法，以董源、巨然为宗而自成面目。写景稠密，布局多重山复水，善用解索皴和渴墨苔点，表现林峦郁茂苍茫的气氛。山水之外，兼能人物。所作对明、清山水画影响甚大，仅次于黄公望
	倪瓒	擅山水、竹石，多以水墨为之，代表作有《赠周伯昂溪山图》轴、《安处斋图》卷、《水竹居图》轴、《虞山林壑图》轴、《怪石丛篁图》轴等

续表

要点	具体内容
王冕	号煮石山农、放牛翁、会稽外史、梅花屋主等。学识渊博，靠卖画为生，是以画墨梅开创写意新风的花鸟画家。画梅以胭脂作没骨体，或花枝茂密，别具风格。他借梅抒情，自称喜写“野梅”，不作“官梅”

5. 明时期(见表7-5-5)

表7-5-5 明时期

要点		具体内容
吴门四家	沈周	40岁前作品多为小幅，40岁后“始拓大幅”。画作山水呈粗、细两种风貌，用笔复杂细致且微小巧妙，称“细沈”；中锋秃笔，大胆豪放，称为“粗沈”。代表作有《卧游图》《仿董巨山水图》轴等
	文征明	号“衡山居士”，其作品有两种类型：①茂密苍翠、水墨淋漓的小墨山水，风格大胆突破，代表作有《古木寒泉图》《山雨图》；②工整秀丽、精致巧妙的青绿山水，手法严谨、错落有致，带有书卷气息，代表作有《兵赏斋图》《万壑争流图》等
	唐寅	法承南宋画风，但并不墨守成规，擅画山水、花鸟、人物，皆细腻工整，工笔写意俱佳。作品笔墨飘逸、淋漓尽致、繁茂浓郁、典雅秀丽，代表作有《山路松声》《孟蜀宫妓图》《抱琴归去》《桐阴清梦图》等
	仇英	博采众长，集前人之大成，形成自己独特的艺术风格。他山水、花卉、界画、人物、仕女无所不能，既工设色，又善水墨、白描，能运用多种笔法表现不同的对象。他是临摹古画的能手，以青绿山水见长，笔墨秀润、苍劲有力、色彩艳丽，代表作为《剑阁图》
青藤白阳		陈淳与徐渭在明代绘画史上并称为“白阳、青藤”。二人对清代扬州画派和近代海派花鸟画产生了深远重大的影响。陈淳的绘画风格属文人，呈隽雅秀丽之风，为“白阳”一派画家的首领；徐渭发展了“泼墨大写意”的花鸟画风格
董其昌		擅长山水画，是继吴门派而起的代表性画家。他提倡文人画，强调摹古，注重笔墨的运用，追求“士气”，并提出了南北宗论

6. 清时期(见表7-5-6)

表7-5-6 清时期

要点		具体内容
四王	王时敏	擅山水，致力仿古。早期绘画工细清秀；晚年追摹黄公望，兼取董、巨及王蒙诸家。代表作有《山水大册》、《仿宋元六家》册、《云壑烟滩图》轴、《仙山楼阁图》轴、《山水轴》、《落木寒泉图》轴等
	王鉴	王鉴与王时敏风格相似，是“娄东派”首领之一。其山水多仿古之作，专心研究“元四家”，推崇董、巨的画风，临摹功力深厚
	王翚	是四王中技法全面且成就突出者，时人誉为“海内第一”。论画主张“以元人笔墨，运宋人丘壑，而泽以唐人气韵”。王翚的跟随者众多，因此形成了“虞山派”

续表

要点	具体内容	
四王	王原祁	王时敏之孙，致力于摹古，以黄公望为摹古对象。用干笔积墨法，由淡向浓反复晕染，由疏向密，反复皴擦，干湿并用，画面显得浑然一体。因用笔强劲有力，墨色淋漓尽致，享有“笔端金刚杵”之誉
吴历	善竹石。作品生动真实，安排恰当，显现出了空间感；用笔沉着工整，善用重墨、积墨，风格淳朴典雅，代表作有《松壑鸣琴图》轴、《墨井诗钞》、《三巴集》、《桃溪集》	
恽寿平	其花鸟画继承和发展了徐崇嗣所创的没骨法，创造了新画风，号称“常州派”。开创了没骨花卉画的独特画风，是常州画派的开山祖师。他画法不同一般，是“点染粉笔带脂，点后复以染笔足之”，创造了一种笔法透逸、设色明净、格调清雅的“恽体”花卉画风，而成为一代宗匠	
四僧	指石涛、朱耷、石溪、渐江四位画家。石涛和朱耷是明宗室后裔，怀有强烈的民族意识，借绘画以抒发愤懑和抑郁之气，同时在画中寄托对祖国山川无限怀恋的情感。四僧渴望突破当时画坛摹古的枷锁，标新立异，创造的新画风对后世产生了深远的影响	
“扬州八怪”	是清康熙中期至乾隆末年活跃于扬州地区的一批风格相近的书画家的总称，美术史上也常称其为“扬州画派”。这一画派的共同特点是具有极高的文学和书法素养。大多作品以花卉为主，也画山水、人物，反对摹古的画风，继承了徐渭、朱耷、石涛的创新精神，主张自立门户，抒发真情实感。他们将传统的写意绘画发展到一个崭新的高度，对近代海派写意花卉画产生了重大的影响。“扬州八怪”中以金农、郑燮较为重要	

7. 近现代(见表 7－5－7)

表 7－5－7　近现代

要点	具体内容
吴昌硕	近代海派绘画的代表人物。从大篆、金文中感悟笔法，形成了雄浑强烈的个人风格特点，是清末民初画坛上一位领袖式的人物。作品集有《吴昌硕画集》《吴昌硕作品集》《苦铁碎金》《缶庐近墨》《吴苍石印谱》《缶庐印存》等
齐白石	擅长书法、中国画、篆刻和诗歌。代表作有《牧牛图》《墨虾》《蛙声十里出山泉》等。著有《白石诗草》《白石老人自传》《借山吟馆诗草》等
黄宾虹	重视章法虚实，错落有致，有疏有密，行笔严谨，有纵横奇妙之趣味。黄宾虹精研传统与关注写生齐头并进，早年受“新安画派”影响，以干笔淡墨、疏淡清逸为特色，为“白宾虹”；80 岁后以黑密厚重、黑里透亮为特色，为“黑宾虹”。“厚、密、黑、重”的画风是他的显著特色。著有《黄山汤口》等
潘天寿	多画写意花鸟和山水，偶画人物，兼工书法、诗词、篆刻等。尤善画鹰、八哥、松树、蔬果、山石、梅竹、野花等题材。作品清新苍润，笔墨淋漓，色彩大气，妙趣横生，尽显磅礴之气，具有鲜明的个人风格。著有《中国绘画史》《听天阁画谈随笔》等
徐悲鸿	其作品具有极高的艺术技巧和艺术修养，是古为今用、洋为中用的典范，在我国美术史上起到了继往开来、承前启后的巨大作用。他的创作题材宽泛，作山水、人物、花鸟、走兽、历史、神话等。代表作有《徯我后》《田横五百士》《九方皋》《愚公移山》等

考点二：外国美术名家名作及风格流派 ★★★★

1. 文艺复兴艺术(见表7－5－8)

表7－5－8 文艺复兴艺术

要点	具体内容
吉贝尔蒂	意大利雕塑家，为意大利文艺复兴时期的雕刻艺术风格奠定基础，是哥特式美术向文艺复兴美术过渡的人物。他创作领域广泛，尤擅雕塑。他倾慕古典艺术，作品既优美抒情，又具有其早期习金饰的精雕技术，故人物栩栩如生。代表作品《天堂之门》，是为佛罗伦萨洗礼堂大门完成的青铜浮雕
布鲁内莱斯基	意大利早期文艺复兴建筑职业建筑师及工程师的先驱之一。他把比例、和谐视为古典建筑的本质，因此将建筑设计建立在数学的基础上，所创造的建筑具有一种理性美。他的在线透视研究给新的绘画创作提供了科学的依据
多纳泰罗	意大利早期文艺复兴第一代美术家，15世纪最杰出的雕塑家。雕塑作品《大卫》，被称作是文艺复兴时期第一件复兴了古代裸体雕像传统的作品。另外还有《加塔梅拉达骑马像》《圣乔治像》等作品
马萨乔	意大利文艺复兴绘画的奠基人、先驱者，被称为"现实主义开荒者"。他是第一位使用透视法的画家，在他的画中首次引入了灭点。他摆脱了哥特式绘画的典雅优美的风格和极具装饰性的设计，重在塑造生动自然的形象和打造真实层次的空间感。代表作《纳税银》是他创造的描绘宗教主题的大型壁画
弗兰切斯卡	是意大利中部城市从事创作活动的著名人物之一。他认为绘画的基础就是透视，并撰写《论绘画中的透视》，论述透视的重要性。在宗教画上，在严谨且合乎透视法则的建筑和自然环境中设计着几何形式的人物，色彩艳丽，呈现庄严肃穆之感。代表作有《哀悼基督》《施洗者约翰》等
达·芬奇	意大利文艺复兴画家、科学家、发明家。现代学者称他为"文艺复兴时期最完美的代表"，是人类历史上绝无仅有的全才，其最大的成就是绘画。在美术中引入自然科学的知识，代表作有《最后的晚餐》《蒙娜·丽莎》等作品，体现了他精湛的艺术造诣
米开朗琪罗	意大利文艺复兴时期伟大的绘画家、雕塑家、建筑师和诗人，文艺复兴时期雕塑艺术最高峰的代表，与拉斐尔和达·芬奇并称为"文艺复兴三杰"。研究人体的结构和运动，致力于人体的解剖。他的作品具有独特的力量感和气势感，显示出强烈悲壮的英雄精神。代表作品有雕像《大卫》等
拉斐尔	西方美术史上最擅长塑造圣母形象的大师，被视为古典美术精神最完美的体现，安格尔称之为"绘画之神"。他的性情平和、文雅，创作了大量的圣母像，他的作品充分体现了安宁、协调、和谐、对称以及完美和恬静的秩序。他和谐统一地塑造出圣母的感性美与精神美，用圣母的形象传达出人类的美好愿望和永恒的情感。他与达·芬奇、米开朗琪罗并称"文艺复兴三杰"，进一步完善了15世纪的意大利艺术，在作品中达到了理性与情感、现实与情感的完美统一、高度和谐，确立了再现性美术的经典样式，给后世提供了效法的最佳范例
提香	意大利文艺复兴后期威尼斯画派的代表画家。他与达·芬奇、米开朗琪罗、拉斐尔一起被看作象征着盛期文艺复兴意大利美术的主要代表人物。在提香所处的时代，他被称为"群星中的太阳"，是意大利最有才能的画家之一，兼工肖像、风景及神话、宗教主题绘画。他对色彩的运用不仅影响了文艺复兴时代的意大利画家，更对西方艺术产生了深远的影响。晚年的作品中将油画的语言特点发挥得淋漓尽致。运用豪放大胆的笔触涂抹着不同的色彩，塑造着形体，渲染出气势。代表作有《戴荆棘冠的基督》等
凡·艾克兄弟	尼德兰文艺复兴美术最初的奠基人。他们的《根特祭坛画》是尼德兰早期文艺复兴美术中著名的杰作。该作品将明暗对照法引入画面，且采用了全新的透视手法，画中的形象在一个统一的地平线消失

续表

要点	具体内容
丢勒	德国文艺复兴运动中最知名的画家、版画家及木版画设计家。丢勒的作品包括木刻版画及其他版画、油画、素描草图及素描作品。他的作品中，以版画最具影响力。他的水彩风景画是他最伟大的成就之一，这些作品将气氛和情感表现得极其生动。作品《亚当夏娃》中既保留了北方艺术的细节描绘，也加入了南方艺术的科学理性因素，他是融合北方哥特式艺术传统和南方新兴手法的典范
埃尔·格列柯	西班牙文艺复兴时期著名的幻想风格主义画家。他以色彩和光线作为艺术的主要表现手段，反映了贵族在没落时期的郁闷情感，同样揭示了社会中的矛盾，以别样的眼光洞察到了西班牙的危机。代表作有《圣家族》《基督诞生》等
卡拉齐兄弟及其流派	1585 年在波伦亚，卡拉齐兄弟创建了欧洲最初的美院，使得美术教育走上了有组织、有系统地传授理论和教授技能的道路。其中阿尼巴尔·卡拉齐更为著名，他推崇古典雕塑和盛期文艺复兴的大师，卡拉齐的作品风格极具个人特色，融合了拉斐尔和米开朗琪罗的长处，塑造了鲜明的古典神话形象。代表作品是为罗马法尔耐塞宫大厅绘制的大型装饰壁画
卡拉瓦乔	绘画题材主要是宗教画，他抛弃了文艺复兴大师确立的理想化模式，将神圣的人物和场面如同现实生活般地加以描绘。代表作《召唤圣马太》，鲜明地体现了卡拉瓦乔处理宗教题材的态度和手法

2. 巴罗克艺术(见表 7-5-9)

表 7-5-9　巴罗克艺术

要点	具体内容
普桑	17 世纪法国巴罗克时期重要画家、法国古典主义绘画的奠基人。普桑的作品大多取材于神话、历史和宗教故事。画幅虽然不大，但是精雕细琢，力求严格的素描和完美的构图，人物造型庄重典雅，富于雕塑感；作品构思严肃而富于哲理性，具有稳定静穆和崇高的艺术特色，他的画冷峻中含有深情，可以窥视到画家冷静的思考，强调素描的重要作用，打造严谨和谐的构图，画面多呈现古典肃穆的氛围，代表作有《台阶上的圣家族》《阿卡狄亚的牧人》等
委拉斯克斯	17 世纪西班牙最伟大的画家。他具有极强的观察力，并善于将形与色进行结合。创作题材有风景画、历史画、宗教画、女人体画等，如《教皇英诺森十世》
鲁本斯	17 世纪佛兰德斯画家，西班牙哈布斯堡王朝外交使节，是巴罗克画派早期的代表人物。鲁本斯最有力的造型语言是色彩。其富有活力且充满热情的色彩感，打造出了气势磅礴的画面，对浪漫主义的美术家产生了强烈的吸引力。代表作有《劫夺欧罗巴》等
伦勃朗	是欧洲 17 世纪最伟大的画家之一，也是荷兰历史上最伟大的画家。画作体裁广泛，擅长肖像画、风景画、风俗画、宗教画、历史画等领域。代表作有群像《杜普教授的解剖学课》等

3. 洛可可艺术(见表 7-5-10)

表 7-5-10　洛可可艺术

要点	具体内容
华托	法国 18 世纪洛可可时期最重要的也最有影响力的一位画家。他画了大量带有喜剧色彩的作品，还创新性描绘了一种浓郁的、富有哲理的爱，而且都有背景相衬托。华托以小巧的笔触和轻柔的色彩结合，打造如梦似幻的画面气氛。他最杰出的作品之一是《热尔桑画店招牌》

续表

要点	具体内容
威廉·荷加斯	英国著名画家、版画家、讽刺画家和欧洲连环漫画的先驱。他的作品范围极广，从卓越的现实主义肖像画到连环画系列均有涉及。他的许多作品经常讽刺和嘲笑当时的政治和风俗。后来这种风格被称为"荷加斯风格"，他也被称为"英国绘画之父"，是英国第一位在欧洲赢得名誉的、极具民族特色的美术家。荷加斯也尽力研究绘画理论问题，著有《美的分析》，该著作是影响颇深的美学著作
雷诺兹	英国18世纪伟大的学院派肖像画家、油画画家，是18世纪下半叶英国画坛最有影响、最权威的人物，担任皇家美院的首任院长。他建立了一个崭新的英国肖像画派，把宏伟风格的庄严与他自己主人公的感受结合起来，有时达到简练和直言不讳的地步，有时却像巴罗克风格那样华丽和浮夸

4. 新古典主义（见表7－5－11）

表7－5－11 新古典主义

要点	具体内容
达维特	法国著名画家，新古典主义画派的奠基人。画风严谨，技法精工。代表作有《加冕式》《荷拉斯三兄弟的宣誓》等
安格尔	新古典主义画家、美学理论家和教育家。致力于简化艺术造型语言，以骄傲的态度和卓越的才华坚持发扬新古典主义的理想。代表作有《泉》《大宫女》等

5. 浪漫主义（见表7－5－12）

表7－5－12 浪漫主义

要点	具体内容
戈雅	西班牙浪漫主义画派的代表画家。戈雅画风奇异多变，从早期巴罗克式画风到后期类似表现主义的作品，他一生总在改变，虽然他从没有建立自己的门派，但对后世的现实主义画派、浪漫主义画派和印象派都有很大的影响，是一位承前启后的过渡性人物。他的肖像画《查理四世及其家人》，笔法自然生动、色彩艳丽绚烂、形象真实生动。他善于创造自由自在的造型、具有主观感受的色彩，可以更直接鲜明地传达个人的感受
德拉克洛瓦	法国著名画家，浪漫主义画派的典型代表。他趣味广泛，是巴罗克大师鲁本斯的崇拜者。其华丽的色彩、随意的构图、磅礴的气势，都与鲁本斯相似。他继承和发展了文艺复兴以来欧洲各艺术流派，并影响了以后的艺术家，特别是印象主义画家。代表作有《希阿岛上的屠杀》《自由引导人民》

6. 现实主义（见表7－5－13）

表7－5－13 现实主义

要点	具体内容
库尔贝	法国现实主义美术的代表人物。他认为美术家应当秉持着清醒的态度去反映当代的现实。他创作范围广泛，突出成就表现在肖像画和风景画中。代表作有《打石工》《画室》等
柯罗	法国写实主义风景画和肖像画家。艺术手法简洁，呈现优雅淡然的抒情气息。代表作有《蒙特枫丹的回忆》等

续表

要点	具体内容
米勒	法国近代绘画史上最受人民爱戴的画家。他纯朴亲切的艺术语言，尤其被广大法国农民所喜爱。他出身于一个农民世家，幼年时便显露出绘画的天才，受到老师的鼓励而立志学习绘画。擅长表现农民的生活。作品质朴淳厚，蕴含浓厚的意境美和诗意美。代表作有《拾麦穗的妇女》《播种者》等
巴比松画派	指一群活动于 1830 ~ 1880 年间，在邻近枫丹白露森林的巴比松村的法国风景画家，他们形成了一个非正式的流派，或者说是艺术家群体，培养了米勒、柯罗等一批风景画家。巴比松画派的领袖是卢梭，他强调自然，认真研究自然的形态，用豪放的笔触和厚重的色彩构成画面，描绘自然风貌，使得作品具有一种静态的纪念性效果。其代表作是《巴比松附近的橡树》
俄国巡回展览画派	成立于 19 世纪下半叶，集聚了俄国写实主义美术的优秀人士，在俄国产生了深远的影响。创立者是克拉姆斯柯依，代表作有《无名女郎像》《列夫·托尔斯泰像》等
英国拉斐尔前派	成立于 1848 年，宗旨是反对英国的学院派传统，反对浅薄的绘画，认为绘画应具有像拉斐尔那样的朴实的风格和宣扬道德上的内容，起到改良社会的功能。拉斐尔前派最初是由 3 名年轻的英国画家亨特、罗塞蒂和米莱斯所发起的一个艺术团体，目的是改变当时的艺术潮流，反对那些在米开朗琪罗和拉斐尔的时代之后偏向了机械论的风格主义画家。拉斐尔前派的领袖是亨特，代表作为《觉醒的良心》

7. 印象主义美术

又称“印象派”，是西方绘画史中的重要艺术流派，产生于 19 世纪 60 年代的法国。印象主义的画家大胆摒弃了传统上固定的创作形式和思维。他们走向大自然，用心去感受、体验新鲜的事物，采用直接写生的方式去捕捉生动自然的场景，用画笔去描绘大自然中瞬息万变的光线和色彩。法国印象主义画派的代表画家有马奈、莫奈等。莫奈的代表作是《日出印象》。

8. 罗丹

罗丹是法国振兴和发展雕塑艺术的一代宗师，他强烈地反对腐朽的法则，向往自由，强调表达真实生动的感受，打造流动自然的效果，这使得雕塑具有了明显的块面起伏与光影变化。代表作有《加莱义民》《思想者》《巴尔扎克像》《吻》等。他和他的两个学生——马约尔和布德尔，被誉为欧洲雕刻“三大支柱”。

9. 后印象主义(见表 7 – 5 – 14)

表 7 – 5 – 14　后印象主义

要点	具体内容
塞尚	法国后印象主义画派画家。他试图实现一种新的画面结构，想要对所见事物进行高度理性的归纳概括，被誉为“现代艺术之父”。代表作有《圣维克图瓦山》《玩纸牌的人》等
高更	法国后印象派画家、雕塑家，追求脱离古典、文艺复兴、写实主义等强大的传统影响，强调抽象性的绘画，反对从感觉出发模仿自然，提倡从精神出发去利用大自然。代表作品有《我们从何处来？我们是谁？我们向何处去？》《黄色基督》《游魂》《敬神节》《布道后的幻象》等

10. 新印象主义

又称“点彩派”或“分色主义”，是19世纪下半叶法国印象主义画派的一个分支，试图用光学科学试验原理来指导艺术实践。这一派的画家根据视觉混合原理，将印象主义的用色方法推向了极致，即作画用色全以细小的色点排列，不再调和颜色，观赏者只有从一定距离外观看时，通过人的视网膜将那些颜色调和起来，才能产生可见的色块和轮廓。倡导者是乔治·修拉，代表作为《大碗岛的星期天下午》。

11. 象征主义（见表7-5-15）

表7-5-15 象征主义

要点		具体内容
概况		是19世纪末在英国及西方几个国家出现的一种艺术思潮。象征主义绘画起源于法国，哲学基础是神秘主义，主张反映个人的主观感觉，使人超脱于现实，带有强烈的主观色彩，含义朦胧晦涩。代表画家有夏凡纳、莫罗和雷东
代表人物	夏凡纳	法国19世纪后期的重要壁画家。给公共建筑作装饰壁画是他的主要艺术活动，因此他的油画具有湿壁画的特点。所创造的油画给人平淡优雅、简练淳朴、恬静自然、错落有致的装饰之感，大多具有寓意性的情节和源自古代的题材，也突出表现了学院派的特点。在很大程度上独立于当时的艺术主流之外，受到一群不同风格的艺术家和批判家的支持
	莫罗	法国象征主义绘画的中心人物，是对亨利·马蒂斯、乔治·鲁奥等画家颇有影响的教师，也是抽象表现主义的先驱。他的许多展览作品多以神话和圣经故事为题材，以其明亮的色彩效果和充满梦幻的激情著称。画面中创造性地使用象征性的符号，常常接触一些怪诞奇妙的题材。作品有《雅歌一景》《幽灵》《俄狄浦斯和斯芬克斯》《在希律王面前跳舞的莎乐美》《朱庇特与塞墨勒》等
	雷东	象征主义大师。主张不要依靠视觉感受，而是发挥想象。他认为绘画主要是想象的结果，而不是靠视觉印象的再现。因此，他反对印象主义的色光追求，而致力于表现现实世界中根本不存在的鬼怪幽灵和幻觉形象。主要作品有《在梦中》《埃雷东：本》

12. 新艺术运动

新艺术运动是19世纪末20世纪初在欧洲和美国产生并发展的一次影响面相当大的具有装饰意味的艺术运动，是一次内容广泛的、设计上的形式主义运动，涉及十多个国家，从建筑、家具、首饰、服装、平面设计、书籍插画一直到雕塑和绘画艺术都受到影响，延续长达十余年，是设计史上一次非常重要的形式主义运动。新艺术运动主张运用装饰的手法表现新的社会发展、新的技术以及新的精神，提倡自由开放的态度，装饰上受东方风格影响，尤其是日本江户时期的装饰风格与浮世绘的影响，探索新材料和新技术带来的艺术表现的可能性。

13. 表现主义（见表7-5-16）

表7-5-16 表现主义

要点	具体内容
概况	是现代重要艺术流派之一。20世纪初流行于德国、法国、奥地利、北欧和俄罗斯的文学艺术流派，1901年法国画家朱利安·奥古斯特·埃尔韦为表明自己绘画有别于印象派而首次使用此词。后德国画

续表

要点	具体内容
概况	家也在章法、技巧、线条、色彩等诸多方面进行了大胆的“创新”，逐渐形成了派别。在创作上，他们不满足于对客观事物的摹写，要求进而表现事物的内在实质；要求突破对人的行为和人所处环境的描绘而揭示人的灵魂；要求不再停留在对暂时现象和偶然现象的记叙而展示其永恒的品质
核心团体	①法国巴黎野兽派的领袖是亨利·马蒂斯，代表作是《带绿色条纹的肖像》等。 ②德国表现主义可归纳为两个团体：a. 创于 1905 年的德累斯顿的桥社；b. 1911 年从慕尼黑新艺术家协会派生出来的青骑士。它们的美学目标和艺术追求与法国的野兽主义相似，只是带有浓厚的北欧色彩与德意志民族传统的特色

14. 立体主义（见表 7－5－17）

表 7－5－17　立体主义

要点		具体内容
概况		是西方现代艺术史上的一个运动和流派，又译为立方主义，1907 年始于法国。立体主义的艺术家追求碎裂、解析、重新组合的形式，形成分离的画面——以许多组合的碎片形态为艺术家们所要展现的目标
代表人物	毕加索	西班牙画家、雕塑家，是现代艺术的创始人，西方现代派绘画的主要代表。毕加索是当代西方最有创造性和影响最深远的艺术家，是 20 世纪最伟大的艺术天才之一。其作品《阿维尼翁的少女们》是立体主义的起点，这幅杰作打破了传统的透视法，打造了一种奇异的空间，使从不同的视点同时观察对象成为可能
	乔治·布拉克	法国画家，是立体主义的另一位代表人物。最早将字母糅合进绘画，将颜料与沙子混合作画和使用拼贴画法。晚年作品包括静物画和风景画，风格渐趋现实主义。他的影响实际上并不比毕加索小。并且，“立体主义”这一名称还是由他的作品而来。代表作有《埃斯塔克的树林》等

15. 未来主义

未来主义是 20 世纪初出现于意大利，随后流行于俄、法、英、德等国的一个现代主义文学艺术流派。意大利的马里奈蒂是未来主义的创始人和理论家，其论文《未来主义宣言》是这一流派诞生的标志。未来主义是西方流行的社会思潮，旨在根据人类以往的发展和科学知识来预言、预测未来社会发展的前景，以便控制和规划目前的进程，更好地适应未来。常见的题材有汽车、火车和市内有轨电车，也有表现人物或动物同时性运动的题材。代表画家是博乔尼。

16. 达达主义和超现实主义（见表 7－5－18）

表 7－5－18　达达主义和超现实主义

要点	具体内容
达达主义	“达达”本身为杜撰的词，无特定的意义。达达主义，是 1916～1923 年间出现的艺术流派，是一种无政府主义的艺术运动，它试图通过废除传统的文化和美学形式发现真正的现实。达达主义由一群年轻的艺术家和反战人士领导，通过反美学的作品和抗议活动，来表达他们对资产阶级价值观和第一次世界大战的绝望。达达主义者的行动准则是破坏一切

续表

要点	具体内容
超现实主义	指一种现代西方文艺流派。两次世界大战之间盛行于欧洲，在视觉艺术领域中其影响最为深远。致力于探索人类的潜意识心理，主张突破合乎逻辑与实际的现实观，彻底放弃以逻辑和有序经验记忆为基础的现实形象，将现实观念与本能、潜意识及梦的经验相融合，展现人类深层心理中的形象世界。超现实主义运动具有一定的开放性，在风格和形象方面类似的当代艺术家，就被列为超现实主义者，比如布拉克、毕加索、夏加尔、克莱等。同时，超现实主义也为美国现代艺术的发展作了铺垫

17. 抽象表现主义

抽象表现主义是指一种结合了抽象形式和表现主义画家情感价值取向的非写实性绘画风格，蓬勃于20世纪50年代，被称为“纽约画派”。它的发展受到了超现实主义、综合立体主义、新造型主义等运动的影响。重要的抽象表现主义画家是杰克逊·波洛克，代表作为《第一号》。威廉·德·库宁被评为20世纪50年代最重要的艺术家。

18. 波普美术

波普美术开始于英、美，代表了对于抽象表现主义的叛逆，重要的特征是干净精确。波普美术作品以全面地反映大众文化领域为显著的特点，集中表现商业化社会的日常。

19. 照相写实主义

照相写实主义是基于相机和照相来采集视觉信息并依此创作画作的一派现实主义画风，产生于20世纪60年代末70年代初的纽约。受“电视和电影等的刺激是感官延伸”思想的影响，依赖照相术，是都市生活形态的产物，呈现的是“人工的自然”。代表画家有泊尔斯坦、科洛斯等。

20. 偶发艺术

偶发艺术是一种演剧形式，由业余艺术家表演的抽象戏剧，是自20世纪50年代起出现于日本、美国的美术流派，在美国得到发展。是戏剧与舞蹈的混合，但是使其表演成为抽象的观念来自美术，而且表演者都是美术家而非演员。

21. 概念艺术

概念艺术，又称观念艺术，是指艺术家对“艺术”一词所蕴涵的内容和意义再作理论上的审查，并企图提出更新的关于“艺术”概念界定的一种现代艺术形态。在概念艺术家看来，艺术发展的历史，不全是艺术技巧把玩的历史。故而，应树立全面的艺术观念。

22. 前苏联美术(见表7－5－19)

表7－5－19 前苏联美术

要点	具体内容
20世纪30年代	是苏联社会和文艺发展的重要时期。1934年，高尔基提出了社会主义现实主义的创作原则，提倡艺术家们用积极的态度面对现实生活，用现实主义的方法来赞颂胜利，讴歌生活中积极向上的人物形象和社会新现象，表现乐观主义和蓬勃发展的精神面貌。二战期间，战争及和平的题材是美术家创作的源泉

续表

要点	具体内容
20世纪50年代中后期	苏联政局发生变化后，美术家们开始重新探索西方现代的美术与民族传统的美术，在理论上进行了多方面的研究和探讨。表现手法丰富多样，艺术风格复杂多样，有“装饰风格”“严肃风格”“古典风格”等具有影响力的风格

7.5.2　典型题(含考研真题)详解

一、填空题

在中国美术史上，以“减笔”之法著称的是(　　)。

【答案】梁楷

【解析】梁楷是南宋画家，深通禅理，生性狂放，嗜酒自乐，人称“梁疯子”。在美术史上，梁楷以“减笔”之法著称，其“减笔”画既带有文人的笔墨情趣，又能对物象高度概括，具有传神的效果。传世之作有《泼墨仙人图》《太白行吟图》，绘画风格独特，是一位极其富有创新精神的画家。

二、单项选择题

(　　)是法国作家安德烈·布勒东领导的文学和艺术运动。

A. 超现实主义　　B. 达达主义　　C. 未来主义　　D. 立体主义

【答案】A

【解析】安德烈·布勒东是超现实主义的发起人。超现实主义是在法国开始的文学艺术流派，源于达达主义，并且对于视觉艺术影响深远，于1920～1930年间盛行于欧洲文学及艺术界中。它的主要特征是以所谓“超现实”“超理智”的梦境、幻觉等作为艺术创作的源泉，认为只有这种超越现实的“无意识”世界才能摆脱一切束缚，最真实地显示客观事实的真面目。

三、名词解释

1. 顾恺之(江苏大学2018年研；南艺2014年研)

答：参见本章考点难点归纳相关内容。

2. 徐黄异体

相关试题：

(1) 黄家富贵(首都师大2019年研)

(2) 花鸟画中的“徐黄异体”各有什么特点？(简答题，东华理工2018年研)

答：徐黄异体是指五代的花鸟画中出现的两大阵营，即根据徐熙、黄筌两位画家画风的不同，以西蜀黄筌为代表的一派，被称为“黄家富贵”，因为他们多描绘宫廷苑囿中的奇花异草、珍禽异兽，画风工整艳丽，画法精细，以轻色渲染而成；而江南的徐熙所代表的一派，则多取材于山野风物，追求写意画法，画风恣肆潇洒，画法多用墨笔，色彩极少，相对黄筌一派的风格，这一派被称作“徐家野逸”，这种现象被称为“徐黄异体”。千百年来，传统花鸟画家无不追踪黄、徐二人，汇聚起“院体工笔花鸟画”和“文人写意花鸟画”两大主流；而画论研究者亦无不关注“徐黄异体”这个话题，认为这是中国绘画史上第一次提出的绘画风格问题，开创了绘画艺术风格评论的先河。

3. 荆浩(清华大学2020年研)

答：参见本章考点难点归纳相关内容。

4. 吴门四家(明四家)(中传 2020 年研)

相关试题：吴门画派(温州大学 2017 年研；扬州大学 2017 年研)

答：吴门四家，又称明四家，是指四位著名的明代画家：沈周、文征明、唐寅和仇英。此一名称，是相对于“元四家”而来的。由于他们均为南直隶苏州府人，活跃于今苏州(别称“吴门”)地区，所以又称为“吴门四杰”或“天门四杰”。吴门四家在明中期以后，随着院体与浙派的极盛而衰，以古称吴门的苏州为中心，形成了波澜日壮的吴门派。吴门四家中的沈周与文征明，是吴派文人画最突出的代表，他们的绘画创作以山水为主，无论淡雅的青绿，还是沉雄、文秀的水墨，大多描写江南风光和文人园林。他们以诗书画三位一体抒写情怀，山水画以水墨及水墨淡着色引人注意，都有粗细两种面目。“吴门四家”中的唐寅与仇英分别代表吴门四家中的另外两种类型。唐寅修养广博，诗书画俱佳，号称“江南第一才子”。他阅历较广，入世较深，故题材范围宽广，古今皆能，不拘一格；仇英文化修养不博，专画传统题材，但摹古功底深厚，尤擅长工笔重彩人物与青绿山水，作风严谨不拘。四人各有所长，先后齐名。

5. 董其昌(清华大学 2020、2019 年研)

答：参见本章考点难点归纳相关内容。

6. 元四家(西安美院 2023 年研；四川美院 2023 年研；北京印刷学院 2023 年研；上戏 2021 年研；福建师大 2020 年研；南艺 2017 年研)

答：参见本章考点难点归纳相关内容。

7. 清初四僧(西安美院 2023 年研；清华大学 2018 年研)

相关试题：

(1)简述清初四僧的绘画成就与地位。(简答题，河南大学 2020 年研)

(2)四僧及作品。(简答题，浙江大学 2020 年研)

(3)简述清初四僧的艺术特点与历史地位。(简答题，华南理工 2018 年研)

答：清初四僧是指明末清初四个出家为僧的画家，分别是石涛、朱耷、石溪、渐江。四人都擅长山水画，各有风格。他们都竭力发挥其创造性，反对摹古，取得创新成就，他们多抱有强烈的民族意识，借画抒写身世之憾和抑郁之气，寄托对故国山川的情感。石涛俗姓朱，名若极，法名原济，原为明皇室后裔，石涛之画，奇肆超逸，传世作品有《搜尽奇峰打草稿图》《泼墨山水卷》等。朱耷即八大山人，原为明皇室后裔，八大山人之画，简略精练，以《秋林亭子图》《松谷山村图》等为代表。石溪，法名髡残，髡残之画，苍左淳雅，以《苍翠凌天图》《层岩叠壑图》等为代表。弘仁(渐江)俗姓江，名韬，弘仁之画，高简幽疏，代表作有《黄海松石图》《西岩松雪图》等。

8. 扬州八怪(河南大学 2020 年研；清华大学 2019 年研)

相关试题：

(1)“扬州八怪”艺术特点与成就。(简答题，福建师大 2020 年研)

(2)清代“扬州八怪”画家群体的代表性画家。(简答题，湖南师大 2019 年研)

答：参见本章考点难点归纳相关内容。

9. 丢勒(首都师大 2016 年研)

答：参见本章考点难点归纳相关内容。

10. 卡拉瓦乔(河北大学 2018 年研)

答：参见本章考点难点归纳相关内容。

11. 德拉克洛瓦

相关试题：为什么说德拉克洛瓦是浪漫主义的主将？(简答题，东北师大 2019 年研)

答：斐迪南·维克多·欧根·德拉克洛瓦是法国著名画家，浪漫主义画派的典型代表。他的作品充满浪漫主义风格，善于把抽象的冥想和寓意变成艺术形象，其表达感情的深度与力量以及在描绘运动的激烈和气势方面，很少有人能与之相比。德拉克洛瓦的想象力丰富、才思敏捷，是印象主义和浪漫主义的先驱。其艺术继承了文艺复兴以来的欧洲各艺术流派，包括威尼斯画派、林布兰特、鲁本斯和康斯塔伯等艺术家的成就，对后代艺术家如雷诺·阿、莫奈、塞尚、高更、凡·高、马蒂斯和毕加索等都有很大影响，特别是印象主义画家。善于运用色彩，造型技巧可同提香或鲁本斯相媲美，作品富于表现力，和谐统一，是浪漫主义的主将。《希阿岛卜的屠杀》(1824)和《自由引导人民》(1830)是他的代表作。

12. 拉斐尔前派(广州美院 2023 年研；陕西师大 2023 年研；北航 2021 年研；清华大学 2020、2019 年研)

答：参见本章考点难点归纳相关内容。

13. 毕加索(央美 2021 年研；清华大学 2018 年研)

答：毕加索是西班牙著名画家、雕塑家、法国共产党党员，是现代艺术立体画派的创始人，也是 20 世纪现代艺术的主要代表人物之一，长期在法国活动。1908 年与布拉克创立了“立体主义”的画风，后来又出现过“新古典主义阶段”，并一度深受“超现实主义”思潮影响，曾多次以自己的艺术作品声援世界人民正义的斗争。他于 1907 年创作的《亚威农少女》是第一张被认为有立体主义倾向的作品，是一幅具有里程碑意义的著名杰作。它不仅标志着毕加索个人艺术历程中的重大转折，而且也是西方现代艺术史上的一次革命性突破，引发了立体主义运动的诞生。毕加索是当代西方最有创造性和影响最深远的艺术家，是 20 世纪最伟大的艺术天才之一。

14. 洛可可艺术(苏州大学 2019 年研)

答：参见本章考点难点归纳相关内容。

15. 立体主义(上海戏剧学院 2023 年研；西南交大 2023 年研；山东大学 2019 年研；东华理工 2018 年研)

答：参见本章考点难点归纳相关内容。

16. 巴比松画派(南京大学 2023 年研；西安美院 2023 年研；上海师大 2023 年研；华南理工 2018 年研)

相关试题：巴比松画派代表画家、作品及艺术特色(Barbizon School)。(简答题，清华大学 2019 年研)

答：参见本章考点难点归纳相关内容。

四、简答题

1. 简述荆关董巨。

相关试题：荆关董巨(名词解释，河北大学 2018 年研)

答：中国五代十国时期政权统治时间非常短，但在绘画创作方面仍然在前人的基础上继续发展。一些画家深入自然，创作了真实生动的北方重峦峻岭和江南的秀丽风光。荆浩、关仝两人属北方画派，作品沉郁雄浑，气势宏大，尽显北方山河的雄奇；董源、巨然属南方画派，笔法细腻，写尽江南风景的秀美。形成了两种不同的风格和画派，体现了此时期山水画的巨大成就。

(1)荆浩，是中国五代后梁画家，博通经史，擅画山水，常携笔摹写山中古松。所作云中山顶，能画出四面峰峦的雄伟气势。荆浩笔下山水大多都是崇山峻岭，层峦叠嶂，气势宏伟而壮观。自称兼得吴道子用笔及项容用墨之长，创造水晕墨章的表现技法。《匡庐图》技法明显提高，荆浩不仅创造了笔墨并重的北派山水画，被后世尊为北方山水画派之祖，还为后人留下著名的山水画理论《笔法记》，以假托在神镇山遇一老翁，在相互问答中提出了气、韵、思、景、笔、墨的所谓绘景“六要”，是古代山水画理论中的经典之作，比更早时期南齐谢赫的“六法论”有所发展，具有更高的理论价值。

(2)关仝，是荆浩的追随者，他多描绘关陕一带风水，他所画山水颇能表现出关陕一带山川的特点和雄伟气势。关仝在山水画的立意造境上能超出荆浩的格局，而显露出自己独具的风貌，被称为关家山水。他的画风朴素，形象鲜明突出，简括动人，被誉为“笔愈简而气愈壮，景愈少而意愈长”。写景绘形更为概括提炼、笔简气壮、景少意长，予人以深刻印象。所作《关山行旅图》，峰峦峻厚而富变化，山腰云气缭绕，山下板桥枯树、野店荒村，具有浓郁的生活气息。

(3)董源，是五代南唐画院画师。他所画《潇湘图》被画史视为“南派”山水的开山之作。本幅无作者款印，明朝董其昌得此图后视为至宝，并根据《宣和画谱》中的记载，定名为董源《潇湘图》，后入清宫内府收藏。《潇湘图》是一卷典型的江南山水画派的作品，将夏天江南的丘陵，江湖间草木畅茂、云气滃郁的特定景色表现得淋漓尽致。其笔墨技法是与他所表现的特定景色充分适应的，属董源的代表作。宋人称许其大设色山水景物富丽，宛有李思训风格。他运用披麻皴和点苔法来表现江南一带的自然面貌，神妙地传写出峰峦晦明、洲渚掩映、林麓烟霏的江南景色。

(4)巨然，是五代南唐、北宋画家，僧人，董源的追随者，他的山水画笔墨秀润，充满田园自然风致。早年出家于江宁开元寺为僧，学画山水，师法董源。南唐后主降宋时，巨然也随之来到开封，居开宝寺，其画遂为当时所重。专画江南山水，所画峰峦，山顶多作矾头，林麓间多卵石，并掩映以疏筠蔓草，置之细径危桥茅屋，得野逸清静之趣，深受文人喜爱。以长披麻皴画山石，笔墨秀润，为董源画风之嫡传，并称董巨，对元明清以至近代的山水画发展有极大影响，有《万壑松风图》《秋山问道图》《山居图》等作品传世。

2. 简述张择端与《清明上河图》。

相关试题：张择端的《清明上河图》(名词解释，清华大学2018年研；东华理工2018年研)

答：《清明上河图》是北宋风俗画作品，为张择端所画，现存北京故宫博物院。该画以全景式构图，描绘当年汴京近郊在清明时节社会各阶层的生活景象。

(1)张择端，字正道，汉族，琅琊东武(今山东诸城)人，居住于东京(今河南开封)，北宋绘画大师。自幼好学，早年游学汴京(今河南开封)，后习绘画。宣和年间任翰林待诏，擅画楼观、屋宇、林木、人物。所作风俗画，市肆、桥梁、街道、城郭刻画细致，界画精确，豆人寸马，形象如生。

(2)《清明上河图》的内容。

①画面内容。

a. 画的内容结构大体可分为三个段落：右边描绘市郊风景，中间描绘汴河，左边描绘汴京街景，真实地反映了汴京的社会面貌。

b.《清明上河图》中画有五百余人，各种牲畜六十多匹，木船二十多只，房屋楼阁三十多栋，推车乘轿也有二十多件。

c. 如此丰富多彩的内容，为历代古画中所罕见。可贵的是，画中每个人物、景象、细节，都安排得合情合理，疏密、繁简、动静、聚散等画面关系，处理得恰到好处，达到繁而不杂、多而不乱。充分表现了画家对社会生活的深刻洞察力、高度的艺术修养和表现能力。从内容看，此画属于风俗画，也具有风俗画的特点。

②创作特点。画家以长卷形式，在创作中采用散点透视的构图法，将繁杂的景物纳入统一而富于变化的图画中。长卷构图中充满了戏剧性的情节和引人入胜的细节描写。整幅画卷气势宏大、构图严谨、笔法细致，有铺垫、有起伏、有高潮。

③创作技法。在技法上，大手笔与精细的手笔相结合。善于选择那些既具有形象性和富于诗情画意，又具有本质特征的事物、场面及情节加以表现。十分细致入微地观察生活，刻画每一位人物、每一个道具。人们各有身份，各有神态，各有情节。房屋、桥梁等建筑结构严谨，描绘一笔不苟。车马船只面面俱到，谨小而不失全貌，不失其势。比如船只上的物件、钉铆方式，甚至结绳系扣都交待得一清二楚，令人叹为观止。

④作品的价值。《清明上河图》不仅仅是一件伟大的现实主义绘画艺术珍品，同时，也提供了北宋大都市的商业、手工业、民俗、建筑、交通工具等丰富的形象的第一手资料，其丰富的思想内涵、独特的审美视角、现实主义的表现手法，使其被奉为中国乃至世界绘画史上的经典之作。

3. 简述威尼斯画派。（清华大学 2022 年研）

相关试题：

(1) 威尼斯画派的起因、特点及代表画家。（中央民大 2017 年研）

(2) 威尼斯画派（名词解释，东华理工 2018 年研）

答：威尼斯画派是 16 世纪以威尼斯画家乔尔乔内和提香为代表的绘画流派，他们吸收了文艺复兴鼎盛时期画家的精华，但大胆在色彩上创新，使画作更为生动明快，同时人物背景的风景比例更大。其艺术特色主要有：

(1) 十分强调色彩的运用，作品风格欢快明朗、构图新颖、诗意浓郁、画面绚丽，注重视觉效果，主要反映着威尼斯社会当时人们一般的心理状态，他们大多倾向于寻求欢乐、狂热和激情，宗教的训诫性比较少，即便是宗教题材的作品，也充满着对于人间生活的美满想象，色彩大体上趋于饱满、丰富和多调子，并具有一种抒情的意味。威尼斯的画家们竭力追求色彩表现与激情传达，奠定了欧洲近代油画发展的基础。

(2) 宗教题材作品中的人物完全世俗化了，具有享乐主义的情调。威尼斯画派反映人文主义和爱国主义思想，但大多借宗教神话题材，描绘统治阶级的豪华生活。佛罗伦萨的美术倾向于宗教《圣经》题材，而威尼斯则更多的是描绘古希腊神话故事，纵情于欢乐与享受，题材以爱情、酒宴、裸体女神为多；画面形象充满激情而富有想象，洋溢着活泼、明朗、欢乐的气氛，很少有悲哀和伤感。女神们拥有金色的秀发、丰腴的肌肤、华丽的服饰，完全是威尼斯上流社会的娇艳女子，放射出人性的光芒。

(3) 注重对自然风光的描绘，充满抒情的诗意。画家们为迎合王公贵族的享乐需要，不仅描绘美丽的裸女，还配以美丽的自然风光。

(4) 画布油画的发展。威尼斯气候潮湿，使得湿壁画的创作被扼制，而画于画布上的油画则得到发展。威尼斯画派在艺术技法上吸收了佛罗伦萨画派、东方拜占庭艺术，特别是北欧尼德兰油画技术。代表画家有乔尔乔内、提香、委罗内塞、丁托列托等。

4. 简述米勒及其绘画成就。

相关试题：米勒（名词解释，山东大学 2017 年研）

答：(1) 米勒。

让·弗朗索瓦·米勒是 19 世纪法国最杰出的、以表现农民题材而著称的现实主义画家。他是法国近代绘画史上最受人民爱戴的画家，他那纯朴亲切的艺术语言，尤其被广大法国农民所喜爱。1814 年，他出身于法国诺曼底省的一户农民家庭，幼年时，米勒便表现出绝佳的绘画才能，这种与生俱来的天赋受到了家乡老师的赞赏和鼓励，米勒由此立志学习绘画。

(2) 绘画成就。

①他创作的作品以描绘农民的劳动和生活为主，具有浓郁的农村生活气息。米勒发现了平凡的劳动者的诗情画意，他笔下的农夫是疲惫、穷苦、终日操劳的贫困者，衣衫褴褛，肌肤黝黑，佝偻的身躯，粗大的手掌，这便是米勒的美学及其要为之呕心沥血地赞美歌颂的法兰西农民的形象。罗曼·罗兰在所著的《米勒传》中指出："米勒，这位将全部精神灌注于永恒的意义胜过刹那的古典大师，从来就没有一位画家像他这般，将万物所归的大地给予如此雄壮又伟大的感觉与表现。"

②《播种者》《拾穗者》《晚钟》被誉为"米勒三部曲"。米勒于 1857 年完成的《拾穗者》是最能够代表米勒风格的一件作品，它没有表现任何戏剧性的场面，只是描写秋季收获后人们从地里拣拾剩余麦穗的情景。米勒从来没有画过农民反抗的场面，这也许是由于他的温厚的人道精神中含有宗教情绪的缘故。但他

画的胼手胝足、粗衣陋食的劳动者的形象，实际上就是对纸醉金迷、灯红酒绿的上流社会的一种抗争，虽然这种抗争是较温和的。这幅《播种者》即是如此。1850年完成的《晚钟》是一幅庄严肃穆的作品，这幅画深刻地反映了一种复杂的农民精神生活：画面上，夕阳西下，一天辛勤的田野劳作结束了。一对农民夫妇刚听到远方的教堂钟响，便自然而然地、习惯地俯首摘帽祷告。画家着重于描绘这两个形象对命运的虔诚，在充满黄昏雾气的大地上，立着两个农产品的创造者，他们感谢上帝赐予他们一天劳动的恩惠，并祈求保佑，寄托了他对农民生活境遇的无限同情。

5. 简述新古典主义和浪漫主义艺术。

相关试题：

(1)简答浪漫主义的创作方法和代表画家。（河南大学2020年研）

(2)论述法国浪漫主义与古典主义绘画艺术的发展与影响。（论述题，哈尔滨师大2020年研）

(3)新古典主义(美术)(名词解释，清华大学2022、2018年研；天津美院2021年研；扬州大学2019年研)

(4)法国新古典主义美术的特点及背景。（山东大学2019年研）

(5)法国浪漫主义(名词解释，山东大学2018年研)

答：(1)新古典主义，是兴起于18世纪下半叶的法国，并迅速在欧美地区扩展的艺术运动。新古典主义作为一个独立的流派名称，最早出现于17世纪中叶欧洲的建筑装饰设计界，以及与之密切相关的家具设计界。

①新古典主义，一方面起源于对巴罗克(Baroque)和洛可可(Rococo)艺术繁琐的装饰的厌恶，另一方面则是希望以重振古希腊、古罗马的艺术为信念。

②新古典主义的艺术家刻意从风格与题材上模仿古代艺术，并且知晓所模仿的内容。新古典主义是适应资产阶级革命形势、在美术上借古开今的潮流，也是相对于17世纪的古典主义而言的。新古典主义是在古典美学规范下，采用现代先进的工艺技术和新材质，重新诠释传统文化的精神内涵，具有端庄、雅致的明显的时代特征。古典与现代完美结合的新古典主义风格起源于古典时代，却不是仿古、复古，而是推崇神似。新古典主义风格用简化手法、现代新材料和新进的工艺技术去探求传统的内涵，以装饰效果的注重来增强历史文化底蕴。

③“新古典主义”的“新”在于借用古代英雄主义题材和表现形式，直接描绘现实斗争中的重大事件和英雄人物，紧密配合现实斗争，直接为资产阶级夺取政权和巩固政权服务，具有鲜明的现实主义倾向。因此，由于这场新古典主义美术运动与法国大革命紧密相关，所以新古典主义又称为“革命古典主义”，它的杰出代表是达维特。

④新古典主义在美术上的表现特征是：选择严峻的重大题材(古代历史和现实的重大事件)；在艺术形式上，强调理性而非感性的表现；在构图上，强调完整性；在造型上，注重古典艺术形式的完整、雕刻般的造型，追求典雅、庄重、和谐，同时坚持严格的素描和明朗的轮廓，注重雕塑般的人物形象，极力减弱绘画的色彩要素。

⑤从法国开始，革新派的设计师们开始对传统的作品进行改良简化，运用了许多新的材料和工艺，但也保留了古典主义作品典雅端庄的高贵气质。这一风格很快取得了成功，欧洲各地纷纷效仿，新古典主义自此成为欧洲家居文化流派中特色鲜明的重要一支，至今长盛不衰。法国新古典主义美术从维安、达维德到安格尔，取得了最优秀的成就，并达到高峰。

(2)浪漫主义，是18世纪末、19世纪初出现于德国和英国，19世纪盛行于法国的一种文艺思潮。浪漫主义这个词起源于中世纪法语中的Romance(意思是“传奇”或“小说”)一词，“罗曼蒂克”一词也由此转化而来。浪漫主义宗旨与“理”相对立，主要特征是注重个人感情的表达，形式较少拘束且自由奔放。浪漫主义手法则通过幻想或复古等手段超越现实。法语的“浪漫”一词意味着感情丰富、多情善感。

①浪漫主义美术产生于大革命失败以后的波旁王朝复辟时期，人们对启蒙运动宣扬的理性王国越来越感到失望，一些知识分子感到苦闷，他们反对传统、权威和古典模式，从而产生了浪漫主义美术。

②在艺术创作中，浪漫主义强调艺术家的主观创造性，表现出对历史的兴趣和对社会现实中重大事件的关注，另外在对历史怀念的同时又表现出对东方异国情调的向往。总之，他们重感情轻理性，重色彩轻素描，不满现实，追求幻想。其代表人物有热里科、德拉克洛瓦、约瑟夫·透纳、吕德。

(3)新古典主义与浪漫主义都是19世纪法国极为重要的艺术流派，浪漫主义是与以官方学院派为代表的古典主义相对立的，也是两个从兴起时间、选材、表现手法等方面都有很大差异的流派。

①在时间上，新古典主义兴起于18世纪末，盛行于19世纪初，诞生于资产阶级对古代罗马英雄主义精神的追求中。它是伴随法国大革命兴起的，并为大革命摇旗呐喊；而浪漫主义美术产生于大革命失败以后的波旁王朝复辟时期，兴起于19世纪初，盛行于19世纪30年代，人们对启蒙运动宣扬的理性王国越来越感到失望，一些知识分子感到苦闷，他们反对权威、传统和古典模式，对资产阶级革命后的时局不满，借艺术抒发胸中的积愤，从而产生了浪漫主义美术。

②在选材上，17世纪法国的布瓦洛等提倡法国的文艺要向古希腊、古罗马文艺看齐，因此新古典主义崇尚古代，以古人的美德为典范，使之为社会服务，借古喻今。专注个人英雄主义与忠实于道德和职责的行为，或强调表现现实题材和历史题材，如大卫的《贺拉斯兄弟的宣誓》等。而浪漫主义常取材于中世纪传说、当时的重大事件和文学名著。浪漫主义艺术家认为，古典主义那种固定传统模式存在太多的虚伪造作痕迹，于是他们从中世纪的传奇故事和但丁、莎士比亚、歌德的文学作品中寻找灵感。代表作品有德拉克洛瓦的《自由领导人民》、籍里科的《梅杜萨之筏》等。

③在创作手法上，新古典主义注重古典式的宁静和考古式的精确，强调理性，重视素描，造型严谨，相对忽略色彩和其表现情感的作用，仿效古代艺术刚健有力的轮廓与简洁明快的构图，用以取代洛可可艺术的繁缛性与错觉性；而浪漫主义反对官方学院派和古典主义美术，重感情和个性，善于运用象征寓意和夸张对比的艺术手法。浪漫主义绘画充满强烈的激情，有别于之前洛可可绘画的华丽装饰，充满人文主义精神，体现了19世纪现实绘画发展的趋势，极大地丰富了人文精神的内涵。浪漫主义绘画色彩强烈，用笔奔放，在绘画技巧方面推陈出新，是19世纪后期印象派的产生基础。表现手法是二者最主要的区别。

④在情感表现上，新古典主义遵循唯理主义观点，认为艺术必须从理性出发，排斥艺术家主观思想感情，尤其是在社会和个人利益冲突面前，个人要克制自己的感情，服从理智和法律，倡导公民的完美道德就是牺牲自己，为祖国负责；而浪漫主义突破了古典主义美术的束缚，主张自由和艺术的独创性，重视艺术家个性、情感和想象力的表现。

因此，新古典主义与浪漫主义是两种不同特色的流派，反映了绘画艺术发展的多样性，在19世纪法国艺坛各领风骚。

6. 简述表现主义。

相关试题：

(1)评述德国表现主义的艺术特点成就与影响。(福建师大2020年研)

(2)德国表现主义(名词解释，上海大学2025年研；华南理工2018年研)

答：(1)表现主义是现代西方流行的一种重要文艺思潮和流派，于20世纪初流行于德国、法国、奥地利、北欧和俄罗斯。表现主义要求突破事物表象而凸显其内在本质，突破对人的行为的描写而楔入其内在灵魂，突破对暂时性的现象的描写而展示永恒的品质或“真理”。表现主义是艺术家通过作品着重表现内心的情感，而忽视对描写对象形式的摹写，因此往往表现为对现实的扭曲和抽象化，这个做法尤其用来表达恐惧的情感，因此，主题欢快的表现主义作品很少见。从这个定义上来说，马蒂斯·格吕内瓦尔德与格雷考的作品也可以说是表现主义的，但是一般来说表现主义仅限于20世纪的作品。由于强调描写永恒品质，表现主义笔下的人物往往是某种共性的抽象与象征；由于强调写内心、直觉和下意识，多采用内心独白、梦境、潜台词、假面具等手段；由于注重由作者主观出发，去摄取事物实质，往往有意识地扭曲客观事象。表现主义小说的代表人物是卡夫卡，表现主义戏剧的代表人物是斯特林堡。

(2)表现主义的艺术特征。表现主义运动是在反传统的思潮中兴起的，在创作方法上它背弃了19世纪前在欧洲长期占统治地位的“模仿论”或“反映论”美学，而崇尚“表现论”美学，也就是说，创作不再是描摹客观世界的过程，而是主观情感、意象幻想的表达，出于“内在的需要”。尽管表现主义者的创作主张和表现方法各有不同，但从主观、自我出发这一大前提则是共同的。同时，这一倾向与当时在欧洲盛行的尼采悲剧美学、柏格森的生命哲学和弗洛伊德的精神分析学发生交汇，形成了一种新颖奇诡的审美形态和艺术特征，具体说来，大致可以概括为以下几点：

①强烈的激情。除了少数“为艺术而艺术”的鼓吹者外，多数表现主义者都把创作当作表达他们个人的反抗情绪的手段，或者说当作倾泻内心情感的突破口。无论哪种体裁，追求力度感、运动感和节奏感都是共同的。为了达到强烈的艺术效果，手法上好用扭曲的线条、异常的色彩、急促的节奏、酷烈的画面，对比强烈的反差，等等，正如表现主义理论家埃德施密特所说的，在表现主义者的笔下，“感情得到无限的扩张”。

②再造“世界图像”。对于表现主义作家来说，创作就意味着把他的感情或激情转化为幻象，这幻象便是作家“内在需要的外在表现”，或者说是作家内心体验的外部投影。

③抽象的概括。表现主义力求最大限度地缩短从观察具体的、富有鲜明形象的现实现象到做出抽象的论断和概括的过程，使情节具有哲学讽刺性质，而人物形象也作为一定政治及文化历史的思想和观念的体现，具有了第二生命。

④非理性思维。表现主义是19世纪下半叶开始兴起于西方的一股哲学思潮，它是对于人类有史以来，特别是资本主义制度建立以来的理性原则(包括伦理、道德、法律、宗教等)的怀疑和否定。

⑤爱好怪诞。表现主义者采用了将客体加以破坏使之变形的手法来揭示这种所谓本质的真实，并引起人们的惊异或距离感，从而使人们改变观察事物的习惯和角度，这在美学上称作“怪诞”，戏剧术语习惯称“间离法”“陌生化技巧”“陌生化效果”。

⑥追求神奇。既然否定了理性世界的真实性，那就只有在违背常理、常规中去寻找真实，割断因果联系的逻辑线索，这使表现主义与神秘主义涉缘。

⑦多声部交响。表现主义，就像它队伍的混杂、思想的混乱一样，在作品的艺术构成上也不是单手段、单风格的，它追求一种综合的审美效应，称为“多声部交响”。同一部作品，往往同时采用梦幻、意识流、象征、荒诞等手法。

⑧蒙太奇结构。将两个或者多个元素合成一个具有全新内容的方法。表现主义为了拒绝传统的写作技巧，对一切新奇的表现手法都采取“拿来主义”，包括其他门类的艺术方法它也照搬不误，蒙太奇仅仅用画面为叙述方式，注重在不同场景中的画面转换。利用这种方式来表现电影中人物不可言说的、无法描述的内心活动。

7. 简述野兽主义(野兽派)。

相关试题：

(1)野兽主义(名词解释，扬州大学2019年研)

(2)野兽派(名词解释，山东大学2019年研)

答：(1)野兽主义是1898～1908年在法国盛行一时的绘画风格。它虽然没有明确的理论和纲领，但却是一定数量的画家在一段时期里聚合起来积极活动的结果，因而也可以被视为一个画派。野兽派画家热衷于运用鲜艳、浓重的色彩，往往用直接从颜料管中挤出的颜料，以直率、粗放的笔法，创造强烈的画面效果，充分显示出追求情感表达的表现主义倾向。

(2)野兽主义的来源。1905年巴黎的秋季沙龙展览，以马蒂斯为首的一批前卫艺术家展于同一层厅的作品，引起轩然大波。有人形象地将这些画称作“一罐颜料掼在公众的面前”。《吉尔·布拉斯》杂志的记者路易·沃塞尔，则突发灵感地想到了这一恰当也合适的名称，他在那个被刺目的色彩弄得喧嚷不已的展厅中央，发现马尔凯所作的一件具有文艺复兴风格的小型铜像，不由得惊叫起来：“多那泰罗被关在了野兽笼中!”“野兽主义”便因此而得名。

(3)野兽主义运动中最核心的人物是马蒂斯。他与毕加索一起被视为20世纪法国画坛上的两位最重要的艺术家，他的早期绘画曾受到毕沙罗、西涅克、塞尚、高更等人的影响。马蒂斯的代表作品有《奢华、宁静与愉悦》《音乐》《舞蹈》《带绿色条纹的肖像》等。《舞蹈》创作于1909~1910年，马蒂斯在创作时，把模特带到地中海岸边，他认为这件作品跟地中海给他的喜悦情绪紧密相连，画中背景的蓝色，寓意着仲夏八月南方蔚蓝的天空，一大片绿色让人想起翠的绿地，人物的朱砂色则象征着地中海人健康的棕色身体。在这幅狂野奔放的画面上，舞蹈者似乎被某种粗犷而原始的强大节奏所控制，他们手拉着手围成一个圆圈，扭动着身躯，四肢疯狂地舞动着。画中只有三种色彩，蓝色的天空和绿色的大地代表了蓝色的天空和绿色的大地的和谐；也可以看作蓝色的夜空和绿色草原的对应下的安静和谐调。砖红色的人体，表现了女人一种原始的古朴、健康的美丽，也与蓝天绿地形成了对比中的均衡和谐。不管怎样理解，在这幅画上，马蒂斯把色彩搭配得简约而又巧妙，用自然的笔触，把色彩的功能发挥到了单纯、协调、赏心悦目的地步。当然，这也是与画面整体的和谐氛围相互配合所产生的效果。马蒂斯于1910年创作的《音乐》，与《舞蹈》这幅图的概念近似。在这幅作品中，马蒂斯用强烈鲜明的颜色对比，凸显红色，每个人所坐的位置和彼此之间的对应，具有视觉上的连续感与跳动感，因而产生音符流动的效果。

8. 波普艺术的风格特点。(燕山大学2019年研；合工大2019年研；北影2018年研；山东大学2018年研；东北大学2018年研；天津美院2018年研；扬州大学2018年研)

答：波普艺术是20世纪60年代发源于美国的一场反对精英主义和高端艺术的运动，是一种主要源于商业美术形式的艺术风格，其特点是将大众文化的一些细节，如连环画、快餐及印有商标的包装进行放大复制。波普艺术于20世纪50年代初期萌发于英国，50年代中期鼎盛于美国，后期在纽约发展起来，此时它所反对的抽象表现主义正处于最后的繁荣时期。60年代中期，波普艺术代替了抽象表现主义而成为主流的前卫艺术。在60年代后期，波普艺术开始让位于极少主义艺术和硬边画。波普艺术主要是新时期艺术家将商业艺术和近现代艺术联合在一起的一种表达形式。其风格特点如下：

(1)捕捉大众文化内涵。波普艺术被人们认为是后现代主义的艺术现象，其名称最早出现在20世纪50年代的英国，后来广泛运用在美国艺术中，被用来称谓一种大众流行的艺术现象。针对抽象表现主义这一类现代艺术对工业化的反感和对都市、机械文明的逃避态度，波普艺术家却用他们在生活环境中所接触的材料和媒介来制造大众所能理解的形象，以使艺术和工业机械文明相结合，并利用大众传播媒介(报纸、电视、印刷品)加以普及。为了达到有效的宣传效果，这些大众、通俗的艺术中须有活泼、新奇、富有性感的内容来吸引观众的注意力，刺激他们的消费欲望，成为一种消费文明的艺术。波普艺术的精神是准确地捕捉大众文化的内涵，至于用何种具体的形式，艺术家们有广泛的自由。

(2)集合大众流行元素。波普为Popular的缩写，意即流行艺术、通俗艺术。消费文化提供广告、商标、影视图像、封面女郎、歌星影星、快餐、卡通漫画等视觉资源，把这些图像直接搬上画面，就形成一种独特的艺术风格——波普艺术。最早的一件波普艺术作品是由英国画家汉弥顿用拼贴拽法制作的，题为《是什么使今日的家庭变得如此不同，如此有魅力?》。这件作品在1956年参展，因画面上一位健美男子右手拿的大棒棒糖上贴着“POP”字样，“波普”艺术名称由此而来。1961年在英国举办的《当代青年艺术展》，有霍克尼等一群有影响力的青年画家参加，同年布雷克也举办个人波普作品展，波普艺术在英国声名大振。

(3)复制拼贴的手法。许多艺术家尝试展开商业艺术领域的职业发展，接受丝网印刷等技术培训，同时将目光投向大众传媒，开始尝试漫画等大众媒体图像。美国最著名的波普艺术家安迪·沃霍尔常用放大的海报或杂志广告，用丝网印的方式印刷在画布上。他的作品中包含同一形象的无数次重复，以使人们对经过他处理之后的常见形象有新奇感。奥尔登伯格常把汉堡、巧克力用布或石膏翻制。利希滕斯坦喜欢把漫画等现成影像放大。韦塞尔曼把广告里的裸体女人绘制在画布上，还配上浴室或家具。西格尔用石膏直接从人体上翻制形象，将石膏人体与日常生活的实物配置在一起，表示某种主题。因为波普派将生活中现有的实物挪动位置，改变环境，赋予新的含义，其手法与达达主义有一脉相承之处，所以也有人把它称为“新达达”或“新现实主义”(此处“现实”一词的意义乃为生活中实际存在的事物)。

五、论述题

1. 论述吴道子画风的特点。(南艺 2014 年研)

相关试题：吴家样(名词解释，天津美院 2020 年研)

答：吴道子是唐代著名画家，阳翟(今河南禹县)人，又名道玄。其用笔早年较细，风格稠密；中年雄放，变为遒劲。善画佛像，笔势圆转，所画衣带如被风吹拂；后人以“吴带当风”称美其高超画技与飘逸的风格。吴道子的绘画艺术对唐代的绘画有着深刻影响，他被后世尊为“画圣”。曾随张旭、贺知章学习书法，通过观赏公孙大娘舞剑，体会用笔之道。擅佛道、神鬼、人物、山水、鸟兽、草木、楼阁等，尤精于佛道、人物，长于壁画创作。其画风特点是：

(1)发展了张僧繇的简括画法，即所谓“笔才一二，像已应焉”“笔不周而意周”，并在此基础上又有突破和创新，人物画自成体系，被称为“吴家样”，对中国佛教人物画影响深远。

(2)线描豪迈。吴道子用快慢疾徐、粗细轻重、变化富于节奏的“莼菜条”的笔法表现迎风飘举的宽衣博带、衣褶，表现“高侧深斜，卷褶飘带之势”，是以表现对象的细微的透视变化高、侧、深、斜为目的的，是带有立体感的线条，有豪迈自由的气势和波折起伏的变化。这种线条比铁线描更敏锐地表现出客观事物的立体造型，赋予线条更强的运动感、节奏感和表现力，使画面效果具有“天衣飞扬满壁风动”的艺术效果，被称为“吴带当风”，这种风格的问世，为中国绘画开辟了新途径。

(3)设色淡雅。吴道子的画用色倾向于简淡、雅致，在焦墨痕中略加点染，从而突破了南北朝以来的重彩风格，当时称为“吴装”。“吴家样”体现了大唐盛世气势恢宏、开明自信的精神气质。“吴家样”与“曹家样”的显著区别，被宋代评论家用“吴带当风，曹衣出水”一语概括。这两句话指出了两者在服装上的不同，前者是其势圆转，衣服宽松，裙带飘举，所画人物衣带宛若当风飘舞之状；后者是体制稠密，衣衫紧贴身上，犹如刚从水中出来一般，结构严谨。同时，吴又能突破“曹家样”自北齐以来在画坛上的支配地位。所以有“吴生始用兰叶描，曹衣出水法全灭”的说法，这也正是中国画发展的必然趋势。他把线的造型能力和表现能力提高到一个新的水平，丰富和完善了民族线描手段。“曹家样”和“吴家样”实际上代表了中国画发展史上两种不同的用笔风格，反映出不同的时代特征。

(5)首创了“只以墨踪为之”的“白画”——白描画法。

吴道子的画风为唐代和宋元以来的许多画家所效仿、借鉴。宋代画家李公麟的朴素淡雅的“白描”，便是从吴道子“不以装背为妙，只以墨踪为之”的白画发展而来的，白描成为我国绘画上的一种新体例。

吴道子在绘画技术上的不断创新与拓展，在一定程度上体现了时代精神和审美变化，所创“吴带当风”成为后世典范，因而享有“画圣”之誉。他的出现标志着外来画风和传统中国绘画细巧拘谨的影响的结束，新民族风格确立。

2. 论述元四家的风格特点。(南艺 2015 年研)

相关试题：元四家的艺术成就以及对后世的影响。(天津美院 2020 年研)

答：元四家是指元代山水画的四位代表画家，即黄公望、王蒙、倪瓒、吴镇。元四家的画风虽各有特点，但均从五代董源、北宋巨然发展而来，重笔墨，尚意趣，结合书法诗文。元代山水画主流对明清两代影响很大。

(1)元四家的总体风格特点。

①元四家在吸收五代、北宋水墨山水画的基础上，深受元初书画家赵孟頫的影响，山水重于笔墨，讲求风格，把笔墨韵味在绘画中的作用提到了一个新的高度。

②他们在作品中通过山水抒发一定理想，并提跋诗文加以阐述。突出了山水画的文学趣味，使诗、书、画有意识地融为一体，各具风貌，开创了一代新风，形成了以“文人画”为主流的山水画派，把中国山水画发展推向了一个新的高峰，对明清两代画坛影响极大。

③元四家对于山水画起到了举足轻重的作用，他们四人都擅长水墨山水并兼工竹石，属于典型的文人画风格。他们生活在元末社会动乱之际，虽然每个人社会地位及境况不尽相同，但他们不得意的遭遇是相似的。在他们的探索和努力下，中国山水画的笔墨技巧达到了一个高峰，对后世的绘画尤其是“南宗”一派影响巨大。

(2)各自的艺术特点如下：

①黄公望。擅画山水，其画注重师法造化，以书法中的草籀笔法入画，有水墨、浅绛两种面貌，笔墨简远逸迈，风格苍劲高旷，气势雄秀。所作水墨画笔力老到，简淡深厚，又于水墨之上略施淡赭，世称“浅绛山水”。晚年以草籀笔意入画，气韵雄秀苍茫。他的代表性作品《富春山居图》，花了七年时间完成，高33厘米，横长396.6厘米，将富春江两岸数百里精粹收聚于笔下。画家中锋、侧锋兼施，尖笔、秃笔并用，长短干笔皴擦，湿笔披麻，浑成一体，确为山水画中的巨作。而《快雪时晴图》的简笔勾皴水墨衬染，水墨迷朦之中一轮当头之日红艳明亮，独具匠心。

②王蒙。作品以繁密见胜，重峦叠嶂，长松茂树，气势充沛，变化多端，喜用解索皴和牛毛皴，干湿互用，寄秀润清新于厚重浑穆之中，苔点多焦墨渴笔，顺势而下。兼攻人物、墨竹，并擅行楷。他的画法在前人的基础上形成了独特的解索皴、牛毛皴。用墨厚重，构图繁密，点细碎苔点，画面繁密充实，景色郁然深秀，与倪瓒的焦墨渴笔景物空灵形成鲜明对比。王蒙的画多表现隐居生活，运笔和写景富有层次变化，构图喜欢满满当当，撑足纸面，色彩对比强烈，用笔老辣朴实。他善画江南林木丰茂的景色，湿润华滋，意境幽远。代表作品有《青卞隐居图》《夏日山居图》《春山读书图》《夏山高隐图》等。

③倪瓒。早年画风清润，晚年变法，平淡天真。疏林坡岸，幽秀旷逸，笔简意远，惜墨如金。以侧锋干笔作皴，名为“折带皴”。墨竹偃仰有姿，寥寥数笔，逸气横生。书法从隶书入，有晋人风度，亦擅诗文。倪瓒所画的山水主要表现为太湖风光，近处坡陀树木，远山遥遥伏卧，中间大片湖水，意境清幽而荒寒落寞，不染俗尘，他的画极少用色，笔墨简淡清劲，少少许胜多多许，极受明清画家的青睐，后世许多人作画常落款作“仿云林笔意”，可见其书画魅力之大。

④吴镇。擅画山水、梅花、竹石。山水师法董源、巨然，兼取马远、夏圭，干湿笔互用，尤擅带湿点苔，水墨苍莽，淋漓雄厚。墨竹宗文同，格调简率遒劲。精书法，工诗文。他的画师承巨然，善用湿墨，充分发挥水墨画的特性。尤喜作渔父图，表现苍茫气象，均为江南名山景色，水墨圆浑苍润，笔法凝练坚实，喜作洒脱流利的草书题款，史称诗书画三绝，吴镇常用披麻长皴，山水师巨然，自出新意，也善做墨竹，他的画风沉郁苍莽。传世作品有《嘉禾八景图》等。

3. 试述“白阳青藤”对我国花鸟画发展的主要贡献。

相关试题：徐渭(名词解释，北师大2020年研)

答：明代是花鸟画发展的重要时期，明初主要为延续宋代院体画风的宫廷花鸟画，名手遍及宫廷与民间。中期以后，吴门画派崛起，沈周、唐寅是文人派花鸟画的开创者和奠基者，初步开拓了写意花鸟画的领域。他们运用水墨技法描绘花鸟鱼虫，笔简意足。题材比元人宽广、画法比元人洗练，对其后的陈淳、徐渭有很大的启迪。明中后期的陈淳、徐渭将写意花鸟画的发展推向了新的阶段，史称“白阳青藤”。

(1)陈淳。字复道，更字复甫，号白阳山人，明代绘画大师。少年作画以元人为法，深受水墨写意的影响。他的写生画，一花半叶，淡墨欹毫，自有疏斜历乱之致。其代表作有《牡丹图》《墨花图》等。他在绘画技法上师法沈周、唐寅，长于写意花鸟。具体表现在：

①其写意花鸟造型精当，严于剪裁，题材多为士大夫园林中的常见花木。意境安适宁静，笔墨自由如意，形成一种清心淡泊，寓有文人雅趣的风格。在写意花卉方面，陈淳独得玄门，笔法挥洒自如，富有疏朗轻健的风姿，用墨设色，则如徐沁所谓“浅色淡墨之痕俱化矣！”王世贞在《州续稿》中说：“胜国(元朝)以来，写花卉者无如吾吴郡，而吴郡自沈启南(周)后，无如陈道确，陆叔平(治)。”

②从整体上说，陈淳花鸟画画法已呈放逸，但尚不恣纵；用墨已颇觉灵动，但尚不淋漓酣畅；花鸟造型已擅剪裁，但尚未尽“不似之似”；在表达情感上，已显逸宕，但尚不激越昂扬；对水墨在生纸上的奇异表现力虽有进一步认识，但却还不曾极尽能事。

陈淳起到了承前启后的关键作用，其后的徐渭真正完成了水墨写意花鸟画的变革。

(2)徐渭。字文长，号青藤道士，明代中期文学家、戏曲家、军事家，也是开水墨大写意一派的杰出花鸟画家。他坎坷的人生经历，使他对社会的种种不平有切肤之痛，从而形成狂傲不羁的个性。他修养广博，多才多艺，在诗文、戏剧、书画等各方面都独树一帜，尤擅以狂草般的笔法纵情挥洒。这些特点在徐渭的花鸟大写意中都有体现。

①在花鸟画创作中，徐渭往往赋予花卉以强烈的主观情感，直抒愤世嫉俗、激荡难平之情，赋予作品以震撼人心的艺术感染力。其写意画，无论是花卉还是花鸟，皆一挥而就，一切尽在似与不似之间的花木形象中，着眼于气韵的体现，抒发“英雄失路，托足无门”的悲愤与历劫不磨的旺盛生命力，所画虽为花草瓜果，却有磅礴奇崛的气势和雄肆豪放的格调。对笔下的四时花木，画家运用勾、点、泼、皴等多种笔墨形态，将牡丹之雍容、紫薇之隽秀、竹子之萧疏、霜菊之孤傲、寒梅之挺洁的神韵刻画得入木三分，分别舒展九尺与五尺的梧桐和芭蕉，直冲画外，不见首尾，与密如骤雨的葡萄、虬如蟠龙的藤蔓构成了巨大的张力，充溢在画面中的纵横之气和豪放境界更是前所未有。

②徐渭把中国写意花鸟画推向了能够强烈抒写内心情感的极高境界，把在生宣纸上随意控制笔墨以表现情感的写意花鸟画技巧提高到了前所未有的高度，成为中国写意花鸟画的里程碑，开创了中国大写意画派的先河，为文人画的发展提供了广阔的空间。其画风对清代的八大山人、石涛、“扬州八怪”以及近现代的吴昌硕、齐白石等都产生了深远影响。

4. 试举例分析四王作品风格特点。(南艺2017年研)

相关试题：清初“四王”(名词解释，暨南大学2024年研；湖南师大2019年研)

答：清初“四王”是指王时敏、王鉴、王翚、王原祁，又称江左四王。四人画风接近，按传统审美模式的心理定式，形成“四王”画派，当时以正统地位雄踞于画坛。

(1)王时敏。

①王时敏，字逊之，号烟客、懦斋、西田遗老、西田主人、西田老人、偶谐道人、归村老农、稻香庵、西庐老人，江苏太仓人，锡爵孙。明万历二十九年进上，崇祯初以荫仕至太常寺少卿，人称“王奉常”。入清不仕而归隐。

②作品风格特点。王时敏主张摹古，笔墨含蓄，苍润松秀，浑厚清逸，构图较少变化。淡雅博物，工诗文，善书，行楷得自《枯树赋》，隶书追秦、汉，榜书八分为近代第一。家藏书画甚富，遍摹宋、元诸家名迹，尝择古迹中法备气至者二十四幅，为缩本，装成巨册，以供模楷。更因幼年在董其昌指导下临习古画，加之气质和性格因素，作画唯以自然景象为最高准则，强调“一树一石，皆有原本”。其画在清代影响极大，王翚、吴历及其孙王原祁均得其亲授。

(2)王鉴。

①王鉴，中国明末清初画家。字元照、圆照，号湘碧、染香庵主。江苏太仓人，王世贞孙。家富收藏，曾任廉州知府，人称王廉州。擅山水，师法董源、巨然、黄公望、王蒙，又常与王时敏相互切磋，加以发展、变化而自成一格。其画善用中锋尖笔，披麻间解索皴画山石，皴法细密，墨色浓润清逸。亦能画

青绿山水，烘染得法，研丽融洽，意趣简淡。王鉴的山水画在清代影响很大，与王时敏、王翚、王原祁、恽寿平、吴历齐名，并称四王吴恽或清初六家，成为画坛正宗。有《秋林山色图》《梦境图》《秋山图》等传世，著《染香庵集》《染香庵画跋》。

②作品风格特点。擅长山水，远法董(源)、巨(然)，近宗王蒙、黄公望。运笔出锋，用墨浓润，树木丛郁，后壑深邃，皴法爽朗空灵，匠心渲染，有沉雄古逸之长。间作青绿重色，亦能妍丽融洽。信云林山水意极绵密。仿山樵山水，仿赵大年《春景》没骨山水、仿洪谷子设色山水，疏密奇正，纯以篆法写轮廓。仿子久《秋木山色图》《仿黄公望烟浮远岫图》、摹沈石田山水、仿董源《秋山图》、仿范华设色山水、仿巨然山水，骨重气轻。其作品大多摹古，信效名家，缺乏独创，并具有浓厚的复古思想和形式主义画风。

(3)王翚。

①王翚，字石谷，号耕烟散人、剑门樵客、乌目山人、清晖老人等，江苏常熟人。清代著名画家，被称为"清初画圣"。祖上五世均善画，父王云客专画山水，画风秀雅。王翚自幼受家庭影响，喜爱绘画，先拜同里张珂为师，专摹元代黄公望的山水画。后受王鉴赏识，被其收为弟子，教他读书和学习书法。又从师王时敏。后与王时敏、王鉴、王原祁合称为"四王"，再加吴历、恽寿平又称"清初六家"。其山水画虽以临古入手，但并非专摹一家，王维的雪景、李成的寒林、巨然的秋山萧寺、董源的平峦远渚、王诜的渔村小雪、米氏父子的云山烟雨以及元代黄公望、吴镇、王蒙、倪瓒的作品，都是他摹绘的对象。他不但于传统技法有很深的功底，而且他能融会贯通，合众长于一手。但又不完全为成法所束缚，比较注重写生。他贯通诸家，以南宋笔墨，运北宋丘壑，创造出秀润多姿的风格和面貌。

②作品风格特点。他早期画风清丽工秀，晚期则倾向苍茫浑厚。章法富有变化，水墨与浅绛渲染得法。王翚将黄公望、王蒙的书法性用笔与巨然、范宽的构图完美地结合起来，创造出一种华滋浑厚、气势勃发的山水画风格。因而他所画的江南小景往往生趣盎然，清幽灵动。王翚作画喜好干笔、湿笔并用，而且多以细笔皴擦，画面效果比较繁密。曾说"以元人笔墨，运宋人丘壑，而泽以唐人气韵，乃为大成"。他早期画风清丽工秀，晚期则倾向苍茫浑厚。章法富于变化，水墨与浅绛渲染得法。也有评者指出王翚用笔过于圆熟，某些画则显得刻露，墨法少有变化，构图略感壅塞。

其画笔墨功底深厚，长于摹古，几可乱真，但又能不为成法所囿，部分作品富有写生意趣，构图多变，勾勒皴擦渲染得法，格调明快。在四王中比较突出。其画在清代极负盛名，康熙三十年奉诏绘制《康熙南巡图》，三年完成，受到康熙皇帝御赐"山水清晖"四字奖励。被视为画之正宗，追随者甚众，因他为常熟人，常熟有虞山，故后人将其称为虞山派。

(4)王原祁。

①王原祁，字茂京，号麓台、石师道人，被称为清初"四王"之一，是名画家王时敏的孙子。从小摹习宋元名家真迹，一生拜倒在古人脚下，是当时公认的摹古高手。峰峦布局，山石树木用笔，无不出于黄公望，内容空泛，缺少生意。但笔墨纯熟，有一种潇洒之美。

②作品风格特点。王原祁的作品，基本上是摹古。他特别推崇黄公望，认为自己已经得到了黄公望的"脚汗气"，引以为荣，心摹手追，务求逼似却缺乏创造性。但是，也不能完全否定他的深厚的笔墨功力。他曾在一幅《秋山晴爽图卷》上自题"笔端金刚杵"，意指他的笔力沉雄，气贯纸背，光气发越。曾有人记述了亲睹王原祁的作画过程：从早晨开始，先展开纸，审顾良久。下笔以淡墨略分轮廓，既而精辨林壑之概，立峰石层折，树木株干。每下一笔，必定审顾反复。天已黄昏，便搁笔休息。到第二天，取前卷稍加皴染，用淡赭石加入藤黄少许，渲染山石，然后用一个小熨斗贮微火把画熨干，再以墨笔干擦石骨，疏点木叶。然后再以墨绿水，疏疏缓缓渲染出阴阳向背，再用熨斗熨干，再勾再勒，再染再点，自淡及浓，自疏而密，经过半个月才完全画成。这种多层次的勾皴渲染，有骨有肉，浑然一气，富有厚重之美，是王原祁对黄公望、倪瓒、吴镇、董其昌诸家画法的兼容并蓄而发展出来的。

王原祁中年时期作品，从摹古中脱出，笔墨秀润，以《富春山图》为代表，画面云山秀水，用笔秀雅脱俗，设色清淡圆润。后又受王鉴指导，六十岁时作画能够"熟而后生"，如七十岁所作《南山积翠图》，笔墨与设色境界高妙，其用笔锋颖幻化，真率而意韵高古，生涩之处见纯熟，其用色绛翠斑驳，是浅绛和青绿手法的极致运用与融合。画面中累见笔笔交叠，色色相浸之处，全然不拘小节而直渲天然真趣。

“四王”属于正统画派，同时也属文人画家，他们倡导南宗的绘画风格，创造出了另一种新风格。将中国画的笔墨水平发展到了前所未有的高度。他们在艺术思想上的共同特点是仿古，把宋元名家的笔法视为最高标准，这种思想因受到皇帝的认可和提倡，因此被尊为“正宗”。“四王”以山水画为主，绘画具有“中和”之美，能使人消除偏激浮躁之气，涵养一颗平和仁爱之心，而这一形式离不开精深的笔墨造诣。各自画风略有区别，又以师承关系，分为“娄东”与“虞山”两派，影响了后代三百余年。

5. 试论述后印象主义的艺术追求。（南艺 2016 年研）

相关试题：

(1)后印象主义代表画家及其作品。（简答题，湖南师大 2019 年研）

(2)后印象主义（名词解释，辽宁大学 2023 年研；陕西师大 2022 年研）

答：(1)后印象主义的由来。

后印象主义不是一个社团或派别，也没有共同的美学纲领和宣言，而且画家们的艺术风格也是千差万别。之所以称之为“后印象主义”，主要是美术史论家为了从风格上将其与印象主义明确区别开来。后来的美术史家们发现他们既与印象主义有联系又不同于印象主义，便称他们为“后印象主义”。“后印象主义”被用来泛指那些曾经追随印象主义，后来又极力反对印象主义的束缚，从而形成独特艺术风格的画家。后印象派的产生与形成主要有三个方面的原因。

①印象派是以表现客观自然的印象感受为满足。1890 年时，主要的代表人物有塞尚、凡·高、高更，由于那时产生了以表现主观精神与理想为主的哲学和文学，所以，绘画也不能固守印象派的老主张，而要更多地表现主观方面的感情和见解。

②伦敦世界博览会于 1862 年第一次展出日本浮世绘版画和日本绘画，对欧洲画家产生了很大的影响。后印象派的画家大胆地借鉴和学习日本画和中国水墨写意画技，省略繁琐细节，强调主观感觉和理想，以表达更深厚的生命力量。

③19 世纪下半叶，由于摄影技术得到了稳定而长久的发展，尤其是彩色摄影的出现对传统的写实方法冲击很大。只有走与纯客观的自然表现完全不同的道路，才能有别于或超越摄影，才能使美术有继续存在的必要和可能。这条道路的基本点，便是加强主观因素的表现。

(2)后印象主义的艺术追求。

①后印象派尊重印象派在外光和色彩上取得的成就，但不追求外光，而是侧重于表现物质的具体性、稳定性和内在结构。后印象派包括所有印象主义派生出来的或者与之对立的艺术运动，例如新印象主义、象征主义、综合主义和纳比派等等。塞尚强调画中通过明晰的形，来组建严整有序的结构。

②后印象派充分吸取了印象派在光、色效果上取得的成就，但是却不拘泥于光、色，他们超越了印象主义过于严格的逻辑，强烈地表现了自己的个性与心理特点，如蒙克的《呐喊》就反映了他畏光、畏水、畏女人的心理状态和主观感受。凡·高和高更则专注于精神性与情感的表现，其作品渗透着某种内在的表现力和引人深思的象征内涵。也体现出后印象主义是以表现自己的主观情绪为首要目的，这在一定程度上代表客观物体的原来色彩已不再重要，更重要的则是用这种物象来表达人类自身内心的一种主观情感。

③在造型方面重视形体结构和构成形的线条、色块、体积；强调艺术形象不能等同于生活形象，即绘画不是科学，要根据画家的主观感受再创造，表现“主观化的客观”。例如凡·高和高更，一方面追求平面化的装饰性构图，彻底取消传统绘画的绝对透视幻觉；另一方面运用从印象派解放出来的色彩在规定的秩序里进行独具个性的创造性表现，既传达出平面装饰性的普遍有效的美，又把使人受到深切感动的事物富有魔力地表现出来，这样的绘画语言具有强烈的表现性。于是，运用从印象派解放出来的色彩立刻成为用以表现人性原始的、狂暴的可怕力量的最有效方式。

第八编　艺术设计

【知识框架(庖丁解牛)】

- 艺术设计
  - 属性与特征
    - 艺术设计概述
    - 艺术设计的理念
    - 基本元素与构成：点、线、面、体、空间、平面构成、色彩构成、立体构成等
    - 造型与装饰的体现：造型、装饰、人体工学、工艺观念、形式法则等
  - 艺术设计的领域与分类
    - 划分方法
    - 领域：工业设计、环境艺术设计、染织艺术设计、服装设计、陶瓷艺术设计装潢设计、现代工艺美术设计、信息艺术设计、动画设计等
  - 中国工艺美术的历史线索
    - 发展过程
    - 从工艺美术到艺术设计
    - 工艺美术品概览
  - 国外现代艺术设计线索
    - 欧、美、日的现代设计
    - 中外设计名家及流派

第1章　艺术设计的属性与特征

8.1.1　复习笔记

【通关提要(提纲挈领)】

本章主要介绍了艺术设计的属性和特征，首先讲述了设计的含义和作用，进而是艺术设计的相关理念。本章考点以名词解释、简答题以及论述题为主。在学习时，需要着重掌握艺术设计理念，包括设计要素、设计原则、设计思维、设计程序等等，还要将这些设计理念运用到具体的设计案例中，以便分析作答。

【考点难点归纳(厚积薄发)】

考点一：艺术设计概述　★★★

1. 设计的含义与作用(见表8－1－1)

表 8-1-1 设计的含义与作用

要点	具体内容
含义	设计在汉语中最基本的词义是设想与计划，指把一种设想通过合理的规划、周密的计划，利用各种方式表达出来的过程。人类通过劳动改造世界，创造文明，创造物质财富和精神财富，而最基础、最主要的创造活动是造物。设计便是造物活动的预先计划，可以把任何造物活动的计划技术和计划过程理解为设计
作用	设计是人类改变原有事物，使其变化、增益、更新、发展的创造性活动。设计是构想和解决问题的过程，它涉及人类一切有目的的价值创造活动

2. 艺术设计的含义、特征与作用(见表 8-1-2)

表 8-1-2 艺术设计的含义、特征与作用

要点	具体内容	
含义	指现代工业批量生产的条件下，把产品的功能、使用时的舒适度和外观的美有机地、和谐地结合起来的设计，这一过程中所坚持的原则是"人是按照美的规律创造事物的"	
基本问题	生产和艺术、效用和美的关系问题	
特征	本质特征	是人类在自身所能获得的改造客观世界的经验基础上，把创造性活动推向史无前例的新境界的一种高级思维活动
	审美文化特征	艺术设计的产品在满足功能效用的前提下，同时注重形式美感的营造
	物质和文化双重性的特征	艺术设计关系到人类生活的每个方面，在影响着人们的生活质量及生活方式的同时，也引导着人们的审美取向
	人性化的特征	艺术设计是在认识和把握事物客观规律的基础上进行的自觉性活动，可以最大限度地体现对人的关怀，即构思出符合客观现实发展所需要的创意
作用	艺术设计是最活跃的生产力，它在人类从事创造活动的过程中，对实践具有明确的指向性和指导作用，如确定设计方向、方案、目标和程序等	

考点二：艺术设计的理念 ★★★★

1. 设计要素(见表 8-1-3)

表 8-1-3 设计要素

要点	具体内容
功能要素	包括象征功能、认识功能、实用功能、审美功能等
技术要素	包括产品技术、生产技术、操作技术等
形式要素	包括色彩、肌理、形态等
经济要素	包括价格、销售、效率、服务等

2. 设计原则(见表 8-1-4)

表 8-1-4 设计原则

要点	具体内容
含义	指设计从接受或确定课题到完成的整个过程中，设计师所应遵守的标准与法则。其经过大量设计实践验证，是对实践活动理论性的提炼和总结

续表

要点	具体内容	
原则	功效原则	强调经过设计后的产品必须比未经过设计的东西具有更好的功效，如提高功能效率、降低成本、改进与扩展功能等
	机制原则	要求经过设计后的产品必须比未经过设计的东西更符合人的体能及力学机制，可以用更小的力完成更大的功
	选材原则	指侧重产品的审美目标和功能目标，采用适宜的材料，以达到满足其用途和竞争需要的目的
	构造原则	尽量在设计中减去多余环节，使之衔接恰当、结构合理、简洁适用
	服务原则	设计要受一定市场条件、技术因素和社会背景等的制约，它追求的是目标受众的公共审美，而不是设计师主观判断下的美

3. 设计的目的

从哲学角度来看，设计是具有强烈目的性的活动。设计的目的包括比较针对个人性质的市场性、技术性、教育性、娱乐性、嗜好性，同时也兼有针对社会性质的政治、道德、需求内容。目的性还包括诸如宗教、伦理等更加广义的内涵。

4. 设计程序(见表 8－1－5)

表 8－1－5　设计程序

要点	具体内容	
含义	指产品设计的过程和次序，包括产品的信息收集、设计分析、设计展开、生产销售和信息反馈等	
步骤	设计前准备阶段	包括：①设计提要，明确设计的目的；②设计分析；③调查研究
	整理设计目的	包括：①解决存在问题的方案；②设计方案提示方式；③设计实施阶段；④设计发展；⑤设计测试
	设计的后期阶段	包括：①把设计贯穿到整个过程中去，实施设计；②对设计的结果进行评估和总结，包括正负两方面的意见的总结
	再设计	在设计前、中、后，如果发现设计的目的性有偏差，设计的方式有潜在的问题，应该立即再设计

5. 设计方法(见表 8－1－6)

表 8－1－6　设计方法

要点	具体内容
探索可能性和限度	采用批评性的思维和技巧，设计上就是通过研究来界定现存产品或者服务的问题的范围，或者创造一个新的内容出来
重新界定设计结论	这个方法往往不沿用传统的方式，而导致崭新的设计结果，在平面设计、产品设计、建筑设计中较为常用
在现有的设计基础上的改进型设计	或者是在功能上有增加和补充，或者是在形式方面有改进、改变

续表

要点	具体内容
从时尚、流行的目的出发	即创造潮流、创造时尚形式的设计
创造新的设计类型	根据目前的条件，创造一种新的使用环境，从而突破条件的限制，创造新的设计类型

6. 设计风格(见表8-1-7)

表8-1-7 设计风格

要点	具体内容
含义	指产品所反映的内在风貌和艺术特点，即作品中反映出的设计师的观念和理想，包括对技术、材料的认识和利用形式
重要性	风格对于艺术设计而言是必备条件，风格可以产生特别的艺术魅力。艺术设计应着重强调产品的风格设计
影响因素	①产品风格的形成离不开设计者的艺术修养、工艺技巧以及对生活的理解。 ②材料和技术也是形成产品风格的重要因素

7. 设计美学

又称"技术美学""工业美学"，指在现代设计理论和应用的基础上，结合美学与艺术研究的传统理论而发展起来的一门新兴学科，兼有设计学和美学的双重特性，是设计学和美学的交叉融合，从这一意义上来说，设计美学是研究"设计之美"的本源和动因、创造和表现的基本规律，兼有功能与审美的双重属性。设计美学包括功能美、技术美、材料美和形式美。

8. 设计心理学(见表8-1-8)

表8-1-8 设计心理学

要点	具体内容
含义	指建立在心理学基础上，以心理学的理论和方法手段去研究决定设计结果的"人"的因素，从而引导设计成为科学化、有效化的新兴设计理论学科，属于心理学延伸到设计艺术领域的应用心理学范畴
特点	一方面，设计心理学具有心理学的基本属性，即科学性、客观性和验证性；另一方面，又包含设计艺术领域的艺术性、人文性。其研究对象不仅包括消费者，还包括设计师

9. 设计教育(见表8-1-9)

表8-1-9 设计教育

要点	具体内容
含义	又称"艺术设计教育"，包括普通学校的艺术设计基础知识基本技能、审美能力的通识教育和专门的艺术设计人才的专业教育。普通学校的设计教育，主要集中在中小学教育体系中，创立与设计内容相关的课程
重要性	为国家和社会培育和供应高素质的专业设计师，是增强国家的产品设计水平的最为直接的方式

续表

要点	具体内容
典型实例	①20 世纪 20 年代的包豪斯设计学院和 50 年代的乌尔姆设计学院； ②美国伊利诺伊理工学院的设计学院； ③日本筑波大学设计学院和千叶大学设计学院； ④美国亚特兰大艺术与设计学院； ⑤芬兰赫尔辛基的国立实用美术大学

考点三：基本元素与构成　★★★

1. 点（见表 8－1－10）

表 8－1－10　点

要点		具体内容
含义	视觉要素	作为造型构成元素，点有一定的大小、位置、颜色和形状。直观的点包括体积和面积，是属于视觉要素的点
	概念要素	从几何学角度，概念要素的点的最根本的特征是确定位置，属于抽象的概念。这种点只有位置，没有体积和面积，也没有长、宽、高
作用		确定位置
存在形式		包括：①线段之上、线段的两端、线的转折处、线的交叉处；②面的边角处、面的相交转折线两端、锥面顶端、三个面相交角顶处

2. 线（见表 8－1－11）

表 8－1－11　线

要点		具体内容
含义	作为视觉要素	是具有一定长度的直观的线，宽度或粗细可忽略不计
	作为概念构成要素	是比较抽象的线，具有不确定性，难以捕捉，但可相对准确地把握形态特征
分类	直线	指点顺着一个方向运动所形成的轨迹
	曲线	指点不断变化运动方向所形成的轨迹
	二者对比	直线比曲线更单纯，更明确；曲线则比直线更丰富多样，更具有变化

3. 面（见表 8－1－12）

表 8－1－12　面

要点		具体内容
含义		从几何学的角度来说，只要线运动了，其轨迹就会形成面
特点		面有一定的形状、起伏变化、长度和宽度，但没有厚度。分为直面和曲面
分类	有边缘	单片状的面由边线规定着轮廓，以不同的方式存在着边缘
	无边缘	封闭状态的球面是无边缘的，整个面连在一起

续表

要点	具体内容	
线与面的关系	形成曲面	直线按照一定的规律不断改变方向运动
	形成平面	直线沿着一个方向运动
	形成圆柱面	直线围绕圆的中轴线作平行运动
	形成单曲面	曲线沿着一个方向运动
	形成复曲面	曲线按着一定规律不断改变方向运动

4. 体(见表 8－1－13)

表 8－1－13 体

要点	具体内容	
含义	以几何学的角度而言，面移动的轨迹可形成体。线运动的轨迹形成连接的面，进而围合成体。产品造型的基本形式取决于体的形态，体的形态变化多样、且表现力强	
形态来源	体的形态主要源自自然形态、几何形态、人为形态，三者都有明显的形式倾向，各自有所偏重，但在具体设计中可以相互渗透、相互关联，不能截然分割	
类别	从直观感觉和反映特征	包括块体、面体、线体
	从形体变化相互比较	包括无规则的形体和有规则的形体
	其他	包括多体量的形体和单体量的形体

5. 空间(见表 8－1－14)

表 8－1－14 空 间

要点	具体内容
含义	空间不仅表现在立体造型上，也表现在平面的二维空间中。空间既抽象又具体，只有以实在的形和体才能够显示其存在的意义
空间与形态的关系	形态占有空间，空间容纳形态，二者是相互依存的。抽象的概念认为空间是无限的，但当空间与具体造型相结合时，会产生一定的范围和限定性
分类	包括半闭合式空间、闭合式空间、半开敞式空间和开敞式空间

6. 平面构成(见表 8－1－15)

表 8－1－15 平面构成

要点	具体内容
含义	指将既有的形态，即点、线、面，在二维空间的平面内，按照特定的法则和秩序进行分解与重组，进而构成预设的形态和有意味的形式
平面构成训练	重视形态之间的比例、平衡、对比、节奏、律动、推演，又强调赋予构成的图形美的形式特征，从而给予人视觉引导的作用

7. 色彩构成

色彩构成是指现代艺术设计基础的组成部分，是在摆脱具体设计课题的设置下进行纯粹的色彩训练的基本方法。

8. 立体构成(见表 8－1－16)

表 8－1－16　立体构成

要点	具体内容
含义	指将形态要素按照一定的准则，构成具有美好形式的立体造型
重要性	在从事环境设计、建筑设计、产品设计、商业设计等方面十分必要
训练目的	①培养和建立立体感。 ②以形式美感为基础，掌握构成的基本准则。 ③运用构成的方法和技巧，结合设计实践加以扩展

考点四：造型与装饰的体现　★★★★

1. 造型(见表 8－1－17)

表 8－1－17　造　型

要点	具体内容
含义	①指创造物体形态的活动，即造型活动。 ②指创造出来的物体的具体形态，即创造对象的样式和形态
艺术设计领域	艺术设计领域里的造型是以抽象形态存在的器物形式、样式、结构为内容的形式创造，其造型是与造物活动紧密联系在一起的

2. 装饰(见表 8－1－18)

表 8－1－18　装　饰

要点	具体内容
含义 [艺术设计领域]	指为了让设计的产品或环境具有丰富的艺术效果，而加强整体的艺术效果，在主体上进行装点，以满足审美需要所添加的修饰
构成因素	装饰由多种因素组成，除去纹样之外，还有材料的纹理、色彩、质地、工艺加工时留下的痕迹，不同材料的结合会形成新的视觉效果，将其加以利用，便可成为装饰的因素

3. 人体工学(见表 8－1－19)

表 8－1－19　人体工学

要点	具体内容
含义	又称“人因工学”“人体工程学”，在本质上是指使工具的使用方式尽量适合人体的自然形态，这样就可以让使用工具的人在工作时，身体和精神不需要任何主动适应，从而尽量减少使用工具造成的疲劳
研究内容	包括：①人体的自然状态；②人的精神能力、心理反应等方面；③设计对人体的消极适应
研究目的	使设计变得有效、舒适、方便、安全等，为人类今后的“造物”活动设计提供更加有力的科学依据和理论基础

4. 工艺观念(见表8-1-20)

表8-1-20 工艺观念

要点	具体内容
含义	指从工艺生产的角度出发，要求从事艺术设计工作的人应该具备的观念
要求	①设计者应该具备认识材料、利用材料和征服材料的能力。 ②设计者应该掌握相关的必要的工艺技术，通过运用材料和驾驭技术去完成设计的样品制作

5. 形式美法则(见表8-1-21)

表8-1-21 形式美法则

要点	具体内容
含义	指以造型的构成要素处理作为主要内容，结合材料技术和功能效用，对美的形式规律的经验总结和抽象概括
重要性	掌握形式美的法则，能够使人们更自觉地运用形式美的法则表现美的内容，达到美的形式与美的内容高度统一

8.1.2 典型题(含考研真题)详解

一、单项选择题

下列不属于现代艺术设计基础的是(　　)。

A. 平面构成　　B. 立体构成　　C. 方案草图　　D. 色彩构成

【答案】C

【解析】现代艺术设计基础的组成部分主要包括：①平面构成，是具有逻辑思维特点的形式创造、理性与感性相互结合的一种基本训练方法；②色彩构成，是摆脱具体设计课题，进行纯粹的色彩训练的基本方法；③立体构成，是指将形态要素按照一定的准则，构成具有美好形式的立体造型。

二、名词解释

1. 艺术风格(南艺2025年研；杭州师大2025年研；中央戏剧学院2024年研)

答：艺术风格是指艺术作品因于内而符于外的风貌，是艺术作品整体上所呈现出的具有代表性的面貌。艺术风格不同于一般的创作个性或艺术特色，它是通过艺术作品表现出来的相对稳定、更为深刻、更为本质的时代、民族及艺术家的个人精神气质、审美观念、审美理想等内在特征的外部印记。艺术风格的形成是艺术家趋向成熟的象征。

2. 设计心理学(南艺2018年研)

答：参见本章考点难点归纳相关内容。

三、简答题

1. 简述艺术设计的本质特征。(南艺2014年研)

答：参见本章考点难点归纳相关内容。

2. 简述设计思维和创新。

相关试题：

(1)举例论述设计思维和创新的表现形式。(论述题，南艺 2016 年研)

(2)请分析时尚和未来社会发展趋势对设计创新的影响和作用。(北理工 2018 年研)

答：设计思维是将思维的理性概念、思想、意义、精神通过设计的表现形式实现的过程，具体体现在设计中通过运用一定的思维方法与创新手段进而实现设计的最终目的的思考过程。其主要探讨设计过程中的思维程序、思维状态及思维模式等内容。

(1)创新是设计思维的灵魂与核心，设计思维的重点在于创造性设计思维。

①对于创造性设计思维而言，创新是其本质要求。因而设计与创新密不可分，而设计思维就是实现设计创新的有效途径。创造学是随着社会生产力的发展而兴起的一门以人类创造过程、创造活动、创造成果、创造环境、创造者人格、创造力及实践经验等为研究对象的学科。

②创造是人类劳动中最活跃、最高级、最复杂、最有意义的一种实践活动，是在人类追求新的有价值的功能系统中起着至关重要作用的因素之一。创造可以发展生产力、推动社会进步、改善人类的生活环境和劳动环境，因此可以认为创造性设计思维是人类最宝贵的财富。

(2)创造性思维环境，对参与创新的设计来说，起着重要的促进和制约作用。每个人和群体都蕴藏着巨大的创造力，由于受周围环境的影响其创新能力得以拓展或受到阻碍。形成良好的创造性思维环境需要建立良好的协作关系，并且在这种关系体系内部形成良好的协作氛围，且每个人都能够认真对待他人的意见，尊重他人提出的创新性想法，同时保护参与创新活动者的创造权益，特别强调对知识人才与知识产权的保护。

(3)创造性设计技法，是指创造学家依据创新思维发展规律总结出的创造发明的一些原理、技巧和方法。例如，三国时，一名叫蒲元的制刀工，创造了"淬火"工艺，制造的刀能"削铁如泥"；商朝发明的火药，到唐朝被定名为"伏硫磺法"；南北朝綦毋怀文，创造了"灌钢冶炼法"；继战国时代秦始皇的石刻印刷之后，出现了"泥活字"法，紧接着王祯又把活字置于转盘上，被定名为"造活字印书法"等。在创新实践中总结出来的设计技法还可在其他创造过程中相互借鉴利用，成为提高人们创造力的媒介。

3. 简述艺术设计程序的基本步骤。(南艺 2015 年研)

答：艺术设计程序是指产品设计的过程和次序，其中包括产品的信息收集、设计分析、设计展开、生产销售到信息反馈等。

(1)一般情况下完整的设计程序主要包括三个阶段：

①设计的准备阶段。首先进行各类相关信息的调查、分析与综合，探讨和研究产品计划的可能性。

②在确定设计课题的基础上开展设计阶段。包括设计观念和目标的定位，完成效果模型和设计方案的可行性研究；完成设计样品的试制，并对其功能效力、工艺性能和外观形式进行整体的测试和评价。

③辅助生产销售阶段。设计人员应参加产品生产过程中有关工艺技术的调整和质量的跟踪；同时针对产品的市场传播过程中的产品包装、运输等环节作辅助性或主导性的设计和规划。

(2)目前我国通用的设计程序大致可以分为十个步骤：①计划，对目标进行整体计划；②调查，对目标进行需求调查，以确定研发方向；③分析，对目标进行设计分析；④构思，构想方案，并从中选定可行的计划；⑤表达，项目成员密切交流与沟通；⑥评价，对目标产品进行评价；⑦试产，对目标产品进行生产测试；⑧试销，对目标产品进行试行销售；⑨反馈，得到用户体验的反馈；⑩调整，对目标产品作一定的调整。

4. 简述艺术设计的基本方法。(南艺 2016 年研)

答：参见本章考点难点归纳相关内容。

5. 简述设计风格形成的基本因素。（南艺2017年研）

相关试题：试论述风格对于现代设计的价值和意义。（论述题，南艺2017年研）

答：设计风格的形成主要包括以下三种因素：

（1）民族文化。一种民族文化，是影响一个设计风格特点形成的最主要的因素。不同的民族、地域和国家构成了不同的文化，不同的文化构成了人们不同的生活方式、风俗习惯，以及不同的宗教信仰和价值标准，这些差异成为影响设计风格特点形成的主要原因。设计风格特点体现于传统文化中，在一些国家中体现尤为明显，例如德国等工业发达的国家。德国民族文化的显著特征是长期的思辨、思考、高度的理论化，工艺美术思想进入之后，立即与其理性和秩序特点结合起来，进而开始了标准化生产，发展了设计逻辑化、理性化和体系化的风格，最终形成了所谓的德国风格。这种高度理论化的特点为设计带来了诸多影响显著的理论成果，例如系统设计、技术美学以及应用美学等理论。

（2）历史背景。对设计风格的影响较为明显的还有某一个历史时期和一些重要的历史事件。工业革命使人们的生产方式发生了改变，工业技术与传统工艺的冲突使人们开始思考如何使二者融合，并出现了风格流派的运动。一些运动尝试用传统的装饰和曲线改变工业时代下机械的粗陋形式，例如19世纪末出现的工艺美术运动、装饰艺术运动、新艺术运动等，但都没能解决根本的问题。20世纪初欧洲出现的现代主义运动，结合工业时代的机器美学，创造了“少即是多”的设计新风格。

（3）商业经济。当人类文明进展到一定程度时，人们便会不满足于生活现状，而不断地去创新和发展，这就促进了商业经济的发展，而经济也正是引导社会发展的本质。工业设计正是在服务于商业经济发展的前提下诞生的，只有艺术价值而无商业价值的产品，我们只能将其称之为成功的艺术品，并非一个设计。在一定的商业经济发展的推动下，不同的设计风格特点不断涌现。所以最根本的影响设计风格特点的因素，就是商业经济。

四、论述题

试述当代设计发展的趋势。

相关试题：谈谈未来设计的发展趋势。（扬州大学2019年研）

答：当代设计的主流，是一种设计理念的更新、进步。由过去的复杂变得简约，由过去的浪费变得节俭，由过去的忽视污染逐渐重视低碳环保。当代设计发展呈现的趋势是：

（1）多元并存的现状。当代设计最为典型的一个特征就是多元化设计风格的并存和融合，这种融合和并存的状态有时看上去似乎是互为矛盾的，甚至是对立的，但它们却拥有着相同的理念，即以更为符合人的精神需求为目的，创造未来的世界，创造人类的未来。“人性化”思想重新得到评价，历史主义和装饰主义重新抬头。对人文因素的关注，关注人的心理和情感的需要，已经成为当代设计发展的重要倾向。

（2）以人为本，与新技术紧密结合。面对21世纪的设计就应该显出它在未来发展的价值和意义。未来的设计，一方面继续以人为本，绿色设计、人性化设计等是这种趋向的表现；另一方面在高新技术领域继续深入发展，与计算机紧密联系的设计，与新环境、新材料、新的文化生活、新的社会结构、新的哲学形态紧密联系的设计是这种形式的趋向。

（3）可持续发展原则。1987年，联合国世界环境与发展委员会提出全球环境与发展问题的战略——可持续发展战略，这成为现在乃至未来设计必须遵循的法则，在这个准则之下，出现了一些新的设计思潮和设计风格，如绿色设计、循环设计、生态设计、组合设计等。其中，绿色设计和生态设计反映了人类设计未来的方向和趋势，代表了人类现代设计的一大主题，而循环设计和组合设计则是实现绿色设计和生态设计的两种方式。随着人类认识和设计探索的不断深入，人类实现绿色设计和生态设计的方式还会继续涌现，但目的只有一个：实现人与环境的和谐共处以及人、产品、环境的三位一体，最终实现人类不断追求的理想化生活方式。

第2章　艺术设计的领域与分类

8.2.1　复习笔记

【通关提要(提纲挈领)】

本章主要介绍了艺术设计的领域与分类，如工业设计、环境艺术设计、服装设计、染织设计、陶瓷艺术设计、装潢设计、现代工艺美术设计以及信息设计等。本章考点以名词解释、简答题以及论述题为主，在学习时，需要着重掌握相关设计的概念，并与当下的时新设计、经典设计相结合，以便分析作答。

【考点难点归纳(厚积薄发)】

考点一：艺术设计类别(见表8－2－1)　★★

表8－2－1　艺术设计类别

划分方式	具体内容
产品功能和应用领域	包括食、住、衣、行、用以及信息传达等各个方面；依据产品的效能和用途划分专业领域，包括饮食用器设计、服装设计、灯具设计、汽车造型设计、环境艺术设计等
工艺制作方式	包括“工业产品的艺术设计”和“手工产品的艺术设计”两类，二者因为生产制作方式的区别，在造型意识和设计理念上都有所差异，样式和艺术风格也各具特色
使用材料 [传统且常用的分类方法]	包括漆器艺术设计、金属艺术设计、陶瓷艺术设计等

考点二：工业设计　★★★

1. 工业设计概述(见表8－2－2)

表8－2－2　工业设计概述

要点	具体内容		
概念	含义	指工业生产领域中为产品进行的设计活动。纵观设计史，随着时代的快速发展，有关工业设计的定义也在不断改进和完善	
	代表观点	德国包豪斯	工业设计是在大工业的基础上，实现技术和艺术的新统一。工业设计是为了人而不是产品
		国际工业设计协会联合会(1964)	工业设计是一种创造的行为，其目的在于决定工业产品的真正品质

续表

要点	具体内容		
概念	代表观点	国际工业设计协会联合会（1980）	工业设计是指就批量生产的工业产品而言，凭借训练、经验及视觉感受而赋予材料、结构、形态、色彩、表面加工以及装饰以新的品质和规格
		国际工业设计协会联合会（2006）	工业设计是一种创造性的活动，其目的是为物品、过程、服务以及它们在整个生命周期中构成的系统建立起多方面的品质
服务宗旨	工业设计是艺术设计的主体，旨在确定工业产品的形式属性。在满足大众需求、创造合适的生活条件的同时，还要注重保护自然环境		

2. 产品设计（见表 8－2－3）

表 8－2－3　产品设计

要点	具体内容	
概念	又称产品造型设计，指对产品的造型、结构和功能等方面进行综合性的设计，以便生产制造出符合人们需要的实用、经济、美观的产品。广义的产品设计，可以包括人类所有的造物活动	
起源	在漫长的进化和与自然斗争的过程中，人类逐渐具备了利用和改造自然的能力。人类利用自己的双手和工具，发挥意志和理智的力量，通过艰辛的劳动，创造了无比丰富的物质产品，从而在第一自然的基础上，建立起了符合人类生存发展需要的“第二自然”，特别是工业革命以后，更加丰富的工业产品进一步扩大了“第二自然”的外延	
基本要素	功能	指产品所具有的某种特定功效和性能
	造型	是产品的实体形态，是功能的表现形式
	物质技术条件	功能的实现和造型的确立需要构成产品的材料，以及赋予材料以特定的造型乃至功能的各种技术、工艺和设备
要求	产品设计是为人类的使用进行的设计，设计的产品是为人而存在，为人所服务的，需具备功能性要求、审美性要求、经济性要求、创造性要求、适应性要求等	
完成手段	产品设计是在特定条件下的造型活动，需通过工业化的技术加工手段来完成。不断更新技术材料的应用处理，可以丰富产品造型语言，工业化的技术因素使产品风貌得以多种多样	
作用	产品的价值一方面取决于产品设计对消费者认知度的影响，另一方面也取决于生产资料的投入量。产品设计使产品结构合理，兼具创意、风格特点和形式美，以满足消费者的爱好和需求	

3. 公共设施设计（见表 8－2－4）

表 8－2－4　公共设施设计

要点	具体内容	
概念	又称公共环境系统设计，指伴随着城市的发展而产生的公共环境产品设计，犹如城市的家具，公共设施是城市不可缺少的构成要素，是城市的细部设计	
内容	公共环境规划设计	包括步行环境、街道公共环境等
	公共设施设计	可划分为休闲设施系统、卫生设施系统、购售设施系统、通信设施系统等

续表

要点	具体内容
要求	设计人员应以人、城市环境、公共空间三者的关系作为出发点，对人、空间及公共设施所构成的环境和活动场所进行系统性的研究分析，并进行安排和设计，使公共设施能够满足人的需求，与周围环境相协调，利于人与人、人与自然之间的交流以及对自然生态环境的保护

4. 展示设计（见表 8－2－5）

表 8－2－5　展示设计

要点	具体内容
概念	又称陈列设计，指将特定的物品按特定的主题和目的加以摆设和演示的设计，是以信息传达为目的的空间设计形式，包括博物馆、科技馆、美术馆、世博会、广交会和各种展销、展览会等，商场的内外橱窗及展台、货架陈设也属于展示设计
目的	使某个事件或事物，在生动具体的展示中，表达出准确的信息，启发人们的思想，促进社会的和谐交流和进步
具体工作	包括：①展示活动的组织和策划；②展示与表达主题的创意；③道具、展品和展出环境的陈列、制作与统筹

5. 交通工具设计（见表 8－2－6）

表 8－2－6　交通工具设计

要点	具体内容
概念	指满足人们“衣、食、住、行”中“行”的需要的设计
分类	囊括各种现代交通工具的造型设计，其中包括水面、陆地、空中交通工具的内部设施和结构以及外部造型形式的设计；还包括对传统交通工具的改良设计
要求	现代载人交通工具的设计，除安全和速度的设计以外，尤其注重舒适性的结构设备设计和个性化、象征性的造型设计，以满足各种各样不同阶层人士的需要

考点三：环境艺术设计 ★★★

1. 环境艺术设计概述（见表 8－2－7）

表 8－2－7　环境艺术设计概述

要点		具体内容
概念	环境	包括社会环境、人工环境、自然环境在内的全部环境概念
	艺术	指狭义的美学意义上的艺术
	设计	指以现代艺术设计概念为基础的设计
环境艺术设计	环境艺术	指从人的主观意识出发，建造在自然环境美之外，在人对美的精神需求引导下进行的艺术环境创造，重视空间氛围的艺术感受
	环境设计	是一项巨大的系统工程，是以现代环境科学研究成果为指导，以客观物质为基础，创造理想生存空间的工作过程

续表

要点	具体内容	
主要内容	景观设计	即外部环境艺术设计，以雕塑、绿化、建筑诸要素进行的空间组合设计
	室内设计	即内部环境艺术设计，以家具、陈设、室内诸要素进行的空间组合设计

2. 室内设计(见表8-2-8)

表8-2-8 室内设计

要点	具体内容	
概念	指对建筑内部空间进行的设计，是建筑设计的继续和深化。室内设计在一定程度上影响人们的情绪，显现对人们的关怀	
内容	空间设计	即对建筑提供的室内空间进行组织调整，形成所需的空间结构
	装修设计	即对空间围护实体的界面，如墙面、地面、天花板等进行设计处理
	陈设设计	即对室内空间的陈设物品，如家具、艺术品、灯具、绿化等进行设计处理
	物理环境设计	即对室内体感气候、采暖、通风、温湿调节等方面的设计处理

3. 景观设计(见表8-2-9)

表8-2-9 景观设计

要点	具体内容
景观的概念	指一定区域呈现的景象，即视觉效果。这种视觉效果反映了土地及土地上的空间和物质所构成的综合体，是复杂的自然过程和人类活动在大地上的烙印
景观设计	指风景与园林的规划设计，它的要素包括自然景观要素和人工景观要素，包括建筑、园林、美术和城市规划四个方面

4. 家具设计(见表8-2-10)

表8-2-10 家具设计

要点	具体内容
概念	指用图形(或模型)和文字说明等方法，表达家具的造型、功能、尺度与尺寸、色彩、材料和结构的设计
设计过程	设计过程包括草图、二视图、效果图的绘制以及小模型与实物模型的制作等
种类	①按功能分，包括坐卧家具、凭依家具和贮存家具等。 ②按使用环境分，包括卧室、会客室、书房、餐厅、办公室和室外家具等。 ③按材料分，包括木、金属、钢木、塑料、竹藤、漆工艺和玻璃等。 ④按体型分，包括单体家具和组合家具等

考点四：染织艺术设计 ★★★★

1. 染织艺术设计概述(见表8-2-11)

表8-2-11　染织艺术设计概述

要点			具体内容
概念			指根据美的原则对日常生活中应用的纺织工业产品进行设计
工艺手段	染色	含义	指使用液体染料，对纺织品进行染着色，要求颜色能长久附着在纺织品的纤维上，使被染的纺织品达到预期的效果
		蜡染	指提前用蜡在织物上涂绘纹样起到防染作用而出现的效果
	印花		指用染料或颜料在纺织物上施印花纹的工艺过程。印花有织物印花、毛条印花和纱线印花之分，而以织物印花为主
	绣花	含义	指用不同颜色的线，在纺织品上穿缀，构制成一定的画面或纹样。刺绣源自手绣，后产生了机绣；刺绣有许多种针法，具有丰富的表现力
		种类	四大名绣包括湘绣、粤绣、苏绣、蜀绣，此外还有温州的瓯绣、北京的京绣、上海的顾绣；少数民族地区的民间刺绣也颇具特色

2. 室内染织品设计(见表8-2-12)

表8-2-12　室内染织品设计

要点		具体内容
概念		指主要研究室内空间环境和室内纺织品的整体关系的设计，又称室内装饰织物设计。目标是优化室内功能、营造室内氛围、美化室内环境、提高生活质量，以满足消费者的精神需求和物质需求
分类	民居室内	主要研究个体与家庭需求，如书房、起居室、卧室、厨卫等不同环境下的室内纺织品设计。其特点是强调纺织品的舒适、温馨、个性化，以满足消费者的审美需求
	公共室内	主要是对诸多不同功能的室内纺织品进行设计，需要重视环境的功能性和装饰性、产品的适应性及公众性，以达到雅俗共赏的效果，强调纺织品与不同人类群体需求的关系
	室内陈设	主要指地毯设计、壁饰设计等。其特点是重视艺术设计与环境形式的结合，强调室内纺织陈设的艺术效果，追求视觉审美感受

3. 服饰染织品设计(见表8-2-13)

表8-2-13　服饰染织品设计

要点		具体内容
概念		指主要研究人体着装功能及审美和服饰面料的关系的设计，又称服饰纺织品设计
分类	服装面料	主要包括女装面料、男装面料、儿童装面料等，应注重服装染织艺术品设计与服装材质、色彩、功能、款式等的关系
	服饰配件	指与服装整体搭配的手帕、领带、鞋帽、书包等，服饰配件应与着装对象、服装风格相协调
作用		树立正确的设计观念，掌握流行趋势，引导消费者正确消费，在丰富和美化人类生活的同时，又彰显规范和关怀人类行为的效果

4. 染织工艺品设计(见表8-2-14)

表 8-2-14 染织工艺品设计

要点		具体内容
概念		指主要研究艺术和染织工艺技术的融合的设计，重视现代材料和传统染织工艺的结合、综合运用与设计开发，通过设计继承和创新传统染织工艺
工艺方式	印染艺术	指拔染、绘染、防染、型染等，需要掌握材料与染料的运用手法
	编织艺术	包括编织、编结、针织等，侧重设计构思的表达及材料与组织肌理的变化
	刺绣艺术	指刺绣、绗缝、纳纱等，注重针法与材料的结合及艺术的表达

考点五：服装设计（见表 8-2-15） ★★

表 8-2-15 服装设计

要点		具体内容
概念		指服装设计及附属装饰配件的设计
范畴		包括服装的外部轮廓、造型、内部结构[衣片、裤片、裙片]和局部结构[领、袖、袋、带]设计，还包括服装的装饰工艺和制作工艺设计
参考因素		着装效果、机能、穿着者的爱好以及社会流行度是服装设计首要考虑的问题，此后，再选择材料、确定颜色，运用设计的方法和基本准则完成服装样式的造型
服务对象	特定对象	为某一对象的设计，根据性别、体形、年龄、职业等条件，找寻适合且相称的样式，量体裁衣，设计出能满足具体对象所需和喜爱的服饰
	群体	为一群不同年龄段、性别、职业的人设计一定场合下需要的服装。是在单一典型对象的基础之上，广泛考察与服装相关的各种因素，根据国家规定的号型标准，进行批量化生产
	服装组合	使用现有的各式服装，选择合适的单件（如手提包、头巾等），精心搭配，使其相配且自然，适合穿着对象的要求

考点六：陶瓷艺术设计 ★★★★

1. 陶瓷艺术设计概述（见表 8-2-16）

表 8-2-16 陶瓷艺术设计概述

要点	具体内容
概念	指在生产制作陶瓷器之前，依据材料技术、功能要求以及审美要求等条件进行设计，包括确定风格及样式，主要分为日用陶瓷产品设计和艺术陶瓷设计
要求	陶瓷艺术设计是依附于现代工业化生产条件所做的产品设计，因此需要充分考虑产品的严格规整、统一和生产工艺的特点，同时重视工艺质量，以达到配套的协调统一

2. 日用陶瓷设计（见表 8-2-17）

表 8-2-17 日用陶瓷设计

要点	具体内容
设计基础	陶瓷设计中功能是设计的主要目的，对陶瓷器皿基本结构形式起决定作用。日用陶瓷设计与现代工业产品造型有共同的属性，即功能性为第一性，日用陶瓷设计具有物质和精神的双重属性，它的造型是功能和美的统一、科学技术与艺术形式的统一

续表

要点	具体内容
特点	其基本构成要素是：功能效用、材料技术和形式美感，三者相互依附、相互渗透
过程	日用陶瓷产品设计的系统工作过程包括市场调研、设计定位、选择材料、技术运用、设计图纸、制作模型、样品试制、修改定型、投入生产，最后进入市场销售
产品	主要有餐具、茶具、灯具、咖啡具、酒具、厨房用具、文具等
影响	不仅可以满足消费者日常生活的现实需要，而且可以引导消费和统领市场，影响时尚及审美

3. 艺术陶瓷设计(见表8-2-18)

表8-2-18　艺术陶瓷设计

要点	具体内容
物质基础	以土石为基本原材料的陶瓷工艺，土石在火的作用下表现出坯和釉丰富的质地和色彩，其表现力十分奇特，可使设计者充分展示创造力
分类	①由陶瓷艺术家设计并亲自制作的单件原作陶瓷艺术品，可以反映作者的艺术风格和观念，显示出作者的工艺技巧及个性，多为收藏所用。 ②陶瓷艺术家负责设计制作样品和模具，由工厂实行大批量生产，产品较为普及，适应广大陶瓷艺术爱好者的需求
设计范畴	①传统造型观念延伸创新的器物型艺术陶瓷，如瓶、盘、尊、罐、壶等。 ②有众多表现手法的陶瓷雕塑。 ③结合建筑装饰的艺术陶壁、壁饰、壁画等。 ④室外的建筑装饰陶瓷和园林陶瓷等。 ⑤打破传统陶瓷观念的现代艺术陶瓷，方式多样、形式新颖

考点七：装潢设计　★★

1. 装潢设计概述(见表8-2-19)

表8-2-19　装潢设计概述

要点		具体内容
概念	古代	装潢始于古代书画的装裱，书画的装潢是古代中国的特有工艺形式
	现今	泛指商品或者器物的外部装饰。欧美部分国家将装潢称作“平面设计”或“视觉传达设计”；日本人则称之为“通过印刷复制的视觉设计”。近年来，动画设计和电视商业广告也被包括其中
内容		包括招贴、广告设计、字体设计、企业形象设计、标志设计、包装设计、书籍设计、卡票设计、图表设计、报刊设计、商业环境设计等。装潢设计和经济、科学技术的发展有着紧密的联系

2. 书籍设计(见表8-2-20)

表8-2-20　书籍设计

要点	具体内容
概念	又称书籍装帧设计，指从书籍文稿到成书出版的整个设计过程，也是完成书籍形式从平面化到立体化的过程，它包含了艺术思维、构思创意和技术手法的系统设计

续表

要点	具体内容
内容	①确定整体效果的构思，包括内容体现的方式、选取材料、确定用纸以及相关的印刷技艺。 ②设计构思开本、装订、字体、字号、护封、封面、书脊、环衬、扉页、正文、目录、插图以及版式等一系列环节。 ③考虑书籍能否符合相应的造价，易于被读者所接受，以及能否起到宣传、吸引的作用，使审美特征和使用价值共存
重要性	书籍设计在整个出版过程中，处于出版和编辑两个环节中间，起着承接的作用，影响书籍的整体效果
作用	可提高读者的阅读兴趣和购买欲望，提升书籍的影响力

3. 视觉传达设计(见表 8－2－21)

表 8－2－21 视觉传达设计

要点	具体内容
概念	指用视觉可认知的语言表达方式传达信息的一种设计活动，是人类历史上最普遍、最古老的信息传达方法。视觉传达形式从简易、原始的传达手段，发展成为带有时代特色的视觉传达设计语言
基本要素	在纷繁复杂的视觉符号系统中，文字、标志和插图是视觉传达设计的基本构成要素
类型	包括字体设计、标志设计、插图设计、编排设计、广告设计、包装设计、展示设计、影视设计等
作用	视觉传达设计用视觉的形式传达意念，沟通受众和传达者之间的联系。围绕主题，通过精确把握对人的心理经验、视觉经验、行为活动以及最终目标，将其转化为形象可视化的理性思维实践过程

4. 平面设计(见表 8－2－22)

表 8－2－22 平面设计

要点	具体内容
概念	指将图形、文字、色彩等视觉元素，根据某种意图在平面介质上进行组合设计。它用轮廓线区分图与地之间的界限，并将主题所需的各种视觉形象进行有意识的设计构成，旨在确切地传递信息内容，是有针对性的艺术化表现
应用	广泛用于报纸、广告、书籍、包装、海报、杂志、插图等范畴

5. 广告设计(见表 8－2－23)

表 8－2－23 广告设计

要点			具体内容
概念	含义		指为了使广告更易于向公众传播而进行的一种设计活动。英语的“广告”源自拉丁语，有“诱导”“注意”之意，可理解为为引起他人注意，诱导某一特定方向而使用的一种手段
	其他	《简明大不列颠百科全书》	广告是传播信息的一种方式，其目的在于推销商品、劳务服务、取得政治支持、推进一种事业或引起刊登广告者所希望的其他的反应
		《辞海》（第六版）	运用大众传播媒介有效地传达信息的一种创意设计活动，是将广告创意表现的概念和内容，通过艺术性的形态、文字、色彩和样式等元素的有机组合，形成一定的形式语言，针对目标受众的视觉和情感，予以准确和富有感染力的表现和传播

续表

要点	具体内容
内容	根据媒体的不同，广告设计可分为印刷品广告设计、影视广告设计、户外广告设计、橱窗广告设计、礼品广告设计和网络广告设计等

6. 包装设计

包装设计是指对制成品的容器及其他包装的结构和外观进行的设计，是视觉传达设计的重要组成部分。包装设计必须以市场调查为基础，从商品的生产者、商品和销售对象三个方面进行定位，选择适当的包装材料，先进行包装结构的设计，然后根据包装结构提供的外观版面，通过文字、标志、图像等视觉要素的编排设计表现出来，做到信息内容充分准确，外观形象抢眼悦目，且富有品牌的个性特色。

考点八：现代工艺美术设计 ★★★

1. 漆艺(见表 8－2－24)

表 8－2－24　漆　艺

要点		具体内容
概念		指漆艺术和漆工艺，包括漆画、漆器和漆塑。漆艺的主体是漆器，漆艺的概念是从漆器中演变产生的
表现形式	漆画	漆画与漆器相伴相生，漆艺有着多样的技法和材料内涵，因其表现力强，进而逐渐发展成为独立的艺术形式，形成了创造性的审美品格
	漆塑	指立体造型的漆艺，是漆艺的另一种表现方式。漆塑可以兼施镶嵌、彩绘，制成彩塑，也可以单色髹涂

2. 金属艺术设计(见表 8－2－25)

表 8－2－25　金属艺术设计

要点		具体内容
概念		指对金属器物进行装饰和造型设计
分类		其制品分为手工制作和机械加工
范畴	装饰品	首饰、室内陈设品和室外装饰品
	实用品	各种金属器物和用具
	具有实用和装饰意义的金属制品	大至建筑环境中的铁门、围栏、花窗，小至奖章、奖杯、徽章等

3. 纤维艺术设计(见表 8－2－26)

表 8－2－26　纤维艺术设计

要点	具体内容
概念	指使用天然的动植物纤维或人工合成的纤维作为材料，以环结、缠绕、编结、缝缀、包裹、排列等诸多制作手段，创造二维、三维作品的艺术。可用于制作服装鞋帽、佩饰、室内外环境装饰品等各种形式的产品或作品

续表

要点	具体内容
内容	包括现代流行的立体织物、传统样式的平面印染物及在现代建筑空间中用各种不同的纤维材料表现造型语言的作品
特点	纤维艺术是将实用功能和审美价值融为一体的艺术形式，具有立体性、平面性以及空间性等多种造型特点
工艺书法	交织编织法、锁经编织法、栽绒编织法、枪绣工艺等
材料	包括毛、棉、丝、麻，还有藤、草、竹、纸、木等植物纤维以及各类合成纤维和金属纤维
作用	展示出视觉美和触觉美的装饰魅力，渲染出人与建筑环境的和谐氛围，充满着十足的韵味和质地，在一定程度上削弱了单调感、冷漠感，富有人情味

4. 玻璃艺术设计(见表 8-2-27)

表 8-2-27　玻璃艺术设计

要点	具体内容
概念	又称玻璃视觉艺术，指以富有创造性的方式方法为主体，以“玻璃”为载体的玻璃造型艺术
设计基础	由于玻璃材料光亮、透彻、明净、晶莹，色彩多样，装饰手法和造型丰富，表现力独特，进而为艺术设计提供了良好的条件，能够充分展示设计的作用
状况	国内许多院校设立了玻璃艺术设计专业，为玻璃的生产和创作设计培育人才

考点九：信息艺术设计(见表 8-2-28)　★★★

表 8-2-28　信息艺术设计

要点	具体内容
概念	指在信息化社会需求不断变化、信息产业迅速发展的背景下产生的交叉性新学科
特点	信息艺术设计面向未来，重视艺术与信息科技的融合，用交叉学科的教学，培养人们在艺术方面与信息技术的整合、策划和设计能力。以人机交互方式、数字内容为研究对象，创建出良好的信息产品、信息界面和信息环境，为消费者提供融洽的交互方式以及优质的体验
应用领域	主要包括交互界面、公共信息设施、信息产品、数字化学习、移动通信应用服务、多媒体出版物、数字博物馆以及虚拟展示、文化遗产数字化保护等

考点十：动画设计(见表 8-2-29)　★★★

表 8-2-29　动画设计

要点	具体内容
概念	指面向漫画、动画产业，侧重动画项目策划、创作与管理，多种风格的动画造型设计和叙事，以及全面的动、漫画制作的完成；从叙事的内容出发，用三维和二维的数字媒体呈现动态表现
应用领域	主要包括数字动画项目策划与管理、数字动画制作、数字影像编辑、数字影视广告、移动通信增值服务等

考点十一：影视设计　★

影视设计是指对影视图像和声音及其在一定时间维度里的发展变化进行设计，使之借助影视播放技术，将特定的信息更加生动鲜明、快速准确地传递给接收者。影视设计属于多媒体的设计，它综合了视觉和听觉符号，进行的是四维化的信息传递。

8.2.2　典型题(含考研真题)详解

一、单项选择题

中国的四大名绣指的是(　　)。

A. 苏绣、粤绣、湘绣、顾绣　　B. 苏绣、粤绣、京绣、蜀绣

C. 京绣、粤绣、湘绣、瓯绣　　D. 苏绣、湘绣、粤绣、蜀绣

【答案】D

【解析】清代丝织、棉织、刺绣都非常发达，丝绸产区仍在江浙地区，南京、杭州、苏州等是当时的丝织中心。著名的织锦品种有四川的蜀锦、南京的云锦、广西的壮锦。棉布物美价廉，清代棉纺织业生产量很大。刺绣在此时形成了鲁绣、京绣、苏绣、粤绣、蜀绣、湘绣等著名品种，其中苏绣、湘绣、粤绣、蜀绣被后世称为“四大名绣”。

二、名词解释

1. 日用陶瓷品设计(南艺 2015 年研)

答：日用陶瓷品设计是文字、绘画、雕塑等紧密结合的产物，是运用各种艺术手段进行生产的过程。日用陶瓷品设计除了一部分是手工艺品外，绝大多数属于工业美术的范畴。具体参见本章考点难点归纳相关内容。

2. 室内设计(南艺 2016 年研)

答：参见本章考点难点归纳相关内容。

3. 视觉传达设计(上海师大 2019 年研；东南大学 2017 年研)

答：参见本章考点难点归纳相关内容。

4. 信息艺术设计(南艺 2017 年研)

答：参见本章考点难点归纳相关内容。

5. 动画设计(南艺 2014 年研)

答：参见本章考点难点归纳相关内容。

三、简答题

1. 简述工业设计的概念及其领域。

相关试题：简述工业设计的作用。(暨南大学 2018 年研)

答：参见本章考点难点归纳相关内容。

2. 简述陶瓷艺术设计。

相关试题：论述我国陶瓷设计艺术的价值及其兴衰的原因。(论述题，重邮 2018 年研)

答：参见本章考点难点归纳相关内容。

四、论述题

举例论述手工艺设计的特征。（南艺2017年研）

答：有别于以大工业机械化方式批量生产规格化日用工艺品的工艺美术，手工艺是指以手工劳动进行制作的、具有独特艺术风格的工艺美术。手工艺设计历史悠久，品类繁多，有着优秀的艺术传统和独特的艺术风格，具有以下主要特征：

(1)在材料上，大多以木、竹、藤、泥、草、石、皮革、羊毛等天然材料和以天然材料制成的纺织品为主，产品具有自然的纹理美和质地美。有些手工艺品以珍珠、犀牛角、翡翠、珊瑚，以及金、银等贵重材料制成，具有较高的经济价值。

(2)手工艺设计的劳动是创作设计及生产操作的统一，脑力劳动及体力劳动的统一，艺术创作及科学技术的统一。

(3)艺术创造性。在创作和制作过程中，手工艺人们以手工劳动为主，发挥惊人的艺术创造性，并且具有坚韧的意志、细心而严肃的创作态度，凭借专业的工具及丰富多样的工艺技法，使产品获得完美的艺术效果。主要体现在：

①以独特的创作构思和因材施艺的创作方法，充分发挥物质材料的美和特性。在玉器和石雕的创作中，艺人们将翡翠、绿松石、珊瑚和各种晶莹透明的彩石的形状、色泽、质地等特性与人物、景物的造型设计完美而又统一地融合起来，巧夺天工。

②工具在手工艺设计劳动中也占有十分重要的地位。例如，中国广州象牙雕刻艺人利用同心圆的原理和各种规格的特制车刀，可以制成具有40多层镂雕图案、并能转动自如的象牙球。内画壶艺人也以特制的笔杆弯曲的毛笔，伸进不到0.5厘米的瓶口内，在内画壶的内壁上反画各种人物和山水等，线条细如毫发。

③手工艺设计的工艺技法十分丰富。例如，中国的漆器有彩绘、描金、雕漆、脱胎漆器、雕填、针刻、螺钿、嵌百宝等，其中雕漆又有剔红、剔彩、剔黑、云雕等；刺绣的针法有齐针、散套针、乱针、辫子股针等几十种，不同的针法擅长表现不同的形象；花边的技法和工种也非常丰富，主要有抽纱、雕绣、补花、镶拼、万缕丝、网扣、钩针编结、棒槌编织等。

(4)手工艺的生产特点：

①在长期的历史中，由于政治、经济、文化等诸多因素的影响，形成手工艺设计的传统产区和生产、销售集中的街市以及其他一些生产特点。

②中国江苏、浙江、福建、广东、山东、湖南、四川等省和北京、上海、天津等市成为手工艺的传统产区。历代宫廷手工艺的生产机构，规模庞大，工匠众多。在城市和农村中，以世代相传的家庭手工艺生产为主。在城市中，明清两代，苏州刺绣、杭州折扇、广州象牙雕刻等手工艺人都组织了行会，促进了生产的发展。城市中出现了手工艺生产和销售集中的街市。例如，北京灯市大街是明清两代销售灯彩、烟火爆竹的集市；清代福州的南后街则集中生产、销售芋头灯、鲤鱼灯等；宋代苏州的绣线巷、锦绣坊、滚绣坊、绣花弄等街坊，是刺绣手工艺生产集中之处；20世纪初，广州象牙雕刻生产集中于大新街，一直沿袭到现在。在城市手工艺中，技艺上的世代相传大多“传子不传女”，以防止技艺的外传。在农村的编织、花边等手工艺，则多由妇女承担，母传女，世世代代相传。

(5)手工艺设计的寓意。手工艺设计，特别是民间手工艺设计和少数民族手工艺设计，反映了劳动人民追求美好、幸福生活的愿望和健康的思想感情，在艺术上具有纯朴、简洁、清新的风格。许多手工艺品是根据生活需要而进行生产的，例如陶器、编织品、蓝印花布、织锦围裙和被面等，既实用，又美观，做到了功能和审美需要的完美统一。宫廷手工艺则具有荣华富贵的风格，有些工艺品盲目追求精雕细刻，图案繁缛，缺乏整体的美感。

第3章　中国工艺美术发展线索

8.3.1　复习笔记

【通关提要(提纲挈领)】

本章为本编重点章节，主要阐述了中国工艺美术的发展线索，先讲述了中国工艺美术的发展过程，从原始社会到明清时期，然后又介绍了工艺美术到艺术设计的变化，最后详细介绍了工艺品的概览，包括陶、玉、青铜、五大名窑等工艺美术品。本章考点以名词解释、简答题以及论述题为主，在学习时，需要熟悉主要工艺品的产生年代、发展与应用等，以便作答。

【考点难点归纳(厚积薄发)】

考点一：中国工艺美术的发展过程　★★★

1. 原始社会

在原始社会的工艺美术中，陶器工艺成就最高。一万年前我国发明了制陶技术，之后相继产生了各具艺术特色的彩陶、黑陶、几何印纹陶，具体见表8－3－1。

表8－3－1　原始社会

要点	具体内容		
彩陶	含义	指一种在橙红色陶坯上，用红色、黑色等天然矿物质颜料绘制装饰花纹的陶器，起到一定的装饰美化效果	
	分布	在全国各地均有分布，其中以黄河中上游数目最多	
	分类	半坡型彩陶	因首先发现于陕西西安半坡村而得名，代表器物有圜底盆、葫芦形平底瓶等，装饰花纹以鱼纹、人面鱼纹等为主
		庙底沟型彩陶	发现于河南陕县庙底沟遗址，代表器物是敛口鼓腹小底钵，运用叶形纹、弧线三角形等作为装饰图案，黑白双关，非常优美
		马家窑型彩陶	首先发现于甘肃临洮马家窑村，在装饰纹样上广泛运用同心圆、螺旋纹，线条动感且流畅，并流行内彩和满饰
		半山型彩陶	极其精巧华丽，典型器物是小口直颈鼓腹壶
		马厂型彩陶	特色为简易的人形纹，代表器物为人像彩陶壶
		辛店文化彩陶	发展时间较晚，以兀字纹、牛角纹为独特装饰，典型器物有高颈双耳罐、大口双耳罐

续表

要点	具体内容	
黑陶	龙山文化	因最先发现于山东章丘龙山镇而称为龙山文化。由大汶口文化发展形成，制作工艺主要使用轮制成型和封窑技术。黑、薄、光、棱是黑陶的四大特点，其造型千姿百态，增加了耳、钮、流、把手等构件，具有很强的实用性
	良渚文化	江浙地区的黑陶被称为良渚文化，因其首次发现于浙江余杭良渚镇而得名。多为泥质轮制，典型器皿有高圈足镂孔豆、高颈贯耳壶、柱足盉等
	河姆渡文化	因其首先发现于浙江余姚河姆渡村而得名，是长江下游的一支最古老的文化，多采用雕刻的手法进行装饰，图案有各种几何形纹和动植物纹，其中最具有代表性的有较写实的虫、鱼、鸟和花草纹

2. 商周时期（见表 8－3－2）

表 8－3－2　商周时期

要点	具体内容		
青铜工艺	含义	在红铜中加入锡或铅的合金后，形成硬度高且熔点低的青铜，色泽光亮，花纹清晰可见	
	种类	烹饪器	用于蒸煮食物，有鬲、鼎、甗等
		食器	用于盛装食物，如簠、簋、敦、盨、豆等
		酒器	用于饮酒或盛酒，如爵、觚、角、壶、尊、卣、觥等
		水器	有盘、鉴等
		杂器	有禁、灯、俎、炉等
	区别	商代	①商人好酒，因此青铜酒器非常发达。同时，青铜器也作祭祀用途，因而呈现出神秘威严的氛围。 ②商代青铜器纹样以兽面纹为主，习称饕餮纹，由祭祀的羊、牛、猪头的变形与抽象演化而来，纹样是地纹和主纹相结合
		周代	①周代青铜礼器兴盛，服务于礼制或纪念活动。青铜器上常刻有长篇铭文，以颂扬王室美德、歌颂战争胜利等为内容。 ②周代青铜器装饰简洁，仅以窃曲纹、环带纹或重环纹饰于腹或肩部，或只赋予简约的环纹
	技法	商周时期，青铜铸造工艺水平十分高超，分为分铸法、失蜡法、浑铸法等	
	作用	商周的青铜器基本囊括了各种生活用器，造型多样，成为日后漆器、陶瓷等器皿发展造型的有利借鉴	
玉石工艺	商周时期，玉石工艺达到了很高水平，雕刻精美，从殷墟妇好墓出土的大量玉器就可以看出。周代的玉器是礼制的象征		
制陶工艺	制陶工艺在商代普遍发展，除常见的灰陶外，还有白陶、硬陶和釉陶。该时期还出现了原始瓷器，已初步具备了瓷器的部分特质		
雕刻工艺	商代的雕刻工艺包括玉雕、石雕、牙骨雕，技术水平较高，作品精致美观		

3. 春秋战国时期(见表8-3-3)

表8-3-3　春秋战国时期

要点	具体内容		
青铜工艺	特点		是该时期工艺美术的主要品种，样式多样，制作精巧，风格活泼，突破了以礼器为主的传统，逐渐开始向生活实用方面发展
	造型装饰	金银错装饰	工艺严谨精细，主要采用社会生活题材，代表作品有宴乐狩猎攻战纹壶
		铜镜	发展迅速，饰有双菱纹、山字纹等纹样，多以地纹陪衬，变化多样
		铜灯	制作工艺有所提高，代表作品有十五连盏铜灯
		带钩	由于胡服的流行，出现了制作精美、样式丰富的带钩
		铜剑	以吴越的产品最为著名，冶炼技术精美，剑刃锋利
漆器工艺	品种		楚国为主要产地，分为盘、杯、盒、壶、几、案等品种。以木胎、夹纻、卷木胎、皮胎等为漆胎
	装饰方法		包括彩绘、针刻、银扣、描金等，常见黑地红纹，色调明快。代表作品有动物题材的漆座屏、漆双凤鼓等
染织工艺	种类		丝织品有绢、锦、罗、纱等
	纹样		代表纹样是龙凤虎纹绣，形象生动、穿插自然、工艺精湛
	产品		舞蹈人、动物纹锦是丝织中的珍品。楚国独创的丝绦编结极具地方特色
陶瓷工艺	特点		陶器胎质灰黑，多用细泥制成，有鼎、壶、豆、罐、盒、盆等品种，以弦纹、栉齿纹、锯齿纹、山形纹等为主要装饰纹样
	产品	彩绘陶	在烧制成型后的胎上描绘，不进行二次烧制，花纹易脱落，最早见于中原，主要用于陪葬品
		原始青瓷	多分布于浙江，接近青瓷但还未达到瓷器标准，品种多为日常用品，如碗、杯、罐、盘、钵等
		陶塑和瓦当	①陶塑以作为明器的陶俑为主，采用人物、动物题材，生动形象、塑造加彩、工艺精湛。 ②瓦当是建筑装饰构件，战国时期多为简朴的半瓦当，是典型的半圆形适合纹样，具有极高的艺术性

4. 秦汉时期

(1)秦代，见表8-3-4。

表8-3-4　秦　代

要点	具体内容
陶器	制作普遍，品种多样，造型丰富。水平较高，代表作品有秦兵马俑
青铜器和漆器	工艺水平高，秦鼎造型独特。漆器多为木胎制作，典型作品有漆绘木梳篦

(2)汉代，见表8－3－5。

表8－3－5 汉 代

要点	具体内容		
铜器	铜灯		制作精湛，式样丰富，有牛、羊、朱雀、人形等，可以调光和吸烟，实用合理
	铜炉		通称博山炉，用于燃香，以仙山群峰饰于炉盖之上，体现了汉代崇尚神仙的思想
	铜壶		又称为钟，可作量器和容器，有的朴实无华，有的鎏金镶嵌
	铜镜		发展迅速，是战国以来的第二次制作高峰，装饰多样、规整，富有程式化。代表作品有：①早期的连弧镜、日光镜、草叶镜、昭明镜；②中期的规矩镜；③晚期的方铭镜、画像镜等
	铜鼓		打击乐器，最开始出现于春秋战国时期，多分布在我国西南地区。式样繁多，装饰花纹满鼓皆工细，有太阳纹、鹭鸟、纹蛙纹和竞渡纹
织绣	织锦		因以经线显花，故又称经锦。在云气纹的骨架间缀饰飞禽走兽，以及“长乐明光”“延年益寿”等吉祥文字，风格奇特
	刺绣		以辫绣为主，常用茱萸纹和云气纹作为装饰题材
	技法		常采用涂染、套染、浸染、媒染等印染工艺。染料分为植物染料和矿物染料两大类，色彩丰富
漆器	特点		分布广泛，产量较大，分工细密，制作精美
	类型		品种丰富，包括漆杯、漆盒、漆盘、漆壶、漆匜等
	代表作品		九子盒，为配套漆器，一个大圆漆盒内装有九种不同样式的漆盒，造型轻巧精美，装饰协调稳健
陶瓷	技术		选料、窑炉和烧成温度等制瓷技术发展迅速，均达到了新的高度，成为日后瓷器制造的基础
	类型	青瓷	原始青瓷在东汉时期已成熟，浙江是世界上最早的瓷器产地，具有重大历史意义
		铅釉陶	北方烧造铅釉陶，以铅为釉的基础，烧成温度较低，釉层较软，因此又称软釉
		青釉陶	南方盛产青釉陶，温度高，釉层较硬，又称硬釉陶，为青瓷发展过渡阶段的产物
		彩绘陶	由于汉代盛行厚葬，彩绘陶在汉代获得较大发展，随后发展迅速，分布广泛。其特点有：①装饰题材，以几何纹、人物、动物为主；②色彩丰富，如红、黄、黑、白、青、橙等；③造型多样，有壶[最普遍]、盒、盆、碗等
		陶塑	在汉代得到更大发展，题材更加广泛，风格多种多样，追求更加生动的人物塑造。代表作为说唱俑，形象概括传神、特征明显，并具有一定的装饰性
画像砖	应用范围极广，皇家和民间皆有所用，此外还大量用于墓室。制作技术精湛，有着丰富的内涵、极高的艺术和历史价值		
瓦当	汉代多为圆形瓦当，装饰纹样丰富，包括动物纹、卷云纹、四神纹、文字等		

5. 三国两晋南北朝(见表8－3－6)

表8－3－6 三国两晋南北朝

要点	具体内容		
成就	青瓷	特点	烧造工艺显著提高，青瓷由此成为制作生活用器的主要品种，传统铜器被其取代，成为一次重大变革
		器物	包括瓷炉、瓷灯、瓷杯、瓷盘、瓷壶和瓷瓶等

续表

要点	具体内容		
成就	青瓷	式样	以鸡头壶为典型代表，另外还有瓷尊、虎子、唾壶、魂瓶等新式样
		装饰	多用莲花作装饰，代表作为仰覆莲花瓷尊
		产地	分为南、北两大地区，以浙江为首，其中，黑瓷与青瓷兼烧的德清窑最为著名
	画像砖		继承了汉代的艺术传统，更富生活情趣，渗入佛教色彩，以河南邓县的画像砖最为著名
	织染工艺		典型代表为四川蜀锦，前承汉锦基础，以呈规则几何形的云气纹为骨架，使之样式化。刺绣纹样以佛像为主
	漆器		相对汉代而言，漆器在这一时期并不发达，产量逐渐减少，但仍发展了新的制作技术。以夹纻造像、斑漆和绿沉漆为杰出代表，标志着髹漆工艺在调色技艺上的新成就
	铜器		逐渐衰落，主要制作铜佛像，部分铜镜工艺精美
总结	该时期工艺美术的重要时代特色是受外来形式、风格及宗教化的影响		

6. 隋唐时期

(1)隋代，见表 8－3－7。

表 8－3－7　隋　代

要点	具体内容
陶瓷	以由青瓷发展而来的白瓷为代表，陶瓷品种增加，其典型作品是双龙柄尊，庄重威严
织染	河北定州为丝织生产中心，蜀锦生产仍很发达，新疆出土的丝织遗物“胡王”锦颇具特色

(2)唐代，见表 8－3－8。

表 8－3－8　唐　代

要点	具体内容	
陶瓷	青瓷	唐宋时期瓷器的代表，其美感、质感、光泽程度上比白瓷更为优秀。唐代青瓷品质提升，越窑青瓷在装饰和造型上有所发展，产生大量精品。长沙窑风格独特，尤以釉下彩绘装饰突出
	斑釉	鲁山窑的斑釉成为色釉发展的基础。其中唐花釉是唐代创新的代表作，也是盛唐文化的艺术结晶。它是指唐代北方以河南鲁山窑为代表的挂蓝釉、月白釉等色泽的器物，其底色主要有黑釉、褐釉、黄釉和茶色釉，其上施有蓝色、褐色、月白、乳白等不规则彩斑，多少不等，或规整，或飘洒，特色为率意醒目，又显对比强烈。彩釉以唐三彩为代表，影响深远
	白瓷	已完全成熟，形成具有材料属性的独特造型风格。白瓷洁白如玉，色泽胜雪，从唐代瓷器中可见一斑
	绞釉和绞胎	运用不同颜色的坯料组合成型，装饰效果变化自然
织染	纺织	唐锦形成了鲜明的时代风格，采用纬线起花的作法，故称纬绵，色彩华美，纹样繁杂，大量运用联珠纹
	印染	色彩富丽，方法丰富，工艺包括夹缬、蜡缬、拓印、绞缬、碱印等

续表

要点	具体内容	
铜器	特点	制作发达，形式多样
	式样	新式样有葵花式、菱花式，著名的铜镜有海兽葡萄镜、花鸟镜、龙纹镜等
	装饰方法	有螺钿、镶嵌、彩漆、金银平脱、贴金银等，作品更为华贵，用诗文装饰使铜镜更具文化色彩
金银器	制作精美，造型多吸收外来艺术的风格，并融汇以形成自身的特点	
玉器、石刻、漆器、编织	艺术水平达到崭新的高度，技术不断发展，精雕细琢。出现雕漆工艺，指把天然漆料在胎上涂抹出一定厚度，再使用刀在堆起的平面漆胎上雕刻花纹的技法，又称剔红	
家具	阶段特点	从席地而坐到垂足而坐的过渡阶段，后期出现桌椅，器物造型的比例、形态发生变化
	造型	器物开始置于案上，由矮而圆向高型发展；同时部分高型器物为了放置稳定，趋向矮型
	材料	种类繁多，有黄杨木、紫檀木、沉香木、花梨木、樟木、柿木、桐木、竹藤材料等
	品种	有几、案、箱、柜、屏风、胡床等，后期出现桌、椅等
	装饰	方法多样，有平脱、螺钿、金银绘、密陀僧绘等
木画	指将鹿角、象牙、黄杨木染色，制成花纹，饰于木器上。初创于唐代，工艺精巧华美	

7. 五代、两宋时期

(1)五代。因战乱影响，工艺美术发展停滞，仅有越窑的瓷器“秘色瓷”较为突出，此外，西蜀的丝织、漆器也十分著名。

(2)两宋，具体见表 8－3－9。

表 8－3－9　两　宋

要点	具体内容	
陶瓷	定窑	属白瓷窑，因所在地河北曲阳古称定州而得名，装饰特点为刻花和印花，刻划线条简练流畅，最为精细的是花卉水鸟和龙纹。定窑运用的覆烧工艺可使器物减少变形。使用该烧造方法的瓷器口部无釉，多使用铜或金银镶口，风格独特
	汝窑	属青瓷窑，因窑址位于宋时河南汝州境内而得名。汝窑瓷釉基本色调是一种淡淡的天青色，器表呈蝉翼纹细小开片，烧造年代较短，传世品非常少
	耀州窑	属青瓷窑，釉色青中泛黄，刻花用刀采用“偏锋”，线条呈现斜面，常使用人物、动物和花卉作为装饰题材
	钧窑	器物属青瓷系，因釉中含有铜元素，经还原焰烧成，青中带红，纷彩争艳，开创了我国窑变釉瓷器的先河
	官窑	有北宋和南宋之分，均是青瓷： ①北宋官窑位于河南汴京，至今尚未发现窑址。 ②南宋官窑位于浙江临安，釉色以粉青色为主，造型庄重典雅又不失简洁，其特点是紫口铁足
	景德镇窑	主要产品是影青瓷，日用器物有盘、碗、瓶、注子等，形态呈现花瓣形或瓜棱形，自然生动且富有情趣

续表

要点	具体内容		
陶瓷	龙泉窑		因其主要产区在浙江省龙泉市而得名，属青瓷窑，继唐代越窑之后开始兴起，胎釉丰厚柔和，以刻划花、堆贴作为主要装饰，有哥窑与弟窑之分
	建窑		代表作品是黑釉茶盏，其釉面效果变化丰富多样，例如油滴、兔毫、鹧鸪斑等，艺术特色含蓄自然
	磁州窑		因所在地河北磁县宋属磁州而得名，品种繁多，以白地黑花和黑釉剔花最为著名，黑白对比强烈鲜明，图案非常醒目，展现了淳朴自然的民间艺术特色
	吉州窑		纹样装饰丰富多彩，其中以剪纸装饰和树叶纹最为独特，另外还有白地画黑花和玳瑁釉等装饰工艺
	辽瓷		除仿制定窑和磁州窑的装饰之外，造型别具一格，如鸡冠壶、牛腿瓶、凤首瓶等，为少数民族陶瓷的代表。低温釉陶以单色居多，三彩陶器又称“辽三彩”
织染	加工方法		有提花、刺绣、印金、彩绘等多种方法
	装饰		多在服饰的衣襟、裙边、袖口、下摆等部位施加以装饰，例如彩绘、印金、刺绣等，使其更具整体美
	产品	缂丝	于宣和时达到鼎盛阶段，以河北定州所制为最佳。缂丝原用于装饰室内或佛殿，或装裱书画，后更多地用于欣赏品，织造绘画或书法，成为书画艺术的载体，技艺达到了崭新的高度
		刺绣	逐步向欣赏品发展，成为画绣
	铜器		铸造技术有所发展，已逐渐超过唐代。所制日用铜器制品多为杯、盘、罐、壶、盒、炉之类，铜执壶造型独具特质
总结	宋代工艺美术风格典雅自然、平易近人。具有造型朴素、凸显材料的特点，艺术格调高雅，强调意趣、表现理性美		

8. 元代(见表8-3-10)

表8-3-10　元　代

要点	具体内容		
陶瓷	特点		受统治者饮食习惯的影响，元代陶瓷常以制作难度较大的大件器物为主要特征，展现该时期制瓷工艺技术的提高
	状况	青花瓷	已经完全成熟，艺术水平较高，用青花饰于青白釉下，具有呈色稳定、协调统一、澄澈透亮、典雅朴素的特点
		釉里红	该时期为始创阶段，因制作过程繁琐，呈色尚不理想，大多呈现灰白色
		龙泉青瓷	以烧制大件器物为主
		钧窑	与宋代相比，稍显粗犷，釉色以天蓝为主，也有豆青、月白等颜色
		磁州窑	在宋代风格的基础上略有演变，时常有佳作出现

续表

要点	具体内容	
织染	织金锦	是一种用金线展示花纹而形成具有金碧辉煌效果的丝绸，盛行于元代，是最重要的丝绸品种，可分为金段子、纳石失两个种类，其中以纳石失最为著名
	毛织品	作为纺织中的新品种，适应了蒙古游牧民族的生活需要，使服装产生了很大的改变
金银器	贵族的重视使金银器制作工艺得到发展，其中银器数量最多，主要作为生活日用器物，包括碗、盏、杯、盘、盒、壶等，同时还包含各类首饰等	
漆器	分为雕漆[主要品种]、螺钿、戗金等	
总结	元代作为一个由少数民族建立起来的政权，工艺美术整体呈现豪放舒展、粗中有细的特点，并吸收、融合了外来文化	

9. 明代(见表8－3－11)

表8－3－11　明　代

要点	具体内容	
陶瓷	景德镇的成就最高，同时，宣德的青花、永乐的甜白、成化的斗彩等也十分著名。此外，福建德化的白瓷被誉为“中国白”。江苏宜兴出产的紫砂陶器茶具也极具特色	
丝锦	典型纹样为缠枝花，花型简约，婉约大方，装饰性极强。妆花色彩华美，织锦金彩夺目，本色花含蓄典雅。在刺绣方面，以上海的“顾绣”最为著名	
金属工艺	宣德炉	造型多样，色彩丰富，铸造精湛，反映了明代冶金工艺的高超水平
	景泰蓝	又称铜胎掐丝珐琅，工艺精湛，色彩富丽，艺术性较高
漆器工艺	设置“果园厂”，属于官营生产机构，制作雕漆和填漆等，其中，雕漆最具特色。黄大成的漆艺专著《髹饰录》为我国漆艺发展做出了重要的贡献	
家具	在技艺上有较高成就，选材、做工都十分精良且细致，样式简洁典雅，是家具工艺本质美的体现，成为我国传统家具工艺的典范，“明式家具”也因此而得名	
雕刻	工艺发达，陆子冈的玉雕被称为吴中绝技。其他著名的雕刻作品还有“嘉定三朱”、金陵濮仲谦的竹雕、鲍天成的犀角雕等	

10. 清代(见表8－3－12)

表8－3－12　清　代

要点	具体内容
陶瓷	①景德镇是全国的制瓷中心，又称“瓷都”，生产规模庞大，技术力量雄厚。以康熙五彩、雍正粉彩、乾隆珐琅彩为主要品种。 ②颜色釉品种繁多，分为白釉、黄釉、蓝釉、青釉、红釉、纱釉、紫釉、乌金釉等。此外，还有仿铜、仿木、仿漆等釉彩，以及集釉上彩、釉下彩装饰于一体的转心瓶、镂空套瓶，同样反映了制瓷技术的高超。 ③福建德化的白瓷、湖南醴陵的釉下彩瓷、广东石湾的陶塑、江苏宜兴的紫砂陶器，在技艺上也有非常高的成就

续表

要点	具体内容	
织染	染织工艺	四川的蜀锦、南京的云锦、广西的壮锦别具一格。全国丝织中心为南京、苏州及杭州等地
	印花布	生产广泛，著名产品有浙江、湖北、湖南等地的蓝印花布，以及河北和河南等地的彩印
	刺绣	已形成地方体系，如苏绣、粤绣、蜀绣、湘绣、京绣等
漆器	风格特征丰富，北京雕漆敦厚，扬州镶嵌螺钿漆华丽，福建脱胎漆轻巧	
金属工艺	在传统的铜胎掐丝珐琅基础上，产生了铜胎画珐琅。安徽芜湖的铁画、云南的铜锡器、河北保定的铁器也有所发展	
雕刻	玉器制作兴盛，材料来源充足，例如白玉、青玉、黄玉、水晶、珊瑚、玛瑙等。琢玉技术达到高水平，石雕、竹雕、牙雕、木雕等各具风格，泥塑、面塑、油泥塑都达到崭新的高度	
总结	清代工艺美术在技术上已高度成熟，采用多种综合手法，品种丰富多样，但是艺术水平与技术不相符，有时因刻意追求技术表现，使作品倾向繁缛琐碎	

考点二：从工艺美术到艺术设计 ★★★

1. 工艺美术(见表8－3－13)

表8－3－13　工艺美术

要点	具体内容
概念	指制作手工艺品的艺术。这类艺术品通常装饰精美，具有实用性或目的性
产生	最初发端于手工艺，从旧石器时代打制石器开始，随着社会的发展，成为人类造物活动的一个重要组成部分
范畴	学科界定比较明确，既包括日常生活中使用的实用品，如民族服装、蓝印花布、传统家具、建筑构件、饮食用器等；也包括牙雕、玉雕、景泰蓝、云锦、缂丝等

2. 图案(见表8－3－14)

表8－3－14　图　案

要点	具体内容	
概念	广义	指设计者通过艺术构思，对器物的造型、色彩和装饰纹样等进行设计，再制成的图样
	狭义	指器物上的色彩和装饰纹样
图案课程	基础图案	是解决装饰纹样的普遍规律。图案的写生变化是指对客观对象进行写生，再“变化”为具体装饰纹样的原则和方法
	专业图案	指根据具体专业的装饰材料特点、工艺技术，形成的一定表现方法、装饰形式和独特的装饰规律

3. 传统手工艺(见表8－3－15)

表8－3－15　传统手工艺

要点	具体内容
概念	在历史的长期发展中所传承下来的手工艺，具有鲜明特点和独立形式，影响深远，代表性强
范畴	中国的陶瓷工艺、青铜工艺、染织工艺、漆器工艺、家具工艺等
特点	工艺技法成熟，工艺体系完整，代表作品具有深厚的艺术积淀和鲜明的民族传统风格

4. 手工艺设计(见表8-3-16)

表8-3-16　手工艺设计

要点	具体内容
概念	主要指农业社会条件下，手工业行业中大量存在的产品设计
中国的手工艺品	品种多样，技艺高超。包括陶瓷、木器、玉器、漆器、金属工艺、石雕、木雕、玩具、印染、剪纸、织绣、服饰等，构思独到，技艺精湛
意义	手工艺品特有的效能和人文情怀，是工业产品无法替代的。它富有的生命力和独特的人文价值，满足且丰富了大众的生活需求

5. 民间工艺(见表8-3-17)

表8-3-17　民间工艺

要点	具体内容
概念	指用民间工艺加工生产出来的民间工艺品，除欣赏者眼睛可以看到的表象外，还有更为丰富的内涵
主体	以农民为主体，包括各民族的农、牧、渔民及市民中的手工业者
特点	是中国工艺美术发展的基础，乡土特色鲜明
范畴	存在于生活的各方面，例如服装、服饰、食器、茶器、家具、工具、玩具等实用品，以及印染、织绣、雕刻、编制等装饰品
类型	①日常生活中的实用物品，以实用性为基础，自然地形成民间工艺的特点，如民间家具、民间陶瓷、民间服装等。 ②既有实用价值，又有审美意义的民间工艺，如民间刺绣、编织、印染物品等。 ③具有独立审美价值的民间工艺，以装饰和欣赏为主要目的，如年画、剪纸、泥人等
意义	①作者的设计构思体现了其对生活的态度，朴素而充满真情。 ②在创作设计的题材、类型、内容、技巧和形式结构上，具有普遍继承性。 ③表现形式和艺术风格具有鲜明的地域性

6. 特种工艺(见表8-3-18)

表8-3-18　特种工艺

要点	具体内容
特殊性	①所用的物质材料比较昂贵或特殊。 ②以陈设欣赏为主要目的，精益求精，加工难度大或制作工艺复杂，因而价值较高
特点	技艺性强，制作难度较大，选材严格，采用全手工的加工方式，其技艺特点具有明显的继承性
种类	以原材料来区分，包括象牙雕刻、玉石雕刻、黄杨木雕、雕漆、景泰蓝等
产品	历史上主要作为工艺品，陈设于宫廷和贵族的室内环境中。当今主要作为高级礼品，陈设于重要场所，并向家庭高级陈设品转变，还有部分用作出口

7. 装饰艺术(见表 8－3－19)

表 8－3－19　装饰艺术

要点	具体内容
概念	指具有相对独立性的装饰画、饰物、壁画、装饰雕塑等
类型	①独立存在的装饰绘画或装饰雕塑，仅有单纯的欣赏性。 ②从属于整体环境的装饰物，作为构成部分存在，以设计观念为主导，利用一定的工艺材料和工艺技术制作，如地饰、壁饰、喷水池等

考点三：我国工艺美术品概览　★★★★★

1. 彩陶(见表 8－3－20)

表 8－3－20　彩　陶

要点	具体内容
概念	主要是指我国新石器时代遗址出土的并装饰有花纹的陶器
特点	大部分为手工制作，表面不施釉，绘制有黑色和赭红色的装饰纹样，如几何纹、动物纹、植物纹和少量的人物纹
造型	有碗、钵、盘、壶、瓶、罐、盆等多种形式
分布	主要分布于西北、中原、北方以及东南沿海，是原始文化重要的组成部分
制作环节	①黏土成型后经 900～1000℃之间的温度烧制而成。 ②纹样采用研磨后的矿物原料进行绘制，赭红色主要着色元素是铁，黑紫色主要着色元素是铁和锰，均是在烧制之前画于坯体上，烧造后矿物颜料与坯体紧密结合，颜色鲜明

2. 印纹陶(见表 8－3－21)

表 8－3－21　印纹陶

要点	具体内容
概念	即在器体表面拍印有纹的一种古代陶器
分类	根据火候和胎质的不同，主要分为印纹软陶和印纹硬陶
纹样	经拍打在陶器上留下印纹，其中以菱纹、绳纹、篮纹最为常见。印纹硬陶以几何纹为主要样式，故又称几何印纹陶

3. 黑陶(见表 8－3－22)

表 8－3－22　黑　陶

要点	具体内容
概念	指古老的中国制陶技艺，诞生于中国新石器时代，有“黑如漆，声如磬，薄如纸，亮如镜，硬如瓷”的美誉
制作条件	陶土中含有一定量含铁的化合物，可起到助熔且降低陶器的烧成温度的作用。根据不同的烧成温度，陶器会呈现不同的色泽。黑陶器物采用快轮拉坯成型，极为熟练
特点	器物造型轮廓分明，浑圆工整，以细泥薄壁黑陶制作水平最高，胎壁薄如蛋壳。带纹饰的较少，主要以造型的轮廓线和形体的转折线角形成装饰效果

续表

要点	具体内容
应用	现代黑陶由于烧成的温度较低，因而多以制作装饰品为主，如台灯座、花盆、笔筒和雕塑，主要出产于黑龙江省绥棱和山东省齐河等地

4. 玉器(见表 8-3-23)

表 8-3-23　玉　器

要点	具体内容
概念	玉是指温润而有光泽的美石，用玉石制成的器物称为玉器
原料种类	①质地坚硬的白玉、黄玉、碧玉、翡翠等。 ②色彩鲜艳的松石、珊瑚、玛瑙、芙蓉石等。 ③晶莹剔透的水晶、茶晶、绿晶等。 ④宝光闪烁的蓝红宝石、碧玺、钻石、猫儿眼等

5. 青铜器(见表 8-3-24)

表 8-3-24　青铜器

要点		具体内容
概念		是红铜和锡的合金，因呈青灰色而得名
发明条件		新石器时代晚期已出现红铜，经过冶炼，人们逐渐认识金属的属性，为青铜器的创造发明提供了一定的经验
用途		制作武器、制造工具以及生活用器
青铜工艺	产生	青铜技术带来了青铜工艺，在商、西周、春秋和战国时期最为兴盛
	意义	青铜工艺具有审美价值和实用价值，造型和纹饰都富有审美因素，体现了早期艺术设计观念，奠定了一定的发展基础
艺术价值		①技术精湛，造型多样，气魄雄伟。 ②装饰纹样细致华丽，结构严谨。 ③整体组合协调统一，视觉效果强而有力

6. 青瓷(见表 8-3-25)

表 8-3-25　青　瓷

要点		具体内容
概念		是我国古代最主要的陶瓷品种，指一种表面施有青色釉的瓷器
历史	商代	出现原始青瓷
	东汉	经发展和完善，于东汉烧造出成熟的青瓷
	三国两晋南北朝	烧制水平迅速提高。优质青瓷胎体呈灰白色，烧成温度在 1300℃，釉面光泽度良好
	唐代	最为著名的是越窑青瓷，长沙窑青瓷也独具风格
	宋代	达到历史的巅峰，以龙泉窑、汝窑、官窑、钧窑、耀州窑的青瓷为著名代表

续表

要点	具体内容
特点	①南方青瓷，一般胎质坚硬细腻，呈淡灰色，釉色晶莹纯净，常用类冰似玉来形容。 ②北方青瓷胎体厚重，玻璃质感强，流动性大，釉面有细密的开片，釉色青中泛黄
主要产地	江苏宜兴、浙江龙泉、陕西耀州等，主要出产陈设陶瓷和部分日用陶瓷

7. 唐三彩(见表8－3－26)

表8－3－26　唐三彩

要点	具体内容
概念	指用细腻的白色黏土作胎料，经1100℃素烧后，在胎上使用低温铅釉进行装饰，最后入窑进行950℃釉烧而成的陶器制品
造型种类	品种繁多，例如武士、文官、乐俑、侍从、房屋、庭院、楼阁、牛马、猪羊、狗兔、鸡鸭以及怪兽等雕塑艺术品

8. 五大名窑(见表8－3－27)

表8－3－27　五大名窑

要点	具体内容
钧窑	因地属钧州，故称钧窑。出产器物造型端庄凝重，釉色瑰丽深厚，有红、蓝、紫、月白等色，源于唐代的花釉，颜色丰富，是颜色釉陶瓷中的珍品
汝窑	因宋属汝州，故称汝窑。瓷胎为灰白色，俗称香灰胎。釉色为淡天青，俗称鸭蛋壳青色，蓝而不艳，青而不翠，灰而不暗，光亮莹润
官窑	分为北宋官窑和南宋官窑。北宋官窑瓷胎呈紫黑色，较为厚重，开大冰裂纹。南宋官窑可分为修内司官窑和郊坛下官窑
哥窑	有黑、浅灰、深灰、土黄等多色胎骨，均为失透的薄乳浊釉，代表釉色是青灰，也有浅灰色、黄色，其最显著的特征是釉面开有大小各异的纹片
定窑	因窑址曲阳宋时隶属定州而得名，特点是印花和刻花的白瓷，始创覆烧工艺，口边无釉，胎体较薄，精致素雅。另外还有黑釉、绿釉、酱釉等品种

9. 蜡染(见表8－3－28)

表8－3－28　蜡　染

要点	具体内容
概念	指传统手工印染的一种方法
制作程序	①先将白蜡或黄蜡加热熔化，用于防染，再借助蜡刀或毛笔蘸取蜡液在织物上描绘装饰花纹，冷凝后方可染色。 ②将染成后的织物煮洗，去除蜡液，使花纹呈现，成为色地白花的印染品。 ③因蜡在凝结时收缩，或经人有意地揉搓，蜡纹便会产生裂缝，染料由此渗入到织物中，呈现不规则的纹理，形成独特的蜡纹装饰效果

续表

要点	具体内容
类型	①单色蜡染，工艺简单，较为普遍。 ②复色蜡染，多时可达四至五种颜色，适宜的色彩搭配可呈现出自然丰富的艺术效果
应用	普遍应用于我国西南少数民族地区。蜡染既可用于现代服装，还可以用作室内装饰的窗帘、桌布、靠垫、壁挂等

10. 扎染（见表8－3－29）

表8－3－29 扎 染

要点		具体内容
概念		指按照事先构思，用针线缝或扎等方式处理纺织品，使其局部无法染色，从而形成自然的花纹
特点		一般用单色加工，效果素雅大方。也有套染加工，具有晕染散化的特点，呈现多彩的纹样，变幻迷离、色彩绚烂的装饰效果
方法	缝绞法	用针线穿缝或绞扎的方法，使其局部防染，制作程序主要为叠坯、缝绞、浸水、染色、整理五个部分
	夹板法	把织物折叠，用对称的几何形小板块将其缚扎，再进行染色，可以制成防白花纹
	其他方法	①将织物对角折叠，并在不同的位置上打结，然后浸水、染色。 ②将织物叠起或散放，加以绑扎，浸水、染色后形成防白花纹

11. 蓝印花布（见表8－3－30）

表8－3－30 蓝印花布

要点	具体内容
概念	属于传统民间纺织印染工艺品，布面呈现白地蓝花或蓝地白花，普遍应用于中国南北方农村
特点	色调单纯明快，纹样优美简洁、朴素大方，具有浓厚的民间风格
方法	在油纸或金属皮上刻出纹样花版，蒙放于白布上，再以防染粉浆刮印，待干后使用蓝靛染色，干燥后去除粉浆即成蓝印花布
用途	可作为被面、褥面、帐子、门帘、窗帘、衣料、围裙等生活用品，现还被用作为时装材料、靠垫、提袋、壁挂等

12. 青花（见表8－3－31）

表8－3－31 青 花

要点	具体内容
概念	是青花瓷器的简称，属于瓷器装饰传统工艺技法之一，是釉下彩装饰的代表品种，代表器物有景德镇的青花瓷器
制作过程	用含钴的颜料勾勒在坯体表面，再施以透明釉，经1300℃左右的高温烧成后可使釉下透出青蓝色的装饰纹样

续表

要点	具体内容
阶段特点	青花瓷器的烧造最早可追溯于唐代，元代的景德镇开始大规模成熟生产，至明、清两代极为繁盛，且发展不断
代表瓷器	宣德、永乐青花笔墨酣畅；成化青花雅致飘逸；康熙青花勾染成趣；雍正青花严谨精细；民间青花朴素自然
特点	浓淡不一，线描和渲染相互结合，呈现出中国画的特点，具有丰富的表现力和极高的艺术性
应用	青花是釉下装饰，花纹耐磨损，不易产生污染，应用范围较为广泛

13. 宣德炉（见表8－3－32）

表8－3－32 宣德炉

要点	具体内容
概念	指由明宣宗朱瞻基在大明宣德三年参与设计监造的铜香炉，简称宣炉
用料	除优质风磨铜外，还有白银、赤金、硃砂等30余种优质材料
制作工艺	采用渗金、鎏金、金屑等工艺，合金冶炼，成品成色丰富，多达60余种，有青绿、黄褐、古铜等色泽。鎏金有局部上色，浑金则形成碎玉、雨点、雪片等斑点
类型	①不加装饰花纹的素炉，如兽耳活环钵式炉、双龙抱柱铜炉、冲耳乳足炉等。 ②经过镶嵌、錾刻、镂空等工艺加工的器物，如错金仿古铜簋、镂空云龙纹熏炉、錾花云龙盖炉、錾花兽耳炉等
特点	技术精湛，器物光润细腻，色泽丰富雅致。在造型方面，多仿宋代名窑瓷器和古铜器，形制规整，敦厚之中不失灵巧与精美

14. 景泰蓝（见表8－3－33）

表8－3－33 景泰蓝

要点	具体内容
概念	指一种铜胎掐丝珐琅器，是北京的传统特种工艺品
制作程序	制胎、掐丝、点蓝、烧蓝、磨光、镀金，以掐丝和点蓝最为关键、细致，决定着艺术效果和花纹形象
造型	品种丰富，有瓶、罐、盘、碗、盒等，也可作为烟具、灯具和文具，还有仿古器物的熏、鼎炉、爵等陈设装饰品，也可用作奖杯和纪念品

15. 明式家具（见表8－3－34）

表8－3－34 明式家具

要点	具体内容
概念	指自明代中叶以来，能工巧匠用紫檀木、杞梓木、花梨木等制作的硬木家具，是独具特色的传统家具
用材	木材基本源自东南亚地区及我国南方，质地坚硬、色泽幽润、纹理细密、花纹华丽
种类	主要有椅凳、几案、橱柜、床榻、台桌、屏座六大类

续表

要点	具体内容
特点	①注重结构美。不用胶和钉，主要用榫卯结构，不同的部件采用不同的榫卯。 ②注重材质美。充分利用材料本身的色泽和纹理，不加遮饰，色泽深沉雅致，木纹自然优美，质感坚致细腻。 ③注重造型美。造型浑厚洗练，稳重大方，比例适度，线条流畅。 ④注重装饰美。装饰简洁，不事繁琐雕琢，装饰线脚简练细致，朴实无华

8.3.2 典型题(含考研真题)详解

一、填空题

中国现今发现最早的漆器出自(　　)文化。

【答案】河姆渡

【解析】河姆渡文化，是中国长江流域下游以南地区古老而多姿的新石器时代文化(即距今约7000年前)，主要分布于浙江的宁绍平原。黑陶是河姆渡陶器的一大特色，其中骨器、木器、陶器都非常发达，装饰多用雕刻手法，木结构的榫卯构件已达到较高水平。而瓜棱形木胎漆碗的发现，让人们也因此认识了最早的漆器，将漆器工艺制作提前至六七千年以前。在建筑方面，遗址中发现大量“干栏式房屋”的遗迹。

二、名词解释

1. 《考工记》(清华大学2022年研；重邮2018年研；东南大学2016年研)

答：《考工记》是我国最早的关于工艺的专门著作，总结了各种工艺制作的科学经验，记载了一系列的生产管理和营建制度，一定程度上反映了当时的思想观念，最可贵的是提出了朴素的工艺观，如“天有时，地有气，材有美，工有巧，合此四者，然后可以为良”的论点，至今仍然可以作为工艺制作的基本法则。《考工记》是古代不可多得的关于设计类的典籍，对于了解古代工艺美术和科学技术水平都起到重要作用。该书在中国科技史、工艺美术史和文化史上都占有重要地位。

2. 蜡染(南艺2015年研)

答：参见本章考点难点归纳相关内容。

3. 唐三彩(清华大学2022年研；重邮2018年研)

答：参见本章考点难点归纳相关内容。

三、简答题

1. 举例说明秦汉时期工艺美术的主要成就。(南艺2011年研)

答：参见本章考点难点归纳相关内容。

2. 简述两宋时期的工艺美术概况。

相关试题：**缂丝**(名词解释，东南大学2017年研)

答：参见本章考点难点归纳相关内容。

四、论述题

试举例分析传统工艺与现代艺术设计的关系。（南艺2014年研）

答：(1)中国传统工艺美术与现代艺术设计。

①中国传统工艺美术是中国人民为满足自身的物质需要和精神需要，在不同的历史条件下，采用各种物质的材料和工艺技术所创造的人工造物的总称。中国传统工艺美术相对于现代设计，在美学上实质就是手工业技术的装饰与机械技术的功能美的比较。手工技术的美感富有一定的个人情趣，贯穿着个人精神，保持着感性、经验的特征。

②现代艺术设计是指工业革命以后，以功能性和审美性为目的的一切设计活动。设计的终极目的永远是审美性与功能性，人类设计行为是从制造第一件工具开始的，但现代设计始于工业革命后。现代设计机械技术的功能美是建立在流水线基础上的，以实用功能为最终目的，反映的是标准化、大批量的和谐、统一及理性的技术美特征。

(2)传统工艺与现代艺术设计的关系。

传统工艺与现代艺术设计既有联系又有一定的区别，主要体现在：

①传统工艺与现代艺术设计的区别：

a. 本质特征不同。传统工艺强调功能美，现代艺术设计则注重技术美。工艺美术的对象主要是手工艺品，而现代艺术设计是批量生产的工业产品。

b. 教育模式和专业设置不同。

第一，传统工艺的基本专业有装潢、染织、陶瓷、服装、特种工艺等。

第二，现代艺术设计的基本专业为工业设计、室内设计、包装设计、服装设计、平面广告等。

c. 生存状态和发展不同。

第一，森严的封建等级制度决定了工艺匠人的生存状态，官本文化贬低民本文化，使得大多数工艺匠人的文化水平有非常大的局限，造成了工艺技术的缓慢提高和发展，以及一些工艺技术的失传。

第二，现代艺术设计，从包豪斯设计学院以来，就已经形成了现代设计教育的整套教育计划和方法。包豪斯设立了以构成为基础的课程，使得现代设计理论得到了广泛的传播。因此，现代设计的从业人员基本上受到了良好的系统专业教育，社会地位和工作环境大大改善。在设计定位上围绕市场，有系统的方法论作为后盾。创作上也保持一种自由自在的状态，工业科技的飞速发展也促进了现代设计的发展。

d. 研究对象不同。传统工艺的对象主要是手工艺品，而现代设计的对象则是批量生产的工业产品。一个传达了传统的道器思想，一个体现着现代人的设计理念。

e. 美学思想不同。在美学上，传统工艺美术相对于当代艺术设计，实质就是手工技术的装饰美与机械技术的功能美的比较。手工技术的美通常带有个人的情趣，贯穿着个人的精神，保持着经验、感性的特征，以装饰为美。而机械技术的功能美是建立在流水线基础上的，以实用功能为最终目的，反映的是标准化、大批量的和谐、统一和理性的技术美特征。功能美与技术美是当今艺术设计美学中的主要内容。如果说工艺美术是技术与艺术的结合体，那么艺术设计就是科学和艺术的结合体。

f. 时代特征不同。传统工艺是与手工业生产方式、传统农业和价值模式契合的原生艺术，而艺术设计是与工业化信息时代相适应的复合艺术。作为艺术与科学的结合体，艺术设计比工艺美术更能体现当代的文化和人性的多元化，跨学科性和集成性是它的时代特征。

②传统工艺和现代艺术设计的联系：

a. 基本形式法则相同。传统工艺的传统图案与现代设计的平面构成有很多的形式美法则。夸张、简化、象征寓意，对比和调和，均齐和平衡，重复与节奏等，这些都是图案与平面构成运用的基本法则。

b. 色彩运用理论相同。传统工艺中对色彩的研究和现代设计中的色彩构成有着同样的理论基础。它们都从色相、纯度、明度角度运用色彩规律；在色彩的混合、色彩心理运用手法上，两者相似。

c．立体构成理论相同。传统工艺中的雕刻与现代艺术设计中的立体构成均是研究三维空间中如何将立体造型要素按照一定的原则组合成富于个性美的立体形态。

③中国传统工艺美术与现代艺术设计既有联系又有区别，处理好它们的关系也十分重要。

a．现代艺术设计对中国传统工艺美术的超越。设计师在发展现代艺术设计文化时，应该重视对中国传统工艺美术的继承和保护，应将优秀的传统工艺美术的造物思想与现代生活方式和审美情趣相互结合，古为今用。

b．现代艺术设计与中国传统文化的融合。现代艺术设计的发展并不意味着对传统的"全面否定"，而传统道器思想的光辉也并不因为现代艺术设计的兴起而"消亡"，两者正在逐渐地趋向融合。

总之，艺术设计与工艺美术的关系同源而异流。认清楚工艺美术与艺术设计的关系后，自然不会再把二者对立起来，而且有必要将我国优良的工艺传统继续发扬光大。

第4章 国外现代艺术设计线索

8.4.1 复习笔记

【通关提要(提纲挈领)】

本章主要阐述了国外现代艺术设计线索，先介绍了欧、美、日的现代设计，还论述了相关的设计大师以及艺术运动。本章考点以名词解释、简答题以及论述题为主，在学习时，需要着重了解具有代表性的国家，比如德国、荷兰、日本的设计，并且结合相关设计的代表作品与代表人物，以便分析作答。

【考点难点归纳(厚积薄发)】

考点一：欧洲现代设计 ★★★★

1. 德国现代设计(见表8-4-1)

表8-4-1 德国现代设计

要点	具体内容
20世纪初	发源于建筑设计，后出现“德国工业联盟”、包豪斯等组织，对现代设计产生了深刻影响，包括培养设计师、理论实践的探索等，是世界现代设计的发源之地
二战后十余年	①恢复阶段，乌尔姆设计学院的建立将包豪斯思想推上崭新的高度，积极倡导系统化的设计思想。德国的产品设计是新功能主义、新理性主义的体现，设计风格富有条理，简洁理性。 ②乌尔姆在与布劳恩结合的过程中实现了“系统设计”思想，功能主义、理性主义、社会责任感是其思想核心，成为德国现代主义设计的重要里程碑
60~70年代	在世界市场上具有重要地位，产品具有高质量、理性、性能可靠的特点，因此广受好评。设计中融合了人体工学原则、理性主义原则、系统化设计思想，影响深远
80年代后	受到世界消费市场的多元化、消费观念、流行趋势的影响，采取双重设计策略，使部分设计不再遵循“刻板、理性、功能主义”的设计原则，而是倾向于形式主义，与美国、日本的产品进行竞争
德国统一后	设计模式逐渐趋于刻板，难以追随市场的发展，因此开始对民主德国的设计体系进行改造，使之能够适应市场环境的变化

2. 英国现代设计(见表8-4-2)

表8-4-2 英国现代设计

要点	具体内容
20世纪20~30年代	起源于英国的工艺美术运动，在该时期开始时出现停滞和落后，仅仅停留在理论探索的阶段，缺乏设计实践

续表

要点	具体内容
二战后	英国政府成立了设计协会，出版《设计》杂志，举办设计展览及研究讨论活动。60 年代的波普运动也起源于英国
70 年代	英国建筑设计有一定的发展，出现了几位世界级大师。此外，英国的广告行业也非常发达，拥有世界上最大的国际性广告公司
80 年代以后	英国工业设计已居领先地位

3. 意大利现代设计(见表 8－4－3)

表 8－4－3　意大利现代设计

要点	具体内容
发展条件	意大利的现代设计是在私人企业的基础上逐渐发展起来的。20 世纪 50～60 年代，意大利经济发展迅速，推动了现代设计的发展，形成了独特的设计面貌
特点	高技术性和保存手工艺传统相结合，催生出了富有人情味的意大利现代设计，是现代化与民族化有机结合原则的展现

4. 荷兰现代设计(见表 8－4－4)

表 8－4－4　荷兰现代设计

要点		具体内容
概况		荷兰进入工业化的时代很早，经济发达，国民素质高，社会结构、经济不断发展和演变，促使艺术不断地适应着新的形势，艺术家和设计师们也在不断地开拓新领域、创造新形式，并不断探索未来的方向。1917～1931 年期间以荷兰为中心的风格派艺术即是这种探索的反映与实践。作为一个国际性的艺术运动，它从立体主义起步，最终在形式表现方面走向了理性主义，并深刻地推动了 20 世纪的现代艺术设计
设计理念	全民意识	由于荷兰的地理状况和生存条件，荷兰很早就开始建设运河、水闸、排水设施，荷兰建设的基础建立于设计之上。全民设计意识造就了全民的高设计品位和素养
	现代意识	作为现代主义设计的发源地，荷兰的现代主义更像是民族的生活方式。因此，荷兰并未对现代主义产生惊喜、反感、否定的问题，对于荷兰人民而言，设计是民族、历史的组成部分，并非一种设计风格
	竞争意识	由于荷兰领土狭窄，各个城市均有自己的设计流派，城市和设计集团之间有着强烈的竞争意识，促进了设计的发展。以不同的侧重点发展、竞争型的设计是荷兰设计的一大特点
设计学院		德夫特技术学院、阿姆斯特丹的盖里·里特维特学院
特点		具有高次序性、理性和功能性，细节处理精密，色彩计划巧妙，艺术内涵丰富，是当代世界设计的出色代表之一

5. 法国现代设计（见表 8－4－5）

表 8－4－5　法国现代设计

<table>
<tr><th colspan="2">要点</th><th>具体内容</th></tr>
<tr><td colspan="2">发展状况</td><td>法国是装饰艺术运动和新艺术运动的发源地，巴黎是两次运动的中心。现代设计是在传统设计的基础上发展形成的，主要为上层阶级服务</td></tr>
<tr><td rowspan="2">特点</td><td>豪华性</td><td>法国的设计观念倾向于高尚、豪华，重视高档次设计，造价昂贵。因此，其平民化的平面设计、工业产品设计水平相对落后</td></tr>
<tr><td>民族性</td><td>法国政府对一些重大项目设计给予支持和帮助，例如贝聿铭设计的卢浮宫大玻璃金字塔和里查·罗杰斯设计的蓬皮杜文化中心等，希望以此表示法兰西民族的伟大</td></tr>
</table>

6. 瑞典现代设计（见表 8－4－6）

表 8－4－6　瑞典现代设计

<table>
<tr><th colspan="2">要点</th><th>具体内容</th></tr>
<tr><td rowspan="5">发展状况</td><td>1845 年</td><td>“瑞典工艺协会”成立</td></tr>
<tr><td>1900 年</td><td>成立“瑞典设计协会”，推动了 20 世纪 40 年代“瑞典现代风格”的形成和发展</td></tr>
<tr><td>1930 年</td><td>包豪斯现代设计展览于斯德哥尔摩举办，主要介绍了包豪斯设计思想和作品，现代主义设计思想就此迅速传播开来</td></tr>
<tr><td>20 世纪 30 年代</td><td>受德国现代主义设计思想影响，建筑设计、室内设计、家具设计开始探索瑞典风格的现代主义。设计师遵循现代主义设计准则，强调图案的自然形态和装饰性的合理利用</td></tr>
<tr><td>二战后</td><td>汽车、通讯、家用电器等领域设计优良，深受消费者们的喜爱</td></tr>
<tr><td>特点</td><td colspan="2">瑞典家具设计最为发达，它是最早发明弯木、生产弯木家具的国家。弯木生产家具技术由建筑师卡尔·别斯顿发明，被称为瑞典“几何形家具风格”，形式简约、功能合理、色彩典雅</td></tr>
</table>

7. 丹麦现代设计（见表 8－4－7）

表 8－4－7　丹麦现代设计

要点	具体内容
统一性	由于国土面积狭小，经济发达，人民的生活水平和文化修养基本相符，因此没有出现因贫富造成的设计细分情况。民族、地域、文化的统一性使得丹麦设计呈现统一性的特征
功能性	“工具主义”是丹麦的设计原则，以外形明确、性能优异，具有总体性和现代感为主要特点
现代化与民族化的结合	丹麦的现代设计师主要分为两种：①来源于建筑行业，倾向于现代主义及国际主义；②来源于手工艺行业，侧重对工艺细节的重视。这两种设计师的有机结合，使丹麦设计兼具民族特色和现代意识

8. 芬兰现代设计（见表 8－4－8）

表 8－4－8　芬兰现代设计

要点	具体内容
工艺美术运动时期	1870 年，芬兰第一所艺术与手工艺学校于赫尔辛基设立

续表

要点	具体内容
20 世纪 20 ~ 30 年代	受欧洲大陆的现代设计思想的深刻影响，此阶段芬兰的现代主义设计体现为“白色”的设计主题
二战后	以发展设计艺术作为树立国际形象和建立联系的途径。芬兰设计师开始与企业合作，在 20 世纪 50 ~ 60 年代的“米兰三年展”上取得成功，并由此产生了“芬兰设计”的概念

考点二：美国现代设计（见表 8 – 4 – 9）　★★★★

表 8 – 4 – 9　美国现代设计

要点	具体内容
发展状况	①芝加哥学派的创始人沙利文提出的“形式服从功能”的原则得到广泛遵循，实用主义特色十分浓厚。 ②伴随市场的不断发展，设计开始倾向于遵循“设计服从市场”的原则，由此产生了利益因素大于理性主义因素的美国设计。 ③一战后，美国成为世界上工业化程度最高的国家，其设计与设计教育迅速发展，并将欧洲的设计理论和实践经验运用于企业之中。 ④1937 年后，德国包豪斯的大师为躲避大规模的战乱而移民美国，为其带来了全新的设计理念，由此出现了“新包豪斯”，促进了现代设计的迅速发展，进而产生了设计的国际主义运动
贡献	美国发展了现代设计的同时，将其职业化，设计开始成为一门独立的职业

考点三：日本现代设计（见表 8 – 4 – 10）　★★★★

表 8 – 4 – 10　日本现代设计

要点		具体内容
特点	传统性	日本的传统设计主要针对国内市场，汲取了中国和韩国的审美因素，陶瓷、漆器、织物、和服与各种工艺美术品均有较高水平
	现代性	前卫的日本设计更多地面向国际市场，汲取了美国、德国、意大利的方法和理念
发展原因	政府	日本政府重视设计教育，设立了多所专门的院校培养设计人才。1952 年成立了“日本工业设计师协会”。于 1962 年出版的《工业设计全书》完整而详细地介绍了现代工业设计
	企业	为了使产品在激烈的市场竞争中获胜，许多企业制定了相关的设计政策，标志着企业步入了设计的成熟阶段

考点四：相关重要概念　★★★★

1. 格罗比乌斯（见表 8 – 4 – 11）

表 8 – 4 – 11　格罗比乌斯

要点	具体内容
人物简介	是现代建筑、现代设计教育和现代主义设计最重要的奠基人之一，他的设计思想和他的教育试验影响了 20 世纪几代建筑家，不但使现代主义建筑得到确立，同时使之发展成第二次世界大战之后影响全世界的“国际主义”风格

续表

要点	具体内容
教学原则	①强调设计师的实际工艺训练，要求学生既要掌握手工艺，更要对现代工业生产的特点有所认识，用设计创造高质量的、可供工业化批量生产的产品。 ②他提倡“艺术与技术的新统一”，倡导学生既要有理论素养和造型能力，又要能够实际动手操作，学校设计教育必须结合社会生产
代表作	《新建筑与包豪斯》《国际建筑》等

2. 包豪斯(见表 8-4-12)

表 8-4-12　包豪斯

要点	具体内容
概述	指 1919 年在德国成立的一所设计学院，是世界上第一所完全为发展设计教育而建立的学院。这所由德国著名建筑家、设计理论家格罗比乌斯创建的学院，通过 10 多年的努力，集中了 20 世纪初欧洲各国设计探索上的最新成果，特别是将荷兰“风格派”运动、苏联构成主义运动的成果加以发展和完善，成为集欧洲现代主义设计运动大成的中心
设计思想核心	①设计的目的是人而不是产品。 ②艺术与技术的新统一。 ③设计必须遵循自然与客观的法则
贡献	①强调标准，用以打破艺术教育造成的漫不经心的自由化和非标准化。 ②设法建立基于科学基础上的新的教育体系，强调科学的、逻辑的工作方法和艺术表现的结合。将教学的中心从比较个人的艺术型教育体系转移到理工型体系的方向上。 ③把设计一向流于“创作外型”的教育重心转移到“解决问题”上去，因而设计第一次摆脱了重形式的弊病，走向真正提供方便、实用、经济、美观的设计体系，为现代设计奠定了坚实的发展基础。 ④培养了一批既熟悉传统工艺又了解现代工业生产方式与设计规律的专门人才，形成了一种简明的适合大机器生产方式的美学风格，将现代工业产品的设计提高到了新的水平
影响	①包豪斯创立的一整套设计教学方法和体系，成为日后工业设计科学体系建立和发展的基础，对整个艺术设计学科具有重大的影响。 ②包豪斯遵循的设计思想和实践观点真正实现了技术与艺术的新统一，形成了理性主义的设计原则，使设计开始面向现代工业。 ③包豪斯的设计理念对于工业设计的发展起到了积极的作用，使现代设计逐步由理想主义走向现实主义，即用理性的、科学的思想来代替艺术上的自我表现和浪漫主义

3. 乌尔姆设计学院(见表 8-4-13)

表 8-4-13　乌尔姆设计学院

要点	具体内容
发展	是二战后德国理性主义技术美学思想的核心。于 1950 年由舒尔创建，1953 年开始设计教学，教授包括包豪斯的阿尔波斯、伊顿和米斯·凡德罗等人
设计体系	强调新技术在设计发展中的作用，侧重实证主义为准则的科学基础，即“系统设计”
设计风格	强调逻辑结构是美的源泉，结构可以清晰地反映功能关系。设计风格简洁冷峻且富有条理

续表

要点	具体内容
影响	①乌尔姆设计学院在艺术设计理论方面提出了系统的艺术设计原则，系统艺术设计是指以高度秩序化的艺术设计改变混乱的环境，使其具有关联性和系统性，这是现代艺术设计的一个重要里程碑。 ②完全把现代设计从以往的艺术、技术之间的摆动，立场坚定地转移到科学技术的基础上，坚持从科学技术的方向来培养设计人员

4. 威廉·莫里斯(见表 8－4－14)

表 8－4－14　威廉·莫里斯

要点		具体内容
概况		英国设计家、诗人和社会主义者，是工艺美术运动最主要的代表人物
经历	1861 年	成立"莫里斯设计事务所"，成为近代史上首个进行整体设计建筑、室内装修、灯具、家具等人居环境的事务所
	1890 年	创立印刷事务所，从事书籍装帧设计。精装书使用皮革、丝绸、麻织等为面料，多以花草植物纹样为封面图案，风格优雅华美
设计原则		①优秀的艺术设计是技术与艺术的高度统一。 ②艺术家设计的产品，比单纯的机械制品要优秀许多。 ③艺术家只有与工匠相结合，才能达到设计目标。 ④手工制品永远比机械产品更容易做到艺术化
评价		莫里斯的设计观点同时也带有消极意义，他推崇手工艺，极端反对机械，认为机器制品永远比手工产品粗劣。他过分重视形式美，忽视了功能。在具体设计上，强调实用性和美观性的结合
贡献	设计观念	在设计上强调设计的服务对象，同时也希望能够重新振兴工艺美术的民族传统，反对矫揉造作的维多利亚风格
	实践	成立莫里斯公司，倡导并亲自组织设计与制作一贯制，反对艺术家仅停留在思想层面，主张工匠与艺术家结合

5. 英国工艺美术运动(见表 8－4－15)

表 8－4－15　英国工艺美术运动

要点	具体内容
产生背景	指英国 19 世纪后期的一场设计运动。伦敦于 1851 年举办了"水晶宫"博览会，其展品粗糙简陋，毫无审美趣味，刺激了设计家们提出艺术与技术相结合，推崇手工艺，反对机械的美学思想
代表人物	这场运动的首领是艺术家威廉·莫里斯、理论家约翰·拉斯金。他们撰写文章，亲自进行家具、建筑等设计实践，掀起了一场手工艺复兴运动
影响	首先提出了"美与技术结合"的原则，主张美术家从事设计，反对纯艺术。另外，工艺美术运动的设计强调"师承自然"、忠实于材料和适应使用目的，从而创造出了一些简朴适用的作品
不足	①莫里斯与拉斯金等人反对工业化，对机械与大批量生产给予全面的否定，过于强调装饰而忽视功能，使其不可能成为领导潮流的主流风格。 ②它是通过艺术和设计来改造社会，并建立起以手工艺为主导的生产模式，无疑是逆时代潮流而动的，并没有解决大机器生产中产品形态与审美标准问题，使英国设计走了弯路

6. 新艺术运动(见表8－4－16)

表8－4－16　新艺术运动

要点		具体内容
产生背景	19世纪末、20世纪初在美国和欧洲产生并发展，影响广泛，涉及近十个国家，在建筑、产品、家具，甚至绘画和雕塑艺术领域都有影响	
各国特点	艺术型	法国、比利时和西班牙的新艺术作品倾向于艺术型，重视形式美
	设计型	德国、奥地利和斯堪的纳维亚诸国的作品侧重于设计型，强调理性的结构及功能美
主要特征	①主张艺术家从事产品设计，并以此实现技术与艺术的统一。 ②侧重手工艺，从根本上说，新艺术运动不反对工业化。 ③完全摒弃传统装饰风格，开创全新的自然装饰风格。 ④倡导自然风格，强调自然中不存在直线和平面，装饰上应突出表现曲线和有机形态。 ⑤装饰上受东方风格的影响，尤其是日本江户时期的装饰风格以及浮世绘。 ⑥探索新技术和新材料带来的艺术表现的可能性	
发展	1910年前后开始衰落，是现代设计与传统设计之间的一个承上启下的重要阶段，逐渐被现代主义运动和装饰艺术运动取代	

8.4.2 典型题(含考研真题)详解

一、填空题

1. 装饰艺术运动的发起国家是(　　)。

【答案】法国

【解析】法国是19世纪末至20世纪初的新艺术运动和20世纪20～30年代装饰艺术运动的发源地，装饰艺术运动是一个装饰艺术方面的运动，但同时影响了建筑设计的风格，它的名字来源于1925年在巴黎举行的世界博览会，巴黎成为新艺术运动和装饰艺术运动的中心。

2. 设计了巴塞罗那国际博览会德国馆的是(　　)。

【答案】米斯·凡德罗

【解析】1929年，米斯·凡德罗被委任设计巴塞罗那国际博览会的德国馆，这是他战前最重要的一个建筑设计。米斯·凡德罗是德国建筑师，同时也是最著名的现代主义建筑大师之一，与赖特、勒·柯布西耶、格罗比乌斯并称四大现代建筑大师。米斯·凡德罗坚持“少就是多”的建筑设计哲学，在处理手法上主张流动空间的新概念。

二、单项选择题

被奉为“现代书籍装帧第一书”的是(　　)。

A.《后现代建筑语言》　　B.《考工记》

C.《桥沙集》　　D.《建筑的复杂性与矛盾性》

【答案】C

【解析】威廉·莫里斯擅长用精美的丝绸、皮革、麻织等面料制作精装书，封面图案多采用美丽流畅的曲线形花草植物纹样，形成优雅华丽的风格。1896年他为《桥沙集》作了装帧设计，这本书至今被称为“现代书籍装帧第一书”。

三、名词解释

1. 装饰艺术运动(上戏 2021 年研；广艺 2019 年研)

答：装饰艺术运动是 20 世纪二三十年代在法国、美国和英国等国家开展的一次风格非常特殊的设计运动。装饰艺术运动具有手工艺和工业化的双重特点，采取设计上的折中主义立场，设法把豪华、奢侈的手工艺制作与代表未来的工业化特征合二为一，由此衍生出一种可以发展的新风格。在欧洲，装饰艺术运动的造型语言表现为放射状的线性装饰和金字塔式的阶梯状结构。因此，装饰艺术运动既是一次艺术设计运动，又形成了一种装饰风格。它的东西方结合，人情化与机械化结合的尝试，更是 20 世纪 80 年代后现代主义时期的研究重点。

2. 风格派(四川美院 2023 年研；西南林业大学 2023 年研；中量大 2022 年研；广艺 2019 年研；华南理工 2017 年研)

相关试题：荷兰风格派风格特征(上海师大 2020 年研)

答：风格派是以荷兰为中心的现代主义流派，又称新造型主义画派，于 1917～1928 年由蒙德里安等人在荷兰创立。维系这个集体中心的是这段时间出版的一份称为《风格》的杂志。风格派的绘画语言属于立体派的一个分支。他们的主张是：①发展一种中性的、理性的、现代的风格；②把传统的建筑、家具、绘画和雕塑及平面设计的特征变成基本的几何结构单体；③注重对称性的研究与应用；④反复运用几何结构、原色和中性色。风格派设计强调艺术与科学紧密结合的思想以及结构第一的原则，代表人物蒙德里安、杜斯伯格、里特威尔德等。风格派的主张具有独特的美学思想。

3. 包豪斯(北京工业大学 2023 年研；大连工业大学 2023 年研；陕西科大 2022 年研；上戏 2021 年研；上海师大 2019 年研)

答：参见本章考点难点归纳相关内容。

4. 乌尔姆设计学院(北京印刷学院 2023 年研)

答：参见本章考点难点归纳相关内容。

5. 威廉·莫里斯

答：参见本章考点难点归纳相关内容。

6. 工艺美术运动(西南交大 2023 年研；上海师大 2021 年研；湖工大 2021 年研；天津大学 2019 年研；扬州大学 2019 年研；中量大 2019 年研；江西财经 2018 年研)

答：参见本章考点难点归纳相关内容。

7. 新艺术运动(陕西科大 2022 年研；中南大学 2021 年研；安工程 2020 年研；重邮 2018 年研；东南大学 2017 年研)

答：参见本章考点难点归纳相关内容。

四、简答题

1. 简述"波普设计"的特征。

相关试题：

(1)波普设计(运动)(名词解释，清华大学 2022 年研；上海师大 2019 年研；中量大 2019 年研；江西财经 2018 年研；河北工业 2012、2011 年研)

(2)波普艺术(名词解释，大连工业大学 2023 年研；川大 2021 年研；天津大学 2019 年研)

(3)波普艺术运动及影响。(内蒙古艺术学院 2020 年研)

答：(1)波普设计是一场风格前卫又面向大众的设计运动，20 世纪 60 年代首先爆发于英国，后波及欧美其他国家。波普(pop)一词源自popular，有流行、大众化、通俗等意思。波普设计运动在一定程度上受到波普美术的影响，表达了年轻一代的消费观、文化观、反传统思想意识和审美趣味。

(2)特征。波普设计打破了现代国际主义风格过于严肃、冷漠、单一的面貌，追求诙谐、富于人性化和多元化的设计，往往表现夸张、奇异、富有想象力的造型，色彩单纯、鲜艳。在室内设计、日用品设计、服装、家具等领域都有一定成就。其特征主要包括：①设计与创作题材直接取材于充分商业化的日常世界，是商业主义的；②设计作品的形象简洁，取自日常生活用品；③设计风格基本上接纳商业艺术的直接效果。

(3)波普艺术的思想根源来自美国的大众文化，例如好莱坞电影、摇滚音乐等。主张艺术反映生活，将生活中最常见、最流行、最为人知的物品搬进画面中来；并用最常见、最流行、最为人知的方式加以表现，以极其庸俗化的古怪、新奇的"艺术"形式表达人们对社会的认识、反叛和某种象征意味，极力追求色彩艳俗、构思新奇、形式不规则、独特刺激、大众化口味。波普艺术的代表作是1956年英国画家理查德·汉密尔顿创作的《是什么使今日的家庭如此不同，如此具有魅力?》。

(4)波普设计是对现代主义设计风格的具有戏谑性的挑战。设计师在室内、家具、服饰等方面进行了大胆的探索和创新。其设计挣脱了一切传统束缚，具有鲜明的时代特征。其市场目标是青少年群体，迎合了青少年的桀骜不羁、玩世不恭的生活态度及其标新求异、用毕即弃的消费心态。波普运动追求新颖、古怪、新奇的宗旨缺乏社会文化的坚实依据，20世纪60年代中期以来，其寻求新奇的设计动机已力不从心，开始在历史风格中找寻借鉴，一个以反传统为核心的运动成了历史的大杂烩。这场运动只在形式主义中进行探索，并没有更加深层的意识形态依据，所以本身形式的不断改变使它没有形成一个统一的设计活动。

2. 简述日本现代设计的基本特征。(南艺2015年研)

答：日本是世界发达国家中唯一的非西方国家，其现代设计发展于二战后。日本现代设计的"双轨制"——即传统性与现代性双轨并行的体制，是日本现代设计的基本特征。

(1)传统性。

日本的传统设计通常基于日本传统的民族美学的、讲究信仰的、宗教的、与日本人日常生活休戚相关的元素。因此，它是民族的设计传统。这类设计主要针对日本国内市场，并且在一定程度上不仅是商品设计，而是作为文化的组成部分之一。日本的传统设计在日本的民族文化基础上发展而来，并经过长时间的不断洗练，达到非常单纯和精练的高度，进而形成独特的民族美学标准。

(2)现代性。

现代设计，特别是第二次世界大战以后的日本现代设计——日本的现代设计是完全基于从外国，特别是从美国和欧洲学习的经验发展而成的。利用进口的技术、为出口服务是日本现代设计发展的一个非常重要的中心和目的。日本现代设计对国内而言，大幅度地改善了战后日本人民的生活水平，提供了现代化的、西方式的新生活方式；对国际贸易而言，日本现代设计使日本的出口达到空前绝后的地步，极大地促进了日本的出口贸易的发展，为日本产品出口建立了牢固的基础，也为日本设计树立了非常积极的形象，将战前日本产品质量低劣、设计落后的形象一扫而空。

3. 简述包豪斯对设计史的影响。(南艺2017年研)

相关试题：

(1)包豪斯的教育思想对当代艺术教育的影响。(清华大学2019年研)

(2)简述包豪斯。(广艺2019年研)

(3)包豪斯的产生，教学理念以及历史意义。(上海师大2020年研)

答：包豪斯是德国魏玛市的"公立包豪斯学校"的简称，后改称"设计学院"，但习惯上仍沿称"包豪斯"。包豪斯一直被称为20世纪最具影响力也最具有争议的艺术院校，在当时，它是乌托邦思想和精神的中心。包豪斯创建了现代设计的教育理念，取得了在艺术教育理论和实践中无可辩驳的卓越成就。包豪斯具有非常强烈的国际主义特点，它的存在不但吸引了世界各国的注意，同时也吸引了世界各国关心、从事现代设计和现代建筑的专家们，在历史发展过程中，该学院成为欧洲现代设计的一个重要的核心。包豪斯的历程就是现代设计诞生的历程，也是在艺术和机械技术这两个相去甚远的门类间搭建桥梁的历程。无论是在美术学、建筑学，还是在工业设计，包豪斯都占据主导地位。

(1)包豪斯的设计教育观念。

①技术和艺术应和谐统一。

②视觉敏感性达到理性的水平。

③对结构、材料、肌理、色彩有科学的、技术的理解。

④集体工作是设计的核心。

⑤企业家、艺术家、技术人员应紧密合作。

⑥学生的作业和企业项目密切结合。

(2)包豪斯对设计史的影响。

①注重集体工作方式，用以打败艺术教育的个人藩篱，为企业工作奠定坚实的基础。

②强调标准，用以打破艺术教育造成的漫不经心的自由化和非标准化。

③设法建立基于科学基础上的新的教育体系，强调逻辑的、科学的工作方法和艺术表现的结合。以上的要点已经将教学的中心从比较个人的艺术型教育体系转移到理工型体系的方向上来了。

④将设计一向流于“创作外型”的教育重心转移到“解决问题”上去，因而设计第一次摆脱了形式主义的弊病，走向真正提供方便、实用、经济、美观的设计体系，为现代设计奠定了坚实的发展基础。

⑤在比利时设计家亨利·凡·德·威尔德的试验基础上，开创了各种工作室，例如木、金、陶瓷、纺织、摄影等。团结了一批卓有成就的艺术家与设计家介入到设计中来，将设计教育建立在科学的基础之上。

⑥打破了陈旧的学院式美术教育模式，1920 年，“基础课”由包豪斯重要教员、色彩专家约翰尼·伊顿创立，而在此以前没有所谓基础课之说。同时创造了结合大工业生产的方式，为现代设计教育的发展奠定了基础。

⑦培养了一批既熟悉传统工艺又了解现代工业生产方式与设计规律的专门人才，形成了一种简洁明了的适合大机器生产方式的美学风格，从而将现代工业产品的设计提高到了新的水平。

4. 简述新艺术运动的风格特色和艺术特征。(南艺 2016 年研)

相关试题：概述 19 世纪末 20 世纪初“新艺术”运动的设计风格特征。(广东财大 2020 年研)

答：(1)新艺术运动的风格特色。

①主张艺术家从事产品设计，并以此实现技术与艺术的统一。

②侧重手工艺，从根本上说，新艺术运动不反对工业化。

③完全摒弃传统装饰风格，开创全新的自然装饰风格。

④倡导自然风格，强调自然中不存在直线和平面，装饰上应突出表现曲线和有机形态。

⑤装饰上受东方风格的影响，尤其是日本江户时期的装饰风格以及浮世绘。

⑥探索新技术和新材料带来的艺术表现的可能性。

(2)新艺术运动的艺术特征。

①采用富有生命力的线条及抽象的动、植物纹样。

②新艺术运动主张使用高度程序化的自然元素，用其作为创作灵感和扩充“自然”元素的资源，例如草、海藻、昆虫。相应地，其开始广泛使用有机形式、曲线，特别是花卉或植物等。

五、论述题

1. 论述德国现代设计的基本理念和形式表现。(南艺 2016 年研)

答：德国是现代设计的发源地。德国的产品设计体现着新理性主义、新功能主义，形成简洁、理性而富有条理的设计风格。

(1)理性设计。

①包豪斯设计学院是德国魏玛市的“公立包豪斯学校”的简称，后改称“设计学院”，习惯上仍沿称“包豪斯”。在两德统一后位于魏玛的设计学院更名为魏玛包豪斯大学。它的成立标志着现代设计教育的诞生，对世界现代设计的发展产生了深远的影响，包豪斯也是世界上第一所完全为发展现代设计教育而建立的学院。包豪斯风格成为了现代主义风格的代名词。“包豪斯”一词是德国建筑师格罗比乌斯创造出来的，是德语 Bauhaus 的译音，由德语 Hausbau(房屋建筑)一词倒置而成，后由德国建筑师米斯·凡德罗发扬光大。学院经十多年的努力成为欧洲现代主义设计的中心，并把欧洲的现代主义设计运动推到了一个空前的高度。虽然在 1933 年学院被纳粹政府以莫须有的罪名强行关闭，但学院创始人格罗比乌斯所创立的教育理论和教学方式却影响了全世界的设计教育，并且使所有的设计师意识到为大众设计和为工业化设计才是设计的真正目的。包豪斯经过设计实践，形成了强调功能、技术和经济因素的正确的设计观念，其设计思想的核心为：a. 设计的目的是功能，而不是产品；b. 艺术与技术的新统一；c. 必须遵循自然与客观法则进行。

②1953 年，在“二战”的废墟上，乌尔姆设计学院成立，他们发展了包豪斯的传统，提出了科学与技术相结合的新理性主义设计思想。阿根廷设计师托马斯·马尔多纳多成为乌尔姆学院的院长后，在教学中引入了数学、人体工程学、信息理论、社会学和心理学等课程，将设计上升到严谨的科学系统范畴，其目的是建立一种科学化、系统化的设计方法以求得普遍适用的设计法则，使设计教学往科学性的方向发展。乌尔姆设计学院摆脱了包豪斯学校的形式主义和理想主义色彩，在学校与企业相结合的道路上走出了一条成功之路，与德国布劳恩公司进行了成功的合作。

(2)功能主义。

德国设计长期以来重视设计中的功能主义原则，强调设计中的民主特色，并反复提倡“优良造型的原则”，正是这种思想引起了几代德国设计师对于责任感的高度重视。设计中的人体工学原则、理性原则、功能原则对于他们而言是设计上天经地义的宗旨，绝对不会因为商业的压力而摒弃。功能主义设计思想起源于 19 世纪中期的英国，并于 20 世纪初在德国得到系统发展，逐渐成为 20 世纪的正统主流设计思想。功能主义认为设计需反映时代精神，机器大生产是工业时代的特征，机器只能加工几何形状，因此几何形式美便成为功能主义的美学观点，“形式跟随功能”，也就是艺术与技术结合，它的表现形式是：

①产品设计不要附加装饰，而是通过材料和结构来展现美，通过机器加工来表现几何形式、表面光洁、表面质感和表面肌理，呈现表面的光顺。

②它重视造型必须有目的，必须符合功能需求，即设计必须理性，不能按照设计师的个人随想。

③它强调工业大生产，以降低成本，从而满足下层人民需要和国际市场竞争。设计师必须熟悉加工工艺，产品必须能够大批量生产，为此设计要遵循系列化、标准化和典型的特征。

④它强调设计应当为大多数下层人民服务，提倡简朴节约，设计的产品必须结实、价廉、耐用和高质量。

2. 试举例分析日本现代设计的基本理念与形式特征。(南艺 2014 年研)

相关试题：

(1)简述日本现代主义的设计特征。(简答题，广艺 2019 年研)

(2)日本设计兴起和发展原因。(内蒙古艺术学院 2020 年研)

(3)论述日本设计经历过的三个重要阶段。(暨南大学 2018 年研)

(4)简述日本现代设计的基本特征。(简答题，南艺 2015 年研)

答：(1)基本理念。

日本是世界发达国家中唯一的非西方国家，其现代设计于二战后逐渐发展起来。传统性与现代性双轨并行的体制是日本现代设计最为突出的特点。总体而言，日本传统美学中强调自然、注重细节、追求简单和朴素的精神内涵在很多的日本设计师和设计作品中均有所体现。

(2)形式特征。

①双重设计风格。

a. 从对待外来文化角度考察日本设计的双重性。日本自古以来有着向他国学习和借鉴的传统。在明治维新以前，主要是向中国、朝鲜等亚洲国家学习，因此日本传统文化在很大程度上脱胎于中国。唐朝初期，日本就曾经派遣唐使前来访问中国，以学习中国汉字和中国文化。从日本社会发展的历史形态中可以得出，在每一段历史的关键时刻，日本总是通过对中国先进文化的汲取，从一个落后的社会阶段稳步跃入一个先进的社会阶段，进而追赶上世界快速发展的脚步。

b. 从对待自身传统角度考察日本现代设计的双重性。倘若传统的日本设计中多可以寻到中国和朝鲜的印记，那么日本的现代设计则是在对美国、德国等欧美国家大量的借鉴中发展起来的。明治维新以后，面对来势汹汹、有体系且新鲜的西方现代艺术，日本传统的文化艺术逐渐落后于世界。于是善于学习的日本人开始向欧洲发达国家学习，并从德国、英国等国家学习工程技术和设计理念。至此日本一度陷入全盘西化的浪潮之中，传统的文化艺术难以抵御西化的强劲势头，逐步濒临崩溃。但日本人将借鉴和吸收的分寸掌握得恰到好处，因为他们深知日本的传统文化并不落后于西方的现代文化，日本现代的设计艺术需建立在传统与现代、东方与西方并行之上。

②多元化设计特征。

a. 设计思想的高度开放。从整个日本设计的发展来看，除了对本民族文化的继承上，很难对其设计原则上做出一个逻辑的、辩证的、唯理的结论。尤其是对待当今设计的态度上，更无固定的模式可参照。

b. 设计功能的全新阐释。现代主义对产品功能的着力研究，产生了当代人体工学的新发展，满足人体工学的数学和物理要求，便也成了现代主义设计的目标。但日本现代设计中，更加强调挖掘功能的文化内涵，认为功能问题不仅是工程师应当解决的事，例如一张椅子的“舒适”与否不单是人体工学能够解释的。

c. 选材的多元化。材料是设计的物质保证，它是产品与使用者情感交流的媒介，也是设计师自我展现的一面明镜。日本的现代设计打破传统选材中的束缚，大胆尝试不同材料的组合。

③现代设计中的高科技风格特征。

a. 设计的小型化和密集化。产品的小型化、密集化被认为是“日本制造”的特征之一。如今的世界各国所面临的课题之一是交通问题，漂亮的小型交通工具可作为商品课题来考虑，这是日本设计界尤其是车辆设计师们非常关注的课题。

b. 设计的单纯化。在现在的日本市场上，很多附加功能的家电制品正在逐渐从人们的视线中消失。设计师们将不必要的功能去除，商品就能因此变得单纯化。倘若需要单纯的功能更加高效、突出，那么技术上的要求必然更高，这样才能生产出更精致的商品。因此，将复杂东西单纯化技术的开发也成为取得新商品设计主动权的一把钥匙。随身听的发明正是产品单纯化的成功一例，它抛弃了录音、收音机等纷繁的功能，仅主攻播放这一基本操作，使用简单、功能单一、携带方便，就是专门为了欣赏音乐而设计的卡带放音机。它一投入市场立刻风靡全球，受到年轻人的青睐，同时也开创了日本设计的新时代，被看作是里程碑式的设计。日本在将商品做细做精方面的技术优势也十分突出。

c. 尖端技术对传统技术的保护。尽管很多日本现代产品是在高科技包装下的产物，但是传统技术在日本也作为一种文化财产受到了应有的保护，且在尖端技术的陪衬下，更显得弥足珍贵。

(3)举例。

福田繁雄是日本设计界最为世人所熟知的平面设计大师。他的设计作品被欧美设计界认为是“经济简洁而又复杂多变的”。他的设计既继承了日本传统中所追求典雅的设计风范，同时又有现代设计中新奇的设计特色。他总是能够系统地将各种创意、革新加以融会贯通，力图通过各种图形矛盾性的合成，引导观众产生限定性的联想。福田繁雄既深谙传统，又精通现代感，作品富于幻想且简洁明了，正好印证了日本设计的双重性。

3. 论述现代主义设计形式的特征。

相关试题：

(1)简述现代主义设计的基本特点。（简答题，南艺 2011 年研）

(2)谈谈你对现代主义设计运动的理解。（河北工业 2012 年研）

(3)试述现代主义设计的形式特点。（扬州大学 2019 年研）

答：(1)现代设计的形成。

现代主义设计由于最初发源于建筑领域，所以其设计形式最终形成于建筑设计，并在建筑设计中得到了最为充分的表现。

(2)现代主义设计形式的特征。

现代主义设计形式的特征主要体现在以下四个方面：

①突出的功能主义特征。强调功能是设计的中心和目的，而不再是以形式为设计的出发点，讲究设计的科学性，重视设计实施时的方便性、科学性、经济效益性和效率。

②形式上提倡非装饰的简单几何造型。例如在建筑上通过六面形的造型来达到重空间，而不是单纯重体积的目的；通过建立标准化来改变建筑施工，提高建筑的速度以及效率；通过放弃装饰和使用中性色彩以减少成本来为大众服务等。

③在具体设计上重视空间的考虑，特别强调整体设计考虑，反对在图版、预想图上的设计，而注重以模型为中心的设计规划。

④重视设计对象的费用和开支，在设计中将经济问题作为一个重要因素考虑，从而达到经济、实用的目的。

上述四个方面在建筑设计领域均有充分的表现，在其后的一些设计领域也有不同程度的反映。尽管这种设计形式使产品造型、建筑造型和平面设计的构图存在着严重的单一化倾向，但是，其所追求的“功能第一，形式第二”的设计理念，使产品的生产实现了批量化、标准化，从而提高了生产效率，促进了生产力的迅速发展。

4. 后现代主义设计的特征。（东华大学 2018 年研）

相关试题：

(1)后现代主义运动（名词解释，浙大 2025 年研；广东财大 2020 年研）

(2)后现代主义设计的产生背景及基本特征，请列举代表设计师及作品进行论述。（浙理工 2018 年研）

答：(1)后现代主义设计。

后现代主义设计产生于 20 世纪 60 年代末、70 年代初的文化思潮，是后工业社会、信息社会的产物。在哲学、宗教、建筑、文学中均有充分的反映。它与现代主义有本质的区别，它的出现自然有其特定历史的、文化的背景。它发源于建筑设计并影响到其他设计领域，在设计宗旨、风格等方面向现代主义设计提出挑战。现代主义设计风格长期以单调、冷漠、沉闷的形式充斥城市，而随着经济发展，形式单调的产品逐渐不能适应多元化市场的需求和商业竞争，后现代主义设计应运而生。

(2)特征。

①反对设计形式单一化，主张设计形式多样化，这与现代主义所追求的与工业社会的专业化、标准化、同步化和集中化等高效率、高技术原则相一致的做法存在明显的区别。

②反对理性主义、关注人性。现代主义重视功能——结构的合理性与逻辑性，强调理性主义。而后现代主义则与后工业社会相一致，满足人性的本能需要。“功能”不再被视为产品设计的第一要素，而主张以“游戏的心态”来处理作品。

③强调形态的隐喻、符号和文化的历史，重视产品的人文含义，主张新旧糅合、兼收并蓄。因此后现代主义设计大量创造性地运用符号语言，按照产品的实际功能定向和人们的心理、生理以及社会历史的文脉联系，对产品进行解构、重组和调整，从而创造了许多复杂、丰富、多元的产品形态。

④注重设计作品与环境的关系，认识到设计的后果与社会的可持续发展紧密联系在一起。在后现代主义设计者看来，设计的幽默化、人性化和自由化的最终持续实现是与产品的使用环境和人类的生存环境息息相关的，所有的设计必须适应环境，而非改变环境，因此绿色环保设计被后现代主义设计者视为最基本的准则之一。

后现代主义设计中所呈现出来的上述特征，既是一种对历史产物反思的结果，同时又是历史发展的必然。新材料、新技术使设计者的设计理念不仅能最大限度地成为现实，而且还具有多样化的可能。

(3)“后现代主义设计”运动兴起的背景。

①第二次世界大战结束以后，特别是在1950~1970年代期间，“国际主义”风格席卷欧美，成为西方国家设计的主要风格，而且影响到全世界，改变了世界建筑的基本形式，也改变了城市的面貌。虽然国际主义是从战前在一些欧洲国家(特别是德国)中兴起的现代主义设计运动基础上发展出来的，但却带有浓重的美式商业符号色彩。

②“国际主义”风格以米斯·凡德罗主张的“少就是多”原则为中心，并衍生出粗野主义、典雅主义、有机功能主义等几种风格。全无装饰、强调直线、干练、简单到无以复加地步的“米斯主义”重新定义了几乎全世界各大都市的天际线。除了建筑之外，“国际主义”风格同时还影响到产品、室内、环境、平面等其他的设计范畴。

③“国际主义”风格，或者翻译为“国际风”，是菲利普·约翰逊、亨利·拉瑟·希区柯克1932年创造的术语。当时，他们意识到现代建筑会在美国有很大的发展空间，于是在纽约的现代艺术博物馆举办了“现代建筑——国际大展”，并推出了这一名称。1938年，他们的现代建筑观念和美国市场经济结合，形成了现代建筑时尚，被称为“国际主义”风格。

④至1960年代末期，“国际主义”风格垄断建筑、产品和平面设计已经有将近30年的历史，世界的建筑日趋同质化，地方特色、民族特色逐渐消退，建筑和城市面貌越来越单调、刻板，加上勒·柯布西耶在战后年代逐步演进出来的“粗野主义”，经由马谢·布鲁尔、路易斯·康等人的推动，在很大范围内改变了公共建筑，特别是学校建筑的面貌，往日那种具有人情味的建筑形式逐步被缺乏人情味的、非个人化的“国际主义”风格建筑取代。对于这种趋势，建筑界出现了反对的呼声，也开始涌现出一些青年建筑家意图改造“国际主义”风格面貌。

⑤后现代主义建筑的兴衰，与西方社会的发展进程是密切相关的，1960年代后半期，后现代主义开始萌芽，正是西方社会广泛反对越南战争、环保主义盛行、青年一代主张绝对自由的运动风起云涌之际；而到1980年代后现代主义运动接近尾声的时候，西方社会则进入了经济高度稳定时期，1960年代极端个人主义发展到登峰造极地步，而在1980年代则出现了广泛的宗教保守主义。1960年代那种悲天悯人的强烈社会责任感逐步被享受主义取代。这个历史背景，构成了后现代主义发生和衰落的历史文脉。后现代主义具有的典雅、浪漫、装饰性、娱乐性、浅薄的和浮夸的历史折中主义色彩，都是时代的反映，即所谓的历史文脉性特征。